LOUIS XI

Paul Murray Kendall

LOUIS XI

« ... L'universelle araigne... »

Traduit de l'anglais par Eric Diacon

France-Loisirs
123, bd de Grenelle - Paris

Cet ouvrage est la traduction intégrale,
publiée pour la première fois en France, du livre de langue anglaise

LOUIS XI

par GEORGE ALLEN AND UNWIN L.T.D. LONDON

Editions du Club France Loisirs, Paris
avec l'autorisation des Editions Fayard.

ISBN 2-7242-0022-5

A Edward Hodnett

PRÉFACE

Je me permets ici de recommander les notes. Elles ne constituent pas un « appareil critique », ce dernier se limitant à une bibliographie où sont énumérés les sources et les ouvrages les plus fréquemment utilisés tout au long de cette biographie, et qui comporte en outre, pour chaque section, une liste des documents qui s'y rapportent plus particulièrement. En fait, les notes font partie du récit; une question de longueur m'a contraint à les séparer de la biographie proprement dite, mais je n'ai pu supporter l'idée de ne pas les intégrer dans le présent ouvrage.*

Une partie importante de cette biographie se trouve basée sur des documents diplomatiques italiens, et surtout milanais, qui pour la plupart n'ont pas été publiés et dont pratiquement aucun n'a été jusqu'ici utilisé par les biographes de Louis XI. Parmi ces dépêches et autres instructions, j'ai trouvé certaines lettres du roi Louis qui ne figurent pas dans l'édition classique de sa correspondance; par ailleurs, ces pièces apportent un précieux complément à l' « Itinéraire » du souverain publié dans cette même édition. Les documents diplomatiques milanais de l'époque sont actuellement en cours de publication (Dispatches, with Related Documents, of Milanese Ambassadors in France and Burgunday, 1450-1483, *ouvrage publié sous la direction de Paul Murray Kendall et Vînvent Ilardi).*

Dès qu'on tente de redonner vie au passé, il convient d'envisager la question de la valeur des monnaies alors utilisées.

* Il s'agit ici des Notes situées p. 467. (*N. de l'Edit.*)

La plupart des historiens modernes s'accordent à dire, je crois, qu'il est impossible de traduire avec une précision suffisante et de façon significative, en termes contemporains, les termes autrefois en vigueur en matière d'argent. Ainsi, le « barème » obtenu en déterminant les prix relatifs du blé, par exemple, n'est-il plus valable lorsqu'on l'applique dans un autre domaine; comparer les salaires avec ce qu'ils permettent d'acquérir n'a guère de sens du moment où, par le passé, un nombre d'articles beaucoup moins important entraient dans les frais d'un ménage; enfin, l'évolution du niveau de vie, sans parler de l'inflation plus ou moins constante caractéristique de l'économie européenne depuis la découverte des métaux précieux, contribue encore à fausser et à obscurcir le tableau.

Dans la France de Louis XI, l'unité monétaire type (pour simplifier) était la « livre tournois », c'est-à-dire la livre de Tours, correspondant au « franc », qui se trouvait divisée en vingt « sols » (sous); quant à l' « écu », pièce d'or la plus souvent mentionnée, il valait environ une livre et demie, soit trente sols. Estimé à cent mille livres, le rendement du domaine royal produisait donc un revenu annuel de soixante-six mille écus d'or. La livre anglaise de l'époque valait approximativement cinq écus de France. Un artisan moyen gagnait peut-être vingt ou vingt-cinq écus par an, tandis qu'un propriétaire terrien de médiocre importance vivait généralement d'un revenu annuel variant entre cent vingt-cinq et cent cinquante écus. Les grands seigneurs, dont le revenu pouvait aller de quatre à cinq mille écus annuels jusqu'à vingt mille écus et plus, étaient perpétuellement à court d'argent du fait que les rentes et les pensions royales étaient souvent versées avec un retard considérable, que les espèces étaient rares, et qu'il leur fallait dépenser des sommes énormes pour entretenir la foule de serviteurs et de courtisans qui peuplaient leur maison et reflétaient leur grandeur. Si l'on en juge d'après nos critères actuels, la nourriture, les habits ordinaires, les logements modestes étaient très bon marché; mais les vêtements d'excellente qualité, les chevaux de première catégorie, les armures, les marchandises importées et tout ce qu'il est convenu aujourd'hui d'appeler « articles de luxe » pouvaient être excessivement chers. Il ne me reste donc plus qu'à demander tristement au lecteur de se contenter, pour le monde de Louis XI, de l'échelle des valeurs que lui suggérera le contexte.

Ayant travaillé quelque treize ans à cette biographie, j'ai contracté tant de dettes envers les savants, les collègues, les amis, le personnel des archives et des bibliothèques des Etats-Unis, de l'Angleterre, de la France et de l'Italie, qui m'ont prêté leur concours, que je ne vois d'autre solution que celle, bien imparfaite, de leur adresser en bloc mes remerciements pour l'aide toujours précieuse et bien souvent sans prix qu'ils m'ont apportée. Ce livre a pu être écrit grâce à l'appui de la Fondation Guggenheim, dont par deux fois j'ai été le boursier, de 1957 à 1958 et de 1961 à 1962, de l'American Philosophical Society, qui m'a accordé une subvention en 1959, et de l'Ohio University, qui m'a offert une chaire de professeur en 1966. Je suis heureux d'exprimer la gratitude toute particulière que je dois à Vernon Alden, ex-recteur de cette université, à nombre de mes collègues, et à mon éditeur et ami George P. Brockway. Enfin, je tiens à remercier ici Carol, ma femme, Carol et Gillian, mes filles, et Kerry Ahearn, mon beau-fils, qui ont fait preuve d'une compréhension dont jamais je ne saurai leur être assez reconnaissant.

Paul MURRAY KENDALL

PROLOGUE

Alors que cinq siècles seulement nous séparent aujourd'hui de la France dont hérita Louis XI lorsqu'il devint roi, le 22 juillet 1461, six siècles et demi déjà séparaient celle-ci de l'époque de Charlemagne. Cependant, et quoiqu'il eût largement trouvé dans la France du roi Louis matière à s'étonner — vastes cités, abondant trafic commercial, richesse et importance des bourgeois, ahurissante complexité des offices gouvernementaux, subtilité des esprits et raffinement des manières —, Charlemagne se fût certainement trouvé plus à l'aise dans la France de Louis XI que nous, qui en sommes pourtant moins éloignés dans le temps.

L'accélération générale de l'évolution, la disparition du féodalisme puis de la monarchie, la puissance de la bourgeoisie et les espoirs des classes inférieures, la rapidité des voyages, les progrès du matérialisme, de la technologie et de la science, le stupéfiant paradoxe que constituent la coexistence d'une société ordonnée, supérieurement organisée, avec une violence concertée d'une intensité et d'une efficacité sans précédent sont autant de nouveautés et d'aspects propres à notre temps, autant de lieux communs spécifiques de notre milieu qui nous rendent tout à fait étrangère l'époque plus simple de Louis XI.

Les hommes du temps de Louis (et avant eux ceux du siècle de Charlemagne) savaient ce qui était juste, même s'ils ne s'appliquaient pas toujours à suivre la justice; ils connaissaient l'existence d'une source de miséricorde, quoique eux-mêmes ne fussent pas toujours miséricordieux; ils se montraient tolérants envers la bâtardise et ne s'étonnaient pas du péché;

ils savaient que peine et châtiment sont les justes tributs du mal, même si ce n'est pas toujours en ce monde qu'il faut payer le prix de ses errements; ils n'avaient pas le moindre doute quant à l'existence de Dieu, et croyaient tout aussi fermement à la prédominance de la sorcellerie qu'à la puissance de la Fortune et de sa roue. La masse n'avait qu'une intelligence primitive de l'homme, de la fonction et de la force des institutions, mais sans doute appréciait-elle plus vivement que nous l'aspect tragi-comique, le caractère absurde et merveilleux de l'existence humaine. Les amusements étaient rares mais intensément savourés; l'ennui était inexistant, ou du moins méconnu; la précarité de la vie était admise; largement répandues, la souffrance et la pauvreté n'étaient pas déshonorantes. L'inhumanité de l'homme face à son prochain ne constituait pas une insulte au progrès : elle attestait tout bonnement la réalité de la chute et de l'expulsion du Paradis terrestre. La foi, l'habitude et la résignation venaient adoucir la dure existence de l'homme.

A l'époque de Louis XI, le comportement humain venait s'inscrire entre les extrêmes du plaisir et de la souffrance, de la jouissance et de la misère, de la colère et de la repentance, de la violence et de l'inertie. Les hommes du XVe siècle goûtaient la piquante saveur d'une vie aux contrastes violents. La richesse et le rang exhibaient leurs splendeurs; la pauvreté étalait ses plaies sur les places de marché; l'échafaud offrait à chacun l'édifiant et horrible spectacle du châtiment que réservait au crime la justice de l'homme; les catins portaient à l'épaule la marque de leur infamie; les seigneurs vivaient leur grandeur jusqu'à l'extravagance. La lumière du temps conférait à toute chose un aspect éclatant.

Des crimes atroces, que venaient sanctionner les châtiments les plus terribles, étaient commis pour une injure, pour un morceau de pain. Accablé sous le poids du péché originel, récalcitrant et brutal, l'homme ne pouvait être dompté que par la violence, et les cruels traitements que lui valaient ses fautes devaient servir d'exemples à ses semblables. Divers romanciers et dramaturges du XIXe siècle se sont plus à dépeindre, dans des œuvres soi-disant historiques, les sinistres tortures imaginées par Louis XI, mais leurs descriptions ne répondent en rien à la réalité. Le roi Louis appliquait les méthodes en vigueur a son époque, sans faire preuve d'aucune originalité. Compte tenu de l'esprit qui régnait alors, ce fut même un souverain plus humain que nombre de ses contemporains et de ses successeurs.

Pour avoir porté atteinte aux intérêts de la couronne, les grands seigneurs jugés et condamnés à mort pour crime de lèse-majesté étaient exécutés le jour même où la sentence avait été rendue. A cette occasion, l'échafaud, dressé sur l'une ou l'autre place de la ville, était orné de tentures noires. Après avoir échangé quelques paroles avec un prêtre, après avoir fait une ultime déclaration à la foule menaçante ou, au contraire, émue de compassion, après avoir accordé son pardon au bourreau et lancé vers le ciel une dernière prière, le condamné s'agenouillait et appuyait son cou sur le billot. Lorsque la hache était tombée, l'exécuteur des hautes œuvres saisissait par les cheveux la tête sanglante de la victime et la plongeait dans un seau d'eau avant de la présenter aux regards de la foule. Si le traître était de condition inférieure, un supplice plus complet venait punir son crime : pendu, il était écorché vif, éventré, châtré, puis découpé en quatre morceaux — « éviscéré et écartelé » — que l'on exposait ensuite tout sanglants sur les places publiques. Comme les faux-monnayeurs, ceux qui étaient convaincus de déviation sexuelle, péché abominable entre tous, étaient condamnés à périr dans l'huile bouillante. Les bûchers étaient réservés aux sorciers et aux hérétiques; quant à la noyade et à la pendaison, elles venaient punir les crimes les plus courants.

Pour les malfaiteurs à qui la peine de mort était épargnée, on leur crevait les yeux, on leur coupait une oreille ou le nez, on leur tranchait une main, ou encore, on les fouettait à travers les rues de la ville de sorte qu'il leur fût ensuite impossible de marcher. Dans les geôles du roi Louis, les prisonniers étaient placés dans des cages de bois ou de métal (souvent cette pratique n'avait cours que la nuit, lorsque les chances d'évasion étaient plus grandes) tandis que leurs jambes étaient entravées de lourdes chaînes. Parfois, les hommes étaient soumis à la question : le chevalet, les fers chauffés au rouge étaient alors les instruments grâce auxquels on espérait obtenir du patient la confession complète de ses fautes. Mais ces procédés étaient connus bien avant Louis, et la France ni ses voisins ne renonceraient à la torture avant longtemps.

Par ailleurs, Louis était beaucoup plus accessible qu'un président américain. Alors qu'aujourd'hui il nous est difficile de voir un chef d'Etat, une proportion appréciable de la population avait l'occasion de l'approcher. Par souci de punir ou de récompenser, il s'intéressait davantage à ses sujets en tant qu'individus et connaissait nominalement un pourcentage plus élevé d'entre eux (bourgeois ou gentilshommes) que de nos jours le Premier ministre, le président ou le secrétaire d'un parti n'en ont le goût ou le loisir.

Si la vie était alors plus difficile, elle était aussi moins exigeante, et l'homme était d'autant plus reconnaissant de ce qu'elle lui offrait qu'il en attendait peu. Contrairement à nos gouvernants actuels, Louis XI, comme Charlemagne, pardonnait la trahison et la perfidie avec une miséricorde qu'ignore notre justice impersonnelle. En tant qu'homme, lui aussi aurait un jour besoin d'être absous, et il espérait tirer avantage de la gratitude que pourrait lui valoir sa générosité. Cette générosité dépendait, il est vrai, de son état d'esprit : aujourd'hui le traître sait qu'aucun mouvement d'humeur ne viendra modifier la sentence que les tribunaux aveugles prononceront contre lui.

Nous qui avons donné à la mort et à la destruction une efficacité sans précédent, nous qui leur avons conféré un caractère infiniment plus terrible qu'aucune des générations qui nous ont précédés, nous qui, le soir venu, fuyons sur des routes ensanglantées la confuse épouvante que nous inspirent les grandes villes, nous tenons pour certain que ce sont là des gages de « progrès », et nous considérons les horreurs du passé comme bien pires que celles que nous connaissons aujourd'hui. En réalité, nous nous sommes simplement habitués aux maux de notre temps, tandis que ceux de nos ancêtres ont acquis au travers des siècles un aspect terrifiant.

Lorsque, au milieu du XVe siècle, Louis XI monta sur le trône, le féodalisme, qui constituait en Europe le système politique et social dominant, existait sous diverses formes depuis plus d'un demi-millénaire. Il était né des pressions étrangères aussi bien que des conditions intérieures. Durant les VIIIe, IXe et Xe siècles, les fragiles sociétés occidentales, issues des royaumes germaniques eux-mêmes édifiés sur les ruines de l'Empire romain, eurent à subir de toutes parts les sauvages assauts des envahisseurs — des Sarrasins au sud-est, des Magyars à l'est et des Vikings au nord. Le pouvoir central se révéla incapable de faire face à la fois aux difficultés intestines et aux dangers extérieurs. Tout comme la défense du pays, la vie sociale et économique s'organisa bientôt à l'échelle de la région, qui tomba tout naturellement sous la coupe de l'autorité locale. A la fin du xe siècle, les envahisseurs avaient été repoussés ou assimilés, comme ce fut le cas pour les Vikings qui s'étaient installés en Normandie. Cependant, le féodalisme et la prépondérance de la région, qui avaient permis à l'Europe de survivre, avaient engendré un réseau de seigneurs plus ou moins élevés, liés les uns aux autres par tout un système d'assujettissement — ou vasselage — minutieusement défini, basé sur la tenure des terres.

Le grand seigneur tenait ses terres du roi; son duché, ou son comté, constituait une partie du royaume. En échange, il était contraint de remplir envers son souverain certaines obligations : il lui devait généralement quarante jours de service armé par an, et il mettait alors à sa disposition un nombre de chevaliers et d'écuyers qui variait selon l'importance de ses domaines; en outre, il était tenu de lui verser certaines sommes d'argent à diverses occasions, et notamment lors du mariage de sa fille. Sinon, le duc ou le comte régnait en maître sur ses Etats, où il battait monnaie, collectait les impôts, rendait la haute, la moyenne et la basse justices, définissait les usages et les lois, pourvoyait ses bâtards de bénéfices ecclésiastiques, délibérait en son Conseil, envoyait et recevait des ambassades. Les seigneurs et chevaliers auxquels il avait concédé des fiefs devaient à leur tour remplir envers lui certaines obligations, militaires et autres, et, comme il était plus proche d'eux que le roi ne l'était de lui, il parvenait ordinairement à obtenir de ses vassaux une soumission plus grande que celle à laquelle il se sentait tenu envers son propre suzerain.

Pour l'habitant de la région, l'autorité centrale, c'est-à-dire le roi, ne revêtait aucune réalité tangible; c'était un personnage auquel le chrême, l'huile sainte dont on l'avait oint lors de son sacre dans la cathédrale de Reims, conférait un caractère redoutable, mais qui n'appartenait ni à la vie ni aux préoccupations quotidiennes. L'autorité, c'était le duc ou le comte; le gouvernement, le vassal de celui-ci; quant à la justice, c'était la cour du seigneur de l'endroit, le tribunal où présidait le maître du fief, sur lequel et par lequel vivait l'homme.

Tout comme les artisans s'efforçaient d'exprimer par des statues ou des vitraux la majesté de Dieu, l'amour de la Vierge pour l'humanité ou les miracles des saints, de même les grands féodaux travaillaient à donner un perpétuel commentaire de leur puissance par leur comportement, par le rituel qui présidait à leurs parties de chasse, à leurs audiences, à leurs séances de justice, par la splendeur de leurs vêtements, la richesse de leur maison, la multitude de leurs serviteurs et de leurs courtisans. On ne cherchait pas à comprendre le sens profond des choses; on accordait plus de crédit aux symboles qu'à l'analyse. Le pouvoir devait s'entourer de l'apparat qui lui convenait. L'importance de la suite d'un seigneur ne reflétait pas la gravité de ses fonctions, mais le degré de sa grandeur. Châtiment, récompense, cérémonie, tout revêtait, ou avait un jour revêtu, un aspect symbolique.

Nul aspect de la vie n'était plus empreint de symbolisme que la religion, qui pénétrait toute existence. L'Eglise était partout. Elle détenait environ un tiers des terres, et ses richesses étaient incalculables. L'armée de ses serviteurs — les moines et les nonnes, les prêtres, les évêques, l'immense foule des religieux attachés aux ordres mineurs — représentait un cinquième, voire un quart, de la population. Quelque cinquante fêtes et jours saints ponctuaient le passage des saisons; dans les villes, les cloches des églises sonnaient constamment, annonçant funérailles, messes de requiem et mariages, services d'actions de grâces, cérémonies d'intercession et célébrations de la fête des saints, sans compter toute la gamme des divers offices réguliers; pour accueillir un grand seigneur, pour implorer l'appui de Dieu contre la peste, les hommes d'Eglise et leurs ouailles organisaient des processions; aussi voyait-on souvent défiler dans les rues une forêt de cierges enflammés, de croix et de saintes bannières. Seigneurs à la fois spirituels et temporels, les archevêques appartenaient à la hiérarchie féodale. Les grands ecclésiastiques dirigeaient une part importante des affaires du roi.

Le chevalier, à qui il appartenait de se battre et de gouverner, le prêtre, à qui il incombait de prier et d'étudier, étaient les figures dominantes de cette société médiévale si haute en couleurs. L'Europe jouissait d'une unité qui dépassait le cadre limité des Etats, des langues et des devoirs envers son suzerain : l'Europe, c'était la chrétienté que dominaient le pape et l'empereur. Elle avait pour langue savante le latin, pour langue de cour le français et pour unique religion la foi catholique. Le chevalier et le prêtre appartenaient à la chrétienté avant que d'appartenir à qui que ce fût d'autre.

Cette société reposait tout entière sur une masse anonyme

de serfs et de paysans qui ne comptaient pour rien et dont l'unique fonction consistait à fournir à leurs maîtres le surplus de leurs récoltes et les produits indispensables à l'éclat de leur splendeur. Si, dans cette biographie, le lecteur ne trouve que de rares références aux travailleurs ruraux ou citadins, c'est tout simplement parce qu'on ne dispose à leur propos d'aucune information ou presque : leur sort était monotone, leur vie simple et étroite, l'intérêt qu'ils suscitaient chez le chroniqueur était nul. Ils besognaient du lever du jour à la tombée de la nuit, manquaient souvent de quoi mener l'existence la plus élémentaire, et n'avaient pratiquement aucune place sur la scène sociale.

Si, selon nos critères, l'évolution médiévale nous semble toujours lente, il n'en reste pas moins que l'époque de Louis XI accuse un profond changement par rapport au haut Moyen Age des XIIe et XIIIe siècles. Par ailleurs, la France prit alors une orientation différente de celle du Saint Empire romain — héritage de Charlemagne —, de l'Italie et de l'Allemagne.

Le combat dévastateur que se livrèrent le pape et l'empereur pour l'hégémonie de la chrétienté s'était soldé par l'épuisement de l'un et l'autre protagonistes. De cet état de choses, il résultait que l'empereur n'exerçait plus désormais qu'un médiocre contrôle sur le domaine qui était le sien et que constituait une mosaïque d'archevêchés, de margraviats, de duchés, de comtés et de « villes libres ». En fait, l'empire avait déjà amorcé l'évolution qui devait faire de lui la ruine anachronique qu'il allait rester jusqu'au jour où Napoléon le tira de sa misère. En Italie, l'impuissance du pape et de l'empereur avait permis la naissance d'Etats indépendants, de républiques comme Venise et Florence, de tyrannies comme celle des Visconti à Milan ou des Gonzague à Mantoue, d'entités politiques qui ne possédaient aucune autorité, au sens féodal du terme hormis celle que leur avaient valu leur génie et leurs ressources. Ayant bien souvent lié son sort à celui des villes la noblesse féodale avait peu à peu été absorbée par l'oligarchie marchande, de sorte que le féodalisme tel qu'on le rencontrait dans les vastes Etats du nord des Alpes n'existait pratiquement plus dans la péninsule, sinon dans le royaume de Naples. Les Italiens courtisaient l'empereur et écoutaient le pape, mais ils n'en faisaient jamais qu'à leur tête et semblaient prendre un plaisir tout particulier à se battre entre eux.

En 1066, après la conquête de Guillaume le Bâtard, duc de Normandie, l'Angleterre adopta le système féodal en vigueur sur le continent, mais avec des nuances et en y apportant certaines modifications. Contrairement aux rois de France, les successeurs de Guillaume n'accordèrent que rarement à leurs grands vassaux la possibilité de réunir des domaines suffisamment importants pour jouir de prérogatives qui en eussent fait leurs rivaux, mais prirent soin de morceler leurs terres et seigneuries en de nombreux comtés *. Un comte de Lancastre ne pouvait ainsi espérer devenir le potentat indépendant que s'enorgueillissait d'être un duc de Bretagne ou un comte d'Armagnac. Par ailleurs, en raison des conditions locales, mais aussi de la peste noire et de la Guerre de Cent Ans, le régime féodal anglais s'était pratiquement désintégré au XVe siècle. Le servage était presque inconnu, sauf dans certaines régions reculées. La société sur laquelle régnait le roi Edouard IV (1461-1483) était seigneuriale et non point féodale. Un système d'associations entre faibles et forts — système alors appelé « livrée et maintenance » mais auquel on a donné depuis le nom de « féodalisme bâtard » — avait remplacé les liens politiques traditionnels de la tenure et du vasselage. Pour obtenir faveurs et protection, les membres de la petite noblesse passaient, avec des seigneurs plus puissants, des contrats par lesquels ils s'engageaient à accomplir pour eux certains services, y compris du service militaire. De leur côté, les grands seigneurs fournissaient leurs contingents de troupes, non plus pour remplir leurs obligations féodales, mais au terme d'un accord négocié avec le roi lui-même.

Jusqu'à Louis XI, l'autorité qu'exerçait le roi d'Angleterre sur ses seigneurs était plus grande que celle du roi de France; mais, en revanche, son pouvoir était plus limité. Autrefois simple assemblée de barons, la Haute Cour du Parlement, désormais composée de la Chambre des Lords et de celle des Communes, promulguait les lois et régissait les impôts. Des rois aussi puissants qu'Edouard IV ou Henri VII dominaient leur parlement, mais le fait même de cette domination révé-

* Sur ce plan, les Percy et les Neville, au nord, les Mortimer, à l'est, constituaient en quelque sorte une exception; mais il était indispensable que les familles qui gouvernaient les Marches, c'est-à-dire les provinces frontières, disposent d'importantes ressources territoriales de manière à pouvoir défendre leurs domaines contre les incursions des Ecossais et des Gallois.

lait les limites de leurs prérogatives. Il est vrai qu'en l'espace de cent cinquante ans les seigneurs anglais déposèrent trois de leurs souverains, Edouard II (1307-1327), Richard II (1377-1399) et, comme nous allions le voir, Henri VI (1422-1461); mais, s'ils éloignèrent ces monarques du trône, ce ne fut pas dans un esprit féodal de réaction contre le pouvoir central : certains barons désiraient simplement voir la couronne passer sur la tête de leur candidat afin que ce soit eux, et non plus leurs rivaux, qui jouissent des bienfaits qu'un roi contesté fait pleuvoir sur ceux qui l'ont mis au pouvoir. Ce n'est pas en luttant pour affaiblir la monarchie mais en essayant d'en exercer lui-même les prérogatives que le célèbre comte de Warwick, ami de Louis XI, gagna son surnom de « Faiseur de Rois ». De la Guerre des Deux Roses — au cours de laquelle Warwick joua un rôle essentiel en assurant le triomphe de la Maison d'York sur la Maison de Lancastre — sortira une monarchie nouvelle; les rois yorkistes Edouard IV et Richard III inaugureront le nationalisme moderne que la dynastie des Tudors, fondés par Henri VII, consolidera encore. La reine Elisabeth Iʳᵉ est l'arrière-petite-fille d'Edouard IV.

Au xvᵉ siècle, sortant de son passé féodal, la péninsule ibérique nous offre un autre exemple de cette même évolution vers une autorité centrale puissante. Là encore, le développement du nationalisme va mettre en échec l'internationalisme de la chrétienté. Ferdinand et Isabelle uniront les royaumes d'Aragon et de Castille, d'où ils chasseront les Maures pour poser les bases de l'Espagne moderne. Ce mouvement est brillamment illustré par les efforts que tentèrent les ducs de Bourgogne, et tout particulièrement Charles le Téméraire, le plus puissant des ennemis de Louis XI, pour faire de leurs possessions disparates un Etat.

Son tempérament et l'expérience de sa jeunesse devaient rendre Louis XI très réceptif à ces courants, si caractéristiques de son époque, et les extraordinaires capacités qu'il possédait en tant que souverain allaient lui permettre d'entreprendre la transformation de la France en une monarchie nationale. Comment il finit par y parvenir constitue le sujet du présent ouvrage. Le travail qu'il accomplit devait être durable : l'Etat qu'il laissa à ses successeurs, et qui atteignit son apogée sous le règne de Louis XIV (1643-1715), le Roi Soleil, allait subsister jusqu'à la Révolution française sans subir de changement notable.

Contrairement au royaume d'Angleterre, son vieil ennemi, le royaume de France qu'hérita Louis XI était encore tout imprégné de traditions féodales. La Guerre de Cent Ans, qui se termina, huit ans avant que Louis ne montât sur le trône, par l'expulsion des Anglais hors de France (à l'exception de Calais), avait contribué à hâter le déclin du régime féodal, mais les princes n'en avaient pas pour autant abandonné leurs prétentions. Résultat de la dépopulation qu'avaient entraînée la guerre et la peste, bien des domaines autrefois cultivés se trouvaient de nouveau en friche, et la main-d'œuvre était tellement recherchée que de nombreux serfs pouvaient désormais racheter sans peine leur liberté, et que les paysans, tenants ou propriétaires, étaient en mesure d'obtenir des terres à des conditions avantageuses. Pour les mêmes raisons, nombre de seigneurs s'étaient appauvris, les prix ayant monté sans que leurs revenus changent. Quoique eux aussi fussent touchés, les grands seigneurs reprenaient les allures et les façons indépendantes de leurs ancêtres, tirant parti de la renaissance du régionalisme et de l'affaiblissement que les invasions anglaises avaient valu à la couronne.

Par ailleurs, de par son étendue, le domaine royal, c'est-à-dire le territoire directement placé sous l'autorité du roi, égalait à peine les possessions des grands feudataires. Pour l'essentiel, il était constitué de la Normandie, de l'Ile-de-France et de la Champagne, de la Touraine, du Poitou et de la Saintonge, et des grandes provinces méridionales de la Guyenne, du Languedoc et du Dauphiné. A l'est et au nord, il se trouvait limité par les possessions du duc de Bourgogne : son duché, ses comtés d'Artois et de Flandre et sa province de Picardie; à l'ouest, par celles du duc de Bretagne et les provinces du Maine et de l'Anjou; au centre, par les terres des ducs de Berry et de Bourbon ainsi que par celles du comte de la Marche; au sud, enfin, par les domaines des comtes d'Armagnac, de Foix et de Comminges. La plupart des grands vassaux jouissaient d'avantages et de ressources supplémentaires : les seigneurs du Sud bénéficiaient d'une longue tradition d'indépendance; baignée par la Manche, la Bretagne pouvait toujours compter sur l'appui de l'Angleterre; le duc de Bourgogne possédait de vastes territoires impériaux, comme la Hollande, la Zélande, le Brabant, le Luxembourg et la Franche-Comté, de même que la Maison d'Anjou qui devait hommage à l'empereur pour le duché de Lorraine et le comté de Provence. Au début de son règne, les prérogatives royales dont jouissait Louis XI parmi les possessions de ses vassaux — droits de taxation, exercice de la justice — variaient grandement et dépendaient de l'autorité que ses ancêtres étaient parvenus à s'assurer dans chaque fief en particulier. C'est ainsi que le duc de Bretagne, qui prétendait à une autonomie de fait, ne rendait à la couronne qu'« hommage par courtoisie », alors que le comte du Maine, dont les territoires étaient entourés par le domaine royal, disposait de privilèges et de droits beaucoup moins importants.

Dans la lutte qu'il mena pour ravaler ces princes orgueilleux au rang de loyaux sujets, Louis XI se servit d'une arme que ses ancêtres n'avaient pas été à même d'utiliser. L'univers médiéval du prince et du chevalier avait vu naître une tierce puissance, celle des villes et de leurs bourgeois, celle de l'argent, celle à qui le monde appartiendrait un jour. A l'époque de Louis XI, le fouillis de bâtisses qui s'étaient groupées autour du moulin d'un évêque ou du gué d'un gentilhomme, à proximité d'une demeure ou d'une forteresse royales, s'était transformé en une ville fière de ses monuments, de sa richesse, de son pouvoir et de ses privilèges. Reine des cités de l'Occident, Paris, qui, à côté du Louvre, de l'hôtel de Saint-Pol et d'autres résidences royales, abritait les principaux offices du gouvernement, la plus célèbre université d'Europe et les esprits les plus raffinés du monde (« Il n'est de bel esprit que de Paris », déclarait François Villon, le plus merveilleux des poètes et des coquins de l'époque), comptait alors quelque deux cent mille habitants, c'est-à-dire au moins quatre fois plus que Londres ou que Venise. Rouen et Lyon, respectivement deuxième et troisième villes du royaume, constituaient des municipalités telles qu'auparavant le Moyen Age n'en avait pas connues.

Le développement des villes avait généralement fait d'elles les alliées naturelles du roi, en qui elles trouvaient un protecteur capable de les défendre contre les abus des seigneurs, et qui était disposé à faire usage de leur puissance dans la lutte qu'il menait lui-même contre la féodalité. Tout comme leur souverain, les villes étaient antiféodales et se montraient extrêmement jalouses des privilèges qu'elles avaient su conquérir. Toutefois, elles étaient énergiquement gouvernées : si un jour elles avaient connu quelque chose qui ressemblait à l'égalité, elles l'avait oublié depuis longtemps. La « liberté » dont elles s'enorgueillissaient, c'était la liberté dont elles jouissaient par rapport au monde extérieur et non point celle qui régnait dans leurs murs. La vie des villes était réglée jusque dans les moindres détails par une oligarchie de marchands et d'artisans — les « supérieurs » ou « le vêtement », comme on les appelait en Angleterre en raison de la robe écarlate qu'ils portaient. Tout comme dans bien d'autres régions d'Europe, dans le Nord et dans le Centre de la France une hiérarchie de corporations de métiers et de commerce régissait les activités économiques, sociales et politiques de la municipalité. Les autorités dirigeantes des corporations les plus riches — généralement celles des marchands, des orfèvres, des drapiers, des épiciers et des représentants de tel ou tel autre négoce propre à la localité — étaient aussi les autorités dirigeantes des confréries religieuses et les autorités dirigeantes des villes.

Dans les villes comme dans les campagnes, les membres des classes laborieuses gagnaient tout juste de quoi subsister. Ils vivaient entassés dans des taudis et ne jouissaient d'aucun des droits de la bourgeoisie. Les artisans et les petits boutiquiers — tailleurs ou cordonniers n'ayant personne à leur service, ou employant de rares ouvriers — occupaient de petits logements sombres et encombrés, aménagés dans le fond ou audessus de leur échoppe; leurs corporations étaient les plus pauvres et ils constituaient la fraction la moins favorisée de la bourgeoisie. Par contre, les banquiers et les grands marchands, qui occupaient la première place dans la hiérarchie des corporations, vivaient dans de spacieuses demeures, solidement construites, qu'éclairaient de larges fenêtres vitrées et qu'ornaient de riches tapisseries. C'est chez eux que les seigneurs, de passage dans les villes, aimaient à descendre, car leurs appartements étaient souvent plus confortables que les châteaux. Au XVe siècle, le roi de France prenait soin d'informer ses « bonnes villes » de ses projets et de sa politique. Les délégués municipaux recevaient habituellement à la cour un accueil chaleureux. Louis XI les appelait « mes amis » et prenait plaisir à s'entretenir avec eux dans un langage familier bien fait pour les séduire.

Dans cet univers, un fils de paysan ou d'ouvrier avait peu de chances de s'élever; pourtant, la mobilité sociale était plus grande que par le passé. Longtemps l'Eglise avait été seule à offrir à un garçon pauvre, mais intelligent, la possibilité d'accéder à un rang plus élevé. A l'époque de Louis XI, si ceux qui entraient dans les ordres étaient toujours nombreux, il y avait d'autres façons d'échapper à sa condition. Ceux qui avaient la possibilité d'étudier dans une université pouvaient espérer faire carrière dans la législature, entrer au service du gouvernement ou devenir conseiller d'un seigneur; ceux qui avaient des talents militaires avaient le loisir de faire fortune comme officiers dans l'armée permanente créée par Charles VII, le père de Louis. Par ailleurs, des nobles ambitieux quittaient leurs châteaux, humides et délabrés, pour tenter de s'enrichir dans le commerce ou les affaires, et les riches bourgeois, qui obtenaient assez facilement de Louis XI un titre de noblesse, se trouvaient ainsi en mesure d'acquérir des fiefs et de grossir les rangs de l'aristocratie terrienne.

Au sommet de cette pyramide, où s'échelonnaient gentilshommes, bourgeois, ecclésiastiques et grands vassaux, trônait le roi. En dehors des limites que lui dictait sa propre prudence, et des privilèges que ses ancêtres avaient accordés ou s'étaient montrés incapables d'abolir — chartes aux villes, concessions juridictionnelles aux seigneurs —, il jouissait d'une prérogative pratiquement illimitée. Par ses décrets, les Ordonnances, il décidait de la guerre et de la paix, il réglait le commerce, modifiait les impôts, créait des organismes gouvernementaux, maintenant l'ordre dans le pays. Il était assisté d'un Conseil royal composé de diplomates, de doctes évêques, de juristes et d'experts financiers, du chancelier et du trésorier, ainsi que de grands seigneurs. Ces derniers étaient considérés comme ses amis et conseillers « naturels » : descendants de filles ou de fils cadets d'anciens rois, ils étaient pour la plupart ses parents aussi estimait-on qu'ils partageaient avec lui cette aptitude particulière à gouverner que Dieu conférait aux monarques. Mais, comme nous le verrons, Louis XI accordait peu de poids à cette croyance. Un Conseil privé, constitué des intimes à qui le roi avait accordé sa confiance, discutait avec lui de la politique du royaume et partageait le secret de ses décisions.

C'est à Paris que siégeaient les principaux organes du gouvernement, le Parlement et la Chambre des Comptes, qui correspondait approximativement à l'Echiquier anglais. Le Parlement de Paris, cour suprême du pays, entendait les appels des parlements régionaux et des juridictions princières, et jugeait ordinairement les causes, civiles ou criminelles, qui touchaient à la couronne. L'institution la plus proche du Parlement anglais, les Etats généraux, que composaient la noblesse, le clergé et la bourgeoisie, n'étaient que rarement convoqués par le roi. Leur fonction consistait à faire ce qu'on leur demandait, c'est-à-dire à approuver la levée de tel impôt particulier ou à manifester par un vote la confiance que leur inspirait la politique royale. La province avait également ses Etats qui, sous la surveillance de fonctionnaires royaux, se réunissaient plus ou moins régulièrement selon la coutume de l'endroit.

Le rapport de son domaine, de ses droits de douane et des « servitudes » féodales, la taille, un impôt sur le revenu et sur les biens, et les aides, ou taxes de vente, qui variaient d'une province à l'autre, constituaient les trois sources principales des revenus du roi. A Paris, il y avait quelque soixante-dix « fermes », ou impôts, sur la production, la distribution et la vente de toute espèce d'articles et de produits alimentaires. Autrefois, le roi était supposé « vivre de son bien », c'est-à-dire du revenu de ses terres et de ses bénéfices féodaux; au XVe siècle, on estimait encore qu'il devait en être ainsi, bien que l'accroissement des charges gouvernementales rendît la chose impossible. Les aides, primitivement votées par les Etats provinciaux comme des subsides exceptionnels accordés au roi en cas d'urgence — pour faire face à un quelconque envahisseur, par exemple — étaient depuis longtemps devenues un impôt régulier. Dans la plupart des fiefs des grands vassaux, les fonctionnaires royaux levaient diverses taxes et collectaient les bénéfices que valait au roi le monopole du sel, c'est-à-dire la gabelle. Le trésorier de France gérait les ressources du domaine; à raison d'un par province, les généraux des Finances s'occupaient avec leurs délégués, les élus, de la taille et des aides, qui rapportaient bien davantage que le domaine royal; enfin, les « trésoriers à la Guerre » veillaient au paiement et à l'approvisionnement de l'armée.

Les membres de la maison du roi, de celle de la reine et des enfants royaux se chiffraient par centaines. Sa Majesté avait à son service des chambellans, des huissiers et des valets de chambre, des écuyers de bouche et de cuisine, des médecins et des astrologues, un confesseur et un aumônier, des piqueurs et des fauconniers, une élégante garde écossaise qui comptait entre cinquante et cent hommes, une troupe de cavaliers armés, un argentier et un garde-robier, des trompettes et des hérauts, un échanson, un écuyer tranchant, des cuisiniers et des fournisseurs. La Maison royale se déplaçait souvent. Il était plus facile d'aller d'un domaine à l'autre pour en consommer les produits que d'apporter ceux-ci au roi. Il fallait donc périodiquement nettoyer les châteaux, en vider les fosses d'aisance et en renouveler l'atmosphère au moyen d'herbes aromatiques. Le lieu des plaisirs, la qualité des terrains de chasse, variable suivant les saisons, les pèlerinages qu'on avait fait vœu d'accomplir, les troubles qui agitaient telle province éloignée motivaient également les déplacements royaux. Lorsque, en un long train de cavaliers et de chariots, le roi prenait la route avec sa garde et sa Maison, il emportait avec lui ses meubles, ses tapisseries, son vin, ses livres, ses chiens et sa baignoire. Parfois même il emmenait la reine.

Tout ce que faisait le roi était important, aussi ses qualités de souverain étaient-elles décisives. Aujourd'hui, nous voulons croire que notre histoire est essentiellement déterminée par des mouvements de masses ou de pensées, par des impératifs sociaux ou économiques, nous voulons croire qu'un peuple contribue à l'élaboration de son propre destin. Mais au XVe siècle, un roi fou, brutal ou faible pouvait être la cause d'un désastre international; un grand roi pouvait éclairer la vie de milliers d'individus. La justice était la justice du roi, la guerre ou la paix, l'affaire du roi; et les affaires, et la justice du roi, c'était le roi lui-même.

Tel était au XVe siècle le vaste royaume de France, le théâtre où se déroula l'histoire de Louis XI, histoire étrange et complexe, tour à tour grotesque et stupéfiante, souvent absurde et toujours agitée, et que cette biographie se propose de faire revivre.

Cette histoire, c'est l'histoire d'un homme décidé qui sut imposer aux autres ses décisions. Il lui fallut garder l'esprit incessamment en éveil, plier le temps à ses desseins, être deux fois plus habile et trois fois plus diligent que ses semblables, et cacher toujours son sens de la comédie derrière les gestes du conformisme; en effet, quoiqu'il fût un prince de la féodalité française, ni son éducation première, ni la structure de son esprit ne voulaient qu'il s'adaptât aux attitudes seigneuriales ni qu'il acceptât les prétentions de ses vassaux. Adolescent sans ressources, il se rebella contre le monde; souverain tout-puissant, il amena le monde à se rebeller contre lui. Louis XI publia plus d'édits qu'aucun roi de France depuis Charlemagne et créa un réseau très élaboré de relations internationales. Mais les livres et les monographies n'offrent qu'une information fragmentaire sur cette prodigieuse activité politique. Pour l'essentiel, les archives diplomatiques de Louis n'ont pas été publiées ni même convenablement étudiées. Ceux qui s'intéressent à l'histoire des institutions ne lui ont jamais accordé qu'une attention négligeable : c'était un créateur plutôt qu'un organisateur, et cela parce qu'il envisageait l'art de gouverner comme une fonction propre à son esprit d'une part, et, d'autre part, parce que, joutant avec des adversaires récalcitrants, il eut juste le temps de jouer son drame jusqu'au bout — un drame dont il n'eut jamais le loisir de rédiger le scénario.

Sur sa vie, sur son caractère, nous disposons pourtant de nombreux documents. En fait, nous sommes peut-être mieux informé sur lui que sur toute autre personne ayant vécu jusque-là — ce qui témoigne à la fois des progrès accomplis au XVe siècle dans le domaine des archives et du rôle prépondérant que joua Louis dans la vie de ses contemporains *.

Dix volumes de lettres, les ruines d'un gigantesque édifice ont conservé l'accent de sa personnalité, spirituelle et impatiente, tour à tour simple et impérieuse. Sous des dehors plus officiels, les préambules à ses décrets nous renseignent sur les mouvements de sa pensée. Avec le précieux portrait qu'en a brossé Philippe de Commynes, nous découvrons un autre aspect de Louis XI, celui qu'a pu observer un conseiller intime du souverain. Pendant plus de dix ans, Commynes fut au service du duc de Bourgogne, l'ennemi de Louis; après quoi, dans la nuit du 7 au 8 août 1472, il s'enfuit du camp de Charles le Téméraire pour devenir le biographe du roi. Enfin, avec leurs comptes rendus quotidiens, les envoyés étrangers à la cour de France nous entraînent derrière la façade de la royauté pour nous introduire dans le cabinet de travail du monarque.

* Nous sommes tout aussi bien renseigné sur la vie et sur le caractère du pape Pie II (Aeneas Sylvius Piccolomini) qui vécut à la même époque et que nous connaissons grâce à des centaines de lettres, de discours et d'ouvrages, et surtout grâce à une autobiographie dont la qualité en fait l'un des chefs-d'œuvre de la littérature universelle.

Louis vécut toute sa vie au grand galop, consacrant son temps aux multiples entreprises d'un souverain hardi et ambitieux. Commentant le drame, retraçant l'essentiel de ses tâches, une succession d'ambassadeurs milanais qui, en vingt ans, envoyèrent chez eux quelque sept cents dépêches, se sont faits les journalistes de la cour du roi. Là où les chroniques et les documents gouvernementaux nous apprennent la décision, ces dépêches nous révèlent le cheminement tortueux de la pensée qui l'a précédée, le combat qui s'est joué dans l'esprit tourmenté de Louis. Elles restituent les brumeuses perspectives auxquelles se trouvait confronté le roi, le flot contradictoire des rumeurs, l'oppressante atmosphère émotionnelle, le jeu ambigu des loyautés incertaines, la personnalité des puissants seigneurs au milieu desquels se mouvait Louis. Tout perspicaces qu'ils fussent, ces observateurs n'étaient évidemment pas dépourvus de tout préjugé et voyaient le roi à travers le prisme déformant de leurs propres préoccupations; mais ils avaient été formés à l'école de la nouvelle diplomatie italienne et, connaissant l'importance d'une information précise, ils ne se contentaient pas de traduire en substance ce qu'avait dit le roi : souvent ils s'appliquaient à répéter dans leurs rapports les paroles mêmes qu'il avait prononcées.

De ces multiples témoignages ressort l'image d'un homme aux capacités exceptionnelles, doué d'une personnalité aussi complexe et aussi diverse que celles de douze personnages ordinaires. Ses ennemis l'appelaient, non sans raisons, « l'universelle araigne » (araignée) — une métaphore à laquelle Jean II d'Aragon donna sa pleine signification en précisant que le roi de France était « l'inévitable vainqueur de toute négociation ». Les ambassadeurs italiens, qui se croyaient eux-mêmes plus fins que tout ce qui venait de l'autre versant des Alpes, le jugeaient « le plus subtil homme qui soit ». Pour Commynes, sa sagacité, sa connaissance des hommes et des choses, son infatigable vitalité, en faisaient un souverain sans égal.

Pourtant, moins d'une génération après sa mort, à une époque où les princes étaient en réaction contre son règne, on racontait que, durant sa dernière maladie, Louis s'abreuvait du sang de nouveau-nés, qu'il était l'assassin de son frère et qu'il se délectait à entendre les cris de ses victimes torturées. Avec *Quentin Durward,* Sir Walter Scott, s'appuyant sur ces fables, imposa à l'imagination populaire la grimaçante image d'une gargouille baignée dans les sinistres lueurs d'un Moyen Age déclinant. Malgré le feu croisé des arguments plus ou moins scolastiques de ses biographes français, Louis XI conserva ce visage jusqu'au début du XXe siècle, avant de trouver chez Pierre Champion un remarquable défenseur; mais l'ouvrage que ce dernier lui consacre (*Louis XI*, 2 vol., 1927) est gâté par certaines omissions ou déformations, et son approche délibérément impressionniste du sujet estompe les traits hardiment dessinés du personnage qu'il peint.

En abandonnant la légende pour retrouver la vie, on découvre les vraies dimensions de l'homme, son habileté à charmer, son insatiable curiosité, son goût de la loyauté. Le personnage « gothique » qu'en brossa Walter Scott offre peu de ressemblance avec le roi, qui est généralement prêt à pardonner les trahisons passées dans l'espoir de gagner de futurs dévouements, et qui, comme l'avoue un ennemi, « désire toujours sauvegarder ses hommes et préférer de beaucoup perdre dix mille couronnes plutôt que le dernier archer de sa compagnie ». Tortueux, Louis pouvait l'être, et pourtant, derrière le paravent de la dissimulation se cachait une étonnante simplicité. Dans les instructions qu'il donna au sujet de l'effigie qui devait orner son tombeau dans l'église Notre-Dame-de-Cléry, il ordonna qu'on le représentât dans un costume de chasse ordinaire, chaussé de ses bottes et de ses éperons, le cor en bandoulière, le chapeau à la main. Quelque habile, quelque calculée qu'elle fût, cette simplicité, que d'aucuns trouvaient si déconcertante mais qui donnait tant de persuasion à ses arguments, lui venait du fond de sa nature. Apparemment, personne n'était plus timoré, plus ému par le péril, et pourtant personne n'affrontait le danger, personne ne courait de risques avec plus d'empressement que lui : il se repaissait de ce qui semblait l'effrayer. Son humeur s'exprimait à travers tout un répertoire d'éclats, de gestes extravagants et de paroles superflues. Acteur impénitent, comédien sans pareil, il savait manier l'ironie comme personne. En fait, sa carrière semble un long poème comique dont il serait lui-même et l'auteur et le protagoniste. A l'instar de bien des comédiens, il faisait grand cas de son art; comme eux, il lui arrivait d'être lui-même victime de son adresse. Mais toujours il prenait sa mission plus au sérieux qu'il ne se prenait lui-même.

Sa carrière constitue l'un des plus grands succès politiques que l'histoire ait connus; cependant, avant de réussir, il dut vaincre bien des handicaps et surmonter bien des défauts propres à son tempérament. Parfois il était dévoré de soupçons qui obscurcissaient sa vision. Il choisit pour arme la persuasion; pourtant, il était laid, parlait rudement, et ne se souciait guère de la dignité. Il mit sur pied un réseau policier couvrant toute l'Europe, mais il s'obstinait à faire toute chose à sa guise. Il ne pouvait cacher aux seigneurs qu'il lui fallait se concilier le mépris que lui inspiraient leurs poses archaïques, et il ne craignait pas de s'en faire des ennemis en ridiculisant par ses façons, ses vêtements et ses propos, les usages d'un temps soumis aux conventions. Profondément inquiet, il n'était jamais satisfait de son propre travail, et, lorsqu'il avait donné le meilleur de lui-même, il se laissait aller à commettre quelque exploit douteux risquant de compromettre les tâches auxquelles il avait consacré sa vie.

Mais, s'il se trahit parfois lui-même, jamais il ne trahit le peuple de France. Il était doué d'un rare talent : il savait tirer parti de l'expérience, de sorte que l'échec lui-même lui était profitable, et sa volonté était suffisamment puissante pour dominer ses faiblesses. Sa vie nous offre plusieurs exemples du même processus, l'un des plus grands de l'existence humaine : le repli sur soi auquel succède la réaction. Lorsque, après avoir vécu dans l'univers clos de ses espoirs et de ses rêves, l'homme se trouve brusquement mis en contact avec la dure réalité d'un monde auquel il n'est pas préparé, objet de dérision ou victime de l'indifférence, il en éprouve une blessure cruelle et se replie sur lui-même. Dans cette sombre solitude, succède à sa confiance ébranlée une confiance durable, basée sur une connaissance authentique des réalités extérieures, et l'homme, armé de forces nouvelles, sort de sa retraite pour se mesurer avec le monde. Brillamment illustré par des individus aussi divers que saint Augustin, le roi Alfred d'Angleterre ou V. I. Lénine, ce processus se trouve merveilleusement décrit dans *Sartor Resartus,* de Thomas Carlyle, et dans le *Prélude* de Wordsworth. Pour Louis XI, échec, repli sur soi et réaction constituent le rythme même de la vie; mais, ce processus, il semble l'avoir adopté plutôt que de l'avoir subi. L'échec ne l'aigrit jamais; loin de l'abattre, l'adversité le renforce encore dans la certitude que le jeu en vaut la chandelle, et, durant la période où il se replie sur lui-même, il est trop occupé à apprendre sa leçon pour gaspiller son énergie à blâmer le destin. Si la prospérité tend à émousser le tranchant de sa circonspection, il n'est jamais aussi dangereux que lorsqu'il se trouve en danger. Ce que Louis dit de Francesco Sforza, autre aventurier politique, s'applique aussi bien à lui-même : « Jamais il n'était mieux que lorsqu'il avait de l'eau jusqu'au cou. »

C'est durant cette période de transition, où achèvements et renouveaux n'étaient encore qu'obscurément perçus, que Louis XI éprouva ses rêves et exerça ses talents. Ecartelée entre les traditions ébranlées d'un Moyen Age déclinant et les nouveaux principes nationalistes d'un avenir incertain, l'énigmatique et violente Europe du XVe siècle voyait alors s'épanouir une génération de princes flamboyants et d'aventuriers astucieux. Louis monta sur le trône d'un royaume féodal épuisé par un siècle d'invasions, de luttes intestines, de soulèvements populaires, de peste et d'incapacité princière. A ses successeurs, il laissa une monarchie nationale. Pour anéantir le plus dangereux de ses ennemis, il inventa une arme nouvelle, la guerre froide, et, pour nous, peut-être est-ce là le plus étonnant de ses exploits *. Connu à juste titre comme l'un des fondateurs de l'Europe moderne, il s'impose à notre imagination comme le représentant d'un moment essentiel dans l'évolution de l'humanité. Ses réalisations ont voulu que nous nous fassions de son caractère une représentation symbolique, même si son caractère doit nous aider à comprendre ses réalisations. Je n'ai donc pu faire autrement que de m'étendre assez longuement sur l'élaboration de son œuvre; mais je me suis efforcé de définir le souverain de manière à pouvoir essayer de surprendre l'homme.

* La question de savoir s'il en fut vraiment l'inventeur peut être discutée; cependant, qu'il eût été ou non le premier à en concevoir l'idée, il donna à sa réalisation une ampleur inconnue jusque-là.

LIVRE I

LE DAUPHIN

PREMIÈRE PARTIE

L'étranger

1.
L'enfant de la honte

Celui qui allait un jour devenir Louis XI, roi de France très chrétien, naquit dans l'après-midi du 3 juillet 1423, aux environs de trois heures, dans le palais épiscopal de Bourges, près de la grande cathédrale Saint-Etienne. Il vint au monde à un moment peu opportun pour un héritier royal : la fortune de son père, celle de sa Maison et de son pays, n'auraient guère pu être plus basses. Victime de seigneurs jaloux de son pouvoir, puis contraint d'abandonner sa fille et son royaume à un conquérant étranger, Henry V d'Angleterre, Charles VI, son grand-père — si du moins c'était bien là son grand-père —, était devenu fou. Si certains reconnaissaient en son père le roi de France, par dérision ses nombreux ennemis appelaient Charles VII le « roi de Bourges ». Sa mère elle-même avait déclaré qu'il était bâtard; il n'avait pas été couronné à Reims et, loin d'être le maître des quelques princes sur lesquels il régnait encore, il n'était même pas maître de lui-même. Ce n'était qu'une marionnette dont les fils étaient manipulés par une clique de brigands déguisés en conseillers royaux.

Deux heures après la naissance de Louis, Charles, alors âgé de vingt et un ans, se mettait docilement en devoir de dicter un faire-part grâce auquel les quelques villes, seigneurs et puissances étrangères qu'elle pouvait intéresser seraient informés de cette heureuse nouvelle. Dans la chambre à coucher de son épouse (la non moins docile Marie d'Anjou), le bébé, qui n'allait pas tarder à devenir l'un des enfants les plus récalcitrants qu'ait connus l'histoire, reposait au milieu des fastueuses tapisseries qu'on avait accrochées là pour honorer la reine en couches. Mais ces tapisseries avaient été empruntées, les magnifiques tentures de la Maison de Valois, qui constituaient l'une des plus grandes collections d'Europe, étant, parmi bien d'autres choses, tombées aux mains des Anglais. Elles portaient les armes de Charles d'Orléans — un nom qui évoquait bien les tristes changements de l'époque. Capturé huit ans auparavant lors de la bataille d'Azincourt, le duc poète se trouvait toujours prisonnier en Angleterre.

Le lendemain de sa naissance, Louis fut amené en la cathédrale Saint-Etienne pour y être baptisé. Un des parrains portait le titre de chancelier de France; l'autre, Jean, duc d'Alençon, était un garçon de quatorze ans qui allait devenir l'un des compagnons d'armes de Jeanne d'Arc avant de sombrer dans une demi-folie et de commettre d'innombrables perfidies. Le service était célébré par Guillaume de Champeaux, duc-évêque de Laon, un coquin beau parleur connu pour mener une « vie honteuse et déshonnête ». L'enfant était tenu sur les fonts par Catherine de l'Isle-Bouchard, comtesse de Tonnerre, une femme aussi remarquable par sa cupidité que par sa beauté. On le baptisa Louis — « en mémoire de saint Louis », dit-on.

Quelques jours plus tard, des feux de joie illuminaient Paris; on dansait dans les rues, où défilaient des processions. Mais ce n'était pas pour fêter la naissance de l'héritier royal que brûlaient les cierges et que flottaient les étendards : on célébrait l'éclatante victoire que les Anglais venaient de remporter à Cravant sur ce qui restait des armées de Charles. Peu de temps apres, une expédition anglo-bourguignonne menaçait Bourges elle-même. A l'époque où Louis entrait dans sa troisième année, les factions rivales, qui divisaient la cour de son père, et les victoires de l'ennemi constituaient pour sa propre existence une telle menace qu'on fut contraint d'enlever l'enfant à ses parents pour le cacher derrière les sinistres murailles du château de Loches.

La forteresse tourangelle où vécut Louis jusqu'à l'âge de dix ans se dresse au milieu d'une campagne ondoyante et richement boisée où prospérait alors un abondant gibier. Mais le château lui-même est loin d'être plaisant. Entouré d'une puissante ceinture de murailles flanquées de lourdes tours, construit sur une colline rocheuse sertie d'un fouillis de huttes villageoises, le donjon qui en constitue le centre consiste en un énorme ouvrage de maçonnerie humide et sombre aussi impénétrable qu'une falaise. Conçu pour la lutte, ce n'est pas la vie ordinaire mais la dure vie de garnison qu'évoque cet édifice dont les rares fenêtres ne laissent entrevoir qu'un étroit pan de ciel. Cette place forte, construite au XIe siècle par Foulque Nerra, un comte d'Anjou particulièrement farouche, engloutit le petit Louis de Valois. Devenu roi de France, il devait par la suite utiliser ce château pour y incarcérer des prisonniers. Et c'est peut-être ainsi qu'enfant il se voyait lui-même : prisonnier de la misère de la France et de la faiblesse de son père.

On ne sait rien des premières années qu'il passa, dans une maison où l'argent était rare, derrière les blancs créneaux de Loches. En 1429, durant les premiers beaux jours qu'eût connus la Maison de Valois depuis presque cent ans, le petit Louis se trouva soudain en présence de Jeanne d'Arc. Elle vint à Loches auréolée du prestige que lui avait valu la grande victoire qu'elle venait de remporter sur les Anglais, à Orléans. Grâce à une lettre écrite par l'un des jeunes chevaliers qui se réunirent à Loches pour rallier l'armée de Jeanne, nous possédons un bref portrait de Louis enfant. Après avoir présenté ses respects à la Pucelle — elle lui offrit un verre de vin et lui dit en souriant : « Nous boirons à nouveau, à Paris! » —, André de Laval « s'en alla au château rendre visite à Monseigneur le Dauphin. C'est un très séduisant et très gracieux seigneur, fort bien fait, agile et aimable en vérité, âgé d'environ sept ans ».

En fait, il s'en fallait d'un mois qu'il eût six ans lorsqu'il entra en contact avec la jeune fille en armure au travers de laquelle s'exprimait le Saint Esprit. Arrivé à l'âge d'homme, il ne fera jamais mention d'elle, ni dans ses Ordonnances, ni dans ses lettres, ni dans les conversations que nous rapportent les envoyés étrangers; cependant, il est fort improbable que la flamme mystique qui illumina alors la France et suscita l'étonnement de toute l'Europe ait pu laisser indifférent un enfant dont l'esprit était particulièrement impressionnable. Peut-être l'effet produit sur lui par la Pucelle doit-il se mesurer à la foi inébranlable qu'il conserva dans le destin de sa Maison et à l'adoration fervente qu'il voua à la Vierge, et tout particulièrement à la Vierge de Cléry à qui, comme il le déclarera dans l'une de ses Ordonnances, « nous nous sommes consacré dès notre prime jeunesse ». Située à une dizaine de kilomètres au sud-ouest d'Orléans, l'église de Cléry recelait — et recèle encore — une statue de Notre-Dame, statue de bois noircie par l'âge, qu'un paysan avait trouvée dans un champ et qui remonte peut-être aux débuts du christianisme en Gaule. Il semble que Jeanne d'Arc soit venue prier devant l'autel en ruine de cette chapelle mise à sac par les Anglais durant le siège d'Orléans, et il se pourrait même que Louis l'y ait accompagnée à l'occasion du pèlerinage *.

C'est en 1429, la grande année de Jeanne d'Arc, que Louis commença son éducation formelle sous la direction de Jean Majoris, licencié ès lettres, chanoine de Rouen, à l'égard de qui il se montrera plus tard très reconnaissant. Penché sur des livres dans l'une des obscures chambres de Loches, le jeune garçon étudiait la grammaire, la rhétorique, l'histoire profane et sacrée, les mathématiques et la musique — autant de sujets conventionnels, mais appréhendés par un esprit non conformiste et enseignés selon une méthode résolument originale.

Le célèbre humaniste et théologien Jean Gerson, chancelier de l'université de Paris, établit lui-même un programme d'études qu'il adressa au précepteur aussi bien qu'à l'élève. Il conseillait à Majoris d'obtenir des serviteurs du dauphin qu'ils entretiennent autour de celui-ci un atmosphère propice à l'étude, et surtout qu'ils évitent la flatterie, ce poison qui trop souvent corrompt le caractère d'un prince. Le travail scolaire devait revêtir un aspect aussi attrayant que possible; à cet effet, il fallait que Majoris utilise des ouvrages rédigés en français (plutôt que de mener son enseignement en latin). De même, il devait s'efforcer de développer les intérêts personnels du dauphin ainsi que son sens de l'initiative et encourager les efforts de l'enfant par l'éloge plutôt que par la contrainte. Si une correction s'avérait nécessaire, il fallait préférer la réprimande au châtiment corporel. Enfin, concernant l'éducation morale du futur souverain, Gerson recommandait à Majoris de mettre l'accent sur les vertus que représentent la clémence et l'humilité, et de rappeler à son élève que tous les hommes, qu'ils soient rois ou mendiants, sont égaux devant Dieu.

Mais l'univers de Louis ne se limitait pas aux livres et aux remparts de Loches. L'après-midi, il sautait à cheval, dégringolait la pente rocheuse qui le séparait du village et s'engageait

* Il pourrait avoir eu la possibilité de la revoir lorsqu'elle se rendit dans la Loire avec la cour, entre l'attentat manqué contre Paris, en septembre 1429, et sa capture à Compiègne, en mars 1430.

dans la campagne. Il apprenait à tirer à l'arc et, plus âgé, à manier l'épée et la lance. Cependant, son éducation peu princière ne lui offrit pas l'occasion d'apprendre à aimer les joutes, qui constituaient alors le premier des divertissements d'un prince, et, avec les années, il en vint même à les détester : jouter retenait les seigneurs dans la lice alors que les Anglais pillaient le royaume.

Durant ces années qu'il passa loin des cours et des princes, il apprit à se sentir à l'aise au milieu des gens simples. Il s'habitua à user d'un langage familier, à porter des vêtements peu coûteux, à apprécier une nourriture ordinaire et à se contenter d'appartements sans prétention. A une époque où désastres et miracles appartenaient à la vie quotidienne, il épousa tout naturellement l'attitude religieuse des gens qui l'entouraient. La Vierge se tenait à côté du Trône redoutable, mais elle avait été mère, elle comprenait les besoins d'un enfant, et, pour ce qui est de ses propres parents, Louis ne les voyait guère. Sous la tutelle de Jean Majoris, il lisait la vie des grands saints et écoutait les histoires plus familières que lui contaient ses compagnons. Des saints qui avaient été des hommes comme lui ne pouvaient rester insensibles à d'honnêtes procédés : en échange d'un juste tribut — après tout, il ne leur était pas possible de s'occuper de chacun — ils rendaient des services fort utiles comme de guérir la colique, favoriser telle entreprise ou assurer la sauvegarde du voyageur.

Ignorant l'amour qui unit généralement l'enfant à ses parents, Louis trouvait un exutoire à ses affections dans le monde des animaux, auprès des chiens, des oiseaux ou de créatures plus exotiques. Conséquence d'une enfance solitaire, cette attitude témoignait sans doute également du mystérieux travail qu'effectue l'individu pour s'adapter à l'univers. Peut-être la dévotion inconditionnelle d'un chien, la grâce énigmatique d'un léopard consolaient-elles l'enfant des humiliations qu'avait subies son père et de l'abandon où il avait conscience de se trouver lui-même.

En 1433, lorsqu'il fut entré dans sa onzième année, une révolution survenue à la cour de son père vint mettre fin à sa réclusion. Abandonnant la sombre forteresse de Loches, il s'en vint vivre auprès de sa mère et de ses sœurs, à Amboise, dans le clair château qui domine la Loire, à quelques kilomètres de la ville de Tours. Pour lors, personne, sinon peut-être Jean

Majoris, n'avait conscience de la redoutable puissance que la nature et l'éducation avaient contribué à faire mûrir à l'écart du monde, dans l'univers assoupi de Loches. Cette éducation débordait le cadre limité de l'étude des livres et de l'entraînement du corps. Ce que Louis découvrit du caractère et du gouvernement de son père durant les années qui précédèrent son arrivée à Amboise allait modeler chez lui la conduite du dauphin tout comme la politique du roi. Il y apprit comment un royaume autrefois puissant était tombé si bas, et pourquoi lui, l'héritier des Capétiens, se trouvait être le légataire de la misère et de la honte.

Reconnue pour centre de la chrétienté, la France médiévale s'étendait des villes flamandes de Bruges et de Gand aux plages de la Méditerranée. Elle était abondamment pourvue de rivières et de ports, de plaines fertiles et de vignobles, de forêts, de montagnes et de vallées. Vers le milieu du XIIIe siècle, à l'époque de Saint Louis (Louis IX), les ducs et les comtes qui appartenaient à la féodalité française avaient dû abandonner leurs prétentions de souverains indépendants pour reconnaître, au moins nominalement, la suprématie de la Maison de Capet. Les serfs et les paysans, les marchands des foires de Champagne, les artisans des ateliers de Bruges et de Rouen procuraient aux évêques et aux seigneurs un bien-être matériel jusque-là inconnu en Occident. A la fois prospère et très peuplé, le royaume de France donnait le ton à toute l'Europe dans le domaine du savoir comme de la chevalerie. « Le roi de France est le roi des rois de ce monde », écrivait l'historien anglais Matthew Paris.

Avant même le milieu du XIVe siècle, ce royaume était atrocement défiguré : une génération avait suffi pour qu'il devînt la proie d'une sanglante anarchie.

Réclamant la couronne de France *, Edouard III passa sur le continent avec une armée telle que l'Europe n'en avait jamais vue. Essentiellement composées de fantassins et d'archers, les troupes anglaises avaient eu tout loisir de parfaire leurs tactiques dans les guerres écossaises. Face à elles, l'armée emplumée, lourde et indisciplinée de la France avait la fragilité du verre, et ni ses rêves d'exploits chevaleresques ni ses

* Au nom de sa mère, Isabelle, fille de Philippe le Bel.

espoirs de grasses rançons ne purent pallier sa vulnérabilité. En 1346, à Crécy, Edouard III écrasa la chevalerie de Philippe VI. Dix ans plus tard, à Poitiers, son fils, le Prince noir, anéantissait l'armée du roi Jean, successeur de Philippe, qui fut emmené à Londres où il demeura prisonnier. Rien ne s'opposa plus désormais aux exploits des troupes anglaises qui mirent à feu et à sang le territoire de l'ennemi. Venues de divers pays d'Europe, des compagnies de mercenaires, des hordes d'aventuriers sauvages déferlèrent à travers les provinces françaises, semant la mort sur leur passage, détruisant tout ce qu'elles ne pouvaient emmener ni consommer sur place. Exaspérés par la conduite extravagante de leurs princes, les habitants des villes et des campagnes levèrent l'étendard de la révolte. Les châteaux étaient incendiés, les seigneurs assassinés, tandis qu'après avoir chassé le roi de sa capitale le peuple de Paris installait dans la ville le règne de la populace. Au milieu de l'anarchie surgit alors le spectre de l'épidémie : entre 1347 et 1350, la Peste noire emporta un tiers, voire la moitié, de la population française.

Enfin, ce déluge de catastrophe connut une accalmie. Avec Charles V, la Maison de Valois avait donné à la France un souverain habile. De son père, le roi Jean, mort à Londres en 1364, Charles avait hérité d'une couronne en lambeaux. Pourtant il sut reprendre en main les destinées de son pays. Sous sa sage conduite, les Anglais furent peu à peu boutés hors du royaume tandis que les compagnies de mercenaires étaient graduellement réduites à l'impuissance. En 1392, Charles VI, le frivole successeur de Charles le Sage, devint fou. Une violente lutte politique s'engagea entre le duc de Bourgogne et Louis, duc d'Orléans, respectivement oncle et frère cadet du roi, qui l'un et l'autre désiraient s'approprier les ressources et contrôler le gouvernement du royaume. Lorsque, en 1407, Jean sans Peur, le nouveau duc de Bourgogne, machina l'assassinat du duc d'Orléans, la France tomba dans les affres de la guerre civile. Tour à tour, les Bourguignons puis les Armagnacs * s'emparèrent de Paris et du malheureux Charles VI, massacrant leurs ennemis dans les rues.

Entre-temps, l'Angleterre avait vu monter sur son trône un

* On appelait ainsi les partisans de Charles d'Orléans, fils du duc assassiné, en raison du mariage qu'il avait contracté avec la fille du connétable de France, le comte d'Armagnac.

prince ambitieux, doué d'une volonté de fer. Contrairement à son arrière-grand-père, Edouard III, qui s'était contenté de s'emparer de diverses provinces et d'accumuler un riche butin, Henri V (1413-1422) avait engagé toutes les ressources de son royaume dans la conquête de la couronne de France, désormais affaiblie par la trahison et les luttes intestines. Etant parvenu à s'assurer l'appui du duc de Bourgogne, il débarquait en 1415 en Normandie avant d'écraser à Azincourt l'armée des Armagnacs, dont la faction gouvernait alors le pays. Deux ans plus tard, il passait de nouveau sur le continent, décidé cette fois à mener la conquête de la France de façon méthodique.

C'est alors que, pour le jeune Louis, la malheureuse histoire de son pays cessa d'être de l'histoire pour devenir soudain le moule vivant de sa propre existence. Fils de Charles VI, Charles, futur père de Louis XI, devint dauphin de par la mort de ses deux frères aînés. Les armées d'Henri V ravageaient la Normandie lorsque, âgé de quinze ans, il se trouva placé à la tête du gouvernement de Paris, toujours soumis à la tutelle des Armagnacs. A l'aube du 29 mai 1418, le peuple parisien ouvrit toutes grandes les portes de la capitale aux Bourguignons. Les Armagnacs furent massacrés par vingtaines, « leurs corps jonchant les rues comme des quartiers de porcs ». Tanneguy du Chatel, l'audacieux prévôt de Paris, enveloppa le dauphin dans un drap, et, avec l'aide d'une poignée d'officiers royaux, parvint à le faire sortir de la ville.

Un an et demi plus tard, une tentative de réconciliation réunissait le duc de Bourgogne et le dauphin sur le pont de Montereau. Mais des paroles acerbes furent échangées, les ministres du roi tirèrent leurs épées et, dans une rixe imprévue, Jean sans Peur fut assassiné. Les hommes du dauphin prétendirent que le duc était responsable de l'échauffourée, mais ce n'est pas sans motifs que son fils, le vindicatif Philippe de Bourgogne, considéra que le meurtre avait été prémédité. Tenant à sa merci le malheureux Charles VI, Philippe conclut une alliance avec Henri V *. Aux termes du traité de Troyes (1420), le dauphin était déclaré illégitime et inhabile à succéder au trône. Prenant pour femme la sœur de Charles, Henri d'Angleterre devenait à la fois le régent et l'héritier du royaume de France.

* Un siècle plus tard, désignant une fissure, un moine qui montrait à François Ier le crâne du duc assassiné fit remarquer au roi : « Sire, c'est là le trou par lequel les Anglais ont pénétré en France. »

Les hommes sous la coupe de qui se trouvait placé le jeune Charles furent incapables d'arrêter les armées franco-bourguignonnes. Bientôt, seules les régions situées au sud de la Loire (exception faite de la Guyenne anglaise) — à peine la moitié de la France — pouvaient encore être considérées comme appartenant au dauphin. Le duc de Bretagne rallia le duc de Bourgogne dans son alliance avec l'Angleterre; d'autres seigneurs se déclarèrent neutres; les grands vassaux du Sud, et notamment les comtes de Foix et d'Armagnac, adoptèrent l'attitude de potentats indépendants. Sur l'Atlantique, un seul port de mer restait aux mains du dauphin, celui de La Rochelle. Au début de l'automne, Charles y fut amené par ses ministres au cours de leur incessante quête d'argent et d'appuis. Alors que les notables de la région se trouvaient réunis autour de l'héritier royal dans la grande salle du palais épiscopal, le parquet s'effondra. Les deux seigneurs qui se tenaient aux côtés du dauphin périrent dans la chute. Après l'avoir dégagé de l'amas des décombres et des corps, on put constater que Charles ne souffrait que de blessures superficielles. Cependant, la terreur avait désormais pris possession de son esprit. Fuyant les villes et les foules, il se réfugia dans des châteaux isolés dont les petits appartements offraient un abri sûr à ses pleurs et à ses prières. Il ne pouvait plus ni dormir sur un plancher, ni traverser un pont de bois, ni dîner dans une pièce où se trouvait un étranger.

Quelque temps après l'accident de La Rochelle, le dauphin apprit que Charles VI était mort le 22 octobre (1422), deux mois après qu'Henri V fut lui-même descendu au tombeau. Par ordre de son Conseil, dès le lendemain Charles revêtit la robe rouge de la royauté pour assister à la messe. Un étendard décorait la chapelle et quelques officiers d'armes crièrent : « Vive le Roi! » Dans sa « chambre de retraite », Charles implorait l'aide du Ciel et pleurait abondamment. Maintenant qu'il pouvait s'intituler roi, certains semblaient prêts à rallier sa cause. Durant l'hiver, les bourgeois de Tournai, fidèles à la Maison de Valois, confectionnèrent des dauphins de neige * pour soutenir leur courage. Mais Charles n'avait rien à offrir au royaume, et les profits que savaient pouvoir glaner dans les ruines d'une cause ceux qui le gouvernaient n'étaient pas négligeables. Ils se conten-

* Les gens de l'époque confondaient volontiers le nom de l'animal et le titre de l'héritier de France.

tèrent donc de transporter à Bourges Charles et Marie d'Anjou, sa jeune femme enceinte, la marée envahissante des victoires anglaises menaçant désormais la province du Berry.

Peu après, Louis voyait le jour dans cet univers incertain.

Tandis que l'héritier de France grandissait à l'écart de la cour et sans voir beaucoup ses parents, la fortune du royaume et l'esprit de son père continuaient à se détériorer. Charles VII portait sur lui la faiblesse dont il faisait preuve en tant que souverain. De taille médiocre et de complexion délicate, il avait le teint jaune et arborait entre des joues flasques un long nez que dominaient de petits yeux ronds. Les tuniques vertes qu'il aimait à porter court révélaient les genoux cagneux et les jambes maigres auxquels il devait une démarche hésitante. Il était d'un naturel timide, courtois et indolent; il n'était dépourvu ni d'intelligence ni de finesse, il lui manquait seulement la volonté de mettre ses qualités en pratique. L'épouvante qui l'avait saisi à La Rochelle n'avait fait qu'accuser ses défauts, et le désastre militaire de Verneuil — une défaite plus sanglante que celle d'Azincourt — survenu un an après la naissance de Louis, avait plongé le « Roi de Bourges » dans une profonde apathie. Si ses sujets ne savaient rien de lui, les seigneurs l'ignoraient et la cour le maintenait sous une tutelle infamante. Quand la guerre menaça leurs propres territoires, le comte de Foix, le duc de Bretagne et le duc d'Armagnac s'empressèrent de conclure des trêves séparées. Les villages et les champs étaient dévastés par des bandes de maraudeurs. Fuyant le territoire incertain des campagnes, les hommes s'entassaient pêle-mêle dans l'enceinte des villes. Seules les terres situées dans le voisinage des places fortifiées étaient encore cultivées. Les bêtes elles-mêmes étaient en proie à une terreur telle qu'aussitôt perçu le signal d'alarme lancé par la trompe d'un veilleur, elles se précipitaient d'elles-mêmes pour se mettre à l'abri. « Ainsi le royaume allait de pis et pis », nota dans son journal un bourgeois de Paris, « et le nom de désert lui eût mieux convenu que celui de France ». Visant la Loire, les troupes anglaises avaient déjà poussé leur avance jusque dans la province du Maine.

En 1425, la révolte de palais qui détermina le départ de Louis pour Loches amena au pouvoir le frère du duc de Bretagne, un personnage austère à tête de crapaud qui, en tant que connétable de France, prit en main la conduite de la guerre.

Privé de la clique qui l'avait « gouverné » depuis son départ de Paris, en 1418, le roi se laissa indolemment guider par une succession de favoris tous plus cupides les uns que les autres. Finalement, le connétable remit Charles et son gouvernement entre les mains de Georges de La Trémoille, seigneur pesant et avare [1] *, mais doué de talents politiques certains. Bientôt, La Trémoille et le connétable engagèrent, dans les forteresses de l'Anjou et du Poitou, une guerre civile à laquelle ils se livrèrent sans plus se soucier des dangers extérieurs. Redoutant une attaque de son rival, La Trémoille arracha au château de Loches le petit Louis, alors âgé de quatre ans. Déjà on cherchait pour l'enfant un parti susceptible d'apporter à la Maison de France le soutien dont elle avait si désespérément besoin. On l'offrit au duc de Savoie, au roi d'Ecosse et au roi de Castille, mais aucun d'eux ne se souciait d'épouser une cause à la fois si compromise et si compromettante. Comme l'été 1428 faisait place à l'automne, les colonnes anglaises prenaient la direction d'Orléans qui, située sur un coude de la Loire, constituait la clé des provinces du Sud. Réduits au désespoir, les sujets du roi Charles demandèrent que les Etats généraux fussent convoqués. La réunion eut lieu en septembre, à Chinon, où une assemblée morne et craintive vota une contribution de 500 000 F dont une bonne partie ne fut jamais collectée et qui, pour le reste, n'atteignit que rarement les poches loqueteuses des soldats. Les Etats supplièrent le roi de rétablir la paix parmi ses seigneurs qu'ils implorèrent de servir leur souverain « en cette dernière extrémité ». Mais La Trémoille tenait le roi, et rares étaient ceux qui souhaitaient se battre pour La Trémoille.

Le 12 octobre, les Anglais mettaient le siège devant Orléans.

Charles vendit ses derniers joyaux; il lui fallut faire racommoder les manches de son vieux pourpoint; il ne put obtenir qu'un cordonnier lui fît crédit d'une paire de chaussures; le moment arriva où il n'eut plus que quatre couronnes dans sa bourse. En février (1429), une attaque dirigée contre un convoi anglais acheminant vers Orléans des vivres destinés aux assiégeants fut repoussée avec de lourdes pertes. La plupart des seigneurs abandonnaient le roi. Tout ce qui restait d'hommes et d'argent, La Trémoille et le connétable en disposaient pour

* Les chiffres renvoient à des notes que le lecteur trouvera à la fin de l'ouvrage.

leur guerre personnelle. On dressait des plans insensés prévoyant la fuite de Charles dans le Midi ou même en Ecosse. Livré à la plus pitoyable passivité, le petit roi tentait d'apaiser la colère divine à force de larmes et de prières. Désormais, seul Dieu, il le savait, pouvait encore l'aider.

Et soudain, dans les premiers jours de mars 1429, le Ciel répondit aux prières du roi.

Vêtue d'un pourpoint noir, portant sur des chausses une courte robe gris foncé, une robuste jeune fille que ses cheveux sombres et plats coiffaient comme un casque arriva à Chinon pour annoncer au roi qu'il était le véritable héritier des Lys, qu'il devait être couronné à Reims, et que Dieu l'avait envoyée pour chasser les Anglais. Puis, ce furent les stupéfiants succès qui mirent le royaume en feu, la délivrance d'Orléans, les défaites anglaises de Jargeau et de Patay, la triomphante expédition au terme de laquelle, le 17 juillet, le roi de Bourges fut sacré roi de France en la cathédrale de Reims. Voyant son pouvoir menacé, La Trémoille n'avait cessé de s'opposer à la Pucelle dans l'espoir de conserver l'ascendant qu'il exerçait sur Charles. Maintenant que Jeanne voulait reprendre Paris, il s'acharnait à semer dans l'esprit irrésolu du souverain les ferments de la peur, et l'entreprise finit par être abandonnée. Le printemps suivant (1430), quittant la Loire et sa cour désœuvrée pour retrouver le Nord et ses combats, Jeanne d'Arc fut arrêtée à Compiègne par un seigneur bourguignon.

Il eût alors été possible de la racheter. Même une fois vendue aux Anglais, elle eût probablement pu être sauvée, car, en la personne du célèbre Talbot, le plus grand des capitaines anglais, la France disposait d'un prisonnier susceptible de servir de monnaie d'échange. Pourtant, le 31 mai 1431, Jeanne la Pucelle mourait sur le bûcher, à Rouen, sur la place du marché. Entièrement soumis à La Trémoille, Charles n'avait pas fait le moindre geste : il n'avait rien entrepris ni dit quoi que ce fût.

Le roi continuait à se cacher dans un château ou dans un autre; La Trémoille n'avait pas renoncé à ses déprédations et la guerre contre les Anglais allait tout aussi mal que par le passé; mais, contrairement à la cour, le royaume n'avait pas oublié Jeanne d'Arc : les flammes de Rouen avaient embrasé un foyer de résistance nationale. Aussi faible, aussi corrompue qu'elle fût, la monarchie restait la seule planche de salut, et une nouvelle génération de seigneurs, fermement résolus à changer la situation, entreprirent de rallier la cour. La Trémoille — un parasite que seul pouvait nourrir un organisme malade — était condamné. En juin 1433, une bande de jeunes gens le surprirent dans sa chambre à coucher et, après l'avoir contraint à restituer une partie de la fortune qu'il avait si malhonnêtement acquise, lui accordèrent l'autorisation de se retirer sur ses terres.

Le roi, humilié, fut amené à convoquer les Etats généraux, et « de nouveaux gouverneurs lui furent délivrés ». Cette fois-ci, il y avait parmi eux des hommes d'importance.

Telle était la France, tel était le père qu'avait appris à connaître Louis, un garçon volontaire et talentueux, lorsque, après la chute de La Trémoille, il s'en alla vivre avec sa mère à Amboise, dans le blanc château qui surplombe la Loire.

Désormais, le sort de Louis et celui du royaume allaient l'un et l'autre s'améliorer. Parmi les gens de la reine, on traitait l'enfant comme le prince de France. En 1434, la proche ville de Tours lui fit une splendide réception. Le roi d'Ecosse se réjouissait de pouvoir le considérer comme son futur gendre — un changement d'attitude qui montrait bien à quel point la situation avait évolué. En septembre 1435, le duc de Bourgogne, principal allié des Anglais, signait avec Charles VII une paix (traité d'Arras) qui coûtait à la couronne la province de Picardie et autres concessions humiliantes, mais qui semblait devoir mettre un terme définitif à l'occupation ennemie. Six mois plus tard, le connétable de France entrait dans Paris.

Au cours de l'été 1436, le dauphin, alors âgé de treize ans, fit, dans le rôle de fiancé, son entrée officielle sur la scène de l'Histoire. Il était loin d'être beau, mais ses traits étaient de ceux qu'on n'oublie pas. Avec ses yeux dominateurs, profondément enfoncés dans leurs orbites, avec son long nez sardonique, avec sa bouche à la fois lourde et mobile, il avait le visage mouvant d'un acteur, un visage fait pour charmer ou pour dompter les hommes.

Le jour de la Saint-Jean (24 juin), au milieu d'une foule de courtisans réunis dans la grande salle du château de Tours sous la présidence de la reine, Louis rencontra pour la première fois celle qu'il devait épouser le lendemain : la petite Marguerite d'Ecosse, alors âgée de onze ans. La fille de Jacques Ier, le roi poète, était une enfant ravissante et fantasque, fleur délicate venue du nord. Louis l'embrassa consciencieusement, puis, la prenant par la main, il la conduisit à la reine. La bonne dame, expédiant rapidement les devoirs de l'Etat, emmena les jeunes gens dans ses propres appartements afin qu'ils s'y puissent divertir un peu avant l'heure du souper.

L'après-midi suivant, lorsque, dans une robe de velours gris-bleu ornementée d'or, Louis arriva à la chapelle du château, Marguerite l'attendait, vêtue d'un long manteau, les cheveux ceints d'une couronne. Les chroniqueurs rapportent que, français ou écossais, les assistants avaient revêtu leurs plus beaux atours, et que Charles VII et la reine pénétrèrent dans la chapelle sur les pas du jeune couple. Peu de temps après, on renvoyait chez eux la plupart des Ecossais, qui ne manquèrent pas de se plaindre de la ladrerie du roi de France. Comme les fiancés étaient trop jeunes pour consommer le mariage, Marguerite entra dans la Maison de la reine pour y parfaire son éducation de cour.

Ce que Louis pensait de sa fiancée et ce qu'elle-même pensait de lui ne nous est pas connu. Mais il est possible qu'il ait appris à la détester avant même qu'elle ait pris place sur le bateau qui devait l'amener en France : c'était son père qui l'avait choisie.

Le roi n'avait prévu aucune joute à l'occasion des noces de Louis, bien qu'à l'époque il fallait qu'on rompît plus d'une lance pour que le mariage d'un vicomte ne parût pas trop mesquin. Charles n'avait même pas condescendu à quitter son château d'Amboise pour accueillir la fiancée de son fils, et, le jour des noces, il arriva à Tours quelques minutes seulement avant midi. Il présenta ses hommages aux princesses écossaises, mais il ne semble pas qu'il ait rendu visite au dauphin. Lorsqu'il entra dans la chapelle pour le service nuptial, il était toujours vêtu de l'habit gris qu'il portait pour monter à cheval, et chacun put voir qu'il ne s'était même pas donné la peine de débarrasser ses bottes de leurs éperons.

Pour autant que nous en soyons informés, Charles n'avait jusque-là manifesté à l'égard de Louis qu'un intérêt insignifiant. Soudain, son attitude devenait franchement injurieuse. Ni la plus élémentaire des affections paternelles, ni le sens du devoir royal, qui eussent normalement dû le pousser à cultiver et le bien-être et la dignité de son fils, n'était parvenu à émouvoir sa passivité. Sans doute un autre sentiment dictait-il sa conduite.

L'envie que lui inspiraient une assurance, une force et une hardiesse dont lui-même était dépourvu. Par le passé, le confortable éloignement où il tenait son fils semble avoir maintenu en veilleuse une jalousie qu'aiguillonnait désormais la présence de ce dernier. Pour le roi, l'indifférence — une indifférence parfois venimeuse — devait constituer un instrument grâce auquel il espérait pouvoir corriger un fils trop volontaire. En ce qui concerne Louis, il n'avait apparemment pas pris le soin de cacher ce qu'il pensait du pitoyable règne de son père, ni ce qu'il éprouvait face à son manque de volonté. Il était suffisamment âgé et suffisamment intelligent pour porter un jugement personnel sur l'histoire de Charles, mais il était trop jeune pour dissimuler un mépris que l'affection paternelle eût pu adoucir, et trop réfractaire à toute forme de soumission pour accepter de jouer le rôle déférent que lui dictaient les conventions. Le dauphin et le roi se trouvaient d'ores et déjà séparés par un abîme de préventions et d'irrespect.

2.
Le fils indigne

Trois ans plus tard, Louis, âgé de seize ans, conspirait avec des princes mécontents pour prendre lui-même en main les rênes du pouvoir.

Après son mariage, il avait assumé à la cour son rôle de dauphin. Son éducation formelle une fois terminée, on le dota d'une maison qui désormais serait la sienne; son tuteur, Jean Majoris, devint son confesseur, et il se vit servir une pension annuelle qui n'avait de remarquable que sa modestie. Sa Maison et lui-même étaient gouvernés par le plus pieux et le plus austère des seigneurs de l'époque : Bernard, comte de Pardiac, frère cadet du turbulent comte d'Armagnac. Nul paysan ne s'agenouillait avec plus d'humilité que lui pour adorer Dieu; à l'heure des repas, il s'asseyait parmi ses serviteurs pour lire la Bible. Si son tempérament ne poussait pas le jeune Louis à imiter cette rigueur puritaine, il n'en éprouvait pas moins un profond respect pour son gouverneur, dont un jour il élèverait le fils à la dignité de duc.

La cour de Charles VII prenait un air royal. La chute de La Trémoille avait amené au pouvoir la Maison d'Anjou en la personne du frère cadet de la reine, Charles, comte du Maine, un homme moyennement intelligent mais doué d'une remarquable habileté. Maintenant que la monarchie commençait à mériter ce titre, d'autres seigneurs aspiraient à entrer au Conseil et briguaient les faveurs du roi.

Dans le courant de l'automne 1436, Louis accompagna son père dans les provinces du Sud pour y collecter de l'argent. Il eut alors l'occasion d'entendre plus d'un délégué se plaindre des exactions commises par les fonctionnaires royaux et des troubles provoqués par les querelles des nobles. Il traversa des campagnes dévastées par les grandes compagnies auxquelles on donnait désormais le nom d' « Ecorcheurs ». Il put constater que, dans l'entourage du roi, on était prodigue de paroles mais avare d'actions. Ignoré de son père alors qu'il brûlait de jouer lui aussi son rôle, il noua certains contacts avec des seigneurs (comme le duc de Bourgogne) qui, pour avoir été écartés du pouvoir, désiraient renverser le régime établi par le comte du Maine. Durant l'été 1437, pour satisfaire l'opinion publique qui réclamait à grands cris une bataille contre les Anglais, le gouvernement royal mit sur pied une petite expédition pour déloger les garnisons ennemies installées sur le cours supérieur de la Seine. A quatorze ans, Louis eut ainsi la possibilité de « faire ses premières armes ». En juillet, il dirigea un assaut contre Château-Landon et s'empara rapidement de la ville. Ensuite de quoi, il s'en retourna à la cour, où, pour faire valoir ses prérogatives d'homme, il consomma son mariage avec Marguerite, la petite princesse écossaise.

Ce fut, semble-t-il, le modeste triomphe du dauphin qui détermina Charles à se livrer soudain à une activité martiale qu'il n'avait jamais déployée jusque-là et qu'il ne déploiera jamais plus par la suite. Il remplit le rôle de capitaine dans la principale des opérations de l'été, c'est-à-dire dans le siège et dans la prise de l'importante ville de Montereau. Le 12 novembre (1437), le roi et le dauphin, sans casque, mais revêtus de leurs armures, firent dans Paris une entrée solennelle. Les Parisiens espéraient que leur souverain allait alléger les impôts, procurer de la nourriture à la populace affamée et débarrasser la région des maraudeurs anglais. Au lieu de quoi, sombrant une fois de plus dans une léthargie complaisante, le roi quitta furtivement la capitale et ses problèmes pour retrouver la riante vallée de la Loire... « sans avoir rien fait de bon, et il semblait qu'il fût venu seulement pour voir la ville ».

Au début de l'année suivante, Charles du Maine dressa pour l'été le plan d'une campagne encore plus ambitieuse, mais, placés entre les mains débiles du roi, ces projets n'aboutirent à rien. A l'automne, les moissons furent catastrophiques; la famine et les épidémies firent des milliers de victimes. Contraints de passer à l'action, les conseillers de Charles décidèrent une nouvelle expédition dans le Languedoc, que les Ecorcheurs s'acharnaient à ravager [1]. A la fin du printemps 1439, le roi et le dauphin arrivèrent au Puy pour l'ouverture des Etats de la province. L'assemblée vota une contribution de 100 000 livres, ce qui constituait une fort belle somme, étant donné la rigueur de l'époque. Réduits au désespoir, les délégués accablèrent le gouvernement royal d'une foule de doléances et le supplièrent d'agir sans tarder contre les pratiques des Ecorcheurs et contre les menées belliqueuses de certains nobles. Souriant, Charles exprima toute sa sympathie et promit qu'on y mettrait bon ordre. Il ne pouvait malheureusement s'en occuper lui-même car des affaires urgentes l'appelaient dans le Nord, mais il laissait sur place son fils, son héritier, le dauphin Louis, dont il faisait son lieutenant général pour le Languedoc et à qui il donnait les pleins pouvoirs pour restaurer l'ordre. Cependant, le roi n'accorda à son fils ni soldats ni argent : il avait un sens très particulier de l'humour.

Pourtant, Louis s'était enfin vu confier une mission qui allait lui permettre de mesurer ses talents. Le 25 mai, il fit à Toulouse son entrée officielle. Il n'avait que quinze ans, et se trouvait entouré d'un Conseil très capable que présidait son gouverneur, le comte de Pardiac; mais les agissements de son gouvernement portent indéniablement la marque de ses qualités personnelles. Les Ecorcheurs avaient établi un véritable blocus contre Toulouse, et ils occupaient diverses villes et châteaux de la région. Sans troupes, Louis ne pouvait espérer les décider à partir qu'en ayant recours à l'argent. Attentif au fait qu'il était impossible d'entreprendre quoi que ce fût dans le pays sans l'appui du tout-puissant comte de Foix, le dauphin envoya à ce dernier une invitation fort aimable, et le comte daigna se rendre à Toulouse. Il y fut accueilli par de telles fêtes, par de telles démonstrations d'affection et d'admiration, qu'il ne tarda pas à proposer son aide. Patiemment, le dauphin entreprit d'exposer ses besoins d'argent aux conseils municipaux et aux Etats provinciaux, et, peu à peu, les subsides s'en vinrent remplir ses caisses. Lorsqu'il fut enfin en mesure d'acheter le départ des Ecorcheurs, il veilla à ce que leurs compagnies remplissent scrupuleusement leurs engagements et ne s'en désintéressa pas avant qu'elles eussent quitté la province. Il porta ensuite son attention du côté des comtes d'Armagnac et de Comminges, qui se livraient depuis quelque dix ans une guerre personnelle, et sut les amener à accepter, du moins sur le papier, de se soumettre à un arbitrage. Par ailleurs, il étudia sur place les plaintes de toutes sortes qui lui étaient adressées, écoutant les appels, cherchant à réprimer les abus, punissant le brigandage et s'efforçant de mettre un terme aux exactions de la petite noblesse.

Il ne fallut pas attendre longtemps pour que la nouvelle des succès du dauphin parvienne à la cour. Au début de l'été, Charles envoyait à son fils des ordres péremptoires l'enjoignant de rentrer chez lui. Avec un aigre sentiment de frustration, Louis obtempéra. A son arrivée, il trouva la cour et le roi plongés dans la confortable oisiveté qui leur était coutumière, et personne ne manifesta le moindre intérêt à le voir de retour. Il demanda qu'on lui donnât la province du Dauphiné, ce qui lui fut refusé. Il demanda qu'on lui octroyât l'argent nécessaire à l'établissement d'une maison convenable pour lui et pour sa femme; mais Marguerite d'Ecosse était devenue le joujou du roi et de la reine, et son mari n'obtint rien. Bien qu'il fût très avancé pour son âge, Louis ne pouvait comprendre que son père souhaitât, consciemment ou non, se venger de sa propre faiblesse en contrecarrant un fils qui, lui, était le contraire même de la faiblesse. Il n'était pas possible que le dauphin n'eût pas conscience des capacités peu communes dont il était doué, et son tempérament le portait tout naturellement à défier un monde qu'on ne lui avait pas appris à aimer. Si la France avait commencé à se rétablir — trop lentement — sous un roi qui se laissait manœuvrer par les autres, il semblait que l'héritier de celui-ci dût pouvoir accomplir des miracles, du moment où il possédait l'énergie et la volonté de se gouverner lui-même et de gouverner le royaume.

Peu de temps après son retour du Midi, il conspirait avec le duc de Bourbon.

Charles de Bourbon comptait parmi les cinq ou six plus grands princes de France. La guerre avait pratiquement épargné ses domaines et il possédait suffisamment d'argent pour entretenir une puissante armée comprenant plusieurs compagnies d'Ecorcheurs. Sa puissance n'avait d'égal que son éclat, et l'un de ses contemporains le décrivit comme « le meilleur athlète de France et l'homme le plus persuasif de son temps [...] un Absalon, un autre Pâris ». Son mécontentement était partagé par l'inconstant parrain de Louis, Jean, duc d'Alençon, dont les terres étaient ravagées et occupées par les Anglais, et qui ressentait comme un affront l'indifférence que témoignait la cour face aux malheurs qui avaient ébranlé sa fortune.

En plus d'un meilleur gouvernement, Bourbon et Alençon réclamaient la poursuite de la guerre; mais c'était là leurs buts avoués : en fait, le complot qu'ils exposèrent à Louis cachait des ambitions plus personnelles. Le comte du Maine et autres favoris royaux devraient quitter la cour; quant au roi, il serait placé sous la « tutelle » du dauphin. Ce que les conspirateurs ne prirent pas la peine de préciser, mais que Louis ne manqua certainement pas de comprendre, c'est qu'à son tour il allait se trouver placé sous leur tutelle. Peut-être le dauphin n'avait-il pas tout dit. A seize ans, il était suffisamment optimiste pour se croire capable d'échapper au rôle purement décoratif que lui destinaient les ducs de Bourbon et d'Alençon et assumer lui-même le gouvernement du royaume.

En février 1440, les plans du complot étaient arrêtés. Le roi devait se trouver pris entre les troupes qu'Alençon et le dauphin lèveraient dans le Poitou et les bandes armées dont le duc de Bourbon disposait en Touraine et dans le Berry. Levant l'étendard de la révolte à Niort, ville acquise au duc d'Alençon, Louis et son parrain se mirent en devoir de rechercher l'appui de divers seigneurs et municipalités. Cependant, ils reçurent bientôt de Touraine de fort mauvaises nouvelles. La tentative visant à la capture du roi avait échoué et une armée royale avait mis en déroute les bandes de Bourbon. Peu de temps après, Charles VII et ses troupes arrivaient aux portes de Niort. Le dauphin et Jean d'Alençon s'enfuirent en direction de l'est pour rejoindre le duc de Bourbon dans ses places fortes de l'Auvergne et du Bourbonnais. Mais, désormais, les grands seigneurs se dérobaient; la cause des rebelles ne suscitait que fort peu d'enthousiasme parmi la bourgeoisie des villes; enfin, l'armée du roi commençait à ravager les territoires du duc de Bourbon.

Alençon et Bourbon firent connaître leur désir de parlementer, et des négociations s'ouvrirent bientôt à Clermont. Avec hauteur, les ducs rebelles proclamèrent leurs intentions à l'égard du royaume et annoncèrent que, sous certaines conditions, ils étaient prêts à se soumettre au roi. Puis ils exposèrent quelques-unes des requêtes du dauphin. Celui-ci réclamait la province du Dauphiné, qui lui revenait de droit, ainsi que le gouvernement du Languedoc et de l'Ile-de-France. Il demandait que Marguerite, sa femme, vécût dans la maison de son mari avec une pension suffisante pour couvrir ses dépenses personnelles. Il affirmait que jamais il ne trahirait ses compagnons, quoiqu'il ne souhaitât rien de plus que de rentrer en grâce auprès du roi. Les négociateurs royaux répondirent que, lorsque le dauphin aurait demandé son pardon, comme il convenait, son père lui assurerait, ainsi qu'à son épouse, une pension honorable, et qu'il en userait à l'égard des princes rebelles de façon à lui agréer. Quoique, dans ses déclarations, Charles eût souligné le fait qu'il considérait le dauphin comme un instrument aux mains des ducs insurgés, cette réponse semble au contraire montrer que le roi ne prenait pas son fils à la légère.

Lors des négociations suivantes, les ducs annoncèrent qu'ils étaient prêts à se soumettre aux exigences royales. Cependant, ajoutèrent-ils non sans embarras, le dauphin tenait à faire de nouvelles propositions : si le roi était décidé à prendre des mesures de force, qu'il cessât de travailler au malheur de ses pauvres sujets pour envoyer son armée contre les Anglais et organiser une campagne à laquelle le dauphin et ses amis seraient très heureux d'apporter leur concours. Les rebelles se soumettraient ensuite au jugement des Etats généraux, à condition que, si les autres (c'est-à-dire le comte du Maine et ses partisans) étaient reconnus coupables, ils fussent punis comme il convenait. Pour comble d'impudence, Louis ajoutait que, si le roi préférait, il était disposé à se plier à l'arbitrage du duc de Bourgogne — une procédure qui eût soumis Charles VII au jugement de son plus dangereux vassal!

Soudainement, les ducs de Bourbon et d'Alençon s'éclipsèrent de Clermont. Prêts à traiter avec le roi, ils étaient incapables de traiter avec le dauphin : la marionnette ne se laissait pas manœuvrer.

L'armée royale reprit son avance. L'inconstant duc d'Alençon signa bientôt une paix séparée avec son souverain; d'autres rebelles ne tardèrent pas à se soumettre. Le duc de Bourbon savait distinguer une cause perdue d'une cause promise au succès, et il connaissait parfaitement les règles du jeu féodal : en jouant l'humilité, il parviendrait sans mal à obtenir le pardon du roi.

Finalement, Bourbon amena le jeune Louis à modifier sa position, mais non sans embellir un peu la vérité : il était entendu, déclara-t-il au dauphin, que tous ses amis devaient rentrer en grâce. A demi rassuré, Louis décida d'emmener avec lui trois de ses principaux seigneurs lorsque, avec le duc de Bourbon, il prit là route de Cusset où Charles avait établi ses quartiers. Mais, juste avant qu'ils n'aient atteint la ville, un messager vint avertir les compagnons du dauphin que le roi ne leur avait pas accordé son pardon et refusait de les voir.

Louis prit conscience qu'il avait été dupé. Furieux, il se tourna vers le duc de Bourbon et lui dit :

> « Beau compère, vous ne nous aviez talent de dire comment la chose était faite, et que le roi n'eût point pardonné à ceux de mon hôtel *. »

Sur quoi il jura solennellement que, dans ces conditions, il refusait de se soumettre.

Le duc de Bourbon rétorqua tranquillement :

> « Monseigneur, tout se fera bien, n'en soyez en quelque doute. Vous ne pouvez revenir car l'avant-garde du roi est en votre chemin. »

Il fallut néanmoins toute la force de persuasion de son entourage pour convaincre Louis qu'il ne gagnerait rien à résister plus avant.

Lorsque le dauphin retrouva son père, celui-ci n'avait rien perdu de son calme habituel et l'attendait seul dans une chambre.

> « Louis, dit le roi après que le dauphin et le duc de Bourbon se furent agenouillés par trois fois comme le voulait l'usage, vous soyez le bienvenu. Vous avez longtemps demeuré. Allez vous reposer en votre hôtel et demain nous parlerons à vous. »

Lorsque Louis eut quitté la pièce, le roi gratifia Bourbon d'un long et pesant discours sur ses crimes.

* Tous les dialogues que l'on trouvera dans cette biographie sont cités littéralement et proviennent de sources contemporaines dignes de confiance. Si le ton général du discours de Louis peut paraître manquer d'unité, il faut sans doute en voir la raison dans d'inévitables différences d'esprit chez ceux qui nous ont rapporté ses paroles. Même le plus scrupuleux des chroniqueurs reproduit non ce qui a été dit, mais ce qu'il a entendu.

Le lendemain après la messe, le dauphin et le duc se présentèrent devant le roi et son Conseil. Ils supplièrent humblement le souverain d'étendre son pardon aux trois seigneurs qu'il avait renvoyés. Charles refusa mais déclara que lesdits seigneurs étaient libres de retourner chez eux.

Sur ce, Louis ne put s'empêcher de rétorquer : « Monseigneur, donc faut-il que je me ravise, car ainsi leur ai promis. »

Jamais le roi n'avait été plus doux :

> « Louis, les portes sont ouvertes, et si elles ne sont pas assez grandes, je vous en ferai abattre seize ou vingt toises de mur pour passer où mieux vous semblera. S'il vous plaît en aller, si vous en allez; car au plaisir de Dieu nous trouverons aucun de notre sang qui nous aidera mieux à maintenir notre honneur et seigneurie que encore n'avez fait jusques à ci. »

Sans attendre de réponse, Charles s'adressa alors au duc de Bourbon, qui s'empressa de lui jurer obéissance et fit serment d'être à jamais le serviteur du roi.

Louis resta. En l'espace de quelques jours il vit tous les serviteurs de sa maison démis de leurs fonctions, à l'exception de son confesseur et de son cuisinier; par ailleurs, il dut se montrer en compagnie des proches de son père dans les villes qui avaient appuyé sa rébellion et dont l'armée royale venait d'obtenir la soumission.

Le peuple de France, qui avait récemment entendu parler des soulèvements auxquels la capitale de la Bohême avait été en proie, donna à cette rébellion le nom de *Praguerie*. Elle n'avait suscité que peu de sympathie au sein du royaume, mais ceux qui étaient le plus cruellement touchés par la lutte contre les Anglais ne pouvaient manquer de déplorer que Charles VII ne mît pas à poursuivre la guerre l'empressement dont il avait fait preuve à ramener son fils à l'ordre. L'évêque de Beauvais écrivit courageusement au roi que sa cour était le siège de méchants flatteurs.

> « Quel pauvre confort a ce [la défaite de la Praguerie] été pour nous, vos pauvres brebis, qui sommes ici en frontière. Nous aimassions mieux que vous vous éveillassiez par autre manière qu'à chasser mon très redouté seigneur, Monseigneur le

dauphin, votre seul et unique fils, et autres de vos parents, dont vous avez pris déplaisance. »

L'entourage du roi parvint à convaincre Charles d'accorder à son fils le contrôle partiel du Dauphiné et de lui donner de nouvelles terres pour accroître son revenu.

3.
Le prince des coupe-jarrets

Son premier heurt avec le monde avait été pour Louis une dure leçon. Il lui avait appris combien l'ambition est fragile lorsque aucune expérience ne vient la tempérer, et, s'il avait cru un instant sa force irrésistible, l'humiliation qu'il avait subie ne laissait plus place désormais à de telles illusions. Sans perdre de temps à faire étalage de son orgueil blessé, sans plus se complaire dans une vaine attitude de défi, il se renferma en lui-même pour méditer sur ce qui lui était advenu. Décidé à se soumettre, il le fit entièrement et se donna pour règle de tirer le meilleur parti possible de cette soumission. A l'égard de son gouverneur, le comte de Pardiac, il adopta une attitude profondément respectueuse. Il reprit à son service le maître de sa maison, qu'il avait mis en état d'arrestation en raison de la loyauté qu'il persistait à témoigner au roi, et lui fit un accueil chaleureux. Il entreprit de se réconcilier avec le comte du Maine et les autres favoris de son père. De la Praguerie, il avait tiré une leçon immédiate : ni lui ni le royaume n'avaient rien à attendre des grands vassaux et de leurs prétentions féodales. Déterminé à apprendre le métier de la guerre et de la politique, il s'installa à la cour comme tout jeune seigneur dont la fortune est encore à faire, et se résigna à attendre l'occasion favorable.

Il vit les officiers du roi Charles s'épuiser à essayer en vain de délivrer Harfleur, assiégée par les Anglais. L'été suivant (1441), il participa à la campagne menée contre Pontoise, porte de la Normandie, qui finit par tomber en septembre. Il ignora calmement les avances qui lui furent faites par un groupe de princes jaloux de la puissance croissante de la couronne. Au début de 1442, il prit part à une expédition dirigée contre la Guyenne anglaise [1]. Si l'on en croit la chronique, il passa le reste de l'année à guerroyer avec l'armée royale en tant que commandant subalterne. La plupart des places fortes qui avaient été prises en Guyenne furent perdues par la suite. Une fois de plus, la campagne avait été menée à l'envers du bon sens. On envisagea alors de porter une attaque décisive contre la Normandie, mais les ministres royaux s'y prirent de telle façon que ce projet ne fut jamais réalisé. Durant les six ans qui s'étaient écoulés depuis le miraculeux siège de Montereau, l'armée n'avait remporté aucune victoire, et, si l'on était parvenu à reprendre quelques villes, trois d'entre elles seulement offraient un réel intérêt. Cependant, les troupes anglaises, que le gouvernement ébranlé d'Henri VI ne payait plus depuis longtemps, se livraient au pillage avec une telle frénésie qu'entre la Seine et la Somme le pays avait pratiquement été réduit à l'état de désert, tandis que de la Meuse à la Méditerranée les Ecorcheurs ravageaient systématiquement les campagnes.

Début 1443, la France entière suppliait Charles VII de porter secours à Dieppe, arrachée aux Anglais plusieurs années auparavant. En novembre précédent, le grand Talbot avait mis le siège devant cet important port de mer qui, refusant de se rendre malgré les cruels assauts de l'artillerie anglaise, était bientôt devenu un symbole de résistance nationale. Le moment était venu où les années de discipline auxquelles s'était plié Louis en jouant le jeu de la cour allaient enfin porter leurs fruits : il fut nommé lieutenant du roi pour les régions de la Seine et de la Somme et se vit confier pour mission d'aller au secours de la ville de Dieppe. Le mercredi 14 août, veille de l'Assomption de la Vierge Marie, le dauphin plaçait son artillerie et rangeait ses quinze cents hommes d'armes devant le puissant fort de bois, protégé par de profondes tranchées et défendu par de nombreux canons que les Anglais avaient construit sur la colline qui domine le port. Louis avait enrôlé les meilleurs commandants de l'époque, notamment le Bâtard d'Orléans, comte de Dunois, célèbre compagnon d'armes de Jeanne d'Arc, et Antoine de Chabannes, comte de Dammartin, l'un des plus grands capitaines des Ecorcheurs. Ses hommes étaient bien payés, bien nourris, et impatients de se battre sous la bannière dauphinoise de la Vierge. Le premier assaut des Français fut repoussé avec de lourdes pertes; Louis et ses commandants regroupèrent leurs forces avant de lancer une nouvelle attaque. Cette fois-ci, on parvint à dresser des échelles contre les murs, et un essaim de soldats eut bientôt envahi le fort. Au terme d'un sanglant corps à corps, quelque trois cents Anglais gisaient sans vie tandis que les autres étaient faits prisonniers et qu'on pendait sans plus tarder leurs partisans français. Après avoir déclaré que la Vierge Marie avait seule permis la victoire, le dauphin alla nu-pieds lui rendre humblement grâce en l'église Saint-Jacques de Dieppe. Par ailleurs, il récompensa généreusement les combattants qui s'étaient distingués, ainsi que les petites gens qui avaient risqué leur vie pour porter secours aux blessés.

Tandis que la nouvelle se répandait de ville en ville et que partout on fêtait cette victoire avec un enthousiasme que ne justifiait pas son importance militaire, le dauphin ne négligeait pas les tâches ingrates qui incombent à un lieutenant au lendemain d'une campagne. Pour éviter que ses soldats, livrés à eux-mêmes, ne s'adonnassent au pillage, il installa ses troupes dans divers cantonnements et entreprit de collecter de l'argent à travers l'Ile-de-France. Cependant, octobre n'était pas encore terminé que déjà on le rappelait à la cour. Une nouvelle mission requérait le concours du dauphin : il s'agissait cette fois de ramener à l'ordre le comte d'Armagnac dont les bandes armées mettaient à mal les provinces du Midi.

Quelques semaines plus tard, entouré d'un état-major composé de capitaines de premier ordre — parmi lesquels Antoine de Chabannes —, Louis chevauchait en direction du Sud à la tête d'une armée comptant plusieurs milliers de soldats. Il ne tarda pas à obtenir la capitulation de Rodez, l'une des places fortes du comte d'Armagnac. Vers le milieu de janvier (1444), ses bannières flottaient devant les remparts de l'Isle-Jourdain, à quelque dix-huit milles à l'ouest de Toulouse. Jouant les grands seigneurs, le comte offrit bientôt sa gracieuse soumission; mais, au lieu d'obtenir son pardon, comme le voulait l'usage, il se trouva promptement emprisonné avec sa famille dans la forteresse de Carcassonne. Louis s'empressa alors de gagner à sa cause ses deux meilleurs soldats, Jean de Salazar, un Ecorcheur endurci, et Jean, le jeune Bâtard d'Armagnac, qui tous deux allaient le servir jusqu'à la mort et obtenir de lui les plus brillants honneurs.

Tandis qu'au début du printemps (1444) Louis s'en retournait dans le Nord, Antoine de Chabannes s'engageait avec une partie des troupes en territoire bourguignon, où il fut momentanément arrêté par le maréchal de Bourgogne, mais où il se livra à un pillage assez fructueux. A son retour au quartier général du dauphin, Louis l'accueillit le sourire aux lèvres et déclara :

> « Comment, comte de Dammartin, le maréchal de Bourgogne vous a déferré. Par la foi de mon corps, icelui maréchal fait au rebours des autres : car les autres maréchaux ferrent les chevaux et cestui-ci les déferre! »

Dammartin répondit joyeusement :

> « Monseigneur, vous dites vrai, mais pour faire ferrer mes chevaux et ceux de ma bande j'ai eu dix mille écus des pays du maréchal, pour ma part, et me suis bien chauffé en ses pays et bu de bons vins. »

Très jeune déjà Louis avait trouvé son style : une familiarité engageante que pimentait beaucoup d'humour. Dans une lettre — la seconde que nous possédions de sa main — qu'il écrivit à l'âge de quinze ans, il s'adresse à l'un de ses officiers en l'appelant « mon compère ». Mais, par ailleurs, il exigeait d'autrui un service efficace et une obéissance absolue. Parmi les communications qu'il rédigea, la première dont nous disposions contient cette consigne impérative : « Et gardez bien qu'il n'y ait point de faute! »

Vieille ennemie de la France, l'Angleterre allait à nouveau offrir au dauphin l'occasion d'exercer ses talents. Lorsque, vers la fin du mois d'avril 1444, Louis rejoignit à Tours la cour de son père, il apprit que le comte de Suffolk, principal ministre d'Henri VI, était venu négocier avec la France un traité et une alliance matrimoniale *. On était convenu d'une

* A la cour d'Angleterre, deux factions s'affrontaient alors pour obtenir la haute main sur le faible Henri VI; appuyés par leurs gens, les grands seigneurs rivalisaient de ruse et de violence pour bafouer la loi; et l'on ne pouvait trouver ni les hommes ni l'argent nécessaires pour maintenir en France les territoires conquis. Alors que les Français sortaient lentement de l'anarchie, les Anglais s'acheminaient vers le conflit civil de la Guerre des Deux-Roses.

trêve de deux ans que venaient sceller les fiançailles d'Henri VI et de la belle Marguerite d'Anjou, fille de René, frère aîné du comte du Maine, souverain titulaire du royaume de Naples, duc d'Anjou et de Lorraine. Une vague de folles réjouissances déferla bientôt sur la France. Depuis une génération, les habitants des villes situées sur la frontière anglo-française osaient à peine s'aventurer hors des murs; maintenant, aux dires des chroniqueurs, ils déambulaient joyeusement par les champs et par les bois, redécouvrant enfin la saveur de la paix.

Quoiqu'elle fût la bienvenue, la trêve posait toutefois un grave problème au Conseil du roi, où le dauphin avait dorénavant sa place. Si l'on ne pouvait plus employer à la guerre les dizaines de milliers d'Ecorcheurs que comptait la France, ceux-ci ne manqueraient pas de mettre le royaume à feu et à sang. On ne disposait pas d'une armée capable de les soumettre ni de les chasser; par ailleurs, si la trêve n'était pas renouvelée, le roi aurait à nouveau besoin de leurs compagnies. Par chance, l'empereur d'Allemagne et son cousin, le duc d'Autriche, que liait à la France un traité d'amitié, réclamaient alors l'appui de leur allié contre les hardis montagnards helvétiques qui résistaient avec leur bonheur habituel aux efforts que déployaient les Habsbourg pour les réduire à une obéissance depuis bien longtemps disparue. Le gouvernement de Charles VII consentit à envoyer des troupes au secours de l'empereur et du duc. Alléchés par la promesse d'un riche butin, placés sous la conduite des meilleurs capitaines du moment, les dangereux Ecorcheurs iraient étancher leur soif de sang hors du pauvre royaume de France, dans l'Est, contre les Suisses... et contre qui bon leur semblerait. Les Allemands accueillirent cette perspective avec enthousiasme et s'engagèrent à approvisionner et à loger leurs alliés.

Le « joueur de flûte » qui avait entrepris de se faire désigner pour conduire les rats hors du pays n'était autre que le dauphin Louis. Rarement, au cours de l'histoire, on voit l'héritier d'un grand royaume se lancer dans une mission aussi étrange, aussi ambiguë et aussi périlleuse. Officiellement, il était simplement chargé de porter secours aux Autrichiens et de faire sur le Rhin une démonstration pratique de la puissance française.

Le rendez-vous des Ecorcheurs fut fixé au 28 juillet à Langres, à l'extrémité est de la France royale. A cent trente milles de là se dressait la cité impériale de Bâle, qui était aussi l'alliée des

Suisses. Le territoire situé entre les deux villes se trouvait placé sous la domination du duc de Bourgogne. Devenu prince des « coupe-jarrets », le dauphin arriva à Langres le 20 juillet à la tête de mille cavaliers. Il venait d'avoir vingt et un ans. Le Conseil royal l'avait pourvu de nombreux conseillers, placés sous l'égide de Jean de Bueil, qui avait été nommé chef de l'armée; mais Louis conservait la haute main sur l'expédition. De tous les coins de France, des bandes d'Ecorcheurs, gascons, bretons, espagnols, lombards, allemands ou wallons, auxquels s'était même joint un détachement de volontaires anglais, se taillaient une route sanglante en direction de Langres. En tout, quelque cent quarante capitaines — l'élite des guerres anglo-françaises — avaient répondu à l'appel de Louis : à côté des bâtards des maisons nobles, on trouvait des maraudeurs aussi célèbres que Blanchelain, Blanchefort, Dimanche de Cours ou Lestrac, dont les seuls noms évoquaient l'image de villages en flammes. Début août, 25 000 hommes environ cantonnaient aux alentours de Langres. La moitié d'entre eux étaient des soldats de premier ordre, bien montés et bien armés; le reste, la lie d'une génération de guerre, était mort à tout, hormis à l'éclat de l'or et aux plaisirs de la rapine. Bien des hommes avaient emmené leurs femmes, une horde sauvage chevauchant de minables montures ou cahotée par les routes dans des chariots à bagages. Non sans à-propos, le dauphin choisit pour gardes du corps une troupe de quatre cents Espagnols auxquels leurs exploits avaient valu une réputation aussi odieuse que celle dont jouissaient les Bretons de Blanchelain.

Le mercredi 5 août, Louis et son armée commençaient leur progression vers l'est. Une semaine plus tard, on pouvait voir, de Lude, la longue guirlande de lumières que dessinaient dans la chaude nuit d'été les feux de camps des Ecorcheurs. Les envoyés autrichiens se succédaient au quartier général du dauphin, lui promettant pour cantonnements les villes alsaciennes du duc d'Autriche et l'enjoignant de se hâter autant qu'il lui était possible, de manière à pouvoir sans tarder faire obstacle aux manœuvres des Suisses qui, non contents d'assiéger Zurich, envoyaient des hommes en direction de Bâle. Louis fit savoir aux chefs autrichiens qu'il ne consentirait pas à poursuivre son avance avant d'avoir reçu par écrit une promesse lui assurant pour dix mois le logement de 25 000 cavaliers. Les Autrichiens s'empressèrent alors d'établir une liste de villes sises de l'un et l'autre côtés du Rhin, villes qu'ils s'engageaient à remettre à leurs alliés.

Deux semaines seulement après que Louis eut quitté Langres, une avant-garde de deux mille cavaliers placés sous les ordres de l'audacieux Blanchefort galopait dans la campagne bâloise. Une réputation terrifiante précédait les troupes du dauphin. Le 19 août — jour où Louis entra à Montbéliard — un témoin écrivait :

> « J'ai vu et entendu des cruautés et des atrocités telles que nul n'en a jamais ouï raconter auparavant. On ne saurait imaginer le genre de tortures auxquelles les Ecorcheurs soumettent les pauvres gens qui tombent entre leurs mains. Tout mon corps tremble à ce tableau chaque fois qu'il me revient en mémoire. »

Lorsque, pour avoir offert d'eux-mêmes tous leurs biens à l'envahisseur, les habitants d'une bourgade avaient obtenu que leur village fût épargné, ils voyaient bientôt arriver une nouvelle vague de soldats qui, eux, se chargeaient d'accomplir le triste travail auquel leurs prédécesseurs avaient renoncé. Les récoltes étaient incendiées, les réserves pillées, les pressoirs, les moulins, les outils de toutes sortes détruits par plaisir de détruire. Les Ecorcheurs brûlaient les paysans à petit feu pour qu'ils révèlent l'endroit où ils avaient caché leurs objets de valeur, et, bien souvent, ils négligeaient de retirer leurs victimes des flammes. Parfois, ils enfermaient un homme dans un coffre sur lequel ils violaient sa femme à tour de rôle.

Une nouvelle députation de nobles autrichiens arriva bientôt pour annoncer que, le 12 août, les Suisses avaient mis le siège devant Farnsbourg, à quinze milles seulement à l'est de Bâle. Louis comprit sans peine que les Autrichiens espéraient voir leurs sauvages alliés et leurs farouches ennemis s'anéantir réciproquement. Déjà la rumeur courait à travers l'Europe qu'une fois Bâle prise et les Suisses vaincus le dauphin gouvernerait l'Allemagne.

Après un bref conseil de guerre, Jean de Bueil prenait la direction de Bâle avec le gros de l'armée. Deux jours plus tard, c'est-à-dire le 23 août, Louis suivait avec ce qui lui restait d'hommes. Tandis que Bueil occupait les places fortes autrichiennes situées au sud de Bâle, Louis établissait son quartier général plus au nord, au château de Waltighoffen. Le 25, il envoyait un détachement d'éclaireurs inspecter les fortifications de la ville; mais ceux-ci s'approchèrent tant et si bien des murs qu'un soudain tir d'arquebuses coûta la vie à maints d'entre eux. A l'aube du 26, le dauphin apprit que les Suisses avaient attaqué une patrouille de reconnaissance qui s'était vue contrainte de traverser la Birse pour rallier l'armée de Bueil. En fait, l'ennemi n'avait envoyé contre les Ecorcheurs qu'une compagnie de 2 500 hommes qui, jusque-là, participaient au siège de Farnsbourg. Durant cet engagement préliminaire, le dauphin et de Bueil avaient disposé leurs troupes de façon à pouvoir tirer parti de l'avance des Suisses; ceux-ci allaient en effet jouer le rôle d'appât dans un piège grâce auquel Bâle devait tomber entre leurs mains. Bueil et son armée, qui comptait 15 000 cavaliers et archers, s'installèrent sur un plateau qui domine la Birse à trois quarts de mille environ de la ville, tandis que le dauphin et ses troupes se tenaient à l'ouest, prêts à fondre sur Bâle aussitôt que ses habitants en franchiraient les portes pour porter secours à leurs amis.

La phalange suisse et les puissants escadrons de Bueil se trouvèrent bientôt engagés dans un combat sans merci. Les cavaliers français se taillaient un chemin à travers une terrifiante forêt de piques et de hallebardes. Vers le milieu de la matinée, plusieurs milliers d'hommes sortaient de Bâle par la porte sud pour attaquer les Ecorcheurs qui se battaient sur le plateau. Comme les derniers d'entre eux quittaient la ville, la colonne s'arrêta brusquement : ceux qui marchaient en tête venaient d'apercevoir l'armée du dauphin et prenaient soudain conscience du danger. Pêle-mêle, les Bâlois rebroussèrent chemin. Une demi-heure de plus, et le dauphin se fût trouvé à même de mettre son dessein à exécution et de prendre la ville. Le soir venu, l'armée suisse était exterminée, mais la victoire avait coûté la vie à quelque 4 000 Ecorcheurs [2].

Cette double nouvelle ébranla l'Occident tout entier. Les Suisses venaient d'essuyer une défaite, mais celle-ci revêtait un caractère tel qu'elle ajoutait encore au prestige militaire que leur avaient valu leurs victoires passées. Par ailleurs, installé sur le Rhin avec sa terrifiante armée, le dauphin devenait soudain une puissance européenne. D'un seul coup, il avait rempli ses engagements envers les Autrichiens. Les Suisses levaient maintenant les sièges de Zurich et de Farnsbourg pour former une ligne de défense, et tout portait à croire qu'ils seraient bientôt disposés à traiter avec l'empereur.

Louis ne perdit guère de temps à étudier les conséquences de sa victoire. Il ne manifesta pas le moindre étonnement lorsque, le 29 août, des envoyés de l'empereur, omettant de parler des vivres et du logement qui lui avaient été promis, lui annoncèrent que Sa Majesté impériale était « remuée jusqu'aux entrailles » par l'odieuse armée de barbares que la France avait lâchée sur les terres de l'Empire. Quelques jours plus tard, le dauphin dépêchait auprès de Frédéric III une ambassade chargée de lui rappeler les services qui venaient de lui être rendus, mais aussi les engagements que l'Autriche avait contractés : si l'on refusait maintenant de lui remettre les villes alsaciennes, il n'hésiterait pas à s'en emparer.

On était alors au début de septembre, et Louis, qui avait envoyé trois colonnes de reconnaissance en direction de l'est, conduisit son armée en Alsace. Le 5 septembre, il établit son quartier général à Ensisheim, au cœur de la Haute-Alsace. Déjà, par le truchement de Bâle, il avait entrepris de négocier, avec ses ennemis d'hier, les Cantons suisses. Aux délégués bâlois, il déclara qu'il donnerait avec joie une fortune d'or pour ramener à la vie non seulement ses hommes mais les vaillants montagnards qui avaient péri dans la bataille. Prompt à assimiler une expérience, il avait su voir dans la Suisse une puissance européenne montante qui partageait en outre son point de vue sur les princes féodaux. Parmi la foule d'idées qui se pressaient alors dans son esprit inquiet, il avait conçu le projet d'assurer à la France une alliance avec les Cantons. Il insista loyalement pour que ceux-ci traitent avec l'empereur, mais ses paroles et ses actions montraient clairement combien il souhaitait gagner leur amitié. Connaissant leur méfiance à l'égard des étrangers, il s'empressa de leur accorder une trêve de façon qu'ils pussent juger de sa sincérité.

Le 20 septembre, tandis qu'on signait la trêve, le dauphin s'occupait fort habilement de répartir une à une ses compagnies d'Ecorcheurs à travers toute l'Alsace. Il ne fit aucune tentative pour s'emparer de villes aussi puissantes que Strasbourg; il concentra ses efforts sur des cités de moindre importance, qu'il prit d'assaut ou qui ouvrirent d'elles-mêmes leurs portes devant la menace. Début octobre, il opérait dans l'ouest, au voisinage des Vosges. Après avoir pris Saint-Hippolyte, il mit le siège devant Dambach. La ville résista âprement. Après avoir subi durant trois jours le feu nourri des bombardes et des pièces de campagne, elle repoussa plusieurs assauts avant de capituler. Au cours de l'un d'eux, le dauphin, qui encourageait ses hommes au plus fort du combat, reçut une flèche qui lui cloua le genou à la selle. La blessure s'avéra légère, et, dans la deuxième quinzaine d'octobre, Louis était de retour à Ensisheim où il poursuivait ses négocations. Le 28, il avait atteint son but : il ratifiait un traité de commerce et d'amitié avec les Suisses.

Sur les quelque cent milles qui séparent Montbéliard de Marlenheim, au nord de Strasbourg, les Ecorcheurs se trouvaient installés dans quinze cantonnements principaux répartis entre le Rhin et les Vosges. Avec les pluies de l'hiver, cette région se transforma en un enfer de misère et de violence. En Haute-Alsace, les Ecorcheurs ne rencontraient aucune résistance et pouvaient tout à loisir ravager les campagnes et terroriser les citadins. En Basse-Alsace, la situation était bien différente. Les grandes villes, et tout particulièrement Strasbourg, mettaient sur pied d'incessants coups de main, organisaient de perpétuelles embuscades, et, dans cette guérilla de chaque instant, leurs troupes apprirent à se montrer aussi impitoyables que les Ecorcheurs. Seuls les moins enragés d'entre les hommes du dauphin devaient survivre à cet enfer de champs incendiés et de villages en ruine : pour les autres, les chacals de la guerre, ils périrent entre les mains vengeresses des Alsaciens.

Pour tenir l'Alsace plus de quelques mois, il eût fallu que le dauphin disposât de puissants renforts. Derrière lui s'étendaient les terres du duc de Bourgogne, qui se montrait profondément alarmé par les conséquences de l'expédition; d'autre part, et quoiqu'il lui envoyât des ambassades toujours plus conciliantes, l'empereur travaillait maintenant à recruter des troupes. Pour faire des Ecorcheurs une armée efficace, il fallait des vivres et de l'argent. Aussitôt après s'être installé à Ensisheim, Louis envoya chercher son épouse de manière à concrétiser l'occupation de l'Alsace en y établissant une cour. Méditant sur la façon dont il convenait qu'il exploitât son succès, il s'efforçait d'obtenir l'appui du gouvernement de son père pour une campagne de printemps.

A Ensisheim, le quartier général du dauphin était devenu l'un des centres de la politique européenne. Louis avait porté jusque sur le Rhin les limites du pouvoir français; il avait mis en lumière la faiblesse du perfide empereur, et, grâce à lui, plusieurs princes allemands regardaient maintenant du côté de la France plutôt que vers la Bourgogne. Le pape lui avait accordé le titre de gonfalonier, ou capitaine général de l'Eglise. Des envoyés arrivèrent de Gênes — autrefois possession française — pour proposer au dauphin de devenir le souverain de leur cité. Le duc de Milan, qui n'avait pas d'héritier mâle, dépêcha une ambassade rivale qui laissa entendre à Louis qu'il pourrait être désigné comme successeur du duc. Pour sa part, le duc de Savoie lui avait déjà cédé deux comtés jouxtant le Dauphiné afin de s'assurer son alliance. Parmi les officiers de Louis, des rumeurs circulaient selon lesquelles il avait prévu pour le printemps une expédition en Italie pour aider la Maison d'Anjou à reprendre le royaume de Naples.

Puis, d'un seul coup, ces brillantes perspectives s'évanouissent, tandis que le dauphin disparaît pour un temps des registres de l'Histoire.

Lorsque le problème des Ecorcheurs eut été résolu et que le traité avec les Suisses eut été signé, le gouvernement de Charles VII interrompit brusquement les préparatifs qu'effectuait la dauphine pour rejoindre son mari, et le roi, alléguant la blessure de son fils, envoya à Louis message sur message pour l'enjoindre de regagner la cour. Non seulement le dauphin se voyait interdire de pousser plus loin ses opérations, mais on lui refusait les moyens nécessaires à l'entretien de sa propre maison durant l'hiver. Peut-être le Conseil royal jugea-t-il que la France était alors incapable de supporter les frais que pouvaient occasionner de nouvelles entreprises. Cependant, alors que le fils œuvrait sur les champs de bataille, stimulé par l'exemple, le père avait pris la direction de Metz à la tête d'une fastueuse parade militaire qui coûta fort cher au royaume mais n'obtint aucun résultat. Il est donc probable que, face à son propre échec, le roi ait purement et simplement décidé d'enlever à son fils la possibilité de remporter de nouveaux succès.

Louis comprit fort bien que la partie était jouée. Début novembre, il fit savoir aux délégués impériaux que, si l'empereur offrait un dédommagement pour n'avoir pas rempli ses promesses, la France pourrait accepter d'évacuer l'Alsace en mars suivant. Dans le courant de novembre, le dauphin porta de mille à six mille hommes l'effectif de la garnison d'Ensisheim.

C'était le signal du départ. Avant la fin du mois, la grande aventure était terminée et Louis de France quittait Ensisheim pour Montbéliard.

Echappant aux feux de l'histoire, le dauphin vécut à Montbéliard jusqu'aux derniers jours de janvier 1445, après quoi il se rendit à Nancy pour jouer à la cour de son père le rôle effacé d'un personnage de second plan. Lors de son arrivée à Nancy, ou peu de temps après, il souffrit d'un accès de fièvre provoqué sans doute par un violent sentiment de frustration. S'il s'était attardé à Montbéliard, peut-être était-ce tout bonnement parce qu'il savait que rien ne l'attendait à la cour que le désœuvrement. Ainsi commença pour lui une seconde période d'isolement et de repli sur soi, au cours de laquelle il allait apprendre la patience et procéder à un nouvel examen de sa personne et de son univers.

4.
Le mécontent

Après les horreurs de l'Alsace, Louis trouva à Nancy un univers de pacotille. Quoique l'hiver battît son plein, dames et seigneurs s'étaient donné rendez-vous dans la capitale lorraine; il semblait alors que la France vécût un nouveau printemps, et tous étaient anxieux de se montrer, d'attirer sur eux la faveur royale, de jouir enfin de cette vie de cour que le royaume avait ignoré pendant bientôt un demi-siècle.

Celui qui présidait aux joutes et aux danses, aux banquets et aux parties de campagnes des journées ensoleillées, n'était autre que le « bon roi René », frère de Charles, comte du Maine, et de Marie, reine de France. Le chef de la Maison d'Anjou avait alors trente-cinq ans, et sa physionomie joviale ne portait pas trace de ses nombreux déboires. Il s'intitulait « roi de Naples », mais il avait lamentablement échoué dans tous les efforts qu'il avait déployés pour conférer à ce titre une valeur réelle. Il devait toujours au duc de Bourgogne une énorme rançon pour avoir été son prisonnier quinze ans auparavant [1]... Amateur de tout ce que la vie peut offrir de fastes et de plaisirs, il était passé maître dans l'art d'organiser un tournoi, une fête, ou tout autre divertissement susceptible de donner à un seigneur féodal la possibilité de faire valoir l'importance de sa position. Sa maison comprenait une troupe de Maures brillamment costumés et un nain, Triboulet, dont la tête n'était « pas plus grosse qu'une grosse orange ». Il traçait des jardins, composait des vitraux, écrivait des allégories romanesques en vers et en prose. A la fois mécène et artiste, il entretenait une foule de poètes, de peintres, de sculpteurs et de musiciens —

« il n'avait dans sa suite que des gens habiles à imaginer des passe-temps ». Son fils Jean, l'impétueux duc de Calabre, possédait toutes les qualités d'un chef, excepté le bon sens. Agée de seize ans, sa fille Marguerite, dont les talents ne le cédaient en rien à la beauté, était alors sur le point de commencer l'existence orageuse et tragique que devait lui valoir son mariage avec Henri VI. Lorsque, en février (1445), le duc de Suffolk se présenta à Nancy avec tout un équipage de seigneurs pour escorter Marguerite d'Anjou en Angleterre, ce fut pour la cour prétexte à des tournois et à des festivités sans précédent.

Au faîte de cette société chevaleresque trônait le roi, désormais Charles le Bien Servi, et bientôt Charles le Victorieux. Après lui avoir envoyé une sainte pucelle pour sauver son honneur et sa couronne, maintenant qu'était révolu le temps de la sainteté, Dieu lui avait donné la plus belle fille de France, Agnès Sorel, qui pouvait s'enorgueillir de mériter le titre de « Dame de Beauté », non seulement en vertu des charmes dont l'avait parée la nature, mais grâce à la générosité de Charles qui lui avait offert près de Paris le domaine de Beauté. Quoiqu'elle eût d'ores et déjà donné un enfant au roi, dont elle était la concubine depuis fin 1443, c'est à Nancy qu'elle devint ce que la France n'avait jamais connu auparavant, la « maîtresse officielle ». Hardie et enjouée, elle entourait Charles de joyeux jeunes gens, et le roi, qui découvrait à plus de quarante ans les plaisirs de la jeunesse, couvrait de terres et d'honneurs ses nouveaux favoris, et ne pouvait se rassasier de leur compagnie. Agnès Sorel fut suffisamment intelligente pour s'allier avec Pierre de Brézé, le seigneur normand qui avait attiré sur elle l'attention du roi et qui maintenant avait supplanté le comte du Maine auprès du souverain dont il était le plus important des ministres. Tandis que les Angevins régissaient la vie de la cour et que la belle Agnès gouvernait le roi, vaillant soldat et administrateur de talent, Pierre de Brézé se maintenait au-dessus d'une foule d'intérêts politiques rivaux. Il n'était à l'abri ni des intrigues ni des influences extérieures — comment sinon eût-il conquis une position aussi importante? —, mais c'était un homme de qualité envers qui la nature s'était montrée fort généreuse. L'historiographe bourguignon Georges Chastellain le présente comme l'orateur le plus éloquent et le plus habile de son temps : « Là où son épée ne pouvait vaincre, sa langue remportait la bataille. »

Dans une cour aussi haute en couleurs, le dauphin faisait piètre figure. Lui qui aimait la vie des camps et les conseils intimes vivait à Nancy dans une époque et dans un monde qui n'étaient pas les siens. Il ne prenait nulle part aux joutes et aux banquets. Dévoué à sa mère, il lui fallait, comme le reste de l'univers, accepter la présence d'Agnès Sorel. Habitué à diriger de vastes entreprises, il se trouvait soudain sans occupations. Il était tout sans être rien et vivait parmi les autres comme un étranger. Sa femme elle-même n'était pas de son bord. Tandis que son mari demeurait le plus besogneux des princes, la petite Marguerite d'Ecosse s'était transformée en une princesse de contes de fées. Alors que, sans emploi à la cour du roi, Louis ne recevait pas un liard de son père pour payer ses dettes, Charles offrait à sa bru deux mille livres pour s'acheter des soieries et des fourrures. Comme Jacques Ier d'Ecosse, Marguerite était éprise de poésie, bien qu'elle n'eût pas, semble-t-il (aucune de ses pièces n'a survécu), le génie de son père. Le soir, elle avait coutume de demeurer étendue dans ses appartements où ses dames et un cercle de courtisans se réunissaient pour lire des vers. Créature de mystère et de rêve, capable de tourner une demi-douzaine de rondeaux en une nuit, il lui arrivait, dit-on, de ne rejoindre le lit conjugal qu'après que son seigneur « eut déjà fait un somme ou deux ». Louis ne cachait pas le mépris que lui inspirait cette existence de papillon; sa femme en était d'autant moins heureuse, mais elle ne pouvait imaginer une autre façon de vivre. Le fait qu'elle ne lui donnât pas d'enfant déplaisait bien davantage au dauphin. Apparemment, elle n'en désirait point, car on prétendait que pour conserver sa silhouette elle buvait du vinaigre, mangeait des pommes vertes et se sanglait aussi étroitement que possible dans l'espoir que ce régime la mettrait à l'abri des grossesses.

De fort mauvaise humeur, Louis se mêla aux Angevins et aux mignons du roi et reprit sa place au Conseil. Dans son « très grand besoin », il dut, pour pourvoir à son entretien, emprunter 5 500 livres à l'un des membres de sa maison. Tout ce qu'il obtint du gouvernement de son père ce fut la permission de demander à diverses villes du royaume de l'aider à faire face à ses dépenses. C'est ainsi qu'il parvint à envoyer des convois de vivres aux hommes qu'il avait laissés en Alsace.

En tant que membre du Conseil, Louis participa à la création de l'armée permanente que son expédition avait rendu possible. Au début du printemps 1445, lorsque les Ecorcheurs commencèrent à revenir en France, les meilleurs d'entre eux furent incorporés dans une force armée qui consistait en quinze compagnies montées de cent lances chacune, chaque lance comptant elle-même six hommes. Cependant, lorsqu'il se fut agi de désigner ceux qui allaient prendre la tête de ces compagnies, l'engouement du roi pour René d'Anjou l'emporta sur les états de service de l'héritier de France. L'homme du dauphin, Antoine de Chabannes, comte de Dammartin, fut écarté, quoiqu'il comptât parmi les meilleurs soldats du royaume. Bientôt, il se présenta à la cour tout de noir vêtu, et, quand le roi lui demanda pourquoi il était en deuil, le rude Ecorcheur répliqua : « Sire, en m'enlevant mon commandement, vous m'enlevez la vie. » Chabannes aurait tout aussi bien pu parler pour son maître.

Sombrement, Louis continua de jouer le jeu en vigueur à la cour et, comme tout le monde, il s'adressa à Pierre de Brézé pour obtenir de l'avancement, il se vit finalement chargé de diriger les négociations entreprises avec la duchesse de Bourgogne pour régler les disputes juridictionnelles franco-bourguignonnes. Un mois plus tard, sa mission lui était brusquement retirée : il avait refusé d'appuyer, au détriment des exigences de la France, l'annulation de la dette qu'avait contractée le roi René envers le duc de Bourgogne. Débarquant à Châlons (en Champagne) d'une partie de plaisir qu'avait organisée pour lui son délicieux beau-frère, Charles convint bientôt qu'en échange de nombreuses concessions françaises René serait dispensé de payer sa rançon.

Fin mai, les ambassadeurs milanais notaient :

> « Il y a au sein de la Maison de France d'âpres jalousies et d'ardentes querelles de factions. Il ne pourrait y avoir d'hostilité plus violente que celle qui règne entre son illustre seigneurie le dauphin et le roi de Sicile [René d'Anjou]. Cela vient du fait que le roi de Sicile est celui qui dirige toute chose dans le royaume. »

Charles, duc d'Orléans, et son frère bâtard, le comte de Dunois, s'irritaient de la domination de la Maison d'Anjou. Pour leur part, les Angevins intriguaient pour se débarrasser de Pierre de Brézé qui avait pris au gouvernement la place du comte du Maine. Louis n'avait que faire de ces seigneurs ornementaux qui considéraient comme leur bien et le pouvoir royal et la caisse du royaume.

Sentant que la Maison d'Anjou et d'autres seigneurs mécontents avaient uni leurs forces contre lui, Pierre de Brézé rallia Agnès Sorel à sa cause. Quoique Charles aimât la Maison d'Anjou, il aimait plus encore la Dame de Beauté, et il appréciait fort les capacités de Brézé. Il notifia au roi René et au comte du Maine qu'eux et leurs partisans feraient bien de s'éloigner de la cour pendant un certain temps. Quelque chose comme un nouveau régime, toujours dirigé par Pierre de Brézé, succéda au gouvernement. Quelques grands seigneurs demeurèrent, mais l'on vit désormais siéger au Conseil un certain nombre d'hommes de métier particulièrement capables. Parmi eux, Jacques Cœur. Argentier du roi, celui-ci était le plus remarquable des entrepreneurs de son temps; il possédait des sociétés de commerce dans toute la France, et sa flotte méditerranéenne, qui acheminait vers l'Occident des articles de luxe venant d'Orient, faisait de lui un personnage important dans le monde musulman. A Bourges, dont son fils était d'ores et déjà archevêque, il s'était fait construire un merveilleux palais arborant la devise : « *A vaillants cœurs rien impossible.* » On racontait que son revenu annuel équivalait au revenu global de tous les autres marchands de France.

Il semble que, dans ce changement gouvernemental, le roi Charles ait obtenu l'appui du dauphin en autorisant Brézé à lui laisser espérer une nouvelle mission, cette fois-ci une vaste campagne en Italie. Louis en vint donc peu à peu à croire qu'il allait bientôt se voir confier le commandement d'une armée pour aider Milan contre Venise, le duc de Milan prêtant alors son concours au dauphin pour rétablir la souveraineté de la France sur Gênes. Etant donné les mauvais rapports qu'il entretenait avec les Angevins, Louis eût de toutes manières appuyé les changements qui devaient affecter le pouvoir. Il admirait Jacques Cœur — car à sa façon Louis était lui aussi un entrepreneur — et les deux hommes furent bientôt étroitement liés. Louis alla même jusqu'à faire sa cour à Agnès Sorel, à qui il offrit un bel ensemble de tapisseries qu'il s'était approprié deux ans auparavant dans le château du comte d'Armagnac.

Mais, une fois que le nouveau gouvernement fut en passe d'être établi, les espoirs du dauphin, qui voyait déjà la France étendre son autorité au-delà des Alpes, eurent tôt fait de s'effondrer. Aussi aimable que fût Louis à l'égard d'Agnès Sorel, celle-ci ne pouvait considérer le fils de son royal amant que comme un ennemi. Quant à Charles, il n'était pas disposé à offrir au dauphin de nouvelles chances de succès; désormais, l'animosité qu'il nourrissait à son endroit était d'autant plus vivace qu'il avait cruellement conscience de sa jeunesse.

Durant les premières journées d'août, dans cette atmosphère politique lourde de changements et de désillusions que l'écrasante chaleur de l'été rendait plus pénible encore, le dauphin et son épouse s'apprêtèrent à suivre le roi dans la Loire, où l'on espérait trouver un climat moins pesant. Soudain, les projets de départ furent suspendus. La frêle princesse d'Ecosse était tombée malade. Le samedi 7 août, elle et ses dames s'étaient jointes à la cour pour un bref pèlerinage. La journée avait été particulièrement chaude. A son retour, Marguerite s'était imprudemment dévêtue pour jouir à son aise de la fraîcheur de sa chambre. Le lendemain matin, elle était fiévreuse et se trouvait en proie à de violents accès de tous. Le médecin diagnostiqua une inflammation pulmonaire. Le 16 août, entre dix et onze heures du soir, la dauphine mourait. Durant ses derniers jours, elle fut torturée par le souvenir des insinuations scandaleuses qu'un courtisan avait lancées contre elle.

Le lendemain, profondément troublé, le dauphin quittait Châlons en compagnie du roi et de la reine. Sans doute n'éprouvait-il pas un chagrin très vif, car Marguerite n'avait pas véritablement été une épouse pour lui et tous deux appartenaient à des mondes par trop différents. Il semble qu'avant la maladie de sa femme Louis n'ait pas eu conscience de la portée ni de l'étendue du scandale. Peu de temps après, il tenta de faire punir le coupable de sa malveillance. Mais ses efforts furent vains; l'homme continua à bénéficier des bonnes grâces du roi. C'était une nouvelle preuve du peu de faveur dont l'héritier de France jouissait à la cour de son père [2].

Dès l'instant où il quitta Châlons et jusqu'à la fin de l'année 1445, nous perdons pratiquement Louis de vue. Pour l'ensemble de 1446, les renseignements ne sont guère plus abondants : des comptes ménagers, moins d'une demi-douzaine de lettres, un petit nombre de documents sont tout ce qui nous renseigne à son sujet, hormis deux dépositions faites par d'anciens serviteurs et qui contiennent à son propos des révélations préjudiciables. Submergé par l'affabilité superficielle de son père, plongé dans un tourbillon de pensées, le dauphin vivait dans l'ombre la brillante vie de la cour. Cependant, son esprit ne restait pas inactif : faute de pouvoir dévouer ses talents à de vastes projets, les plus légers détails étaient pour lui matière à réflexion.

Au début de l'année 1446, le dauphin envoya à Pierre de Brézé vingt-cinq fûts de vin du Rhin en remerciements des services passés aussi bien que pour appuyer ses espoirs à venir. A nouveau, l'Italie accaparait son attention. Cette fois-ci, il négociait un pacte avec son allié, le duc de Savoie, et méditait de créer un dominion français sur l'autre versant des Alpes. Conclu en février, le traité avec la Savoie fut aussitôt rejeté par Charles et son Conseil. Impuissant, déçu, Louis s'attacha alors à mettre sur pied une révolution de palais et tenta d'obtenir l'appui de son vieux capitaine, Antoine de Chabannes. Peut-être ne souhaitait-il rien d'autre que de contraindre le roi à lui offrir quelque emploi en échange de la paix. Bientôt, ses appartements se transformèrent en une ruche de conspirateurs qui ne faisaient apparemment que peu d'efforts pour dissimuler leurs activités. Mais toute cette agitation ne donna aucun résultat [3]. Louis se consacra alors à un autre projet, lui aussi voué à l'échec. Après son expédition contre le comte d'Armagnac, en remerciements de ses services, le gouvernement lui avait donné certaines juridictions confisquées au comte. Or, le dauphin ambitionnait maintenant d'étendre son pouvoir dans le Languedoc en joignant à ses nouvelles possessions la sénéchaussée d'Agenais, qui leur était contiguë. Secrètement, il envoya sur place des agents chargés de convaincre les habitants de se placer d'eux-mêmes sous l'autorité du dauphin; mais cette manœuvre fut promptement communiquée au roi. L'entreprise était d'ailleurs si grossière et si maladroite qu'on a du mal à croire que Louis ait souhaité autre chose que d'ennuyer son père.

Pendant un certain temps, il reprit son travail de conspirateur [4]. Puis, lorsque l'été fit place à l'automne, il s'embarqua dans une nouvelle intrigue, plus modérée celle-ci. Prenant le parti de Charles, comte du Maine et frère de René d'Anjou, qui ne s'était pas encore remis d'avoir été supplanté par Pierre de Brézé, Louis se lança dans une campagne politique visant à convaincre le roi de démettre Brézé et ses principaux partisans des fonctions qu'ils occupaient au gouvernement. Mais, soudain, une série d'incidents survinrent, qui allaient bouleverser ses plans. Antoine de Chabannes révéla dans le détail le complot qu'avait ourdi le dauphin le printemps précédent. Pierre de Brézé, voyant sa position menacée, s'arrangea pour obtenir d'un domestique d'autres révélations. Dans le même temps, les nobles, sentant que Louis n'était pas des leurs, firent front commun contre lui, tandis que le comte du Maine se réconciliait avec Brézé. Pas une seconde le roi ne s'était départi de son calme.

Ce fut à Agnès Sorel de subir les conséquences de la mauvaise humeur du dauphin. Différentes versions de l'incident circulèrent à travers l'Europe. D'après Aeneas Sylvius Piccolomini (le futur Pie II), ému par les larmes de sa mère, Louis, pris d'un accès de colère, aurait injurié la Belle Agnès avant de tirer son épée et de la poursuivre jusqu'au lit de son père. Selon d'autres comptes rendus, il se serait contenté de la souffleter en public. Quoi qu'il en soit, il y eut un joli scandale qui consomma la disgrâce du dauphin et aggrava encore son isolement. Il coupa la queue de tous ses chevaux sous prétexte qu'il fallait les écourter tout comme l'avait été leur maître. Cependant, si ses tentatives pour accéder au pouvoir avaient complètement échoué, il avait du moins réussi à se mettre dans une position telle que le roi et Brézé se virent contraints de lui confier une mission qui l'éloignât de la cour.

En novembre, le duc de Milan offrit une nouvelle fois son appui à la France pour reconquérir Gênes en échange d'une aide contre Venise. Les ambassadeurs milanais avaient été chargés de rechercher tout particulièrement le concours du dauphin. Vers la mi-décembre, le gouvernement royal consentit à accepter les propositions du duc; à la même époque, une ambassade française, dans laquelle Louis était parvenu à inclure quelques-uns de ses hommes, négociait à Marseille avec les Génois mécontents qui s'y trouvaient exilés. Les généreux présents dont le dauphin fit cadeau aux ambassadeurs milanais semblent indiquer qu'alors déjà il travaillait à se tailler une position indépendante de la cour. Finalement, il fut autorisé à se rendre dans le Dauphiné pour y recevoir l'hommage de la province, et, de là, à défendre les intérêts de la France en Italie du Nord. On ne lui conféra cependant aucun réel pouvoir d'action, et son père lui intima l'ordre de revenir quatre mois plus tard. Mais si Charles VII l'avait chargé d'une pseudo-mission, Louis ne lui offrit à son tour qu'un pseudo-consentement. Sans doute avait-il déjà décidé de ne plus se soumettre à la bienveillance d'un père qui, en ignorant ses qualités, ne faisait que gâter son caractère.

Le 28 décembre, à Tours, la reine donna naissance à un garçon qui reçut le nom de son père. La cérémonie du baptême allait s'avérer riche en ironies. L'un des parrains, le comte du Maine, devait trahir Louis un jour de bataille, tandis que l'autre, Pierre de Brézé, tomberait au combat en luttant pour la vie et le trône de ce même Louis; enfin, l'une des marraines, la femme de Brézé, allait perfidement livrer la ville de Rouen au prince qu'elle tenait maintenant dans ses bras.

Le 1er janvier 1447, le dauphin prenait la route du Dauphiné. Il avait alors vingt-trois ans et se préparait à une nouvelle retraite. Quoique le roi eût encore quinze ans de règne devant lui, jamais plus Louis n'allait revoir son père.

DEUXIÈME PARTIE

L'exilé

5.
L'empereur du Dauphiné

Un siècle auparavant, le dernier dauphin du Dauphiné, qui appartenait théoriquement à l'Empire, léguait son petit Etat à l'héritier de France, à condition que jamais il ne fût rattaché à la France elle-même. C'était une région de plaines et de montagnes, coupée de rivières, de forêts et de hautes vallées. De forme grossièrement triangulaire, la province s'étalait le long du Rhône, sur quelque cent vingt-cinq milles, de Saint-Symphorien à Carpentras. A l'est, elle s'enfonçait dans les Alpes où elle jouxtait la Savoie. Bordée au nord par les possessions du duc de Bourgogne, elle s'étendait au sud jusqu'au comté de Provence, soumis au roi René. Vienne, sur le Rhône, et Grenoble, sa capitale, en étaient les villes les plus importantes; c'était avant tout un pays de villages, de châteaux isolés, et de vastes étendues demeurées incultes.

Politiquement aussi la région était rétrograde. Damier de juridictions et de tenures de terres, le Dauphiné était fait des débris féodaux laissés par le démantèlement de l'empire de Charlemagne d'abord, de l'ancien royaume de Bourgogne ensuite. Au lendemain de ces bouleversements, des évêques ambitieux avaient su s'imposer comme souverains temporels de leurs diocèses, tandis que des seigneurs laïcs régnaient sur leurs terres en despotes. Au travers des siècles, le Dauphiné était parvenu à constituer un Etat, mais cet Etat était plein d'enclaves, et les privilèges s'y enchevêtraient de telle façon que, pour certaines de ses possessions, le dauphin se trouvait être le vassal de puissants hommes d'Eglise.

Du moment où il posa le pied sur le sol dauphinois, à

Saint-Symphorien, le 13 janvier 1447, Louis entreprit de gouverner son malheureux petit Etat comme s'il se fût agi d'un empire [1]. Début février, il présida à Romans une réunion des Etats généraux. Après quoi, il descendit le Rhône jusqu'à Valence et à Montélimar pour étudier les doléances locales et les juridictions féodales. En mai, il passa avec un légat un accord aux termes duquel il obtenait la partie de la ville de Montélimar soumise à l'autorité du pape en échange d'une autre seigneurie [2]. En juillet, il abolit tout un salmigondis de circonscriptions administratives pour subdiviser la province en deux bailliages et une sénéchaussée. Il établit un parlement, réorganisa le Conseil dauphinois, accéléra la procédure légale, créa un registre officiel des titres et mit sur pied le premier service postal gouvernemental qu'ait connu l'Europe. En juillet 1452, alors qu'il entretenait avec son père des rapports plus tendus que jamais, il fonda à Valence une université comprenant une faculté de théologie, une faculté de droit civil et de droit canon, une faculté de médecine et une faculté d'arts libéraux.

Louis parcourut à cheval les routes primitives du Dauphiné, prêtant une oreille attentive aux plaintes et aux réclamations, gourmandant les seigneurs féodaux, laïcs ou ecclésiastiques, stimulant la croissance des villes, recherchant la prospérité de ses sujets par tous les moyens dont il disposait. Pour encourager l'agriculture, il frappa d'un impôt le blé venant de France en Dauphiné. Il offrit un appui financier aux commerçants entreprenants, les anoblit, prit leurs fils à son service, incita les habiles artisans étrangers à s'installer dans le Dauphiné en leur accordant toute espèce de concessions [3].

Par ailleurs, Louis déploya tous ses talents pour amener les grands féodaux, qui s'accrochaient désespérément à leurs anciens droits, à se soumettre à son autorité. De par la loi, les nobles avaient le droit de mener des guerres privées, et ils avaient pris l'habitude d'exercer des privilèges de potentats. Les évêques et les archevêques possédaient des cours et des prisons; ils régnaient sur les villes comme des princes temporels; à Grenoble, dans la capitale même, le dauphin était le vassal de l'évêque.

Louis abolit la guerre privée et exigea des princes qu'ils lui rendissent hommage. Il les contraignit en outre à remplir envers lui leurs obligations militaires et à en assumer les frais. Il les amena enfin à respecter les lois du Dauphiné, telles que les appliquaient les fonctionnaires locaux. Pour faire obstacle aux menées despotiques des princes spirituels, il soumit les doléances d'ordre juridictionnel aux incessantes investigations de commissions d'enquêtes [4]. En 1450, il était parvenu à établir son autorité aussi bien sur les prélats que sur les nobles. Dans le courant de l'automne de cette même année, durant diverses cérémonies publiques, l'archevêque de Vienne et les évêques de Grenoble et de Valence rendirent hommage au dauphin, qu'ils reconnaissaient comme leur seigneur, et abandonnèrent leurs prétentions à exercer sur leurs villes une juridiction temporelle. En 1453, au grand déplaisir de son père, qui avait désigné quelqu'un d'autre, Louis réussit à faire élire l'un de ses hommes comme archevêque de Vienne.

Hommes d'Eglise et nobles ne se soumirent pas sans réticence à ce monde nouveau. A la cour du roi, où ils savaient trouver une oreille compatissante, ils firent circuler toutes sortes de fables concernant les effroyables innovations dont Louis était le promoteur. Charles VII se laissa facilement persuader de considérer la grande œuvre de son fils comme un régime de « folies » dirigé par de « mauvais conseillers ». Mais les fermiers des vassaux, les bourgeois et la petite noblesse ne l'entendaient pas de cette façon-là. Lorsque, par un chaud après-midi de juillet, Louis verra sa vie et sa couronne vaciller au gré de la bataille, ce sont les preux gentilshommes du Dauphiné qui voleront au secours de leur roi et briseront l'assaut de la chevalerie bourguignonne.

L'administration du Dauphiné fut pour Louis un merveilleux apprentissage. Jamais auparavant on n'avait vu tel prodige. Il fit d'une province arriérée un Etat, doubla l'étendue de son territoire, lui donna une cohésion qu'elle n'avait jamais connue et mit sur pied un appareil administratif dont l'efficacité n'avait certainement pas d'équivalent en Europe. En tout, il promulgua plus de mille décrets, ordonnant d'importantes réformes, mais aussi des innovations de détail pour assurer le bien-être des villes et des individus. Bientôt, l'Europe entière fut informée des merveilles qu'accomplissait le Fils de France dans le Dauphiné. D'audacieux chevaliers comme le Bourguignon Olivier de la Marche se rendirent sur place pour juger par eux-mêmes. Par la suite, le dauphin et son règne allaient entrer dans la légende de la province. Louis perdit nombre de partisans qu'il renvoya parce qu'il les suspectait, à tort ou à raison, d'être à la solde de son père; mais il sut s'en attacher bien davantage. De jeunes Français, émerveillés par les réalisations du dauphin et avertis du fait qu'il s'entendait à récompenser généreusement les bons offices, prirent la route du Dauphiné. Ils durent s'y rendre en hâte, et dans le plus grand secret, car le roi envoyait des ordres pour qu'on les poursuivît.

Durant les premières années qu'il passa dans le Dauphiné, Louis eut pour la première fois la possibilité de mener la vie qui lui plaisait. Il avait un Etat à administrer; il avait des officiers et des compagnons de son choix; la cour qui l'entourait était désormais la sienne et non plus celle du roi son père. Durant cette période, il eut deux maîtresses reconnues : l'une, Félise Renard, dont le père était écuyer, lui donna deux filles qu'il maria par la suite à des hommes haut placés. S'il était trop ambitieux pour se déclarer satisfait, si son amour de la politique était trop violent pour qu'il pût connaître le repos, il prenait plaisir à exercer son immense curiosité et trouvait la vie infiniment intéressante. Il s'était d'ores et déjà acquis la réputation d'un cavalier infatigable, et il entraînait ses compagnons dans d'interminables chevauchées dont ils rentraient fourbus. Il mangeait et buvait de bon cœur; il aimait à parler, mais savait tout aussi bien écouter. Il soumettait chacun au feu de ses questions et se souvenait des visages, des noms et des réponses. Même les comptes rendus épars touchant ses jeunes années révèlent chez lui le comédien : on le voit jouer avec délice toute une gamme de personnages qui dissimulent et dévoilent à demi l'être complexe, nerveux et amusé qui les incarne. Toute expérience nouvelle lui semble bonne à tenter, et c'est sans retenue qu'il consacre sa volonté, sa science et sa vitalité à diriger les affaires et les hommes.

6.
Le rebelle impénitent

Vers 1450, une fois son gouvernement solidement établi, Louis cessa de consacrer toute son énergie au Dauphiné.

Sans plus tarder, il reporta son attention sur la situation politique si fluctuante de l'Italie. Les nerfs tendus, il observait de loin les intrigues de la cour de France et tentait de pénétrer l'esprit du roi. Il avait des agents et des amis dans l'entourage royal, tout comme son père avait les siens dans le Dauphiné. Le gouvernement de Charles était toujours en proie à des jalousies et à des intrigues auxquelles le roi semblait prendre plaisir; parmi les courtisans royaux, personne n'avait envie de voir le dauphin se réconcilier avec son père. Des histoires selon lesquelles Louis conspirait contre le roi trouvaient à la cour un terrain favorable à leur diffusion, et même si leur absurdité était publiquement reconnue, Charles VII ne prenait pas la peine de les démentir [1]. Louis avait parfaitement conscience de gouverner sa province par tolérance, et la tolérance de son père devenait chaque année plus énigmatique. Il avait certes mis sur pied une petite armée, mais que pouvait-elle faire contre les quinze compagnies que Charles avait à sa disposition?

Durant les premières années de son séjour dans le Dauphiné (1447-1451), Louis nota attentivement les transformations qui s'opérèrent à la cour et les changements qui devaient modifier la fortune du roi.

Dans le courant de l'été 1449, après que les Anglais eurent étourdiment rompu la trêve avec la France, Pierre Brézé et Dunois, le Bâtard d'Orléans, lancèrent leur puissante armée permanente contre la Normandie. Le duc de Somerset abandonna aussitôt Rouen et se retira en toute hâte sur la côte. En 1450, la dernière armée ennemie était vaincue à Formigny, tandis que le reste de la Normandie était reconquis. L'année suivante, les Français parachevaient leur exploit en chassant les Anglais hors de Guyenne. Le malheureux Henri VI ne possédait plus que le port de Calais et son royaume se trouvait désormais en proie aux querelles de factions qui allaient bientôt conduire à la Guerre des Deux-Roses. Le roi de France était devenu Charles le Victorieux, le plus puissant des monarques de la chrétienté.

Le roi lui-même s'adonnait avec une ardeur croissante aux plaisirs de la jeunesse. En février 1450, Agnès Sorel mourait à Jumièges, en Normandie. Elle fut promptement remplacée par l'une de ses cousines, Antoinette de Maignelais, qui avait la réputation d'être presque aussi belle que la Belle Agnès. Mais les appétits de Charles étaient désormais insatiables, et Antoinette ne fut bientôt plus seulement la maîtresse du roi, mais son entremetteuse en chef : pour le plus grand plaisir du souverain, elle recruta une troupe de jeunes concubines qui se pavanaient à la cour vêtues comme des reines.

Ces années furent aussi les grandes années de Jacques Cœur. Membre du Conseil, diplomate, argentier du roi, il poursuivait sa spectaculaire carrière de prince des marchands. La plupart des seigneurs de la cour étaient ses débiteurs, et le plus grand d'entre eux était le roi lui-même. Sans lui, la conquête de la Normandie n'eût sans doute pas été possible : il avait largement ouvert ses coffres en déclarant à son souverain : « Sire, tout ce que j'ai est à vous. » Malgré la distance qui les séparait, Louis était resté en étroit contact avec lui. Toutefois, ils tinrent secrètes leurs relations car il était fort dangereux à la cour d'être l'ami du dauphin. Ceci n'empêcha d'ailleurs pas Jacques Cœur de prêter de l'argent à Louis, de l'aider dans ses négociations avec les Etats italiens et de mettre à sa disposition les services et le personnel de sa puissante organisation de commerce.

Jusque-là, Louis et son père avaient conservé à leurs relations l'aspect de la cordialité. Charles persistait à compter le dauphin parmi les gens à qui il avait coutume d'envoyer des présents pour le Nouvel An. En janvier 1449, Louis offrit un léopard au roi. Celui-ci s'abstint apparemment de lui rappeler qu'il avait depuis longtemps outrepassé la date à laquelle il eût normalement dû quitter le Dauphiné; de même, le dauphin omit de se plaindre de sa pauvreté et de son exclusion du pouvoir. Cependant, en janvier 1451, Louis reçut un avertissement qui lui donna à comprendre que son père n'était pas revenu à de meilleurs sentiments : on l'accusait de « se mêler des affaires de Jacques Cœur ».

Le dauphin lui-même avait précipité les choses en demandant au roi la permission d'épouser l'une des filles de son allié et voisin, le duc de Savoie. Il avait alors vingt-sept ans et se trouvait sans femme et sans enfant à un âge où l'héritier d'un grand royaume aurait dû depuis longtemps avoir fondé une famille. Durant toute l'année 1450, Charles VII ignora la requête de son fils, quoique les envoyés de celui-ci la lui eussent rappelée plusieurs fois. Dépêchée en novembre, la dernière ambassade de Louis ne reçut pas de réponse avant la fin de février 1451. Le roi ne ménageait pas ses mots : il considérait une alliance avec la Savoie comme inopportune. Après avoir ajouté que le dauphin avait failli à son devoir en restant éloigné de la cour et que la façon dont il en usait avec l'Eglise dans le Dauphiné était parfaitement déplaisante, Charles concluait son message par l'allusion menaçante que nous venons de mentionner touchant les relations qu'entretenait son fils avec Jacques Cœur.

Louis, qui s'attendait à ce genre de réponse, avait d'ores et déjà pris les choses en main. A la mi-février, ses représentants à la cour de Savoie signaient le contrat de mariage. Lorsque le roi Charles prit connaissance de cette fâcheuse nouvelle, il dépêcha aussitôt à Chambéry un héraut chargé d'empêcher la cérémonie. Rendu le 9 mars, celui-ci arriva juste à temps pour voir le dauphin et Charlotte de Savoie, sa fiancée de douze ans, franchir dans des vêtements de velours cramoisi le seuil de la chapelle où devait être bénie leur union.

Charles prit tout son temps pour préparer sa vengeance, et Jacques Cœur, à qui il devait tant, fut le premier à en faire les frais. Selon son habitude, le roi continua à prodiguer à son argentier caresses et flatteries jusqu'au jour où il décida de frapper. Le 30 juillet 1451 — cinq mois après le mariage du dauphin — Jacques Cœur écrivait confidentiellement à sa femme : « Quelque chose que l'on en dise, mon fait est aussi bon et suis aussi bien envers le roi que j'aie jamais été. »

Quelques jours plus tard, il était jeté en prison, dépossédé de tous ses biens et inculpé... d'avoir empoisonné Agnès Sorel. Cette accusation, si manifestement absurde, fit comprendre à Jacques Cœur, comme au dauphin, qu'avec ses favoris le roi voulait la peau de son argentier. En mai 1453, le prévenu était jugé coupable de lèse-majesté, condamné à payer 400 000 couronnes d'amende, dépouillé de toutes ses possessions et emprisonné pour un temps indéterminé. Un an plus tard, il s'évadait et se rendait à Rome, où le pape lui réserva un accueil chaleureux. Il se vit confier le commandement d'une flotte armée contre les Turcs et mourut à Chio le 25 novembre 1456. A l'époque, Louis était lui aussi fugitif, et il ne put rien faire pour son ami. Mais lorsqu'il devint roi, il veilla à l'avancement de ses fils, prit à son service nombre de ses agents, et exprima publiquement sa gratitude pour « les bons et honorables services a nous faits par ledit feu Jacques Cœur ».

Une fois son argentier sous les verrous, Charles entreprit sans hâte ni passion de punir le fils qui avait osé se marier sans son consentement. Début 1452, le dauphin se vit supprimer sa pension. Lorsque Louis protesta contre les « mauvais rapports » faits à son père à son propos, le roi se contenta, pour toute réponse, d'enlever à son fils les derniers territoires qu'il possédait en France.

Par ailleurs, le gouvernement royal exerçait une pression croissante sur le duc de Savoie pour le détacher du dauphin. Durant l'été 1452, des troupes françaises commencèrent à progresser en direction du sud-est; si elles étaient censées se diriger vers la Savoie, elles pouvaient tout aussi bien attaquer le Dauphiné. Des bruits circulaient selon lesquels le roi méditait de déshériter le dauphin au profit de Charles, son fils cadet. Louis rassembla sa modeste armée et ordonna à ses sujets d'aller avec leurs biens chercher asile dans les villes fortifiées. Durant les mois de septembre et d'octobre, il envoya à son père plusieurs ambassades par lesquelles il lui fit savoir que, s'il se sentait offensé de quelque façon que ce fût, il était disposé à lui demander humblement pardon. Charles répondit tout d'abord que l'expédition qu'il avait entreprise ne visait pas le Dauphiné, et que son seul objectif était de punir le duc de Savoie. Cependant, il ordonna bientôt à son fils de remettre certains « mauvais conseillers » entre les mains de la justice royale, et de lui donner sa parole de faire désormais ce qui lui était commandé. La riposte de Louis ne se fit pas attendre :

son plus cher désir était d'obéir à son père, mais à condition toutefois qu'on ne lui demandât ni de rejoindre la cour, ni d'abandonner aucun de ses hommes.

Le 27 octobre 1452, le duc de Savoie, qui, dans sa crainte, avait hâte de pactiser avec le roi, signait un traité par lequel il se mettait sous la protection de la France et se désolidarisait du dauphin. Bientôt, Louis fut averti qu'on encourageait son père, dont l'armée se trouvait maintenant à proximité, à marcher sur le Dauphiné. Dans cette dangereuse conjoncture, la chance joua en sa faveur : on apprit soudain que Bordeaux avait ouvert ses portes à un corps expéditionnaire anglais qui venait de débarquer en Guyenne. Aussitôt le dauphin offrit ses services à son père qui les refusa brutalement. Cependant, l'armée française abandonna bientôt la région du Sud-Est pour se rendre en Guyenne. Charles VII publia une proclamation par laquelle il désavouait publiquement les « folles entreprises » de son fils. Mais les ennemis de la France tenaient Louis pour moins « fou » que ne le voulait son père. Les Anglais, qui intriguaient alors avec le duc d'Alençon *, sur l'instabilité duquel ils croyaient pouvoir compter pour pénétrer en Normandie, virent leur espoir s'effondrer en apprenant que le dauphin devait être nommé gouverneur de cette province : selon les propres termes d'un agent d'Alençon : « Le dauphin est l'homme de toute la France que les Anglais craignent le plus. »

Durant l'hiver 1452-1453, le dauphin s'efforça de maintenir ouverte la porte des négociations, mais le roi exigeait maintenant de lui une complète soumission que devaient lui assurer des garanties bien précises. Aussi, lorsque vint le printemps 1453, Louis essayait-il désespérément de trouver un expédient grâce auquel il pourrait éviter ce qui paraissait bientôt devoir être l'inévitable. Les préoccupations qu'occasionnait au gouvernement royal la campagne destinée à chasser les Anglais hors de Guyenne, les ambitions de son oncle, le roi René, et la situation politique de l'Italie devaient lui fournir l'occasion qu'il cherchait. En butte aux attaques de Venise et du royaume de Naples (alors gouverné par Alphonse V d'Aragon), les Etats de Milan et de Florence étaient parvenus à convaincre René d'Anjou (qui réclamait toujours avec la même ardeur le royaume

* Le parrain de Louis, qui s'était joint à celui-ci et au duc de Bourgogne lors de la Praguerie.

dont il était titulaire) à venir à leur secours, en lui accordant un subside et en lui laissant espérer (car ce n'était qu'un espoir) qu'ils l'aideraient ensuite à reconquérir Naples. Louis offrit immédiatement ses services à son oncle qui les accepta avec l'approbation de Charles. Bientôt, le roi René quittait la Provence sur un bateau génois, tandis que le dauphin traversait les Alpes avec sa petite armée et les troupes dont René lui avait confié le commandement. Grisé par l'enivrant parfum de la politique italienne, il roulait dans sa tête des projets de son cru.

Aussitôt arrivé dans le Piémont, il dépêcha à Gênes une ambassade chargée d'annoncer qu'il avait l'intention de mettre la ville, autrefois française, sous sa protection. Lorsqu'il rejoignit son oncle à Villanova, il lui proposa gaiement de l'aider à s'emparer de Gênes; après quoi, avec l'appui de la flotte génoise, il l'aiderait à son tour à mener à bien sa campagne napolitaine. Les Génois envoyèrent alors à René de pressants appels pour qu'il renonçât à cette entreprise. L'Italie du Nord tout entière s'agitait, et l'on parlait partout des appétits de conquêtes du Fils de France. Effrayés, les alliés italiens de René persuadèrent celui-ci que les visées du dauphin ne laissaient rien présager de bon pour la Maison d'Anjou. René pria Louis de repasser immédiatement les Alpes. En vain le dauphin tenta-t-il de négocier avec les Vénitiens, puis de faire des ouvertures aux Milanais. On savait fort bien qu'il ne jouissait pas de l'appui du roi de France et il lui fallut malgré lui prendre la route pour regagner sa petite province. Il eut bientôt la satisfaction de voir son oncle faire un joli gâchis, assez caractéristique d'ailleurs des façons angevines. Après que René les eut aidés dans leur guerre, Milan et Florence, qui n'avaient plus besoin de lui, se mirent à le traiter avec une froideur croissante. Le roi de Naples ne tarda pas à abandonner la partie, et, en janvier 1454, il faisait en Provence une retraite si peu glorieuse que Charles VII lui-même lui en voulut d'avoir ainsi porté atteinte au prestige de la France.

Cependant, quelque plaisir que Louis eût pu prendre aux revers de son oncle, il ne pouvait ignorer qu'en Italie il avait lui-même essuyé un nouvel échec. Au début de l'année 1454, les Anglais ayant été chassés hors de Guyenne, le roi Charles se trouvait une fois de plus en mesure de traiter avec son fils.

7.
Le désœuvré

Durant les années 1454 et 1455, Louis vit les issues se refermer lentement sur lui. Après avoir cherché à se venger de son beau-père, le duc de Savoie, en attaquant la Bresse, qui comptait parmi ses provinces, il tenta de négocier une alliance avec la Savoie et Milan. Mais le roi de France eut tôt fait de contraindre ces Etats à renoncer à toutes relations avec son fils. Le dauphin, rapporte sans complaisance un ambassadeur milanais, « est un homme inquiet, avide de nouveautés et pauvre ». En décembre 1455, Charles VII prenait la tête de son armée pour se rendre dans le Bourbonnais. Il passait Noël à Saint-Pourçain, à moins de cent milles de la frontière dauphinoise. Les événements se précipitaient.

Selon une habitude à laquelle il ne renonça jamais, Louis entendait poursuivre les négociations jusqu'à la dernière minute, et si possible au-delà. Durant l'hiver, il modifia légèrement sa position et fit savoir qu'il songeait à répondre à l'appel qu'avait lancé le pape pour une nouvelle croisade. Au début du printemps (1456), il se risqua à envoyer une communication à son père par l'intermédiaire d'un moine. Mais il ne reçut pas de réponse et ne revit jamais son messager. A la mi-avril, il renouvela sa tentative : cette fois-ci, il dépêcha auprès du roi l'un de ses principaux officiers, Guillaume de Courcillon, officiellement chargé de chercher une réconciliation avec son père. Lorsque Charles VII demanda à Courcillon quelle était sa mission, celui-ci répliqua :

> « Sire, comme vous savez en cette chose-ici a eu bien longue durée et y a eu des rapports sans nombre et de bien étranges

et par lesquels vous pouvez avoir de grandes suspections et lui [le dauphin] de grandes craintes; il vous supplie très humblement qu'il vous plaise, de votre grâce, vous contenter et assurer de lui, car à vous servir et obéir, il y veut mettre et son cœur et son âme. »

Courcillon ajouta que Louis maintenait, comme de bien entendu, ses deux conditions, c'est-à-dire sa volonté de rester dans le Dauphiné et de n'abandonner aucun de ses serviteurs.

Quelques jours plus tard, en présence du Conseil du roi, le chancelier fit connaître la réponse de Charles. Les conditions du dauphin étaient inacceptables : désormais le roi prendrait les mesures nécessaires pour ramener son fils à l'ordre.

« La chose a duré trop longtemps et en veut le roi voir la fin, conclut le chancelier. Messire Guillaume, prenez congé du roi, vous êtes expédié. »

Lorsque Louis entendit le rapport de Courcillon, il comprit que le temps des compromis allait bientôt se terminer. Désormais, il devait s'attendre à affronter une armée qui tôt ou tard s'emparerait de lui et le livrerait à son père. Prêt à courir tous les risques plutôt que de se soumettre, il avait d'ores et déjà décidé de la voie qu'il allait suivre. Toutefois, il continua d'envoyer à son père des ambassades chargées de faire valoir ses conditions; toutes s'en revinrent sans avoir obtenu le moindre résultat. Pour sa part, Charles ne manqua pas d'injurier les envoyés de son fils pour oser défendre les prétentions de leur maître; par ailleurs, il entreprit de dépêcher des troupes en direction du Dauphiné. En juillet, la dernière délégation de Louis se plaignit que les réponses du roi se faisaient aigres et menaçantes. Le dauphin désire vous complaire, déclarèrent-ils à Charles, mais il ne peut arriver à rien avec les hommes qui vous entourent — il pourrait s'écouler cent ans avant qu'il ne trouve quelque appui auprès d'eux. Le 20 août, le chancelier lut une réponse aussi peu sensée que l'étaient les protestations d'obéissance de Louis : le roi a toujours souhaité mettre les talents du dauphin au service du royaume et il ne désire rien d'autre que son bien. Mais, à moins qu'il ne retourne à la cour sans arrière-pensées, son père prendra les mesures qui s'imposent contre ses mauvais conseillers.

Au moment où les envoyés du dauphin lui firent part de

cette réponse, une armée française était sur le point de franchir la frontière du Dauphiné.

Louis réagit le premier.

Il s'était ménagé des ouvertures dans plusieurs directions. Ayant conservé des relations cordiales avec les Suisses, il avait envoyé à Berne son écuyer tranchant, Gaston du Lyon, pour chercher du secours en cas de nécessité. Au nord, il était entré en contact avec le prince d'Orange, vassal du duc de Bourgogne, avec qui il entretenait maintenant des rapports d'amitié. Par la suite, il déclara — pour montrer peut-être jusqu'où il était prêt à aller pour ne pas retomber sous la tutelle de son père — qu'il avait pris « rendez-vous » en Angleterre où il savait devoir être bien accueilli. En outre, il avait témoigné un intérêt croissant pour l'appel à la croisade qu'avait lancé le pape. Mais il écarta finalement ces divers refuges et se décida à chercher asile auprès d'un prince qu'il n'avait jamais rencontré, auprès d'un prince qui était l'homme que son père et les amis de son père haïssaient le plus dans l'univers entier, auprès de Philippe le Bon, duc de Bourgogne, le plus riche des souverains de la chrétienté, dont les possessions s'étendaient, en arc de cercle, des Pays-Bas au Dauphiné.

En se jetant ainsi dans les bras de son oncle *, il espérait probablement donner l'illusion, peut-être utile, qu'il quittait le Dauphiné non comme fugitif, mais en tant que futur croisé : deux ans auparavant (1454), à l'occasion de la Fête du Faisan, le plus célèbre des banquets du siècle, le duc de Bourgogne et ses principaux vassaux avaient en effet juré de prendre la croix. Louis avait eu soin d'entretenir une correspondance amicale avec Philippe. Au printemps 1455, sans doute envisageait-il déjà la Bourgogne comme un refuge possible, car à l'époque il envoya au duc une pièce d'artillerie accompagnée d'autres présents plus gais, et lui témoigna de « grands signes d'amour ». Cependant, même dans les moments les plus difficiles, il ne fit jamais à son oncle la moindre allusion qui pût lui laisser croire qu'il entendait solliciter son hospitalité. Philippe

* Michelle de France, la tante de Louis, avait été la première femme du duc. A l'époque, on ne faisait pas de distinction entre les liens du sang et la parenté par alliance. Le dauphin et le duc étaient en outre directement apparentés du fait que Louis était l'arrière-petit-fils de Charles V, tandis que Philippe était le petit-fils de Philippe le Hardi, le frère cadet de Charles V.

eût pu se dérober à une complicité aussi peu chevaleresque. Par ailleurs, Louis sentait que, fanatique de la Table Ronde, le duc de Bourgogne préférerait de beaucoup jouer les oncles bienveillants à l'égard d'un neveu inopinément rejeté sur ses rives.

A la fin d'août 1456, alors qu'Antoine de Chabannes entrait dans le Dauphiné à la tête de l'armée française, Louis avait pris ses dernières dispositions. Il avait installé des garnisons dans ses principales places fortes, exhorté leurs commandants à résister à tout prix, et enjoint ses officiers — et notamment Louis de Laval, le gouverneur du Dauphiné — à rester jusqu'au bout fidèles à leur devoir.

A l'aube du 30 août, il s'en allait avec une cinquantaine de ses compagnons comme pour une partie de chasse. Cependant, il prenait bientôt la direction du nord et s'engageait au galop par les sentes montagneuses. Il avait trente-trois ans et fuyait des terres qui, désormais, n'étaient plus les siennes. Cette fois-ci, c'était véritablement la retraite.

TROISIÈME PARTIE

Le réfugié

8.
Le neveu reconnaissant

Le chroniqueur bourguignon Chastellain rapporte que Louis déclara ensuite avoir été poussé à agir de la sorte par la « violente terreur » qu'il éprouvait à l'idée de ce que son père entendait faire de lui. Dans sa crainte, le dauphin s'imaginait qu'il allait être cousu dans un sac et jeté à l'eau. Que cela soit ou non exagéré, il est incontestable que, dans sa fuite vers le nord, il ne s'arrêta guère avant d'avoir franchi la frontière bourguignonne. Lorsqu'il eut enfin atteint la Franche-Comté, il prit quelques jours de repos dans la célèbre abbaye de Saint-Claude, où il fit dire trois messes et dicta une lettre destinée à son père :

> « Mon très redouté seigneur... pour ce que, comme vous savez, beaux oncles de Bourgogne a l'intention de bref aller sur le Turc à la défense de la foi catholique et que ma volonté serait bien d'y aller, moyennant votre bon plaisir... m'en vais par devers mon dit bel oncle pour savoir son intention... et aussi pour lui prier qu'il se veuille employer à trouver le moyen que je puisse demeurer en votre bonne grâce, qui est la chose que je désire le plus au monde... »

Pour donner plus de crédit à cette explication, Louis fit ensuite tenir aux évêques du royaume une lettre circulaire où il leur disait aller trouver le duc de Bourgogne dans l'intention d'entreprendre une croisade avec lui, et leur demandait de prier pour le succès de cette sainte mission.

Peu de temps après, il chevauchait à bride abattue en direction des Pays-Bas sous l'escorte du maréchal de Bourgogne.

Certain de n'avoir désormais plus rien à craindre du côté de son père, le dauphin s'arrêta à Louvain pour y attendre les instructions de Philippe le Bon. La nouvelle ne tarda pas à se répandre à travers l'Europe, et bientôt, on discutait partout du tumultueux et étrange destin de l'héritier de France. Le duc de Bourgogne, qu'une campagne retenait alors en Hollande, envoya aussitôt un mot au roi pour lui faire savoir qu'il ignorait tout de la fuite de son fils, et délégua auprès de ce dernier une pléiade de seigneurs chargés de l'informer que son oncle souhaitait le rencontrer le 15 octobre à Bruxelles.

Cependant Louis s'adonnait aux plaisirs de la chasse et s'occupait à exercer son charme sur la brillante noblesse bourguignonne. Les seigneurs des villes et des campagnes étaient accourus en foule à Louvain pour lui présenter leurs hommages. Les prenant familièrement par la main pour leur souhaiter la bienvenue, le dauphin s'informait de leurs noms — qu'il s'efforçait de garder en mémoire aussi bien que leurs visages — et disait à chacun être au courant de ses exploits. Quelques jours plus tard, on le conduisait en grande pompe à Bruxelles où la duchesse de Bourgogne et sa bru, la comtesse de Charolais, l'attendaient pour lui faire les honneurs de la maison de Bourgogne.

Quand, vers huit heures du soir, Louis pénétra à cheval dans la cour du château, il trouva devant lui une troupe de dames qui s'étaient placées sur un rang pour l'accueillir. A peine avait-il mis pied à terre que toutes étaient agenouillées sur le pavé. Après avoir pris dans ses bras la duchesse et la comtesse, le dauphin embrassa toutes les dames l'une après l'autre, puis, usant du langage familier qui lui était habituel, il revint vers la duchesse et la pria de se relever. Lorsque, au moment de monter l'escalier, il lui fit signe de passer devant, elle se figea dans un geste d'horreur : jamais elle ne consentirait à précéder l'héritier de la France! Le dauphin déploya des trésors de persuasion mais la duchesse resta inébranlable :

> « Monsieur, il me semble que vous avez désir que l'on se moque de moi, dit-elle, car vous me voulez faire faire ce qui ne m'appartient pas. »

Louis se récria : il était bien naturel qu'il lui fît cet honneur car lui-même n'était rien que le plus pauvre des sujets du royaume de France. En vain. L'étiquette bourguignonne était inflexible, il était hors de question que quiconque y dérogeât, fût-ce le dauphin des Lys. Après qu'on eut pénétré à l'intérieur du château, il y eut un nouveau débat, tout aussi délicat que le précédent. Le duc Philippe avait donné des ordres pour que son neveu occupât ses appartements privés. Mais, cette fois-ci, Louis refusa de s'incliner, et toutes les prières de la duchesse ne surent l'amener à changer d'avis.

Lorsque, dans la matinée du 15 octobre, on apprit que le duc de Bourgogne approchait de Bruxelles, le dauphin dépêcha à sa rencontre les principaux seigneurs de sa maison pour lui rendre hommage. Après quoi il envoya un messager pour informer le duc que lui-même arrivait. Philippe fut frappé au cœur par ce solécisme sans précédent, et bientôt Louis se vit bombardé de messages le priant de ne point infliger à son oncle une mortification dont la perspective « le crucifiait de douleur ». Finalement, le duc fit savoir au dauphin que, s'il quittait le château, lui-même s'enfuirait si loin que Louis n'aurait pas assez d'un an pour le retrouver! La duchesse joignit ses prières à celles de son époux, mais ce n'est qu'au prix de grandes difficultés qu'on finit par convaincre le dauphin d'attendre l'arrivée de son oncle; encore insista-t-il pour envoyer au-devant du duc jusqu'au dernier de ses hommes.

Refusant énergiquement d'attendre à l'intérieur, Louis escorta la duchesse dans la cour du château. Lorsque l'équipage ducal fut arrivé devant les murs, Philippe de Bourgogne — vêtu d'un costume constellé de pierreries et entouré d'un brillant cortège de barons — descendit de cheval pour franchir seul la porte du château. Aussitôt qu'il vit le dauphin, il tomba à genoux pour accomplir le premier des trois « honneurs » obligatoires. Dès que Louis vit son oncle, il s'élança vers lui. Scandalisée, la duchesse le saisit par le bras pour le retenir. Hâtivement, Philippe s'avança de quelques pas pour s'agenouiller une seconde fois. Le dauphin parvint alors à se libérer, et, comme le duc tentait encore de se mettre à genoux, il l'embrassa dans un geste qui faillit les jeter tous les deux sur le sol. Quand enfin le neveu voulut aider on oncle à se relever, ce dernier protesta :

> « Monseigneur, dit-il, haletant, aussi bien soyez venu comme fut l'Ange Gabriel à la Vierge Marie, car si grande joie ne reçus oncques ni si grand honneur.

— Par ma foi, beaux oncles, s'écria Louis, si vous ne vous levez, je m'en irai et vous laisserai. Vous êtes le seul homme au monde que plus ai désiré à voir, longtemps a, et appert bien, car j'en suis venu de bien loin et à grand danger... »

Cette fois-ci, il était enfin parvenu à relever le duc.

« Beaux oncles, si Dieu plaît, nous ferons bonne chère ensemble, et vous conterai de mes aventures, et vous, vous me direz des vôtres. »

Si les yeux du duc étaient noyés de larmes, ceux de son neveu n'étaient guère plus secs. Les spectateurs pleuraient de joie à cette vue. Quoique son premier souci consistât à faire bonne figure parmi les Bourguignons, c'est avec sa simplicité naturelle que Louis déclara :

« Beaux oncles, il vous convient d'aller désouser [*ôter vos bottes*] et vous retraire en votre chambre, allons-en là-haut. »

Le dauphin passa le premier, mais il prit soin de ne pas lâcher la main du duc, de sorte que celui-ci marchât sur ses talons.

Une heure plus tard, oncle et neveu se retrouvaient en tête à tête. Louis se mit en devoir de raconter comment la querelle qu'il avait eue avec son père avait fini par faire de lui un fugitif. Le vieux duc promit de faire tout ce qui était en son pouvoir pour amener le roi et le dauphin à se réconcilier. Tandis qu'ils parlaient, Louis observait attentivement le puissant prince aux mains de qui il venait de confier son destin.

Le duc était alors âgé de soixante ans. De taille moyenne, il était resté mince, et il se tenait toujours aussi droit qu'un jeune chêne. Il avait un long visage osseux et des lèvres sensuelles. Lorsqu'il entrait en fureur, les veines de son front, que soulignaient d'épais sourcils broussailleux, s'enflaient dangereusement. Si ses accès de rage étaient célèbres, ils étaient peu fréquents, car il ne se mettait en colère que lorsqu'il se voyait contrarié, ce qui lui arrivait rarement. D'ordinaire, il se montrait courtois envers chacun, sans distinction de rang, car le sentiment de sa grandeur lui conférait une parfaite assurance. Ses manières aimables lui avaient valu le sobriquet de « Bon

Duc ». Sa démarche, son regard, son maintien, tout chez lui proclamait : “ Je suis un prince. ”. »

Les domaines et seigneuries du duc de Bourgogne s'étendaient de la mer du Nord au Jura et de la Somme à la Moselle. En tant que comte de Flandre et d'Artois et en tant que duc de Bourgogne, il était pair de France. Mais, pour les Pays-Bas, le Luxembourg et la Franche-Comté, il ne devait hommage à personne. Il avait su, au bon moment, rompre son alliance avec l'Angleterre pour faire la paix avec la France, et cette manœuvre lui avait valu la province de Picardie ainsi que diverses villes de la Somme comme Amiens et Abbeville. Il avait patiemment travaillé à faire de ses domaines épars un Etat unifié. N'entretenant pas d'armée régulière, il taxait ses sujets avec modération, et de longues années de paix avaient fait la prospérité de ses terres. Dans les grandes cités industrielles des Flandres, des milliers d'artisans transformaient la laine anglaise en drap, que l'on exportait ensuite dans toutes les contrées d'Europe.

Saturé de richesses, le duc de Bourgogne tentait d'exprimer sa grandeur au travers d'un ensemble d'attitudes et d'images où les splendeurs traditionnelles du Moyen Age se mêlaient curieusement aux manières raffinées d'une vie de cour qui annonçait la Renaissance. A Bruges, sur la place du marché, les jambes ornées de chaînes d'or attestant l'amour qui les liait à quelque gente dame, ses chevaliers se lançaient des défis qui bientôt les entraînaient dans la lice. Des comités travaillaient à mettre sur pied des spectacles susceptibles de satisfaire à l'orgueil ducal. Des hommes passaient des jours à discuter certains détails protocolaires particulièrement délicats. Les monarques se montraient flattés d'être élus membres de l'ordre de la Toison d'Or qu'avait créé Philippe et qui désormais se posait en rival de l'ordre anglais de la Jarretière, pourtant beaucoup plus ancien. Par le truchement des descendants de Philippe, l'étiquette bourguignonne, la plus compliquée et la plus rigide d'Europe, devait passer en Espagne avant d'aboutir à Versailles, à la cour de Louis XIV.

L'âge venant, le duc s'était peu à peu déchargé de ses devoirs d'Etat au profit de ses officiers. Au sein du brillant édifice que sa richesse et son imagination avaient érigé à la gloire de la chevalerie, Philippe s'adonnait à toute une gamme de plaisirs raffinés. Il entretenait une troupe d'excellents musiciens; sa bibliothèque contenait nombre de précieux manuscrits richement enluminés, aux reliures incrustées de pierreries. A proximité de Calais, son château de Hesdin lui offrait la possibilité de satisfaire les caprices que lui inspirait son humeur : dans les jardins, de petits ponts s'effondraient, précipitant dans l'eau le visiteur imprudent; des souffles d'air inattendus soulevaient soudain les jupes des dames; des livres à l'aspect anodin jetaient un nuage de poussière aux yeux du curieux qui s'avisait de les feuilleter; et, dans la chambre de Jason, l'on pouvait à loisir faire jaillir la pluie, la foudre ou le tonnerre. En dépit de son âge, le duc continuait à chasser et à jouer au tennis. Toutefois l'amour restait son divertissement favori. Lorsqu'un troisième mariage l'unit à Isabelle du Portugal, il prit pour devise *Autre n'aurai,* mais chacun comprit aussitôt qu'il entendait par là renoncer aux épouses et non aux femmes en général. Ses quelque trente maîtresses avouées lui avaient valu une jolie moisson de bâtards qui s'épanouissaient à la cour ou dans le sein généreux de l'Eglise.

Cependant son caractère présentait bien d'autres aspects, que le dauphin de France ne fut pas long à découvrir. Sous le couvert d'un comportement courtois, Philippe cachait une vanité sans bornes. Jamais il n'oubliait rien de ce qu'il estimait lui être dû. Il avait fait serment de partir en croisade, mais il avait pris soin de mettre à cette promesse tant de conditions qu'il gardait toute possibilité de renoncer à ce projet sans pour autant se parjurer. Si Georges Chastellain, son dévoué historien, voit en lui le miroir de toute chevalerie, les bourgeois de Gand, dont il avait impitoyablement écrasé la révolte en 1452, se faisaient certainement de lui une image bien différente. « C'est un fleuve profond aux courants cachés », déclare à son propos un ambassadeur milanais, qui note par ailleurs : « Le duc n'a pas l'habitude de donner sans recevoir. »

Le dauphin s'installa donc à la fastueuse cour de Bruxelles. Bien que Philippe prétendît être traité comme un prince souverain, il ne laissait à personne ignorer sa qualité de premier pair de France, et nul ne manifestait plus de respect que lui à l'égard de la Maison des Lys. Malgré les protestations de Louis, et quoique le temps fût pluvieux et froid, le duc se découvrait en présence du dauphin. Lorsqu'ils chevauchaient de concert, Philippe prenait garde à ce que le mufle de sa monture ne dépassât jamais la queue du cheval de Louis. Peu à peu, le dauphin trouva sa place à la cour de Bourgogne où il s'appliquait à étudier son oncle et l'héritier de celui-ci, Charles, comte de Charolais, de dix ans son cadet. En dépit de l'empressement que mettait le duc à prévenir ses moindres désirs, pas un instant il n'oublia sa condition de réfugié, voire d'otage : jamais il n'oublia que, s'il voulait arriver à quoi que ce soit, il lui fallait d'abord plaire à son hôte.

Louis demanda solennellement à Philippe la permission de sceller un pacte de frères d'armes avec le comte de Charolais. Le duc répliqua que cette requête était déplacée du moment que le dauphin deviendrait un jour le souverain seigneur de son fils. Il ordonna alors au jeune Charles de servir le dauphin en toute occasion, excepté contre le roi. Louis couronna ses requêtes par une prière plus déplacée et plus flatteuse encore : il formula le désir de voir son oncle le décorer du fameux collier de l'ordre de la Toison d'Or. C'est avec délice que Philippe lui fit alors remarquer que le rôle d'héritier de France ne consistait pas à recevoir la livrée de l'un de ses sujets, mais à accorder lui-même des décorations. La dernière requête de Louis était à la fois plus réaliste et plus sincère : il demanda au duc de lui fournir un endroit où il pût loger avec ses compagnons. En oncle bienveillant, Philippe assigna à son neveu une pension annuelle de 36 000 livres et mit à sa disposition le charmant château de Genappe situé à douze milles au sud de Bruxelles, dans une contrée faite pour ravir un chasseur.

Durant les premières semaines de son séjour bourguignon, Louis envoya message sur message dans le Dauphiné pour exhorter ses officiers à lui rester fidèles. A la fin d'octobre, son oncle et lui-même avaient dépêché une ambassade auprès de Charles VII; mais l'habileté avec laquelle son père manœuvra ne tarda pas à mettre fin à ses espoirs touchant le Dauphiné. Après avoir proféré toute espèce de paroles rassurantes, le roi s'était en effet rendu lui-même dans la province à la suite de son armée. Grâce à un adroit mélange de menaces et de promesses, il était parvenu à rallier à sa cause les principaux administrateurs de son fils et, de ce fait, à miner la détermination des officiers de garnison. Bientôt il était en mesure d'annoncer aux Etats du Dauphiné qu'il n'avait aucunement l'intention d'apporter une modification importante à leur administration. Désormais ceux-ci n'avaient plus le choix : bon gré mal gré il leur fallait se plier aux ordres du roi.

En novembre, le capitaine du dauphin, Robin Malortie, se présenta à Bruxelles. Louis lui réserva un accueil chaleureux et se mit aussitôt à le questionner sur l'ambiance qui régnait dans le Dauphiné. Malortie lui raconta ce qui s'était passé : les hommes du roi l'avaient si habilement embobiné qu'il avait cru agir pour le bien de son maître en leur livrant ses forteresses. En gage de sa loyauté, il apportait avec lui les bijoux et les pierreries dont il était parvenu à s'emparer avant qu'ils ne tombent entre les mains des hommes de Charles. C'en était trop pour le Dauphin qui se leva d'un bond, appela ses gardes et, dans sa fureur, ordonna que Malortie fût cousu en un sac et jeté à l'eau. Le pauvre Robin avait touché au point le plus sensible du fugitif à qui, sa carrière ruinée, il ne restait rien, hors la fidélité du Dauphiné, pour prouver à son père qu'il mentait en parlant de mauvais gouvernement. Fort heureusement pour Malortie, qui passa néanmoins plusieurs mois en prison, le duc de Bourgogne et les compagnons du dauphin parvinrent à apaiser la colère de celui-ci. Si l'on en croit Chastellain, Louis fut pourtant long à renoncer définitivement à l'idée de coudre Malortie dans un sac. Une fois sur le trône, il trouva cependant en lui un vaillant soutien et, pour le récompenser de sa fidélité, lui accorda le titre de comte de Conches et en fit l'un des hommes les plus grands du royaume.

Fin novembre, peu après que Malortie fut arrivé à Bruxelles, le roi recevait les ambassadeurs du duc de Bourgogne à Saint-Symphorien, dans le Dauphiné. Ceux-ci, ayant assuré Charles VII de la bonne volonté de leur maître, lui annoncèrent que son fils désirait rentrer en grâce auprès de lui sous réserve que lui-même acceptât ses deux conditions. Six jours plus tard, le roi fit officiellement connaître sa réponse; d'une part il ne consentirait jamais à céder aux requêtes du dauphin, d'autre part il tiendrait le duc pour responsable des agissements de son fils. A cette déclaration lue par le chancelier, Charles ajouta lui-même un avertissement :

> « Dites à votre maître que, s'il fait quoi que ce soit pour me déplaire, je ne lui en saurai aucun gré, et dites-lui que ce qu'il croit être à son profit pourrait fort bien lui nuire. »

Cela, Charles l'avait déjà formulé de façon plus pittoresque devant ses intimes, à qui il avait déclaré : « Le duc de Bourgogne loge un renard qui lui mangera ses poulets. »

Au fond de leur cœur, la plupart des habitants du Dauphiné demeuraient fidèles à leur maître fugitif. Au péril de leur vie, des jeunes gens tentèrent de rejoindre le dauphin. Celui-ci, refusant d'admettre la perte de sa province, resta en contact avec ses partisans par lettres ou par messagers. Toutefois, après avoir entendu le rapport des ambassadeurs bourguignons, force lui fut de reconnaître la précarité de sa position.

Durant l'hiver 1456-1457, Louis adopta un comportement très circonspect à la cour de son oncle. Sous peine de se voir sévèrement punis, il enjoignit tous ses compagnons, quel que fût leur rang, de faire preuve d'une conduite irréprochable, et lui-même prit soin de ne se laisser aller à aucune incartade. Non seulement il savait le duc et ses courtisans très susceptibles, mais il s'était rapidement rendu compte que la cour de Bourgogne était la proie de dissensions et de haines qui pouvaient s'avérer fort dangereuses pour un hôte tel que lui. Durant de longues années, l'administration des territoires bourguignons était demeurée aux mains de Nicolas Rolin, chancelier de Philippe le Bon. Mais, maintenant que Rolin se faisait vieux et que son autorité déclinait, Antoine et Jean de Croy, deux frères aussi intrigants et aussi habiles l'un que l'autre, étaient parvenus à gagner la confiance du duc et à s'imposer dans le gouvernement. Au grand déplaisir de Philippe, Nicolas Rolin, songeant à l'avenir, cherchait à placer ses enfants dans la Maison du comte de Charolais. De leur côté, les de Croy tentaient d'obtenir des emplois auprès de l'héritier bourguignon qui les tenait pour d'ambitieux parvenus et nourrissait à leur égard une profonde haine, mais prenait soin de cacher ses sentiments par crainte de la colère de son père. Car, si le duc encourageait le dauphin dans sa rébellion contre le roi, lui-même entendait que *son* fils lui obéît aveuglément. Louis cultivait soigneusement l'amitié du comte de Charolais, jeune homme rigide et dépourvu d'humour, qui partageait fort heureusement sa passion pour la chasse. Cependant, bien que ce dernier ne dissimulât pas le mécontentement qu'il avait à le voir en contact avec eux, force lui était d'entretenir les meilleurs rapports possibles avec les frères de Croy, qui régnaient alors en maîtres sur l'esprit de Philippe le Bon.

Tel était le climat politique qui régnait à la cour de Bourgogne lorsque, en janvier 1457, une violente querelle éclata entre le duc et Charolais, ce dernier refusant de prendre dans sa Maison le fils de Jean de Croy. Louis lui-même se trouva bientôt pris dans la dispute et les princes bourguignons eurent tôt fait de tenir leur malheureux hôte pour responsable de l'étrange imbroglio où les avaient plongés leurs passions. Le dauphin n'eut alors pas trop de tout son tact et de toute son habileté pour persuader le père de pardonner, pour convaincre le fils de demander humblement grâce, et pour mettre sur pied une scène de réconciliation qui ménageât les susceptibilités de chacun [1].

A l'approche du printemps (1457), Philippe de Bourgogne se prépara à prendre la route pour visiter quelques-unes de ses bonnes villes. Fier de leur prospérité, il souhaitait que le dauphin l'accompagnât, et Louis fut heureux de profiter de l'occasion qui lui était offerte d'étudier les ressources financières et industrielles des Etats de son oncle. Il passa une bonne partie des mois d'avril et de mai dans le grand centre commercial de Bourges. Il supporta avec bonne grâce les tournois organisés sur la place du marché et les interminables banquets durant lesquels Philippe et ses seigneurs parlaient exploits chevaleresques; cependant, il consacra l'essentiel de son temps à l'étude de la ville et de ses négociants, et noua d'étroits contacts avec l'Italien « Jean Arnoulfin » (Giovanni Arnolfini), agent financier du duc de Bourgogne. Un jour, comme il rôdait près d'un canal des environs de Bourges, il tomba à l'eau et faillit se noyer : il payait là le prix de son insatiable curiosité, de son incurable désir de comprendre les choses - telles - qu'elles - sont.

Soucieux de voir les choses-telles-qu'elles-sont, Louis ne pouvait prendre à la légère le fait qu'à trente-quatre ans — un âge qui, compte tenu des critères de l'époque, correspondait à la maturité —, lui, l'héritier de la France, demeurait sans enfant. Il n'avait pas encore consommé son mariage avec Charlotte de Savoie, alors âgée de dix-huit ans, qu'il avait laissée dans le Dauphiné. Encouragé par le duc de Bourgogne qui, en définitive, allait assumer les frais de l'entreprise, au printemps 1457 il envoya un messager à Grenoble pour avertir Charlotte de venir le rejoindre. De son côté, Philippe chargea

Toison d'Or, son premier officier d'armes, de faciliter la réalisation de ce projet, qu'il jugeait louable à plus d'un titre, et qui, entre autres avantages, offrait celui de permettre à son neveu de vivre « hors du péché » — un domaine dans lequel nul homme, ni même le roi Charles, n'avait plus d'expérience que Philippe le Bon.

Louis chassait le cerf en compagnie du duc de Bourgogne et de son fils lorsque, par une belle journée de juillet, il fut averti que Charlotte approchait. Après avoir fait ses adieux à son oncle et au comte de Charolais — on imagine avec quel soulagement lorsqu'on sait que, depuis son arrivée à Bruxelles, en octobre précédent, il s'était sans cesse trouvé exposé aux caprices de leurs fortes personnalités —, le dauphin prit la route de Namur avec quelques intimes pour aller accueillir sa femme. Celle-ci arriva un samedi. Le même soir, sans la moindre cérémonie, tel un couple de bourgeois, tous deux se mirent au lit ensemble pour la première fois.

Physiquement, Charlotte n'était guère séduisante, mais c'était une jeune fille dont l'unique souci consistait à s'adapter à l'existence de son seigneur et à vivre selon sa volonté; par ailleurs, issue d'une famille prolifique, elle semblait devoir rapidement donner naissance à des enfants. Avec elle, Louis fut pleinement satisfait. Durant leurs premiers douze ans de mariage, il connut quelques amours passagères, après quoi il ne se permit jamais plus de la tromper. Compte tenu de l'époque et de sa position, c'était là de la chasteté. Pour leur lune de miel, ils restèrent quelques jours à Namur, puis ils prirent la route de Genappe, où ils se rendirent par petites étapes.

9.
Le châtelain de Genappe

Entouré de larges douves qu'alimentait une rivière, le charmant château de Genappe était situé dans une contrée onduleuse, riche en gibier. Louis y demeura tout au long des cinq ans que dura son séjour en territoire bourguignon, et il ne quitta cette résidence qu'au moment où l'hostilité croissante entre la France et la Bourgogne lui donna une raison impérative de consulter avec son oncle. Cest en se tenant le plus loin possible de la cour de Philippe qu'il avait aussi le plus de chance d'échapper à la lutte qui opposait le comte de Charolais à Jean et à Antoine de Croy. Louis exerçait un étroit contrôle sur ses officiers et sur ses serviteurs, à qui il avait donné l'ordre exprès de se montrer courtois envers chacun, mais de rester à l'écart des seigneurs bourguignons. Sans ostentation, le dauphin et la dauphine — que Louis appelait tout simplement « ma femme » — recevaient la petite noblesse du voisinage, qu'ils prenaient également soin de visiter.

Louis commençait sa journée à genoux et en prière. Même par rapport aux hommes de son époque, il consacrait plus de temps aux exercices religieux que la plupart des gens. Il vouait une adoration toute particulière à la Vierge, cultivait l'attention de nombreux saints, entendait des messes spéciales et se rendait en pèlerinage dans les chapelles des environs. Il lui arrivait de passer trois jours d'affilée en méditations, et, chaque semaine, durant la journée qui correspondait à celle où avait eu lieu la commémoration des Saints Innocents en décembre précédent — journée qu'il considérait comme particulièrement néfaste —, il se refusait à traiter toute affaire. Dès qu'il s'agissait de faire l'aumône ou d'aider telle ou telle institution religieuse, il dépensait sans compter. Cependant, s'il cherchait sans cesse à attirer sur ses entreprises la bénédiction du Ciel, rien n'atteste le fait qu'il ait jamais éprouvé un profond sentiment religieux. Tout réaliste qu'il fût, il nourrissait pour les rites propitiatoires un penchant qu'on peut difficilement qualifier de chrétien. Cette attitude reflète sans doute la solitude et l'insécurité où il vécut enfant, l'esprit superstitieux et primitif des gens simples parmi lesquels il fut élevé; peut-être faut-il y voir aussi la manifestation d'une trace de folie laissée dans son sang par son aïeul Charles VI. Mais surtout, Louis devait se comporter ainsi dans l'idée qu'on ne doit négliger aucune ressource possible, fût-elle intangible : en bon joueur, il procédait toujours avec circonspection.

Le matin, dès qu'il quittait sa chambre, Louis se rendait à la chapelle où il entendait généralement la messe, chaussé de ses bottes et de ses éperons, tout prêt à partir à la chasse. Il prenait ensuite son petit déjeuner, et, s'il était pressé de courir les bois, c'est à dos de cheval qu'il mangeait un morceau de pain et de viande en discutant avec ses compagnons avant de se mettre en route. Il aimait beaucoup à chasser au faucon mais préférait encore la chasse à courre. Il était incapable de résister au plaisir de se procurer quelque nouveau coursier, faucon ou lévrier, et dépensait beaucoup d'argent à acheter toutes sortes d'oiseaux et d'animaux exotiques. Contrairement à la plupart des princes de son temps, Louis estimait que la meilleure façon d'obtenir est encore de payer. Olivier de la Marche s'étonnait fort qu'au lieu de suggérer à quelqu'un que tel ou tel animal lui ferait plaisir, il l'achetât contre espèces sonnantes et trébuchantes. Louis exerçait son esprit avec la même vigueur que son corps. Il se tenait au courant de toutes les intrigues qui se tramaient à la cour de Bourgogne; il recevait des rapports grâce auxquels il n'ignorait rien de ce qui se passait en Europe; il était inscrit comme étudiant à l'université de Louvain; il employait des astrologues chargés de résoudre les énigmes des astres; il étudiait l'histoire et prenait soin de maintenir ses connaissances d'italien; il correspondait avec des savants.

Cependant, ce n'est que lorsqu'il fut devenu roi qu'il trouva trente écus d'or pour payer

« Maître Jehan de Temple, à présent débilité de maladie de goutte [...] pour avoir par notre ordre piéça translaté de latin en français le livre de Xénophon le philosophe [...] et icelui avoir fait à nous envoyer en la ville de Genappe en Brabant lors nous étant illec... »

En dépit de la confortable pension qu'il recevait du duc de Bourgogne, le dauphin était pauvre.

En janvier 1458, il écrivait à l'un de ses secrétaires, chargé d'obtenir du duc de Savoie, son beau-père, qu'il versât l'argent qu'il lui devait encore sur la dot de Charlotte :

« Nous croyions bien que, à ces fêtes passées [Noël], vous nous dussiez faire délivrer de l'argent par deça [de Savoie]... toutefois, c'est tout néant. Ce que nous vient bien mal à point, car, en la fiance de ce, nous avons emprunté en cette ville, à la banque, la somme de quatre mille francs, et est le terme de les payer presque passé, dont avons grand peur de leur faillir, car, avec ce que y avons déshonneur, aussi y avons-nous dommage, pour ce que, comme vous savez, ils ne veulent rien prêter qui leur fault... »

Louis en était réduit à emprunter aux membres de son entourage des sommes aussi dérisoires que trente écus, qu'il ne pouvait s'engager à rembourser en moins de quatre mois. Parfois, ses ennuis d'argent connaissaient une brève accalmie; ainsi, lorsque Charles Astars, son secrétaire, lui accorda un prêt de quatre mille écus. Cependant, quoiqu'il eût toujours eu de quoi faire bouillir la marmite, il arriva que ses finances fussent en si triste état qu'un de ses envoyés, revenant d'Italie avec une armure complète offerte à son maître par le duc de Milan, se vit contraint de laisser en gage ce présent à Genève de manière à pouvoir poursuivre sa route. Mais, si Astars dut attendre son argent jusqu'en 1462, Louis remboursa toujours ses créanciers. Dans ses difficultés, le financier Jean Arnoulfin lui fut d'un grand secours. Non seulement il lui avança des fonds, mais il s'occupa d'acheter des vêtements pour sa garde-robe personnelle et se chargea de monnayer les payements du duc de Bourgogne ou tout autre papier négociable :

« Jean, mon ami, j'ai reçu vos lettres par lesquelles vous m'écrivez que vous n'avez point de velours plain, sinon velours sur velours, qui est plus cher. Je l'en aime mieux et vous mercie de ce que toujours de rien ne me faillez; et par ma foi, si Dieu plaît, je vous payerai bien de tout, vous priant que le baillez au seigneur de la Barde. Et à Dieu, Jean, mon ami, qui vous donne joie. *Ecrit de ma main.* »

Louis n'allait pas manquer de remplir généreusement les promesses qu'il avait prodiguées à Jean Arnoulfin.

Pour lui-même, le dauphin dépensait fort peu — de là sans doute la réputation d'avarice extrême qui prit corps par la suite à propos d'un homme dont la générosité était légendaire pour ses contemporains. Passant en selle le plus clair de son temps, consacrant à la réflexion son énergie nerveuse, Louis savait boire et manger de bon cœur; pourtant, sa table était toujours simple et la richesse de la conversation y suppléait à l'absence de cérémonie. Avec ses grossières robes grises, son chapeau à larges bords ornés d'images pieuses dépourvues de valeur, ses vestes de chasse et ses bottes de campagnard, il était vêtu de façon scandaleusement simple; à peine possédait-il quelques robes de velours fourrées de martre pour se rendre à la cour de Bourgogne. Si ses dons à l'Eglise et son amour des bêtes lui coûtaient plus cher que sa garde-robe et son train de maison, ils ne suffisent pas à expliquer sa pauvreté chronique. Chez lui, l'argent s'en allait comme il s'en était toujours allé et comme il s'en irait toujours : à récompenser les bons offices.

Les courriers du dauphin et les gens d'armes qui constituaient sa modeste garde recevaient un salaire de base de cent vingt écus par an, ce qui correspondait au revenu d'un propriétaire terrien aisé. Ses deux intimes, Jean, le Bâtard d'Armagnac, et le Breton Jean, seigneur de Montauban, son écuyer tranchant et agent diplomatique Gaston de Lyon, et son infatigable secrétaire Jean Bourré, touchaient, même à l'époque, des gages considérables; il y avait en outre pour chacun, et quel que fût son rang, de nombreuses récompenses supplémentaires. Pour les clercs et autres prélats qui travaillaient pour lui un peu partout et constituaient une part de son réseau d'informations, le dauphin adressait au pape, aux chapitres et aux nobles susceptibles de distribuer des prébendes, des lettres par lesquelles il recommandait les serviteurs pour qui il souhaitait l'obtention de riches bénéfices.

Le dauphin n'était pas un maître facile. Avant même d'avoir atteint trente ans, il passait pour « l'homme le plus méfiant qui soit », et, à Genappe, rien ne l'engageait à relâcher sa vigilance : un mot étourdi, une plaisanterie lâchée par l'un des membres de sa maison eussent suffi à l'entraîner dans l'imbroglio des intrigues bourguignonnes; par ailleurs, il savait fort bien que, parmi les hommes qui l'entouraient, certains devaient être les agents secrets de son père; en outre, le bruit selon lequel Charles allait faire de son fils cadet l'héritier de la couronne de France circulait avec toujours plus d'insistance parmi les cours européennes. C'était là autant de raisons pour que Louis exigeât de ses serviteurs une obéissance et un dévouement à toute épreuve. Ses fréquentes injonctions : « Et qu'il n'y ait point de faute! » témoignent de la difficulté qu'il y avait à servir cet homme qui ne s'épargnait jamais lui-même.

Mais, en échange, Louis offrait plus que de l'argent. Exigeant d'autrui un dévouement sans bornes, lui-même se montrait dévoué envers les hommes qui lui avaient donné satisfaction. Il en faisait les compagnons de ses entreprises, les familiers de sa chambre; il plaisantait avec eux et les soignait lorsqu'ils étaient malades; il prenait la peine de les écouter et s'efforçait de leur trouver un bon parti s'ils désiraient se marier; il respectait leurs capacités et encourageait leurs ambitions. En Flandres, il trouva un barbier — cet Olivier le Daim que la littérature a rendu célèbre — chez qui il découvrit un talent peu ordinaire dans l'art d'administrer une maison, et qu'il chargea bientôt d'organiser tous ses voyages. Lorsque le manque d'argent le contraignait à se séparer d'un de ses serviteurs, il n'abandonnait celui-ci qu'après lui avoir trouvé un nouvel emploi. Il lui arriva même de faire appel à l'un de ses oncles (probablement le comte du Maine), le priant de prendre soin d'un domestique qu'il ne pouvait garder auprès de lui et l'enjoignant de faire « au mieux que pourrez jusques à temps que nos besognes se portent autrement et que nous ayons mieux de quoi lui faire du bien, car il nous a bien et loyalement servi, et pour rien ne le voudrions perdre ».

Il se peut évidemment que cela n'ait été pour Louis qu'une façon de placer un espion dans la maison de son oncle.

Car, si le roi de France avait des agents dans l'entourage de Louis, le dauphin en avait plus encore à la cour de France;

en outre, il comptait des partisans dans les maisons des grands seigneurs et dans toutes les villes de quelque importance. En fait, son réseau d'informations allait même jusque dans le lit du roi : Madame de Villequier (Antoinette de Mangnelais), la maîtresse de Charles, était en effet le principal espion de Louis, à qui elle était « complètement acquise ». Lorsque, en 1458, elle quitta l'emploi flatteur qu'elle remplissait auprès du roi pour devenir la maîtresse du duc de Bretagne, le duc se trouvait si souvent à la cour qu'elle continua à être presque aussi utile qu'elle l'avait été jusque-là.

Ainsi, la jeunesse de Louis de Valois, le premier mais aussi le dernier des héritiers royaux, se déroula-t-elle à Genappe. La petite cour du dauphin devint bientôt légendaire. Longtemps on crut que les *Cent Nouvelles Nouvelles* — un recueil de contes dans le genre de ceux de Boccace, originaire des Pays-Bas et datant de cette même époque — reflétaient les joyeux divertissements auxquels on s'adonnait dans la maison de Louis; mais, quoique certains des compagnons du dauphin y soient mentionnés, il est clair que celui qui présidait l'assemblée où naquirent ces récits n'était autre que Philippe de Bourgogne. Louis s'y trouve pourtant être le centre d'une histoire qui, pour être apocryphe, n'en est pas moins significative. Il avait, dit-on, l'habitude de se rendre dans la chaumière d'un paysan nommé Conan, pour y manger ses délicieux légumes. Par la suite, lorsque l'ami de Conan fut devenu roi de France, le paysan, qui, un été, se trouvait en possession d'une récolte de navets particulièrement appétissants, mit les meilleurs d'entre eux dans un panier et prit la route pour aller les offrir à son ancien voisin. Chemin faisant, il ne put cependant résister à la tentation de goûter à son présent, et il trouva tant de plaisir à cet exercice qu'arrivé à destination il ne lui restait plus dans son panier qu'un unique navet. Ne sachant que faire d'autre, il alla tout honteux l'offrir au roi qui lui remit en échange mille pièces d'or en souvenir des jours anciens.

A mesure que l'exil de Louis se prolongeait et que les mois devenaient des années, les relations entre le roi de France et le duc de Bourgogne se faisaient plus tendues. Il y avait des incidents sur les frontières, et, dans les juridictions contestées, on assistait à des conflits entre fonctionnaires ducaux et royaux. A la cour de France, on prétendait que le duc de Bourgogne se servait du dauphin pour provoquer des hostilités; en territoire bourguignon, on parlait des mouvements de troupes et des préparatifs militaires français. Des ambassades faisaient la navette entre les deux cours; aux doléances et aux menaces de Charles succédaient les protestations de bonne volonté plus ou moins sincères de Philippe et de Louis.

> « Chaque jour circulent de nouvelles rumeurs; chacun ouvre tout grand ses oreilles et personne ne sait s'il faut attendre la paix ou la guerre [1]. »

Durant l'été 1458, la mort s'en vint flirter avec le roi et le duc. Louis apprit qu'une maladie contractée l'hiver précédent avait laissé à son père une jambe ulcéreuse et une constitution affaiblie. Quant au duc Philippe, après s'être échauffé au cours d'une partie de paume, il s'était trouvé en proie à une forte fièvre, et, pendant un certain temps, on avait pu craindre pour sa vie. Durant sa maladie, l'Etat bourguignon, livré à lui-même, s'en était allé à la dérive. Alarmé par l'état de santé de son oncle et par la précarité de sa propre position, le dauphin avait tenté de nouer des relations plus étroites avec Charles, l'intraitable héritier de Philippe.

Avec son torse puissant et ses larges épaules, le comte de Charolais était plus trapu que son père. La masse sombre de ses abondants cheveux noirs contrastait avec la clarté de ses yeux bleus. Outre des traits sensuels, il avait hérité du duc un tempérament emporté qu'il s'appliquait à maîtriser ou à dissimuler; lorsqu'il arpentait une pièce, les épaules voûtées, les yeux fixés au sol, il donnait l'impression de se consumer intérieurement. Très jeune déjà, il s'adonnait à toute espèce d'exercices violents. A toutes ses résidences, il préférait celle de Gorcum, en Hollande, car il aimait à prendre la mer en pleine tempête pour défier les éléments. Il adorait les joutes, où son acharnement à vaincre l'adversaire lui donnait l'air d'un chevalier sans terre qui sait que, dans la vie, il ne pourra jamais compter que sur sa force et son adresse. Il s'efforçait de réprimer ses instincts — peut-être par réaction contre son père — en observant une continence sexuelle que d'aucuns jugeaient déplacée chez un prince. Il buvait peu et prenait soin de couper d'eau son vin. Il jouait fort bien aux échecs, composait de la musique et ne dédaignait pas les ouvrages de la magnifique bibliothèque paternelle. S'il trouvait quelque plaisir à vivre, aucun des documents qui nous parlent de lui n'en fait jamais mention. C'est cet homme rigide, sombre et dissimulé que le dauphin s'appliqua à étudier. Peut-être pressentait-il déjà qu'un jour, avec son propre destin, le destin de la France allait dépendre de l'art avec lequel il saurait déchicrer le caractère explosif du comte de Charolais.

Durant l'été 1459, la vie de Louis connut une brève éclaircie. A l'aube du 27 juillet, Charlotte de Savoie donna naissance à un garçon. Tout à la joie, le dauphin enfourcha son cheval et galopa à Notre-Dame de Hal pour aller rendre grâce à la Vierge, sa patronne. Le même jour, il envoya de Hal une série de lettres par lesquelles il apprenait à son père, aux seigneurs et aux prélats, aux « bonnes villes » du royaume et à son frère cadet que désormais le dauphin de France avait un héritier. Pourtant, le petit Joachim mourut à peine âgé de quatre mois [2].

A cette époque-là, c'est-à-dire durant l'hiver 1459-1460, Louis n'était plus l'hôte chéri d'un oncle soucieux de lui complaire. Quoique le duc n'eût jamais manqué de courtoisie à son égard et quoique le dauphin se fût toujours efforcé de régler sa conduite sur l'humeur de Philippe, la méfiance et l'irritation avaient peu à peu érodé les liens qui les unissaient. Le duc était irrité par la simplicité des manières de son neveu aussi bien que par la complexité de sa façon de penser. Par ailleurs, en dépit du train de vie modeste qu'on y menait, le château de Genappe était devenu le siège d'une puissance européenne. A voir Louis recevoir et dépêcher des messagers, sans qu'il sache de quoi il retournait, Philippe était blessé dans son orgueil; en outre, il souffrait du fait que le dauphin fût en correspondance avec son père au moment où les relations entre la France et la Bourgogne se détérioraient davantage. A ces problèmes s'ajoutaient ceux de Charles de Charolais et de sa haine obstinée pour les de Croy. Bien que Louis prêtât une oreille attentive aux doléances de son oncle, Philippe avait fini par prendre ombrage de l'attention que le dauphin accordait à son fils au cours des parties de chasse organisées à Genappe. Le duc était d'ailleurs stimulé dans sa jalousie par l'attitude de sa cour et par celle de nombre de ses sujets pour qui Louis n'était plus maintenant qu'un homme maudit qui apporte où qu'il aille le malheur avec lui.

> « Après l'arrivée du dauphin, note un chroniqueur populaire, jamais plus il n'y eut de paix parmi les nobles de la cour du duc Philippe. Dès le début, on répéta que son arrivée était un mauvais présage, et cela se révéla juste. Il n'était jamais tranquille et toujours il connaissait de France, en secret, la volonté de son père. »

Pour sa part, Louis supportait toujours plus mal et les susceptibilités bourguignonnes et sa propre impuissance. Par ailleurs, il commençait à s'inquiéter du désordre croissant qui régnait dans le gouvernement de son oncle. Toujours prêt à négliger ses affaires, Philippe le Bon refusait pourtant d'en abandonner le soin à quiconque. Les frères de Croy ne manquaient pas d'énergie, mais ils ne pouvaient rien faire sans passer par leur maître et butaient à chaque pas sur l'inimitié du comte de Charolais, ce qui rendait pratiquement tout travail impossible. Les fils bâtards du duc ainsi que la plupart des grands seigneurs appuyaient le comte de Charolais, mais, dans sa loyauté, dans son refus de considérer comme légitime le désir qu'avait son fils de prendre part au gouvernement, dans la crainte qu'on le crût trop vieux pour s'occuper lui-même de ses affaires, le duc de Bourgogne s'accrochait obstinément aux de Croy. Malgré ses moyens plus que limités, Louis disposait d'un service d'informations et d'une chancellerie beaucoup plus efficaces que ceux de son oncle.

Les messages occasionnels que le dauphin continuait à échanger avec son père n'aboutissaient à rien : le roi persistait à mettre le retour de son fils à la cour comme condition à la restitution du Dauphiné et refusait de prendre en considération l'insistance avec laquelle celui-ci réclamait qu'une garantie de paix avec le duc de Bourgogne fût incluse dans tout accord éventuel. Au Conseil royal, la faction la plus franchement antibourguignonne était dirigée par l'ancien compagnon du dauphin, désormais acquis à la cause du roi, Antoine de Chabannes, comte de Dammartin. Si l'on en croit la chronique écrite par l'un des serviteurs de Dammartin, Louis ne demeura pas en reste en fait de fourberie : il tenta d'ébranler le crédit de son ennemi en adressant à Madame de Villequier une lettre rédigée en ces termes :

« Ma demoiselle, j'ai vu les lettres que vous m'avez écrites et vous mercie de l'avertissement que vous m'avez fait par vos dites lettres. Et soyez sûre que, à l'aide de Dieu et de Notre-Dame, que une fois je vous le rendrai. J'ai eu semblablement les lettres du comte de Dammartin, que je feins de haïr, qui sont semblables aux vôtres. Je vous prie, dites-lui qu'il me serve toujours bien en la forme et manière qu'il m'a toujours écrit par ci devant. Je penserai sur les matières de quoi il m'a écrit et bientôt il saura de mes nouvelles. Ma demoiselle, jetez ces lettres au feu et me faites savoir s'il vous semble que je doive guère demeurer dans l'état où je suis [*c'est-à-dire à attendre la mort du roi*]. »

Un moine fit en sorte que cette lettre tombât comme par accident entre les mains du valet de chambre du roi, qui la remit à son maître. Le comte de Dammartin fut chassé de la cour, mais il n'en resta pas longtemps éloigné. Grâce à l'un de ses agents secrets à Genappe (un des secrétaires du dauphin), Charles VII découvrit bientôt que la lettre n'était qu'un leurre. Le roi avait d'ailleurs d'autres espions dans l'entourage de Louis. Un agent français de la cour de Bourgogne se chargeait de transmettre leurs rapports. Le roi d'armes de Normandie fut surpris à glaner des informations sous le déguisement d'un marchand, et, lorsqu'on découvrit sur lui des lettres trahissant sa mission, on le jeta en prison où on le laissa moisir durant quelque temps.

En 1460, des bruits toujours plus alarmants se mirent à circuler, et, quoique le gouvernement du roi Charles, tout comme Charles lui-même, commençât à s'affaiblir, l'année s'annonçait plus menaçante encore que les deux précédentes. Le roi s'habillait désormais comme un jeune dandy de courtes vestes rouges ou vertes, et, plus que jamais, il se désintéressait des affaires pour passer son temps en compagnie de sa troupe de jeunes filles et de mignons. Son Conseil était le cadre de perpétuelles intrigues, et la politique allait à hue et à dia, au gré d'intérêts divergents. Les Angevins et les partisans du duc d'Orléans se regardaient de travers, mais les uns comme les autres étaient à couteau tiré avec le comte de Dammartin. Dammartin et le comte du Maine échangeaient des paroles acerbes, même en présence du roi. Les Angevins souhaitaient qu'on apportât une aide massive au duc Jean, fils du roi René. S'étant assuré la possession de Gênes en 1458, celui-ci avait fait de cette ville la base d'où il comptait attaquer le royaume de Naples au cours de l'année suivante. Pierre de Brézé désirait envoyer une aide militaire à Marguerite, fille de René d'Anjou et femme d'Henri VI, qui se trouvait alors entraînée dans la guerre civile contre les Yorkistes. C'est du sort qu'allait connaître la Maison d'Anjou en Italie et en Angleterre — le réfugié de Genappe en avait parfaitement conscience — que dépendait désormais le destin du dauphin.

L'arrivée de Marguerite d'Anjou en Angleterre, en 1445, n'avait fait qu'aviver l'animosité qui régnait entre le parti de la cour, c'est-à-dire les Lancastriens (Henri appartenant à la Maison de Lancastre), et les partisans de Richard, duc d'York *, qui désiraient réformer le gouvernement incompétent d'Henri et préconisaient la poursuite de la guerre en France. L'expulsion des Anglais hors de leurs possessions françaises, entre 1449 et 1453, la rébellion de Jacques Cade, en 1450, et la crise de folie à laquelle Henri VI (qui, par sa mère, Catherine de France, était le petit-fils du malheureux Charles VI) se trouva en proie, en 1453, amenèrent Yorkistes et Lancastriens à prendre les armes, et, en 1455, lors de la première bataille de Saint-Albans, les Yorkistes victorieux s'emparèrent du roi. Tandis que la reine Marguerite, qui était aussi active et passionnée que son mari était mou, parvenait peu après à reprendre possession de son époux et du royaume, le principal partisan du duc d'York, Richard Neville, comte de Warwick (qu'on appellerait bientôt le Faiseur de Rois), établissait un puissant bastion yorkiste à Calais, dont il était capitaine. En 1458, pour contrebalancer l'aide fournie par Charles VII à Marguerite d'Anjou et aux Lancastriens, le dauphin et le duc de Bourgogne conclurent un accord secret avec Warwick. L'automne suivant (1459), alors que le duc Jean d'Anjou pénétrait dans le royaume de Naples, Marguerite, sa sœur, parvenait avec les Lancastriens à contraindre le duc d'York à fuir en Irlande, cependant que le comte de March, le fils aîné de celui-ci, prenait avec Warwick la route de Calais.

Le dauphin apprit bientôt que les succès des Lancastriens et des Angevins n'avaient fait que renforcer dans leurs positions

* S'il ne les avait pas encore fait valoir, York avait lui-même de solides prétentions au trône : par les femmes, il descendait en ligne directe du second fils d'Edouard III, tandis qu'Henri VI était le petit-fils de son troisième fils, Jean de Gaunt, duc de Lancastre.

ceux qui, à la cour de France, préconisaient la guerre contre la Bourgogne. Pourtant il espérait toujours que son oncle et lui-même allaient pouvoir tirer parti des ennemis que comptait la Maison d'Anjou en Angleterre et en Italie. Au printemps 1460, il parlementait activement avec les deux plus grands aventuriers politiques de l'époque : Richard Neville, comte de Warwick, et Francesco Sforza, duc de Milan.

Un coup de chance fournit à Louis l'occasion d'appuyer la cause de Warwick, qui achevait alors les préparatifs au terme desquels il devait reprendre la lutte contre Lancastre, et de mettre celui-ci en rapport avec Francesco Sforza. A Bruges se présenta bientôt un légat pontifical nommé Francesco Coppini, personnage gonflé d'ambitions, qui venait d'essuyer un échec auprès du gouvernement de la reine Marguerite. Le pape l'avait chargé de mettre fin à la guerre de factions qui ravageait l'Angleterre, de manière à ce que les Anglais puissent apporter leur soutien à une éventuelle croisade; mais Coppini avait reçu des instructions secrètes de son maître, le duc de Milan, qui souhaitait voir l'Angleterre attaquer la France, de sorte que les Angevins fussent contraints d'interrompre leur campagne en Italie. Louis s'empressa de mettre Coppini en rapport avec Warwick, et la puissante personnalité de celui-ci fit le reste. Lorsque, le 26 juillet 1460, le comte de Warwick mit à la voile, à Calais, pour rallier l'Angleterre, il emportait avec lui deux mille hommes d'armes, un légat apostolique pour bénir sa cause, et les encouragements de ceux qui étaient presque ses alliés : le dauphin et le duc de Bourgogne. Trois semaines plus tard, après avoir battu les Lancastriens à la bataille de Northampton, il tenait en main Henri VI et formait au nom du roi un gouvernement yorkiste. « Aujourd'hui, le pouvoir appartient à Warwick... il a accompli des choses merveilleuses », apprenait bientôt le dauphin par l'intermédiaire d'un agent italien. Lui et son oncle envoyèrent aussitôt une ambassade commune pour féliciter le comte de son triomphe; cependant, Louis prit soin de cultiver des relations personnelles avec Warwick. Tandis que le duc Philippe repoussait une alliance matrimoniale — peut-être sur le conseil de son neveu —, le dauphin envoyait en Angleterre son représentant personnel en la personne de Jean d'Estuer, seigneur de la Barde, un homme dont il était sûr que Warwick le trouverait à son goût.

A la même époque, Louis poursuivait en Italie la campagne

qui devait lui permettre de renforcer les liens qui l'unissaient à Francesco Sforza, duc de Milan. Fils bâtard d'un condottiere, ce dernier avait commencé sa carrière en vendant ses services à qui voulait bien les acheter. Après s'être taillé un petit domaine dans les Etats pontificaux, il avait pris soin de s'entourer de conseillers capables et était parvenu à gagner l'amitié de Cosme de Médicis, souverain *de facto* de la République de Florence. La disparition de Filipo-Maria Visconti, dernier des ducs de Milan, qui mourut en 1447 sans laisser d'héritier mâle, offrit à Francesco Sforza, mari de Bianca, fille bâtarde du duc, une occasion inespérée. Cependant, loin d'être seul à revendiquer le duché, il avait des rivaux aussi puissants que Charles, duc d'Orléans, dont la mère était une Visconti. En 1450, au terme d'habiles manœuvres politiques étayées de victoires militaires, Sforza parvint pourtant à entrer dans Milan et se proclama duc. Entre 1450 et 1459, il ne cessa de contrecarrer les manœuvres de la France en Italie; aussi pouvait-on s'attendre à ce que le triomphe de la Maison d'Anjou dans le royaume de Naples décidât Charles VII à appuyer par les armes les prétentions que le duc d'Orléans pouvait faire valoir du côté de Milan *.

Depuis longtemps, le dauphin Louis nourrissait une profonde admiration pour ce fin politique. Il avait suivi toutes ses campagnes, et, depuis qu'il était à Genappe, il n'avait cessé de rester en contact avec lui. Durant le premier semestre de 1460, il dépêcha à Milan toute une série d'envoyés, pour s'assurer de la possibilité de conclure un traité d'abord, pour en définir les termes ensuite. Mais Sforza se montrait hésitant : à plusieurs reprises, et sur un ton toujours plus menaçant, Charles VII l'avait averti de ne pas se mêler des affaires de son fils et de ne plus s'opposer au succès de la cause angevine en Italie. Cependant, le 8 juillet, le duc Jean écrasait à Sarno l'armée du roi Ferrante et semblait sur le point de tenir à sa merci le royaume de Naples *. Après avoir envoyé en toute hâte un secours militaire à Ferrante, en septembre Sforza dépêchait à Genappe un envoyé chargé de conclure un traité avec le dauphin.

* Si, en 1453, Francesco Sforza et Cosme de Médicis avaient eux-mêmes invité le roi René à se rendre en Italie, c'est qu'ils avaient alors momentanément besoin de lui pour lutter contre Venise.

* Mort en 1458, Alphonse V, roi de Naples et d'Aragon, avait laissé Naples à Ferrante, son fils bâtard, et l'Aragon à Jean II, son frère.

Ce traité ne faisait pas mention du duc de Bourgogne. L'exilé de Genappe entendait garder Sforza pour lui seul, et cela, pour des motifs semblables à ceux qui l'avaient poussé à maintenir avec Warwick un contact personnel. Il n'avait nullement l'intention de créer entre l'Angleterre, la Bourgogne et Milan des liens qui risqueraient de mettre la France en péril : si, pour l'instant, il se battait comme dauphin, il n'oubliait pas qu'un jour il serait roi. Cependant, il n'avait pour arme que sa ruse, et le contrôle qu'exerçaient alors les Yorkistes en Angleterre, tout comme la position de Sforza en Italie, restaient incertains. D'autre part, ses relations avec Philippe le Bon continuaient à se détériorer, et, avec ses intrigues, la cour de Bourgogne semblait un terrain où jamais on ne pût avoir le pied ferme. En 1460, alors qu'à trente-sept ans il passait son cinquième Noël dans les Pays-Bas, le dauphin attendait anxieusement la suite des événements — des événements sur lesquels il n'avait plus aucun pouvoir et dont dépendait désormais son destin. Pour définir sa position, l'ambassadeur de Sforza notait fort justement : « C'est un homme sans place. »

10.
Au gré des circonstances

Si le dauphin passa tranquillement à Genappe les fêtes de Noël, sitôt après il prenait la route de Bruxelles pour y aller conférer avec le duc de Bourgogne. L'aspect de son univers s'était brusquement modifié.

D'Angleterre lui étaient parvenues des nouvelles désastreuses. Le 30 décembre, le duc d'York et le père du comte de Warwick avaient perdu la vie tandis que leur armée était mise en déroute à Wakefield, dans le Yorkshire, par une attaque surprise dirigée par le favori de la reine, Henri, duc de Somerset. La reine Marguerite elle-même, emmenant des hommes d'Ecosse, avait rejoint ses seigneurs victorieux; d'un moment à l'autre on pouvait s'attendre à ce que Londres retrouvât un gouvernement lancastrien. Dans leurs lettres, le comte de Warwick et Coppini, le légat du pape, tentaient de minimiser cette défaite, mais Louis et son oncle n'ignoraient pas qu'un nouvel échec de Warwick pourrait fort bien signifier la guerre entre la France et la Bourgogne.

Les rapports se succédaient, toujours plus alarmants. Les armées lancastriennes envahissaient le Sud, dévastant les villes sur leur passage. Warwick réclamait l'envoi d'une puissante ambassade bourguignonne pour soutenir la cause yorkiste, et Coppini, malade d'inquiétude, surchargeait ses lettres de notes rédigées à l'encre sympathique. Louis et son oncle convinrent que, pour l'instant, il était trop risqué de dépêcher une ambassade. Le duc décida cependant d'envoyer en Angleterre des troupes de renfort. De son côté, le dauphin ordonna au seigneur de la Barde de se battre aux côtés de Warwick, et il lui fit parvenir un étendard portant l'image de la Vierge, étendard qu'il souhaitait voir flotter au milieu des rangs des Yorkistes.

Puis d'autres ennuis survinrent. Le comte de Charolais produisit toute une série d'accusations contre ses ennemis, Antoine et Jean de Croy, et exigea de son père qu'il prenne des mesures contre eux. Irrité et fatigué, Philippe le Bon tenta en vain d'étouffer la querelle. Le gouvernement ducal était paralysé; sa mauvaise humeur exacerbait la méfiance que Philippe témoignait à l'égard de son neveu; à nouveau, la cour de Bourgogne murmurait que l'hôte qu'elle avait accueilli n'apportait que des ennuis. Cette fois, Louis se trouvait personnellement impliqué dans l'affaire : en effet, le comte de Charolais avait accusé les frères de Croy de raconter à son propos qu'il méditait de s'emparer du dauphin pour le remettre de force entre les mains du roi de France. Rebuté par l'attitude de son oncle et par l'atmosphère qui régnait à la cour, Louis se hâta de regagner Genappe où il trouva Prospero da Camogli, l'envoyé et conseiller du duc de Milan.

C'était ce même Prospero qui, en septembre précédent, s'était présenté à Genappe avec le projet de traité que Francesco Sforza avait négocié avec des ambassadeurs de Louis. Il s'agissait en fait d'un pacte d'assistance réciproque où les deux partis s'engageaient, en cas d'attaque, à mettre à la disposition l'un de l'autre plusieurs milliers de fantassins et de cavaliers. Pour le duc, ce document n'aurait de vraie valeur que le jour où le dauphin serait devenu roi de France, et, quoiqu'il ne dût pas avoir de portée immédiate, le dauphin y attachait une énorme importance.

Après en avoir étudié les articles, Louis avait convenu que le traité lui offrait tout ce qu'il pouvait désirer; il avait affirmé devant Prospero que son maître pourrait compter sur lui le jour où il serait sur le trône. Cependant... cependant une question très délicate restait à régler.

Le traité ne faisait pas mention de Iacomo di Valperga, le partisan savoyard de Louis. Il faudrait remédier à cette lacune car le dauphin avait pris Valperga sous sa protection et les terres de celui-ci avaient été envahies par le duc de Savoie. Louis rappela à Prospero que, durant l'été, il avait plus d'une fois enjoint à Sforza de prendre des mesures contre la Savoie. Il préférait, ajouta-t-il, renoncer au trône plutôt que d'abandonner son compagnon. L'envoyé de Sforza tenta d'expliquer qu'il n'avait reçu aucune instruction concernant Valperga et qu'il n'était pas d'usage d'inclure un simple particulier dans un traité d'une telle importance. Dans les entretiens qui suivirent, Louis déploya des trésors de persuasion, citant des exemples historiques, plaisantant les bonnes intentions de Sforza, assurant son auditeur de son bon vouloir. Jamais il ne se départit de son amabilité, mais jamais non plus il n'envisagea de modifier sa position.

Malgré un tempérament un peu vif, Prospero da Camogli était un habile diplomate, formé à l'école la plus avancée de son temps; mais, envoyé « à la limite extrême de ce monde terrestre » (ce sont là ses propres termes), il se trouvait quelque peu dépaysé, d'autant plus que le prince avec lequel il lui fallait traiter avait une façon de régler les affaires à laquelle rien ni personne ne l'avait préparé. Bien malgré lui, il outrepassa ses instructions et accepta d'ajouter au traité une clause aux termes de laquelle Sforza s'engageait à porter secours à Iacomo di Valperga, en tant que partisan du dauphin. Ce n'est pas sans nervosité que Prospero répliqua au duc que, vu les bonnes intentions que Louis nourrissait à l'égard de Milan, il pensait avoir conclu une bonne affaire. Le dauphin avait d'ailleurs gracieusement accepté que la nouvelle clause fût soumise à l'approbation de Sforza, et, le 6 octobre, il avait signé le traité.

Début février 1461, à son retour de Bruxelles, Louis trouva donc Prospero qui l'attendait pour lui annoncer que le duc de Milan avait loyalement ratifié le traité de Genappe. Cependant, le duc de Savoie s'était d'ores et déjà emparé de tous les domaines de Valperga. Milan ne pouvait risquer une guerre ouverte contre la Savoie. Prospero avait donc pour mission d'obtenir du dauphin la suppression d'une clause — la clause Valperga — qui était désormais dépourvue de signification. Louis répliqua que, dans ces conditions, le mieux serait sans doute de substituer à l'article du traité une indemnité en espèces. Comme il s'y attendait — il avait d'excellents postes d'écoute en Italie —, Prospero lui annonça que, par pure bonté de cœur, son maître était disposé à verser un dédommagement de douze mille florins. Mais il s'en fallait de beaucoup que cette somme fût jugée suffisante. Louis désirait d'ailleurs étudier la question plus avant; en attendant, il suggérait à Prospero de soumettre l'affaire à Valperga lui-même. Choqué, son interlocuteur déclara qu'il était impensable de discuter d'un tel problème avec celui qui faisait l'objet même de la discussion : la chose ne s'était jamais vue! Aimablement mais inexorablement, le dauphin rétorqua que Valperga seul pouvait trancher la question.

Des dépêches que Valperga rédigea durant les deux mois suivants se dégage pour la première fois une image précise du dauphin dans l'exercice de son art, de l'art qui fut le centre de sa vie, celui de la négociation. Certaines tournures de phrases semblent restituer le son même de sa voix, et l'on comprend, à travers ce portrait que Louis ait fait tour à tour le désespoir et l'admiration de l'ambassadeur milanais. Il tenait un rôle face à Prospero; mais, parfois aussi, il laissait son interlocuteur entrevoir sa véritable personnalité. Durant ces mois, qui furent les plus critiques de sa vie, il joua sa comédie diplomatique avec une intensité et une énergie sans commune mesure avec son objet.

Après une première entrevue avec Valperga, Prospero tenta de convaincre le dauphin que ni lui ni le duc de Milan n'étaient responsables d'une situation où le Savoyard s'était placé par sa propre faute. Louis répliqua que, si Iacomo n'avait été si cruellement atteint dans sa fortune, il ne manquerait pas de « lui faire voir qu'il était un homme terrible ». Mais il ne convenait pas qu'un prince affligeât l'affligé. Quoique l'on puisse dire, « Iacomo di Valperga a perdu, et il a perdu tout en étant sous la protection du dauphin ». Advienne que pourra! il ferait pour son compagnon tout ce qui était en son pouvoir. Sur le conseil du dauphin, Prospero accepta bien malgré lui de revoir Valperga... et il se hâta d'écrire à son maître pour lui demander de nouvelles instructions. Le 8 février, Louis lui dit d'un air maussade :

> « Prospero, puisque vous êtes chargé de n'offrir que douze mille florins, l'affaire semble si loin d'être conclue que la solution la meilleure et la plus rapide est, je crois, d'abandonner notre traité. »

Puis il ajouta brusquement :

> « En vérité... quand je compare les écrits du duc de Milan avec ses paroles, soit à cause de la difficulté de la langue soit

> pour quelque autre raison, je ne puis comprendre ni les *oui* ni les *non* de sa décision concernant la réhabilitation de Valperga [...] En tout cas, puisque à présent je ne puis payer Iacomo en argent ni refaire sa fortune, du moins je veux le satisfaire à ma façon en liant son sort au mien. »

Après qu'obéissant au vœu du dauphin il eut revu Valperga, après qu'il eut entendu Louis se plaindre de l'avarice du duc de Milan, tout en affirmant qu'avec la meilleure volonté du monde — et Dieu était témoin qu'il était plein de bonne volonté! — il ne pouvait rien faire sinon souhaiter que Iacomo se contentât d'une offre modeste, Prospero demanda qu'on lui fît enfin une réponse définitive.

« Très bien, puisque tu m'y forces [le dauphin abandonnait le *vous* pour le *tu,* plus intime] je te donnerai ma décision. » A condition qu'on offre à Valperga un château, une petite rente mensuelle et dix-huit mille florins comptant, « tu pourras arranger notre alliance comme il te plaît; et plus tu feras pour le duc de Milan, plus je serai content... » Prospero écrivit une fois encore à son maître pour lui demander des instructions, instructions qu'il souhaitait précises, car, disait-il, « nous avons affaire à une personne qui parle clairement et qui, de ce fait, veut qu'on lui parle de la même façon ». Bien qu'il fût déconcerté par l'importance que Louis attachait au plus petit détail concernant l'affaire Valperga, Prospero notait : « Le dauphin est extrêmement capable dans l'art de traiter les affaires, et il fait des observations merveilleuses. »

Cependant, et quoiqu'il restât ferme sur ses positions, Louis modifiait maintenant son attaque : entrant en communication directe avec Sforza, il fit savoir à celui-ci que, pour supprimer la clause, il était prêt à accepter une avance de dix-huit mille florins. Le duc de Milan s'empressa de souscrire à cette proposition, et le traité de Genappe devint enfin réalité.

Que cette campagne diplomatique eût été inopportune, voire absurde, le dauphin s'en rendait certainement compte. Mais le fugitif qu'il était avait trouvé là une façon d'affirmer sa personnalité. Dans la situation de Valperga, banni lui aussi, il avait vu un reflet de sa propre situation, et, s'il avait mis une telle âpreté à défendre Iacomo, c'était par réaction contre son père, qui l'avait abandonné et qui avait permis que le duc de Savoie s'emparât de ses terres. En outre, exigeant des autres une fidélité absolue, il se sentait les mêmes obligations envers eux *. A l'époque, c'est tout ce qu'il avait à offrir.

Cependant, ce n'était pas là l'unique occupation du dauphin. Des nouvelles alarmantes lui étaient parvenues d'Angleterre où, le 17 février, lors de la seconde bataille de Saint-Albans, l'armée de Warwick avait été écrasée par les troupes lancastriennes qu'elle tentait de repousser. La reine avait repris à l'ennemi son malheureux époux, et Warwick lui-même s'était enfui, nul ne savait où. Le 4 mars, des lettres d'Antoine de Croy apportèrent pourtant un rayon d'espoir à Louis : avec ce qui lui restait d'hommes, Warwick avait rejoint le jeune Edouard de la Marche (fils aîné du duc d'York) et s'apprêtait à attaquer l'armée de la reine qui cantonnait alors aux environs de Londres. Après de longs jours d'attente, durant lesquels les messagers se succédèrent, un gentilhomme de la cour de Bourgogne se présenta à Genappe avec des missives provenant de Warwick lui-même. Les nouvelles qu'elles contenaient étaient tellement inattendues que Louis se refusa tout d'abord à leur faire crédit. Warwick était entré dans Londres où le peuple avait joyeusement proclamé le jeune Edouard roi d'Angleterre sous le nom d'Edouard IV. La reine et ses troupes s'étaient réfugiées dans leurs places fortes du Nord; Warwick et le nouveau souverain s'apprêtaient à lancer à leur poursuite une puissante armée. De la suite des événements dépendait le destin de l'Angleterre, et peut-être aussi le sort du dauphin.

Pourtant, en Bourgogne, la querelle de Croy-comte de Charolais continuait à absorber toute l'énergie et à entraver toutes les affaires du gouvernement. Louis déclara à Prospero de Camogli qu'il considérait sa situation comme pratiquement désespérée. La mésentente qui régnait entre le dauphin et le duc donnait des palpitations à l'ambassadeur milanais. Houaste de Montespédon, l'envoyé de Louis auprès de son père, avait rapporté de France le message usuel : Charles invitait son fils à revenir à la cour, mais il ne parlait pas de garanties pour le duc de Bourgogne. Sur l'insistance du comte du Maine, Louis renvoya Houaste avec mission expresse de rapporter des promesses et non plus des paroles en l'air sur lesquelles le roi

* Lorsque le dauphin devint roi, Valperga reçut temporairement la charge de chancelier de France dans un geste symbolique. Peu de temps après, Louis contraignit le duc de Savoie non seulement à rendre ses biens au proscrit, mais à lui confier la chancellerie du duché.

pourrait revenir le lendemain. « Tout comme le pape ne peut être excommunié, le roi ne peut agir en traître », déclara-t-il à Prospero.

Louis savait maintenant que les Yorkistes étaient en marche vers le nord où ils livreraient un combat à mort contre la reine et ses seigneurs. En dépit de l'aversion que lui inspirait la cour de Bourgogne, il se rendit à Bruxelles pour être en contact plus étroit avec les événements. Début avril, des messagers lui apportèrent la nouvelle qu'il attendait. Le 29 mars, au cours de l'âpre bataille qu'ils avaient livrée à Towton, dans le Yorkshire, Warwick et le roi Edouard avaient écrasé l'armée lancastrienne, contraignant la reine Marguerite, le roi Henri et le duc de Somerset à gagner l'Ecosse dans une fuite éperdue. Dans la lutte, le parti de la cour avait non seulement perdu des milliers de soldats, mais nombre de ses gentilshommes. Louis avait sa part dans la victoire yorkiste car, dans le décor de neige où s'était déroulée la bataille, on avait pu voir le seigneur de la Barde se battre au côté d'Edouard sous la bannière du dauphin.

Cependant, c'est de France qu'allait parvenir la plus importante de toutes les nouvelles : le roi Charles, qui, depuis janvier, avait souvent été malade, se trouvait désormais dans un état inquiétant. Seul un miracle pourrait le maintenir en vie au-delà du mois d'août.

Les nouvelles succédaient aux nouvelles. En Angleterre, Warwick et le roi Edouard semblaient maintenant avoir consolidé leur position. Houaste était revenu de France les mains vides mais en confirmant la gravité de la maladie de Charles. Entre la France et la Bourgogne, la guerre était à deux doigts d'éclater : le gouvernement français avait appelé sous les drapeaux les notables de Normandie tandis que Philippe le Bon invitait ses vassaux à prendre les armes. Une nouvelle querelle mettait aux prises le duc de Bourgogne et son fils. Entre Louis et son oncle, les relations étaient tellement tendues qu'elles paraissaient sur le point de se rompre.

> « Chaque jour, note Camogli, le danger s'accroît de voir cette hostilité éclater au grand jour. Pour ce qui est du dauphin, seule la nécessité où il se trouve le retient de montrer ses sentiments, et, quant au duc, il dissimule parce qu'il sait combien la présence du dauphin pourrait lui être utile au cas où la Bourgogne entrerait en guerre contre la France. »

Cependant, début juillet, Louis était de retour à Genappe pour y attendre la suite des événements au milieu de sa petite cour.

Et la roue de la Fortune tourna encore, cette fois-ci de façon décisive. Aux environs du 10 juillet, un courrier galopant à bride abattue se présenta à Genappe pour annoncer que le roi de France était sur son lit de mort. Un flot de messagers suivit. Camogli les voyait arriver dans un nuage de poussière pour tenir le dauphin au courant de la maladie de son père.

Louis ordonna que ses affaires fussent emballées et envoya ses hommes en pèlerinage, afin qu'ils prient pour la santé du roi de France. Lui-même se refusa pourtant à afficher une peine qu'il ne ressentait pas. Vers le 20 juillet, il se mit à parler à ses principaux compagnons des emplois auxquels il les destinait. Un ou deux jours plus tard, il recevait du Conseil royal une note l'avisant de l'état désespéré où se trouvait son père. Il envoya un mot à son oncle Philippe pour le prier de se tenir prêt. Enfin, il fit connaître aux partisans qu'il comptait en France son désir de les voir prendre le chemin de Reims avec leurs gens aussitôt informés de la mort du roi : au cas où, dans un geste désespéré, on tenterait de placer son frère Charles sur le trône, il était essentiel qu'il se fît couronner aussi rapidement que possible.

Aux environs du 25 juillet, le dauphin recevait la nouvelle qui faisait de lui le très chrétien roi de France Louis le Onzième. Charles était mort dans la matinée du mercredi 22 juillet d'une infection de la mâchoire qui lui avait obstrué la gorge. Louis fit célébrer pour son père une messe de requiem, mais, le même après-midi, il s'en alla chasser vêtu d'une courte tunique rouge et blanche et coiffé d'un chapeau de mêmes couleurs (les couleurs du roi de France). Le lendemain, ou le surlendemain, il se mit en route avec ses compagnons d'exil pour se rendre à Avesnes, sur la frontière française, où l'attendait le duc de Bourgogne, qui faisait alors à Lille d'immenses préparatifs pour escorter le roi à Reims.

A mesure que des délégations de toutes sortes arrivaient à Avesnes, Louis prenait conscience d'exercer enfin la royauté. Il venait juste d'avoir trente-huit ans. Prospero da Camogli avait conscience de vivre un moment prodigieux. Après avoir rapporté les réponses du roi, « réponses claires et admirables, faites sans prendre le conseil de personne », Prospero da Camogli notait :

> « Qui l'a qualifié hier d'*inepto Delfino* doit l'appeler aujourd'hui *Aptissimo Re de France.* Tout cela montre bien qu'un esprit de cette qualité et une intelligence aussi profonde ne pouvaient trouver leur place dans la position trop modeste qu'il occupait jusqu'ici. »

LIVRE II

LE ROI

PREMIÈRE PARTIE

Faux départ

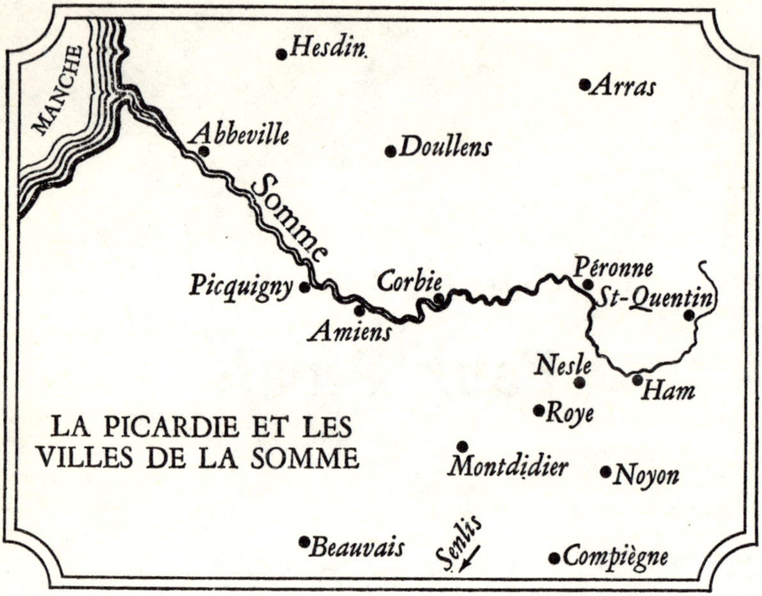

LA PICARDIE ET LES VILLES DE LA SOMME

11.
Cœur pressé

Sous le radieux soleil de l'été, une armée couverte de poussière s'acheminait vers le nord de la France. Alors que son avant-garde atteignait Avesnes, Louis apprit qu'il s'agissait d'une foule d'humbles sujets espérant trouver quelque profit à être les premiers à saluer leur souverain. Princes, nobles, gentilshommes, aventuriers, évêques et abbés, délégations municipales, gens en place ou en quêtes de places se pressaient dans la ville d'Avesnes. Louis avertit son oncle de n'amener qu'une escorte de cérémonie.

Louis XI ne tarda pas à établir la preuve que le monde avait changé et que le roi de France n'avait rien oublié des services rendus ni des torts faits au dauphin. Devenu comte de Comminges, le Bâtard d'Armagnac remplaça André de Laval en tant que maréchal de France; Jean de Montauban, autre « compère » du dauphin, devint amiral en lieu et place de Jean de Bueil; Antoine de Croy reçut en récompense le titre de grand maître de la Maison du roi, et Jean Arnoulfin fut fait receveur général de Normandie. Bientôt, le roi allait nommer chancelier un membre du Parlement de Paris connu pour sa hardiesse et sa langue bien pendue, mais qui, pour lors, passait en jugement pour avoir accepté de se laisser corrompre. Par ailleurs, lorsqu'il apprit que Pierre de Brézé, représentant les Etats de Normandie, osait demander une audience, Louis lui ordonna de rentrer immédiatement chez lui pour y attendre les ordres du roi. Enfin, son plus mortel ennemi, Antoine de

Chabannes, comte de Dammartin, ayant eu l'audace d'envoyer l'un de ses hommes à Avesnes, l'amiral de Montauban menaça de le jeter à l'eau.

Vers la fin de juillet arriva le duc de Bourgogne qui, à son grand regret, avait dû se contenter d'emmener avec lui une modeste escorte de quelque quatre mille seigneurs et gentilshommes, tous habillés de noir. Louis et sa maison ne devaient pas, quant à eux, porter le deuil avant le dimanche 3 août, date où eut lieu la cérémonie funèbre de Charles VII. Le même jour, aussitôt après le dîner, le roi se vêtit de rouge et s'en alla chasser. Le matin suivant il prenait la route de Reims. Il avait hâte d'entreprendre le travail qui l'attendait, hâte surtout de dissiper toute rancœur entre son oncle et lui. Il ordonna publiquement à l'archevêque de Paris et aux représentants du Parlement et de l'Université d'accorder au duc de Bourgogne le même respect qu'à lui-même. En chemin, Prospero da Camogli entendit le roi déclarer qu'il souhaitait voir le duc toujours près de lui, car, le duc ayant veillé sur le dauphin, il était normal que le roi veillât maintenant sur le duc.

C'est Philippe le Bon et sa brillante chevalerie qui escortèrent le roi lors de son entrée dans Reims, la veille du couronnement, dont on avait fixé la date au 15 août, jour de l'Assomption de la Vierge Marie. Le lendemain, après que Louis eut été oint selon l'antique tradition, c'est encore le duc de Bourgogne qui mit la couronne sur sa tête en criant : « Vive le roi! Montjoie et saint Denis! »

Dans l'après-midi, le roi présida à son banquet de couronnement, banquet pour lequel la vaisselle et le linge de table avaient jusqu'à la dernière pièce été fournis par le duc de Bourgogne. Au bout d'un moment, Louis enleva sa couronne — qui était un peu grande — et la posa négligemment sur la table. Aussitôt qu'il le put, lui-même se retira pour se rendre à Saint-Thierry, laissant à son oncle le soin de s'occuper des princes et des prélats du royaume. Souvent passé sous silence par les chroniqueurs, l'un des rites de cette journée, si riche en cérémonies de toutes sortes, revêtait pour Louis plus d'importance que tout autre : il jura de chérir et d'augmenter son royaume et d'y réunir les domaines qui en avaient été séparés, aliénés ou détachés.

Lors de son entrée officielle à Paris, le roi continua à

tolérer le goût du faste dont faisait preuve le duc de Bourgogne. Le lundi 30 août, au début de l'après-midi, le cortège royal franchit la porte Saint-Denis. Les maisons bordant les rues qu'il devait parcourir étaient ornées de tapisseries. Aux fenêtres s'étaient groupés les gens suffisamment riches pour pouvoir s'offrir des places privilégiées, tandis que le peuple s'était massé sur les bords mêmes de la route pour assister au spectacle. Louis n'était pas seulement le nouveau souverain de la France, c'était une curiosité, un dauphin dont les malheurs étaient connus de tous, un prince dont chacun savait qu'il avait accompli et qu'il accomplirait encore des choses surprenantes. Le royaume entier retenait son souffle dans l'attente de ce qui allait se passer, tandis que, parmi les grands seigneurs, courait un frisson de terreur.

Les nobles bourguignons marchaient en tête du cortège dans leurs vêtements d'or doublés de velours et de damas, et la rue Saint-Denis retentissait des mille clochettes d'argent que portaient leurs chevaux richement caparaçonnés. Quatre trompettes annonçaient l'arrivée du roi. Par-dessus son pourpoint écarlate orné de gros boutons incrustés de rubis, celui-ci avait passé une robe de damas blanc frangée d'or. Six bourgeois de Paris vêtus de satin rouge tenaient au-dessus de sa tête un dais de satin bleu semé de fleurs de lys. Derrière lui, monté sur un cheval dont le harnais de satin noir était enrichi d'or et de pierreries, venait le duc de Bourgogne, dont l'impériale personne avait pour l'occasion revêtu un costume de velours noir orné de rubis, de diamants et de perles. Sur les bords de son chapeau, on pouvait voir une collection de pierres précieuses dont la valeur était estimée à quatre cent mille écus, et, sur un heaume que portait cérémonieusement l'un de ses hommes derrière lui, étincelait le Rubis des Flandres, « la merveille de la chrétienté », qu'on devait un jour retrouver dans la poussière d'un champ de bataille.

Pour ce roi qui échappait à toute tradition, la ville de Paris avait pourtant su déployer son faste traditionnel. Peu après avoir franchi la porte Saint-Denis, Louis découvrait une fontaine d'où coulaient du lait, du vin et de l'hypocras. Sur une estrade dressée non loin de là, « hommes et femmes sauvages se combattaient et faisaient plusieurs contenances ». Spectacle plus attrayant encore : trois ravissantes jeunes filles, complètement nues, folâtraient comme des sirènes dans un bassin artificiel; à leur propos, un chroniqueur parisien note avec enthousiasme que chacun de leurs jolis seins, « droit, séparé, rond et dur », constituait un spectacle « bien plaisant ». Dans un esprit plus sérieux, devant l'hôpital de la Trinité, on régala le roi d'une pantomime retraçant divers épisodes de la Passion. Mais les Parisiens tenaient aussi à ce que leur nouveau souverain sût que l'on connaissait ses goûts et sa réputation : après avoir assisté à une scène de chasse où les chasseurs « faisaient moult grand bruit de chiens et trompes de chasse », Louis eut le plaisir de voir des soldats reconstituer en son honneur, devant le Châtelet, l'assaut de la bastille de Dieppe, qu'il avait enlevée en 1443.

Il était six heures lorsqu'il arriva devant Notre-Dame où l'attendaient l'évêque, le clergé et une délégation de l'université de Paris. Le roi, que tant de pompe commençait à lasser, et qui n'aimait guère les prélats alignés devant lui, interrompit alors brusquement la cérémonie en coupant court aux harangues de l'évêque et du porte-parole de l'université. Après avoir entendu le *Te Deum* chanté dans la cathédrale, il se rendit au Palais pour y présider l'inévitable banquet, et ce n'est qu'à minuit qu'il se sentit libre de quitter la fête.

Le lendemain, c'est-à-dire le mardi 1er septembre, après le dîner, le roi quitta le Palais, alors siège du Parlement, pour s'installer non dans l'hôtel royal de Saint-Pol, mais dans celui, plus modeste, des Tournelles. Dans la mesure du possible, il s'efforça d'éviter les festivités de la capitale; cependant, force lui fut d'accompagner ici ou là le duc de Bourgogne et d'honorer parfois de sa présence les réceptions que celui-ci organisait. Il espérait rassasier l'insatiable appétit de gloire que nourrissait son oncle. Dans son hôtel d'Artois, Philippe le Bon déployait sans relâche les fastes de la Bourgogne. Des gens de tous rangs et de toutes conditions affluaient chez lui pour y admirer les célèbres tapisseries de Gédéon, tissées d'or et de soie, et pour y contempler l'énorme tente de velours noir qu'il avait fait dresser dans la cour. Les fêtes qui s'y succédaient duraient jusqu'à l'aube. Le dimanche 13 septembre, la Maison de Bourgogne organisa devant l'hôtel du roi un tournoi où le comte de Charolais et d'autres seigneurs bourguignons accepteraient de combattre qui souhaitait les affronter. Le duc, paré de bijoux représentant une fortune, fit une apparition avec la duchesse d'Orléans, juchée sur la même monture que lui. La foule était si dense et les chevaux si nombreux que, parmi les curieux, quatre ou cinq personnes furent piétinées à mort tandis qu'on déplorait bon nombre de blessés. Le roi Louis contempla un instant le spectacle depuis une fenêtre, derrière un écran de dames. Il courtisait alors assidûment le comte de Charolais et inondait de cadeaux Antoine, fils bâtard mais reconnu du duc de Bourgogne. Dans ses efforts diplomatiques, il parvint même à réconcilier. du moins temporairement, deux ennemis jurés de l'entourage de son oncle, le comte de Saint-Pol et Antoine de Croy, respectivement ami et adversaire du comte de Charolais [1].

Mais cela n'était pas assez, et il s'en fallait de beaucoup, pour satisfaire le duc de Bourgogne. Philippe n'avait pas renoncé à son rêve de voir sur le trône de France un roi bourguignon. Il était blessé à mort dans son orgueil parce que Louis ne venait pas à tout propos chercher conseil auprès de lui, parce qu'il dédaignait ses divertissements princiers, parce qu'enfin il avait froissé dans leurs sentiments et déçu dans leurs espoirs ses amis personnels. Incapable de tenir sa langue, Louis avait plaisanté les habits mirifiques et les façons pompeuses du duc de Clèves, le neveu de Philippe. Pour se débarrasser des Bourguignons qui venaient lui réclamer les faveurs qu'il leur avait promises, il se contentait de déclarer : « Mes amis, je ne suis plus dauphin et alors je l'étais, mais maintenant je suis roi. » Il avait prudemment constitué un Conseil de seigneurs et d'« hommes avisés » chargés de faire bon usage des « états » et offices du royaume — c'est-à-dire de donner à chaque prince la part qui lui revenait —, mais les avis rendus par ledit Conseil n'aboutirent jamais à rien. Quoiqu'il eût invité le duc de Bourgogne à choisir vingt-quatre parmi les cent nouveaux membres du Parlement, aucun d'entre eux ne reçut sa nomination. Par ailleurs, Louis fit un faux pas autrement plus dangereux : laissant entendre qu'il méditait de rompre avec les Yorkistes, ses amis d'autrefois, il suggéra à Philippe le Bon de résilier le traité d'amitié et de commerce qu'il avait passé avec eux. Devant cette proposition, le duc entra dans une rage folle et menaça de quitter Paris sur-le-champ — selon Chastellain, il s'en fallut de peu qu'il ne prît cette décision. Le roi s'empressa alors de battre en retraite, et, pour calmer son oncle, le pria de bien vouloir mettre sur pied des négociations entre les Yorkistes et son neveu reconnaissant.

Cette fois Louis en avait assez de Paris; il en avait assez des divertissements et des susceptibilités princières; il était impatient d'exercer sa prérogative sans que son oncle fût là pour regarder par-dessus son épaule. Quoique le duc de Bourgogne ne dût pas partir avant la fin du mois, Louis annonça soudain qu'il quitterait Paris le 23 septembre. Anxieux de rétablir de bonnes relations entre Philippe et lui, il se rendit à l'Hôtel d'Artois, le 22 — en allant auprès du duc, le roi dérogeait de façon flatteuse à l'étiquette —, et devant l'assemblée des conseillers royaux et des dignitaires de la ville qu'il avait convoqués, il déclara qu'il devait à son oncle non seulement la couronne mais également la vie. Cependant, lui qui depuis de longues années attendait de pouvoir commencer l'œuvre même de son existence, ne pouvait désormais attendre plus longtemps. Le lendemain matin, il quitta — il fuit — son oncle, ses seigneurs, son étouffante capitale, pour prendre le chemin de la Loire et montrer à son frère, aux princes et au menu peuple (que les princes ne voyaient jamais) que l'exilé de Genappe avait des idées personnelles sur la façon dont il convenait qu'un royaume fût gouverné.

Dans son parcours sinueux, la Loire glisse comme une flèche d'argent au centre de la France. Passé le Bourbonnais, son cours se fait plus large et plus serein, et, vers Orléans, elle décrit une large courbe pour rejoindre Blois, traverser la Touraine puis l'Anjou et retrouver la mer dans la région de Nantes. Sous les cieux calmes de l'Orléanais et de la Touraine, le fleuve roule ses flots majestueux à travers un merveilleux paysage de roches abandonnées et de collines couvertes de vignobles. C'est là le cœur même du royaume; c'est dans la beauté de cette contrée, dans la douceur de son climat, dans le charme de ses villes et l'élégance de ses châteaux, dans la langue claire que parlent ses habitants qu'il faut chercher aussi l'essence même de la France. Le ciel, l'eau et les forêts s'y marient avec tant de grâce qu'on ne peut rêver cadre plus parfait pour mener une existence paisible. Dans ses confortables châteaux, le roi, travailleur infatigable et secret qui aimait à surveiller son royaume en échappant lui-même à toute surveillance, devait trouver un asile idéal, tout comme il devait trouver dans ses bois riches en cerfs, dans les vastes espaces de ses campagnes désertes, un terrain de choix pour satisfaire sa passion de chasseur.

Devenu roi, le temps qu'il ne passa pas sur les routes, Louis le passa sur les bords de la Loire. Dans nombre de ses Ordonnances, il exprima l'amour que lui inspirait son duché de Touraine, « auquel avons été nourri dès notre enfance ». Le château d'Amboise, Orléans, Montargis et Tours, où vécut le plus français des saints, « Monseigneur saint Martin », constituèrent la véritable capitale du roi Louis. Mais ses souvenirs d'enfance et ses goûts personnels ne suffisent probablement pas à expliquer son attachement à la Loire : c'est là en outre que Jeanne d'Arc avait dévoilé sa mission, c'est là qu'elle avait remporté les victoires qui devaient signaler la résurrection de la France et le destin sacré de ses rois.

Comme Louis approchait de Tours, quelque dix jours après avoir quitté Paris, les bourgeois de la ville lui envoyèrent une délégation pour lui demander s'il aimerait que son entrée fût fêtée par des « farces et moralités ». Le roi répondit qu'il n'y prendrait aucun plaisir : il était revenu chez lui pour travailler.

Des messagers royaux et des fonctionnaires nouvellement désignés furent bientôt chargés de faire connaître à toute la population de la France la volonté de son nouveau souverain. En tant que dauphin, Louis avait eu tout loisir d'analyser les manquements des princes et les faiblesses du gouvernement royal, d'étudier la diplomatie telle qu'on la pratiquait en Italie et de mettre au point une manière personnelle de traiter les affaires et de manœuvrer les hommes. Il savait que le royaume était mal préparé à accepter, voire à comprendre, la façon dont il entendait le gouverner; mais cela ne l'inquiétait guère. Il brûlait de transformer toute chose pour établir un ordre nouveau. Il instaura sans plus tarder des réformes dans le domaine des impôts, et, parmi d'autres hommes talentueux mais sans naissance, il prit à son service plusieurs des anciens associés du grand Jacques Cœur. Les nobles étaient seuls autorisés à acquérir des seigneuries; il introduisit une politique d'anoblissement pour stimuler l'agriculture et signaler l'intérêt qu'il portait aux classes moyennes. D'autre part, il autorisa les nobles à s'adonner au commerce sans pour autant perdre leurs privilèges. S'attaquant à la bureaucratie du gouvernement royal, il diminua le nombre des offices et exigea un travail plus efficace de ses fonctionnaires *. Par son exemple il encouragea chacun à se montrer plus économe. Il avait déclaré que, durant une année, son train de vie resterait aussi modeste qu'à Genappe et, à la stupéfaction générale, il tint parole. Les ambassadeurs milanais étaient surpris par la simplicité de sa maison où seuls les chevaux étaient dignes d'un roi. Le roi « est très riche, écrivaient-ils; mais il ne cherche rien d'autre qu'à accroître son revenu et à restreindre les dépenses inutiles... ».

Toutes les régions et toutes les institutions de France purent bientôt juger de la force de la volonté de Louis. Les grands organes de la couronne, comme le Parlement de Paris et la Chambre des Comptes, avaient été créés au XIVe siècle pour remplir des fonctions judiciaires et financiaires qui, par le passé, incombaient comme toute chose à la *curia regis,* c'est-à-dire aux officiers et conseillers de l'entourage du roi. Peu à peu, et suivant une évolution inévitable, ils avaient donné naissance à une bureaucratie élaborée qui s'appuyait sur des procédures compliquées et prenait désormais des allures d'indépendance. Le Parlement et la Chambre ne tardèrent pas à apprendre que, si le nouveau souverain attendait d'eux qu'ils exerçassent leur pouvoir dans toute son étendue, il entendait également les voir se plier à ses ordres et agir avec efficacité. L'armée non plus ne fut pas épargnée : elle reçut de nouveaux capitaines ainsi que des instructions précises concernant ses cantonnements, ses devoirs et sa discipline. Par ailleurs, Louis informa les « maîtres généraux de nos monnaies », à Paris, qu'il déléguait auprès d'eux un conseiller chargé de « faire voir et déclarer la vraie valeur de nos monnaies » et leur donner ordre d' « encertifier incontinent et aussi d'heure en heure ainsi que les choses y surviendront ». Les commandements royaux étaient accompagnés d'injonctions telles que « ne faites aucune difficulté », ou encore, « nous voulons et demandons incontinent et sans délais ».

De leur côté, les prélats et les princes du royaume ne purent ignorer longtemps ce que Louis pensait des prétentions féodales. Deux mois après son arrivée à Tours, le roi abolissait la Pragmatique Sanction instaurée par son père en 1438, et qui,

* Tout comme certaines des réformes, parfois trop optimistes, qu'il introduisit dans le secteur des impôts, les changements administratifs qu'il instaura durent être révisés quelques années plus tard.

en établissant une Eglise gallicane virtuellement libérée de la tutelle pontificale, avait placé ecclésiastiques et nobles à la tête de maints nouveaux bénéfices. Il fit soudain savoir qu'il ne donnerait plus aucun commandement militaire aux grands vassaux et refusa de garder à la cour les seigneurs de son sang, considérés comme les conseillers « naturels » du roi. Avant de quitter Paris, il avait enlevé au duc de Bourbon le gouvernement de la Guyenne et il avait contraint le comte de Foix à renoncer à ses prétentions concernant une seigneurie contestée qui finalement avait été abandonnée à la couronne. Enfin, il étudia avec attention la liste des pensions grâce auxquelles plus d'un noble s'était enrichi au détriment du Trésor. Mais, et quoique les résultats de cette manœuvre ne se fussent pas fait immédiatement sentir, ce qui porta le plus gravement atteinte à la féodalité c'est la façon dont Louis sut pousser à l'action l'ensemble de ses officiers — les baillis et les sénéchaux qui gouvernaient les principales régions administratives; les sergents, juges et collecteurs d'impôts qui travaillaient pour eux à l'échelon inférieur — en leur ordonnant de faire valoir, envers et contre tous, les droits et les prérogatives de la couronne, et d'ouvrir une enquête approfondie aussitôt qu'un privilège apparaissait douteux. Armés de la loi, les officiers, dont beaucoup avaient été nommés par Louis lui-même, s'étaient aussitôt mis en devoir de battre en brèche les revendications des grands feudataires.

Les princes français entretenaient des contacts personnels avec l'étranger : la Bourgogne avec les Yorkistes victorieux; les Angevins avec les Lancastriens réfugiés en Ecosse et avec le duc Jean, toujours en campagne dans le royaume de Naples; le comte de Foix avec l'Espagne. Aussi la politique étrangère qu'adopta Louis devait-elle profondément affecter ses relations avec les féodaux de son pays. Par ailleurs, la situation européenne constituait à la fois une pressante menace et une occasion unique pour la monarchie française. Aussi, durant l'automne 1461, Louis ne manqua-t-il pas d'observer avec intérêt ce qui se passait au-delà de ses frontières. Pendant les deux ans et demi qui suivront, passant sur les routes la plupart de son temps, le roi accordera toute son attention aux affaires internationales, à une campagne dans la péninsule ibérique, au danger que continuait de faire peser sur le royaume son vieil ennemi d'outre-Manche, aux intérêts français en Italie.

Mais c'est l'Espagne qui accaparera tout d'abord l'attention de Louis en lui offrant soudainement, et sans que personne ne s'y attende, la possibilité de faire valoir ses talents aux yeux du monde, aussi bien que d'élargir de façon spectaculaire les frontières de son royaume.

A l'aube du 12 janvier 1462, le roi Louis revêtit le grossier costume de drap gris qu'il avait l'habitude de mettre pour voyager, passa autour de son cou un simple rosaire de bois brut et quitta Tours avec une demi-douzaine de ses compagnons. Empruntant les chemins de forêt dans l'espoir de débusquer quelque pièce de gibier, il était suivi par un convoi de bagages et par sa garde écossaise. Après avoir gagné La Rochelle, il prit la direction du sud pour se rendre à Bordeaux, semant sur son passage missives diplomatiques, ordres, prières et remontrances, laissant derrière lui une foule de fonctionnaires stupéfaits et toute une série de décrets royaux. Au gré de son humeur, il sondait les gouvernements municipaux, instituait des foires, promulguait des règlements commerciaux; il visitait des établissements religieux, confirmant leurs privilèges, demandant à voir leurs reliques, accordant l'argent nécessaire à tel ou tel travail de restauration. Il mettait chacun de ses cinq sens à profit pour se rendre compte par lui-même de l'état où se trouvaient les campagnes et les institutions, du climat qui régnait parmi les habitants du royaume. Des années plus tard, dans le *Rosier des Guerres,* il notera à l'intention de son fils :

> « Le prince doit songer à la condition de son peuple et se mêler à lui souvent, comme un bon jardinier cultive son jardin. »

Cependant, à mesure qu'il progressait plus avant vers le sud, le roi observait avec davantage d'intérêt ce qui se tramait au-delà des Pyrénées.

II

C'est en effet dans les ennuis que connaissait Jean II, roi d'Aragon — le plus petit des deux royaumes d'Aragon et de Castille entre lesquels l'Espagne était alors divisée —, que Louis devait trouver l'occasion de se distinguer.

Principale des provinces de la couronne aragonaise, la Catalogne, qui, avec son riche port de Barcelone, jouissait depuis longtemps d'une semi-autonomie, venait de se révolter contre son souverain. Cette province comprenait les comtés de Cerdagne et du Roussillon, qui s'étendaient au nord des Pyrénées et dont l'acquisition permettrait à la France de repousser ses frontières méridionales jusqu'à une limite naturelle. Après avoir tenté en vain de s'attacher les Catalans, Louis XI se tourna vers le roi d'Aragon et lui présenta une offre que celui-ci n'était pas en mesure de repousser. En échange de l'aide militaire qu'il s'engageait à lui fournir, Louis XI exigeait de Jean II le payement de deux cent mille écus — somme qu'il serait incapable de verser — avec, pour garantie, la Cerdagne et le Roussillon. Cependant, l'intervention de Henri IV de Castille, que les Catalans invitèrent alors à devenir leur souverain, menaça bientôt de mettre un terme aux rêves de Louis ainsi qu'à l'existence même du royaume de Jean II [2]. Sans se laisser désarçonner par ce revirement de situation, Louis, qui, outre sur son propre talent, pouvait toujours compter sur l'aide d'habiles agents, accomplit alors un tour de force : persuadant le roi de Castille d'accepter son arbitrage, il se débarrassa de lui au prix de quelques terres que s'étaient jusque-là disputées la Castille et l'Aragon, laissant ainsi Jean II libre de poursuivre la lutte qui l'opposait aux Catalans. Par là même, il mettait la main sur la Cerdagne et sur le Roussillon. Ce triomphe diplomatique, parachevé au début de l'été 1463, fit courir un frisson d'admiration et de crainte parmi les cours d'Europe [3].

Ce même été, Louis XI gagna un allié, un allié qu'il admirait plus que tout autre en raison de son habileté militaire et diplomatique : Francesco Sforza, duc de Milan. Une fois sur le trône, il n'avait pu faire autrement que d'appuyer l'invasion du royaume de Naples par les Angevins : il lui était impossible de heurter de front les susceptibilités princières, et, quoiqu'elle fût affligée d'une bourse perpétuellement vide et qu'elle fût réputée pour ses échecs politiques, la Maison d'Anjou était très populaire en France. Durant l'hiver et le printemps 1462, il alla même jusqu'à menacer de guerre les ambassadeurs de Sforza, dans l'espoir de convaincre celui-ci d'abandonner le roi Ferrante de Naples pour épouser la cause angevine. Mais le duc de Milan n'était pas homme à se laisser fléchir, et le roi n'avait nulle intention de manifester son hostilité sur un autre plan que le plan diplomatique. Sans doute prévoyait-il que le duc Jean, fils du roi René, serait un jour chassé du royaume de Naples, comme ce fut le cas au printemps 1463 [4]. L'automne suivant, en réponse à l'invitation de Louis, Sforza envoya à la cour de France son meilleur ambassadeur, l'humaniste Alberico Maletta, docteur en droit civil et en droit canon, un homme fait pour plaire au roi, lequel le prit aussitôt pour confident. En décembre, Louis confirma l'alliance de Genappe, qu'il avait négociée avec Sforza alors qu'il était dauphin, et remit en fief au duc de Milan l'Etat-ville de Gênes, couronnant ainsi les ambitions de son allié [5]. Quoiqu'il fût à peine aussi grand qu'une province française, le duché de Milan jouissait d'un commerce et d'une industrie fort prospères, et le duc, qui gérait admirablement bien ses affaires, possédait la meilleure armée d'Italie. Toutefois, c'était son intelligence, sa sagacité et son intérêt personnel que Louis prisait surtout chez Sforza; son alliance avec Milan constituait la base d'une politique à long terme qui devait un jour faire de lui le bienveillant suzerain de la péninsule italienne.

Cependant, ni ses aventures espagnoles ni ses négociations italiennes n'amenèrent Louis à oublier un instant les soucis que lui occasionnaient la Bourgogne et l'Angleterre. C'était l'alliance de son oncle de Bourgogne avec Henri V, le vainqueur d'Azincourt, qui avait valu à la France près d'un demi-siècle de misère et de ruine *. Avec l'Angleterre, Louis avait hérité un état de guerre; et, dans leur campagne de propagande contre Henri VI et les Lancastriens, Edouard IV et le comte de Warwick, les Yorkistes, ses amis de jadis, avaient promis à leur peuple de renouer avec la gloire militaire du passé. En 1462, pour détourner de la France l'attention des Yorkistes et s'attacher la sympathie des Angevins, Louis XI avait mis une petite armée à la disposition de l'indomptable Marguerite d'Anjou, femme d'Henri VI et sœur du duc Jean, venue chercher de l'aide en France. Comme chef de l'expédition, Louis avait choisi son vieil ennemi, Pierre de Brézé, qui, après avoir passé quelque

* En 1463, c'est-à-dire plus de dix ans après que les Anglais eurent été expulsés du royaume, un ambassadeur milanais éprouva des difficultés à trouver un logement à Pontoise, où nombre de maisons détruites pendant la guerre étaient toujours en ruine. Louis XI informa ouvertement le pape qu'il faudrait compter une centaine d'années avant que les dégâts occasionnés par la guerre franco-anglaise fussent complètement réparés.

temps en prison, était rentré en grâce auprès du roi en raison de ses capacités et de la valeur dont il avait su faire preuve. Après avoir temporairement occupé quelques châteaux du Nord de l'Angleterre, les troupes françaises, ayant failli susciter un soulèvement parmi les Lancastriens, s'étaient vues contraintes de se replier précipitamment en Ecosse où Henri VI avait trouvé refuge.

Durant cette année 1462, Louis XI était toutefois resté officieusement en contact avec le comte de Warwick, qui, en tant que mentor du jeune Edouard IV, gouvernait manifestement l'Angleterre. Louis sentait que Warwick, un ambitieux aventurier politique dont le pouvoir reposait sur la seule légende que lui avaient value ses exploits, serait certainement sensible à des arguments personnels. Il se mit donc en devoir de le convaincre, et avec lui le roi Edouard, que tant qu'il apporterait son support à la cause lancastrienne, il n'y aurait pas de paix pour l'Angleterre. Désormais il se trouvait en position de force avec les Yorkistes. Comprenant qu'il avait besoin des bons offices du duc de Bourgogne, leur ami, il persuada celui-ci de remettre son projet de croisade jusqu'à ce qu'il fût parvenu à mettre un terme aux hostilités franco-anglaises. C'est ainsi qu'en octobre 1463, sous les heureux auspices de son oncle Philippe, Louis négociait une trêve d'une année avec une ambassade yorkiste qui, si elle n'était pas placée sous la direction du comte de Warwick, avait du moins pour chef le jeune frère de celui-ci, George, évêque d'Exeter et chancelier d'Angleterre. Des dispositions furent prises en vue d'une conférence de paix à laquelle Warwick promit d'être présent [7].

Durant ces négociations, tirant parti de la bonne humeur où son rôle sacré de pacificateur avait mis son oncle Philippe, le roi de France accomplit un nouveau *tour de force* *.

Par le traité d'Arras, signé en 1435, Charles VII était parvenu à détacher le duc de Bourgogne de ses alliés anglais au prix d'une concession exorbitante : il lui avait offert la vaste province septentrionale de Picardie ainsi que les principales villes de la Somme. En fait, une clause du traité prévoyait le rachat de ce territoire, mais Philippe le Bon savait fort bien que la France ne pourrait lui verser les quatre cent mille écus d'or exigés. Cependant, dès le moment où il était monté sur le trône, Louis

* En français dans le texte.

avait entrepris de réunir cette somme. Ayant donné à ses administrations l'ordre de tirer à tout prix cet argent du royaume [8], il attendait maintenant de ses amis de Croy, les deux favoris de son oncle, qu'ils préparassent l'esprit de Philippe à cette transaction. Dans cette campagne, il devait d'ailleurs perdre l'amitié de l'ombrageux comte de Charolais, qui, après avoir violemment protesté contre les manœuvres du roi et s'être une fois de plus querellé avec son père, avait fini par quitter la cour de Bourgogne.

Le 28 septembre 1463, le roi de France chevauchait en direction de Hesdin où devaient se poursuivre, dans le château de son oncle Philippe, les négociations entreprises avec l'Angleterre tout près de Saint-Omer. Monté sur un mauvais petit cheval et vêtu de sa tenue de chasse, il fut rejoint par son oncle à un mille environ du village de Hesdin. Lorsque le duc de Bourgogne, somptueusement habillé selon son habitude, traversa la bourgade avec son misérable compagnon, des murmures d'étonnement se firent entendre parmi les spectateurs massés le long des rues : « Où est le roi? Lequel est-ce? *Celui-là*? » Lorsque les villageois comprirent qu'il s'agissait en effet de *celui-là,* ils ne purent cacher leur stupéfaction :

> « *Benedicite!* Et est-ce cela un roi de France, le plus grand roi du monde? Ce semble mieux un valet qu'un chevalier. Tout ne vaut pas vingt francs, cheval et habillement de son corps. Encore est notre duc, notre prince, un soleil d'homme et une image qui représentent haute personne. »

Le « valet », qui amenait avec lui les deux cent mille écus qu'il lui restait à verser pour le rachat de la Picardie, conclut promptement la merveilleuse affaire qu'il avait mise sur pied. Ensuite de quoi, il passa le reste de l'année à visiter l'immense domaine qu'il avait enfin réuni à la couronne.

Ainsi se termina pour lui l'année 1463, année particulièrement riche en triomphes, où il avait su s'assurer la possession de la Cerdagne et du Roussillon, s'allier avec Francesco Sforza, le redoutable aventurier qu'il admirait depuis longtemps, poser les bases d'une entente riche de conséquences avec le comte de Warwick, dont dépendait tout accord avec l'Angleterre; année où il avait su enfin regagner les villes de la Somme et les vastes plaines de la Picardie, qu'il était alors en train de sillonner.

Pour stupéfiants qu'ils fussent, ces triomphes diplomatiques devaient pourtant avoir pour conséquence d'exacerber la crainte et le ressentiment de tous ses féodaux.

III

Pendant près de deux ans, Louis n'avait cessé d'être sur les routes, traitant les affaires de son pays avec la même ardeur qu'il mettait à courir le cerf ou le sanglier. Dans ses incessants déplacements à travers les provinces françaises — déplacements qu'il effectuait en compagnie d'un petit nombre d'intimes seulement —, il était suivi par un convoi de bêtes de somme et de chariots transportant sa literie, sa baignoire, sa cave, sa nourriture et ses effets personnels, ses cages à oiseaux et ses chiens, le tout placé sous l'œil vigilant de sa garde écossaise. Qu'il pleuve ou qu'il vente, vêtu de son éternelle veste de chasse, l'épée au côté, le cor en bandoulière, il était toujours prêt à quitter la route pour s'enfoncer dans la campagne ou dans les bois à la poursuite du gibier. En juin 1463, une ambassade catalane s'en vint en France où elle espérait rencontrer le roi dans un délai de quelques jours : lorsque, après s'être rendue à Chartres, elle le trouva enfin, la date du 2 août était déjà passée. Encore avait-elle eu plus de chance que cet ecclésiastique d'Evreux qui, chargé d'apporter à Louis la réponse à un message que celui-ci lui avait fait remettre à son chapitre, ne découvrit son souverain qu'après une chevauchée de soixante jours. L'ambassadeur milanais Alberico Maletta, qui n'était plus tout jeune, déclara qu'il ne pouvait plus remplir ses fonctions auprès du roi : il passait à cheval ou dans quelque mauvais logement le plus clair de sa vie en France et « avait dû faire construire une voiture spéciale pour ses déplacements ».

Lorsque, pour prendre ses repas, Louis XI s'arrêtait dans un village ou dans la chaumière isolée de quelque paysan, il dictait ses lettres, consultait ses conseillers, et parfois même convoquait tel ambassadeur avec lequel il souhaitait s'entretenir. Un envoyé italien, dégoûté par les « façons déplaisantes et barbares » auxquelles il lui fallait se plier, avait trouvé le roi « résidant en plein air dans une sorte de camp »; et quand Sa Majesté était sortie « de son grossier logement après dîner », elle l'avait emmené dans une cabane — « sa chambre à coucher » — pour converser avec lui. Dans les villes, Louis avait coutume d'éviter les cérémonies officielles, en empruntant les petites rues et en logeant chez des marchands, des ecclésiastiques ou des fonctionnaires royaux. Les hôtes qui l'avaient accueilli gardaient longtemps le souvenir de son passage, à l'occasion duquel ses multiples animaux avaient transformé leur maison en jardin zoologique.

Toujours sur les routes, toujours préoccupé par ses affaires, le roi n'avait guère de temps à consacrer à son épouse. La patiente et soumise Charlotte — une femme qui ressemblait beaucoup à Marie, la mère de Louis — demeurait en général avec sa fille Anne (née en 1461), ses nombreuses sœurs et les dames de sa maison, dans le plus agréable des châteaux royaux, à Amboise, sur la Loire. Après avoir quitté la Touraine aux environs de Noël 1461, Louis revit brièvement Charlotte en juin puis en automne 1462 et passa quelques jours avec elle vers le milieu de l'année 1463. Il aimait retrouver l'atmosphère rustique d'Amboise, dont il goûtait fort les terrains de chasse; mais surtout, il savait combien il était important pour lui d'avoir un héritier mâle. D'après Philippe de Commynes, la reine Charlotte « n'était point de celles où on devait prendre tant de plaisir, mais bonne dame ». Louis la traitait avec gentillesse et se montrait plus fidèle au lit conjugal que la plupart des princes; cependant, il n'était pas dans sa nature de partager avec elle son cœur ou son esprit. Elle et ses dames menaient une existence recluse et monotone. Alberico Maletta rapporte que Bonne de Savoie et les autres sœurs de la reine étaient « rarement vues, même par les oiseaux ». Dans cette cour ennuyeuse où seule comptait l'action, la jeune génération regrettait en vain les splendeurs traditionnelles de la royauté.

Ses journées, Louis les consacrait presque exclusivement au travail, à la chasse et au voyage. Il n'était d'ailleurs pas rare qu'il s'adonnât à ces trois occupations en même temps. On le voyait toujours vêtu de sa robe de pèlerin taillée dans un grossier drap gris, ou de son indescriptible costume de chasse. Lorsqu'il faisait froid, il se coiffait d'un bonnet de laine et, pardessus, d'un chapeau à larges bords qui tenait l'eau « comme une tente ». Les vêtements ne l'intéressaient que dans la mesure où ils étaient pratiques et ingénieux. Quand, par un pluvieux matin d'hiver, il reçut l'ambassadeur milanais Alberico Maletta dans sa chambre à coucher après avoir dit ses prières agenouillé devant le feu, il tâta son manteau pour constater dans quelle mesure il était humide. Alberico lui ayant fait voir son bonnet doublé de laine, « il se montra très impressionné et déclara que nous autres Lombards étions des connaisseurs en toutes choses ».

Un peu plus tard, il expliqua à son interlocuteur qu'il aurait honte de mettre sous sa robe une doublure de fourrure et qu'il comprenait fort bien que le duc de Milan n'en portât pas. Alberico l'assura alors que le duc de Milan se vêtait presque aussi légèrement en hiver qu'en été. Louis acquiesça, ajoutant que c'était là l'habitude des guerriers; après quoi, rapporte Maletta, « il insista pour que je le touche, de façon que je puisse constater qu'il ne portait sous sa robe qu'un mince vêtement de satin doublé d'un coton très léger ».

Le roi attendait de ses gens qu'ils se conformassent à ses idées en matière d'habillement. Un jour, un élégant chevalier s'étant présenté devant lui dans un magnifique pourpoint de velours, il s'enquit de son identité :

> « Sire, il est à vous, c'est un de vos gentilshommes d'armes », lui fut-il répondu. « Par la Pâques-Dieu! à moi n'est pas, rétorqua Louis. Je le désavoue, et à moi ne sera jamais. Comment déa! il est vêtu de soie, il est plus beau que moi! »

Et, sans autre cérémonie, le roi ordonna que le gentilhomme fût exclu de l'armée, prétextant qu'il ne voulait pas voir d'ânes aussi pompeux autour de lui.

Si Louis méprisait la coquetterie et les grâces princières, il était un art noble dans l'exercice duquel il pouvait à juste titre se considérer comme un maître : la chasse. « Vous n'ignorez pas que j'aime chasser et que j'en connais long sur le sujet », devait-il un jour rappeler à Maletta. Il était particulièrement fier de sa collection de chevaux, de chiens et d'oiseaux, qu'il cherchait constamment à enrichir de nouveaux spécimens, plus beaux et plus rares. Averti par son ambassadeur que Louis aurait plaisir à recevoir des chiens d'un type particulier, « avec de grosses têtes et de longues oreilles », le duc de Milan lui en envoya tout un choix. Sans doute n'avait-il pas compris qu'il avait affaire à un fin connaisseur car, après avoir courtoisement fait l'éloge du présent qu'il avait reçu, Louis dit à Alberico que, la prochaine fois, plutôt que de lui offrir d'aussi nombreux chiens, le duc ferait mieux de lui en envoyer « une paire ou deux qui soient parfaits à tous points de vue ».

Parfois, le roi prenait plaisir à mener une vie que nous qualifierions aujourd'hui de bourgeoise. Lorsqu'il s'arrêtait pour quelques jours à Paris, il aimait à dîner chez tel fonctionnaire royal ou tel marchand appartenant à l'aristocratie, où il savait trouver, outre une chère de qualité, de jolies femmes avec qui plaisanter tout en buvant de grandes rasades de vin. Qu'il fût parmi des intimes ou en compagnie d'étrangers, il avait toujours la langue en mouvement, interrogeant un visiteur sur les différences entre la campagne lombarde et française, discutant avec Maletta des grands problèmes de l'histoire ou de la politiue italiennes, discourant sur tel aspect particulier de la vénerie, raillant, parfois même en leur présence, les gens dont il avait besoin. Il faisait toute espèce de plaisanteries sur l'emphase des prêtres ou l'affabilité des diplomates. Tapant du pied et agitant les bras, il parodiait de façon irrésistible les crises de rage du comte de Charolais.

Le gouvernement de Louis n'était pas plus conventionnel que Louis lui-même. Quelle que fût la complexité des entreprises dans lesquelles il se lançait, il n'avait recours qu'à des moyens fort simples, voire primitifs. Au XVe siècle, les rois exerçaient ordinairement le pouvoir à travers un grand Conseil composé de seigneurs, d'évêques, de docteurs en droit, d'officiers (comme le chancelier) et de diplomates. La haute politique et les affaires confidentielles étaient traitées par un cercle plus ou moins officiel de conseillers intimes constituant le Conseil secret ou privé, ou encore, le Conseil de la chambre du roi. Dirigé par le chancelier, le grand Conseil de Louis XI ne comptait que de rares seigneurs et aucun des grands féodaux, sauf lorsque l'un d'eux se trouvait à la cour pour un bref séjour. Ce Conseil, Louis le tenait à distance, guidant ses travaux par des notes précises mais succinctes. Les conseillers qui, dans ses incessants déplacements, suivaient le roi jusque dans des campagnes reculées, devaient parfois se disperser pour trouver gîte et nourriture dans des villages différents. Comme ce fut le cas pour les envoyés de Bohême en 1464, il arrivait que des ambassadeurs découvrent avec stupéfaction que la chambre du Conseil n'était autre que la chambre à coucher qu'occupait le chancelier dans une auberge de campagne; et si le chancelier logeait dans un hameau et le secrétaire, à qui incombait la garde du grand sceau, dans un autre, la signature d'un traité demandait plus de temps qu'il n'en avait fallu pour les négociations préalables. A ce problème, Louis devait toutefois trouver une solution : il parvint à convaincre ses envoyés de dresser les traités eux-mêmes, leurs actes instrumentaires ainsi que les copies devant être déposés dans les archives de France. Cette procédure, qui suscita bien des mécontentements, illustrait pourtant à merveille la confiance que Louis accordait à ses alliés.

Le roi n'avait pas officiellement de Conseil de chambre : il discutait n'importe où avec les intimes qu'il avait à portée de la main. Ses consultations, il les tenait le matin tout en s'habillant. Après avoir entendu la messe, il lui arrivait de convoquer deux ou trois de ses hommes pour travailler en leur compagnie. Il parlait affaire pendant le dîner, pendant la promenade qu'il faisait en fin d'après-midi, pendant ses longues chevauchées à travers la France. Ses intimes avaient mille choses à faire : ils adressaient à une armée de notaires et de clercs des notes d'après lesquelles ceux-ci devaient dresser des documents officiels; ils transmettaient des instructions aux ambassadeurs, surveillaient les maîtres des requêtes, écoutaient les doléances et les prières des sujets du royaume, recevaient les délégations des villes, conféraient avec les envoyés étrangers. Lorsque survenait, ici ou là, quelque grave difficulté, l'un d'eux devait se rendre sur place pour ouvrir une enquête et régler la question. Leurs services étaient généreusement rétribués, mais leur vie tout entière appartenait à leur maître. Louis exigeait d'eux la même intensité de travail que de lui-même. Bien qu'il leur soumît ses projets et qu'il attendît d'eux qu'ils prissent des initiatives lorsque lui-même n'était pas là pour décider, le roi restait seul à exercer le pouvoir. Il n'avait pas de ministres, seulement des agents soumis à sa volonté. Toutefois, ceux-ci étaient également ses « compères », et il partageait avec eux tous les loisirs dont il disposait.

Louis comptait d'abord sur les « vieux fidèles » qui l'avaient suivi du Dauphiné à Genappe. Le Bâtard d'Armagnac, devenu comte de Comminges et maréchal de France, dont chacun admirait la courtoisie et la bonne volonté sans faille, et l'intrépide amiral Jean de Montauban étaient les principaux confidents du roi — les envoyés étrangers ne tardaient pas à s'en apercevoir. Louis de Crussol, désormais sénéchal du Poitou, Houaste de Montespédon, bailli de Rouen, et Jean Bourré, premier secrétaire et expert financier, venaient ensuite sur le plan de l'influence. Brillant prélat et habile comédien, Jean Jouffroy, cardinal d'Arras, jouit quelque temps d'un crédit considérable. Homme superbe — « grand, le torse puissant, le visage coloré et les membres velus » — le cardinal d'Arras figurait à merveille la sensualité et l'érudition des ecclésiastiques sophistiqués de la Renaissance. Il était toujours prêt à répondre aux diplomates étrangers de marque, venus présenter au roi leurs salutations, par un discours improvisé prononcé dans un latin parfait et truffé de citations classiques et d'allusions philosophiques. Cependant, à l'usage, il ne se révéla pas être aussi utile qu'il était décoratif, aussi ne fut-il pas long à recevoir son congé.

Le roi ne jugeait ses hommes qu'en fonction de leur dévouement et de leur efficacité. Que Jean de Montauban eût quitté la Bretagne dans des circonstances peu claires, que Jean Jouffroy, tout prince de l'Eglise qu'il fût, n'eût rien d'un prince de piété, que Charles de Melun — un nouveau venu dont l'ardeur l'avait conquis — fût porté vers le sybaritisme et le libertinage, n'importait guère aux yeux d'un souverain qui s'était fixé pour objectif de transformer le monde où il vivait. Par ailleurs, en tant que comédien, Louis XI (et cela le rapproche de Geoffrey Chaucer) était trop passionné par le spectacle de la nature humaine pour porter sur elle un jugement : il laissait ce soin au ciel, seule autorité qu'il jugeât compétente en la matière. Parmi ses serviteurs, il y eut des hommes ternis aux yeux de la société, mais dont il sut mettre les talents au service de la France — ce fut notamment le cas d'Ambroise de Cambrai, connu pour avoir fabriqué une bulle pontificale à seule fin de permettre le mariage incestueux du comte d'Armagnac et de sa sœur, et qui devint l'un des maîtres des requêtes de la maison du roi.

Telle était la cour de Louis XI, cour de piètre apparence, mais active, efficace et infatigable. Jamais elle ne connaissait de répit, sinon durant les mois froids qu'elle passait dans la douce vallée de la Loire. Pendant cet hiver 1463-1464, Louis ne put toutefois y prendre de repos. Chevauchant à travers les plaines glacées de Picardie, il demeura à proximité des fiefs de son oncle et de la place anglaise de Calais. Il avait encore besoin des bons offices de Philippe de Bourgogne dans ses négociations avec l'Angleterre, et la victoire de Warwick était désormais le premier de ses soucis. Les princes du royaume commençaient à montrer les dents.

En janvier 1464, il entra dans la ville bourguignonne d'Arras avec une petite escorte aussi mal vêtue et aussi misérablement montée qu'à l'ordinaire.

> « Bien que la résidence de l'évêque fût le plus beau palais épiscopal qu'on pût trouver et qu'il y eût d'autres appartements confortables dans le cloître des chanoines »,

il insista pour être logé simplement. Las de la ville au bout de quelques jours, il prit la décision de partir et, un matin, sur le coup de sept heures, quitta soudain ses appartements avec une demi-douzaine de serviteurs, tandis que ses gardes écossais sautaient sur leurs chevaux pour galoper à sa poursuite « ainsi que le reste de sa maison, princes et autres ». Cette agitation avait été provoquée par de mauvaises nouvelles. En effet, Louis venait d'apprendre que le gouvernement bourguignon était en proie à la plus totale confusion. Le vieux duc avait affolé ses courtisans en leur apprenant qu'il avait solennellement promis au pape de partir en croisade dès le printemps, et avait profité de l'occasion pour entamer une nouvelle querelle avec son fils. A Lille, vers la mi-février, Louis parvint une fois de plus à convaincre son oncle qu'avant de s'en aller combattre l'Infidèle, son devoir voulait qu'il réconciliât la France et l'Angleterre. Un mois plus tard, le roi envoyait Jean de Lannoy à Londres avec une nouvelle proposition de paix : un traité que scellerait une alliance matrimoniale. Louis avait en effet décidé d'offrir au jeune Edouard IV sa belle-sœur, Bonne de Savoie, à qui il s'engageait à fournir une dot propre à satisfaire le roi d'Angleterre.

Edouard IV assura Lannoy qu'il étudierait ce projet avec toute l'attention souhaitable. Pour sa part, Warwick s'engageait à rencontrer le roi de France dans un délai très bref pour discuter avec lui les termes définitifs du contrat. Sur les ordres de son maître, Lannoy avait fait savoir au comte qu'une fois le traité anglo-français signé, s'il désirait mettre son génie au service du roi Louis celui-ci se ferait un plaisir de le récompenser généreusement en lui offrant, par exemple, une seigneurie sur le continent.

Cependant, comme le printemps avançait, Louis reçut par deux fois une missive de Warwick l'avertissant que d'importantes négociations avec les Ecossais le contraignaient à différer la date de leur conférence. Vivant dans l'attente des nouvelles qui devaient lui parvenir d'outre-Manche Louis connaissait de brusques sautes d'humeur et passait sans transition de la tristesse à l'exaltation et de l'enthousiasme à l'abattement.

> « Le roi est si pressé de signer la paix avec les Anglais qu'il lui semble qu'un millénaire doive s'écouler avant qu'il ne puisse enfourcher son cheval pour se rendre en Picardie, note l'ambassadeur milanais. Sa Majesté m'a dit en secret qu'elle priait chaque jour Dieu et la Vierge Marie de lui accorder cette faveur... »

Début juin, Louis apprit enfin que l'ambassade anglaise était en route. Cette nouvelle l'atteignit dans les environs de Paris et il prit aussitôt la route de Hesdin où il devait rencontrer le duc de Bourgogne. Cepéndant, peu après avoir fêté la Saint-Jean (24 juin) en compagnie de son oncle, il connut une nouvelle déception : contrairement à ce qu'il espérait, l'ambassade qui venait d'arriver à Calais n'était pas dirigée par le comte de Warwick. De plus, lorsque les deux représentants du roi d'Angleterre se présentèrent à Hesdin, il apparut qu'ils n'avaient d'autre pouvoir que celui de prolonger d'un an encore (c'est-à-dire jusqu'au 25 octobre 1465) la trêve signée précédemment. Toutefois, lord Wenlock et Richard Whetehill, les deux ambassadeurs anglais, étaient l'un et l'autre des hommes de Warwick, et ils assurèrent le roi de France que leur maître, retardé par la lutte qu'il menait dans le Nord contre les derniers bastions lancastriens, traverserait certainement la Manche vers le 1er octobre.

Cherchant à masquer sa déception, le roi Louis entreprit de convaincre son oncle de rester à Hesdin jusqu'en octobre, de manière qu'il fût prêt à recevoir le comte de Warwick. De mauvaise grâce, le vieux duc finit par accepter [9].

Le début du mois de juillet 1464 marque un tournant dans la carrière de Louis XI. Aux triomphes qu'il avait connus depuis son accession au trône succédaient soudain les désillusions. Des murmures inquiétants se faisaient entendre parmi les princes. Louis savait parfaitement qu'il lui fallait maintenant subir les conséquences du défi qu'il avait lancé à son temps. En secret, il confia à son ami Alberico Maletta qu'il devait à tout prix signer la paix avec l'Angleterre sous peine « de tomber lui-même sous la coupe de ses barons ». Avec le duc de Milan d'un côté « et Warwick de l'autre », il pouvait espérer « manœuvrer les princes à sa guise... ».

Dans la matinée du 9 juillet, le roi quitta Hesdin pour prendre la direction du sud. Quoique le duc de Bourgogne eût encore trois ans à vivre, jamais plus Louis ne devait le revoir.

12.
L'orgueil des princes

I

Tandis que le roi Louis et Alberico Maletta travaillaient à l'inféodation de Gênes, en décembre 1463, le vieux Cosme de Médicis, homme d'Etat avisé et ami de la France, livrait cette prophétie à un ambassadeur milanais :

> « Avant la fin de 1464, Sa Majesté connaîtra de graves ennuis, et plus qu'elle n'en souhaite, car elle ne gouverne son royaume que pour satisfaire à ses propres idées. »

Même de Florence, Cosme pouvait entendre les grondements de révolte des prélats et des princes français. Mois après mois, les murmures de mécontentement se faisaient plus menaçants aux oreilles de Louis. Mais le roi était trop occupé, trop confiant, trop pris par ses propres affaires pour y prêter une réelle attention. Pressé de réorganiser son royaume, de gagner le Roussillon, de reconquérir la Picardie, de trouver un moyen de contenter les Anglais, il avait poursuivi sa route sans tenir compte des susceptibilités princières; il avait sous-estimé, sinon ignoré, la ténacité des prétentions seigneuriales.

Il s'était laissé aller à se disputer avec Pie II, et, quoique leur querelle portât sur les revendications et les exactions financiaires de celui-ci, elle n'avait pas valu à Louis l'appui de ses prélats gallicans. Le pape envenima la dispute en dépêchant à la cour de France deux légats particulièrement arrogants que le roi renvoya pour avoir osé déclarer que « même Charlemagne n'avait pas été plus que le maître de la maison pontificale ». Par une série de décrets promulgués entre 1463 et 1464, Louis restaura virtuellement la Pragmatique Sanction de son père, mais en faisant de la monarchie plutôt que du clergé français le maître de l'Eglise de France. Le pape déclara que les Français n'étaient qu'un ramassis d'imbéciles gouvernés par un sot, et menaça d'excommunier Louis XI. Lorsque, en mai 1464, Alberico Maletta lui annonça que, sur le point d'entreprendre la croisade dont il avait déjà tant parlé, Pie II était tombé gravement malade, le roi le rassura : « N'ayez crainte, messire Alberico, il ne mourra pas car c'est un mauvais pape! » Sur quoi, ôtant son chapeau, il ajouta : « Dieu me pardonne [1]! » A la fin d'août, lorsqu'il apprit la mort du Souverain Pontife, Louis fit savoir à son clergé que le nouveau pape ne changerait rien à sa volonté. Cette déclaration eut pour seul résultat d'exacerber encore les appréhensions des ambitieux prélats gallicans qui, pour la plupart, se trouvaient liés par le sang ou l'intérêt aux grandes maisons seigneuriales auxquelles le gallicanisme avait autrefois profité.

Mais, ce qui était beaucoup plus grave, c'est que sa querelle avec le pape avait entraîné Louis XI dans une dispute pleine de fiel avec le duc de Bretagne concernant le pouvoir féodal. Lorsque, en 1462, François II refusa d'accepter la nomination de deux prélats (un évêque et un abbé qui entretenaient d'étroits contacts avec la cour), le roi de France releva le défi et réclama, en tant que souverain seigneur, la juridiction des bénéfices ecclésiastiques de Bretagne. Le duc François riposta alors en repoussant les revendications royales. Mis à part la Maison de Bourgogne, les ducs de Bretagne étaient les plus indépendants des princes français et comptaient aussi parmi les moins dociles d'entre eux. Les Bretons, qui, en raison de leur sang et de leur langue celtes, demeuraient d'ardents séparatistes, se faisaient un point d'honneur de garder des institutions gouvernementales, des coutumes et une Eglise qui leur fussent propres. François II était un jeune homme léger qui aimait les plaisirs — dauphin, Louis avait sèchement fait remarquer à Camogli, l'envoyé de Sforza, que le duc souffrait d'une fistule à la tête —, mais il était entouré d'une bande d'anciens officiers royaux qui, lors de l'avènement de Louis XI, avaient cru prudent de se réfugier à la cour de Bretagne; pour des raisons personnelles, ils encourageaient le duc François à affirmer son indépendance.

Louis essaya de mettre fin à la querelle en nommant une commission d'arbitrage, mais cette manœuvre n'aboutit à rien, et, au moment où il quittait Hesdin, c'est-à-dire au début de juillet 1464, François II rassemblait ouvertement des troupes et cherchait en secret à nouer des contacts avec l'Angleterre. A son grand déplaisir, le roi fut bientôt informé (probablement par le comte de Warwick) qu'après avoir traversé la Manche déguisé en moine, Rouville, le vice-chancelier du duc de Bretagne, avait négocié une trêve d'un an avec Edouard IV. En outre, il apprit que François lui-même s'était engagé par écrit à aider le roi d'Angleterre au cas où celui-ci entreprendrait de reconquérir la Normandie. Lorsqu'il fut arrivé dans cette province, Louis se borna à prendre des mesures défensives et dénonça publiquement la trahison qu'avait commise François au profit des Anglais.

La riposte du duc ne se fit pas attendre : sur la suggestion de ses conseillers et selon une manœuvre classique, il retourna contre son auteur l'accusation dont il était l'objet. En effet, début août, François II dépêcha aux princes du royaume — et parmi eux à Charles, duc de Berry, jeune homme faible et timide qui, âgé de dix-sept ans, était alors l'héritier du trône en tant que frère du roi — des lettres par lesquelles il les avertissait que leur souverain avait offert la Guyenne et la Normandie aux Anglais à condition que ceux-ci l'aident à écraser la noblesse française. Louis s'empressa d'envoyer aux grands vassaux une circulaire visant à démontrer l'absurdité d'une telle accusation. Cependant, il se rendit rapidement compte qu'elle devait fournir aux princes un excellent prétexte pour resserrer leurs rangs, et qu'elle risquait fort de troubler l'esprit de ceux qui, à l'instar de Pierre de Brézé, partageaient leur point de vue. Le 1er septembre, après avoir passé plusieurs jours en sa compagnie, Louis réinstalla celui-ci dans ses fonctions de grand sénéchal de Normandie et de capitaine de Rouen. Brézé déclara au roi que, dût-il le traîner de force, il se ferait un plaisir de lui amener François II, mais, sur un ton plus sérieux, il ajouta : « Sire, si vous souhaitez être aimé des Français... ne recherchez pas l'amitié des Anglais... »

L'échec qu'avait essuyé le roi dans sa tentative de réconciliation avec la Bretagne avait créé un terrain favorable au ralliement des princes mécontents. Le rachat de la Picardie avait eu pour résultat de faire de Philippe le Bon un oncle désillusionné, et de Charles, comte de Charolais, un ennemi mortel. Le duc d'Orléans et son demi-frère bâtard, le redoutable comte de Dunois, étaient furieux de l'alliance passée avec Francesco Sforza qui régnait sur un duché qu'eux-mêmes revendiquaient. Neveu de Philippe de Bourgogne, le duc de Bourbon ne s'était pas remis d'avoir perdu le gouvernement de la Guyenne, et, comme tant d'autres, il en voulait au roi de ne pas compter parmi ses conseillers. Les Angevins étaient cruellement blessés que Louis n'eût envoyé ni hommes ni argent au secours du duc Jean dans le royaume de Naples; en outre, ils lui en voulaient de n'avoir pas réinstallé sur le trône d'Angleterre Marguerite, la fille de René. D'après Alberico Maletta, le roi était parfaitement conscient d'une « entente parmi les princes du royaume ».

Vers la fin du mois d'août (1464), Louis était de retour en Picardie [2]. Tout en parcourant la campagne des environs d'Abbeville, à quelque vingt milles au sud de Hesdin, il attendait anxieusement les nouvelles qui devaient lui parvenir de Calais. Désormais tous ses espoirs ne dépendaient plus que d'un seul homme : Richard Neville, comte de Warwick.

Durant les premiers jours de septembre, des messagers franchirent la Manche tandis que Louis lui-même dépêchait des hommes à Londres. Deux Génois, qui d'Angleterre s'en retournaient à Bruges, lui firent savoir que le comte de Warwick s'apprêtait à venir rejoindre le roi de France vers la fin de septembre. Louis se hâta d'informer Maletta que ces mêmes Génois avaient démenti les bruits selon lesquels le roi Edouard avait pris femme. Bientôt, le duc de Bourgogne annonça que, s'il devait en croire les informations qu'il tenait de Londres, aucune ambassade anglaise n'était en vue; aussi, comme le lui conseillait son honneur, avait-il l'intention de partir à la fin du mois. Cependant, au grand ennui de la cour, Louis persistait à accueillir chaque courrier avec le même espoir et à accorder le même intérêt à tous les rapports et à toutes les rumeurs qui lui parvenaient.

> « Je n'ai jamais vu un seigneur souhaiter quoi que ce soit avec plus d'ardeur que n'en met le roi à désirer la paix avec les Anglais, note Maletta. Je crois que, si le comte de Warwick venait, il obtiendrait tout ce qu'il veut du roi, pourvu que cette paix se fît. »

Louis continuait à attendre, les yeux fixés du côté de la mer. Et les courtisans continuaient à murmurer. Et le duc de Bourgogne continuait à fulminer.

Enfin, rapports et rumeurs se confondirent en une implacable certitude : le comte de Warwick ne venait pas.

A la cour de France, des seigneurs aux garçons de cuisine, chacun savait que, « par amourette », Edouard IV avait secrètement épousé une dame anglaise. Vers la mi-septembre, il avait en effet averti son grand Conseil de l'humiliante façon dont il avait rompu avec la politique française préconisée par Warwick. Pour romantique qu'il fût, le mariage du roi avec Elisabeth Woodville, veuve et fille d'un simple seigneur, choqua et le peuple et les nobles anglais. On racontait déjà, sur le continent, que Richard Neville s'était violemment disputé avec le souverain qui avait osé le défier ainsi. Cependant, Louis se refusait à admettre la vérité et persistait à parler de l'arrivée du comte de Warwick.

Sur ces entrefaites, alors que le roi de France chassait à quelques milles de Hesdin, où le duc de Bourgogne ne cessait de tempêter contre lui, éclata soudain un scandale qui allait faire sensation.

Hors d'haleine après une folle chevauchée, le compagnon de Charles de Charolais, Olivier de la Marche, s'était présenté à Hesdin avec des nouvelles incendiaires. Un personnage suspect, déguisé en marchand, venait d'être arrêté alors qu'il tentait d'escalader les murs du château de Gorcum, la résidence favorite du comte de Charolais, en Hollande. Après l'avoir jeté en prison, on n'avait pas tardé à découvrir en lui le Bâtard de Rubempré, un aventurier aussi redoutable que le vaisseau armé qui l'attendait sur la côte à quelque soixante milles de là, et qui plus est, le neveu des frères de Croy, les pires ennemis que connût le fils de Philippe le Bon. Lorsque Olivier de la Marche atteignit Hesdin, le bruit courait déjà aux Pays-Bas que le roi de France avait tenté de faire assassiner l'héritier du duc de Bourgogne, et cette nouvelle ne fut pas longue à se répandre à travers l'Europe tout entière. L'arrivée de la Marche sema la terreur à la cour de Philippe : si le roi avait cherché à supprimer le fils, il était fort possible qu'il songeât à attaquer Hesdin pour s'emparer du père.

Tout d'abord, Louis demeura muet et se contenta d'ignorer

l'affaire. Il confia à Maletta qu'il n'avait touché mot du Bâtard à son oncle, et que son oncle lui-même ne lui avait rien dit à son propos. Avec plus d'optimisme que de réalisme, il ajouta que le comte de Charolais avait certainement libéré Rubempré. Toutefois, le roi se rendit bientôt compte que son silence nuisait à son prestige, et que, de plus, il fournissait au duc de Bourgogne un excellent prétexte pour se réconcilier avec son fils. Il se décida donc à déclarer qu'il avait chargé le Bâtard d'arrêter Rouville, le vice-chancelier du duc de Bretagne, dont il avait appris qu'à son retour d'Angleterre il devait passer par Gorcum pour tenir le comte de Charolais au courant des intrigues de son maître avec Edouard IV. Il avait l'intention, expliqua-t-il, d'arracher à Rouville la vérité concernant ses activités en Angleterre [3].

Comprenant qu'il lui était désormais indispensable d'avoir une conversation avec son oncle, le samedi 6 octobre il dépêcha à Hesdin Georges Havart, l'un de ses meilleurs diplomates, pour annoncer son arrivée pour le lundi suivant. Le dimanche matin à l'aube, Havart annonça au roi que le duc de Bourgogne lui avait fait la veille une réponse de Normand avant de laisser éclater sa colère contre lui. Tandis que Louis s'entretenait avec son messager, de fort mauvaises nouvelles parvenaient à la cour : le matin même, Philippe le Bon avait quitté Hesdin avec une petite escorte, laissant à ses courtisans affolés le soin de le rattraper dès qu'ils auraient bouclé leurs bagages; il avait pris la dernière direction que son neveu eût souhaité le voir prendre : celle qui devait le ramener auprès du comte de Charolais.

Le 10 octobre, le roi se décida enfin à annoncer qu'Edouard IV s'était marié et que nulle ambassade ne franchirait la Manche. En passant, il fit remarquer à Maletta que le duc de Bourgogne avait quitté Hesdin parce qu'il s'était lassé d'attendre les Anglais. Son oncle était si vieux, ajouta-t-il, qu'il ne savait plus ce qu'il faisait.

Pour sa part, Louis savait parfaitement qu'il venait d'essuyer une cuisante défaite, et que cette défaite était susceptible de tourner au désastre. Edouard IV avait froidement rompu les liens d'amitié si péniblement tissés entre la France et l'Angleterre. Après le duc de Bretagne, le duc de Bourgogne avait ouvertement défié le roi de France, offrant ainsi au royaume un exemple qui ne pouvait manquer de stimuler les autres princes.

II

Le roi de France chevauchait maintenant en direction de la Normandie dont il fallait songer à organiser la défense, le duc de Bretagne ayant mis ses troupes sur pied de guerre. Où qu'il tournât les yeux, Louis voyait les dangereuses conséquences de la façon par trop exubérante dont il avait jusque-là manifesté sa royauté. Il était temps pour lui de rentrer ses cornes, de prendre la prudence pour mot d'ordre et la tradition pour guide. Soudain, il entreprit de modifier son apparence et de conformer son image à celle que se faisait d'un roi le monde seigneurial. Avant même de quitter Hesdin, il avait commencé de prêter l'oreille à ses nobles tout comme son père l'avait fait avant lui. A Maletta, il déclara sans détours :

> « Les affaires anglaises sont dans un tel état de confusion qu'il ne convient pas que je reste ici plus longtemps. J'ai demandé à tous les seigneurs de mon sang qui se trouvent ici de rejoindre mon Conseil d'ici deux ou trois heures pour décider s'il est bon que je parte. »

A Rouen, un certain Robert Neville, secrétaire et parent du comte de Warwick, délégué par celui-ci auprès de Louis XI pour l'assurer qu'il ne saurait tarder à reprendre en main Edouard IV, son ingrat souverain, fut si habilement joué par le roi et sa cour qu'à son retour chez lui il brossa une peinture idyllique de la situation où se trouvait Louis. Les rumeurs qui couraient touchant le mécontentement des princes français étaient parfaitement fausses, déclara-t-il. Chevalier accompli, le Bâtard d'Armagnac inspirait une telle crainte aux seigneurs du Midi que « le comte d'Armagnac n'oserait rien faire sans sa permission, pas même pisser. » La cour du roi regorgeait de fidèles et loyaux seigneurs [4].

Cette dernière remarque n'était pas entièrement fausse : Louis avait en effet convoqué à Rouen une foule de ducs et de comtes avec qui il s'entretenait gravement... mais l'avalanche de conseils qu'il recevait d'eux laissait clairement voir leur insatisfaction. Les seigneurs désapprouvaient son inconvenant conflit avec la papauté; ils désiraient qu'il apportât son appui à la cause angevine en rompant avec le roi d'Aragon, oncle de Ferrante, l'usurpateur de la couronne de Naples; ils suggéraient que des ambassadeurs fussent délégués auprès des princes pour les consulter sur la façon dont il convenait d'en user avec l'Angleterre et le pressaient de choisir ses envoyés parmi les seigneurs et non parmi les compagnons sans état ni rang dont il avait coutume de s'entourer. Louis XI écouta tous ces avis avec le plus grand sérieux, et n'en suivit pratiquement aucun. Toutefois, il continua à se conformer scrupuleusement à son nouveau rôle de souverain féodal. Pour traiter avec François II, il invita ses seigneurs à se réunir à Tours, en décembre, pour rendre leur jugement sur les accusations qu'il avait portées contre le duc de Bretagne. Pour le duc de Bourgogne, il nomma une ambassade suffisamment impressionnante pour satisfaire à l'amour-propre de son oncle, et qui comprenait le chancelier de France, Pierre de Morvilliers, un homme énergique mais brusque, Charles, comte d'Eu, pair du royaume, et l'archevêque de Narbonne, beau-frère de Pierre de Brézé. Cette ambassade était chargée de représenter les doléances du roi concernant la violente hostilité du comte de Charolais et l'inqualifiable conduite qu'avait adoptée son père en disparaissant de Hesdin.

Déjà septembre avait pris fin. Cette année-là, l'automne était particulièrement rigoureux. Louis quitta donc Rouen pour Nogent-le-Roi, où il savait trouver un climat plus doux et où il devait rendre visite à Pierre de Brézé. Un matin, il vit arriver Alberico Maletta venu lui demander la permission de retourner en Italie. Le roi lui fit un accueil chaleureux, mais, ayant besoin de quelqu'un à qui parler, il le pria de rester deux jours en sa compagnie et le logea dans un village voisin. A travers ses propos, toujours très animés, perçaient de sombres pensées. Au cours d'une discussion portant sur les affaires italiennes, il fit remarquer à son interlocuteur que, lorsque le célèbre condottiere Niccolo Piccinino entrait en campagne, il lançait toutes ses troupes à l'assaut pour se retirer si celui-ci échouait; Francesco Sforza, lui, faisait exactement l'inverse : il ne se sentait à l'aise que lorsqu'il avait de l'eau jusqu'au cou. A l'issue de cette conversation, Alberico demanda une nouvelle fois qu'on lui donnât son congé, mais Louis le pria d'attendre avec lui le retour de l'ambassade qu'il avait dépêchée auprès du duc de Bourgogne. En riant, le roi ajouta qu' « il voulait faire son testament avec moi... »

Le 22 novembre, les bruits d'une cavalcade se firent entendre dans la cour de Nogent-le-Roi : les envoyés de Louis étaient enfin de retour. Aussitôt, le roi les convoqua et, après s'être longuement entretenu avec eux, il fit seller son cheval pour aller digérer dans les bois les déplaisantes nouvelles qu'ils venaient de lui apporter. Le duc de Bourgogne avait rejeté en bloc les accusations portées contre son fils et lui-même, mais s'était engagé à envoyer une ambassade au roi. Alors que l'archevêque de Narbonne lui faisait de courtois adieux, le comte de Charolais lui avait fiévreusement glissé à l'oreille :

> « Recommandez-moi très humblement à la bonne grâce du roi, et lui dites qu'il m'a fait laver ici par ce chancelier, mais que, avant qu'il soit un an, il s'en repentira [5]! »

Louis XI s'accrochait avec ténacité à son nouveau rôle. L'assemblée qui devait réunir à Tours les princes du royaume fut annoncée pour le 18 décembre. Le 20 novembre, le roi quitta Nogent-le-Roi pour Chartres. La cour pullulait d'officiers, de conseillers et de seigneurs, tous convoqués pour lui donner conseil. Une foule de gens attendaient pour voir le roi tandis que celui-ci était en conférence avec le maréchal d'Armagnac, le chancelier ou quelque autre des nombreux représentants de la noblesse accourus sur son ordre.

Tandis que les princes du royaume se dirigeaient vers Tours — certains par bateau, sur la Loire —, un froid intense s'abattit sur le pays et chacun dut bientôt se frayer un chemin à travers une épaisse couche de neige. La Seine et l'Oise étaient couvertes de glace; on racontait que certains jours le pain et le vin gelaient sur la table. Pour Maletta, la ville, envahie par « nombre de grands seigneurs et une foule d'autres gens », était un « enfer ». Louis XI y fit son entrée dans la soirée du 16 décembre. Le roi René et le duc d'Orléans, l'un par voie de terre et l'autre par voie d'eau, y arrivèrent dès le lendemain. Plein de tact, Maletta demanda à pouvoir rester à l'écart, du fait que le roi cherchait à se réconcilier avec des princes qui, comme René et Orléans, étaient souvent les ennemis du duc de Milan. Louis répondit qu'il ne se souciait pas du roi René, qui était « un homme grossier », mais qu'à cause du duc d'Orléans Maletta ferait peut-être mieux, en effet, de ne pas prendre part à l'assemblée.

Lors de la séance d'ouverture, à laquelle Louis XI n'assista pas, le président du Parlement de Toulouse, qui avait participé à la plupart des négociations avec la Bretagne, retraça dans le détail l'évolution de la dispute et présenta les faits sur lesquels le roi basait ses revendications touchant les juridictions ecclésiastiques du duché. Deux jours plus tard, c'est-à-dire le 20 décembre, le chancelier prononçait un violent réquisitoire contre le duc de Bretagne qu'il accusait de bafouer les privilèges royaux, d'insulter le roi et d'entretenir avec les Anglais des relations déloyales.

Louis se leva alors pour s'adresser à l'assemblée. Parlant avec beaucoup plus de modération que le chancelier, il déclara que jamais les prédécesseurs du duc n'avaient fait valoir les prétentions qu'affichait François II, et que jamais non plus ils n'avaient défié la juste autorité du roi. Il ne désirait nullement ruiner le duc de Bretagne et ne s'attachait qu'à défendre les prérogatives de la couronne.

> « Je vous dis bien que si j'avais toute sa terre conquise et mise en sa main jusques à un château qui ne valût pas cette maison, et il voulait revenir en grâce et miséricorde [*et s'il me demandait sa grâce*], je y ferais en telle manière que chacun reconnaîtrait que je ne veux point sa destruction... »

Cependant, conscient que, pour certains, c'était lui plutôt que le duc de Bretagne qui passait en jugement, Louis entreprit de défendre sa propre conduite. Dans le but de rendre la justice et d'étudier les besoins du royaume, il avait sillonné le pays comme aucun de ses prédécesseurs ne l'avait fait avant lui. Il avait acquis le Roussillon et la Cerdagne; il avait racheté les villes de la Somme au duc de Bourgogne; il avait travaillé nuit et jour pour redonner à la France toute sa vigueur. Pour finir, Louis se décida à faire le panégyrique des princes sans lesquels, dit-il, il serait impuissant, « car les seigneurs sont les piliers qui soutiennent la couronne ». Enfin, pour conclure, il fit appel à la fidélité de ses vassaux.

> « Le bruit commun est que oncques on ne vit homme en français mieux ni plus honnêtement parler... » A cette occasion, « le roi dit tant de belles et honnêtes paroles, qu'il n'y en avait pas de dix l'un qui ne pleurât... »

La réponse que firent les princes, après avoir délibéré entre eux, était aussi enthousiaste que celle des spectateurs. Le roi

René, leur porte-parole, déclara que tous étaient convaincus de la culpabilité de François II, que tous étaient déterminés à vivre et à mourir au service de leur souverain, que tous enfin étaient prêts à aller trouver le duc de Bretagne pour l'engager à se soumettre à la volonté du roi. Louis remercia chaleureusement ses seigneurs de leur fidélité, mais se hâta de décliner cette dernière invitation. En dépit des ferventes protestations de dévouement dont René s'était fait l'interprète, il n'y avait rien au monde que Louis souhaitât moins que de fournir aux princes l'occasion de rencontrer François II.

Dans le froid et la neige, les seigneurs et leurs suites quittèrent Tours pour s'en retourner chez eux. Louis emmena avec lui le duc d'Orléans à Amboise. Dans la nuit du 4 au 5 janvier, ce poète princier qui, cinquante ans auparavant, avait été fait prisonnier par les Anglais lors de la bataille d'Azincourt, quittait pour toujours le monde des vivants. Vers cette même époque mourait par ailleurs un homme, prince parmi les poètes — en prison peut-être, ou peut-être aux galères, nul ne le sait —, qui, lui, était tout sauf princier : François Villon. S'ils s'étaient rencontrés, sans doute Louis et Villon se fussent-ils très bien entendus. Tous deux savaient distinguer la proie de l'ombre; leur insolent sens de l'humour leur valut à l'un et à l'autre d'incessantes difficultés; et, plutôt que de se plier aux usages et aux lois de son temps, chacun d'eux vécut à sa façon la vie pour laquelle il sentait avoir été conçu.

III

Tandis que Louis remontait la vallée de la Loire pour retrouver ses châteaux favoris, un profond silence descendait sur le royaume : le silence des princes.

Il ne reste aucun compte rendu de ce que le roi lut sur le visage de ses vassaux lorsque ceux-ci lui jurèrent solennellement fidélité. Il pouvait se vanter d'avoir traité la plupart d'entre eux avec considération, voire avec générosité, et d'avoir de son mieux favorisé leurs intérêts lorsque ceux-ci n'allaient pas à l'encontre des intérêts du royaume. Il avait réhabilité le duc d'Alençon, condamné par Charles VII. Il s'était montré particulièrement bienveillant envers les seigneurs du Midi, le comte de Foix, le comte d'Armagnac, et le cousin de celui-ci, Jacques, fils du comte de Pardiac, son vieux gouverneur, qu'il avait fait duc de Nemours. Il avait publiquement rendu hommage à la Maison d'Orléans. Il avait appuyé les prétentions de la Maison d'Anjou dont il avait pris soin de ménager les susceptibilités. Pour aucun d'eux le père de Louis n'en avait fait davantage. Cependant, les nobles du royaume voyaient maintenant le règne de Charles VII comme un âge d'or, tandis qu'ils voyaient celui de son fils comme un cauchemar.

Il y avait diverses raisons à cet état d'esprit. Du temps de Charles VII, les princes rivalisaient entre eux dans l'espoir d'occuper une place prépondérante dans le gouvernement royal; aujourd'hui, ils se retrouvaient tous sur le même plan et n'avaient plus pour ennemi que le roi lui-même. Par ailleurs, Louis exerçait ses droits avec une autorité que n'avait pas son père, et tous les nobles du royaume, du plus petit au plus puissant, étaient désormais soumis à une pression qu'ils n'avaient jamais ressentie auparavant. Les fonctionnaires royaux constituaient une armée qui, partout, s'appliquait à faire respecter dans toute leur étendue les prérogatives du souverain. Si les gens d'un prince usaient de force pour imposer leur volonté au détriment de celle du roi, ils faisaient aussitôt l'objet d'un procès; et si d'aventure ils en sortaient gagnants, une douzaine d'autres accusations étaient alors lancées contre eux. Face à cette pression, qui, pour être impitoyable n'en était pas moins loyale, les princes ne pouvaient protester et s'aigrissaient d'autant plus que la police royale agissait avec plus d'efficacité. Ils avaient pu se rendre compte que celle-ci avait la déplorable habitude d'intercepter les messages secrets, et que leur souverain employait parmi ses agents d'obscurs personnages, comme Etienne de Loup, cc Hollandais « très intime avec le roi », chargé d'informer celui-ci des relations qu'entretenaient secrètement tel ou tel seigneur avec les ennemis de la couronne.

Mais le mécontentement avait des racines plus profondes. Louis en avait trop fait : il avait balayé trop de préjugés, bousculé trop de conventions, il était allé trop vite et dans trop de directions à la fois. Les craintes qu'avait fait naître la tumultueuse carrière du dauphin s'étaient trouvées confirmées par les agissements du roi.

En somme, il ne répondait pas à l'image qu'on peut se faire d'un souverain. Il ne s'habillait pas comme un roi; il ne parlait ni ne pensait comme un roi; il ne témoignait pas à ses princes et à ses seigneurs cette affection qu'éprouve naturellement à leur endroit tout véritable roi. Il s'entourait d'hommes qui étaient dangereusement laborieux, dangereusement intelligents et lamentablement mal nés. Il avait toute espèce d'étrangers à son service et préférait même leur compagnie à celle d'honnêtes Français. Il manifestait la plus haute estime à l'égard de l'ambassadeur du duc de Milan, cet aventurier parvenu qu'il n'avait pas honte d'appeler son ami; il ne cachait pas son désir d'établir des relations d'amitié avec le comte de Warwick qui, non content d'être un aventurier lui aussi, avait en outre le mauvais goût d'être anglais. Plutôt que de consulter ses pairs, il faisait toute chose à son idée et ne prenait conseil qu'auprès du petit cercle de ses intimes qui, à l'instar du Bâtard d'Armagnac ou de Montauban, l'amiral, avaient presque toujours vécu à ses côtés. Il agissait de façon imprévisible et ne prenait même pas la peine d'annoncer ses visites à l'avance, ce qui blessait les grands seigneurs dans leur dignité et les rendait excessivement nerveux. Lui et sa cour étaient parfaitement dépourvus de ce sens du décorum et de ce goût de la magnificence qui sont l'essence même de la royauté. Que pouvait-on attendre d'un souverain qui, de passage chez le comte du Maine, dédaignait le château de son hôte pour camper dans les forêts du voisinage?

Et le roi ne savait pas tenir sa langue. On l'avait entendu déclarer que le duc de Bourbon manquait d'intelligence. Un jour, il avait appelé le comte du Maine et le comte de Dunois les vieillards de Suzanne. Racontant à Alberico Maletta que le duc d'Orléans se plaignait d'avoir été empoisonné par Francesco Sforza, il avait ajouté en riant : « Tout empoisonné et tout vieux qu'il soit, il a mis sa femme enceinte. » Il prenait un plaisir tout particulier à mimer les colères du comte de Charolais, ne cachait pas son impatience devant les séniles bouffonneries de son oncle Philippe et n'éprouvait aucun scrupule à commenter les erreurs du pape. Si les princes se plaignaient que le roi fût dissimulé (et que sa dissimulation réussît mieux que la leur), ils n'aimaient pas davantage qu'il leur assénât quelque vérité : ainsi lorsque Louis déclara froidement à un partisan du duc d'Orléans que les Français n'avaient absolument rien à faire en Italie.

Aux yeux des grands seigneurs, le roi ne possédait pas les qualités que doit avoir un prince. C'était un provocateur, un homme de nulle part, un homme, surtout, qui n'appartenait pas à leur monde.

Louis n'était que trop conscient de ce que lui reprochait la féodalité. Il savait parfaitement qu'une ligue était née du mécontentement de ses membres. Cependant, s'il fut sensible au lourd silence des princes, il n'en laissa rien voir.

Le roi de France semblait tout à fait calme. Prospère dans ses affaires, l'esprit détendu, il paraissait attendre la suite des événements sans la moindre inquiétude. Vers la mi-février il quitta la vallée de la Loire pour Poitiers, capitale de la vaste province du Poitou. Lorsqu'il y fut arrivé, il annonça son intention de descendre plus bas vers le sud, à Bordeaux puis à Perpignan : il souhaitait voir l'héritier du comte de Foix — mort peu de temps auparavant — solidement établi en Navarre. Alberico Maletta ne devait plus passer avec lui que quelques jours, le roi ayant, bien à contrecœur, accepté de renvoyer chez lui cet ambassadeur italien en qui il avait trouvé un conseiller et un ami. Les temps étant peu sûrs, le Milanais avait pourtant eu la prudence de s'assurer un successeur [6]. Louis choisit de lui laisser l'image d'un souverain sans soucis. L'Angleterre ne constituait plus une menace; en rejetant l'alliance matrimoniale que lui proposait la France et en rompant avec le comte de Warwick, Edouard IV semblait avoir signé sa propre perte. Ayant assuré le roi de la fidélité de Philippe le Bon et de son fils, une ambassade bourguignonne s'en était allée satisfaite des réponses qu'elle avait reçues. Louis lui avait même laissé entendre que la pension du comte de Charolais pourrait bien être rétablie. Quant au duc de Bretagne, il ne se souciait plus désormais que de faire la paix; ses envoyés allaient arriver d'un instant à l'autre pour balayer les derniers nuages qui traînaient encore à l'horizon.

Une petite difficulté, d'ordre domestique, mais inattendue, avait pourtant surgi. L'héritier du roi, son jeune frère Charles, duc de Berry, dont il avait pris soin d'écouter les conseils et de partager la compagnie, était devenu nerveux et dissimulé, adoptant un comportement étrange pour un être aussi timide et aussi mou que lui. Alors que les deux frères logeaient au château de Razilly, sur la route de Poitiers, Louis avait été averti par le maréchal d'Armagnac que le duc de Berry était mécontent de son sort et qu'il serait peut-être bon de ne pas le laisser à sa mauvaise humeur. Sur ce, Charles lui-même s'était plaint au roi que ses revenus et le duché de Berry étaient indignes de sa position. Louis s'était alors empressé d'augmenter sa pension de six mille écus et lui avait promis de lui donner un apanage plus important aussitôt que sa querelle avec le duc de Bretagne aurait été réglée.

Le 20 février, deux ambassadeurs bretons, Odet d'Aydie, le principal des conseillers du duc, et le chancelier de Bretagne se présentèrent à Poitiers pour annoncer que François II n'avait d'autre désir que de se plier à la volonté de son souverain seigneur. Il souhaitait faire lui-même sa soumission et, dans ce but, demandait qu'on lui envoyât le maréchal d'Armagnac et l'amiral pour l'escorter. Le roi et Odet d'Aydie firent assaut de compliments. Louis essaya de convaincre le brillant conseiller du duc de Bretagne d'entrer à son service tandis que le rusé Gascon, tous charmes déployés, laissait à son interlocuteur le loisir d'espérer en prenant bien soin de ne pas s'engager. Le samedi 3 mars, Odet d'Aydie et le chancelier de Bretagne quittaient Poitiers en termes très cordiaux avec le roi. Le lendemain matin, le maréchal et l'amiral se mettaient en route pour aller trouver François II. Le même jour, Louis partait en pèlerinage à Notre-Dame-du-Pont, près de Saint-Julien, dans le Limousin. Le duc de Berry ne l'accompagnait pas : il préférait chasser. Cependant, quelques minutes après que Louis eut quitté Poitiers, son frère en faisait autant et s'engageait dans la campagne avec quelques-uns de ses proches.

A l'aube du 5 mars, le roi recevait de Poitiers une stupéfiante nouvelle : sous prétexte d'aller chasser, le duc de Berry s'était enfui, nul ne savait où.

Aussitôt Louis devina quelle direction avait prise son frère et ce que son départ signifiait : les princes s'étaient soulevés contre leur souverain.

A bride abattue, il regagna Poitiers.

13.
La Ligue du Bien public

I

Quoique Louis XI fût parti en pèlerinage avec moins de quarante cavaliers, au moment où il rentra dans Poitiers il avait déjà rassemblé un millier d'hommes environ. Après un jour ou deux, il avait réuni autour de lui le comte du Maine, les deux maréchaux de France, Pierre de Brézé, ses vieux conseillers Jean Bourré et Georges Havart, son diligent trésorier Etienne Chevalier, son expert commercial et financier Etienne de Varye, ainsi que d'autres capitaines et hommes de confiance. A portée de la main, dans la forteresse de Thouars, à quelques milles seulement en direction du nord, se trouvait le trésor royal qui, selon les proches du souverain, comptait plus de deux millions d'écus.

Bientôt, Louis apprit dans quelles circonstances avait eu lieu la fuite de son frère. Après avoir quitté Poitiers le samedi 3 mars, Odet d'Aydie et le chancelier de Bretagne s'étaient arrêtés à quatre lieues de la ville. Le lendemain matin, aussitôt après le départ du roi, le duc de Berry les avait rejoints avec ses « compagnons de chasse » pour prendre avec eux la direction de Nantes où les attendait le duc de Bretagne. Louis apprit en outre — s'il ne le savait déjà — que le comte de Dunois s'était embarqué sur la Loire avec les plus précieux de ses biens meubles pour prendre la direction spirituelle de la révolte bretonne. Ces « terribles nouvelles » ne furent pas longues à se répandre à travers le royaume. Chacun gardait un pénible et vivant souvenir du triste temps où la lutte entre Armagnacs et Bourguignons avait permis aux Anglais de pénétrer en France.

> « Dieu veuille qu'il [le roi] remédie promptement à la situation, écrivit " Frannequin " Nori, l'agent des Médicis à Lyon. Car si elle s'éternise, le royaume redeviendra la forêt de brigands qu'il était autrefois. »

Le roi de France se hâta de transformer sa maison en un état-major. Il s'informa sur les proportions exactes de la rébellion, réunit une armée et prit les dispositions nécessaires pour gagner le royaume à sa cause. En mars, sept messagers royaux exhortaient les « bonnes villes » à observer la plus stricte vigilance et à rejeter toute proposition venant des seigneurs rebelles qui avaient suborné le naïf jeune frère du roi; pour sa part, Louis XI s'engageait à mettre fin sur-le-champ à « cette méchante entreprise... » Le 8 mars, le roi nommait Charles de Melun lieutenant général de Paris, et, quatre jours plus tard, ce dernier lisait avec Jean Balue, un jeune prélat plein d'énergie, les ordres qu'adressait le souverain à son peuple de Paris pour l'enjoindre à garder les portes et les murs, à se méfier de toute trahison et à se tenir prêt pour le combat. Par ailleurs, Louis adressa divers appels à certains de ses princes.

> « Je vous prie, mon oncle, écrivit-il au tout-puissant duc de Bourgogne, que vous ne souffriez point à beau-frère de Charolais ni à autres frères autre chose contre moi, et me être tel comme avez toujours été... et que j'ai en vous ma fiance. »

De sa propre main, il rédigea pour le duc de Bourbon un message le priant de « incontinent ces lettres vues monter à cheval et vous en venir devers moi... »

Le 13 mars, Louis se mettait soudain en route pour Thouars, la forteresse dont il avait fait sa trésorerie, et par là même, il prenait la direction de l'Anjou. Dans une lettre, René avait écrit qu'il espérait conclure un accord entre le duc de Berry, le duc de Bretagne et le roi. Toutefois, ses propos restaient vagues et il ne disait rien de sa propre allégeance. Cependant, la rébellion des princes devait bientôt être portée à la connaissance du public. En effet, le duc de Bourbon ne tarda pas à lancer une proclamation par laquelle il annonçait que, émus par les incessantes plaintes des nobles, des gens d'Eglise et des pauvres, ses compagnons et lui s'étaient unis au nom du bien public pour remédier à l'injustice et supprimer les taxes qui entraînaient alors le royaume à sa perte. Parmi ceux qui s'étaient joints à lui dans cette lutte menée dans l'intérêt de tous, Bourbon nommait le chef de la Maison d'Anjou, c'est-à-dire le roi René, les ducs de Bretagne, de Berry, de Nemours et de Calabre (le duc Jean), les comtes de Charolais, d'Armagnac, de Saint-Pol et de Dunois, ainsi que nombre de barons. Déjà les partisans du duc de Bourbon encaissaient certains impôts et arrêtaient tous les fonctionnaires royaux, grands et petits, dont ils pouvaient s'emparer. En outre, ils allaient bientôt gagner à leur cause un adhérent de poids : dans la nuit du 9 au 10 mars, Antoine de Chabannes, comte de Dammartin, ancien Ecorcheur et ennemi du dauphin, qui, en 1463, avait été condamné et emprisonné pour crime de lèse-majesté par le Parlement de Paris, s'était en effet échappé de la Bastille pour se réfugier à Moulins, dans la capitale même du duc de Bourbon.

Le 16 mars, le roi répondit à la propagande séditieuse en provenance de Bretagne et du Bourbonnais en publiant de Thouars sa première proclamation. Jusqu'à ce que les princes prennent les armes contre lui à des fins personnelles et égoïstes, le royaume avait joui « d'une grande tranquillité; partout le commerce se développait librement et chacun vivait en paix dans sa propre maison... » rappelait-il à ses sujets. Si les rebelles persistaient dans leurs intentions, on verrait revenir les tristes jours de la guerre civile et « nos anciens ennemis les Anglais [...] pourront envahir le royaume... » A ceux qui s'étaient mêlés au complot mais qui étaient prêts désormais à lui jurer fidélité, il offrait son plein pardon pour toutes les offenses commises. Déjà, parmi d'autres troupes, des compagnies de lances avaient été postées sur les frontières de la Bretagne.

La rébellion des princes l'avait-elle pris au dépourvu?

Ni les *Mémoires* de Philippe de Commynes, ni les dépêches diplomatiques, ni les chroniques, ni les lettres du roi ne nous informent sur ce point. Cependant, si l'on en juge à la façon dont il se comporta durant les semaines précédant le conflit, il semble que l'on puisse tenir pour certain le fait qu'il ignorait les troubles qui allaient éclater. Quoiqu'il sût parfaitement, depuis un an au moins, que les princes du royaume conspiraient contre lui, il est fort probable qu'à l'instar d'Alberico Maletta il les ait crus incapables de lui déclarer ouvertement la guerre; en outre, il n'est pas impossible qu'il se soit laissé abuser par les protestations de fidélité dont l'accablèrent ses seigneurs lors de leur réunion à Tours, en décembre 1464, de même que par les humbles demandes de réconciliation que lui présenta François II en janvier et en février suivants. En déclarant qu'il considérait comme réglés ses démêlés avec la Bretagne et qu'il envisageait de se rendre à Bordeaux et à Perpignan pour porter secours au comte de Foix, en Navarre, il avait clairement montré aux princes qu'il ne se défiait pas d'eux; d'autre part, en laissant son frère à Poitiers tandis que lui-même se rendait en pèlerinage — un projet qu'il avait certainement annoncé plusieurs jours à l'avance, sinon les conspirateurs n'eussent pu organiser la fuite du duc de Berry avec une telle précision —, il avait carrément fourni des armes à ses ennemis.

Cependant, sa vie, avant comme après la rébellion, son caractère et la manière dont il dirigea toujours ses affaires, viennent contredire l'hypothèse selon laquelle Louis aurait pu se laisser prendre par surprise.

Olivier de la Marche rapporte que, à Noël, quelque cinq cents chevaliers, dames et gentilshommes, qui portaient tous en signe de reconnaissance un morceau de soie blanche à la ceinture, se réunirent à Notre-Dame de Paris pour discuter les plans de la rébellion que complotaient les seigneurs. Par ailleurs, durant des mois, ces mêmes seigneurs échangèrent des messages concernant leur conspiration. On a du mal à croire qu'un groupe aussi suspect que celui dont parle la Marche ait pu échapper à la vigilance des fonctionnaires royaux de Paris; de même, il paraît peu vraisemblable que, de l'incessant va-et-vient des courriers princiers, n'ait pas résulté l'interception de quelques communications compromettantes par les agents du roi. On sait d'ailleurs qu'un tel message fut découvert quelques jours seulement avant la fuite du duc de Berry; en effet, Josselin du Bois arrêta un envoyé qui portait à François II une lettre l'avertissant que le comte de Charolais avait désavoué l'ambassade pacifique dépêchée par son père auprès de Louis XI, et contenant sans doute d'autres allusions au conflit qui allait éclater. En fait, le « secret » était si mal gardé que, dans la ville bourguignonne de Mâcon, aussitôt connue la nouvelle de la fuite du duc de Berry, on en avait conclu que celui-ci était nommé régent. Louis lui-même avait immédiatement compris ce que signifiait la disparition de son frère; aussi avait-il envoyé un appel particulièrement pressant au duc de Bourbon qui devait être le premier à ouvrir les hostilités.

Il est possible que, pour éviter qu'on l'accusât d'agression, Louis eût sciemment adopté l'attitude d'un « roi sans soucis », de manière à encourager les rebelles à se manifester au grand jour, et cela, aussi rapidement que possible. Connaissant la querelle qui séparait alors Edouard IV et Warwick, il savait que, pour l'instant du moins, il n'avait rien à craindre de l'Angleterre. Par ailleurs, la sénilité croissante du duc de Bourgogne et les fâcheuses conséquences que laissait prévoir sa réconciliation avec son fils ne pouvaient que l'encourager à agir au plus vite : bien qu'excédé par son neveu, Philippe le Bon ne prendrait pas les armes contre le roi de France, de cela Louis était sûr, tout comme il était sûr que la situation changerait une fois le comte de Charolais maître de la Bourgogne.

Il n'est guère probable que Louis ait été suffisamment téméraire pour laisser intentionnellement son frère à Poitiers afin qu'Odet d'Aydie n'ait plus qu'à s'en saisir pour en faire la pomme de discorde nécessaire à l'ouverture des hostilités; cependant, s'il ne le fit pas consciemment, il se peut que ses nerfs l'aient poussé malgré lui à agir de la sorte. Peut-être au fond de lui un sentiment de culpabilité, né de sa participation à la Praguerie, le détermina-t-il à jouer à son insu le rôle qu'avait joué son père, et à laisser son frère, héritier mécontent, devenir l'homme de paille d'une poignée de seigneurs soucieux de leurs seuls intérêts. Dès lors, comme le nota Commynes, « il ne put trouver de repos »; pendant des mois il lui fallut supporter l'hostilité des princes qu'il ne pouvait dompter par des moyens pacifiques ni satisfaire sans compromettre son gouvernement.

Quoi qu'il en soit, si Louis fut surpris, sa défense était préparée. Au moment où la rébellion éclata, il se trouvait à cinquante milles de Thouars, où il avait déposé son trésor, et à quelques heures seulement de Poitiers, où stationnaient plusieurs milliers de soldats appartenant à l'armée permanente.

> « Ce royaume est sens dessus dessous, informa-t-on le duc de Milan. On n'y parle que d'armes et on n'y voit rien d'autre [...] Le pays entier reste l'oreille dressée, et les gens ne savent de quel côté se tourner. Les choses ne peuvent demeurer dans cet état. »

Cependant, les nouvelles qui parvenaient au roi étaient assez réconfortantes. Toutes les grandes villes — Amiens, Reims, Rouen, Paris, Orléans, Poitiers, Montpellier — promirent solennellement de lui rester fidèles. Bordeaux s'offrit à lui fournir deux cents arbalétriers payés pour trois mois. « Ceux de Lyon » jurèrent de vivre et de mourir avec le roi : « ils seront avec lui quoi qu'il arrive ». Toutefois, les manœuvres des princes devenaient chaque jour plus menaçantes. Tandis que les hommes d'armes du duc de Bourbon prenaient possession des villes de l'Auvergne et du Bourbonnais et que les Angevins attendaient dans une attitude plus ou moins ambiguë, à Nantes, les ducs de Berry et de Bretagne s'occupaient de mener à bien la campagne de propagande dirigée par le subtil Odet d'Aydie et par le comte de Dunois. Le frère du roi était brandi comme cause et comme chef de la rébellion : « Dans toutes ces opérations, personne n'est jamais nommé sauf le duc de Berry qui paraît être à la tête de toute l'affaire. »

Ses plaintes concernant l'attitude du roi, ses appels à la réforme du gouvernement, ses revendications concernant un apanage conforme à sa position étaient censés avoir poussé les princes à s'unir en une Ligue du Bien public. Les pauvres devaient être soulagés, les impôts abolis, les « désordres » supprimés. En fait, c'était la Praguerie qui recommençait.

Fin mars, Louis continuait à prodiguer toute espèce d'attentions à son oncle d'Anjou, le comte du Maine, qui faisait montre à son égard d'une fidélité à toute épreuve; cependant, tout Angevin et tout oncle qu'il fût lui aussi, il éprouvait une méfiance croissante à l'encontre du roi René. Pour stimuler son attachement, Louis lui avait offert la ville de Gap, en Provence, et l'avait chargé de négocier avec les ducs de Berry et de Bretagne. Tiraillé entre son souverain et les princes rebelles vers qui le poussait son belliqueux fils, le duc Jean, cet amateur de tournois et de poésie, souhaitait sans doute rester le plus possible à l'écart de l'affaire; toutefois il était assez rusé pour calculer qu'en se répartissant de l'un et l'autre côté de la barrière les Angevins éviteraient de sortir perdants du conflit. Quoi qu'il en soit, l'attitude qu'il avait adoptée était tellement équivoque qu'on ne pouvait savoir s'il traitait ou s'il conspirait avec l'ennemi.

Le 26 mars, Louis quitta soudain Thouars pour aller prendre possession de Saumur — « une belle place forte avec des coteaux et des eaux » —, ville de la Loire appartenant au roi René. Il n'en fallut pas plus pour faire accourir celui-ci... après qu'en réponse à ses prières le roi lui eut accordé trente mille écus, dont douze mille comptant et dix-huit mille à toucher sur les revenus de la couronne. Au soir du 10 avril, le chef de la Maison d'Anjou jurait « aux mains du roi » de le servir loyalement « envers et contre tous ». Cependant, Louis informa Maletta que René avait prêté serment « à la façon italienne », c'est-à-dire par opportunité.

Les seigneurs du Midi — Foix, Armagnac et Nemours — envoyèrent au roi des promesses d'appui; toutefois leur attitude demeurait ambiguë. Par contre, les nouvelles en provenance du Nord étaient parfaitement claires : là-bas, la situation s'aggravait. Début mars, le duc de Bourgogne était tombé malade, et, maintenant qu'il était rétabli, il se trouvait dans un état de sénilité tel qu'il s'était laissé convaincre d'abandonner le pouvoir au comte de Charolais, le plus acharné des ennemis de Louis. La chose n'aurait pu tomber plus mal pour le roi de France. Désormais la Picardie était en danger, danger que Louis essaya de parer en faisant remise aux Picards de vingt mille écus d'impôts et en supprimant les taxes sur le vin qui frappaient alors les producteurs privés. En outre, il ordonna à ses principaux officiers de prévoir des mesures de défense. Pourtant, il apprit que la Picardie était loin de faire preuve d'une obéissance aveugle, aussi dépêcha-t-il le maréchal Roualt avec cent lances pour s'assurer de la fidélité de la province.

Cependant, à Saumur, Louis dirigeait ses préparatifs militaires sans donner le moindre signe d'inquiétude. Il remit à ses troupes le quart de leur solde, fit don de chevaux et d'armures aux guerriers les plus méritants et s'occupa de fêter ses capitaines. Alberico Maletta, qui était alors en route pour Milan, avait pris soin de laisser à sa place un jeune ambassadeur, Giovanni Pietro (Jean-Pierre pour les Français) Panigarola [1], que la vitalité du roi ne fut pas longue à enflammer.

> « Sa Majesté passe en revue et distribue ses hommes avec le plus grand soin, nota-t-il [...] Elle est de bonne humeur, fait bonne chère et s'occupe de ses affaires sans perdre une seconde. »

Le jour où le roi René arriva à Saumur, c'est-à-dire le mercredi 10 avril, Louis dépêcha en direction de l'est une avant-garde de deux cents lances placées sous les ordres de trois de ses meilleurs capitaines. Le 17 avril, trois semaines après la disparition de son frère, il quitta Saumur pour entrer en campagne. Il laissait au comte du Maine quelque treize mille soldats pour empêcher Charles de Berry et François II de quitter la Bretagne. Avec onze mille hommes environ (y compris huit cents lances d'élite provenant de l'armée permanente), il comptait lui-même attaquer le duc de Bourbon tandis que, du Languedoc et du Dauphiné, une autre armée devait marcher au nord contre le Bourbonnais. Il souhaitait mettre Bourbon hors de combat avant que les autres rebelles ne pussent se joindre à lui. A Tours, où il fit une brève halte, il apprit que Francesco Sforza s'apprêtait à lui envoyer quatre mille cavaliers et mille fantassins, qui tous avaient déjà fait leurs preuves.

II

Le 28 avril, jour de la Saint-Georges, Louis XI quitta Tours avec son armée et son artillerie — cette dernière « s'étendant sur plus de six lieues avec les douze cents chevaux requis pour la tirer ». L'ingénieux roi de France avait une longue expérience du commerce de la guerre. Il savait que les hommes se battent mieux lorsque leur souverain prend les armes avec eux et possède en la matière des connaissances plus solides que bien des capitaines. Fonçant vers l'ouest, il prit avec ses troupes la direction du Berry, porte du Bourbonnais. Lorsqu'il apprit que Bourges, sa capitale, la ville qui l'avait vu naître, était tombé aux mains du Bâtard de Bourbon, il envoya des détachements occuper le reste du pays et se dirigea en hâte vers Montluçon, seconde place du Bourbonnais, qui barrait la route de Moulins, capitale de la Province. Après un unique assaut, il accepta la capitulation de la ville à des conditions très modérées. Jean-Pierre Panigarola était étonné par la discipline des troupes royales (« malgré l'agitation, il n'y avait pas un homme qui osât voler ou prendre quoi que ce soit sans payer ») et la rapidité avec laquelle le roi menait sa campagne (rapidité « si surprenante qu'il me faut la souligner »).

Louis prit ensuite la direction de l'est et du nord-est pour enlever les forteresses qui gardaient les routes de Montluçon à Moulins, situé à quelque quarante milles de là, où se trouvaient alors le duc de Bourbon et le comte de Dammartin. Il eut la satisfaction d'apprendre que les hommes qui, du Dauphiné, se dirigeaient vers le nord sous les ordres de Robin Malortie * avaient mis en déroute les troupes ennemies qui avaient tenté de freiner leur avance. Chaque jour de nouvelles villes se soumettaient, tant en Auvergne que dans le Bourbonnais. Cependant, les nouvelles négociations que le roi René avait entreprises avec les ducs de Bretagne et de Berry avaient eu pour seul effet d'amener les princes à déclarer qu'ils seraient ravis de voir Louis régner à condition qu'il leur abandonnât le soin de gouverner. En Lorraine, le duc Jean avait ouvertement pris parti pour la Ligue du Bien public et s'occupait de recruter des troupes en Suisse et en Allemagne. Le comte d'Armagnac s'était enfin décidé à quitter ses Etats du Midi; toutefois, les bandes avides des Gascons qu'il emmenait par milliers avec lui s'étaient mises à piller le pays, et Armagnac lui-même ne renouvelait pas ses protestations de fidélité. Mais, par ailleurs, Jean-Pierre Panigarola se présenta un matin dans la chambre du roi avec à la main une dépêche du duc de Milan où celui-ci annonçait qu' « en témoignage de son indéfectible loyauté » il avait placé son fils et héritier, le comte Galeazzo, à la tête de cinq mille fantassins et cavaliers qui bientôt auraient franchi les Alpes pour porter secours au roi de France.

Louis pressait la manœuvre. Des détachements royaux partaient de Montluçon dans toutes les directions pour attaquer les garnisons du voisinage, tandis que le gros de l'armée, progressant vers Moulins, s'occupait de mettre le siège devant Hérisson. Déjà la ville s'était rendue lorsque le roi, qui emmenait avec lui Panigarola, apparut devant ses murs avec cinq mille cavaliers « tous bien montés, bien équipés, et qui constituaient un spectacle fort beau à voir [2] ».

Au début de la dernière semaine de mai, un brusque changement s'opéra. L'armée interrompit sa marche vers Moulins tandis que le roi Louis s'enfermait à Montluçon. Du Nord étaient arrivées des nouvelles on ne peut plus alarmantes. Le comte de Charolais avait obtenu de ses Etats généraux l'argent qui

* Qui avait passé quelques jours en prison après avoir encouru la colère du dauphin en 1456 (cf. p. 76), mais en qui Louis avait su reconnaître depuis le vaillant et loyal capitaine qu'il était.

devait lui permettre de lever une armée pour « le salut de la France ». Au fur et à mesure que de nouveaux messages parvenaient au quartier général du roi, il devenait plus évident que le comte de Charolais ne visait pas seulement à reprendre la Picardie, mais qu'il avait l'intention de marcher sur Paris pour y rejoindre les princes qui s'étaient révoltés. Louis ordonna donc au maréchal Roualt et à ses autres capitaines de rassembler leurs forces. Ensuite de quoi — et ceci montre bien qu'il n'espérait guère parvenir à arrêter l'avance de l'armée bourguignonne — il pria Malortie, qui s'occupait alors de prendre le Bourbonnais à revers, d'interrompre immédiatement sa manœuvre pour venir le rejoindre. La campagne dans laquelle il s'était lancé n'était plus maintenant qu'un piège. Pressé par les événements, le roi était désormais résolu à s'en remettre à son art de la négociation. A quarante-deux ans, il était encore suffisamment optimiste pour entreprendre, par faiblesse, de traiter avec des princes à qui il savait ne pouvoir se fier.

A Moulins, le roi fit savoir qu'il était prêt à prendre connaissance des conditions de paix que le duc de Bourbon tentait de lui faire depuis quelques jours. Par ailleurs, il redoubla d'efforts pour amener le timide et fuyant duc de Nemours, qui demeurait toujours non loin de là dans son château de Montaigut, à rallier son camp. Face aux autres, Louis gardait un visage souriant. Cependant, devant l'ambassadeur de Sforza, il lui arrivait parfois de laisser tomber le masque. C'est ainsi que Jean-Pierre Panigarola put écrire à son maître :

> « Sa Majesté prétend que, si elle perdait, elle préférerait voir le Dauphiné et Lyon aux mains de Votre Altesse plutôt que de qui que ce soit d'autre. »

Ayant reçu une garantie de sécurité, le duc de Nemours accepta de se rendre à Montluçon sous escorte. Une fois devant le roi qui l'avait fait duc et qui l'avait couvert d'honneurs, Jacques d'Armagnac se montra plein de charme et multiplia les promesses de dévouement. Jamais il n'aurait songé à donner son approbation aux princes s'il n'avait appris que son souverain méditait de donner la Guyenne et la Normandie aux Anglais, expliqua-t-il. Mais, maintenant qu'il savait où se trouvait la vérité, il n'avait d'autre désir que de s'entremettre auprès des seigneurs rebelles de manière à ramener la paix au sein du royaume aussi rapidement que possible. Désormais, Louis en était réduit à utiliser qui il avait sous la main. A Panigarola, il confia qu'il savait fort bien que ses adversaires cherchaient à atermoyer; toutefois, il comptait que le temps travaillerait en sa faveur. Grâce à l'habile intervention du duc de Nemours, une trêve de huit jours fut signée, durant laquelle devaient se poursuivre les négociations.

Le 28 mai, le roi et ses troupes entraient à Saint-Pourçain, à quelque dix-huit milles au sud de Moulins. Le lendemain, il faisait tenir à Georges Havart, qui était alors en route pour Calais, où il devait entrer en pourparlers avec le comte de Warwick, un message l'informant que « des envoyés s'en sont allés à Moulins [...] et croyons que demain nous amèneront à Varennes, qui n'est que à deux lieues d'ici [de l'autre côté de l'Allier], ledit duc de Bourbon; et nous attendons que nous ne départirons d'ensemble que n'ayons assuré le fait de deça [nos affaires ici]; et, ce fait, tirerons ès marches de par-delà [c'est-à-dire en Picardie] pour résister aux entreprises et menaces à ceux qui, contre leur honneur et le serment de féauté qu'ils ont à nous, nous veulent courir sus ».

Comme prévu, aux environs du 29, le duc de Nemours ramenait le duc de Bourbon à Varennes. Plein d'enthousiasme, le duc de Nemours faisait la navette entre Varennes et Saint-Pourçain, traînant à sa suite les envoyés de Bourbon et les négociateurs du roi. Chaque jour, Louis espérait rencontrer le duc de Bourbon, mais ce dernier ne souhaitait pas se présenter devant son souverain avant que tous les arrangements n'eussent été pris, et il se trouvait toujours quelque nouveau point à discuter.

Déjà l'on était en juin lorsque des courriers arrivèrent, chargés de sombres nouvelles. Bien que leurs deux maisons eussent autrefois été à couteaux tirés, le duc Jean venait de s'allier avec le comte de Charolais. Les messagers se succédaient, apportant chaque jour des nouvelles plus alarmantes. Désormais l'armée bourguignonne progressait vers le sud en direction de Paris. Louis commanda à Pierre de Brézé, qui servait alors sous les ordres du comte du Maine, de dépêcher trois cents lances en Picardie. En outre, il donna à tous les gens d'armes et à tous les archers d'Ile-de-France l'ordre d'aller prêter main-forte aux défenseurs de Paris.

Bientôt, Louis sentit que des dangers plus directs encore le menaçaient. A Saint-Pourçain même, l'un de ses principaux conseillers, un Normand de haut parage, Louis d'Harcourt, évêque de Bayeux et patriarche de Jérusalem, avait trouvé moyen de reprendre les discussions qu'il avait eues avec le duc de Nemours touchant la capture du roi. Le patriarche méditait en outre de porter un coup fatal au souverain en brûlant les réserves de poudre entreposées à Saint-Pourçain. Antoine de Lau, favori de Louis, s'était joint au complot. Toutefois, Nemours jugeait encore la partie trop hasardeuse. Soudain sensible aux relents de trahison qui flottaient autour de lui, le roi ajouta cent soixante hommes à son corps d'archers; par ailleurs, le comte d'Armagnac mit sur pied une garde de nuit chargée de veiller sur ses appartements. Cependant, le duc de Bourbon se refusait toujours à rencontrer Louis, qui s'acharnait en vain à négocier et s'enfonçait toujours davantage dans le bourbier dont il était lui-même responsable.

A l'aube du 14 juin, il apprit que, au cours de la nuit précédente, le duc de Bourbon et le duc de Nemours avaient pris en toute hâte la route de Moulins. Bourbon venait d'être informé que les deux cents lances dont il avait, en dépit de la trêve, requis le concours auprès du duc de Bourgogne, étaient arrivées dans la capitale de sa province. A l'annonce de cette nouvelle, Louis franchit l'Allier pour occuper Varennes, déployant ses troupes en éventail pour barrer la route aux nouveaux renforts susceptibles d'arriver de Bourgogne. A peine le roi avait-il atteint la ville que des envoyés de Nemours et de Bourbon se présentaient à lui pour l'avertir que, si les ducs avaient jugé bon de se retirer à Moulins, Bourbon n'en demeurait pas moins désireux de conclure un accord avec son souverain.

« Nous avons perdu vingt-deux à vingt-trois jours que nous ne pouvions nous permettre de perdre », écrivit tristement au chancelier l'un des conseillers du roi. Cependant, menacé par les forces rebelles qu'il sentait prêtes à fondre sur lui, Louis reprit les négociations. Le surlendemain, c'est-à-dire le 16 juin, alors qu'il espérait toujours conclure un accord, il apprit que Nemours et Bourbon avaient quitté Moulins pour rejoindre le comte d'Armagnac qui, du sud, avait réussi à se tailler un chemin avec cinq mille Gascons à travers le territoire montagneux de l'Auvergne. Les nouvelles qui arrivaient du Nord n'étaient pas moins catastrophiques. Le 6 juin, le comte de Charolais avait franchi la Somme. Quoique les principales villes de Picardie fussent fidèles au roi et que la maréchal Roualt serrât de près les troupes bourguignonnes, les officiers royaux n'avaient pas réussi à mettre une armée en campagne, et, désormais, la route de Paris était libre.

Le 20 juin à une heure du matin, des éclaireurs vinrent annoncer qu'après avoir rejoint Armagnac et ses hommes, Bourbon et Nemours avaient su amener Riom à ouvrir ses portes le matin précédent. Au soir du même jour, Louis, son armée et son artillerie se trouvaient à quelque trois milles de Gannat, une ville fortifiée située à mi-chemin entre Saint-Pourçain et Riom. En route, le roi avait été rejoint par un fort contingent venu du Dauphiné et placé sous les ordres de Robin Malortie. A ce dernier, Louis promit le comté de Normandie avec un revenu de vingt mille écus. Quant aux hommes du Dauphiné, qu'il connaissait souvent par leur nom, il en fit sa garde de bataille. Dans la matinée du lendemain, vendredi 21 juin, il lança un assaut contre Gannat, dont les défenseurs durent se réfugier pêle-mêle dans la citadelle. Aussitôt que le roi fut entré dans la ville, écrivit au chancelier l'un de ses conseillers, « il pointa son artillerie contre la citadelle, abattit les murs qui retenaient l'eau dans le fossé, et commença à attaquer la citadelle qui, aussitôt, se soumit [...] à sa volonté. Cela fait, lorsqu'il eut mangé un œuf — car il n'y avait rien d'autre —, il monta à cheval, et, avec toutes nos troupes et notre artillerie, nous nous en allâmes loger à Aigueperse, à cinq milles de là, et à moins de dix milles de Riom... »

Les princes envoyèrent alors à leur souverain un projet de traité « bien étrange » dans son insolence, et qui fut aussitôt rejeté. Malgré la pluie battante, dès le lendemain soir l'armée de Louis se trouvait en vue de Riom.

Déguisé en archer, le duc de Bourbon se glissa hors de la ville, et, traversant les marches en directions du sud-est, il rejoignit Moulins. Le lendemain matin, c'est-à-dire le dimanche 23 juin, tandis que Louis supervisait l'encerclement de la ville et le placement des bombardes, un héraut vint demander à parlementer. Le roi accepta. Aussi souriant qu'à l'ordinaire, le duc de Nemours se présenta bientôt suivi de son escorte. Buvant jusqu'à la lie la coupe d'amertume, Louis lui fit bon accueil et écouta ses propositions. Le soir même, un traité était conclu, un traité lamentable qui trahit l'état désespéré où se trouvait le roi. On était convenu d'une trêve qui devait durer jusqu'à la mi-août. Les ducs de Nemours, d'Armagnac et de Bourbon (les deux premiers répondant du troisième) s'engageaient à essayer d'amener les autres princes à composition en échange des grasses pensions, des offices et des commandements militaires que leur offrait leur souverain. Ce même dimanche (23 juin) Louis chargeait un messager d'annoncer cette trêve aux Parisiens et de leur faire savoir qu'il arriverait dans la capitale avec toute son armée dans un délai de quinze jours.

Riom se trouve à deux cent trente milles au sud-ouest de Paris.

Déjà ses troupes abandonnaient leurs positions et levaient le siège pour prendre le chemin de l'Ile-de-France. Des courriers sillonnaient les routes du Bourbonnais pour transmettre aux garnisons royales l'ordre de préparer leur retraite. Louis passa la nuit du 23 au 24 dans le village de Marsat, à côté de Riom, à organiser le départ de son armée. En outre, il fonda une messe perpétuelle qui devait être célébrée chaque jour dans l'église de l'endroit, où il avait « prié maintes fois devant la statue vénérée de la glorieuse Marie ». Le 24, un conseiller écrivit au chancelier que, grâce à sa « formidable énergie », le roi s'en était « sorti tout à son honneur ». Cependant, Louis n'était pas encore hors d'affaire. Prenant la direction du nord, il parcourut dix milles seulement et s'arrêta à Aigueperse où il consacra à de nouvelles « négociations » les ultimes et précieuses journées de juin 1465. Ignorant le traité, le duc de Bourbon réclamait pour lui-même et pour les deux seigneurs du Midi le contrôle de plus de la moitié de l'armée permanente — une proposition que le roi rejeta sur-le-champ. Il n'y avait plus rien d'autre à faire maintenant que de conclure un accord avec le duc de Nemours et d'Armagnac. Signé le 30 juin, celui-ci confirmait les engagements que Louis avait pris envers ces derniers, qui, pour leur part, promettaient de rejoindre leur souverain à Montluçon.

Juin avait pris fin, et avec lui trente jours de faux serments et de déloyauté, trente jours durant lesquels Louis s'était enfoncé toujours plus avant dans le piège du temps. Bien qu'il semblât l'avoir senti, il ne savait pas encore que les ombres de la trahison dansaient leur sinistre ballet jusque dans ses propres appartements. Durant la semaine passée à Aigueperse, l'infatigable patriarche de Jérusalem et Antoine du Lau avaient repris leur complot avec le duc de Nemours. Dans la salle où le souverain donnait audience, et même dans la chambre royale, le patriarche dévidait ses projets : dès qu'ils se seraient emparé de Louis (à Montluçon ou même sur la route : il ne se déplaçait jamais qu'avec une petite escorte), le royaume retrouverait la paix et les princes auraient tout loisir de se partager entre eux le gouvernement, l'armée permanente et les recettes de la France; le patriarche prendrait quant à lui la direction d'un Conseil qui ne laisserait plus au roi la moindre liberté d'action. Cet arrangement semblait « assez agréable » au duc de Nemours. Cependant, un soir durant lequel on complotait, Jean Bourré, le secrétaire particulier de Louis, s'était présenté à sa porte, et le patriarche avait dû disparaître dans un placard : il n'en avait pas fallu davantage pour que le duc abandonnât une fois de plus la partie.

L'armée royale progressait maintenant dans la direction d'Orléans; les garnisons quittaient les villes; les unités d'élite de la cavalerie, les archers montés et l'artillerie légère ouvraient la marche tandis que les fantassins avançaient péniblement derrière eux. Lorsque, aux environs du 3 juillet, Louis atteignit Montluçon, il n'y avait trace ni du duc d'Armagnac ni du duc d'Orléans : le traité était lettre morte. Déjà le roi avait placé un chapelet d'arrière-gardes au sud contre le duc d'Armagnac, au sud-est contre une éventuelle attaque du duché de Bourgogne, à l'est contre les troupes du duc de Bourbon.

> « L'armée n'est pas très grande, écrivit au chancelier un vieux serviteur de la couronne, mais, pour ce qui est de se battre et de marcher, les quelque douze mille hommes qui la composent n'ont pas leurs pareils. »

Jamais ils n'avaient eu l'occasion de lutter corps à corps avec l'ennemi; maintenant qu'ils revenaient à marche forcée sur leurs pas tandis que les princes de France étaient ligués contre eux, ils savaient qu'ils couraient peut-être à la défaite. Cependant, ils faisaient leur métier, et, placés sous la conduite d'un roi qui connaissait l'art de la guerre, c'est avec un moral intact qu'ils progressaient sur les routes poussiéreuses de l'été. Les hommes du duc de Bourbon sortirent de Bourges pour prendre l'armée royale de flanc, mais ils furent battus à plate couture et durent promptement réintégrer la ville. Quant au maréchal de Bourgogne, ses troupes furent tellement malmenées par les arrière-gardes auxquelles elles s'étaient attaquées qu'il n'osa plus rien entreprendre avant que le roi et son armée eussent traversé la Loire.

Alors qu'entre le 7 et le 8 juillet Louis faisait halte à Culan — à cent soixante-cinq milles au sud de Paris —, il savait que la grande armée bourguignonne avait franchi l'Oise à Pont-Sainte-Maxence et fonçait maintenant sur Paris; il savait aussi que les Bretons se dirigeaient vers l'est, le comte du Maine n'offrant plus aucune résistance, et que le duc Jean s'apprêtait à quitter la Lorraine pour marcher vers l'ouest. Heureusement, les bonnes villes étaient toutes favorables à la cause du roi; Paris semblait tenir bon, et, lorsqu'elle n'était pas tributaire des grands féodaux, la petite noblesse demeurait également fidèle, ou du moins indifférente. Cependant, exception faite des comtes d'Eu et de Vendôme, qui n'avaient qu'une puissance limitée, tous les princes de France avaient pris les armes contre leur souverain, souverain qu'ils considéraient comme un intrus et qu'ils souhaitaient écraser.

De Culan, Louis écrivit au chancelier :

> « Nous tirerons à toute diligence à Paris, et, Dieu devant, serons à Orléans samedi prochain (13 juillet) avec toute notre armée. »

En fait, il arriva à Orléans avec deux jours d'avance pour apprendre que les Bourguignons attaquaient d'ores et déjà Paris.

14.
Montlhéry

I

Le jeudi 11 juillet, le roi de France s'en alla entendre la messe en l'église Notre-Dame de Cléry, à huit milles au sud-ouest d'Orléans. Le fait de sa présence en ces lieux nous est connu grâce à un message exprès que Louis fit tenir à la veuve du duc d'Orléans, nièce du duc de Bourgogne, pour le prier de transmettre une mise en garde au comte de Charolais. D'après Panigarola, le roi avait chevauché « nuit et jour ».

Louis XI consacra les vendredi et samedi 12 et 13 juillet à passer ses troupes en revue. La cavalerie lourde et les archers montés franchissaient alors la Loire en empruntant les ponts d'Orléans et de Beaugency. Des milliers de fantassins ainsi que la plupart des unités d'artillerie peinaient encore sur les routes du Bourbonnais, suivis par les arrière-gardes et les renforts venus du Languedoc. Le roi ne pouvait les attendre, de même qu'il ne pouvait accorder de repos à ses hommes. Il informa la capitale que son armée arriverait le mardi 11 juillet. Les courriers se succédaient, mais seules les nouvelles en provenance de Paris laissaient subsister quelque espoir. La masse des Parisiens restait envers et contre tout fidèle à son souverain. Le maréchal Roualt, qui avait pénétré dans la ville le 30 juin, avec cent lances, le lieutenant général du roi, Charles de Melun, et le futur évêque d'Evreux, Jean Balue, un ecclésiastique grossier et libertin mais doué d'un esprit énergique et entreprenant, avaient soigneusement organisé la défense de la capitale.

Dans l'après-midi du 5 juillet, alors que le roi se trouvait encore à Montluçon, l'armée du comte de Charolais, qui comprenait quelque vingt-cinq mille hommes appuyés par la meilleure artillerie d'Europe, fit son apparition devant les murailles nord et ouest de Paris. Ni les tentatives d'intimidation ni les essais de corruption ne parvinrent à entamer la loyauté de la capitale. Les 7 et 8 juillet, les assauts lancés contre les portes furent aisément repoussés; nombre de Bourguignons, furieux que le duc de Bretagne eût manqué son rendez-vous avec eux *, menaçaient de ne pas aller plus loin. Mais le comte de Charolais mit fin aux murmures des mécontents en déclarant qu'il continuerait même s'il ne lui restait qu'un seul page pour l'accompagner. Durant la nuit du 10 juillet, les Bourguignons s'emparèrent du pont de Saint-Cloud, à l'ouest de Paris. Désormais, la route du sud était libre.

Le dimanche 14 juillet à l'aube, le roi Louis, qui s'occupait de rassembler ses troupes à Beaugency, sur la rive gauche de la Loire, fut informé que l'armée bourguignonne avait franchi la Seine et descendait vers Orléans. Par ailleurs, il apprit que les Bretons approchaient dangereusement. Le duc de Berry et le duc de Bretagne étaient l'un et l'autre de piètres guerriers, mais ils avaient d'excellents capitaines, comme le comte de Dammartin — qui souffrait de la goutte mais dirigeait les opérations d'une litière —, Lohéac, autrefois maréchal de France, Jean de Bueil, l'ancien amiral du royaume, et l'habile Odet d'Aydie. En apprenant que le roi avait gagné Riom, l'armée bretonne, qui comptait quelque douze mille hommes, se mit à progresser vers l'est. Le comte du Maine, dont les troupes étaient presque aussi nombreuses, se retira prudemment devant elle. Les Bretons traversèrent la Loire aux Ponts-de-Cé, près des grandes murailles d'Angers, mais le roi René ne fit aucun mouvement pour leur barrer la route. Maine se repliant sur Tours, ils arrivèrent à Vendôme sans rencontrer la moindre résistance. Le 13 juillet à midi — ainsi que Louis en fut informé quelques heures plus tard —, ils entraient dans Châteaudun, à vingt-cinq milles au nord de Beaugency. Maintenant, ils étaient en mesure d'attaquer le roi par le flanc, si celui-ci décidait de marcher sur Paris, ou de rejoindre les troupes bourguignonnes avant même que Louis ne pût

* Le comte de Charolais et François II étaient convenus de se rencontrer avec leurs armées le 24 juin à Saint-Denis, à côté de Paris.

lancer son armée contre elles. Pour compéter cet encerclement, les comtes d'Armagnac, de Nemours et de Bourbon s'avançaient du sud, le maréchal de Bourgogne du sud-est, et le duc Jean de l'est avec une armée de cavaliers et de mercenaires suisses.

Jean-Pierre Panigarola, dont les dépêches reflètent la vive agitation, restait le plus près possible du roi « afin de savoir comment les choses évoluent d'heure en heure. La situation se fait toujours plus dramatique. Soit un accord interviendra très rapidement, soit il faudra se battre, auquel cas la lutte sera d'autant plus sanglante et mortelle que la haine est profonde entre les deux partis ».

Les compagnons de Louis étaient en proie à l'abattement et à la peur; certains affirmaient ouvertement que le roi serait bientôt contraint de souscrire à toutes les exigences des princes, car, pour lui, livrer et perdre une bataille rangée signifierait la ruine. Face aux autres, Louis gardait une attitude résolue, mais Panigarola sentait qu'il était « tourmenté dans son esprit ».

Dans la nuit du 13 au 14 juillet, le bruit courut à Beaugency que les Bretons quittaient Chateaudun pour rallier les troupes bourguignonnes. Si cette rumeur se révélait juste, avant le lendemain soir une armée de trente-cinq mille hommes couperait le roi de sa capitale. A l'aube du dimanche 14, Louis et ses hommes se mirent une fois de plus en route. Après une marche forcée rendue plus pénible encore par la chaleur et la poussière de l'été, ils atteignirent Etampes dans le courant de la soirée. Ils avaient presque parcouru cinquante milles. Désormais, les Bretons, qui s'attardaient toujours à Châteaudun, se trouvaient loin derrière. Cependant, à quelque milles de là, les Bourguignons bloquaient la route de Paris [1]. Au cours de la nuit, le comte du Maine, l'amiral de Montauban et Pierre de Brézé arrivèrent à Etampes avec les troupes qui avaient si complaisamment laissé les Bretons avancer à leur guise. Plusieurs milliers de soldats ainsi que le gros de l'artillerie du roi peinaient encore sur les routes du sud.

Tôt le lendemain, lundi 15 juillet, Louis rassembla son armée au milieu des champs. Entouré par ses soldats, il invoqua solennellement le secours du ciel. Des prêtres « chantèrent neuf messes auxquelles le roi fut continuellement présent dans une robe blanche, agenouillé les genoux nus... ».

Lorsque les messes eurent pris fin et que le roi eut prononcé de « très ferventes prières », il convoqua un conseil de guerre auquel devaient prendre part tous ses seigneurs et tous ses capitaines. Louis ouvrit la séance par une brève allocution. La Maison de Bourgogne avait eu, dit-il, l'audace de creuser un fossé entre lui et les princes de son sang, y compris son frère. Depuis, la discorde risquait d'entraîner la ruine du royaume; mais il n'avait nullement l'intention de laisser les Bourguignons agir selon leur bon plaisir. Il croyait que « le Dieu tout-puissant et la très glorieuse Vierge Marie » accorderaient leur soutien à sa cause. Aussi, si l'armée royale attaque les Bourguignons, « nous les briserons tous et les mettrons totalement en déroute », déclara-t-il. Toutefois, pour conclure, il ajouta qu'avant de prendre une décision définitive, il souhaitait avoir l'avis de tous ses seigneurs et capitaines, car il voulait être guidé par la raison et non par l'émotion.

En tant que prince du sang, le comte du Maine parla le premier. Dépeignant les risques que représentaient une bataille rangée, il déclara que le roi devait éviter de se placer dans une situation aussi périlleuse. Ce n'était pas en fonçant tête baissée, mais en atermoyant et en négociant qu'on pouvait espérer la victoire. Son royal neveu devait à tout prix éviter de marcher contre les Bourguignons. Compère et amiral de Louis, Jean de Montauban appuya chaleureusement la stratégie préconisée par Charles du Maine : il était lui-même « absolument opposé à ce que Louis attaquât ses ennemis ».

Si l'on en croit un témoin, « pendant que ces choses étaient dites, le roi perdit presque patience * ».

Puis ce fut au tour du grand sénéchal de Normandie de prendre la parole. Comme allaient le montrer les événements, Pierre de Brézé avait été en proie à une violente lutte intérieure. Par ses goûts comme par ses habitudes, il appartenait à l'époque de Charles VII et, malgré la haute considération que lui accordait Louis XI, il ne se souciait guère du nouvel ordre que celui-ci tentait d'instaurer. D'instinct, il avait répondu à l'appel des princes à qui il avait promis obéissance. Cependant, maintenant qu'avait sonné l'heure des ultimes décisions, le ministre de la couronne était incapable de trahir la monarchie pour

* Sans doute Louis ignorait-il que Montauban s'était secrètement réconcilié avec le duc de Bretagne.

laquelle il s'était jusque-là dépensé sans compter, de même que le valeureux gentilhomme se refusait intérieurement à déserter l'armée du roi au moment où celle-ci s'apprêtait à affronter un ennemi supérieur en nombre. Le sénéchal « résuma ce qui avait précédemment été dit au Conseil avec tant de sagesse qu'à l'entendre chacun fut frappé d'étonnement. Ensuite, il se tourna vers le comte du Maine, et, par un discours à la fois brillant et émouvant, il lui démontra que le roi devait à coup sûr livrer bataille contre les Bourguignons, qui, déclara-t-il, ne pouvaient manquer d'essuyer une défaite complète ».

La plupart des autres capitaines accueillirent avec enthousiasme les paroles de Brézé.

Louis annonça alors qu'il continuerait son avance. Cependant, il voulait éviter qu'on l'accusât ensuite d'avoir cherché la guerre ou même d'avoir ouvert les hostilités. Il ajouta donc, comme il le raconta à Panigarola, et, beaucoup plus tard, à Philippe de Commynes, qu'en agissant ainsi il ne faisait rien d'autre que se conformer à sa première intention qui était d'entrer dans Paris pour rallier sous sa bannière la population de la capitale. Toutefois, si le comte de Charolais lui barrait la route, il n'hésiterait pas à se battre. Le roi déposa ensuite ses joyaux et ses trésors dans la tour fortifiée d'Etampes. Enfin, il envoya un message urgent à ses commandants de Paris : si, le lendemain, les Bourguignons contrecarraient sa marche, il leur livrerait bataille; auquel cas, si tout allait bien dans la capitale, le maréchal Roualt pourrait sortir de la ville pour attaquer l'arrière-garde de Charolais.

En fin d'après-midi, l'armée royale reprit sa marche vers Paris, dont vingt-quatre milles la séparaient encore. Cantonnées à quelques milles à l'ouest, les troupes du comte du Maine devaient rejoindre le roi dès le lendemain. Des éclaireurs vinrent bientôt annoncer que le comte de Saint-Pol, envoyé en avant-garde avec quelques milliers d'hommes, avait occupé le village de Montlhéry, situé à mi-chemin entre Etampes et Paris, mais qu'il avait été jusque-là incapable de prendre le château. Par ailleurs, ils informèrent le roi que le corps principal de l'armée de Charolais stationnait à Longjumeau, à trois milles et demi de là. Louis et ses hommes s'arrêtèrent pour passer la nuit à Etrechy, à dix milles au sud de Montlhéry.

II

Le lendemain, mardi 16 juillet, les douces ténèbres de la nuit ne s'étaient pas encore dissipées que déjà le roi et son armée se mettaient en mouvement. Comme ils atteignaient Arpajon, à trois milles et demi au sud de Montlhéry, ils furent rejoints par les troupes du comte du Maine. A ce moment-là, des éclaireurs vinrent avertir Louis que l'armée du comte de Charolais avait rallié l'avant-garde de Saint-Pol et que les Bourguignons se rangeaient en bataille dans les champs situés au nord de la colline de Montlhéry [2].

Le roi convoqua un dernier conseil de guerre. Tandis que ses capitaines s'assemblaient, Pierre de Brézé chercha à s'entretenir seul avec lui. En observant l'armée royale, il avait, dit-il, pu constater que les troupes étaient épuisées par l'héroïque marche qu'elles venaient d'accomplir. Dans ces conditions, il croyait bon de remettre la bataille à plus tard. Si l'on attendait, ne fût-ce que jusqu'au lendemain, les hommes qui étaient déjà sur place pourraient se reposer et ceux qui se trouvaient encore sur la route auraient la possibilité de les rejoindre. En outre, cet arrangement permettrait à la garnison de Paris de mieux se préparer à attaquer l'arrière-garde du comte de Charolais qui, pour sa part, n'attendait plus aucun renfort.

Etonné par le soudain changement que trahissaient les paroles de Brezé, Louis lui demanda à brûle-pourpoint s'il n'avait pas partie liée avec les princes.

Le grand sénéchal de Normandie sourit. Il était vrai qu'il avait donné sa parole aux princes, avoua-t-il, mais son corps et son âme restaient à son souverain. Il voulait vivre ou mourir pour le roi et avec le roi, « dit-il en gaudissant, car ainsi était accoutumé de parler ».

Louis étudia son interlocuteur, et, sûr de lui, il décida de lui prouver sa confiance en lui donnant la place d'honneur : c'est au grand sénéchal qu'incomberait le soin de commander l'avant-garde de l'armée royale.

A l'un de ses intimes, Brézé déclara, parlant des armées ennemies : « Je les mettrai aujourd'hui si près l'un de l'autre qui sera bien habile qui les en saura démêler » — paroles que le roi lui-même rapporta des années plus tard à Philippe de

Commynes. Probablement Louis devina-t-il que, pour lui conseiller de remettre la bataille au lendemain, le maréchal devait avoir certaines raisons de soupçonner de trahison le comte du Maine qui ne cachait pas la répugnance qu'il éprouvait à l'idée de se battre, et qui, à l'aube de ce même jour, avait manifestement reçu un héraut du comte de Saint-Pol.

L'on était maintenant au milieu de la matinée et déjà le brutal soleil de juillet rendait l'atmosphère irrespirable. Le conseil de guerre fut bref. Louis annonça que Pierre de Brézé prendrait le commandement de l'avant-garde qui, sur la butte de Montlhéry, jouerait le rôle d'aile droite; lui-même dirigerait le corps d'armée central tandis que son oncle, le comte du Maine, conduirait l'arrière-garde et viendrait ranger ses troupes sur l'aile gauche. Ensuite, le roi fit ouvertement part à ses capitaines des informations que lui avaient apportées ses éclaireurs. L'ost du comte de Charolais avait pris position dans la plaine de Montlhéry : il y avait établi son campement et s'occupait de creuser des tranchées et de disposer l'impressionnante artillerie dont il disposait. Les Bourguignons étaient beaucoup plus nombreux que l'armée royale, mais ils ne comptaient que peu d'hommes de valeur, poursuivit le roi. Pour sa part, il les considérait tous comme perdus car ils s'étaient d'eux-mêmes placés dans une prison. C'était exactement le genre de paroles que des militaires professionnels pouvaient souhaiter entendre à la veille de la bataille.

Le grand sénéchal rangea ses troupes et se mit en marche, bientôt suivi par les bannières royales. Il était entre dix et onze heures du matin lorsque le roi de France bifurqua sur la droite et, quittant la route de Paris, escalada la colline de Montlhéry jusqu'au château qui la couronnait. Bientôt il laissa ses hommes le dépasser pour aller prendre leurs positions sur le versant nord, à gauche de l'avant-garde de Pierre de Brézé.

Une vaste étendue de terrain se déroulait vers le nord sous les regards du roi. Jadis cette plaine avait été baptisée « champ des larmes ». A près d'un mille, sur une légère pente au sol inégal, l'ost du comte de Charolais s'étalait à l'ouest de la route de Paris, sur la gauche de Louis, presque jusqu'au village de Longpont, à un peu plus d'un mille en direction de l'est. Sur la droite du roi, une bannière rouge et grise, dominée par une licorne d'argent aux sabots et à la corne d'or, signalait la position du comte de Saint-Pol, qui, à la tête de quelque huit mille hommes, commandait la gauche de l'armée bourguignonne. Des pennons flottaient aux armes des deux fils de Saint-Pol, du seigneur d'Herminies, premier chancelier du comte de Charolais * et de quelques-uns des plus fiers chevaliers de l'Artois, des Flandres, du Hainaut et de la Picardie. Groupés autour de leur maître, les archers de Saint-Pol étaient vêtus de cottes rouges et grises dont les ornements de métal étincelaient au soleil. Au centre de la plaine se dressait l'étendard du Bâtard de Bourgogne, une barbacane azur sur fond or, autour duquel était massé son corps d'archers, dont les vestes rouges arboraient la blanche croix de Saint-André. Non loin de là, on pouvait voir l'enseigne du seigneur de Ravenstein. Enfin, sur la gauche de Louis, à proximité de la route Paris-Orléans, un grand drapeau, moitié noir et moitié violet, entouré d'archers portant les mêmes couleurs, signalait la présence du comte de Charolais.

Devant l'ost bourguignon, une rangée d'archers, protégée par des pieux taillés en pointe, devait couper l'élan de la cavalerie ennemie. Au milieu se trouvait placée une troupe de cinq cents archers anglais considérés par Commynes comme « la fleur et espérance » de l'armée bourguignonne. Ils avaient ôté leurs chaussures, mis en perce un tonneau de vin, et ne s'occupaient pour l'instant que de leur confort personnel. Derrière eux, d'innombrables hommes d'armes, montés ou non, formaient une masse confuse et semblaient n'occuper aucune position précise. A l'arrière-plan, des chariots grossièrement disposés en demi-cercle constituaient le campement bourguignon. Derrière, la forêt de Séguiny fermait l'horizon de son flot de verdure. Entre les deux armées s'étendaient des champs de blé, d'avoine et de fèves. Il faisait « terriblement chaud ». Le soleil tapait sur les armures d'acier. Des terres « profondément labourées » s'élevait une poussière qui rendait plus irrespirable encore l'étouffante atmosphère de juillet.

Le comte de Charolais avait laissé au roi une magnifique position défensive. Orientée d'est en ouest, la butte de Montlhéry s'élevait en pente rapide de la route de Paris au château qui occupait son sommet et dominait la plaine qui s'étendait à

* Antoine de Rolin, à propos de qui le comte de Charolais s'était disputé avec son père en 1457; cf. note 1, p. 480.

l'est. Le village lui-même se trouvait situé sur le versant nord, légèrement à l'ouest du château. Pierre de Brézé rangea ses gentilhommes normands et ses escadrons de lances, tous montés, face aux troupes du comte de Saint-Pol, de beaucoup supérieures en nombre. Placée sous le commandement du roi, la « bataille principale », que constituaient sa garde écossaise, son régiment dauphinois et des unités appartenant à l'armée permanente, prirent position dos au château, entre le village et Brézé. Le maréchal d'Armagnac, le vieil Ecorcheur Salazar et Robin Malortie, qui en étaient les principaux capitaines, servaient Louis depuis plus de vingt ans. L'aile droite, confiée aux ordres du comte du Maine, s'étalait le long de la crête qui, de la route, s'élevait en direction de l'est jusqu'au-dessus du village.

Bien que son armée occupât une position dominante, bien qu'elle fût moins nombreuse que celle de l'adversaire et comptât dans ses rangs certains éléments suspects, par cette torride matinée de juillet le roi de France n'avait nulle intention de rester sur la défensive. Il était venu là en souverain seigneur pour balayer les rebelles qui osaient l'empêcher d'entrer dans sa capitale. En outre, il n'avait que de rares fantassins *, et ses hommes n'étaient pas entraînés à se battre sans leurs montures. La lourde cavalerie dont il disposait n'avait qu'une seule fonction : l'attaque. Dans la situation où il se trouvait, Louis, qui n'avait plus grand-chose à perdre, avait donc tout intérêt à prendre des risques. Aussi était-il décidé à lancer contre vingt-deux mille Bourguignons son armée de quatorze mille hommes afin de tenter d'écraser d'un seul coup la Ligue du Bien public et de mettre définitivement fin aux dangereuses aspirations des ducs de Bourgogne.

Mais le roi n'était pas pressé. Entre Etrechy et Montlhéry, il avait successivement envoyé trois hérauts à Paris pour transmettre au maréchal Roualt l'ordre exprès de sortir de la ville avec tous les hommes qu'il pourrait réunir et de prendre à revers l'arrière-garde bourguignonne. Quoiqu'ils empruntassent un chemin détourné, ces messagers devaient pouvoir atteindre

* Pour l'attaque également la manque de fantassins était un handicap. Les archers et les valets d'armes, avec leurs longs couteaux et leurs masses de plomb, avaient pour mission, une fois livré le premier assaut, de se jeter dans la mêlée pour achever les ennemis qui avaient été précipités à bas de leurs montures.

la capitale bien avant midi. S'il se hâtait, Roualt serait donc en mesure d'attaquer l'armée du comte de Charolais vers le milieu de l'après-midi.

Cependant, l'armée bourguignonne commençait à s'agiter. Des serpentines, des couleuvrines et autres pièces de campagne furent halées puis installées en avant des archers. Les grondements et les crépitations de la glorieuse artillerie du comte de Charolais vinrent bientôt ébranler l'atmosphère surchauffée. Girault de Samien, canonnier de Louis, s'occupait de mettre en place le modeste arsenal du roi. Ici et là un boulet de canon venait trouer les rangs de la cavalerie française, mais de nouveaux hommes avaient tôt fait de venir combler le sanglant sillon creusé par son passage. Disposée sur la pente, l'artillerie de Samien commença par envoyer ses projectiles par-dessus les têtes de l'ennemi, mais, aussitôt son tir ajusté, elle se mit à son tour à semer la mort dans les lignes adverses. Déjà midi était passé. Entre le bleu du ciel et l'or chaud des blés mûrissants, la poudre avait mis une épaisse fumée. Depuis sept heures du matin, les Bourguignons étaient restés en plein soleil sans boire ni manger. Certains d'entre eux avaient fait lever les archers placés devant eux de manière à créer un peu d'ombre. Depuis que les premiers hommes de l'armée royale étaient apparus sur la colline, les capitaines du comte de Charolais attendaient impatiemment l'ordre d'attaquer, mais aucun ordre n'arrivait : en dépit de toute sa hardiesse, le comte de Charolais, qui manquait d'expérience dans l'art de la guerre, se montrait inquiet et hésitant. De temps à autre, un chevalier de l'un ou l'autre camp sortait des rangs pour engager un adversaire à se battre, et maints « beaux faits d'armes » vinrent ainsi tromper l'inaction des troupes.

Aux environs de deux heures, Louis XI se prépara à passer à l'attaque. Le maréchal Roualt ne devait pas tarder à apparaître. Le roi réduisit un peu ses effectifs pour procurer à Brézé des escadrons supplémentaires. Il passait d'un commandant à l'autre, distribuant d'ultimes ordres, déplaçant certains détachements, expliquant ses plans de bataille, encourageant les hommes. Ce jour-là, il offrit à ces capitaines de généreuses récompenses pour leurs bons offices.

Il s'était décidé pour une attaque roulante. Pierre de Brézé et l'aile droite lanceraient le premier assaut. Avec la « bataille principale », Louis lui-même chargerait ensuite le centre de l'armée bourguignonne : il n'attendait pas de ses hommes qu'ils se battent à mort pour un roi qui dirigerait les opérations de l'arrière. Il prit soin d'aller une fois encore trouver le comte du Maine et l'engagea à déployer la vaillance dont la Maison d'Anjou avait déjà si souvent fait preuve. Son oncle répliqua qu'il agirait en loyal serviteur de la couronne. Il devait attaquer le dernier, lui dit Louis, après que Brézé et lui-même auraient livré combat. Peut-être espérait-il que, si tout allait bien pour l'armée royale, le comte du Maine choisirait de se battre du côté du vainqueur en dépit de ses sentiments.

Lorsqu'il eut regagné le centre des lignes, le roi descendit de cheval. Tombant à genoux, il pria le Dieu des batailles d'accorder la victoire à sa cause. Une fois remonté en selle, il put voir que l'armée bourguignonne avait amorcé un mouvement désordonné vers l'avant. Aussitôt il donna à Pierre de Brézé l'ordre d'attendre que l'ennemi se fût suffisamment engagé avant de passer à l'attaque.

Au cours d'un bruyant conseil de guerre, le comte de Charolais et ses capitaines avaient finalement décidé de prendre position plus près de l'armée royale; après quoi, le comte de Saint-Pol, qui commandait la plus puissante division et se trouvait face à la pente la moins rapide, livrerait un premier assaut. Les Bourguignons s'étaient donc mis en devoir d'avancer, mais les profonds sillons comme l'épaisseur des blés rendaient leur progression difficile. Lorsqu'ils furent arrivés à quelques sept cents mètres de la butte, ils s'arrêtèrent par petits groupes, les uns dans les vignes, les autres dans les champs de fèves ou de froment.

Après une brève pause, Louis put noter, de son poste de commandement, à côté du château, que les hommes de Saint-Pol se préparaient à l'assaut. Des escadrons d'arbalétriers montés convergaient maintenant à travers les blés vers la haie qui faisait face aux troupes de Brézé. Ensuite s'ébranlèrent les archers bourguignons, bientôt suivis d'un flot de cavaliers qu'accompagnait le comte de Saint-Pol. D'après le seigneur de Haynin, qui se tenait tout près de lui, les arbalétriers, lancés

> « au grand galop et tous en une masse s'avançaient vers les Français de si grandiose façon qu'il semblait que personne ne pût leur résister ».

Comme ils approchaient de la colline, ils commencèrent à décharger leurs armes.

Brézé attendit que la bannière grise et rouge de Saint-Pol eût atteint le milieu de la plaine. Ensuite de quoi il lança un signe à ses capitaines. Aussitôt, tournant bride, ses escadrons s'éloignèrent de la haie en remontant la pente. Le comte de Saint-Pol en conclut qu'ils prenaient la fuite et, sans plus tarder, envoya des messagers transmettre cette grande nouvelle au corps principal de l'armée bourguignonne. La réponse ne se fit pas attendre : bientôt, une foule d'hommes d'armes s'élançaient au galop à travers les champs pour rejoindre Saint-Pol.

Mais déjà les trompettes de Brézé avaient retenti. Sa cavalerie dévalait la pente à gauche et à droite, contournant la haie en deux corps parfaitement disciplinés pour disperser les arbalétriers ennemis comme s'il se fût agi d'un simple essaim de mouches. Puis ce furent de nouveaux coups de trompette, et une nuée de lances vint se mêler au combat. Surpris par le soudain assaut des Français, les hommes de Saint-Pol jetèrent frénétiquement leurs montures en avant et s'en vinrent piétiner leurs malheureux archers. Pour ne pas être en reste, les Bourguignons demeurés à l'arrière abandonnèrent leurs positions pour se précipiter dans la mêlée, écrasant au passage les mercenaires anglais — « et ainsi ils brisèrent eux-mêmes la fleur de leur espoir ».

Chacun des deux corps de cavalerie ayant dépassé la haie chargea vers le centre de l'avant-garde de Saint-Pol. Premier sur le champ de bataille, le grand sénéchal de Normandie entraîna ses hommes à travers les blés dans un mouvement formidable. Ne formant plus à nouveau qu'un seul front, ses troupes déferlaient maintenant sur l'ennemi.

Enfin le choc eut lieu. Poussant avec dédain son cheval à travers les rangs bourguignons, Brézé se trouva bientôt seul à combattre au milieu d'une cohue d'adversaires. Soudain il fut touché et roula mort sur le sol.

Il n'avait pas donné sa vie en vain. Sa charge avait ouvert une large brèche dans le front ennemi, semant la confusion au sein de la cavalerie bourguignonne. Ses compatriotes normands, rendus furieux par la perte de leur bien-aimé sénéchal, s'élançaient sauvagement dans la mêlée. Les escadrons de l'armée permanente — « fleurs des guerriers » selon les propres termes du chroniqueur bourguignon Du Clercq — taillaient sans pitié dans les rangs de l'adversaire à coups de lance, d'épée ou de hache.

Habituée aux joyeux tournois de la place du marché de Bruges, la chevalerie bourguignonne n'était pas faite pour ce genre de combat. Bientôt ses rangs se dispersèrent. Chevaliers et écuyers firent demi-tour. Entouré de leurs hommes, le seigneur d'Hemeries et le seigneur d'Incey quittèrent le champ de bataille pour s'enfoncer dans la forêt de Péquigny et prendre la direction de Paris. La puissante armée de Saint-Pol se fragmenta en divers groupes, les uns se contentant de reculer, les autres cherchant ouvertement à fuir, l'arrière-garde donnant elle-même le signal du sauve-qui-peut en s'élançant vers la forêt, vers le camp ou vers la route de Paris. A leur tour, le comte de Saint-Pol et les hommes de sa Maison furent entraînés dans la déroute.

Les Français qui avaient participé à l'assaut se lancèrent alors à la poursuite de l'ennemi, poussant jusque dans la forêt, ou se précipitant à l'attaque du flanc bourguignon. Soudain, les fuyards de l'aile de Saint-Pol se heurtèrent à des détachements de cavaliers appartenant au corps d'armée central : aussitôt les Français se jetèrent dans la mêlée. Des nuages de poussière recouvraient d'une poudre légère l'armure des soldats tombés dans les sillons.

On était en plein milieu de l'après-midi. Les lances du maréchal Roualt ne devaient pas tarder à apparaître. Devant la fuite éperdue de l'aile gauche et la confusion qui régnait au centre des rangs bourguignons, le roi Louis comprit que le moment était venu d'intervenir.

Les trompettes royales retentirent. Entouré de sa garde écossaise et de son régiment dauphinois, le roi de France conduisait à l'assaut les gens d'armes qui venaient de faire la campagne du Bourbonnais. Devant eux, le Bâtard de Bourgogne, le seigneur de Ravenstein et Jacques, frère du comte de Saint-Pol, s'occupaient à mettre en mouvement la masse confuse de la « bataille médiane ». Sur la droite de Louis, quelques lances furent détachées pour assaillir le groupe désordonné des Bourguignons qui occupaient le milieu de la plaine. Avec le reste de sa chevalerie, le roi lui-même fonça droit sur le centre de l'ennemi.

Louis et ses hommes chargèrent les Bourguignons sans ralentir le pas. Au premier choc, les rangs de l'adversaire furent brisés et les Français purent pénétrer au cœur de la mêlée. Bientôt les Bourguignons se débandèrent et l'on vit des groupes de cavaliers galoper en direction du camp. Robin Malortie tenta de retenir les hommes du Dauphiné, mais nombre d'entre eux, assoiffés de butin, se lançaient déjà à l'assaut des chariots à bagages bourguignons. Le roi ordonna à ses capitaines de reformer leurs rangs avant de regagner prestement la colline. Il ne restait plus maintenant au comte du Maine qu'à attaquer l'aile placée sous le commandement du comte de Charolais, tandis que lui-même le prendrait à revers, et la Maison de Bourgogne n'inquiéterait plus la France avant longtemps.

Arrivé à la hauteur de Maine, Louis lui dit :

> « Avancez, beaux oncles! Montrez dans votre attaque la vaillance angevine! »

Le comte du Maine fit alors signe à ses trompettes, et ses escadrons commencèrent à descendre la pente de part et d'autre du village et à travers le village lui-même. Le roi rejoignit ses gardes à côté du château : en bas, dans la vaste confusion de la plaine, les troupes du comte de Charolais se mettaient enfin en mouvement. Les hommes du Dauphiné et d'autres régiments avaient abandonné la poursuite et reformé leurs rangs; cependant, nombre de Français s'occupaient toujours à piller le camp bourguignon, à ramener des prisonniers, ou encore à chasser la rançon.

De son poste d'observation, Louis surveillait la bataille lorsqu'il vit les hommes de son oncle abaisser leurs lances pour passer à l'attaque. Cependant, comme le comte du Maine arrivait au bas du village, ses principaux capitaines et lui-même commencèrent à ralentir le pas avant de s'immobiliser complètement. Des ordres éclatèrent et la haie que formaient les lances reprit sa position verticale. Tandis que les Bourguignons placés sous la conduite du comte de Charolais poursuivaient leur avance, les escadrons du comte du Maine firent soudain demi-tour, et, tournant le dos à l'ennemi, se mirent à galoper en direction de la route, entraînant dans leur sillage le reste des gens d'armes. En un instant, un tiers des forces royales quittaient le champ de bataille « en une vile fuite. »

Oubliant qu'il commandait une armée, le comte de Charolais

se lança à la poursuite des fuyards avec plusieurs centaines d'hommes, y compris le jeune Philippe de Commynes *. Cependant, aux ordres des capitaines décidés à tirer parti de la situation, ce qui restait de l'aile droite bourguignonne bifurqua vers la gauche pour attaquer la « bataille centrale » du roi, qui s'occupait alors de reformer ses rangs.

Accompagné de ses gardes écossais, Louis se précipita dans la plaine : en un instant son éclatante victoire s'était transformée en un combat sauvage et incertain. De retour au camp, les valets et les archers bourguignons étaient tombés à bras raccourcis sur les pillards français, qu'ils massacraient à coups de masse. Ralliant autour de lui le restant de ses troupes et les fuyards de l'aile de Saint-Pol, le Bâtard de Bourgogne revenait maintenant à l'assaut des escadrons royaux. Tandis qu'il chargeait de front la « bataille centrale » du roi, alors en pleine pagaille, les Bourguignons de la droite attaquaient celle-ci de flanc.

Comme il traversait la plaine pour rejoindre la mêlée, le roi rencontra des fugitifs appartenant à ses troupes. Les ralliant sous son étendard, il se précipita avec ses Ecossais à l'assaut des premières lignes. Alors que les guerriers du comte du Maine galopaient en direction de la Loire et que le comte de Charolais allait gaiement « chassant », alors que les gens d'armes français de la droite et du centre s'acharnaient à poursuivre leurs ennemis en fuite, « une bataille cruelle et horrible » débutait pour le roi de France et pour ses régiments. En dépit du mépris où il tenait la guerre, le subtil monarque n'était plus maintenant que plaies et bosses. Sa couronne et sa vie dépendaient de sa présence au plus fort du combat. Les artilleurs des deux camps avaient amené leurs pièces jusque sur le champ de bataille. Les boulets de canon taillaient au hasard des rangs de sanglantes tranchées. Soudain, Louis et sa monture roulèrent sur le sol : le cheval du souverain avait été transpercé d'une lance, peut-être celle du Bâtard de Bourgogne. Aussitôt,

* Concernant la déroute des troupes de Saint-Pol et des escadrons du comte du Maine, Commynes nous à laissé ce commentaire sarcastique qui est désormais devenu célèbre : « Et se trouva des deux côté des gens de bien, et de bien lâches [...] Du côté du roi fuit un homme d'Etat jusques à Lusignan sans repaître, et du côté du comte [de Charolais], un autre homme de bien jusques au Quesnoy-le-Comte [dans le Hainaut] : ces deux n'avaient garde de se mordre l'un l'autre! »

les hommes de celui-ci se mirent à crier : « Le roi est mort! » Désemparés, les Français commencèrent à reculer : maintenant qu'ils n'avaient plus de maître, à quoi bon se faire massacrer!

Cependant, les Ecossais avaient fait cercle autour de Louis. L'ayant remis sur pied, ils lui fournirent une nouvelle monture. Lorsqu'il fut à nouveau en selle, il put constater que ses hommes avaient faibli et comprit ce qui s'était passé. Ecartant les gardes qui se trouvaient devant lui, il s'écria : « Vous voyez, mes fils, je ne suis pas pris! Revenez! » Le combat se poursuivait dans un épais nuage de poussière. Au grondement des canons, au cliquetis de l'acier, au claquement des ordres, se mêlaient les hennissements des chevaux blessés et les hurlements triomphants des Bourguignons. Essayant de se faire entendre par-dessus le vacarme, le roi se frayait un chemin à travers ses troupes en criant : « N'ayez crainte! Aujourd'hui la victoire est à nous! »

Suffisamment d'hommes l'entendirent et le virent pour rassurer les autres. Les escadrons royaux resserrèrent leurs rangs. Dans une atmosphère irrespirable, cheval contre cheval, poitrine contre poitrine, les hommes taillaient et frappaient sans merci. Jean-Pierre Panigarola, qui contemplait le spectacle du haut de la colline, était atterré : « Ils se battaient, notera-t-il, comme des chiens enragés. »

Une fois qu'avec ses Ecossais le roi eut brisé l'élan de l'assaut bourguignon, il rejoignit l'arrière pour surveiller le champ et ramener les fuyards au combat. Il n'y avait toujours pas trace de Roualt. La supériorité numérique de l'ennemi commençait à inquiéter Louis; à nouveau, il plongea dans la mêlée. Ses valeureux gentilshommes dauphinois avaient affaire à forte partie, mais ils se feraient plutôt tuer que de battre en retraite. Cet après-midi-là, on déplora parmi eux une cinquantaine de morts et un grand nombre de blessés. Le Bâtard d'Armagnac, maréchal de France, et Robin Malortie se battaient comme des hommes que l'idée de la mort laisse parfaitement indifférents. Sur le front, Louis criait : « N'y en eût-il que six comme nous contre les Bourguignons, nous vaincrions quand même! » Le combat durait depuis longtemps. Partout les Français tenaient bon lorsqu'enfin la pression se relâcha. Les premières lignes du Bâtard commençaient à reculer; sur l'arrière, on se mettait à fuir. Bientôt, les Bourguignons disparurent dans un brouillard de poudre et de fumée dans le but de regagner leur camp.

Louis et ses capitaines prirent alors soin de ne pas laisser leurs hommes se débander, mais de les maintenir en ordre de bataille. Une poursuite pouvait avoir des conséquences désastreuses : si elle avait quitté le champ de bataille, l'arrière-garde du comte de Charolais n'avait pas pour autant disparu; par ailleurs, il était impossible de savoir combien de Bourguignons avaient rejoint leur camp ou la lisière de la forêt; enfin, la trahison de Charles du Maine était susceptible d'entraîner d'autres défections.

Malortie, qui souffrait de graves blessures au visage, et les autres commandants de l'armée royale parvinrent à retenir le gros de leurs troupes. Ce qui restait de la « bataille centrale » regagna lentement la colline. Les blés piétinés étaient jonchés de cadavres : cadavres de chevaux, d'archers bourguignons aux brillants uniformes, cadavres de soldats dépouillés de leur armure. Ayant abandonné la poursuite, une partie des cavaliers français s'en vinrent rejoindre les bannières royales. Louis ordonna à l'artillerie de couvrir la retraite. Dans l'espoir de s'emparer du comte de Charolais, il dépêcha des escadrons en direction du sud pour couper la route d'Etampes. Fourbue, l'armée du roi reprit peu à peu ses positions sur la colline. Il était environ sept heures. Si Roualt avait attaqué l'arrière-garde ennemie avec, ne fût-ce qu'une centaine de lances... Mais la route de Paris restait désespérément vide. Proche de l'épuisement, Louis regagna le château avec ses Ecossais. Pour la première fois de la journée, il but et prit un peu de nourriture; après quoi il s'en retourna vers ses hommes.

Cependant, le comte de Charolais revenait sur ses pas. Devant l'insistance de ses vieux capitaines, il s'était, bien malgré lui, décidé à abandonner la poursuite des fuyards. Entouré d'une quarantaine de cavaliers seulement, il eut, en contournant le village, la mauvaise surprise de voir à la porte du château la garde écossaise, dont il était sûr qu'elle avait été capturée, et de constater que, en lieu et place de la bannière de Saint-André, qu'il s'attendait à voir flotter en signe de victoire sur le champ de bataille, il n'y avait qu'un amas de cadavres sur lesquels veillait l'armée royale, solidement établie au sommet de la butte.

A ce moment-là, une bande de Français qui n'avaient pas encore rejoint leurs positions tombèrent sur le groupe que formaient Charolais et ses compagnons. Quoique moins nombreux que l'adversaire, ils se jetèrent sur les Bourguignons et tuèrent le porte-étendard de leur chef. Une épée fit sauter le gorgerin du comte, lui entaillant la gorge. Couvert de sang, celui-ci se défendit avec acharnement. Soudain, l'un des Français le saisit par les épaules en criant : « Monseigneur, rendez-vous! Je vous connais bien, ne vous faites point tuer! » Mais Charolais, qui n'avait nulle intention de se laisser prendre, se débattit jusqu'au moment où l'un de ses hommes parvint à s'interposer entre son assaillant et lui. Enfin, les Bourguignons purent s'enfuir, laissant leurs agresseurs regagner la colline.

Traversant la plaine pour rejoindre son camp, le comte de Charolais aperçut au milieu d'une petite troupe le Bâtard de Bourgogne et son enseigne « toute dépecée, tellement qu'elle n'avait pas un pied de longueur. » L'atmosphère n'était pas à la gaieté : « Je vis telle demi-heure que nous, qui étions demeurés là, n'avions l'œil que à fuir, s'il fût marché cent hommes », note Commynes *. Lorsque le comte de Saint-Pol fut sorti de la forêt avec ses hommes, le comte de Charolais fit rassembler ses pièces d'artillerie et ses chariots à bagages, passablement endommagés par l'ennemi, et les disposa de façon à constituer une enceinte à l'abri de laquelle son armée serait en sécurité.

Du haut de la colline, Louis voyait maintenant le crépuscule tomber sur la plaine où les troupes bourguignonnes prenaient pêle-mêle leurs quartiers pour la nuit. Roualt n'arrivait pas. Roualt n'avait donné aucun signe de vie. L'armée bretonne allait peut-être bientôt apparaître derrière lui.

Epuisées, sanglantes, gorgées de poussière, les deux armées avaient désormais cessé tout mouvement. Pourtant, le canon continua de gronder jusqu'au moment où les ténèbres eurent envahi « le champ des larmes ».

Louis commanda qu'on allume des feux dans le village tout au long de la crête. Après quoi il donna à ses capitaines l'ordre de charger les blessés dans les chariots à bagages et de préparer leurs troupes au départ. Ceux qui avaient perdu leur

* Un quart de siècle plus tard, alors qu'il écrit ses *Mémoires*, Commynes se souvient fort bien du cheval qu'il montait ce jour-là : « J'avais un cheval extrêmement las, vieil cheval. Il but un seau plein de vin. Par aucun cas d'aventure, il y mit le museau; je le laissai achever : jamais ne l'avais trouvé si bon ni si frais. »

monture ce jour-là durent s'en aller à pied. Dans la confusion générale, on laissa sur place une partie des morts. Le corps du grand sénéchal de Normandie fut abandonné sur une litière dans la rue du village. Tandis que les feux qui trouaient la nuit laissaient croire aux Bourguignons qu'il leur faudrait encore se battre le lendemain, le roi de France et ses hommes prenaient la route de Corbeil, situé à dix milles de là, sur les bords de la Seine. Ils avaient si fort malmenés les Bourguignons, pourtant trois fois plus nombreux qu'eux, qu'il n'y avait pas à craindre d'être poursuivi : Louis XI pouvait marcher vers sa capitale; il avait annoncé sa venue aux Parisiens, il ne décevrait pas leur attente.

Si Louis, durant cette chevauchée, confia ses pensées au maréchal d'Armagnac ou à quelque autre de ses compagnons, personne apparemment ne prit soin de les noter. Mais le roi n'avait sans doute pas le cœur à parler, fût-ce avec son admirateur et ami, Jean-Pierre Panigarola, qui chevauchait quelque part, perdu au milieu des guerriers. Dans l'air de la nuit flottait un cortège de regrets.

> « Par deux fois j'ai vu l'ennemi vaincu contraint de prendre la fuite », écrivit Panigarola à l'intention de son maître. Si le comte du Maine n'avait pas trahi, « l'armée adverse tout entière eût à coup sûr été passée au fil de l'épée ou faite prisonnière ».

Et, malgré la défection du comte du Maine, si Roualt était arrivé avec trois ou quatre cents hommes avant le coucher du soleil...

Aussi cruel que fût son désappointement, aussi sombres que fussent ses pensées concernant l'avenir, Louis n'oubliait pas les hommes qui étaient morts pour lui.

> « Pour le grand sénéchal de Normandie [...] le roi ne cesse de s'affliger, nota quelques temps plus tard Jean-Pierre Panigarola, et il déplore chaque jour davantage tous ceux qu'il a perdus... »

Un peu avant minuit, Louis entrait dans Corbeil où ses hommes allaient enfin pouvoir se reposer.

15.
Le siège de Paris

I

Dans le courant de la journée du lendemain, à Corbeil, Louis apprit que le maréchal Rouault et Charles de Melun étaient toujours à Paris, et que la capitale tenait bon. Pour un homme qui avait fait défaut au roi alors que ce dernier en avait le plus urgent besoin, Rouault s'était fort bien comporté. Lorsque, aux environs de midi, les ordres de Louis étaient arrivés dans la capitale, le maréchal, Charles de Melun et leur énergique assistant, Jean Balue, futur évêque d'Evreux, avaient tenu un rapide conseil de guerre avec un ou deux notables parisiens. Balue avait tenté de convaincre le maréchal de partir immédiatement pour Montlhéry avec tous les hommes d'armes qu'il pourrait rassembler. Mais Melun, qui avait perdu son sang-froid, prétendit qu'au contraire il valait mieux renforcer la défense de la capitale. Lâchement, Rouault avait sauté sur ce prétexte pour ne rien faire. Dans l'après-midi, on avait appris que des seigneurs bourguignons fuyant Montlhéry venaient de traverser le pont de Saint-Cloud et se dirigeaient vers l'Oise à bride abattue. Même cette preuve évidente du succès de l'armée royale n'avait pas réussi à décider le maréchal à prendre les Bourguignons à revers. Cependant, après avoir promptement réuni cinq cents hommes, il était sorti de la ville et s'était emparé du pont de Saint-Cloud. Les fugitifs qui marchaient sur les talons d'Hemeries et d'Incey avaient tous été faits prisonniers [1].

Le jeudi 18 juillet, vers cinq heures de l'après-midi, le roi de France fit son entrée dans la capitale où il reçut un accueil aussi chaleureux qu'il pouvait espérer. La fuite des Bourguignons avait valu rançon ou butin à de nombreux bourgeois, et les Parisiens savaient désormais de quelle vaillance leur souverain avait fait preuve dans la bataille; ses troupes elles-mêmes répétaient : « L'homme qui, ce jour-là, a sauvé la couronne de France n'est autre que le roi lui-même *. » Armés de cierges et de bannières, le clergé de Paris et un cortège de notables sortirent de la ville pour aller à sa rencontre. Dans les rues, la foule massée sur son passage criait : « Noël!Noël! » Ce soir-là, Louis partagea son repas avec son équivoque lieutenant-général, Charles de Melun.

> « Et avec lui soupèrent aussi plusieurs seigneurs, demoiselles et bourgeoises. [A table], il récita toute son aventure ainsi advenue audit Montlhéry, et, en ce faisant, dit et déclara de moult beaux mots et piteux, de quoi tous et toutes pleurèrent bien largement. Et si dit plus que, au plaisir de Dieu, le mardi ensuivant il retournerait derechef à l'encontre de ses dits ennemis... »

« A l'aide de Dieu, mais que nos gens soient un peu rafraîchis, avons l'intention de nous mettre sur-le-champ après eux [après nos ennemis] », annonça-t-il dans une lettre qu'il écrivit à ses bonnes villes quelques heures plus tard. Le roi se mit donc en devoir de réorganiser ses troupes, d'engager des renforts et de veiller à ce que les quelque trente mille hommes qui constituaient la milice de la ville demeurassent en état de se battre. Il ne pouvait se permettre de choisir ses partisans ni d'analyser les raisons qui les poussaient à rallier son camp. A propos de ceux qui s'étaient enfuis avec le comte du Maine, Panigarola nota :

> « La plupart d'entre eux sont revenus et il en revient encore chaque jour — à qui sa Majesté réserve un très bon accueil. »

Le comte du Maine lui-même fit savoir qu'il était sur le chemin du retour avec deux cents lances. Louis ordonna simplement

* Commynes, qui n'est pas particulièrement expansif, note pourtant : « Je crois véritablement, à ce que j'en ai su, que si ce n'eût été lui (pour lui), tous s'en fussent fuis. » Quant à Jean-Pierre Panigarola, il écrivit à son maître, l'un des plus grands soldats de l'époque : « On peut affirmer que Sa Majesté s'est comportée avec autant de bravoure qu'on en prête à Alexandre ou à César. »

d'inclure dans sa compagnie le contingent du Poitou. Le seul capitaine à tomber en disgrâce fut Jean Garguesalle, maître de la cavalerie, qui fut démis de ses fonctions pour avoir déserté. Grâce à un prudent allègement des impôts, le roi renforça encore l'emprise qu'il avait sur le cœur des Parisiens. Tous ceux avec qui Panigarola s'entretint l'assurèrent que jamais la ville n'avait été mieux disposée à l'égard de son souverain qu'elle ne l'était alors, et précisèrent qu'elle ne comptait aucun « partisan bourguignon ». Dans sa dépêche du 26 juillet, l'ambassadeur milanais écrivait en guise de conclusion : « Sa Majesté a décidé de poursuivre l'entreprise. »

Le 31 juillet, Bretons et Bourguignons quittaient Etampes, où ils s'étaient rassemblés après Montlhéry, et se mettaient en marche en direction de l'est. Le roi ordonna alors à Roualt et à Salazar de remonter la rive gauche de la Seine pour en couper les ponts et harceler l'ennemi. Il savait toutefois qu'il ne pourrait rester longtemps maître du fleuve. En effet, après avoir été arrêtés pendant trois jours par les Français, le comte de Charolais et les ducs de Berry et de Bretagne parvenaient à le franchir sur un pont improvisé. Par ailleurs, Louis apprit que Bourbon, Armagnac et Nemours étaient sur le point de rejoindre l'armée bourguignonne avec plusieurs milliers d'hommes, de même que les troupes du duc Jean et du maréchal de Bourgogne. Paris ne tarderait pas à être assiégé [2].

A ce moment-là, le climat qui présidait aux affaires du roi commença à se détériorer. Ses espoirs de partir en campagne contre les princes furent peu à peu sapés par des conseils de prudence inspirés par la peur ainsi que par des révélations touchant la duplicité de certains. Parmi ses capitaines, d'aucuns déclaraient se méfier de leurs hommes, et notamment des officiers et des soldats qui étaient revenus « après avoir joué les poltrons à Montlhéry ». De sombres conseillers insinuaient le doute en lui. Les membres du Parlement préconisaient la paix à n'importe quel prix sous prétexte que certains éléments importants de la capitale étaient prêts à trahir. C'était surtout parmi les fonctionnaires et dans le monde des prêtres que se recrutaient les mécontents. D'ambitieux bureaucrates pensaient pouvoir s'élever grâce à l'appui des protecteurs qu'ils comptaient parmi les féodaux. A l'instar de l'évêque de Paris, les membres du clergé et de l'Université espéraient pour la plupart que les princes appuieraient les revendications de l'Eglise au détriment de la couronne. Enfin, une conspiration fut découverte, réunissant un petit groupe de fonctionnaires apparemment décidés à s'emparer du palais royal. Jour après jour, les agents de Louis apportaient à leur maître de nouvelles preuves de traîtrise.

Observateur minutieux de ce qui se passait dans l'entourage du roi, Jean-Pierre Panigarola envoya au duc de Milan une dépêche fort alarmante : « Monseigneur, écrivait-il, les larmes aux yeux, mon devoir m'oblige à vous informer que les affaires de Sa Majesté tournent mal et vont chaque jour de pis en pis. Le roi se trouve sans conseil parce que ses conseillers meurent de peur, et tout particulièrement l'amiral; en outre, le Bâtard d'Armagnac est très malade. Sa Majesté n'a personne en qui placer sa confiance. Désormais, le comte de Boulogne est passé du côté des princes.

Les troupes qui assurent la défense de Paris sont mécontentes parce que le roi ne leur donne pas d'argent [...] Durant ces derniers quinze jours, des hommes ont déserté par petits groupes jusqu'à un total de plus de cent lances. »

Les agents royaux avaient intercepté des lettres adressées à certains Parisiens et qui révélaient l'existence de complots visant à livrer la ville à l'ennemi; ainsi Louis avait-il appris « à se méfier de Paris ». A Lyon, l'un des piliers du royaume, un haut fonctionnaire avait pris part à une conspiration dont le but était de remettre la ville aux mains des représentants du duc de Berry.

> « Toutes ces choses ont inspiré tant d'appréhension au roi [...] qu'il [...] est confus et profondément troublé. Ses chambriers et ses principaux officiers gardent les yeux fixés sur le sol. »

Louis montrait la même exubérance dans le désespoir que dans l'optimisme; et le fait de manifester ouvertement ses sentiments semblait avoir chez lui pour effet de stimuler le travail de l'esprit. Au moment où Panigarola envoyait sa dépêche, le roi décidait de tenter un coup d'audace, un coup destiné à ranimer le zèle de ses sujets mais qui risquait de lui coûter et sa capitale et son trône. Lorsqu'il annonça qu'il allait partir en Normandie pour y réunir des hommes, de l'argent et des réserves de nourriture pour Paris, les bourgeois de la ville se plaignirent qu'il ne pouvait les abandonner à un tel moment et ses conseillers lui prédirent les plus noires catastrophes.

Pourtant, le 10 août, conformément à son plan, le roi de France quittait la capitale avec une petite armée, laissant à ses fidèles capitaines le soin d'insuffler le courage nécessaire à la milice de la ville. Par ailleurs, il démit Charles de Melun de ses fonctions de lieutenant général et nomma à sa place le vieux Charles, comte d'Eu, à qui il savait pouvoir se fier [3].

Durant la halte de trois jours que Louis XI fit à Rouen, des gentilshommes vinrent par centaines se ranger sous sa bannière. Le 17 août, il se remit en route pour aller recueillir les ressources de la province la plus riche de France. Sans cesse, de nouveaux hommes d'armes venaient grossir ses rangs. Dès qu'il le put, le roi envoya à Paris un certain nombre de compagnies d'élite. Le 14 août déjà, une troupe de deux cents cavaliers placés sous les ordres d'un vieux capitaine, Jean Mignon, arriva dans la capitale avec une combinaison d'armes, arbalètes, piques et escopettes, dont l'usage ne devait se généraliser qu'à partir du XVIe siècle. Deux consolations, l'une terrestre et l'autre céleste, venaient soutenir le moral des hommes de Mignon; en effet, « tout derrière cette compagnie allaient aussi à cheval huit ribaudes et un moine noir, leur confesseur ».

Le 21 août, lorsque le roi eut atteint Evreux, il apprit que les étendards des seigneurs rebelles étaient enfin apparus devant les murs de la capitale. Aussitôt, il envoya l'amiral renforcer la défense de Paris avec une puissante armée.

Le 19 août, après s'être emparé de divers ponts enjambant la Marne, l'armée des princes, suivant la rive droite (nord) de la Seine, avait atteint les abords de la capitale [4]. Le comte de Charolais et le duc Jean occupaient à Conflans, entre Charenton et Paris, où le duc de Bourgogne possédait un château, le poste de commandement le plus avancé. Le duc de Bretagne, lui, s'était installé à Saint-Maur-les-Fossés, sur un coude de la Marne, tandis qu'un contingent breton progressait en direction du nord pour aller occuper Saint-Denis. Enfin, le duc de Berry avait pris ses quartiers à Beauté-sur-Marne, dans la résidence royale qui avait été autrefois celle d'Agnès Sorel.

Le 24 août, à Chartres, alors qu'il passait une dernière fois ses troupes en revue, le roi de France reçut des nouvelles alarmantes de sa capitale.

Six hérauts s'étaient présentés à Paris dans la matinée du jeudi 22 août pour demander que les principaux corps gouvernementaux de la ville écoutent les justes doléances des princes. Le lendemain, les « Etats » de la capitale ayant, lors d'u Conseil, décidé d'accéder à cette requête, Guillaume Chartier, évêque de Paris, avait pris la tête d'une délégation pour se rendre au château de Beauté. Devant le duc de Berry, qui trônait au milieu de ses puissants seigneurs, le comte de Dunois avait, malgré sa goutte, exposé les revendications des membres de la Ligue. Les princes exigeaient qu'on leur confiât le contrôle des finances du royaume, de la distribution des offices, de l'ensemble de l'armée permanente, et, enfin, de « la personne et du gouvernement du roi ». En résumé, ils réclamaient le démembrement de la France. Dunois ne souffla mot des souffrances des pauvres ni de la suppression des impôts. Il conclut avec véhémence en déclarant que, si Paris n'ouvrait pas ses portes le dimanche 25 août, dès le lendemain les princes lanceraient leurs troupes au grand complet à l'assaut de ses murs. Ensuite les représentants de la ville furent pris à part par les seigneurs, qui se mirent en devoir de les convaincre par d'habiles raisonnements, mais aussi, sans doute, à coups d'arguments plus substantiels. Pour l'instant, leur fut-il expliqué, les princes se contenteraient de laisser leur armée aux portes de la ville où ils n'entreraient qu'avec de modestes escortes. Parmi les délégués, plusieurs s'étaient déjà laissé convaincre de souscrire à cette aimable proposition qui, si on l'eût acceptée, n'eût pas seulement signifié la perte de Paris, mais, comme le souligne si justement Commynes, le succès de l'entreprise tout entière, car, une fois que la capitale se serait rendue, il était évident que le reste du royaume s'empresserait de suivre le mouvement.

Le lendemain, samedi 24 août, à huit heures du matin, les délégués transmirent aux notables assemblés à l'Hôtel de Ville les exigences formulées par le comte de Dunois. L'habile et audacieux Henri de Livres, prévôt des marchands de Paris, qui présidait l'assemblée, ne fut pas long à s'apercevoir, au tour que prenait la discussion, que bien des assistants étaient disposés à laisser les princes agir à leur guise. Aussitôt il prit la décision d'ajourner la réunion, annonçant qu'une seconde session aurait lieu l'après-midi. Après quoi, il alerta le comte d'Eu et ses capitaines, et, avec d'autres officiers royaux, il informa les Parisiens que les envoyés qui s'étaient rendus à Beauté travaillaient à faire entrer les Bretons et les Bourguignons dans la ville.

Lorsque, dans l'après-midi, Henri de Livres eut à nouveau

réuni les notables, le peuple de Paris, grondant de colère, marchait sur l'Hôtel de Ville tandis que le comte d'Eu faisait défiler archers et gens d'armes à travers les rues de la capitale. Dès lors, les malheureux délégués s'empressèrent d'admettre, avec la majorité de l'assemblée, que la question devait être soumise au lieutenant général du roi. Eu et ses conseillers chargèrent alors les envoyés de faire savoir aux membres de la Ligue qu'aucune réponse ne pouvait leur être transmise aussi longtemps que le roi lui-même n'aurait pas été consulté.

Le roi Louis, qui restait étroitement informé de la situation, envoya de Chartres une dépêche qui atteignit Paris le soir même : lui et son oncle, le comte du Maine, seraient dans la capitale le mardi suivant avec d'importantes forces armées. Dans le courant de la même soirée, l'amiral arriva à Paris avec des renforts; d'autre part, on apprit que les troupes milanaises placées sous la direction du comte Galeazzo avaient commencé leur campagne dans le Bourbonnais.

Toute cette nuit et le jour suivant, une « grande garde d'hommes armés » fit le guet dans les rues et surveilla les murs; la populace insurgée menaçait de mort les envoyés et les notables qui les avaient appuyés; dans toutes les églises, le clergé priait pour la paix. Le dimanche après-midi, vers une heure, les délégués se mirent en route pour Beauté, « suant et tremblant de terreur ». Lorsque le comte de Dunois prit connaissance de la réponse qu'ils lui transmirent, il s'écria, furieux, que dès le lendemain les princes livreraient contre la ville un assaut mortel, dût-il en coûter la vie de cent mille hommes. Cette nuit-là, la population parisienne demeura sous les armes, prête à l'attaque; mais la journée du lendemain ne vit pas se concrétiser la menace du comte de Dunois. Les princes se contentèrent de masser leurs troupes en rangs serrés entre la Seine et le parc du Bois de Vincennes et de parader ainsi plusieurs heures durant.

Aux environs de cinq heures, dans l'après-midi du mercredi 28 août, le roi de France rentra dans sa capitale à la tête de douze mille hommes de troupes, d'un puissant train d'artillerie et de chars transportant sept cents muids de farine. Il était accompagné par le comte du Maine, le comte de Penthièvre et d'autres seigneurs. Dans les rues, des cris d'allégresse retentissaient sur son passage.

« ... Il arriva dans la ville dans l'état que on doit venir pour réconforter peuple... »

II

Le roi conserva une attitude faite à la fois de confiance et d'agressivité. Lorsque, au sud-est de la capitale, l'armée des assiégeants commença de s'agiter comme si elle se préparait à passer à l'assaut, Louis s'empressa de répondre à la provocation par des gestes tout aussi belliqueux.

A la tête de petits détachements, il participa lui-même à diverses escarmouches, ne laissant à l'ennemi ni cesse ni repos. Des bandes isolées de cavaliers de l'un et l'autre camps s'affrontaient çà et là dans un grand fracas de lances brisées; parfois, on assistait à des exploits individuels. Louis traversa la Seine sur un bac, « restant à dos de cheval », pour surveiller l'installation de l'artillerie sur la rive sud, en face des positions bourguignonnes de Conflans et de Charenton. Entre le fleuve et la porte Saint-Antoine, il s'occupa d'édifier des remparts « à la façon italienne », c'est-à-dire selon les dernières conceptions de l'architecture militaire.

> « Les bombardes des deux camps tonnent nuit et jour, et l'on ne peut entendre nul autre bruit, note Panigarola. Sans se soucier du feu des canons, le roi passe toute la journée hors des murs et se comporte vaillamment. »

Les princes étaient dans l'impossibilité d'entraver le cours des rivières; par ailleurs, Paris se trouvait dans une campagne riche en vignes, en céréales et en produits maraîchers. Henri de Livres, le prévôt des marchands, accomplissait son travail avec tant d'efficacité que jamais la population de la capitale n'eut à souffrir du manque de nourriture ni même d'une hausse des prix. En outre, les Parisiens savaient que sept cents muids de farine avaient été distribués aux boulangers, « de sorte qu'à Paris, Dieu soit loué! il n'y avait nulle disette de pain, de vin, ni d'aucune autre provision. Seul le bois était un peu cher [5] ».

Si le roi était assiégé dans sa capitale, les membres de la Ligue ne manqueraient pas, quant à eux, d'être bientôt assiégés par le temps. Déjà les pluies d'automne approchaient.

Louis n'eut pas à attendre longtemps que les princes fassent les premiers pas. Le mardi 3 septembre, moins d'une semaine après que le roi fut de retour à Paris, les assiégeants proposèrent une trêve de deux jours durant laquelle devaient avoir lieu des négociations [6]. Louis accepta avec bienveillance et choisit pour principal émissaire le comte du Maine, qui, du moins, avait toutes les qualifications nécessaires pour comprendre le point de vue des Ligueurs. Le duc Jean, le comte de Saint-Pol et le comte de Dunois devaient, quant à eux, être les porte-parole des princes.

Tandis que les deux camps continuaient à renforcer leurs positions, le comte du Maine se rendit chaque jour, et même plus souvent, jusqu'à un pavillon dressé au lieu dit La Grange-aux-Merciers — une maison de campagne située entre les lignes —, à la convenance des représentants de l'un et l'autre partis. Louis savait parfaitement que le comte jouait un double jeu. A Charles de Melun, il avait sèchement fait observer que son oncle était « un homme étrange qu'il faut manier très prudemment ». Devant Panigarola, le roi se permettait des remarques plus acerbes concernant les intrigues que tissait le comte du Maine autour des négociations *. Mais force lui était de jouer la partie avec les cartes qu'il tenait en main. Il lui fallait bon gré mal gré utiliser son oncle, car les grands féodaux n'eussent pas voulu négocier avec quelqu'un dont le rang fût inférieur au leur d'une part, mais aussi parce qu'il était important pour le moral du royaume qu'il fît valoir un prince du sang parmi ses partisans.

Le lundi 9 septembre, le roi lui-même sortit de la capitale, franchit les fossés creusés pour la défense, et, devant la grande Bastille dont les huit tours gardaient la porte Saint-Antoine, rencontra le comte de Saint-Pol, tandis que les Bourguignons gardaient dans leur camp le comte du Maine en otage. Durant l'entretien qu'il eut avec Saint-Pol, entretien d'ailleurs fort aimable et qui se prolongea plus d'une heure, une trentaine de Bourguignons et de Bretons razzièrent les vignes parisiennes, « dont les raisins n'étaient même pas à demi mûrs », contraignant les habitants de la ville à faire une sortie pour ramasser, par

* Deux mois plus tard, il dit à l'ambassadeur milanais que, s'il n'était pas revenu à Paris au moment où il l'avait fait, il aurait pu perdre sa capitale, le comte du Maine ayant obtenu qu'une des portes de la ville restât secrètement ouverte pour laisser entrer les Bourguignons.

mesure de défense, toutes les grappes sur lesquelles ils purent mettre la main. Cette année-là, la récolte fut bien maigre, et l'on surnomma le cru qui en résulta « vin de l'année des Bourguignons ». Lorsque Louis fut de retour à la porte Saint-Antoine, il annonça à ceux qui se trouvaient là qu'il veillerait à ce que désormais leurs ennemis ne leur créent plus tant de désagrément; sur quoi, un officier eut la hardiesse de dire : « Voire! Sire, mais ils vendangent nos vignes et mangent nos raisins sans y savoir remédier! » Le roi rétorqua alors qu'il valait mieux que les Bourguignons vendangent leurs vignes et mangent leurs raisins plutôt qu'ils entrent dans Paris et s'emparent des provisions et des objets de valeur que ses bourgeois avaient caché dans leurs caves.

De retour au palais, Louis déclara à Panigarola que Saint-Pol avait parlé avec beaucoup d'humilité et semblait prêt à entendre raison. Il s'expliquait cette attitude par le fait que les Bourguignons devaient être découragés par la puissance des fortifications parisiennes et la perspective d'être surpris devant la ville par l'arrivée de l'hiver. On n'était point encore parvenu à un résultat définitif, mais d'heure en heure les princes révisaient leurs exigences.

Quelques jours plus tard — la trêve avait été prolongée jusqu'au 13 septembre —, le roi reçut une liste de revendications précises. Les princes réclamaient des compensations pour tous les dommages qu'ils avaient subis durant la guerre, ce qui signifiait d'énormes pensions, des privilèges sans nombre, parmi lesquels le contrôle de l'armée. Le duc de Berry déclarait qu'un tiers du royaume lui semblait être la part qu'un frère de roi fût en droit d'exiger. Le comte de Charolais tenait à ce qu'on lui rendît la Picardie et les villes de la Somme et considérait comme une indemnité versée à la Bourgogne les 400 000 écus que leur rachat avait coûté à la couronne. Quant au duc Jean, il voulait que Louis mît à sa disposition les troupes et l'argent dont il avait besoin pour reconquérir le royaume de Naples, et abandonnât son alliance avec Francesco Sforza.

Le vendredi 13, dernier jour de la trêve, le roi fit tenir aux princes une réponse plutôt sèche : leurs prétentions étaient à la fois exorbitantes et confuses; ils auraient tout avantage à négocier de façon plus réaliste. Ignorant cette réplique, les membres de la Ligue proposèrent de prolonger la trêve jusqu'au soir du 17 septembre. Louis leur fit alors sentir une légère pression :

dans la réponse par laquelle il leur communiquait son acquiescement, il précisait que dorénavant il n'accepterait plus aucune nouvelle trêve.

Une fois encore les princes soumirent leurs exigences au roi, mais celles-ci n'avaient pas changé, sauf que le duc de Berry déclarait être prêt à considérer la Normandie comme son apanage. Louis s'abstint donc de répondre, et la trêve expira sans que les Ligueurs fissent mine de reprendre les hostilités. Le roi leur proposa alors un arrangement de son cru : à son frère, il offrait les provinces de Brie et de Champagne, soulignant que jamais il n'aurait la Normandie; aux autres seigneurs, il proposait de l'argent — sans préciser le montant des sommes qu'il était disposé à verser — en réponse à leurs demandes de dédommagements. Cette dernière offre fut refusée; cependant, la Champagne et la Brie ne laissaient pas indifférents les conseillers du duc de Berry. En fait, l'union tout artificielle des princes commençait à se lézarder dans la mesure où leurs revendications empiétaient les unes sur les autres et où la suspicion se glissait parmi eux. Non sans raisons, ils se défiaient d'ores et déjà de leurs appétits réciproques et redoutaient l'étrange pouvoir de persuasion dont faisait preuve leur souverain. Ils avaient senti la nécessité de se réunir dans la résidence du comte de Charolais pour prêter solennellement serment de ne signer aucun accord séparé avec le roi. Par ailleurs, leurs capitaines et leurs troupes se montraient toujours plus réticents : la nourriture commençait à manquer, les gages se faisaient incertains, et, quant aux murs et aux fortifications de Paris, ils n'étaient pas faits pour encourager les tentatives d'assaut. Allié du roi Louis, le temps faisait bien sa besogne.

A l'aube du samedi 21 septembre, Louis fut brusquement informé que la garnison de Pontoise avait ouvert les portes de la ville à l'armée ennemie. Le roi ne cacha pas à son ami Panigarola l'angoisse où le plongeait cette « cruelle perte ». Située à dix-huit milles à l'ouest de la capitale, Pontoise était la clé même de la Normandie. Si les princes parvenaient à s'emparer de cette province, il ne s'agirait plus pour eux de discuter, mais d'exiger. Le siège de Paris était en train d'évoluer de la même façon que la bataille de Montlhéry. Soudain, la trahison avait fait du temps l'ennemi de Louis.

III

Si les Ligueurs luttaient contre la disette et l'hiver, c'est contre la traîtrise que Louis devait désormais se battre. Parfaitement au fait des tensions qui minaient l'unité des princes, il comprit qu'il lui fallait trouver le moyen de les diviser. Puisque tous étaient avides de puissance et de biens, la chose semblait facile : il lui suffirait de combler les espoirs de l'un d'eux pour que celui-ci se désolidarisât des autres. Parmi les membres de la Ligue, deux seulement avaient assez d'autorité pour servir son dessein : le duc de Bretagne et le comte de Charolais. Le premier avait des raisons personnelles pour tenir à ce que la Normandie revînt en apanage au duc de Berry; quant au second, après avoir passé deux ans à ruminer de sombres pensées à son endroit, il venait de lui livrer une sanglante bataille. Cependant, du moment que la Normandie était le fleuron de la couronne de France, mieux valait choisir le comte de Charolais, dont il avait, durant dix ans, eu le loisir d'étudier l'esprit et le caractère, et dans l'entourage duquel il savait en outre pouvoir compter sur certains appuis.

Un matin, quelques jours seulement après avoir perdu Pontoise, le roi de France s'embarquait sur un malheureux bateau pour remonter la Seine, avec une escorte qui, en tout, ne comptait pas plus de six hommes. Sur la rive droite du fleuve l'attendaient en grande pompe le comte de Charolais et le comte Saint-Pol, et, derrière eux, une puissante troupe de cavaliers qui contrastait étrangement avec l'humble équipage du roi. Tandis que Louis s'approchait, les mots que le comte de Charolais avait glissés à l'archevêque de Narbonne en novembre précédent lui revenaient en mémoire :

> « Dites [au roi] qu'il m'a bien fait laver ici par ce chancelier, mais que avant qu'il soit un an il s'en repentira. »

Les troupes déployées sur la rive ne manquaient pas d'être tant soit peu inquiétantes; aussi, comme le bateau s'apprêtait à accoster, Louis s'écria-t-il : « Mon frère, m'assurez-vous? »

Ce à quoi le comte de Charolais répondit : « Monseigneur, oui. »

Alors, poursuit Commynes :

« Le roi descendit en terre... Les comtes dessus dits lui firent grand honneur, comme raison était, et lui n'en était point chiche, et commença la parole disant :

" Mon frère, je connais que vous êtes gentilhomme, et de la Maison de France. " Ledit comte de Charolais demanda :

" Pourquoi, Monseigneur?

— Pour ce, dit-il, que, quand j'envoyais mes ambassades à Lille, naguère, devers mon oncle, votre père et vous, vous me mandâtes par l'archevêque de Narbonne... que je me repentirais des paroles qu'avait dites ledit Morvilliers avant que je fus le bout de l'an. "

« Et le dit en bon visage, et riant, connaissant la nature de celui à qui il parlait était telle qu'il prendrait plaisir aux dites paroles; et sûrement elles lui plurent.

" Et avec tels gens veux-je avoir à besogner qui tiennent ce qu'ils promettent. " »

D'un coup Louis était parvenu à rompre la glace. Il ne lui restait plus maintenant qu'à continuer sur sa lancée. Désavouant les dures paroles de Morvilliers, il usa de toutes les ressources de son style aimable et familier pour montrer au comte de Saint-Pol et au comte de Charolais que, toute hostilité passée mise à part, il appréciait hautement leurs capacités militaires et comprenait fort bien qu'il fallût leur verser des indemnités en rapport avec leur grandeur. Longtemps Louis se promena de long en large sur la rive du fleuve au milieu des deux comtes, parlant sans cesse. Le comte de Charolais aborda alors la question des revendications des princes : la Normandie devait revenir au duc de Berry, la Picardie à lui-même, ceci et cela à tel ou tel autre membre de la Ligue; il toucha également quelques mots du bien-être du royaume — « mais c'était là le moins de la question, note Commynes, car le bien public était converti en bien particulier ».

Le roi resta inébranlable dans son refus d'accorder la Normandie à son frère Charles. Toutefois, il laissa entendre au comte de Charolais qu'il ne saurait lui refuser rien qui fût raisonnable. Comme preuve supplémentaire de son affection, il suggéra que le comte de Saint-Pol pourrait recevoir la charge de grand connétable de France. A en croire Commynes, lorsque, enfin, Louis eut regagné son bateau, les adieux que lui adressèrent les deux comtes furent « très gracieux ».

Dans les coulisses, le roi déployait une intense activité, cherchant à gagner à sa cause ceux qui avaient l'oreille du comte de Charolais, y compris un archidiacre fort rusé dont Louis, qui, en bon artisan, savait reconnaître la qualité du travail d'autrui, disait lui-même qu' « il était si habile qu'il pouvait au besoin mener parallèlement deux négociations exactement contraires l'une à l'autre ».

Bientôt le comte de Charolais en vint à penser qu'il serait bon de passer un compromis avec le roi. Du moins, la chose serait-elle bonne pour les autres membres de la Ligue, car pour lui il n'était pas question de transiger du moment que Louis XI lui-même avait reconnu avec tant d'à-propos le bien-fondé de ses revendications.

Cependant, à Paris, l'atmosphère devenait chaque jour plus tendue : la trahison de Pontoise faisait sentir ses effets. Dans la nuit du lundi 23 septembre, Louis fut brusquement tiré de son sommeil pour apprendre que les Bourguignons étaient en train d'incendier la capitale. Alertant la milice, il se rendit à bride abattue jusqu'à l'une des portes de la ville, où il fut enfin averti qu'à l'origine de cette alarmante nouvelle il n'y avait rien d'autre que la vive clarté émise par une comète. Deux nuits plus tard, Paris était à nouveau en proie à la panique lorsqu'on apprit que la porte de la Bastille avait été laissée ouverte et que quelques canons avaient été mis hors d'usage [7]. L'esprit des gens était d'autant plus agité que l'ennemi faisait circuler dans la capitale divers « ballades, rondeaux, libelles diffamatoires et autres choses » dirigés contre les principaux officiers du roi dont on souhaitait voir la loyauté mise en doute. Toutefois, les Parisiens persistaient à défendre la cause de leur souverain.

Les efforts déployés par Louis en vue de diviser les princes en se conciliant le comte de Charolais commençaient à porter leurs fruits. Ses manœuvres avaient éveillé toute espèce de soupçons parmi les autres seigneurs. Ceux-ci en étaient arrivés à s'ouvrir de leur mécontentement dans la chambre même du comte de Charolais, alors qu'ils étaient censés y tenir Conseil; et Commynes rapporte qu'ils avaient fini par devenir si méfiants, si excédés par toute cette affaire que, « n'eût été ce qui survint peu de jours après, ils s'en fussent tous allés honteusement ». Par suite des menées du roi, le comte de Charolais trouvait désormais normal que, du moment qu'il leur était indispensable, ses complices tiennent ses exigences pour les premières à devoir être satisfaites et se laissent guider par ses vœux en ce qui concernait la paix. Octobre approchait, et avec lui les dures promesses de l'hiver. Le frère de Louis avait abandonné ses prétentions touchant la Normandie. Le samedi 28 septembre, une voiture où s'entassaient les registres des impôts et les livres de comptes des provinces de Brie et de Champagne prenait la route de la Grange aux Merciers pour que les conseillers du duc de Berry puissent y examiner les revenus de l'apanage proposé par le roi. Un accord semblait sur le point d'aboutir, et Louis dit à Panigarola que l'affaire était presque réglée.

Le dimanche 29 septembre, dans les premières heures de la matinée, le roi apprit que Rouen s'était rendue aux rebelles. Manœuvrée par l'habile patriarche de Jérusalem, qui avait su la persuader que Louis avait trahi son mari dans la bataille, la veuve de Pierre de Brézé avait ouvert les portes de la ville à une armée conduite par le duc de Bourbon.

La chute de Rouen, capitale du duché de Normandie, signifiait que, dorénavant, la province tout entière était à la merci de la Ligue. Il semblait que la trahison eût soumis le temps à la volonté des princes. Situé à l'ouest de Paris, le plus riche duché de France offrait à ceux-ci un asile idéal où passer l'hiver et attendre que de nouvelles perfidies, jointes à une peur croissante, leur livrent un souverain désormais confiné dans sa capitale. Enfermé dans sa chambre, le roi ne cachait pas son désespoir. Panigarola le voit « blessé à mort », et « craignant même de nouvelles traîtrises car il ne peut accorder à ses troupes qu'une confiance limitée ». Cependant, son cerveau continuait à travailler, à envisager lucidement toutes les éventualités. Il n'était plus question maintenant de conserver la Normandie; mais que pouvait-on encore espérer sauver du naufrage? Tout dépendait — et cela, Louis le comprit immédiatement — de l'art avec lequel il saurait une fois de plus plier le temps à ses desseins. S'il agissait assez vite... Si le comte de Charolais était suffisamment imprégné des idées qu'il avait tenté de lui inculquer... Lorsqu'il apparut dans son antichambre, envahie par une foule de courtisans, le roi de France avait recouvré tout son sang-froid. « Avec beaucoup de sagesse et de bonne grâce », il annonça qu' « il était disposé à donner la Normandie au duc de Berry — avant qu'elle ne fût tout entière conquise par la force ». Son grand Conseil reçut aussitôt l'ordre de se réunir tandis qu'un messager galopait vers le quartier général du comte de Charolais pour inviter celui-ci à rencontrer le roi entre les lignes pour un entretien immédiat. On en était à peine au milieu de la matinée.

IV

Ce matin-là, Louis agit avec une telle promptitude qu'il put annoncer la chute de Rouen au comte de Charolais avant même que celui-ci n'en eût été informé. Le roi ne prit pas la peine de feindre et parla avec la plus grande franchise : jamais il n'aurait de lui-même consenti à se défaire de cette province, mais puisque les Normands en avaient décidé autrement, il était heureux de créer son frère duc de Normandie et de satisfaire tous les désirs qu'avait exprimés le comte au cours des années précédentes. Contraint de céder, Louis le faisait avec grâce et sans tergiverser. Avec sa prodigalité habituelle, il offrit à l'héritier de Bourgogne, outre les terres picardes et les villes qu'il avait rachetées à Philippe le Bon, tous les territoires royaux situés au nord de la Somme, ainsi que Montdidier et Roye, de sorte que la frontière française ne se trouverait plus désormais qu'à quelque cinquante milles de Paris. Désespérément à court de vivres, le comte de Charolais ne cacha pas au roi le soulagement que lui procurait la nouvelle dont il venait de l'informer, ni l'intérêt que lui inspirait sa proposition. Pour l'occasion, Louis avait d'ailleurs imaginé un autre moyen de persuasion...

Accompagnés chacun d'une petite escorte, les deux hommes s'étaient bientôt trouvés plongés dans une conversation si absorbante que, sans s'en apercevoir, ils s'étaient progressivement rapprochés des murs de Paris. Soudain, le comte de Charolais prit conscience qu'il avait pénétré dans l'un des puissants ouvrages avancés que le roi avait fait édifier pour la défense de la capitale. Il parvint à garder contenance, mais le comte de Saint-Pol, le seigneur de Contay et les autres nobles bourguignons qui l'avaient vu disparaître ne manquèrent pas d'être fort inquiets jusqu'au moment où il ressortit, sain et sauf, pour regagner ses lignes. Si l'on en croit le seigneur de Haynin, tandis que les deux cousins bavardaient à l'intérieur des fortifications, du vin leur avait été apporté. Après que le roi eut bu, une coupe avait été offerte au comte de Charolais, mais vivement Louis s'était alors exclamé : « Ne donnez point de vin à mon beau frère, il ne boit pas entre les repas. » Par là, note Haynin avec approbation, Louis entendait éviter que le comte pût penser qu'on cherchait à l'empoisonner. La conversation qui avait si fort accaparé les deux hommes était, semble-t-il, centrée autour d'un projet lancé par le roi : un projet de mariage entre le comte de Charolais, qui avait alors trente-deux ans, et la fille du roi, Anne, qui n'en avait que quatre. Louis laissa probablement entendre à son interlocuteur que, si le destin voulait qu'il n'eût pas d'héritier mâle, la couronne de France pourrait aller non pas à son frère cadet mais à son gendre, c'est-à-dire au comte de Charolais lui-même.

Séduit par cette brillante perspective, non seulement le comte accepta sur-le-champ les conditions du roi, mais il lui promit d'obtenir l'adhésion des autres membres de la Ligue.

Sans perdre un instant, ce même dimanche Louis amena son grand Conseil à approuver l'octroi de la Normandie au duc de Berry, les concessions au comte de Charolais, et la nomination du comte de Saint-Pol comme connétable de France avec des émoluments de vingt-quatre mille livres. Pour sa part, le comte de Charolais persuada les autres princes d'accepter; toutefois, ceux-ci y mirent comme condition qu'il insistât pour que le roi satisfît également à leurs justes revendications. Mais le comte écoutait à peine. Ayant lui-même reçu tout ce qu'il pouvait raisonnablement espérer, manœuvré par Louis et par les habiles auxiliaires que celui-ci comptait au quartier général bourguignon, Charolais était désormais impatient de quitter ses compagnons d'armes : quoi que ces derniers fussent en droit d'attendre pour ce qu'ils avaient fait, il était maintenant prêt à définir leurs « justes revendications » selon les critères du roi plutôt que selon ceux des princes.

Le mardi suivant (1er octobre), des crieurs publics annonçaient dans les rues de Paris une « trêve perpétuelle » entre le roi et les princes. Louis envoya alors des marchands de la ville au couvent de Saint-Antoine-des-Champs, situé entre les lignes, pour qu'ils puissent y approvisionner les assiégeants en nourriture et en vêtements. Les Bourguignons et les Bretons, qui se précipitèrent aussitôt en foule sur les stocks de vivres, présentaient une bien triste apparence — « en haillons, nu-pieds, et si barbus qu'ils avaient l'air de sauvages... » Le chroniqueur parisien Jean de Roye les voyait « couverts d'ulcères et de crasse ».

Parmi les mercenaires suisses du duc Jean, certains étaient si affamés qu'ils s'emparaient de meules de fromage et, sans même en enlever la croûte, les « dévoraient à belles dents », tout en avalant de puissantes rasades de vin. A l'instar de Panigarola chacun se rendit compte alors qu' « ils n'auraient pas pu tenir plus longtemps ». Le samedi 5 octobre, le traité de Conflans venait sanctionner les concessions accordées par le roi à son frère, au comte de Charolais, et à l'ami de celui-ci, le comte de Saint-Pol. Louis dispensait toute espèce d'attentions à l'archidiacre comme à tous les autres Bourguignons qui avaient employé leur influence à son service, et rendait à leur maître des visites officieuses qui ne laissaient pas de le flatter. D'heure en heure, le comte de Charolais comprenait mieux combien il importait que ses complices acceptent ce que leur offrait le roi et s'en retournent chez eux.

Les princes, eux, commençaient à s'inquiéter sérieusement. A nouveau, ils mirent leurs revendications par écrit. Le duc Jean exigeait toujours que Louis rompît son alliance avec le duc de Milan et lui fournît sans tarder les troupes dont il avait besoin pour reconquérir le royaume de Naples au nom de la Maison d'Anjou. Le duc de Bretagne voulait que son indépendance fût formellement reconnue; le duc de Nemours revendiquait les fonctions de gouverneur pour Paris et l'Ile-de-France; le comte d'Armagnac réclamait la restitution de toutes ses terres et une part des impôts levés sur l'ensemble de ses territoires. Les princes demandaient en outre d'énormes pensions ainsi que le contrôle de l'armée permanente. Cependant, Louis était maintenant en mesure de traiter séparément avec chacun d'eux, et d'adopter ainsi une stratégie qui ne manquerait pas d'accroître leur méfiance réciproque et d'affaiblir leur résistance individuelle.

Le 10 octobre, le roi parvenait à conclure un accord avec le duc de Bretagne. François II se voyait octroyer la juridiction ecclésiastique de son duché — à propos de laquelle avait débuté sa querelle avec Louis — et certaines terres qui, depuis longtemps, demeuraient en litige; par ailleurs, le roi promit d'accorder son pardon au comte de Dunois et à Antoine de Chabannes, comte de Dammartin. Si le duc de Bretagne ne se montrait pas plus exigeant, c'est qu'il entendait trouver ailleurs bien d'autres avantages : déjà il se voyait maître du nouveau maître de la Normandie, avec, à sa disposition, tous les riches offices de cette vaste province. Louis ne fit rien pour décourager ses espoirs.

Dès lors le comte d'Armagnac et le duc de Nemours nourrirent d'amères pensées à l'égard de leurs alliés plus fortunés, et le duc Jean commença même à se demander si, en fin de compte, le comte de Charolais était un aussi bon ami qu'il l'avait imaginé. Le 13 octobre, Louis proposa au duc d'Armagnac une pension de douze mille écus ainsi que cent lances de l'armée permanente. Fou de rage, celui-ci s'en alla trouver les princes, et, affirmant qu'ils l'avaient trompé et ne se souciaient guère d'être fidèles à leur serment, il leur déclara que « sous prétexte de s'unir pour le salut public du royaume, chacun n'était venu, lui semblait-il maintenant, que pour défendre son propre intérêt ».

Le comte de Charolais et le comte de Saint-Pol lui répliquèrent froidement qu' « il devait être content de l'offre qui lui avait été faite, car c'était là plus qu'il n'en méritait; si cela ne lui plaisait pas, il ferait mieux de rentrer chez lui par le plus court chemin... ».

Le duc de Nemours, qui commençait à craindre sérieusement de ne rien avoir du tout, se montra parfaitement satisfait de recevoir du roi quelques vagues privilèges, parmi lesquels le droit de nommer certains officiers royaux dans son duché. Sans ménagement, Louis XI informa le duc Jean qu'en aucun cas il ne romprait les relations qu'il entretenait avec son fidèle allié, le duc de Milan; et lorsque le fils du roi René en appela au comte de Charolais, celui-ci, mal à l'aise, lui fit savoir qu'il se sentait tenu de rester neutre en la matière. Comme le duc Jean persistait à vouloir mettre une expédition sur pied pour reconquérir Naples, le roi lui déclara qu'il ne pouvait lui offrir qu'un subside dont le payement s'échelonnerait sur plusieurs années. A ce propos, comme à propos de toutes les autres revendications des princes, le roi était résolu à soumettre l'ultime décision au comte de Charolais, nota l'un des secrétaires de ce dernier :

> « et Sa Majesté prétend que, “ par la Pasques-Dieu! ”, si tout le monde l'attaque, elle s'en remettra à Monseigneur [8] ».

Cependant Louis méditait d'autres projets, et. pour réaliser ceux-ci, le comte de Charolais ne lui suffisait pas. Le 24 octobre, il sortit de Paris dans un costume qui surprit chacun car, avec sa robe pourpre fourrée d'hermine, il était pour une fois véritablement habillé comme un roi. Quelque part à l'extérieur des murs, il eut une conversation très cordiale avec son beau-frère Jean, duc de Bourbon. Le duc de Bourbon comptait parmi les mécontents. Tandis qu'il s'était occupé de conquérir la Normandie au nom du duc de Berry, les princes qui étaient demeurés à Paris n'avaient eu d'autre souci que de se partager le butin, sans songer à ce que lui-même était en droit de revendiquer. Sinon durant cette première rencontre, du moins par la suite, Louis lui fit remarquer avec beaucoup de compréhension que, du moment où, dans leur égoïsme, les princes n'avaient pensé qu'à défendre leurs intérêts personnels, il était bien naturel qu'il ne lui restât rien, ou presque. Toutefois, s'il désirait servir le roi — et personne mieux que lui n'appréciait ses talents —, il pouvait espérer beaucoup d'un souverain qui savait récompenser le mérite. Cette conversation, on s'en doute, donna beaucoup à réfléchir au duc de Bourbon.

Avant la fin d'octobre, les Bourguignons levaient le camp pour prendre le chemin du Nord, tandis que les Bretons quittaient Saint-Denis pour la Normandie. Le moment était venu pour le roi de faire sa dernière offre aux princes de la Ligue qui n'étaient pas inclus dans la paix de Conflans. Dans la soirée du lundi 28 octobre, Louis sortait de Paris en emmenant avec lui un traité : non pas une liste de propositions, mais un document en règle sous forme de lettres patentes telles que Louis les avait rédigées. Dès le lendemain, l'accord était promulgué sous le nom de « Traité de Saint-Maur-les-Fossés ». La paix était décrétée, le passé oublié; aucun des deux partis ne punirait les membres de l'autre pour avoir participé aux récents événements; tout seigneur qui prendrait sur lui de rompre le traité pour attaquer le roi aurait à affronter les autres signataires; et si le roi lui-même entreprenait quoi que ce fût contre l'un des seigneurs, les autres voleraient à son secours. Les princes se sentaient raffermis dans leur dignité grâce à deux articles où le roi admettait qu'ils n'étaient pas tenus de répondre à ses appels sinon en cas de guerre, d'une part, et, d'autre part, s'engageait à ne plus se rendre chez eux sans avoir annoncé sa visite au moins trois jours à l'avance. Louis s'empressa de répondre au faible geste tenté par les membres de la Ligue au profit du Bien public en instituant un Conseil dit des Trente-Six, destiné à étudier les plaintes et à introduire des réformes. Lorsque cette commission se réunit quelques semaines plus tard, le roi n'eut aucune peine à la transformer en un instrument soumis à sa seule volonté.

Au moment où les princes signèrent cet accord, le duc de Bourbon était d'ores et déjà entré au service du roi, en échange de quoi il avait reçu, avec des émoluments très élevés, le gouvernement de l'Est de la France, de la Loire à Lyon, c'est-à-dire d'un territoire dont la superficie représentait près d'un quart du royaume. Cependant, Louis entrevoyait déjà le profit qu'il allait pouvoir tirer de l'argent qu'il avait ainsi investi. Pour ce qui est des princes qui, comme le duc de Nemours, le comte d'Armagnac et le duc Jean, demeuraient toujours les mains vides, le roi n'avait plus désormais qu'à leur donner de quoi satisfaire l'humeur conciliante du comte de Charolais. Finalement, le comte d'Armagnac obtint fort peu de choses en dehors de son pardon. Le duc de Nemours, lui, reçut le titre de gouverneur du Dauphiné ainsi qu'une pension. Quant au duc Jean, force lui fut de renoncer aux troupes qu'il réclamait à corps et à cris pour se contenter d'une certaine somme d'argent. Après avoir vertement tancé le bouillant Angevin, Louis lui renouvela son offre : outre quelques terres, il lui donnerait douze mille écus à Noël, auxquels viendrait ensuite s'ajouter un subside de trois cent mille écus dont le versement s'échelonnerait sur trois ans [9].

Le roi insista fort aimablement pour qu'une cérémonie d'adieu réunît une dernière fois les princes avant leur départ [10]. Accompagné du comte de Charolais et du duc Jean, il escorta le nouveau duc de Normandie et son mentor, le duc de Bretagne, quelques milles durant sur la route de Pontoise avant de s'en retourner à Villiers-le-Bel, où l'on devait tous ensemble fêter la Toussaint (1er novembre). Il profita de l'occasion pour offrir sa fille, Anne de France, à l'héritier de Bourgogne. Etant entendu que celui-ci remplirait le contrat à Pâques de l'année suivante, Louis proposait pour Anne une dot de 1 200 000 écus d'or, que devait garantir au comte de Charolais le comté de Champagne, sur lequel le roi se réservait toutefois le droit de collecter les aides et autres impôts.

Le 3 novembre vers midi, le roi faisait au comte de Charolais des adieux débordants d'affection, avant de reprendre la route de Paris, en compagnie du duc Jean semble-t-il. Au moment de quitter son souverain, le comte de Charolais lui fit vaguement remarquer qu'il ne doutait pas de le voir agir de façon à satisfaire le duc Jean. Désormais, la Ligue du Bien public n'existait plus.

Pour avoir su assouvir l'appétit du comte de Charolais, Louis avait réussi à imposer à des princes qui avaient juré sa perte un traité par lequel il avait éloigné la menace que constituaient leurs armées en échange de concessions dérisoires comparées à ce qu'ils étaient en droit d'espérer. Malgré l'intimité des rapports qu'il entretenait avec le roi, malgré sa curiosité et son intelligence, jamais Panigarola n'a compris comment ce tour de passe-passe avait pu être exécuté. Personne n'y est d'ailleurs jamais parvenu, à Paris ni ailleurs... exception faite de Louis.

Mais personne non plus ne savait mieux que lui combien la révolte de la féodalité avait été désastreuse. Elle avait eu pour conséquence d'augmenter de deux cent mille livres les pensions qu'il versait chaque année aux princes. Elle lui avait coûté la Picardie et les villes de la Somme. Elle lui avait fait perdre la Normandie, orgueil de la couronne. Sous les yeux de ses sujets, il avait été contraint de composer de façon humiliante avec les ambitieux seigneurs français. A Montlhéry, la trahison l'avait frustré d'une éclatante victoire; à Paris, elle l'avait privé du plaisir de voir ses ennemis battre en retraite sous les pluies glacées d'octobre. Pourtant, Louis n'oubliait pas que c'est à leurs résultats qu'on juge de la manière de mener ses affaires.

Une fois de plus, le roi avait tiré de ses erreurs une excellente leçon — le temps ne devait pas tarder à en donner la preuve. En outre, il pouvait se réjouir du fait que le royaume, lui aussi, avait appris quelque chose : comme l'a défini dans l'une de ses œuvres un auteur de satires, cette année fut « l'année dont chacun sut tirer profit ».

Et désormais, le génie était hors de la jarre.

16.
Un « chapardeur »

I

Ce que Louis avait le plus de mal à accepter, c'était la perte de la Normandie. Cependant, il ne montrait rien de ses sentiments, se contentant pour l'heure de déployer une intense énergie nerveuse.

Une fois de plus il se replia sur lui-même. Prenant la direction du sud, il laissa Paris, puis Montlhéry, avant de gagner Orléans où il arriva aux environs du 18 novembre. A Jean-Pierre Panigarola, il déclara qu'il avait décidé d'y passer la plus grande partie de l'hiver, car, « seigneur de la Loire, il s'y retrouve au centre de son royaume » et peut ainsi « découvrir si ses ennemis complotent quelque chose contre lui ». La seconde partie de cette remarque n'était qu'une demi-vérité : en fait, ce qui l'intéressait d'abord c'était ses projets à lui.

Le roi s'installa dans la ville et établit son Conseil dans une maison contiguë à la sienne; entre les deux, il fit construire une galerie de façon que ses allées et venues échappent aux regards indiscrets. Restant de longues heures enfermé avec ses capitaines et ses conseillers, recevant les rapports de ses messagers, dictant son courrier, son attitude était celle de quelqu'un qui attend fébrilement le moment de passer à l'action.

Des allusions voilées tombées dans l'oreille de Panigarola, concernant des changements qu'il comptait voir survenir « avant que de trop nombreux mois ne se soient écoulés », d'étranges suggestions instillées dans l'esprit du comte de Charolais, la cour faite par le roi au duc de Bourbon, d'obscures liaisons nouées avec certains partisans de certains seigneurs, tout cela, toutes ces manœuvres apparemment sans rapport les unes avec les autres commençait à révéler l'existence d'un plan dont l'objectif s'appelait la Normandie. L'idée même de reconquérir ce duché semblait appartenir au domaine du rêve; cependant, si elles paraissaient ne pas devoir se réaliser avant longtemps, les conditions qui eussent permis de l'envisager étaient parfaitement claires : il eût fallu pour cela que la Bourgogne fût réduite à la passivité et que la Normandie connût une période de troubles. Or, ces conditions, le roi de France n'avait nullement l'intention de laisser à la Fortune le soin de les fournir.

Lorsque, à Villiers-le-Bel, Louis et le comte de Charolais avaient dressé le contrat de mariage de la princesse Anne, ils y avaient inclus une clause pour le moins étrange. Comme on l'a vu, le comté de Champagne devait servir de gage à la dot; sur ce territoire, le roi se réservait toutefois certains privilèges, et notamment le droit de collecter les impôts; cependant, si, « par mort ou *autrement* », il arrivait que le duché de Normandie retournât au roi, Charolais pourrait alors disposer librement de la Champagne, sous la seule réserve de rendre hommage simple au souverain. Cette clause devait immanquablement amener le comte de Charolais à se poser une question : puisqu'il n'avait aidé le frère de Louis à conquérir son nouveau duché que pour détacher de la couronne une grande province, son intérêt ne voulait-il pas maintenant qu'il travaillât à obtenir une telle province pour lui-même en aidant le roi à regagner la Normandie? A propos de ce duché, au moment de prendre congé d'eux, Louis avait donné à son frère et au duc de Bretagne un excellent conseil — qu'il espérait d'ailleurs ne pas les voir suivre — : « Prenez garde! » leur avait-il dit avec sollicitude. Il savait fort bien qu'entre les deux ducs les relations étaient désormais si tendues qu'il suffirait de peu de chose pour amener la brouille. La Normandie n'était pas assez riche pour satisfaire les espoirs de tous les membres de leurs entourages respectifs.

De curieux personnages arrivaient à Orléans où ils avaient de longs entretiens avec le roi avant de disparaître, des personnages comme Pierre Doriole, autrefois officier royal, mais qui était alors censé compter parmi les partisans du duc de Normandie, ou Tanneguy du Chastel, l'un de ceux qui avaient fui la France pour entrer au service du duc de Bretagne lorsque Louis était monté sur le trône. Dans l'entourage des deux ducs, d'autres hommes encore entretenaient des relations secrètes avec le roi de France et surveillaient attentivement les premiers signes de troubles qui se manifestaient en Normandie. Depuis leur départ de Paris, Louis s'était tenu au courant des moindres faits et gestes de son frère et de François II.

Durant la seconde quinzaine de novembre, ceux-ci étaient arrivés à Mont-Sainte-Catherine, un couvent situé dans les environs de Rouen, où ils s'étaient installés en attendant que les habitants de la nouvelle capitale de Charles eussent fini les préparatifs de l'entrée triomphale qu'ils leur réservaient. Furieux de voir diminuer l'ascendant qu'il croyait à jamais conserver sur son protégé, le duc de Bretagne avait retardé le voyage dans l'espoir de rétablir son emprise. Le jeune Charles commençait quant à lui à s'alarmer des demandes de dédommagements..., de récompenses..., d'offices... qui ne cessaient de lui être présentées. Parmi la foule des courtisans qui se pressaient autour des deux ducs, les sentiments s'échauffaient au moment où l'on atteignit Mont-Sainte-Catherine. L'avidité des Bretons, les revendications des Normands, les espoirs des membres de la propre maison de Charles s'exprimaient chaque jour avec plus d'insistance. Dans ces conditions, les agents dont disposait Louis au sein de ces diverses factions n'avaient nul besoin de créer des troubles : il leur suffisait d'exploiter ceux qui naissaient d'eux-mêmes.

Peu à peu le frère du roi se trouva ainsi pris dans un imbroglio de passions qu'il était parfaitement incapable de dominer. C'est alors qu'à ses côtés, quelqu'un qui savait comment et à quel moment parler entreprit de le convaincre que, tout redoutable qu'il fût, le roi était le seul homme susceptible de l'aider dans cette conjoncture. Affolé, Charles en vint à considérer cette solution comme le meilleur parti à prendre et tomba dans le piège que lui avait si habilement tendu Louis. Dans sa crainte et son désarroi, le duc de Normandie se décida en effet à envoyer un message à son frère...

Le lundi 25 novembre à six heures du soir, le roi de France entrait gaiement dans la ville d'Orléans. A son côté chevauchait le duc de Bourbon, tandis que la toute jeune duchesse d'Orléans était juchée sur sa propre monture. C'était un autre homme. Le matin même, il s'était rendu à l'église Notre-Dame de Cléry pour y accomplir le vœu qu'il avait prononcé à Montlhéry. La Vierge Marie, ou le Destin de la France, avait entendu ses prières : un messager s'était présenté à lui de la part de son frère — un messager important puisqu'il s'agissait du maître de la Maison de Normandie en personne. A la main, celui-ci tenait une lettre.

Cette lettre révélait les tracas qui accablaient Charles depuis qu'il devait faire face à tant de nouvelles responsabilités. Une fois qu'il en eut pris connaissance, le roi interrogea le messager pour savoir quel sens il lui fallait donner aux doléances de son frère. Les réponses qu'il reçut le convainquirent que la façon dont il souhaitait pouvoir les interpréter était la bonne.

Louis passa alors la lettre au duc de Bourbon, à qui il dit, sans avoir l'air d'y toucher : « Je dois aller secourir mon frère. Je crois qu'il me faudra reprendre mon duché de Normandie. »

II

Dans l'après-midi du 29 novembre, Louis XI fut informé que, quatre jours auparavant, c'est-à-dire le jour même où il recevait à Cléry l'émissaire de son frère, une explosion avait fini par se produire à Mont-Sainte-Catherine. Sur le point de quitter ses appartements pour prendre un peu d'exercice et mettre de l'ordre dans ses pensées, le roi aperçut Emmanuel de Iacoppo, un envoyé milanais qu'il connaissait fort bien, et lui fit signe d'approcher.

> « Manuel, lui dit-il, je viens d'apprendre que le duc de Bretagne a failli se faire tuer en Normandie et que toute la province est en proie au désordre. »

Sur quoi il ajouta qu'il attendait d'un instant à l'autre les messagers que ne manquerait pas de lui envoyer chacune des factions rivales.

Finalement, il s'avéra que des rumeurs, selon lesquelles François II méditait d'emmener le nouveau duc de Normandie en Bretagne, ou, pis encore, de le livrer au roi, avaient décidé les seigneurs normands et les bourgeois de Rouen à passer à l'action. Dans la soirée du 25 novembre, le comte d'Harcourt et une partie de la noblesse s'étaient présentés devant les portes de Mont-Sainte-Catherine où, après avoir réussi à se frayer un chemin jusqu'au frère du roi, ils avaient insisté pour que celui-ci fît aussitôt son entrée à Rouen tandis qu'ils invitaient froidement François II à les accompagner. Celui-ci ayant refusé, les Normands s'étaient emparé de Charles et l'avaient mis sur un cheval pour l'escorter jusque dans la ville, sans même lui donner le temps de changer de tenue. Terrifié, le duc de Bretagne avait convoqué ses partisans et s'était aussitôt mis en route pour Caen, non sans avoir au préalable dépêché au roi une lettre où il accusait les Normands d'avoir tenté de l'attirer dans un piège, et donnait à son souverain l'assurance de son complet dévouement. A Orléans, les messagers des ducs de Bretagne et de Normandie se succédaient. Pour se venger de Charles, François II était désormais prêt à mettre à la disposition de Louis la ville de Caen ainsi que les autres places de Normandie qu'il tenait en son pouvoir. Quant aux missives de Charles, elles étaient si désordonnées que le roi pouvait sans peine y voir un appel de son frère, décidé à renoncer à son nouveau duché.

Le 1er décembre, des escadrons royaux prenaient la route de la Normandie. L'amiral recevait carte blanche pour traiter avec le duc de Bretagne. Le 3, le duc de Bourbon quittait Orléans avec son demi-frère, Louis le Bâtard, pour prendre le commandement de l'armée principale. De son côté, Charles de Melun quittait Paris pour se diriger vers l'ouest à la tête de ses troupes.

Emmanuel de Iacoppo craignait que les ducs de Bretagne et de Normandie n'eussent mis sur pied ce stratagème élaboré pour s'emparer du roi, mais Louis le rassura en afirmant « que ses affaires n'étaient pas aussi dangereuses car les Français n'ont pas dans ce domaine l'esprit aussi inventif que les Italiens ».

Lorsque Emmanuel s'enquit de l'attitude qu'allait adopter le comte de Charolais, le roi lui déclara qu'il n'y avait rien à craindre de ce côté-là non plus en raison du contrat de mariage qu'ils avaient établi ensemble, mais aussi parce qu'il tenait le comte si bien informé de ses intentions qu'il n'avait aucune raison de se méfier de quoi que ce fût.

> « C'est pitié de voir à quel point le roi est occupé, note Iacoppo. Il se lève très tôt, dit ses prières, va à la messe puis regagne ses appartements. Après quoi il suit un programme soigneusement établi. Il préside son Conseil, qui se tient dans une maison contiguë à celle du roi et se prolonge aussi longtemps qu'il est nécessaire. Ensuite, il se rend dans la chambre où il mange, et, tout en continuant à s'occuper de ses affaires, il reste généralement à table jusqu'à passé deux heures de l'après-midi. Le dîner terminé, il disparaît dans une autre pièce et, sans s'accorder un instant de répit, il se remet au

travail. En fin de journée, soit à pied soit à cheval, il prend un peu d'exercice en allant se promener dans les environs de la ville. Une fois de retour chez lui, il converse avec l'un ou l'autre de ses hommes jusqu'à l'heure du souper. Il soupe tôt et se couche tard. »

Le 11 décembre, le roi quittait Orléans pour diriger sa campagne. Il projetait de traverser la basse Normandie pour rejoindre le duc de Bretagne à Caen. Coupant au centre de la province, le duc de Bourbon avait d'ores et déjà pris possession d'Evreux. Charles de Melun, lui, redescendait la rive nord de la Seine pour gagner la Normandie supérieure. Les trois armées devaient ensuite converger sur Rouen.

Alors que Louis s'était arrêté à Chartres pour une brève halte, le vieil Ecorcheur Antoine de Chabannes, comte de Dammartin, le meilleur des soldats que comptât la Ligue, déçu par l'incapacité les princes qu'il servait, vint lui faire sa soumission. Le roi lui réserva un accueil très chaleureux. Il lui offrit un magnifique jeu de bardes ainsi qu'une armure ouvragée d'or, et lui donna aussitôt une place parmi ses conseillers intimes. « Sans perdre une heure, et toujours en selle », Louis XI coupa à travers la basse Normandie pour arriver à Caen le 19 décembre. Il établit ses quartiers dans la maison voisine de celle où logeait le duc de Bretagne et, sans plus tarder, il s'attacha à parachever ce qu'avait commencé la querelle de François et de Charles. Le lendemain, le duc promit solennellement obéissance au roi. Au soir du même jour, Louis soupait avec lui, ensuite de quoi tous deux se mirent à jouer aux cartes; dans le courant de la journée, ils se retrouvaient trois ou quatre fois sans cérémonie aucune et se comportaient à l'égard l'un de l'autre comme de vieux amis. Pour Panigarola, c'était miracle de les voir ainsi.

Le 28 décembre, Louis et François signaient le traité de Caen dans lequel, le passé étant oublié, chacune des deux parties convenait de ne pas aider les rebelles de l'autre, et où François II s'engageait à prêter son concours au roi contre ses ennemis, exception faite toutefois de ses alliés, le duc Jean et le comte de Charolais. Ce traité coûta à Louis la promesse verbale de cent vingt mille écus, dont il s'acquitta scrupuleusement; pour montrer en quelle faveur il tenait le duc, il accepta en outre le retour en grâce du comte de Dammartin, de l'ancien maréchal Lohéac, d'Odet d'Aydie, du comte de Dunois et de quelques autres, et consentit à ne pas accorder son pardon aux six hommes qui, dans l'entourage de son frère, étaient selon François les principaux responsables de la querelle.

Par là, non seulement Louis complaisait au duc de Bretagne, mais il s'attachait des hommes de valeur et réparait du même coup ses erreurs passées. A Lohéac, il redonna son titre de maréchal de France; quant au comte de Dunois et au comte de Dammartin, il les garda à ses côtés. Par ailleurs, il ne fut pas long à reprendre à son service les six hommes dont François II avait obtenu du roi qu'il ne leur pardonnât pas. A tous il accorda des appointements supérieurs à ceux qu'ils touchaient du temps de Charles VII, note Commynes : lorsque Louis rachetait ses fautes, il le faisait de bon cœur et sans arrière-pensées.

A l'époque où le roi ratifia le traité de Caen, toute la Normandie était tombée entre ses mains, hormis les villes de Louviers, du Pont-de-l'Arche et de Rouen, et les troupes royales commençaient à encercler la capitale normande.

> « Nuit et jour, rapporte Panigarola, le roi agit avec la plus grande vigilance [...] Chaque jour, d'autres Normands viennent lui demander grâce pour les erreurs qu'ils ont commises et remettre entre ses mains les clés de leurs cités [...] et Sa Majesté reçoit chacun aimablement et pardonne les fautes passées [...] Maintenant, le roi s'occupe d'établir de nouveaux fonctionnaires dans toute la Normandie [...] avec la prudence et la sagacité que Votre Altesse peut imaginer. Sa Majesté a écrasé la rébellion de ses ennemis... »

Après avoir amené Vernon à se rendre, le duc de Bourbon avait établi le siège devant Louviers. Désormais, Louis ne craignait plus que de voir son frère chercher asile dans les territoires du duc de Bourgogne ou même en Angleterre. Aussi, le jour de Noël, après avoir consulté François II, chargea-t-il deux Bretons d'apporter à Charles son pardon et de lui promettre un riche apanage que choisiraient les ducs de Bretagne et de Bourbon eux-mêmes.

> « Depuis plusieurs jours, écrivit Panigarola qui suivait Louis dans tous ses déplacements, sa Majesté chevauche et travaille sans répit, selon son habitude; chaque jour il devient plus évident que c'est un homme qui aime et qui supporte les plus durs labeurs. »

A la fin de décembre, le roi était en route pour Louviers, toujours assiégé par le duc de Bourbon.

Tout en parcourant la Normandie, Louis ne cessait de surveiller les seigneurs de son royaume. On l'avait informé que le duc de Nemours méditait de livrer le Roussillon à son cousin, le comte d'Armagnac. Un message plein de menaces envoyé par le roi mit toutefois fin au complot et amena le duc de Nemours à renouveler son serment de fidélité. Au comte de Foix, Louis donna l'autorisation de s'occuper des troubles qui agitaient continullement la Navarre, « de sorte qu'il dépense son argent et n'ait plus aucun motif de faire tort au roi ni d'intriguer contre lui ».

Déjà Louis avait renvoyé le fils de ce dernier de la cour, « car, lorsqu'il s'y trouvait, il informait secrètement le frère du roi de ce qui se passait... ».

Le duc Jean et son père ne cessaient d'envoyer au souverain des demandes d'argent et des protestations de fidélité. Le fils du roi René ne souhaitait rien plus que de rejoindre la cour, mais Louis fit remarquer à Panigarola qu' « il préférait prendre quatre Turcs » plutôt que de l'accepter dans sa maison; toutefois, en traitant avec le duc Jean, il lui fallait rivaliser avec « les frères de Saint-François, et notamment user d'hypocrisie avec le même talent qu'eux ». Après un assez long silence, le comte de Charolais répondit à l'annonce de la progression du roi en Normandie par de « plaisantes paroles », et avertit Louis qu'une ambassade allait bientôt lui parvenir.

Louviers ayant capitulé le jour de l'An (1466), Louis se rendit au Pont-de-l'Arche, où il arriva dans la soirée du 5 janvier, pour surveiller les préparatifs du siège de la ville : « Il dirigeait énergiquement la mise en place des bombardes, le creusement des fossés et le placement des troupes. »

Après quoi, il ordonna à son artillerie d'ouvrir le feu et, le lendemain, il continua méthodiquement à « établir son siège secteur par secteur * ».

* Panigarola savait parfaitement quels risques courait le roi en insistant pour tout faire. Soucieux d'étudier les méthodes militaires françaises, il surveillait les préparatifs effectués sur le front en compagnie d'un chevalier milanais de ses amis lorsque « un projectile de l'ennemi passa tout près de moi et me fit grand-peur... » Son ami se mit à rire « car il se trouvait plus éloigné du boulet que moi. Nous décidâmes de ne pas nous approcher davantage ».

Désormais, les agents du roi traquaient impitoyablement tous ceux, grands ou petits, qui tentaient de fuir la cause désespérée du nouveau duc de Normandie. Déguisé en cordelier et accompagné d'un moine, le général des Finances de Charles fut arrêté alors qu'il essayait de se rendre en Picardie. Promptement jugés par le prévôt des marchands, lui et son compagnon furent noyés dans l'Eure. « Presque chaque matin l'on trouvait d'autres cadavres dans la rivière », note Panigarola. Le jeune Charles inondait son frère de messages confus où les plaintes irritées alternaient avec de vagues offres par lesquelles il laissait entendre au roi qu'il était prêt à se plier à sa volonté.

Cependant, Louis pressait le siège du Pont-de-l'Arche.

> « En armes nuit et jour, parcourant les tranchées pour diriger le travail d'approche de ses troupes et décider en quel endroit il convenait de livrer l'assaut, il surveillait toutes choses de place en place, selon ce qui se passait...

Lorsque, le 9 janvier, la ville se rendit, ouvrant ainsi au roi la route de Rouen, il accorda son pardon aux habitants et offrit aux soldats de son frère la possibilité de se joindre à ses troupes. Le soir même, Charles l'informait qu'il désirait négocier un apanage par l'entremise des ducs de Bretagne et de Bourbon, comme le roi lui-même le lui avait proposé, et demandait qu'on lui accordât une trêve. Le lendemain, de Honfleur, le duc de Bretagne faisait parvenir à son ancien protégé une garantie de sécurité pour qu'il pût quitter Rouen. Louis proclama alors une trêve de dix jours entre son frère et lui.

Le 14 janvier, il reçut une délégation des bourgeois de Rouen. Exigeant que la ville fît sa soumission, il leur promit en contrepartie le maintien de ses privilèges et le pardon de tous. Il les avertit cependant qu'il ne se laisserait pas payer de mots : il voulait qu'une réponse lui fût transmise dès le 16, faute de quoi « ils pouvaient s'attendre à être assiégés dès le lendemain ».

Désormais les Rouennais n'avaient d'autre ambition que d'être débarrassés d'un duc qui ne leur avait apporté que des ennuis. Lorsque les envoyés furent de retour chez eux, les bourgeois chassèrent les conseillers du frère de Louis, et Charles lui-même s'en fut craintivement à Honfleur avec une escorte en pitoyable état. Le 16, une délégation vint humblement apporter au roi la soumission de la capitale normande [1]. Le lendemain, Louis envoyait des représentants prendre possession de Rouen.

Il avait reconquis la Normandie.

Il lui restait maintenant à reconquérir son frère Charles qui, à Honfleur, discutait alors les conditions de sa reddition avec le duc de Bretagne. La question était délicate, car tout apanage de quelque importance risquait, entre ses mains, de devenir dangereux. Le Dauphiné avait pour voisins la Bourgogne, le Savoie et la Provence angevine. La Champagne placerait le jeune Charles côte à côte avec le comte de Charolais. Le duché de Guyenne, qui, pendant des siècles, avait connu la tutelle de l'Angleterre, invitait à nouer des intrigues avec les Yorkistes. D'autre part, si le frère du roi se réfugiait en Bretagne ou chez le duc de Bourgogne, il pourrait toujours être utilisé par les princes comme prétexte à une nouvelle Ligue du Bien public. Tandis que Louis envisageait anxieusement ces diverses éventualités, il reçut de François II une brève note l'avertissant que le duc pensait que le moment était venu pour lui de regagner la Bretagne.

Louis répondit aussitôt qu'il allait lui-même se rendre à Honfleur pour conclure un accord avec son frère, et, au début du mois de février, il quittait Rouen pour prendre la direction de Pont-Audemer. Déjà certains de ses hommes étaient en route pour la côte lorsque lui parvint une nouvelle qui devait brusquement mettre fin à son voyage. Avertis que le roi approchait avec une armée, Charles et le duc de Bretagne étaient en toute hâte partis pour Caen [2]. Louis dépêcha alors un flot de messagers pour informer les fuyards que cette rumeur était fausse, et proposer à son frère le comté de Roussillon, puis une portion du Dauphiné, en apanage. Désormais terrifié, Charles avait refusé l'un et l'autre, lorsque, le 9 février, le roi apprit par ses envoyés que son frère avait fui en Bretagne avec son ami François.

Ainsi la campagne de Normandie, premier pas vers son rétablissement, s'acheva-t-elle pour le roi sur une question demeurée en suspens. Cette situation pouvait fort bien avoir de fâcheuses conséquences; aussi, comme il se préparait à quitter la province qu'il venait de reconquérir, Louis guettait-il anxieusement les réactions de la cour de Bourgogne. Cependant, le comte de Charolais ne semblait pas devoir bouger; tout ce qu'il avait entrepris, c'était de dépêcher à Dieppe une armée bourguignonne qui, d'ailleurs, était arrivée trop tard, et d'inviter secrètement Charles à le rejoindre par un message que les agents du roi avaient intercepté. Bientôt, Louis reçut l'ambassade que le comte du Charolais lui avait annoncée et par laquelle celui-ci renouvelait à son souverain ses promesses de dévouement.

N'ayant plus rien à faire en Normandie, le roi de France reprit la route d'Orléans. Ses fonctionnaires étaient solidement installés à leurs postes : la province était aussi calme que si l'intermède de son frère n'avait jamais eu lieu; parmi les princes, on ne notait aucune agitation. Deux mois lui avaient suffi pour reconquérir, sans effusion de sang ou presque, le plus grand des duchés de France, c'est-à-dire plus de la moitié des territoires qu'il avait dû abandonner à la Ligue. De main de maître, il avait su tourner la situation à son profit. Il avait clairement montré aux princes et au royaume que jamais il n'accepterait d'assujettir sa monarchie à la féodalité d'antan. Il s'était brillamment prouvé à lui-même l'efficacité de la méthode de repli puis d'attaque qu'il avait commencé à expérimenter bien avant d'avoir amené définitivement les membres de la Ligue à composition, alors qu'il n'était encore assuré ni de son trône ni de sa vie.

Lorsque, en septembre précédent, la trahison de Rouen avait contraint Louis à renoncer, pour transiger avec les princes, à la victoire qu'il était sur le point de remporter, il avait prononcé devant Jean-Pierre Panigarola des propos qui non seulement résumaient en quelques mots ce qui faisait sa force, mais dévoilaient en outre l'un des principes de base de son gouvernement. En cédant, avait-il alors confié à Panigarola, il s'était conformé à une décision qui dépendait uniquement d'une appréciation personnelle de la situation : « C'était la meilleure chose à faire étant donné les trahisons et les dangers nouveaux que l'on découvrait chaque jour.. »

Son mot d'ordre, avait-il poursuivi, serait toujours : « *Sapiens nihil invitus facit* » (le sage ne fait jamais rien contre son gré). Dans son esprit, ce n'était ni le saint-chrême dont on l'avait oint lors de son couronnement ni la longue succession de ses royaux ancêtres qui faisait de lui un vrai roi, mais bien plutôt l'empressement qu'il mettait à assumer l'entière responsabilité du destin de la France.

DEUXIÈME PARTIE

Premiers jalons

17.
Péronne

I

Pendant un an, c'est-à-dire du printemps 1466 au printemps 1467, Louis XI demeura dans la région de la Loire. C'était une nouvelle retraite, mais, cette fois-ci, lui seul se l'était imposée. Il dressait l'inventaire : il passait en revue ses pertes, ses erreurs, ses ressources et les conspirations princières qui n'avaient pas tardé à resurgir. Pour des calculs sans fin, il ne se livrait qu'à de rares manœuvres. Il reprenait contact avec la campagne française. De longues parties de chasse compensaient les heures obscures qu'il consacrait à l'inlassable étude des informations et des rumeurs que lui rapportaient ses agents, et au travers desquelles il essayait de deviner les intentions de ses ennemis. Si des fautes étaient commises, il ne blâmait jamais personne que lui-même, estimant sans doute suffisant de laisser aux autres le soin de se racheter.

Durant les premières semaines de cette retraite, il prit parfois plaisir à se livrer à des galanteries, ou du moins à en donner l'impression. Un ambassadeur milanais eut ainsi l'occasion de passer un charmant après-midi dans le jardin de quelque château où l'avait invité une ravissante jeune fille, qu'on appelait simplement « Mademoiselle » et qui, de toute évidence, comptait parmi les amies du roi. Ayant accompagné Louis à la campagne, il nota que Sa Majesté chassait presque chaque jour, « et le plus souvent avec une dame sur sa selle ». Vers la fin du printemps 1466, une ambassade bohémienne revenant d'Angleterre s'arrêta à Angers pour visiter le roi René, avant de s'en aller rejoindre la cour du roi de France. Après l'hospitalité raffinée que leur avait offerte René — « un vieil homme jovial et avenant » —, les Bohémiens trouvèrent « mesquine » la résidence de Louis, quoiqu'ils eussent été impressionnés par les « soixante portiers et gardes » qui surveillaient scrupuleusement toutes les allées et venues. Selon eux, le roi était « un homme de taille moyenne, avec des cheveux noirs, un visage brun, des yeux profondément enfoncés dans leurs orbites, un long nez et de petites jambes ».

Quant à la reine, qui leur accorda également une audience, « il était vraiment dommage que ce fût une femme d'une beauté médiocre ». Louis avait alors quarante-trois ans et se dégarnissait rapidement. Pourtant, si, jaloux de son intimité, il devenait toujours plus difficile d'accès, il n'avait rien perdu de son exubérance. Il ne se lassait jamais ni de ses longues chevauchées ni de ses interminables méditations.

Cependant, au fil des jours, le canevas de sa vie s'enrichissait sans cesse de nouveaux motifs.

Jamais la Maison d'Anjou n'avait laissé Louis XI tout à fait en repos; pourtant, il allait bientôt trouver l'occasion de l'ogliger et, par là même, de se débarrasser temporairement des perpétuels soucis qu'elle lui occasionnait. Au printemps 1466, il accorda finalement au duc Jean l'autorisation de venir à la cour. Si l'on en croit Panigarola, avant que son impétueux cousin n'arrivât à Meung-sur-Loire, Louis « inspecta méticuleusement chacune des pièces du château et, ayant découvert une entré secrète dont il ignorait l'existence, il la fit condamner ».

Le roi en eut vite assez des fantaisies napolitaines et des efforts que fit Jean pour dominer son Conseil. Cependant, l'Espagne ne devait pas tarder à ouvrir aux Angevins de nouvelles perspectives. En effet, les Catalans, toujours rebelles, eurent la bonne idée de choisir le roi René et son héritier pour défendre leur cause contre Jean II d'Aragon. Louis XI pouvait à peu de frais leur promettre son appui. Il rompit donc ses relations diplomatiques avec Jean II et fournit au duc Jean quelques troupes ainsi qu'un peu d'argent. Sans le moindre scrupule, il déclara à Panigarola qu'il envoyait son cousin en Espagne « de sorte qu'il ne crée plus d'ennuis à la cour mais aux Catalans seulement ». Comme le duc s'apprêtait à partir, le roi réussit encore un joli coup. Il parvint en effet à arracher au duc Jean le sceau de son oncle, Charles, comte du Maine. Ce sceau, que Maine s'était refusé à confier à qui que ce soit d'autre que son fidèle neveu, attestait le serment d'allégence qu'il avait prêté à la Ligue du Bien public en échange de la garantie de son statut. Ayant ainsi en main la preuve de sa trahison, Louis s'empressa d'enlever à Maine ses fonctions de gouverneur du Languedoc, et, après l'avoir soumis à un interrogatoire humiliant, il ne lui accorda son pardon qu'à la condition qu'il restât chez lui et cessât désormais de se mêler des affaires publiques.

Comme d'habitude, Louis arrangeait des mariages, grands et petits, et s'exprimait librement sur les sexes. Après avoir assisté à un exercice de la milice parisienne (en 1467), dont les membres les moins martiaux avaient quelque difficulté avec leurs montures, son compère Louis de Crussol lui fit remarquer :

> « Sire, n'entendez-vous pas bien que, en cette montre, il y a plus de dix mille qui ne sauraient faire plus de dix lieues à cheval sans repaître? » Louis répliqua : « Par la foi de mon corps, Monseigneur de Crussol, je crois bien que leurs femmes chevauchent mieux qu'ils ne font! »

Le roi n'appréciait pas que ses efforts demeurassent sans effet. Galeazzo-Maria Sforza, l'héritier du duc de Milan, montrant peu d'empressement à prendre pour femme Bonne de Savoie, la sœur de la reine (qui avait autrefois été proposée à Edouard IV), Louis s'impatienta et mit les ambassadeurs milanais en demeure de lui fournir une réponse définitive : Etait-ce oui ou non? Bonne était une jeune fille ravissante et pure. S'ils avaient quelque doute à ce sujet, il la conduirait à la reine et la ferait examiner nue! Il s'apaisa quelque peu lorsque les Milanais lui eurent affirmé que Galeazzo-Maria ne pouvait rêver d'épouser qui que ce soit d'autre, fût-ce Dieu lui-même!

Ici et là, des malheurs personnels s'en vinrent briser le rythme de sa vie quotidienne. Un soir de la mi-mars 1466, le roi s'entretenait avec Jean-Pierre Panigarola lorsqu'un messager vint annoncer la mort de Francesco Sforza, duc de Milan. Cette nouvelle provoqua chez Louis une telle émotion qu'il dut se retirer. Des semaines durant, à la seule mention du nom de Sforza il changeait de couleur. Peut-être se sentait-il spirituellement plus près de cet aventurier que de n'importe qui. Le roi confirma aussitôt son alliance avec l'héritier de Francesco, son fils Galeazzo-Maria, et fit savoir à tous que le duché de Milan restait placé sous sa bienveillante protection. Quelques mois plus tard, dans la soirée du 4 décembre 1466, la reine donna le jour à un garçon né prématurément. Louis le nomma François, en l'honneur de son ami. Mais la vie de l'enfant semblait bien compromise, c'est pourquoi on le baptisa aussi rapidement que possible. Quatre heures plus tard, il était mort. Le roi, la reine et toute la cour en furent réduits à pleurer, « apparemment incapables de lever les yeux du sol tant leur peine était grande ». Ce fils eût ôté à Charles, frère de Louis, le titre d'héritier du trône, et de ce fait, il eût enlevé à ses ennemis une arme redoutable; par ailleurs, comme le note avec sympathie Jean-Pierre Panigarola, il eût « contribué à raffermir le royaume et l'autorité du roi ». Louis accusa le choc avec un courage remarquable, « n'attendant pas qu'on le console mais consolant plutôt les autres ». Quoique cette perte fût dure à accepter, « le roi dit qu'il tient son royaume du Dieu tout-puissant, et que, s'il plaît à Dieu, il renoncera pour lui à son fils comme à toute autre chose, estimant que tout est pour le mieux ».

Sa volonté d'assumer l'entière responsabilité du royaume de France lui permettait peut-être d'admettre plus facilement la suprême responsabilité de Dieu *.

Cependant, chaque jour, l'armée de ses secrétaires convertissaient en ordres cachetés les notes rapides qu'il leur dictait à l'intention de l'administration. En réponse aux pétitions, rapports et dépêches que lui apportaient ses infatigables courriers, la France entière pouvait ressentir les effets de sa volonté, qui s'exprimait par le réseau de ses fonctionnaires et de ses envoyés. Il ne cessait d'aiguillonner la chancellerie et la Chambre des Comptes par des notes à la fois sèches et colorées :

> « Ne laissez pas les choses se gâter » — « Mettez un terme à cette affaire, chancelier, je vous prie, qu'il ne soit plus nécessaire de revenir sur le sujet » — « Expédiez l'affaire sur-le-champ sans créer de difficultés ».

* Toutefois, le culte qu'il rendait à Dieu n'allait pas jusqu'à le faire respecter Ses serviteurs terrestres. Donnant à Panigarola des conseils à transmettre au duc de Milan touchant une mission diplomatique, il déclara qu' « il croyait nécessaire que fussent inclus dans ce projet quelques prêtres, moines ou prélats car, sans eux, il semble qu'il ne puisse jamais y avoir ni traîtrise ni duperie parmi les seigneurs, de même qu'aucun acte frauduleux ne paraît pouvoir être commis sans leur intervention ».

Il restait en étroit contact avec ses bonnes villes et se tenait au courant de leur politique, de leur commerce et de l'état de leurs dépenses. Voyant à Lyon la possibilité de développer l'industrie et d'améliorer ainsi la balance générale des comptes du royaume, il y introduisit la fabrication de la soie [1]. Il fit passer de dix-sept à vingt les compagnies de cavalerie lourde que comptait l'armée permanente. Entre Montargis et Orléans, il fonda un grand parc d'artillerie — « une chose prodigieuse », selon l'ambassadeur milanais — et, « presque quotidiennement » lorsqu'il était à Montargis, il allait visiter les ateliers où, entre autres armes, se fabriquaient les canons. Il prenait soin de consulter régulièrement son grand Conseil « bien fourni en docteurs et en prélats ». Le Conseil des Trente-Six — dont les membres lui étaient tout dévoués, à l'instar de son président, le vieux comte de Dunois —, qu'il avait établi à Paris, jouait en quelque sorte le rôle de Cour suprême d'enquête et d'intérêt public.

> « Si, par le passé, il s'est trouvé dans une extrémité telle que ses deux pieds étaient pratiquement hors du royaume, il sait qu'aujourd'hui l'un d'eux y est solidement établi tandis que l'autre affermit son assise chaque jour; et il espère qu'avec l'aide de Dieu le temps viendra encore consolider sa position »,

nota un ambassadeur milanais à la suite d'un entretien qu'il eut avec Louis en septembre 1466.

Quelque temps plus tard, usant d'une formule plus succincte, le roi avait confié à Panigarola qu' « il lui fallait faire un monde nouveau ».

Ce monde nouveau se reflétait dans les changements dont son personnel allait faire l'objet. Autrefois favori du roi, Antoine du Lau avait été jeté en prison. Démis de toutes ses fonctions, en 1468, Charles de Melun fut passé en jugement puis exécuté pour trahison — Louis laissant ses ennemis libres de provoquer sa mort. Il n'était pas plus coupable que bien d'autres qui surent pourtant regagner les faveurs du roi; mais sans doute Louis ne pouvait-il oublier ce que lui avait coûté sa timidité à Montlhéry. Promu comte de Comminges, le Bâtard d'Armagnac avait quitté la cour pour devenir gouverneur de Guyenne et tenir en respect les seigneurs du Midi. Des personnages familiers demeuraient, comme Louis de Crussol ou Gaston de Lyon. Deux nouveaux venus, Louis de Beaumont, seigneur de la Forêt — un conseiller particulièrement avisé —, et Jean Balue, le diligent évêque d'Evreux, voyaient leur crédit augmenter rapidement. Le roi avait également réparé la lourde erreur qu'il avait commise au début de son règne en renvoyant quelques-uns des meilleurs officiers de son père. Guillaume Juvenel des Ursins, qui avait fidèlement servi le roi après avoir été dépossédé de sa charge de chancelier, et Robert d'Estouteville, qui, après avoir dû abandonner la prévôté de Paris, n'en avait pas moins su déployer un courage remarquable lors de la bataille de Montlhéry, furent l'un et l'autre rétablis dans les fonctions qu'ils occupaient du temps de Charles VII. La plupart des intimes de Louis étaient maintenant des hommes dont le dévouement lui était acquis de fraîche date; ainsi, Antoine de Chabannes, comte de Dammartin, qui bientôt serait grand maître de la maison du roi; le maréchal Lohéac; le brillant Tanneguy du Chastel, désormais gouverneur du Roussillon; le duc de Bourbon, qui avait fait ses preuves dans la campagne de Normandie et dont l'autorité s'affirmait chaque jour davantage; et Louis, Bâtard de Bourbon, un garçon à la fois capable et courageux que Louis maria à Jeanne, sa fille naturelle, et nomma maréchal de France à la mort de Jean de Montauban (mai 1466). Avant la fin de 1466, Louis XI était même parvenu à s'attacher les services du nouveau connétable de France, Louis de Luxembourg, comte de Saint-Pol, vieil ami du comte de Charolais et modèle en fait d'attitudes chevaleresques. Saint-Pol, qui possédait de vastes domaines en France aussi bien qu'en territoire bourguignon et jouait les arbitres entre les deux puissances, jugeait conforme à sa grandeur de veiller à ce qu'aucune d'elles ne prît le pas sur l'autre. Depuis quelque temps, ses relations avec Charles de Charolais s'étaient quelque peu modifiées, Saint-Pol estimant peut-être que la Bourgogne acquérait une importance par trop considérable. Après d'habiles manœuvres, le roi avait réussi à faire entrer le connétable dans son jeu et l'avait fiancé à Maria, sœur de la reine, avec une dot de quarante mille écus, le comté d'Eu et le gouvernement de la Normandie. Louis ne se faisait aucune illusion sur la loyauté de Saint-Pol, mais celui-ci constituait une prise de choix aux yeux du royaume, et, de plus, il était si bien empêtré dans ses propres intrigues qu'en le poussant un peu on pouvait espérer qu'il serait la victime et non plus le maître de son double jeu.

Pour édifier son nouveau monde, Louis devait manœuvrer à l'intérieur des limites que la Guerre du Bien public avaient fixées à sa liberté d'action. La Bretagne et la Bourgogne agissaient maintenant en puissances étrangères alliées et constituaient une menace permanente pour les frontières occidentales et septentrionales du royaume. A l'époque, le duc et le comte pouvaient encore poser aux princes du sang pour s'assurer l'appui des vassaux mécontents. Toute efficace qu'elle fût, la stratégie diplomatique qui consistait à diviser ses ennemis pour traiter ensuite séparément avec chacun d'eux était désormais éventée, et François II avait appris à s'en méfier. Cependant, cette tactique avait si bien réussi au roi qu'il était tenté de la considérer comme seule valable, et il avait suffisamment de constance, de patience et d'optimisme pour continuer à jouer ce même jeu. Le gouvernement d'Edouard IV — en état de guerre avec la France depuis l'expiration de la trêve en 1465 — était resté le facteur dominant des calculs de Louis. Tant qu'il ne parviendrait pas à conclure un accord avec l'Angleterre, les princes pourraient toujours utiliser contre lui l'arme que constituait une invasion anglaise pour démembrer le royaume. Au printemps 1466, avant que François II et Charolais n'eussent compris ce qui se passait, Louis XI négociait avec les Anglais une trêve qui devait durer jusqu'en mars 1468. Il gagnait ainsi près de deux ans, durant lesquels il allait pouvoir travailler avec son ami le comte de Warwick à conclure un traité durable avec les Yorkistes et briser les liens qui unissaient la Bretagne et la Bourgogne.

A la fin d'avril 1467, après un an d'éloignement, la perspective de rencontrer Richard Neville, le Faiseur de Rois, vint enfin tirer Louis de sa retraite.

II

Soudain, au sud de Chartres, alors qu'il se trouvait en pleine campagne, le roi tomba malade. On le transporta aussitôt dans une petite maison, la seule qu'il y eût dans le voisinage. La cour et la garde royale durent camper alentour au milieu des champs. Le duc de Bourbon, qui avait trouvé à se loger à trois milles de là, se fatigua rapidement à faire d'incessantes allées et venues pour veiller sur le roi et s'occuper de ses affaires, aussi ne tarda-t-il pas à être malade lui aussi. Louis souffrait d'une crise aiguë d'hémorroïdes qu'aggravait encore une fièvre ardente; il avait de violents maux de tête et vomissait des flots de sang. Des jours durant, il resta prostré, se refusant à voir aucun docteur, laissant au ciel le soin de le guérir. Il finit toutefois par faire appeler le médecin royal, et, avec ou sans son aide, il commença lentement à se rétablir. Le 25 mai, il avait retrouvé suffisamment de force pour aller à Chartres rendre grâce à la Vierge dans sa magnifique cathédrale et se montrer au peuple pour démentir les rumeurs qui déjà couraient à travers la France concernant sa mort. Dans un bref entretien — il était toujours très faible — il dit aux ambassadeurs milanais qu'il avait été si mal que « même s'il s'était agi de perdre ou de recouvrer le royaume, il aurait été incapable de s'occuper de quoi que ce fût ».

Il déclara en outre qu'il souffrait d'hémorroïdes depuis vingt ans, durant lesquels il avait ignoré l'avis de ses médecins et refusé tout médicament, « excepté des bains émollients ».

Louis quitta Chartres le lendemain en fin de matinée; il avait appris que le comte de Warwick approchait. Alors qu'il poursuivait péniblement sa route vers la Normandie, il envoya à ses bonnes villes une lettre circulaire. Dans celle-ci, il annonçait son intention de conclure une paix définitive avec ses anciens ennemis les Anglais de façon que « d'une part et d'autre le fait de la marchandise par terre et par mer se puisse mieux entretenir, nos sujets demeurer en plus grand repos et tranquillité, et chacun en son exercice profiter selon son état et sa vocation ».

Ensuite de quoi il déclarait sans ambages que ses futures négociations avec le comte de Warwick visaient en particulier à déjouer les dangereuses machinations du comte de Charolais qui, en dépit de son serment d'allégeance, cherchait à s'allier avec l'Angleterre et méditait d'épouser Marguerite, la sœur du roi Edouard.

Louis XI avait de bonnes raisons de croire en l'amitié de Warwick. Au milieu des périls qu'avait apportés 1465, il avait reçu du comte des messages d'encouragement bien que la trêve signée entre leurs deux pays eût expiré dès la fin du printemps de cette même année; puis, en janvier 1466, alors qu'il s'occupait de reconquérir la Normandie, il avait été informé par un envoyé dépêché secrètement par Warwick, qu'il n'avait pas à craindre que l'Angleterre intervînt. Cependant, après avoir aimablement ratifié la trêve franco-anglaise négociée en 1466 par les délégués de Louis et de Warwick *, Edouard IV s'était empressé de répondre aux propositions de la Bretagne, et, en octobre, il avait signé un traité d'amitié avec le comte de Charolais, qui était alors prêt à oublier les Lancastres pour épouser la belle Marguerite d'York, sœur du roi. Au début de 1467, une ambassade bourguignonne et une ambassade française s'étaient livré à Londres un véritable combat diplomatique, sans parvenir à décider Edouard à prendre position. Cependant, le roi d'Angleterre avait fini par se rendre aux raisons de Warwick et, fin mars, le comte s'était vu dûment chargé par son souverain de traiter avec Louis, à qui cette mission devait être annoncée par une lettre rédigée de la main même d'Edouard.

Le séduisant jeune roi d'Angleterre — vingt-quatre ans, six pieds quatre pouces d'affabilité, et l'un des plus beaux hommes de son temps — était profondément attaché à la Maison de Neville sans laquelle il ne serait probablement jamais arrivé sur le trône. Tandis que Jean, l'un des frères de Richard, avait reçu le royal comté de Nurthumberland, George, qui, avant même d'avoir trente ans, était chancelier d'Angleterre, fut nommé archevêque d'York en 1466. Cependant, si Edouard IV avait épousé Elisabeth Woodville par amour, il était évident, à voir les offices et les titres dont il inondait la nombreuse parenté de celle-ci, qu'il avait l'intention de faire des ambitieux Woodvilles, qui dépendaient entièrement de lui, un contrepoids à la puissance des Nevilles. Insouciant et enclin à fuir la difficulté, Edouard espérait que son cousin le comte en viendrait à accepter sa volonté d'être non seulement le roi, mais le maître de l'Angleterre. En dépit de sa nonchalance, Edouard IV possédait une intelligence remarquable et un sens inné de la politique. Alors que Warwick se refusait à l'admettre, il comprenait que, si son peuple murmurait contre la Maison de Bourgogne **, en fait, sa haine allait à la France et à l' « usurpa-

* Le comte avait également reçu les pleins pouvoirs pour traiter avec le comte de Charolais, qu'il avait rencontré à Boulogne. Mais tous deux avaient des personnalités trop arrogantes pour s'entendre, et ils eurent tôt fait d'abandonner les négociations.

** Quoique les Pays-Bas fussent les meilleurs clients de l'Angleterre, les Anglais n'avaient jamais pardonné à Philippe le Bon de les avoir

teur » qui en avait ceint la couronne. Il pressentait en outre que les chaleureuses propositions de Louis auraient pour effet de pousser dans ses bras le comte de Charolais. Cependant, Warwick, dont la puissance dépendait de la seule gratitude du roi, et qui voyait son influence diminuer et ses mérites discutés, en était venu à considérer l'alliance qu'il espérait conclure avec la France comme une affaire personnelle dont l'issue confirmerait ou non sa suprématie.

Si Louis n'avait pas percé à jour les sentiments d'Edouard IV, il connaissait la vanité du comte. Aussi, contrairement à son ami, n'était-il pas convaincu que les Nevilles puissent un jour retrouver l'ascendant qu'ils avaient eu sur le roi. A la reine Marguerite, qui supportait fort mal son exil, il avait mandé qu'un délégué lancastrien vînt rejoindre sa suite * [2].

S'étant assuré que Rouen avait préparé pour son visiteur une réception digne de lui, le roi Louis descendit impatiemment la Seine pour rejoindre le village de Boville. Comme un acteur à la veille d'une générale, il révisait une dernière fois son rôle pour mettre au point la grande scène qu'il allait jouer. Deux jours plus tard, c'est-à-dire le 7 juin, l'ambassade de Warwick, qu'accompagnait une délégation française revenant d'Angleterre, arrivait par bateau à Boville. C'est une suite princière que Louis XI vit débarquer avec le comte. Outre les envoyés français, celui-ci avait amené des trompettes, des hérauts, des pages et des valets, une garde d'honneur composée d'archers, des écuyers, des chevaliers, ainsi que certains membres de sa maison : en tout, quelque deux cents personnes. Après avoir été royalement traités, Warwick et ses hommes embarquèrent pour Rouen, où le roi devait arriver à cheval quelque peu après eux de manière à ne pas empiéter sur l'accueil que la ville réservait à son ami. Le comte fut somptueusement reçu quai Saint-Eloi par les notables de la ville. Dans un

abandonnés en 1435 pour faire la paix avec la France et d'avoir ensuite interdit l'importation du drap en provenance d'Angleterre; en outre, ils savaient que le comte de Charolais donnait asile aux ducs de Somerset et d'Exeter, deux réfugiés lancastriens.

* La reine déchue, qui ne vivait plus que dans l'espoir de se venger, s'était installée avec son fils et une misérable petite cour dans le duché du Bar, qui appartenait à son père; quant au malheureux Henri VI, qui avait été capturé en 1465 alors qu'il errait presque sans escorte dans le Nord de l'Angleterre, il croupissait maintenant en prison dans la Tour de Londres.

grand déploiement de cierges, de bannières et de croix, il fut escorté à la cathédrale Notre-Dame, où il fit une offrande, avant d'être conduit aux appartements qu'on avait préparés à son intention dans le couvent des Franciscains.

Durant les huit jours qui suivirent, le roi déploya pour Warwick toutes les splendeurs que sa cour pouvait lui offrir. Il avait amené à Rouen la reine et ses deux filles pour honorer le séjour du comte. Pour guide, il lui avait fourni un prince du sang, le duc de Bourbon. Celui-ci lui fit présent d'un fort beau diamant, tandis que Louis lui offrait une coupe d'or incrustée de pierreries. Les membres de son ambassade reçurent non seulement de la vaisselle et des pièces d'or spécialement frappées pour l'occasion, mais le roi les invita à choisir tout ce qui leur plaisait dans les célèbres magasins de textile que comptait la capitale normande; aussi, les envoyés s'empressèrent-ils d'enrichir leurs garde-robe de satins et de soieries. Par là, Louis agissait à la fois en diplomate et en homme d'affaires : en effet, il espérait qu'en voyant la qualité des articles qu'on trouvait en France, les marchands anglais ne tarderaient pas à traverser la Manche pour venir s'y approvisionner.

Derrière la façade des honneurs royaux faits à Richard Neville et des conférences réunissant négociateurs français et anglais, Louis XI empruntait chaque jour la galerie qui reliait ses appartements au monastère franciscain où logeait Warwick. Là, il s'enfermait avec son hôte — heureusement, le comte parlait français —, de sorte que tous deux pouvaient discuter librement sans être embarrassés par l'étiquette et sans avoir à craindre les indiscrets. Lorsque Louis se risqua à suggérer que Richard conserverait une emprise plus grande sur l'Angleterre en rétablissant la Maison de Lancastre sur le trône, le comte lui fit vivement comprendre qu'en tant qu'auteur et gardien du triomphe yorkiste il était parfaitement capable de manœuvrer le roi Edouard. Sinon, tout ne fut entre eux qu'harmonie. Louis prit soin de ménager l'orgueil de Richard, Richard prit soin de stimuler l'incurable exubérance de Louis, et les deux hommes mirent sur pied un accord qui allait bien plus loin qu'un simple traité de paix. En échange d'une trêve durable et d'une alliance offensive contre la Bourgogne, le roi de France s'offrait à verser à l'Angleterre un subside annuel de quatre mille marks (2 666 livres, soit environ 13 000 écus) et de partager avec elle la dépouille des Pays-Bas; en outre, il proposait de fournir à ses frais un fiancé qui pût convenir à Marguerite d'York et d'accorder aux marchands anglais des facilités et des privilèges plus grands que ceux dont jouissaient ses propres commerçants *.

Pour enflammer l'imagination de Warwick, le roi avait eu recours à d'autres armes qu'à son charme personnel. Une fois le duc de Bourgogne éliminé, il lui avait laissé entendre que lui-même pourrait devenir prince et gouverner par exemple la Hollande ou la Zélande.

D'un commun accord, le roi et le comte décidèrent qu'au lieu de signer le traité et de le soumettre ensuite à la ratification d'Edouard, Warwick retournerait en Angleterre avec les ambassadeurs français pour en discuter les termes. C'était là une idée du comte, mais Louis se garda bien de lui laisser entendre qu'elle trahissait l'incertitude de l'ascendant dont il croyait jouir sur le roi Edouard IV. Quoi qu'il advienne, il savait maintenant qu'il avait gagné Warwick à sa cause.

L'ambassade anglaise et les délégués français qui s'y étaient joints quittèrent Rouen le 16 juin, assez hâtivement semble-t-il. Peut-être des nouvelles peu rassurantes avaient-elles traversé la Manche, peut-être avait-on appris la mort imminente de Philippe le Bon. Quoi qu'il en soit, la cour de France fut bientôt informée officiellement du décès de Philippe, survenu le 15 juin à Bruges; ennemi mortel de Louis et de Warwick, Charles était désormais le seul maître des ressources de l'Etat bourguignon. Le roi annonça alors à son royaume la mission de ses ambassadeurs.

III

Fin août (1467), des dépêches, que vinrent bientôt confirmer ses envoyés eux-mêmes, apprirent à Louis XI qu'une fois de

* Seuls l'analyste anglais William of Worcester et le chroniqueur français Jean de Waurin rappellent la teneur de ce projet d'accord, mais il n'y a aucune raison de mettre son exactitude en doute. Pour ménager les susceptibilités anglaises, la trêve était présentée sous forme de traité d'arbitrage, le pape devant décider dans un délai de quatre ans qui était le possesseur légitime des duchés de Guyenne et de Normandie; mais il était clair qu'on pouvait sans peine amener la papauté à prolonger ses réflexions durant un siècle.

plus il s'était fait des illusions concernant l'Angleterre. Durant l'absence de Warwick, Edouard IV n'était pas resté inactif. Avec la même absence de tact que celle dont il avait fait preuve lors de l'annonce de son mariage, mais dans un geste qui, cette fois, revêtait une signification parfaitement claire, il avait brusquement démis George Neville de ses fonctions de chancelier. A Londres, on ne parlait que de la joute qui avait eu lieu à Smithfield sous la présidence du roi lui-même entre Antoine, grand Bâtard de Bourgogne, et Anthony Woodville, frère aîné de la reine. Edouard IV avait reçu fraîchement les ambassadeurs français qui, en dépit des efforts de Warwick, n'avaient obtenu aucun résultat. Avant même qu'ils ne quittassent l'Angleterre, le roi avait renouvelé son alliance avec la Bourgogne et signé un accord touchant le mariage qui bientôt devait unir Charles, désormais duc, à Marguerite d'York. Quant au comte de Warwick, après avoir assuré les envoyés de Louis que, d'une façon ou d'une autre, il saurait rétablir son autorité sur le royaume, il avait disparu dans ses places fortes du Yorkshire.

Cependant, en France, l'édifice du pouvoir royal, que Louis avait mis tant de soin à restaurer, présentait de nouveau de dangereuses lézardes. Le roi venait d'apprendre qu'appuyés par la Savoie et la Bourgogne, ses féodaux, le comte d'Armagnac, les ducs d'Alençon, de Nemours et de Bretagne, complotaient secrètement de placer son frère sur le trône et d'en faire un pantin qui régnerait à leur guise sur une France démembrée [3]. Ce n'est qu'après de tortueuses et humiliantes négociations qu'il parvint à arracher de courtes trêves aux ducs de Bourgogne et de Bretagne. Au printemps suivant (1468), dans l'espoir de rallier l'opinion publique, Louis XI convoqua les Etats généraux du royaume (ce fut là l'unique occasion où cette assemblée se réunit sous son règne); mais, ni leurs protestations de fidélité, ni l'unanimité avec laquelle ils condamnèrent les princes qui se faisaient les alliés de l'Angleterre, ne lui furent d'un grand secours. En mai, la trêve anglo-française ayant expiré, le chancelier d'Edouard IV annonça aux membres du Parlement que leur souverain s'était assuré « l'amitié et le concours » des « deux plus puissants seigneurs du royaume de France », les ducs de Bretagne et de Bourgogne, et comptait renverser celui qui en avait usurpé la couronne, « son grand rebelle et adversaire », le roi Louis XI. En réponse à cette déclaration, les Communes votèrent à Edouard un généreux subside de guerre.

De son côté, Louis parvint à prolonger ses trêves avec la Bourgogne et la Bretagne jusqu'au 15 juillet 1468.

Ces périls environnants devaient avoir pour effet de stimuler l'esprit inventif du roi de France. Avec l'appui secret du comte de Warwick, il mit tout en œuvre pour qu'Edouard IV eût suffisamment de problèmes chez lui pour ne pouvoir s'occuper de ce qui se passait ailleurs. Sa diplomatie et ses armées, il les utilisa de façon à tirer parti des moindres erreurs commises par les princes. Enfin, il travailla à susciter une rencontre avec Charles de Bourgogne de manière à pouvoir exercer lui-même ses talents sur l'esprit de celui-ci.

En Angleterre, les partisans de Warwick semaient le désordre et exacerbaient les sentiments antibourguignons. Parmi les artisans londoniens, un complot dirigé contre les tisserands flamands de Southwark fut découvert à la dernière minute. Mais Warwick lui-même devait se révéler plus précieux encore. Lorsque, en juillet 1468, on apprit à Londres que le roi du Danemark, allié de la Ligue hanséatique, s'était emparé de quatre vaisseaux anglais, le comte de Warwick et les partisans qu'il comptait au Conseil, appuyés par leurs amis marchands, parvinrent à décider le roi à se lancer dans une coûteuse guerre maritime contre les puissants Easterlings. Louis XI encourageait la reine Marguerite à envoyer des agents en Angleterre; en juin, devant les menaces d'une conspiration lancastrienne, on procéda à Londres à une foule d'arrestations. Le mois suivant, le demi-frère d'Henri VI, Jasper Tudor, à qui Louis avait procuré quelque argent ainsi qu'un certain nombre de bateaux, jetait la panique dans le Pays de Galles où il débarqua pour incendier Denbigh : entre 1468 et 1469, le roi de France n'aurait pas grand-chose à craindre des Anglais.

Cependant, la confiance excessive de son frère Charles et de François II devait ouvrir une brèche dans l'alliance Bretagne-Bourgogne, brèche dont Louis XI était tout prêt à tirer avantage. Bien malgré lui, le duc de Bourgogne accepta en son nom et au nom de ses alliés de prolonger la trêve du 15 juillet jusqu'au 1er août. Le 3 juillet, ayant finalement épousé la princesse d'York « contre son cœur et sa nature », il était pris à Bruges dans un tourbillon interrompu de joutes et de fêtes telles que, selon John Paston, l'un des membres de la suite de Marguerite, l'on en avait jamais vu depuis les jours de Camelot. Le 15 juillet passa sans que le duc de Bretagne ne se souciât de confirmer son inclusion dans la prolongation de la trêve.

Dès le lendemain, trois armées françaises marchaient contre la Bretagne. Réclamant en vain l'aide d'Edouard IV et du duc Charles, le frère de Louis et François II voyaient avec affolement approcher les escadrons royaux. Fort en colère, le duc de Bourgogne donna à ses troupes l'ordre de se rassembler en Picardie; mais, en réponse à cette nouvelle, que lui transmirent le comte de Saint-Pol et l'archevêque de Lyon, le roi de France ordonna simplement à ses envoyés de poursuivre leurs négociations avec la Bourgogne.

Le 15 septembre, Louis fut informé que, leurs troupes ayant été défaites, son frère et le duc de Bretagne avaient accepté de signer un accord, le traité d'Ancenis (10 septembre), aux termes duquel ses ennemis se trouvaient enfin divisés. Jurant d'obéir au roi « envers et contre tous », François II renonçait à ses alliances avec l'Angleterre et la Bourgogne alors que Charles abandonnait ses prétentions sur la Normandie. Tandis que le comte de Saint-Pol et le duc de Bretagne décideraient d'un apanage susceptible de convenir au frère de Louis, celui-ci recevrait une rente de soixante mille livres par an. Cependant, Charles proclamait bien haut, que, si François II et lui-même en avaient été réduits à cette extrémité, les machinations du duc de Bourgogne en étaient seules responsables.

Lorsque le héraut de Bretagnc vint annoncer au camp bourguignon la signature du traité d'Ancenis, apprenant que François II et Charles avaient brusquement dénoncé leur alliance, le duc de Bourgogne entra dans une rage telle que « le pauvre héraut fut en très grand danger ». Il persista même à dire que c'était là un mensonge, jusqu'à ce que le comte de Saint-Pol vînt lui-même confirmer la nouvelle. Toujours en colère, il se mit à fulminer contre « les viles marchés conclus dans l'ombre et autres intrigues crapuleuses », et, d'un air belliqueux, il s'occupa aussitôt de passer ses troupes en revue. Au grand étonnement de ses capitaines et de ses conseillers, le roi de France décida cependant de poursuivre les négociations. Leur objet consistait à obtenir une entrevue officielle avec le duc de Bourgogne.

Il en avait conçu l'idée au début de 1468 déjà. Vers le milieu de l'été, il bombardait le comte de Saint-Pol d'instructions lui enjoignant de persuader le duc d'accepter une rencontre. Même après qu'il eut lâché ses troupes contre la Bretagne, il continua à imposer au connétable d'incessantes allées et venues entre le camp que les Bourguignons avaient établi à côté de Péronne et son quartier général de Compiègne, tandis qu'un autre de ses envoyés, l'archevêque de Lyon, accablait le duc de paroles au point de l'indisposer. Ignorant les rebuffades, le roi ne cessa d'imaginer de nouveaux stratagèmes pour arracher une entrevue à Charles de Bourgogne. C'était devenu chez lui une véritable idée fixe. Il était convaincu qu'une fois en sa présence il saurait plier Charles à sa volonté. Il s'obstinait à minimiser, voire à ignorer, les changements survenus dans le caractère du duc de Bourgogne.

Ces changements avaient vu le jour au lendemain de la bataille de Montlhéry. Lorsque Charles se vit maître du terrain et se trouva ainsi en mesure de se proclamer victorieux, un sentiment nouveau s'insinua dans son être sombre et tortueux. Jusque-là, déclare Commynes, il n'avait manifesté aucun intérêt pour la guerre; cependant, promu soudain chef triomphant, il se crut l'égal des grands capitaines de l'histoire et décida alors d'imposer aux autres cette image de lui-même.

L'Etat-ville de Liège était d'autant plus convoité par le duc de Bourgogne, son voisin, que, depuis Charles VII, il n'avait cessé de constituer une menace pour les territoires bourguignons. Théoriquement gouverné par un prince-évêque, il se trouvait alors placé sous l'autorité de Louis de Bourbon, cousin de Charles et frère du duc de Bourbon, un aimable jeune homme qui manquait de talents administratifs autant que de vocation religieuse. Lui et son parent, le duc de Bourgogne, se trouvaient perpétuellement en conflit avec la population ouvrière de la ville. Les gens de Liège chérissaient pardessus tout leur liberté; cependant, livrés à eux-mêmes, ils avaient peu à peu abandonné leur sort aux mains de démagogues, dont le premier souci semblait être de les pousser à la violence. Comptant sur l'aide de la France, ils avaient fort imprudemment provoqué la colère bourguignonne. Durant l'hiver 1465-1466, Charles de Bourgogne, qui venait de découvrir sa vraie nature de guerrier, lui avait infligé une humiliante défaite. Le printemps suivant, il s'était tourné contre Dinant, allié de Liège, et s'y était livré à de tels excès que toutes les villes d'Europe en ressentirent un frisson de terreur. Enfin, en 1467, après avoir écrasé les troupes liégeoises dans un combat sanglant, le duc avait fait raser les murailles de la cité où il avait placé un gouverneur bourguignon, le seigneur d'Humbercourt, pour appuyer son cousin l'évêque.

Louis ne s'était pas fait faute de tirer parti de la situation, excitant sans scrupule la haine que les Liégeois nourrissaient à l'égard de la Bourgogne, se refusant ensuite de leur porter secours. En ce mois de septembre 1468, bien que les défenses de la ville eussent été détruites, la population menaçait une fois de plus de se révolter; par l'intermédiaire d'un légat, l'évêque Louis tentait de faire la paix avec ses sujets et de se libérer de la tutelle bourguignonne; le duc Charles s'occupait de mettre sur pied une armée; et les agents du roi travaillaient dans l'ombre à stimuler l'animosité de l'évêque et du peuple.

En dépit de la défection du duc de Bourbon et du frère du roi, en dépit de la précarité de sa situation militaire, le duc de Bourgogne continuait à se montrer « belliqueux, porté à la guerre, féroce, vindicatif et mal disposé * ». Désormais, les troupes françaises, victorieuses en Bretagne, se dirigeaient vers la Bourgogne à travers la Normandie. Au nord, cantonnée dans les environs de Péronne, l'armée que commandait le roi avait pris position dans diverses villes puissamment fortifiées. Le camp que Charles avait fort malheureusement installé sur les bords de la Somme avait été inondé par les pluies de septembre, de sorte que le duc avait dû l'abandonner et que ses troupes se trouvaient maintenant dispersées à travers toute la Picardie. Les capitaines de Louis — le vieil Antoine de Chabannes, grand maître de la Maison du roi, et ses différents maréchaux — préconisaient une attaque immédiate; leurs troupes de livrer combat contre l' « arrogant rebelle », le « maudit traître anglais », qu'elles voyaient en Charles.

Cependant, Louis, qui s'obstinait à faire cavalier seul, finit par obtenir de Charles une conférence diplomatique dont la date fut fixée au 31 septembre. Après neuf jours de disputes,

* C'est en ces termes qu'un légat, invité par Louis XI à œuvrer pour la paix, décrivit le duc quelque temps auparavant. Ce même légat en vint d'ailleurs à être tant et si bien effrayé par Charles qu'il s'efforça de gagner les bonnes grâces des ennemis du roi jusqu'au jour où celui-ci s'en aperçut et le renvoya sans ménagement en Italie.

ses délégués, le comte de Saint-Pol et Jean Balue, désormais cardinal, s'en revinrent au quartier général du roi sans avoir rien à annoncer à leur souverain sinon que le duc exigeait que la possesssion de la Picardie lui fût garantie et réclamait une juridiction quasi souveraine sur ses fiefs français. Sans doute Louis espérait-il ce résultat comme preuve de la nécessité absolue d'une intervention personnelle de sa part.

Pour des motifs parfois personnels, les conseillers du roi espéraient tous voir leur maître renoncer à l'entrevue qu'il souhaitait si ardemment. Le duc de Bourbon s'y opposait de façon à pouvoir lui-même exercer sur les événements une influence prépondérante. Le comte de Saint-Pol, qui, désormais, ne savait vraiment plus à quel saint se vouer, redoutait lui aussi que le roi ne trouvât une solution sans lui, de même que le cardinal Balue, qui ne pouvait supporter l'idée de n'être pas indispensable. Quant aux autres, seule la crainte de voir leur souverain en danger les poussait à tenter de le persuader d'abandonner son projet. Le cœur lourd, le receveur du Languedoc écrivit à un correspondant :

> « Nous sommes bien logés ici, et plût à Dieu que le roi n'ait pas décidé d'aller plus loin, car ici il est chez lui en sécurité. »

Mais, bien qu'il eût fini par neutraliser son frère et François II, bien qu'il eût éloigné la menace anglaise et qu'il jouît d'un avantage militaire incontestable, le roi de France demeurait inflexible. Au début d'octobre, il écrivit à l'infatigable Balue, qui s'attachait alors à gagner la confiance du duc de Bourgogne : « Cardinal, ne faites rien pour empêcher l'entrevue car j'entends l'obtenir. » On ne pouvait parler plus clairement français que Louis, aussi Balue se fit-il aussitôt partisan de la rencontre. Le roi, qui s'offrait maintenant à verser à Charles une indemnité de cent mille écus, remit à ses envoyés la moitié de cette somme.

Harcelé de la sorte, le duc de Bourgogne hésitait. Le 6 octobre, il déclara au cardinal Balue qu'il envisageait d'aller donner une bonne leçon aux Liégeois; il était convaincu que des agents royaux les incitaient à la révolte, et, dans ces circonstances, il pensait qu'une rencontre avec le roi risquait fort d'avoir des résultats négatifs. Cependant, deux jours plus tard, il envoyait à Louis une garantie de sécurité rédigée de sa main et signée : « Votre très humble et très obéissant sujet, Charles. »

Le roi reçut le précieux document le même jour, c'est-à-dire le 6 octobre. Aussitôt, il fit d'Antoine de Chabannes, comte de Dammartin, son lieutenant pour les Marches de Picardie, et demanda au duc Charles d'envoyer une escorte bourguignonne à sa rencontre dès le lendemain. Le soir même, « comme s'il allait chasser » — bien des membres de sa cour ignoraient sa résolution —, il quittait Noyon pour Ham où il devait passer la nuit dans le château du connétable.

Pourquoi donc Louis allait-il à Péronne contre toutes considérations de tactique militaire et diplomatique, contre la prudence la plus élémentaire, en dépit de dangers certains et pour des gains aléatoires, en dépit de l'avis de ses conseillers, de ses seigneurs et de ses capitaines? En réponse à cette question, Panigarola fournit probablement la meilleure hypothèse lorsque, par la suite, il prétendit que « la raison en était connue du roi seul ». On peut cependant imaginer que, chez le roi, le chasseur avait été aiguillonné par les difficultés d'une longue chasse, par le caractère insaisissable d'un jeu qu'il poursuivait depuis mai déjà. Et plus infranchissables étaient les obstacles, plus incertains les profits, plus grands les dangers, plus sa passion brûlait avec ardeur. Que, pour des raisons bonnes ou mauvaises, chacun des membres de son entourage cherchât à la convaincre d'abandonner, rendait la partie encore plus piquante à ses yeux. En outre, il était certainement stimulé par le succès qu'il avait précédemment remporté : ce qu'il avait fait avec Charles de Bourgogne lors du siège de Paris, ses talents d'enchanteur devaient lui permettre de l'accomplir une fois encore : qui mieux que lui savait comment agir sur l'esprit d'un homme qu'il avait étudié pendant dix ans? Mais si l'acteur se réjouissait à l'avance du rôle qu'il allait jouer, le politicien pensait, lui aussi; il calculait qu'une victoire militaire pouvait fort bien avoir pour seul effet d'ouvrir une guerre sanglante dans laquelle son frère et François II se battraient sans doute du côté de la Bourgogne; il imaginait que, là où les méthodes de la diplomatie traditionnelle avaient échoué, seule une rencontre personnelle avec le duc pouvait encore sauver la partie. Enfin, au fond de lui, peut-être Louis se sentait-il tenu d'agir ainsi pour être à la hauteur des responsabilités qu'il lui fallait assumer en tant que roi de France. Tout comme le pouvoir, cette mission lui appartenait.

Le lendemain matin, il renvoya sa garde et toute son escorte, excepté une cinquantaine de seigneurs et de serviteurs. Avec cette modeste suite, qui, sur ses ordres, ne portait nulle arme et nulle armure, Louis se mit en route. Sans doute la chevauchée ne fut-elle pas gaie. Parmi ses hommes, il n'en était pas un qui prît plaisir à l'entreprise. Seul Louis s'en réjouissait. Il était dans son élément. Et c'est ainsi qu'abandonnant derrière lui tous ses chevaux et tous ses hommes, le roi de France s'en alla joyeusement à Péronne se placer de lui-même entre les mains de son plus puissant ennemi.

IV

C'est une troupe assez hétérogène qui accompagnait le roi dans cette folle entreprise, à travers la campagne picarde : parmi les gens de sa Maison, Louis avait emmené Olivier le Daim, son barbier, à qui incombait le soin de veiller sur ses bagages, et Alberto Magalotti, son secrétaire italien; à côté de ses serviteurs chevauchaient une pléiade de grands seigneurs conduits par le duc de Bourbon et le comte de Saint-Pol, respectivement cousin et ami de Charles de Bourgogne. Quelques minutes avant midi, à un mille environ de Péronne, le roi et ses compagnons virent apparaître un brillant cortège de quelque deux cents cavaliers, parmi lesquels « des chevaliers et des écuyers en brillant appareil » et une douzaine de pages vêtus d'or précédant le duc de Bourgogne, au côté duquel, Antoine, son frère bâtard, paradait dans un manteau tissé d'or dont les plis retombaient jusque sur le sol. Lorsque, dans son simple costume de chasse, Louis fut arrivé à hauteur convenable, Charles se découvrit et plongea dans une profonde révérence. Le roi le serra longuement dans ses bras, adressa quelques mots aimables aux membres de sa suite, et l'embrassa encore. Tandis qu'ils chevauchaient côte à côte, Louis mit la main sur l'épaule du duc; déjà il plaisantait pour amuser ses hôtes, et c'est « tout en riant » qu'on atteignit bientôt les remparts de Péronne, où l'on entra par la porte Saint-Nicolas.

Peu après, le roi descendit de cheval pour prendre possession des appartements qui lui avaient été préparés à proximité, dans la belle résidence du receveur. Le duc, qui ne logeait pas là, continua sa route. A deux pas se dressait la silhouette délabrée du petit château de Péronne qui, avec ses murs en ruine et ses rares chambres habitables, se fût bien mal prêté à recevoir le roi. Comme il s'apprêtait à entrer, Louis entendit un bruit d'armes qui lui donna à penser qu'une troupe de soldats franchissait la porte Saint-Nicolas. Il se retourna pour surprendre un spectacle fort peu rassurant : devant lui, arborant la croix bourguignonne de Saint-André, défilaient une brochette d'ennemis dont la présence n'avait rien d'encourageant. Sous la bannière du maréchal de Bourgogne chevauchaient en effet son beau-frère savoyard, Philippe de Bresse, un fauteur de troubles dont le roi avait appris à se méfier *, son ancien favori, le perfide Antoine du Lau, qui s'était échappé de prison quelques mois auparavant, Poncet de Rivière, un capitaine de l'armée royale cassé pour avoir abandonné sa cause durant la Guerre du Bien public, et le seigneur d'Urfé, un ennemi breton.

Apercevant le roi, Philippe de Bresse esquissa une révérence, mais Louis entra précipitamment dans la maison. Il n'essaya pas de cacher à ses proches l'agitation à laquelle il était en proie. Par la fenêtre, il pouvait voir les nouveaux venus s'installer au château de Péronne. Aussitôt, il fit savoir au duc de Bourgogne qu'étant donné la présence de ses ennemis il souhaitait lui-même s'installer à l'abri de ses murs. Charles s'empressa de répondre à son hôte qu'il se ferait un plaisir de satisfaire à son désir, mais l'assura qu'il n'avait rien à craindre. Bientôt, le roi apprit que les arrivants commandaient une armée que le duc avait fait venir du comté et du duché de Bourgogne pour attaquer les Liégeois. Il se mit à table et dîna sans appétit. Quoi qu'en eût dit Charles, l'apparition inattendue de Philippe de Bresse et de ses compagnons ne laissait rien pré-

* En 1464, après avoir assassiné le chancelier de Savoie, Iacomo Valperga, ami cher à Louis, et plongé le duché dans un profond désordre, Philippe de Bresse avait été arrêté par un officier royal alors qu'il se rendait en France pourtant muni d'un sauf-conduit. Cependant, à la fin de la Guerre du Bien public, non seulement le roi l'avait relâché, mais il avait cru gagner son dévouement en le nommant gouverneur de Guyenne et en lui confiant le commandement de cent lances. Mais, tout comme ses frères, Philippe était irristiblement attiré par les splendeurs martiales de la cour de Bourgogne, aussi déserta-t-il une fois encore le camp du roi pour rejoindre le duc Charles qui le fit membre de l'Ordre de la Toison d'Or.

sager de bon, et Louis n'était pas homme à mépriser les augures. Dans l'après-midi le château fut toutefois évacué, et, vers six heures du soir, le roi put aller s'y installer avec les membres de sa maison.

Le lendemain commençait la campagne par laquelle Louis XI espérait une fois de plus plier le duc de Bourgogne à sa volonté. Les négociations étaient menées secrètement dans un imbroglio de conférences, d'allées et venues et d'incessants échanges de messages. Parfois les entretiens avaient lieu à quatre : Jean Balue accompagnait alors le roi tandis que le duc emmenait avec lui un favori de longue date, Guillaume Bische, qui, lors du siège de Paris (1465), avait rendu à Louis d'appréciables services. Parallèlement, les conseillers royaux et ducaux poursuivaient des pourparlers officiels. En public comme en privé, Louis XI s'efforçait de cultiver la bonne humeur de Charles, ce qui ne manquait pas d'être difficile étant donné son caractère ombrageux. Un matin, vers dix heures, le roi fut informé que son hôte approchait en grande pompe; aussitôt, il sortit du château pour aller l'accueillir dans la rue. Cependant, il eut du mal à garder contenance lorsqu'il s'aperçut que, par malice ou simple manque de tact, le duc emmenait Philippe de Bresse avec lui. Il n'en embrassa pas moins Charles avec tout l'enthousiasme dont il était capable; mais, voyant que celui-ci insistait pour lui présenter Philippe, il ne put cacher plus longtemps son irritation, et, après avoir fait mine de ne pas le connaître, il déclara avec une ironie mordante qu' « il n'avait pas reconnu son beau-frère de Savoie, qui lui paraissait fort changé ». Un jour ou deux plus tard, le roi offrit au duc de Bourgogne une paire de chevaux dont le duc de Milan lui avait récemment fait cadeau. L'un d'eux ayant été éclopé au cours du long voyage qu'il venait d'accomplir, le roi tenta de pallier ce défaut en racontant, fort brillamment d'ailleurs, que l'animal avait été blessé à l'occasion d'un fait d'arme, alors qu'il était monté par le grand condottiere italien Roberto de Sanseverino. Le cheval, affirma-t-il à Charles, était fait pour accomplir des prodiges.

En fait de prodiges, Louis semblait sur le point d'en opérer un. Ni les efforts de ses conseillers, ni les bonnes paroles de ses amis bourguignons, ni tout son répertoire personnel de charme et de persuasion n'avaient encore obtenu le moindre résultat. Aussi le roi de France était-il désormais prêt à faire à la Bourgogne d'énormes concessions de manière à pouvoir s'occuper du reste du royaume sans plus avoir à redouter une invasion anglaise : il était disposé à accepter les exigences exorbitantes que les délégués du duc avaient présentées lors de la conférence qui s'était tenue quinze jours auparavant, pourvu que Charles renonçât à son alliance avec Edouard IV, rompît les liens qui l'unissaient à la Bretagne et s'engageât à le servir « envers et contre tous ». Mais le duc de Bourgogne, non content de refuser net cette proposition, y répondit avec une rare outrecuidance : puisque, par le traité d'Ancenis, le frère du roi avait juré d'abandonner ses prétentions sur le duché de Normandie, il exigeait que le jeune Charles reçût en dédommagement le comté de Champagne qui, inutile de le dire, jouxtait les territoires bourguignons.

Le roi entreprit alors de démontrer au duc combien sa demande était absurde du moment où, en fin de compte, son frère et François II l'avait abandonné. Cependant, le 12 octobre, Louis n'avait obtenu que trois concessions, et encore deux d'entre elles étaient-elles insignifiantes : quoiqu'il refusât de rompre son pacte avec les Anglais, Charles s'engageait à ne pas leur prêter main-forte s'ils tentaient d'envahir la France; la question de l'apanage ferait l'objet d'un document séparé; enfin, le duc de Bretagne et le frère de Louis ne seraient pas mentionnés dans la clause précisant que les alliés du duc de Bourgogne n'étaient pas concernés par sa promesse de servir le roi. Arrivé à ce point, Louis XI accepta que fussent établis le traité et l'accord par lequel il s'engageait à donner la Champagne à Charles.

Cependant, alors qu'il venait d'échouer dans un dernier effort pour fléchir la volonté du duc, des nouvelles arrivèrent à Péronne qui vinrent couper court aux négociations. Annoncées par divers messagers qui tous apportaient de l'affaire une version différente, ces nouvelles devaient plonger le duc de Bourgogne dans une violente colère.

Le jour même où Louis était entré à Péronne (9 octobre), une troupe de Liégeois avaient marché sur Tongres où se trouvaient alors l'évêque de la ville et son gouverneur bourguignon, le seigneur d'Humbercourt, qui, après avoir été violemment tirés de leur retraite, avaient été emmenés prisonniers à Liège le lendemain matin. D'après certains messagers, le gouverneur, l'évêque et sa suite avaient tous été massacrés; d'après d'autres, on déplorait beaucoup de morts, mais Louis de Bourbon et Humbercourt étaient sains et saufs; selon un dernier courrier enfin, nombre des gens de l'évêque avaient été assassinés sur la route de Liège, et parmi eux un chanoine particulièrement honni des habitants de la ville qui, après l'avoir coupé en morceaux, s'étaient amusés à se jeter à la tête les uns des autres les sanglants fragments de sa dépouille. Il se passa plusieurs heures avant qu'on sache avec certitude que Louis de Bourbon était bien traité et qu'Humbercourt avait d'ores et déjà été libéré.

Dans l'agitation qui régnait à Péronne, Louis ne tarda pas à apprendre ce qui s'était passé, et notamment, qu'on avait identifié deux commissaires royaux parmi les Liégeois. Bientôt il fut informé que les portes de la ville avaient été fermées sur l'ordre du duc. A ce geste, Charles de Bourgogne donnait pour explication qu'une cassette de bijoux avait été perdue; mais le roi n'avait qu'à regarder par la fenêtre pour voir que désormais le château était gardé par des archers bourguignons. Louis apprit en outre que le duc avait juré de se venger de Liège :

> « Pas une maison ne resterait debout, pas un coq, pas une poule ne resterait en vie pour chanter, la ville entière serait mise à feu et à sang! »

Par ailleurs, Charles avait déclaré que jamais il n'avait souhaité voir le roi à Péronne et que sa venue n'était qu'une manœuvre destinée à le perdre — autant de paroles qui trahissaient son désir de vengeance.

Aussitôt Louis passa à l'action. Il fit savoir à son hôte qu'outragé par l'action des Liégeois il était prêt à participer avec lui à une expédition punitive contre la ville. Ensuite de quoi il passa mentalement en revue toutes les informations dont il disposait concernant les conseillers du duc, pour déterminer lesquels d'entre eux étaient, pour une raison ou pour une autre, les plus susceptibles de faire preuve de bonne volonté à son égard. Ayant convoqué le cardinal Balue, il lui remit quinze mille écus et l'enjoignit de distribuer secrètement quelque argent au Bâtard de Bourgogne, à Guillaume Bische, à l'habile archidiacre Ferry de Clugny, ainsi qu'à tous ceux qui pourraient s'avérer utiles *.

Le roi et ses compagnons « faisaient bien piètre figure ». Personne ne connaissait mieux que Louis la violence du tempérament de Charles ni l'aspect dangereux de son caractère tortueux. Le fait de savoir — et sans doute le savait-il, s'intéressant beaucoup à l'histoire — que le comte de Vermandois avait gardé Charles le Simple, l'un de ses prédécesseurs, prisonnier au château de Péronne jusqu'à ce qu'il fût mort, ne devait guère réconforter le roi. Tandis qu'en proie à la plus vive agitation il faisait les cent pas dans sa petite chambre, il ne cessait de penser à ses quatre ennemis fraîchement débarqués à Péronne qui, d'un seul mot, pouvaient amener le duc à tenter un coup d'éclat. Des rapports secrets le tenaient au courant de l'atmosphère explosive qui régnait au Conseil ducal.

La plupart des conseillers bourguignons, et parmi eux Antoine le Bâtard ainsi que d'autres membres de la Toison d'Or, tentaient de convaincre le duc qu'il serait déshonorant pour lui de violer son sauf-conduit et le pressaient d'accepter l'avantageux traité que lui proposait Louis XI. Les plus violents lui conseillaient toutefois de s'emparer du roi avant de se débarrasser de son encombrante personne. D'autres encore suggéraient à leur maître de faire venir le frère du souverain et de contraindre Louis, qui désormais serait sous bonne garde, à signer un traité « d'un grand profit pour tous les princes du royaume ». Cette dernière solution avait l'heur de plaire au duc de Bourgogne, et déjà un messager tout botté s'apprêtait à en avertir les seigneurs concernés. Cependant, après de nouvelles discussions, l'opinion de ceux qui souhaitaient voir honorer le sauf-conduit du roi et signer le traité de paix sembla devoir emporter l'adhésion de Charles, pris entre la haine qui l'amenait à souhaiter la disparition de Louis et le désir de maintenir intact son honneur sans perdre pour autant l'occasion de se venger de lui. L'annonce du coup de force des Liégeois ne l'avait pas surpris et il savait maintenant que l'évêque et

* Quelque temps plus tard, Louis apprit que Balue lui-même avait empoché la moitié de la somme; deux mille écus avaient été remis au Bâtard, un ou deux mille à Bische et cinq cents à Clugny, tandis que trois mille seulement étaient retournés dans les caisses du roi. Quant au favori du duc, qui devait par la suite s'avérer si précieux, on ignore s'il reçut ou non de l'argent.

Humbercourt étaient toujours en vie. Déjà il avait dépêché contre la ville les troupes du maréchal de Bourgogne. La fureur qu'il éprouvait à l'égard de Louis s'expliquait, en partie du moins, par le sentiment d'avoir été joué. En effet, il avait la confuse impression que le roi avait manigancé tout cela et entendait d'une façon ou d'une autre l'attirer dans un piège. La méfiance et l'incertitude où il se trouvait ne faisaient qu'exciter sa colère.

Cependant, Louis prenait peu à peu conscience que d'accompagner le duc dans une éventuelle campagne contre les Liégeois serait non seulement très humiliant pour lui mais pourrait même se révéler extrêmement dangereux. Lorsque, par les intelligences secrètes dont il disposait à la cour de Bourgogne, il eut été informé que la solution la plus redoutable pour lui venait d'être écartée, il se repentit si fort d'avoir lancé cette offre qu'il décida de trouver une échappatoire. Ni lui ni ses conseillers ne surent imaginer de meilleur expédient que de proposer des otages au duc. Quoiqu'il leur en coutât, le connétable, le duc de Bourbon, son frère Charles et l'archevêque de Lyon se déclarèrent prêts à assumer ce rôle, et le roi avertit aussitôt le duc qu'après avoir signé la paix il était disposé à lui laisser en otages les plus précieux des hommes de sa suite, pendant que lui-même irait à Compiègne prendre contre les Liégeois les mesures qui s'imposaient *.

Cette proposition eut pour seul effet d'aviver encore la colère et la méfiance du duc de Bourgogne. A son conseil, celui-ci déclara rageusement que le roi s'était engagé à l'accompagner personnellement à Liège, et qu'il n'éprouverait aucun scrupule de conscience à le contraindre à remplir sa promesse. Une fois de plus, la majorité l'enjoignit de ne pas oublier son sauf-conduit et de se contenter du traité; mais le duc s'entêtait à dire : « Ce qu'il m'a promis, il faudra bien qu'il l'accomplisse! »

Telle était la dangereuse situation où se trouvait Louis au soir du jeudi 13 octobre — une situation d'autant plus difficile à accepter qu'il savait en être le seul responsable. Après le souper, il fit parvenir à Charles de Bourgogne une veste cramoisie ainsi qu'un tire-bouchon d'argent, accompagnés sans doute des plus aimables paroles de son répertoire. Ses gens

* Beaucoup plus tard. Commynes notera : « A la vérité, je crois qu'il les y eût laissés, qu'il ne fût pas revenu. »

l'informèrent que l'effectif de la garde placée à sa porte avait été augmenté. Les courtisans étaient si effrayés qu'aucun d'eux n'osait parler au souverain autrement qu'à voix haute de crainte d'éveiller les soupçons de quelque informateur bourguignon. « Le roi a grand-peur d'être emprisonné de force, et il en va de même pour tous ses compagnons. » Cette nuit-là, Louis fut incapable de dormir; il tournait et retournait dans sa tête toutes les informations susceptibles de lui être utiles, tous les moyens, tous les stratagèmes qui semblaient pouvoir lui offrir une chance d'échapper au danger. A un certain moment, il revêtit même un déguisement sous lequel il envisagea de fuir, mais bientôt il abandonna cette idée.

Avait-il oublié, tandis qu'il se précipitait avec tant d'ardeur dans les bras du duc de Bourgogne, qu'alors même deux de ses agents encourageaient les Liégeois à la révolte? De cela, Commynes en est persuadé. Avait-il donné à ceux-ci l'ordre de s'en aller? Cet ordre n'avait-il pas été transmis? avait-il volontairement été ignoré? Rien ne nous permet de répondre avec certitude à de telles questions car, sur ce point, les seuls renseignements dont nous disposions sont ceux que nous apportent les événements eux-mêmes. Il n'est donc pas exclu que, dans les replis de son inconscient, Louis ait de son propre chef résolu de l'oublier. Malgré la peur que trahissaient l'altération de sa voix et son maintien fort peu royal, malgré l'extrême agitation à laquelle il était manifestement en proie, et bien qu'il ne cessât de quêter auprès de ses compagnons conseils et encouragements, il se peut — une fois de plus inconsciemment — que jamais il n'ait été plus heureux. Il avait de l'eau jusqu'au cou et seule sa ruse pouvait désormais le tirer d'affaire. Le 13, alors qu'il ne savait même pas s'il serait encore en vie le lendemain, il trouva moyen d'écrire au duc de Milan : « Nous sommes sur le point de conclure une paix avantageuse. »

Et puis, à l'aube du 14 octobre, au milieu des multiples dangers que recelait Péronne, le roi entrevit une lueur d'espoir grâce à un homme qui, tout comme lui, respectait par-dessus tout l'intelligence.

Le duc de Bourgogne avait passé lui aussi une nuit sans sommeil. Il n'avait même pas pris la peine de se dévêtir et ne s'était couché que de brefs instants pour se remettre aussitôt à arpenter sa chambre. A l'aube, il proférait encore les plus noires menaces et semblait sur le point de prendre une décision irrévocable. L'un de ses chambriers, qui, bien qu'il eût à peine plus de vingt ans, avait su se tailler auprès de lui une place de conseiller, s'efforçait d'apaiser sa colère et de le détourner de ses sombres projets. Déjà le jour était levé lorsque enfin il réussit à convaincre son maître que, si le roi acceptait de signer le traité et de l'accompagner à Liège, il se montrerait satisfait. Ce sage conseiller n'était autre que Philippe de Commynes, seigneur de Renescure.

Il s'empressa alors se faire tenir au roi un message qui, peut-être, n'était pas le premier.

Ce message apportait à Louis les plus précieux renseignements qu'il eût jamais reçus. Il lui donnait toutes les informations voulues concernant l'état d'esprit du duc et se terminait par un bref avertissement : Si le roi acceptait les deux conditions du duc de Bourgogne, aucun mal ne saurait lui arriver; mais s'il les refusait, « il se mettrait en si grand péril que nul plus grand ne pourrait lui advenir ».

Le roi Louis, « l'homme le plus méfiant qui soit », comprit aussitôt qu'il pouvait croire à la sincérité de son correspondant et décida de suivre son conseil à la lettre. Lorsque les émissaires du duc se présentèrent à lui pour lui faire part des exigences de leur maître et de ses intentions de venir le trouver, si toutefois il était disposé à le recevoir, le roi se déclara enchanté de cette perspective. Vers le milieu de la matinée, Charles, duc de Bourgogne, se présenta donc dans la modeste chambre royale. Au premier coup d'œil, Louis put se rendre compte que son visiteur gardait difficilement le contrôle de lui-même. Il s'inclina devant lui, mais sa voix tremblait de fureur contenue, et ses gestes comme ses regards étaient ceux d'un homme que dévore un feu intérieur.

Bien qu'il fût préparé à tout, Louis ne put dissimuler la crainte que lui inspirait ce spectacle : « Mon frère, ne suis-je pas en sécurité dans votre maison et dans vos terres?

— Monseigneur, oui! » répondit sèchement le duc, avant d'ajouter quelques phrases conventionnelles destinées à rassurer le roi. Cependant, l'accueil timoré de Louis avait mis le feu aux poudres : sa question était monstrueuse venant d'un homme qui, Charles le sentait obscurément, cherchait d'une façon ou d'une autre à lui faire du tort. Le duc éclata alors en sauvages accusations : le roi n'était venu à Péronne que pour le tromper; il cherchait à l'occuper tandis que les Liégeois se révoltaient, et dès qu'il se mettrait en route pour Liège, l'armée royale fondrait sur son arrière-garde!

Cette attaque imprévue rendit à Louis son sang-froid. Calmement, il fit remarquer à son interlocuteur que tout ce qu'il venait de dire était faux, et que jamais il ne se serait lancé dans une affaire qui était à la fois contraire à son honneur, à sa sécurité et à son intérêt.

Charles, qui commençait à se calmer, demanda brusquement au roi s'il était prêt à signer le traité dont ils étaient convenus.

Louis acquiesça.

Le roi acceptait-il, poursuivit Charles, de l'accompagner à Liège pour que soit vengée la trahison de la ville, une trahison dont la venue du souverain à Péronne était en quelque sorte responsable? Etait-il nécessaire, ajouta-t-il ironiquement, de rappeler à Sa Majesté que Louis de Bourbon, évêque de Liège, était un prince de sang royal et un proche parent?

Louis répliqua que, si, comme il le désirait, la paix était signée, il se ferait une joie d'accompagner son frère à Liège et d'emmener avec lui une armée dont il fixerait les effectifs selon le bon plaisir de Charles.

C'était bien, lui dit le duc, quelque peu radouci, peut-être même légèrement mal à l'aise. Il voulait être le serviteur du roi, et le bien servir; et, par saint Georges! il était sûr que le roi, lui aussi, ferait son devoir et remplirait la promesse qu'il lui avait faite d'aller à Liège!

Louis répéta tranquillement qu'il était prêt à participer à l'expédition. Ensuite de quoi il fit signe à ses gens, et l'on sortit de ses coffres les copies du traité et de l'accord touchant l'apanage de son frère Charles, ainsi qu'un objet saint — une croix contenant un fragment de la Vraie Croix —, qu'avait jadis porté Charlemagne et qu'on désignait sous le nom de « Croix de la Victoire ».

Entourés de prélats et de seigneurs, Louis et Charles se mirent en face l'un de l'autre tandis qu'entre eux le cardinal Balue tenait la croix de Charlemagne au-dessus des documents. Ce fut d'abord à Charles de jurer hommage au souverain — ce qu'il n'avait pas fait jusque-là — en tant que duc de Bourgogne. A genoux aux pieds du roi, une main placée sur la croix, le duc était en proie à une vive agitation : « Je jurerai, ne cessait-il de murmurer, je jurerai, mais ce qui m'a été promis, il vaudra mieux le tenir ! »

L'hommage une fois rendu, Louis mit à son tour une main sur la croix, et, de concert avec le duc, jura d'observer fidèlement les clauses du traité. Charles s'en alla alors écouter la messe tandis que le roi, qui avait fait ses dévotions plusieurs heures auparavant, décidait de passer à table. Bientôt, toutes les cloches de Péronne se mirent à sonner cependant que les prêtres de la ville entonnaient un *Te Deum.* Un peu plus tard, il fut convenu que Louis se rendrait à Liège en compagnie de sa garde écossaise et de quatre cents lances placées sous le commandement du comte de Saint-Pol. Ce même jour encore, le roi écrivit à ses bonnes villes pour leur annoncer joyeusement que le duc de Bourgogne et lui avaient juré « paix finale sur la Vraie Croix ». Comme le duc lui avait demandé de se joindre à lui dans son expédition contre les Liégeois, qui avaient emprisonné leur évêque, il avait accepté de l'accompagner, mais il espérait être bientôt de retour. Il emmènerait avec lui un détachement de l'armée permanente aux ordres du connétable. A Antoine de Chabannes, qui commandait alors les forces royales aux prises avec la Bourgogne, Louis envoya la même lettre, à laquelle il ajouta l'ordre de renvoyer l'arrière-ban et les francs archers qui servaient dans ses troupes, et « d'y mettre tel ordre et provision que ils s'en puissent aller au moins de charge et foule du pauvre peuple que faire se pourra; et de leur bailler gens de bien pour la conduite d'eux par chacun sénéchaussée et baillage ».

Ce jour-là, Louis trouva même le moyen de plaisanter. Alors qu'il était seul avec deux écuyers, son barbier et l'un de ses secrétaires, Jean de Reilhac, ce dernier annonça qu'en apprennant son prochain départ pour Liège, le fidèle Jean Bourré lui avait fait tenir une lettre aussi confuse qu'angoissée. S'il le fallait, Bourré ne manquerait pas de sacrifier sa vie pour son souverain; cependant, il savait qu'en l'accompagnant dans son expédition il signerait son arrêt de mort. Aussi, s'il plaisait au roi, qu'il l'attende à Meaux ou à Paris...

Avec le plus grand sérieux, Louis répliqua qu'il était convaincu que, sur son ordre, Bourré traverserait la terre entière pour venir le rejoindre... mais qu'il mourrait de peur en route. Dans ces conditions, il préférait bien sûr que son dévoué serviteur l'attendît à Meaux.

Quelque résolution qu'ait prise Louis ce soir-là avant de se coucher, il la garda apparemment pour lui; cependant, il ne devait jamais oublier l'inestimable service que lui avait rendu le jeune et sage Philippe de Commynes. Quatre ans plus tard, dans un acte de donation, le roi rappelait comment « en notre grande et extrême nécessité à la délivrance de notre personne... notre dit conseiller et chambellan, sans crainte du danger qui en pourrait alors venir, nous avertit de tout ce qu'il pouvait pour notre bien, et tellement s'employa que, par son moyen et aide, nous saillîmes hors des mains de nos rebelles et désobéissants ».

Le génie avait fait un joli gâchis, mais à nouveau il était hors de la jarre... ou presque.

V

Sous un ciel gris, à travers la pluie et la boue, le roi de France chevauchait à côté du duc de Bourgogne au milieu de l'armée bourguignonne qui progressait lentement en direction de Liège. Entre-temps étaient arrivés le seigneur d'Humbercourt et, avec lui, Louis de Bourbon, que ses ravisseurs avaient libéré pour discuter avec le duc des clauses d'une éventuelle capitulation. Mais Charles ne voulait pas entendre parler d'accord; de même qu'il refusait de laisser repartir l'évêque qui, pourtant, avait donné sa parole et ne demandait qu'à pouvoir tenir sa promesse. Aussi délicatement que possible, le roi essayait de seconder les efforts que déployait l'évêque pour obtenir la paix; cependant, aussitôt que le duc se faisait menaçant, il s'empressait de dire : « Tout ce que je désire est ce que désire mon beau frère de Bourgogne. » Pour Charles, l'heure de la vengeance avait sonné, et le plus cher souci de Louis consistait à ne pas compter parmi ses victimes.

Traînant sur ses talons un roi prisonnier à qui il venait d'arracher un traité par lequel il obtenait tout ce qu'il pouvait espérer, Charles commençait toutefois à sentir que tout n'allait pas pour le mieux. Confusément, il pensait que l'affront qu'il avait infligé au roi rejaillirait peut-être sur lui, et que sa manière d'agir avait peu de chance d'encourager qui que ce fût à respecter un traité. En outre, il se faisait de la subtilité du roi une idée telle qu'il craignait que tout cela ne soit en fait *voulu* par lui à des fins qu'il était encore seul à connaître. Conscient de ce qui se passait dans l'esprit du duc, Louis continuait imperturbablement à jouer son rôle de compagnon d'armes et de roi-parfaitement-à-l'aise. Par moments, Charles le pressait presque de quitter l'expédition, mais toujours il répliquait : « Jamais je ne partirai tant que Liège ne sera pas à vous. » Pour calmer les soupçons de son hôte, le roi se sépara de Balue et de ses autres conseillers, et, envoyant en avant sa garde écossaise et les lances de Saint-Pol, il resta pratiquement seul en compagnie du duc et de ses gardes. Tout comme Charles, il refusait maintenant de désarmer avant que Liège ne fût prise.

A Namur, il écrivit à Antoine de Chabannes une lettre de remerciement et d'encouragement. Craignant que son maître ne fût prisonnier, le vieux comte de Dammartin avait tout d'abord refusé de disperser ses troupes comme le roi le lui avait commandé le 14 octobre. Cependant, d'autres messages étant venus confirmer cet ordre, il avait bientôt fait savoir au souverain que ses instructions avaient été exécutées.

> « Tenez-vous sûr que je ne vais à ce voyage de Liège par contrainte..., lui écrivit Louis. Monseigneur le grand maître, mon ami, vous m'avez bien montré que vous m'aimez et m'avez fait le plus grand plaisir et service que vous pouviez faire, car les gens de Monseigneur de Bourgogne eussent cru que je les eussent voulu tromper, et ceux de par-delà eussent cru que j'eusse été prisonnier; ainsi, par défiance les uns des autres, j'étais perdu... Tenez pour sûr que si Liège était mis en sujétion, le lendemain je m'en irais, car Monseigneur de Bourgogne est délibéré me presser de m'en partir incontinent, et désire plus mon retour de par-delà que je ne fais. François Aunay [le messager] vous dira la bonne chère que nous faisons. »

A l'aube du 27 octobre, des rumeurs selon lesquelles l'avant-garde placée sous les ordres du maréchal de Bourgogne avait été sérieusement malmenée par les Liégeois vinrent quelque peu troubler le calme de Louis; cependant, Charles lui-même fut bientôt là pour annoncer qu'en fait la sortie tentée par l'ennemi avait été repoussée dans un flot de sang, et que les troupes du maréchal étaient désormais installées devant deux des portes de la ville, « et le roi en fut très joyeux, car le contraire lui eût pu porter dommage ». Dans la soirée du même jour, le roi et le duc avaient cantonné leur armée dans les faubourgs de Liège devant une troisième porte. Partout les murailles étaient en ruine, et l'on n'avait même pas creusé de fossés pour arrêter les assaillants. Il fut convenu que les troupes du maréchal et du duc attaqueraient la ville simultanément [4].

Le samedi 30 octobre, à huit heures du matin, une bombarde signalait le début de l'attaque. Précédés des bannières ducales, Charles et le roi se mirent en marche au milieu de leurs gardes et de leurs gens d'armes. Portant la croix de Saint-André en criant « Vive Bourgogne », Louis XI passa la porte.

Lancée de trois côtés en même temps, l'attaque bourguignonne ne rencontra aucune résistance. La plupart des habitants avaient déjà quitté Liège. Dès que Louis comprit que la bataille était gagnée, il ralentit le pas pour laisser le duc de Bourgogne savourer seul son triomphe. Quelques instants plus tard, le duc fit demi-tour et escorta le roi jusqu'au palais épiscopal avant de se diriger vers Saint-Lambert, la principale église de la ville, où quelques Liégeois avaient tenté de se barricader. Pour sa part, Louis se mit à table pour dîner, non sans prendre soin de louer les exploits martiaux de son hôte. Lorsque le vainqueur lui-même arriva peu de temps après, Louis renouvela ses éloges. Rayonnant d'orgueil, Charles était presque de bonne humeur. Cependant, son appétit de vengeance n'était pas encore rassasié. Cent Liégeois seulement avaient été tués pendant l'assaut. Quelques centaines d'autres avaient été assassinés ou noyés durant le pillage. Le duc jura d'incendier la ville entière, excepté les églises, et de dévaster la campagne alentour dans un rayon de plusieurs milles. Le roi se hasarda à lui suggérer de ne pas détruire une cité qui possédait « tant de nobles édifices ». Aussitôt Charles se rembrunit et rétorqua qu'il était inutile d'ajouter quoi que ce fût : il voulait voir Liège complètement en ruine tout comme l'était Dinant.

Louis se garda d'insister. Déjà avait débuté pour lui la phase la plus délicate de l'entreprise : quitter les Bourguignons sans éveiller la colère du duc. Avant même que la journée ne fût achevée, il écrivait confidentiellement au comte de Foix à Paris, après lui avoir conté la prise de la ville :

> « Par ce que je sais quel grand désir vous avez de me voir de retour, je vous assure que mardi prochain [1er novembre] dès le matin je m'en irai d'ici et chevaucherai sans halte avant d'être par delà. »

Le lendemain, toujours dans le cadre de sa campagne de départ, il eut divers entretiens avec les amis qu'il comptait dans l'entourage de son hôte et entreprit de parler à Charles lui-même, en prenant bien soin de ne laisser passer aucune urgence dans sa voix. Si le duc avait quelque autre mission à lui confier, il mettrait tout en œuvre pour lui donner satisfaction; mais s'il n'y avait rien de mieux à faire pour lui, il serait temps qu'il reprenne la route de Paris où le Parlement devait encore enregistrer le traité de Péronne. Ainsi le voulait la coutume, rappela-t-il à Charles. Aussi longtemps que cette formalité ne serait pas remplie, le traité ne pourrait être considéré comme valide. Il était évident qu'en la matière la parole du roi avait une importance considérable, expliqua-il au duc en lui laissant entendre que jamais la France n'accepterait le traité s'il n'y veillait personnellement.

Charles tiquait un peu, mais Louis continuait de parler. Toujours grommelant, le duc hésitait, mal à l'aise. Enfin, ne trouvant aucun argument valable à opposer au souverain, il accepta de le laisser partir. Puis, soudain, pris de remords, il insista pour que le traité de Péronne — un document d'une longueur appréciable — fût intégralement lu devant le roi afin qu'il pût, s'il le désirait, retrancher ou ajouter tel article qui lui plairait — le tout accompagné d'un bredouillement d'excuses pour l'avoir entraîné à Liège. Mais Louis assura son hôte qu'il ne souhaitait changer aucun mot du traité; son seul désir était de voir celui-ci enregistré au Parlement aussi rapidement que possible.

Cependant, le duc ne pouvait accepter que les choses en restassent là. En ce cas, dit-il, il avait lui-même quelque chose à ajouter : il désirait que, par un nouvel article, le roi rendît à Monseigneur du Lau, à Poncet de Rivière et au seigneur d'Urfé toutes les terres dont ils avaient été dépossédés. Même au point où il en était, Louis ne pouvait accepter une telle demande. Aussi répondit-il qu'il se ferait une joie de souscrire à cette requête, à condition toutefois qu'on adjoignît au traité une clause semblable au profit du comte de Nevers et des frères de Croy (dont Charles avait confisqué les domaines). Le duc de Bourgogne demeura silencieux.

Désormais, le roi était libre de s'en aller.

Le 2 novembre, lorsqu'il quitta Liège, Charles de Bourgogne était toujours avec lui. Tous deux passèrent la nuit dans un village des environs de Namur. Le duc insistait pour faire à son souverain l'honneur de l'accompagner jusqu'aux frontières de ses domaines; mais Louis parvint à l'en dissuader, protestant que son frère de Bourgogne l'avait suffisamment honoré et qu'il savait fort bien que d'importantes affaires requéraient ailleurs son attention. Cependant, ce n'est que le lendemain après dîner qu'il prit congé de son hôte. Jamais plus il ne devait revoir Charles, duc de Bourgogne.

Le lendemain matin, sous une pluie battante, le roi prenait la route avec une petite escorte, parmi laquelle se trouvaient deux nobles bourguignons. Malgré le mauvais temps, il avançait bon train, accomplissant chaque jour quarante milles et plus, ne s'arrêtant dans les villages que pour dormir et prendre ses repas. Contournant les Ardennes, il arriva en territoire français le 5 ou le 6 novembre. Ensuite, il coupa à travers la Champagne, et, dans les environs de Laon, il se rendit en l'église Notre-Dame-de-la-Joie, où, sur l'autel de la Vierge, devant les deux représentants de la noblesse bourguignonne, il promit une fois encore de respecter le traité de Péronne.

Le 12, il était arrivé à Noyon, où il passa la journée du lendemain avec son Conseil à mettre un peu d'ordre dans les affaires gouvernementales restées en suspens. Le 14, à Compiègne, il chargea Jean Balue de s'occuper de l'enregistrement du traité de Péronne et d'en expliquer les articles au Conseil des Trente-Six, au Conseil royal, aux généraux des Finances, aux officiers de la Chambre des Comptes et aux membres du Parlement, qu'il avait fait venir de Paris. Il ne tarda pas à apprendre que son absence avait plongé dans l'angoisse nombre de ses sujets, ce qui ne parlait guère en faveur de sa sagesse, mais semblait indiquer que, dans l'ensemble, son peuple lui était attaché [5].

Louis demeura hors de Paris, passant ici et là quelques jours à s'occuper de diverses affaires. Etant alors plus ducal que le duc, il craignait de voir les habitants de la capitale donner libre cours à leurs sentiments antibourguignons; par ailleurs, il ne tenait pas particulièrement à s'exposer plus directement à leurs sarcasmes. A son égard, les Parisiens avaient toujours fait preuve d'une fidélité à toute épreuve, mais il les savait doués d'un redoutable esprit satirique. Dès que l'on avait eu la certitude que le roi était sain et sauf, toute espèce de pamphlets s'étaient mis à circuler, et, jusqu'à des oiseaux parlants, chacun avait, semble-t-il, un couplet à débiter sur son compte [6].

Une fois de plus Louis reprit le chemin d'Orléans et de la

vallée de la Loire. Il pria le nouvel ambassadeur milanais, Sforza de Bettinis, d'apprendre à son maître l'heureuse issue de son entreprise, et l'informer qu' « étant en véritable paix et tranquillité, nous ne songeons qu'à vivre heureux et à faire bonne chère ».

Et c'est ainsi que le renard crotté parvint à s'échapper du repaire du loup.

18.
Beauvais

I

Mais Louis n'était pas homme à se laisser battre sans arracher quelques plumes à l'adversaire. Au moment de prendre congé du duc de Bourgogne, il lui avait demandé sur le ton de l'indifférence :

> « Si d'aventure mon frère, qui est en Bretagne, ne se contentait dudit partage [c'est-à-dire de la Champagne], que lui baille pour l'amour de vous, que voudriez-vous que je fisse? »

Ce à quoi Charles avait négligemment répondu :

> « S'il ne veut prendre, mais que vous laissiez qu'il soit content, je me rapporte à vous deux. »

Or, début 1470, le roi faisait miroiter aux yeux de son frère la province de Guyenne, infiniment plus grande que la Champagne, mais qui offrait l'inappréciable avantage de n'être pas voisine des territoires bourguignons. D'humeur fantasque et soumis à des influences contradictoires, le jeune Charles hésitait, semblait sur le point d'accepter, revenait sur sa décision et hésitait encore. Les membres de son entourage eux-mêmes se trouvaient pris entre la crainte que leur inspirait le roi et l'espoir qu'en jouant son jeu ils obtiendraient de jolis bénéfices. Répugnant à perdre un hôte si précieux, le duc de Bretagne était résolument contre cette solution; et quant aux autres princes :

> « Ni le duc de Bourgogne, ni le duc Jean, ni aucun des seigneurs du royaume, écrivit l'ambassadeur milanais Sforza

de Bettinis, ne souhaitent voir le duc de Berry [Charles] entretenir des relations véritablement fraternelles avec Sa Majesté; car il leur semble que le roi est d'une nature telle que, s'il n'avait plus rien à redouter et pouvait gouverner le royaume à sa guise, il réglerait toute ses affaires en un jour et ôterait le goût de vivre à ses seigneurs... »

Cependant, jusque dans la maison du roi, la trahison travaillait à ruiner ses efforts.

Avec un bel optimisme, Louis envoya quérir des ambassadeurs bourguignons, de sorte que ceux-ci puissent informer leur maître que le frère du roi avait librement choisi la Guyenne; Charles étant alors en proie aux plus violents scrupules, force lui fut de retarder quelque peu leur départ. Il finit toutefois par gagner à sa cause les conseillers de son frère — et notamment le rusé Gascon Odet d'Aydie —, et, le 3 avril, les Bourguignons quittaient la cour du roi pour se rendre en Bretagne. Avant la fin du mois, Charles signait le traité par lequel il acceptait la Guyenne en apanage.

Vers la même époque, des officiers royaux fouillant un personnage suspect trouvèrent, cousue dans la doublure de son vêtement, une lettre dont le stupéfiant contenu fut bientôt confirmé par les dires du messager lui-même. Sans plus tarder, Louis XI fut informé que le cardinal Balue et son compère Guillaume de Haraucourt, évêque de Verdun, avaient dépêché au duc de Bourgogne un serviteur chargé pour lui d'un message lui enjoignant d'empêcher Charles d'accepter la Guyenne et de l'encourager à prendre les armes contre le roi son frère. Dès le lendemain, Louis fit venir de Tours à Amboise le cardinal et l'évêque, qu'il mit aussitôt en état d'arrestation. Les deux misérables confessèrent alors l'absurde vérité : ils avaient tenté de placer le roi dans une situation dangereuse dont ils seraient seuls capables de le tirer, de manière à pouvoir régir à leur guise et le souverain et le royaume. Des commissions chargées d'entamer contre eux une action en justice furent aussitôt nommées, mais le pape refusa de les laisser traduire devant les tribunaux. Aussi languirent-ils en prison pendant quelque dix ans durant lesquels ils passèrent une partie de leur temps enfermés dans des cages de fer *.

* L'emploi de celles-ci n'était pas nouveau. Les évasions étant alors relativement fréquentes, on plaçait les prisonniers importants dans des

Durant les quatre mois qui suivirent, Louis, qui n'avait perdu confiance ni en son charme ni en ses talents de comédien, chercha à ménager avec Charles une rencontre par laquelle il espérait sceller leur réconciliation. Sous les auspices de leur génial oncle René, il mit sur pied des tournois et autres divertissements princiers susceptibles de plaire à son frère et joua son nouveau rôle avec tant de conviction qu'il en vint même, rapporte Bettinis, « à s'éprendre d'une demoiselle de la reine du roi René ». Mais Charles repoussait toujours le moment de se retrouver face à face avec son souverain. Le 1er août, Louis accomplit un nouveau geste de chevalerie : dans la ligne de l'ordre anglais de la Jarretière et de l'ordre bourguignon de la Toison d'Or, il créa l'ordre de Saint-Michel « pour la très spéciale et singulière amour que nous avons au noble ordre et état de chevalerie », pour la défense de « notre mère sainte Eglise » et « la prospérité de la chose publique ». En tête de la liste des nouveaux chevaliers — les principaux capitaines et conseillers du roi — venait le nom de Charles, duc de Guyenne. Les serments de fidélité par lesquels se trouvaient liés les membres de l'ordre les empêchaient notamment d'accepter des décorations telles que la Toison d'Or. Fin août, à bout d'excuses, Charles de Guyenne accepta enfin de rencontrer son frère.

Pour apaiser les craintes du jeune homme, Louis ordonna que fût construit sur la Sèvre Niortaise un pont de bateaux au centre duquel serait édifié une solide barricade de bois percée d'une fenêtre grillagée. Le 7 septembre, vers six heures et demie du soir, le roi s'engagea sur le pont suivi d'une douzaine de courtisans. Le nouveau duc de Guyenne, qui attendait de l'autre côté du fleuve avec un nombre de compagnons équivalent, se découvrit et s'agenouilla avant de s'avancer jusqu'à la barricade où il se mit une fois encore à genoux. Le cordial salut de Louis lui donna le courage de passer un bras timide à travers les barreaux pour saisir la main de son frère. Dans un flot de paroles, il implora alors le pardon de celui-ci et lui jura « avec de grands serments » d'être jusqu'à sa mort « un bon fils et le plus dévoué des serviteurs ». Aussitôt Louis pria ses gens de se retirer afin de pouvoir s'entretenir librement avec lui.

cages de fer durant la nuit, par mesure de sécurité. Philippe de Commynes, qui, à la mort de Louis, connut lui-même ce régime pendant cinq mois, parle de son séjour en prison avec amertume mais sans se plaindre de cet usage.

Comme Charles lui demandait la permission de le rejoindre, il suggéra gentiment qu'il vaudrait peut-être mieux attendre le lendemain; mais le duc, qui avait désormais honte des précautions insultantes que sa pusillanimité lui avait dictées, insista pour franchir la barrière afin de pouvoir se jeter aux pieds de son frère et souverain.

Le roi le releva, et tous deux s'embrassèrent « plus de vingt fois ». A cette vue, les spectateurs fondirent en larmes. Des rangs des seigneurs et des gentilhommes groupés dans les prairies avoisinantes s'élevèrent bientôt les cris de : « Noël! Noël! » Il faisait presque nuit lorsque Louis prit affectueusement congé de son frère. Ce soir-là, il fit à son chancelier un compte rendu enthousiaste de ses retrouvailles :

> « En notre assemblée, ajouta-t-il, est avenue une chose que les mariniers et autres à ce connaissant dirent être merveilleuse, car la marée, qui devait être ce jour d'hui la plus grande de l'année, est trouvée la moindre de beaucoup qu'on ne vît de mémoire d'homme, et si s'est retraite quatre heures plus tôt qu'on ne croyait, dont Dieu et Notre-Dame en soient loués. »

Après avoir passé quelques jours dans l'intimité de son frère, vers le 18 septembre le duc de Guyenne partit pour sa nouvelle province. La veille de Noël (1469), il était de retour à Montils-lès-Tours avec une brillante suite de seigneurs. Après une semaine de festivités, Louis et lui-même prirent la route d'Amboise où ils devaient rejoindre la reine et ses dames.

> « Où que le roi aille, rapporte Bettinis, le duc l'accompagne bras dessus bras dessous ou la main dans la main, et ils sont ensemble presque constamment, mangeant, buvant, dormant dans la même chambre... »

Louis avait d'excellentes raisons pour se montrer de bonne humeur. Non seulement il était parvenu à arracher son frère à l'emprise des princes, mais François II lui faisait maintenant des offres amicales. D'autre part, il était parvenu à se débarrasser d'un rebelle particulièrement turbulent : le comte d'Armagnac. En effet, accusé de trahison par le Parlement de Paris, celui-ci avait fui en Espagne, de sorte que tous ses territoires se trouvaient désormais entre les mains du roi [1]. Enfin, d'Angleterre lui parvenaient des nouvelles qui semblaient indiquer que bientôt les efforts qu'il avait déployés pour gagner à sa cause le comte de Warwick allaient porter leurs fruits.

II

Le retour en grâce du frère et héritier du roi devait préluder à un drame à la fois plus ambitieux et plus aventureux.

Le 1er mars 1470, les habitants de Honfleur virent avec étonnement une flotte anglaise jeter l'ancre à l'embouchure de la Seine où son commandant, qui n'était autre que le célèbre Richard Neville, comte de Warwick, allait bientôt recevoir un accueil des plus solennels.

Durant neuf mois, Louis XI avait suivi avec passion — à travers un brouillard de rumeurs, de faux bruits, de rapports dressés par ses agents, de messages émanant directement de Warwick — les ahurissantes fluctuations du destin de Richard Neville. En août précédent (1469), Louis apprenait qu'après avoir marié Isabelle, sa fille aînée, à George, duc de Clarence, frère d'Edouard IV, le comte s'était emparé du souverain au cours d'une bataille dont il était sorti vainqueur, et entendait maintenant placer son beau-fils sur le trône d'Angleterre. Quelque temps après, il était informé qu'ayant échappé à la vigilance de ses gardiens, Edouard s'était enfui du Yorkshire pour regagner Londres où il était parvenu à reprendre en main les rênes du pouvoir. En avril, il semblait que le comte et le roi avaient à nouveau pris les armes. Cependant, on apprit soudain que Warwick, Clarence et leurs femmes étaient désormais fugitifs et que leur flotte s'était vu interdire l'entrée de Calais. Lorsque le comte demanda à Louis XI la permission d'accoster en Normandie, celui-ci se hâta d'envoyer à l'amiral et à l'archevêque de Narbonne l'ordre de rendre à ces hôtes inattendus des honneurs princiers *. Bientôt, ses officiers informèrent Louis que les Anglais étaient apparus dans la baie de la Seine où ils paradaient avec un convoi de bateaux bourguignons et bretons dont ils avaient réussi à s'emparer. De son côté, Warwick faisait savoir au roi qu'il était prêt à travailler à la restauration de la Maison de Lancastre, comme il le lui avait proposé en 1467, et demandait à avoir avec lui une entrevue immédiate.

* On trouvera sur ce point des détails complémentaires dans l'ouvrage de P. M. Kendall : *Warwick the Kingmaker.*

Cependant, le duc de Bourgogne apprenait avec une rapidité stupéfiante que le pirate qui avait capturé ses navires, le « grand rebelle » de son allié Edouard IV, avait reçu en Normandie un accueil des plus chaleureux. Furieux, il accusa aussitôt le roi de déloyauté et exigea qu'il procédât sans plus tarder à l'arrestation de Warwick. N'étant pas préparé à la guerre, Louis ne pouvait se permettre de fournir à ses princes un prétexte pour reprendre les hostilités; par ailleurs, il n'était même pas sûr des intentions du comte. Pourtant, il n'était pas homme à laisser échapper une occasion dont il rêvait depuis longtemps et que le hasard venait soudain lui offrir. Il écrivit donc à Warwick pour lui annoncer qu'il ferait tout ce qui était en son pouvoir pour satisfaire à ses désirs. D'autre part, il envoya à la minable petite cour de Marguerite d'Anjou une pressante invitation exhortant la reine déchue à quitter le duché du Bar pour venir le rejoindre à Amboise. Enfin, il tenta d'apaiser le duc de Bourgogne en lui promettant que tous les biens de ses sujets leur seraient rendus et en affirmant avoir accordé un sauf-conduit à Warwick avant de savoir que celui-ci avait mis à mal des bateaux bourguignons. Mais il savait fort bien que de telles paroles ne pourraient contenter le duc, et d'autant moins que les vaisseaux capturés par le comte se balançaient insolemment à l'embouchure de la Seine tandis que ses marins tentaient d'écouler leur butin dans les ports et les villages normands et que le comte lui-même était traité de façon princière par les officiers du roi et demandait à être officiellement reçu à la cour de France.

Le 12 mai, Louis chargea Jean Bourré et William Menypeny * de transmettre à l'amiral et à l'archevêque de Narbonne ses instructions concernant les négociations qu'ils poursuivaient avec l'hôte qu'il avait eu tant de plaisir à voir débarquer, mais dont l'arrivée lui posait pourtant nombre de problèmes. Il s'agissait de faire comprendre au comte de Warwick que le roi n'était pas en mesure de l'accueillir ouvertement avec ses captures bourguignonnes et qu'avant qu'une rencontre ne pût avoir lieu, il fallait que la flotte anglaise eût quitté la baie de la Seine. A Honfleur, les navires étaient exposés à la vue du comte de Saint-Pol, gouverneur de la Normandie, qui ne manquerait pas de signaler

* Désormais seigneur de Concressault, William Menypeny, d'origine écossaise, s'était déjà vu confier par Louis XI de nombreuses missions auprès de Warwick.

leur présence comme leur départ au duc de Bourgogne; mais ils pourraient fort bien trouver refuge en basse Normandie, dans les îles de la Manche, ou même à Bordeaux. L'amiral et l'archevêque devaient souligner le fait que Louis XI mettrait tout en œuvre pour aider son ami à recouvrer l'Angleterre... mais une fois que ses bateaux auraient levé l'ancre uniquement. Le roi veillerait à ce que les dames qui l'accompagnaient fussent convenablement logées à Carentan, à Bayeux, à Vologne, ou même, si le comte le désirait, à Amboise, où la reine se ferait une joie de les accueillir.

Cependant, Menypeny et Bourré informèrent bientôt le roi que le comte tenait à lui parler personnellement et que des dispositions avaient d'ores et déjà été prises concernant le logement des dames de Neville, qui devaient trouver refuge dans les abbayes proches de la Seine. A cette nouvelle, Louis réagit violemment :

> « Avant que conclure leur venue, écrivit-il à ses agents, faites que tous leurs navires soient partis, car je ne les verrai point tant qu'ils auront leurs navires par-delà.
>
> « Aussi, je vous baille charge d'envoyer incontinent devers les gens de Monseigneur de Bourgogne, et leur mandez que vous ai envoyé par-delà pour recouvrer tout ce que vous pourrez des biens des sujets de mondit seigneur de Bourgogne. Et, pour ce, que s'ils veulent envoyer devers vous, que vous leur ferez rendre tout ce que vous pourrez trouver...
>
> « Vous me faites enrager de mettre et laisser les dames si près de la Seine et de ces Marches. Et pour ce, je vous prie, faites qu'elles aillent plus bas, et me dût-il coûter le double des dépenses, car je les payerai très volontiers [...] Attendu que lesdites abbayes où il les veut mettre ne sont point fortes, l'on pourrait faire d'une nuit déplaisir à ceux qui seraient avec elles [*une attaque de nuit pourrait avoir lieu*], qui me serait le plus grand déplaisir du monde. »

Mais les efforts de l'amiral, de l'archevêque de Narbonne, de Jean Bourré et de Menypeny, demeurèrent sans effet. Connaissant sa valeur, le comte de Warwick resta sur ses positions : il ne déplacerait pas ses navires avant de s'être personnellement entretenu avec le roi de France. Non sans audace, il dépêcha l'un de ses capitaines en mer pour ramener d'autres bateaux captifs. Tandis que Louis digérait tant bien que mal cette ennuyeuse nouvelle, il reçut du duc de Bourgogne un message plein de hargne. Accusant le roi de rompre le traité de Péronne, Charles déclarait avoir l'intention d'attaquer Warwick et Clarence par terre et par mer où qu'ils puissent se trouver. Bientôt, Louis fut informé que le duc armait une puissante flotte et encourageait François II à lancer contre les Anglais ses corsaires bretons.

Cependant, le roi accéda au désir du comte de Warwick. Il était trop séduit par la légende de cet aventurier faiseur de rois pour craindre d'apporter son concours à la réalisation d'un grand dessein longuement mûri. Sacrifier l'imagination à la prudence n'était pas dans ses habitudes, et il ne pouvait laisser passer ainsi l'occasion d'exercer directement ses talents sur Warwick. Il invita donc le comte et le duc de Clarence à laisser leurs bateaux à Honfleur pour venir ouvertement le rejoindre à Amboise.

Le 8 juin, le roi envoya l'un après l'autre tous ses principaux seigneurs à la rencontre des réfugiés anglais qui approchaient alors d'Amboise. Lui-même descendit à pied la colline du château pour aller accueillir ses visiteurs sur la route. Il coupa court à leurs saluts et les embrassa chaleureusement. Lorsqu'ils arrivèrent au château, la reine, qui était presque enceinte de neuf mois, les attendait devant la porte. C'était là une réception parfaitement bourgeoise, mais, venant du plus puissant monarque d'Europe, rien n'aurait pu être plus flatteur. Ce ne fut pas un majordome, mais le roi lui-même qui conduisit le comte et le duc à leurs appartements où il s'attarda deux bonnes heures à bavarder avec eux.

Durant les trois jours qui suivirent, Louis eut avec ses hôtes de longues discussions. Avec sa simplicité habituelle, plutôt que de les recevoir chez lui, il allait lui-même les trouver dans leurs chambres. Parallèlement, il afficha publiquement l'estime qu'il vouait au comte de Warwick et au duc de Clarence en organisant en leur honneur des réceptions, des fêtes et même un tournoi. Les membres de leur entourage furent merveilleusement traités. Un acrobate, que Warwick avait amené avec lui, reçut de Louis — qui s'y connaissait en fait d'acrobaties — une récompense de vingt écus. Après avoir soigneusement étudié ses visiteurs, le roi jugea qu'il ne s'était pas trompé en misant sur le dévouement et les talents du comte; et lorsque, le 17 juin, celui-ci quitta Amboise avec Clarence, Louis et Richard Neville avaient pris des dispositions précises touchant l' « entreprise d'Angleterre ». Warwick travaillerait à la restauration de la Maison de Lancastre; oubliant tous les torts et toutes les haines passées, la reine Marguerite et lui-même scelleraient leur alliance par un mariage — le mariage d'Anne, fille puînée du comte, alors âgée de dix ans, et du fils d'Henri VI, le prince Edouard, de sept ans son aîné; Louis fournirait de l'argent et des navires pour l'expédition, mais, en tant qu'ami et allié de Richard Neville et non pas des Lancastres; enfin, un traité passé entre la France et l'Angleterre lancastrienne apporterait la paix entre ces deux pays, en même temps que la ruine du duc de Bourgogne

A Louis incombait maintenant la tâche d'amener l'impérieuse reine Marguerite, alors en route avec son fils, à pardonner à son plus implacable ennemi. D'accord avec Warwick — et sans doute au plus grand soulagement de celui-ci —, le roi avait décidé que le comte s'absenterait quelque temps pour s'occuper de ses bateaux et lui laisserait le soin de préparer la reine à accepter la réconciliation et le projet de mariage.

> « Ceci fait, rapporte l'ambassadeur milanais, Warwick reviendra pour mettre la dernière main à toute chose, après quoi il repartira immédiatement pour l'Angleterre avec une grande flotte en emmenant le prince Edouard avec lui pour rallier les partisans du roi Henri... »

Mais les choses n'allaient pas se passer de manière aussi simple.

A l'usage, la reine Marguerite se révéla plus passionnée et plus contrariante encore que le roi ne l'avait imaginé. Dès l'instant où elle arriva à Amboise (deux semaines après le départ de Warwick), Louis se mit en devoir de lui expliquer où résidaient ses véritables intérêts. Certes, elle était prête à accepter une trêve de trente ans entre la France et la Maison de Lancastre si le roi s'engageait à fournir à Henri « tout l'appui et la faveur possibles contre Edouard de March (Edouard IV), ses aides et ses complices »; mais, quant à toucher la vile et sanglante main de Warwick, jamais elle n'y consentirait! Jour après jour, malgré l'irritation que lui inspiraient son emphase et la haute opinion qu'elle avait d'elle-même, Louis dispensait inlassablement caresses et flatteries dans l'espoir de lui faire entendre raison. A force de lui parler de nécessité politique, il parvint à la convaincre d'accepter que le comte de Warwick réinstallât son mari sur le trône; mais il était inutile d'espérer qu'un jour son fils épouserait Anne Neville. Une telle union ne serait pas à son avantage, et encore moins à son honneur, répétait-elle fièrement. Cependant, le roi ne désarmait pas.

Sur ce, le 30 juin, se produisit l'événement qu'à l'instar du roi tout bon Français espérait voir arriver depuis longtemps : une heure avant le lever du soleil, la reine Charlotte accoucha d'un solide garçon. Baptisé le même jour par l'archevêque de Lyon, l'enfant fut nommé Charles à la mémoire du père de Louis ou peut-être en l'honneur de son frère. Exultant, le roi saisit cette occasion pour montrer son dévouement à la Maison de Lancastre : comme parrain du nouveau-né, il choisit le fils de la reine Marguerite, le prince Edouard, qui, lui aussi, avait pour bisaïeul le malheureux Charles VI. En conséquence de cet aimable geste ou par suite des nouveaux entretiens qu'elle eut avec le roi, la reine Marguerite se laissa fléchir et finit par souscrire au mariage de son fils avec la fille de Richard Neville. Un point restait toutefois, sur lequel elle restait inébranlable : jamais elle n'accepterait de confier son fils Edouard à Warwick, qui devait se rendre maître de l'Angleterre avant qu'elle ne consentît à laisser partir le jeune prince de Galles. Voyant qu'il ne saurait en obtenir davantage, Louis s'estima satisfait. Sans doute le comte de Pembroke, Jasper Tudor, le demi-frère d'Henri VI, accepterait-il de suivre Warwick et de représenter à ses côtés la Maison de Lancastre. Pour qu'y présidât une atmosphère aussi détendue que possible, le roi choisit Angers comme cadre de la rencontre qui devait avoir lieu quelques semaines plus tard entre Warwick et Marguerite. Angers était la ville natale de la reine, et Louis lui avait promis qu'elle y retrouverait son père, le roi René, et son autre cousin, le duc de Guyenne.

Cependant, après avoir bombardé la côte normande, une flotte anglo-bourguignonne s'en était venue bloquer la baie de la Seine. Des marchands français s'étaient fait arrêter en territoire bourguignon. Quant aux émissaires que Louis avait envoyés à Charles, ils avaient reçu un accueil plutôt orageux. Aussitôt qu'ils avaient prononcé les mots de restitution et de réparation, le duc les avait rageusement interrompus : en apportant son aide à Warwick, ennemi juré de la Bourgogne, le roi avait violé le traité de Péronne; il ne pouvait donc être question de réparation!

Sur quoi il avait brusquement mis fin à l'entrevue en laissant éclater sa colère :

> « Nous autres Portugais [la mère de Charles était une princesse portugaise], nous avons la vieille habitude de vouer à tous les cent mille diables de l'enfer ceux, parmi nos amis, qui pactisent avec nos ennemis! »

Au début de juillet, le roi se mit en route pour Angers où devait le rejoindre son frère. Le fait de ne plus être l'héritier du trône ne semblait avoir changé en rien l'affection que Charles portait à Louis. Aussi le roi prit-il soin de le mettre au courant de toutes les dispositions qui avaient été prises en vue de la réconciliation de Warwick et de Marguerite d'Anjou. Le 22 juillet, la reine et le comte firent tous deux leur entrée dans la ville. Richard Neville était accompagné d'un vaillant partisan des Lancastriens, Jean, comte d'Oxford, qui avait réussi à franchir la Manche quelques jours auparavant. Sans perdre un instant, mais avec tout le charme dont il était capable, Louis fit clairement savoir de qui il se considérait l'ami. Le soir même il prit par la main le comte de Warwick et le conduisit auprès de la reine qu'il avait détrônée. Sans doute Richard Neville avait-il été dûment sermonné par le roi, mais l'habileté avec laquelle il cultivait sa propre légende montrait suffisamment qu'il était lui-même excellent comédien. Il connaissait le goût qu'on nourrissait à Londres pour les génuflexions, aussi se jeta-t-il humblement aux pieds de la reine pour implorer son pardon. Pour apaiser son amour-propre, la fière Marguerite le laissa un bon quart d'heure dans cette position, à demander grâce de ses torts envers elle. Enfin, dans un geste magnanime, elle consentit à lui pardonner et il rendit solennellement hommage à la Maison de Lancastre. Déjà il s'était engagé à répéter cet acte de contrition à Westminster, dans une cérémonie qui devait avoir lieu aussitôt l'Angleterre conquise. La reine salua alors le comte d'Oxford avec une chaleur non feinte car lui et sa famille avaient « grandement souffert pour sa cause. »

Sous les bienveillants auspices du roi, le comte de Warwick et la reine Marguerite consacrèrent les trois journées suivantes à discuter les détails de leur alliance. Louis pourvoirait à l'entretien de la reine, de la femme de Warwick et de Clarence, du prince Edouard et de sa jeune fiancée, la petite

Anne Neville, jusqu'au moment où le comte aurait fermement rétabli son emprise sur l'Angleterre. Warwick fit tout ce qu'il put pour son gendre, le duc de Clarence, qui était prudemment resté à l'écart d'Angers : si le prince Edouard et Anne n'avaient pas d'héritier mâle, c'était à lui que devait revenir la couronne. Le 25 juillet, assisté de son frère, vêtu comme lui d'une robe de moine, le roi Louis présida dans la cathédrale d'Angers la cérémonie qui devait sceller la réconciliation. Lorsque, par procuration, les fiançailles du prince Edouard et d'Anne Neville eurent été célébrées, la reine Marguerite s'engagea à traiter Warwick en loyal et fidèle sujet, et à ne jamais plus lui reprocher ses actions passées, tandis que le comte jurait « d'appuyer le parti et la cause du roi Henri ». Ces serments furent prêtés sur la croix de Saint-Lau, croix favorite de Louis, qui avait la réputation d'amener dans l'année la mort de quiconque osait rompre son vœu. Avec son frère, le roi se porta alors garant des promesses qu'avait faites Warwick à la reine Marguerite, « montrant par là le grand amour qu'il lui portait et qu'il était lié et obligé envers ledit comte plus qu'envers nul autre homme, et aussi ferait autant et plus pour lui que pour tout autre homme ».

S'il ne fut pas expressément mentionné au cours de la cérémonie, l'intérêt principal que revêtait pour Louis toute cette entreprise était parfaitement clair : une fois que Warwick serait en mesure de le faire, il devrait entraîner l'Angleterre dans une guerre à outrance contre le duc de Bourgogne.

L'union Neville-Lancastre ne manqua pas de choquer l'esprit dévôt de Georges Chastellain, et Commynes lui-même la jugea « étrange * ». Pour les ennemis de Louis, comme pour Chastellain ou l'évêque Bassin, qui avait dû quitter les rivages de la Normandie pour avoir apporté un appui trop enthousiaste à la cause du duc de Berry en 1465, le roi et le comte de Warwick étaient gens de même farine; c'est du moins ce qu'atteste cette épigramme écrite alors par un pamphlétaire du camp bourguignon :

* Déjà le fait qu'Edouard IV eût épousé Elisabeth Woodville « par amourette » avait scandalisé leurs contemporains. L'éthique médiévale survivait dans un monde qui ne la reflétait plus : à l'époque, si le cynisme politique était d'ores et déjà entré dans les mœurs, il continuait malgré tout à heurter les convenances.

Le roi avait bien rencontré
En Warwick propre compagnon;
Eux deux, leur cas considéré,
Furent d'une complexion.

La manière dont Louis traita le comte de Warwick ne nous donne aucune indication valable sur les sentiments véritables qu'il nourrissait à son endroit; en effet, il était par trop manifestement dans son intérêt d'en user comme il le fit avec lui. Une fois rétablie sur le trône, la Maison de Lancastre pourrait fort bien rompre son alliance avec la France pour affermir sa position; et, avec ses préventions angevines et son esprit vindicatif, il n'y avait aucune raison de croire que la reine Marguerite éprouverait jamais de gratitude à l'égard de son cousin de France. Par ailleurs, Louis savait pouvoir compter sur le dévouement de Warwick, car le comte, n'ayant pas les qualités requises pour prétendre au trône, se trouvait dans l'impossibilité d'agir sans appui; et si, au jour de la victoire, le désir de vengeance amenait la reine Marguerite à renier son serment, le seul refuge de Warwick serait le roi de France. Cependant, il semble que Louis ait senti entre Richard Neville et lui cette parenté d'esprit que lui reprochaient ses ennemis. Tout comme lui et son grand ami Francesco Sforza, le comte était un aventurier politique, un homme qui osait défier les usages de son temps, qui ne pouvait compter que sur lui-même et savait saisir les occasions qui s'offraient à lui. Enfin, Warwick s'était montré fidèle — par intérêt personnel, il est vrai, mais Louis préférait ce genre d'attachement à celui qu'imposaient les liens féodaux — et, en dépit de son cynisme politique, le roi n'était jamais indifférent à la fidélité. C'est dans une lettre adressée à Jean Bourré que nous trouvons l'expression la plus juste de ses sentiments à l'égard de Warwick :

« Monseigneur du Plessis, vous savez assez le désir que j'ai et dois avoir du retour de Monseigneur de Warwick en Angleterre, tant pour le bien que ce serait de le voir au-dessus de ses querelles, ou, tout le moins, que par son moyen le royaume d'Angleterre fût en brouillis, comme pour éviter les questions qui pour sa demeure par-deçà pourraient avenir [*que pourrait soulever une prolongation de son séjour ici*]. »

Après la cérémonie, qui se déroula le 25 juillet dans la cathédrale d'Angers, Louis écrivit à Bourré avec une satisfaction évidente et non sans une certaine ironie : « Aujourd'hui, nous avons fait le mariage de la reine d'Angleterre et de lui [le comte de Warwick]... »

Le dernier jour de juillet, accompagné de Jasper Tudor, comte de Pembroke, et du comte d'Oxford, le comte se mit en route pour Valognes où il avait établi son quartier général et devait mettre la dernière main aux préparatifs de son expédition. Le même jour, la reine Marguerite et le prince Edouard partirent pour Amboise, où devaient les rejoindre la femme et les filles de Warwick. Ce dernier avait formulé le désir d'assister au mariage de sa fille avant d'aller risquer sa tête en Angleterre, mais le roi de France lui-même ne pouvait espérer obtenir à temps la dispense papale que nécessitait la consanguinité (Joan Beaufort, l'arrière-grand-mère d'Anne Neville, était la demi-sœur d'Henri IV, arrière-grand-père du prince Edouard); aussi Warwick avait-il dû se contenter des promesses de Louis, qui s'était engagé à traiter royalement ses dames à Amboise et l'avait assuré que le mariage de sa fille serait célébré avec tout le faste nécessaire.

Louis XI avait remis à Warwick suffisamment d'argent pour se fournir en vivres et en armes et pour rétribuer généreusement ses marins; cependant, une flotte bourguignonne bloquait alors les ports normands dans lesquels avaient trouvé refuge les bateaux du comte et de l'amiral de France. Apprenant que les Bourguignons commençaient à ravager les côtes, le roi se rendit en hâte en Normandie pour y orgniser la défense : « Vous savez que foule [*coup*] ce me serait, écrivait-il au grand maître, s'ils [les Bourguignons] n'y trouvaient bonne résistance. » Le 5 septembre il était dans les environs de Bayeux, et il semble qu'il ait profité de l'occasion pour rendre visite à Warwick qui se trouvait alors à Valognes, à quelque quarante milles de là. Il devait se demander si ses projets n'allaient pas faire long feu lorsque, soudain, des nouvelles vinrent lui redonner espoir. Le 6 septembre, il apprenait en effet qu'une puissante tempête avait dispersé les navires bourguignons, les repoussant en direction du nord jusque vers l'Ecosse et la Hollande. Dès le lendemain, l'amiral de France put mettre à la voile pour rejoindre avec ses vaisseaux de guerre la flotte de Warwick à Saint-Vaast-la-Hougue, et, le 9 septembre, par un vent favorable, le comte cinglait enfin vers l'Angleterre. En son nom, le roi Louis avait offert à Notre-Dame-de-la-Délivrance, à Caen, un grand cierge, six vases sacrés, ainsi que sa propre effigie coulée dans de la cire. Quant à lui, il se recommanda à Notre-Dame-de-Celles, en Poitou : il ne fallait rien négliger qui pût favoriser l'expédition de Warwick.

Une semaine plus tard, revenu à Tours, Louis apprenait qu'après une bonne traversée Warwick et sa petite armée avaient débarqué à Plymouth et à Dartmouth où ils n'avaient rencontré aucune résistance, tandis que la flotte de l'amiral avait pu rallier sans encombre les ports normands où elle devait revenir une fois sa mission terminée. Puis, vers la mi-octobre, Jasper Tudor lui-même arrivait d'Angleterre pour annoncer triomphalement qu'Edouard IV avait dû fuir en Hollande devant l'avance de Warwick, et que, le 6 octobre, le lieutenant du royaume — c'était là le titre que s'était donné Richard Neville — était entré dans Londres pour se jeter aux pieds du pauvre Henri VI qui avait été emprisonné par ses soins cinq ans auparavant. De Jasper Tudor, le roi reçut en outre cette note exubérante, rédigée le 8 octobre par le comte lui-même :

> « Qu'il vous plaise de savoir qu'avec l'aide de Dieu et la vôtre, pour laquelle je ne saurai jamais assez vous remercier, que le royaume entier est désormais placé sous l'autorité de mon souverain seigneur le roi, et qu'Edouard, l'usurpateur, en a été chassé. »

Louis nageait dans la joie. Avant de partir en pèlerinage à Notre-Dame-de-Celles, il envoya une lettre circulaire à ses bonnes villes pour leur annoncer la restauration de la Maison de Lancastre, « qui est l'une des choses au monde que plus on doit désirer pour le bien de nous et de tous lesdits royaumes », et décréter « trois jours entiers » d'actions de grâce. Le 13 novembre, il donnait ses dernières instructions aux envoyés, tous bien connus du comte de Warwick, qui devaient partir pour l'Angleterre afin de veiller à la réalisation des accords passés à Angers. Ces instructions étaient étonnamment minutieuses, personnelles et pressantes. Les émissaires de Louis avaient pour ordre de conclure l'alliance militaire prévue contre la Bourgogne et de prendre des dispositions précises en vue d'une campagne contre le duc Charles. Ils devaient en outre laisser entendre à Warwick que la conquête de la Bourgogne pourrait lui valoir les « contrées et seigneuries » de Hollande et de Zélande. En réalisant le rêve qu'il avait lui-même fait naître dans l'esprit du comte longtemps auparavant, Louis aurait en effet l'avantage de voir entre les mains d'un homme qui lui serait tout dévoué le lot qui, dans le partage du butin, reviendrait de droit à l'Angleterre. Pour donner aux marchands anglais, fervents défenseurs de l'alliance bourguignonne, un aperçu des profits qu'ils pourraient tirer en commerçant avec la France, il joignit à son ambassade deux riches négociants de Tours avec des épices, des tissus de lin, de soie et d'or, d'une valeur globale de vingt-cinq mille écus, qu'ils seraient chargés de vendre à bas prix aux marchands de Londres afin de les convaincre qu'ils trouveraient sur les marchés français de quoi satisfaire leur clientèle anglaise. C'était là une campagne politico-économique d'un genre absolument nouveau.

Dès qu'arriva la dispense papale, Louis s'occupa de marier la petite Anne Neville au jeune Edouard; cependant, il remit encore le départ de ses hôtes et de son ambassade. D'une assemblée de « notables » tourangeaux, il obtint une déclaration selon laquelle Charles de Bourgogne s'était rendu coupable d'une double trahison, pour avoir contraint son souverain à signer le traité de Péronne à son corps défendant d'une part, et pour avoir rompu ledit traité l'été précédent en faisant la guerre en Normandie d'autre part. En conséquence de quoi, son titre et ses domaines lui étaient confisqués. Ayant publié cette déclaration d'hostilité le 3 décembre, Louis se décida enfin à dépêcher son ambassade en Angleterre : maintenant, la guerre que devrait affronter Warwick était d'ores et déjà engagée. A la mi-décembre, rapporte l'ambassadeur milanais Bettinis, le roi fut informé que ses envoyés avaient reçu à Londres un accueil qui ne laissait rien à désirer. Aussitôt, Louis donna à la reine Marguerite et à ses gens l'autorisation de partir, et recommanda aux Parisiens de leur préparer un accueil princier.

Bien qu'il méprisât et haït la guerre, le roi n'avait pu résister à l'appel de la Fortune. Il estimait qu'avec l'aide des Anglais il parviendrait sans trop de mal à écraser la Maison de Bourgogne. Cependant, il avait hâte de voir ses projets se réaliser, et peut-être commençait-il à redouter que le temps ne jouât en sa défaveur.

III

Il semblait que le roi eût fort judicieusement choisi son heure pour passer de la diplomatie aux armes. Saint-Pol, le connétable, et le nouveau duc de Guyenne se hâtèrent de venir offrir leurs services à la cour et se mirent en devoir de rassembler des troupes; le duc de Bretagne, lui, resterait neutre. Pour donner à Warwick le temps de se retourner, Louis avait prévu sa campagne pour le printemps; mais soudain, le 13 janvier 1471, il apprit que le connétable avait convaincu Saint-Quentin, l'une des villes de la Somme, d'ouvrir ses portes, et que les troupes royales s'y trouvaient désormais en garnison. Cinq jours plus tard, le roi écrivit à Bourré :

> « Allez-vous-en demain à Paris, et vous et Monseigneur le président [du Parlement] trouvez de l'argent en la boîte à l'enchanteur pour ce qui sera nécessaire, et qu'il n'y ait faute. »

Lui-même arriva bientôt dans la capitale où il passa quatre jours à réunir des fonds, des vivres et de l'artillerie. Le 26 janvier, après avoir entendu la messe à Notre-Dame, il s'arrêta dans un petit fort situé hors de la ville pour y prendre un repas, puis se remit en route pour Senlis et Compiègne. Les meilleurs capitaines occupaient déjà les places proches de la Picardie bourguignonne avec les troupes d'élite de l'armée permanente. Avec sa garde et quelques hommes, Louis se mit alors à parcourir la campagne située entre Compiègne et Noyon — risquant sa vie comme un soldat en maraude, note Sforza de Bettinis, en précisant que son imprudence inquiétait fort les compagnons du roi.

Le 3 février, Louis reçut d'excellentes nouvelles de son meilleur capitaine, le vieil Antoine de Chabannes, grand maître de la maison du roi : celui-ci l'informait en effet que les bourgeois d'Amiens, capitale de la Picardie, leur avaient réservé, à ses hommes et à lui, un accueil des plus chaleureux. Exultant, Louis écrivit ce même jour à Chabannes :

> « J'ai reçu vos lettres [...] dont je loue Dieu et Notre-Dame. Je connais bien le grand service que vous m'avez fait, et à jamais m'en souviendrai, et de ceux qui ont été avec vous. Et au regard de ceux de la ville, tout ce que vous leur avez

promis je ratifierai; et les dons que vous avez faits sortiront effet, ainsi que verrez par les dons et ratifications que j'en ferai, tout ainsi que vous avez promis et sans aucune faute. »

Avec Amiens à l'ouest et Saint-Quentin à l'est, le roi, dont le gros des troupes se trouvaient réparties à quinze milles de là sur une ligne parallèle au fleuve, occupait désormais sur la Somme une position fermement établie.

Dix jours plus tard, Louis fut informé que l'armée bourguignonne progressait vers le sud et semblait se diriger vers Corbie, une ville située sur la Somme à dix milles en amont d'Amiens. Sans cesse, des messagers couraient les routes pour assurer au roi le contrôle de son appareil militaire. En temps de guerre comme en temps de paix, Louis exigeait entre ses services une coordination parfaite et tenait à ce que ses ordres fussent exécutés sans délais — ce qui ne manquait pas de mettre à rude épreuve les nerfs de ceux qui le servaient. Le grand maître l'ayant laissé sans nouvelles, il écrivit le 14 février à son beau-fils l'amiral une lettre pleine d'inquiétude :

« Mon fils, le chemin que le duc de Bourgogne prend est pour aller à Corbie. A mes dernières lettres, le comte de Dammartin n'a pas fait de réponses, et si les a dès lundi ou mardi au matin [11 ou 12 février], je n'eus oncques pris nouvelle de lui. Je ne sais s'il aurait mis le siège à Corbie ou s'il veut attendre [à Amiens] la puissance du duc de Bourgogne. Mon fils, je ne vis oncques si haute folie que d'avoir passé [*fait passer*] la rivière [la Somme] aux gens qu'il a, ni mieux quérir ou grand déshonneur ou grand dommage. Je vous prie, envoyez y quelques gens pour voir comment il se gouverne, et m'en faites savoir des nouvelles deux ou trois fois le jour, car je suis en grand malaise, doutant que le grand maître ait fait du hardi merdoux. Si Dieu le sauve et Notre-Dame et sa compagnie qu'ils ne se perdent pas leur défaut, il me semble que le duc de Bourgogne est défait. »

Cependant, il apprit bientôt que le grand maître était prudemment resté à Amiens.

Et c'est contre cette cité que le duc de Bourgogne, rendu furieux par la perte de ses villes de la Somme, avait décidé de porter son attaque. Lorsqu'il eut constaté qu'au nord d'Amiens les ouvrages de défenses étaient trop puissants pour qu'on pût livrer assaut de ce côté-là, il descendit le fleuve jusqu'au pont de Picquigny. L'ayant pris d'assaut, ainsi que la ville, il traversa la Somme pour aller établir son camp au sud-ouest d'Amiens. Enfin, l'artillerie de Chabannes répondit à ses premiers coups de canons. Entre les assiégeants et les escadrons royaux s'engagèrent bientôt de sanglantes escarmouches. Tandis que, sur la rive sud, des bandes de soldats bourguignons se livraient librement au pillage entre Corbie et Picquigny, au nord des patrouilles françaises attaquaient les convois chargés d'approvisionner l'ennemi. Louis ordonna à Saint-Pol et à l'amiral de rejoindre la garnison d'Amiens, puis convoqua ses capitaines pour tenir un conseil de guerre. A l'avis du grand maître, il fallait livrer assaut contre le camp bourguignon, et chacun souscrivit à ce dangereux projet, y compris le roi, qui se réserva toutefois de choisir lui-même le jour de sa mise à exécution. Une fois encore le duc de Bourgogne avait placé son armée dans une situation difficile; ses hommes se trouvaient exposés aux rigueurs d'un temps hivernal, et son camp était pratiquement encerclé par les troupes royales, plus nombreuses que les siennes.

Louis XI attendait un mot l'avertissant que le comte de Warwick avait débarqué à Calais. Il comptait sur l'armée anglaise pour prendre les Bourguignons à revers.

Cependant, si elles étaient toujours optimistes, les nouvelles que Louis recevait de ses envoyés à Londres restaient vagues sur la question de l'alliance antibourguignonne. Fin février lui parvint toutefois une dépêche enthousiaste lui annonçant que le parlement anglais était prêt à ratifier une trêve de dix ans ainsi qu'un traité de commerce, et que Warwick, qui s'occupait de rassembler une puissante flotte, serait bientôt à Calais avec une armée de quelque dix mille hommes. A ce message, le comte avait ajouté de sa main un post-scriptum rédigé en ces termes :

> « Sire, je vous promets que tout ce qui est écrit ci-dessus sera obéi et exécuté dans le détail, tout comme je l'ai promis à vos envoyés; et je vous verrai très bientôt, s'il plaît à Dieu, car c'est là mon plus grand désir. Votre très humble et très dévoué serviteur, *R. Warrewyk.* »

Aux environs du 20 mars, après avoir échappé de justesse aux pirates bretons qui les avaient attaqués alors qu'ils traversaient la Manche, les envoyés eux-mêmes se présentèrent à

Beauvais au quartier général du roi. Outre le traité de paix et d'échanges commerciaux, ils n'apportaient avec eux que l'assurance verbale que leur avait accordée Warwick de partir pour Calais avec huit mille hommes aussitôt que la reine Marguerite et son fils, que leur méfiance retenait toujours à Honfleur, seraient arrivés en Angleterre et pourraient assumer à sa place le gouvernement du royaume. La brillante campagne de propagande commerciale imaginée par Louis avait lamentablement échoué. Les marchands londoniens avaient été tellement indignés de voir leurs homologues français leur ôter le pain de la bouche que Warwick s'était vu contraint d'interrompre leur négoce. En fait, le Faiseur de Rois se trouvait si cruellement à court d'argent qu'il avait dû vendre pour dix-sept mille écus de marchandises françaises afin de pouvoir payer la solde de ses troupes. Quant au reste du stock, les pirates bretons s'en étaient emparé au cours d'un combat où l'un des marchands français avait perdu la vie. Mais il y avait pire encore : au moment où les envoyés s'apprêtaient à quitter Londres, ils avaient été informés qu'aux environs du 12 mars une petite flotte transportant le roi Edouard et ses partisans avait tenté de débarquer dans le Norfolk avant de cingler vers Humber.

Le roi n'eut pas besoin d'attendre la fin du récit de ses envoyés pour comprendre qu'il ne fallait plus compter sur l'appui des Anglais pour refermer le piège sur l'armée bourguignonne. Assiégé par les troupes lancastriennes, attaqué par le guerrier hors pair qu'était Edouard IV, le comte de Warwick devrait bientôt s'occuper de défendre sa propre vie.

Aussitôt Louis XI fit savoir que ses affaires paraissaient en si bonne voie qu'il renonçait à utiliser les Anglais. En outre, informant ses capitaines d'Amiens qu'il croyait devoir se méfier de certains de ses officiers, il leur annonça qu'il n'était plus question d'attaquer le camp bourguignon. Enfin, il entra secrètement en négociations avec le duc de Bourgogne.

Parallèlement aux mauvaises nouvelles qu'il reçut d'Angleterre, Louis semble en effet avoir été informé que, parmi ses princes, se tramait une nouvelle trahison. Les instigateurs en étaient le comte de Saint-Pol et le duc de Guyenne, qui recula jusqu'au 27 mars le moment de rejoindre son frère. Ils méditaient d'abandonner la cause du roi pour rallier le camp du duc de Bourgogne, à condition que celui-ci accordât à Charles de

Guyenne la main de Marie, son héritière. S'il contractait un tel mariage, le frère du roi, qui désormais avait perdu son titre d'héritier de la couronne, pourrait à nouveau servir d'homme de paille à la féodalité française. Irrité par la pression qu'exerçait sur lui le connétable de Saint-Pol, le duc de Bourgogne, dont la situation était désormais si précaire qu'il était lui-même prêt à le reconnaître, écrivit au roi un mot de « six lignes » par lequel il lui laissait entendre que, s'il avait su ce qui se passait, jamais Louis n'aurait commencé la guerre. A la fin de la première semaine d'avril fut proclamé une trêve de trois mois. Le duc et son armée se retirèrent à Péronne et le roi à Ham, dans le château du connétable, tandis que leurs représentants se rencontraient dans quelque village situé entre les deux localités, pour négocier la paix. Une fois de plus, les efforts qu'avait déployés Louis XI pour transformer un royaume féodal en une monarchie nationale s'étaient soldés par un échec.

Tandis que le dimanche 14 avril, jour de Pâques, le roi de France écoutait la grand-messe dans la cathédrale d'Amiens, deux événements venaient modifier le destin de l'Angleterre. La reine Marguerite d'Anjou débarquait sur la côte sud, et, à quelques milles de Londres, Richard Neville, comte de Warwick, trouvait la mort à Barnet, dans une bataille où ses troupes et celles des Lancastriens se voyaient infliger une écrasante défaite par l'armée d'Edouard IV.

Toujours à l'affût d'informations, le roi demeura pourtant des semaines avant de savoir au juste ce qui s'était passé en Angleterre. Le duc de Bourgogne, qui désormais relevait la tête, agissait dans les négociations comme un homme sûr de sa supériorité. Sa flotte et les corsaires bretons étant maîtres de la Manche, il n'avait pas été long à apprendre l'issue de la bataille de Barnet et ce qu'il en était de la cause lancastrienne. Le 5 mai, trois semaines après la défaite et la mort du comte de Warwick, Edouard IV avait livré à Tewkesbury, contre Marguerite et son armée, un ultime combat qui lui avait permis de se débarrasser définitivement du reste de ses ennemis. La reine était maintenant prisonnière; son fils, le prince Edouard, avait été massacré alors qu'il tentait de fuir; et, quant aux principaux seigneurs lancastriens, ceux qui n'avaient pas été tués au combat avaient été capturés et exécutés. Enfin, de retour à Londres, les Yorkistes victorieux avaient mis à mort le roi

Henri VI, à nouveau emprisonné dans la Tour, durant la nuit du 21 au 22 mai. Ce n'est que le 1ᵉʳ juin que Louis apprit enfin, « avec une douleur extrême », la conclusion désastreuse qu'avait trouvée le grand dessein qu'il avait forgé avec son ami Richard Neville. Cependant, une nouvelle chanson circulait en Bourgogne :

Entre vous, Franchoix,
Jetez pleurs et larmes :
Warwick votre choix
Est vaincu par armes...

Or, a-t-il bien son temps perdu,
Et son argent, qui plus lui touche,
Car Warwick est mort et vaincu :
Ha! que Louis est fine mouche!

Suivi de ses chariots à bagages, Louis XI s'était rendu à Ham, dans le château du connétable, en compagnie de son frère, de son hôte, de ses gardes écossais et de ses lévriers. Durant le voyage, il s'arrêta à plusieurs reprises pour entendre la messe, faire des offrandes, tenir des enfants sur les fonts baptismaux et distribuer des aumônes. Il passa un jour entier à Saint-Quentin pour encourager ses habitants, dont le dévouement lui était nouvellement acquis, à lui rester fidèles; en outre, il profita de l'occasion pour libérer certains prisonniers et veiller à ce que la défense de la ville fût renforcée. Traversant la Somme sous une pluie battante, il s'arrêta pour donner quelque argent à un pauvre homme mordu par un loup enragé. Au château d'Ham, on effectua les petites transformations d'usage afin qu'il trouvât dans sa chambre les commodités auxquelles il était habitué : on y installa une chaise spéciale ainsi que le lit démontable qu'il emmenait toujours avec lui; on y alluma des braseros et l'on suspendit aux murs diverses tapisseries tirées de ses bagages. Parmi les effets du roi se trouvait un onguent pour ses hémorroïdes, qu'un apothicaire de Tours avait préparé à son intention avant son départ en campagne. En guise d'exercice, Louis faisait des randonnées à cheval dans les environs de la ville ou chassait le renard et le blaireau avec le concours des habitants de l'endroit. Cependant, entre Ham et Péronne, ses émissaires (le maréchal Lohéac, le seigneur de Craon et quelques autres seigneurs) poursuivaient leurs négociations avec les représentants du duc de Bourgogne, qui se montrait chaque jour plus intransigeant.

Le 4 mai, alors que le roi chevauchait « pour le plaisir » à travers la campagne en compagnie de son frère et du comte de Saint-Pol, il apprit que les envoyés bourguignons étaient partis pour Péronne afin d'y consulter leur maître, tandis que ses propres délégués étaient restés dans le village où se déroulaient les négociations. Une idée lui traversa soudain l'esprit, qu'il mit aussitôt à exécution. Il ordonna à une centaine de cavaliers d'arborer l'insigne bourguignon, c'est-à-dire la croix de Saint-André, pour exécuter au village une parodie de coup de main. Il ne tarda pas à apprendre que ses hommes avaient brillamment rempli leur mission. Fondant sur la bourgade en criant : « Bourgogne Bourgogne! », ils avaient bientôt encerclé les délégués et s'étaient mis sous leurs yeux à piller leurs bagages. Les quelques envoyés qui, par chance, avaient réussi à s'échapper, s'étaient aussitôt mis en selle pour galoper vers Ham, publiant tout au long de leur route la terrible nouvelle du raid auquel ils venaient d'assister. Lorsque, hors d'haleine, ils atteignirent enfin la ville, ils proclamaient que le roi lui-même avait été fait prisonnier. En l'espace d'une heure, une douzaine de messagers se présentèrent à Ham pour y raconter la même fable. L'ambassadeur milanais Sforza de Bettinis commençait à avoir d' « étranges pensées ». Et lorsque Louis fit enfin son apparition, la ville entière était en ébullition.

Le roi écouta humblement les remontrances que lui firent ses seigneurs concernant l'imprudence de sa conduite et convint avec eux qu'il fallait sans plus tarder s'occuper de démentir les alarmantes rumeurs qui circulaient sur son compte. En descendant de cheval, il se trouva nez à nez avec Bettinis qui se mit à son tour en devoir de lui faire la leçon : la plaisanterie à laquelle il s'était livré était une terrible erreur; il n'y aurait rien d'étonnant à ce que le duc de Milan fût informé de sa capture, ce qui ne manquerait pas de le bouleverser; il était indispensable de lui envoyer sur l'heure un courrier pour le rassurer. Louis écouta chacun avec une patience angélique et se hâta de suivre tous les conseils qu'on voulut bien lui donner. Il dépêcha des messagers en Italie, à Paris et dans les villes les plus importantes du royaume afin d'annoncer qu'il ne fallait pas ajouter foi à la nouvelle selon laquelle le roi et ses émissaires avaient été enlevés. Il dicta lui-même pour le grand maître une lettre à laquelle il ajouta de sa main : « Ce a été que un ébattement qui a été fait par aucuns de mes gens qui retournaient devers les gens de Bourgogne. » Il n'était pas nécessaire qu'Antoine de Chabannes sût qu'il était lui-même l'auteur d'une plaisanterie qu'il n'avait certainement pas appréciée!

Si cette plaisanterie dénote un esprit capricieux et assez indifférent aux sentiments d'autrui, elle ne demeura pourtant pas sans effet. Pour la plupart, les délégués chargés de négocier la paix étaient, semble-t-il, ceux-là même qui, quelque temps auparavant, avaient conseillé au roi de lancer ses précieux soldats à l'attaque du camp bourguignon, et qui, par conséquent, rechignaient à l'idée de prolonger la trêve. Or, après la leçon que leur avait infligée Louis, ayant vu un instant leur vie directement menacée, ils devaient mieux comprendre sa répugnance à verser le sang au hasard d'une bataille et l'horreur que lui inspirait la guerre et que le petit peuple partageait avec lui. Durant les sombres journées de mars, un Bourguignon écrivit : « Fasse Dieu que nous retrouvions la paix, car la guerre nous fait la vie bien dure! »

Patiemment, Louis poursuivit donc ses négociations avec le duc de Bourgogne. Fin juin, après avoir donné puis retiré son accord, après avoir posé des conditions irrecevables sur lesquelles il était ensuite revenu, Charles se décida enfin à prolonger la trêve, mais jusqu'au 30 avril 1472 seulement : il laissait clairement entendre au roi que, s'il fallait reprendre les armes, il avait l'intention de profiter du temps idéal qu'offrait le mois de mai pour entrer en campagne.

Après ce nouvel échec, Louis reprit une fois encore le chemin de la Loire. Comme toujours, malgré la faillite de ses plans, il ne revenait pas les mains vides. Non seulement il rapportait de nouvelles expériences, mais il avait reconquis deux villes de la Somme et diverses places fortes grâce auxquelles les positions qu'il occupait dans le Nord se trouvaient considérablement améliorées, et qui, s'il le fallait, pourraient lui servir de monnaie d'échange dans ses transactions avec le duc Charles. Il avait bien besoin de l'encouragement de telles pensées car il savait mieux que quiconque que, pour avoir eu recours à la guerre, il s'était placé dans une situation politique dangereuse. Déjà, Edouard IV, François de Bretagne et le duc de Bourgogne renouvelaient leur alliance contre lui; déjà la loyauté de son frère appartenait au passé. A ces difficultés politiques vint en outre s'ajouter un chagrin personnel : le jeune prince du Piémont, fils aîné de sa sœur, la duchesse Yolande de Savoie, mourut soudainement au début de juillet. Par rapport à ses frères cadets, c'était apparemment un jeune homme vigoureux et précoce. Louis, qui l'avait élevé à la cour de France, s'était attaché à lui comme à un fils et avait espéré le voir un jour mettre fin à l'anarchie qui régnait en Savoie.

Dans la matinée du 6 juillet, quand la nouvelle de sa mort parvint à Tours, Louis eut un entretien privé avec Sforza de Bettinis. Lorsque, « avec calme et sympathie, le Milanais l'eut informé du profond déplaisir qu'avait éprouvé son maître en apprenant ce qui s'était passé en Angleterre », Louis répondit « en soupirant qu'il ne pouvait lutter contre le destin ».

Quelques instants plus tard, alors qu'il s'apprêtait à monter à cheval pour s'en aller en pèlerinage à Notre-Dame de Celles, en Poitou, le roi convoqua une nouvelle fois Bettinis. Il lui parla des espoirs qu'il avait placés en Warwick et s'étonna qu'en si peu de temps tous se fussent effondrés. Pour couronner le tout, le duc de Guyenne avait refusé d'épouser la fille du roi de Castille, mettant ainsi l'alliance espagnole en danger. Enfin était survenue la mort du prince du Piémont : en abordant ce sujet, le roi poussa de si poignantes lamentations, note Bettinis, que, « même si Orphée se fût trouvé à sa place, je ne crois pas qu'il eût été capable d'en faire davantage ».

« Sforza, poursuivit Louis, je vous parle comme je me parlerais à moi-même. » Et il précisa aussitôt qu'il n'était pas du tout désespéré :

> « Il lui semblait surtout étrange qu'au même moment des affaires sans rapport les unes avec les autres aient toutes pris un tour si contraire à ses intérêts. »

IV

Bien avant que l'année 1471 ne se fût achevée, la petite cour de Charles, duc de Guyenne, parlait conspiration et plans de guerre contre Louis XI. Le roi lui-même en était parfaitement informé : entre autres choses, il avait appris qu'il ne fallait entreprendre quoi que ce fût sous peine de voir les princes et les Anglais jeter « tant de lévriers à ses trousses qu'il ne saurait où fuir ». Vers le milieu de l'été, le duc cherchait à obtenir du pape les dispenses nécessaires pour annuler les promesses qu'il avait faites au roi et permettre son mariage avec Marie de Bourgogne. Ses messagers et ses délégués couraient sans cesse les routes pour s'en aller trouver le duc de Bretagne, le comte de Saint-Pol ou Charles de Bourgogne. En novembre, il accueillit fort aimablement le comte d'Armagnac à qui il rendit ses domaines dans le courant du mois suivant. A sa cour, il se trouvait pris entre l'influence de deux factions rivales, dont l'une était dirigée par sa maîtresse, Colette de Chambes, qui lui avait donné deux enfants, et l'autre par Odet d'Aydie, l'habile ami de François de Bretagne. En décembre toutefois, Colette tomba sérieusement malade, et, vers la fin du mois, le roi fut informé qu'elle était morte le 14, apparemment d'une maladie fort déplaisante, car le sang que lui avaient prélevé les médecins était étonnamment « vicié ». Son amant lui-même souffrait d'une grave fièvre quarte, et Odet d'Aydie le pressait de faire jurer à ses troupes de le servir contre quiconque — « notamment contre moi », annonça Louis XI au grand maître, qu'il avait alors dépêché avec trois cents lances sur les frontières de la Guyenne. Quelque temps auparavant, le roi avait fait appel au duc de Milan et à Laurent de Médicis (Laurent le Magnifique) pour seconder ses ambassadeurs qui, à Rome, tentaient de ruiner les efforts que déployait son frère pour arracher au pape les dispenses qu'il souhaitait obtenir. Par la suite, Louis avertit ouvertement Lyon (et probablement d'autres villes) d'avoir à veiller soigneusement sur ses murs, car les ducs de Guyenne, de Bretagne et de Bourgogne s'étaient ligués contre la monarchie. Chargé par Louis d'informer son frère qu'il était au courant de sa trahison, le seigneur du Bouchage avait rapporté de sa mission des réponses évasives. En février 1472, le roi apprit que Charles, dont la santé semblait commencer à se rétablir, avait repris ses intrigues pour épouser l'héritière de la Bourgogne et s'occupait de rassembler des troupes. Le même mois, Louis entra en possession de documents qu'il paya certainement fort cher. Comme il l'écrivit le 3 mars aux bourgeois de Lyon, à qui il en fit tenir une copie, il s'agissait des « lettres et instructions originales signées de la main de notre dit frère et scellées de son sceau, par lesquelles il écrivait en cour de Rome pour être dispensé desdits sacrements ».

Quant aux originaux, il eut soin de les déposer à la trésorerie de l'église de Saint-Laud, aux portes d'Angers, où se trouvait la redoutable croix de Saint-Laud sur laquelle le duc de Guyenne avait prêté serment en 1469 et qui était censée entraîner dans l'année la mort de quiconque se parjurait.

Cependant, quoique Charles de Bourgogne encourageât les princes à entrer en guerre et s'apprêtât à signer contre la France une alliance avec Ferrante, roi de Naples, et Jean II d'Aragon, Louis XI poursuivait sans relâche ses négociations avec lui. Entre eux se jouait une comédie diplomatique fort complexe, où la fourberie et la duplicité du roi l'emportaient sur celles du duc, que son égocentrisme rendait par trop sûr de lui [2]. Ne sachant quelle issue allait avoir la maladie de son frère, Louis s'efforçait de gagner du temps et de tirer parti des espoirs que pouvait fonder Charles sur l'éventuelle disparition du duc de Guyenne. C'était toujours le même jeu, dont seule la mise avait changé : si la Bourgogne renonçait à ses alliances pour signer la paix, le roi s'engageait à rendre Amiens et Saint-Quentin. Après de tortueuses négociations, le duc finit par accepter, à condition toutefois que l'abandon de ses alliés fît l'objet d'un document séparé dont le contenu ne serait révélé que le jour où les villes de la Somme auraient été restituées. Louis s'empressa de donner son accord à cette proposition cousue de fil blanc; mais, à son tour, il y ajouta deux nouvelles conditions : d'une part, la fille du duc (elle avait alors quatorze ans) serait fiancée au dauphin (âgé d'un an), et, d'autre part, le duc et le roi se feraient mutuellement membres de leurs ordres réciproques. Comme il devait s'y attendre, vers la mi-janvier 1472 Louis apprit que Charles refusait de souscrire à cette dernière proposition. Le serment qui liait entre eux les chevaliers de la Toison d'Or, symbole de la gloire ducale, était le seul dont le roi pût être sûr que son puissant vassal ne le briserait pas.

Au début du mois de mars, on apprit que le frère de Louis se trouvait dans un état désespéré, ce qui eut pour effet de corser encore la comédie diplomatique. Donnant à ses troupes l'ordre de se concentrer sur la frontière de la Guyenne, le roi dépêcha auprès du duc de Bourgogne une nouvelle ambassade chargée cette fois de lui proposer une prolongation de la trêve, qui devait expirer le 30 avril, au cas où il s'obstinerait à refuser son offre concernant la restitution d'Amiens et de Saint-Quentin. Mais, comptant recevoir bientôt des nouvelles de Guyenne, Charles n'était pas pressé de fournir une réponse catégorique aux envoyés du roi : si la perspective de perdre un allié autrefois fort utile lui causait quelque peine, l'espoir de regagner les villes de la Somme en abandonnant un homme mort commençait à lui être d'un grand réconfort.

Le jeu que Charles menait parallèlement avec les princes n'était pas moins ambigu. Il n'avait nulle intention d'accorder la main de sa fille au frère du roi. A l'un de ses seigneurs, qui avait eu l'audace de lui demander quand il comptait marier son héritière, il avait répondu que la chose aurait lieu dès que lui-même se serait fait moine. Cependant, il ne décourageait aucun des prétendants de Marie, dont il s'efforçait de tirer tout ce qu'il pouvait espérer; « et je crois, ajoute Commynes, qu'il n'eût point voulu avoir de fils ni que jamais il eût marié sa fille tant que il eût vécu ».

Par ailleurs, il ne se considérait plus comme français et méprisait à part lui les sentiments patriotiques que ses amis croyaient pouvoir lui prêter. Un jour que le seigneur d'Urfé, envoyé du duc de Bretagne, le pressait de prendre les armes pour travailler avec ses alliés au bien de la France — c'est-à-dire à la déposition de Louis XI —, il fit appeler Commynes et lui dit :

> « Voilà le seigneur d'Urfé qui me presse faire mon armée aussi grosse que je puis, et me dit que je ferai le grand bien du royaume : vous semble-t-il que si j'y entre avec la compagnie que j'y mènerai j'y ferai guère de bien? Je lui répondis en riant qu'il me semblait que non. Et il me dit ces mots : " J'aime mieux le bien du royaume de France que Monseigneur d'Urfé ne pense; car, pour un roi qu'il y a, j'en voudrais six! " »

Quoique Louis XI eût envoyé plus d'une douzaine de courriers à la cour de Bourgogne pour s'enquérir de la tournure que prenaient les négociations, il n'apprit que ses envoyés étaient parvenus à prolonger la trêve jusqu'à la mi-juin que le 14 mai, alors qu'elle avait expiré depuis deux semaines déjà. Quatre jours plus tard, il quittait brusquement Plessis-lès-Tours pour prendre la direction de la Guyenne. Avant de monter à cheval, il envoya au grand maître un mot rédigé à la hâte :

« J'ai eu nouvelles que Monseigneur de Guyenne se meurt, et qu'il n'y a point de remède en son fait. Ce m'a fait savoir l'un des plus privés qu'il ait avec lui, par homme exprès, et ne crois pas, ainsi qu'il dit, qu'il soit vif [*vivant]* à quinze jours d'ici, au plus qu'on le puisse mener [...] Afin que soyez sûr de celui qui m'a fait savoir les nouvelles, c'est le moine [Jourdain Faure] qui dit les heures avec Monseigneur de Guyenne, dont je me suis fort ébahi, et m'en suis signé depuis la tête jusques aux pieds. »

S'il était prêt à tirer parti des informations qu'il lui livrait, Louis ne tenait visiblement pas en très haute estime ce moine qui, toujours au service de son frère, tentait d'ores et déjà de gagner ses faveurs.

Ce jour-là, Louis parcourut plus de quarante milles. Après une brève halte au Puy, où il s'arrêta pour faire ses dévotions à l'église Notre-Dame, il reprit la route le 19 ou le 20 mai, accompagné de sa seule garde. Le 25, Sforza de Bettinis notait : « quoique durant cinq jours j'aie galopé juste derrière Sa Majesté, je n'ai pu la rattraper qu'hier ». A ce moment-là, le roi, qui avait impérieusement exigé, et reçu, le droit d'entrer à La Rochelle — le port appartenait à son frère — était à nouveau sur les routes.

Le 27 mai, alors qu'il se dirigeait vers Bordeaux, Louis reçut à Saintes la nouvelle que son frère n'était plus. Agé de vingt-cinq ans, Charles était mort à Bordeaux, dans la nuit du 24 mai, d'une tuberculose aggravée sans doute d'une maladie vénérienne.

Deux ou trois jours auparavant, Simon de Quingey, le favori du duc de Bourgogne, était arrivé au galop avec un traité de paix établi selon les conditions de Louis, scellé par le duc Charles, et auquel ne manquait plus que la signature du roi. Poliment, Louis temporisa; puis, ayant été informé de la mort de son frère, il renvoya Simon « avec très maigres paroles ». Quelques mois plus tard, il devait apprendre quel dénouement le duc de Bourgogne avait imaginé pour leur comédie diplomatique. Un écuyer qui l'accompagnait avait pour Simon de Quingey un ordre secret l'enjoignant d'informer François II de Bretagne qu'une fois en possession des deux villes de la Somme le duc de Bourgogne rejetterait la paix pour se joindre aux Bretons dans une guerre contre le roi.

A Saintes, en l'espace de quatre jours, Louis mit en place le gouvernement royal de la Guyenne, donna l'ordre d'assiéger le comte d'Armagnac dans sa place forte de Lectoure — dont le siège ne devait pas durer plus de deux semaines, au bout desquelles le comte fut contraint de se rendre — et dirigea le déplacement de ses troupes et de son artillerie, qui devaient prendre position dans le nord de l'Anjou, sur la frontière bretonne. Quelques semaines, et parfois quelques jours seulement, lui suffirent pour gagner à sa cause la plupart des principaux conseillers et capitaines du défunt duc, bon nombre de ses hommes d'armes, et même quelques-uns parmi les gens de sa maison. Le capitaine de la garde de son frère devint celui de la garde royale. Louis connaissait trop bien le prix des bons offices pour ne pas se montrer généreux ou pour donner à contrecœur. En outre, il se rendait compte qu'il n'y aurait pas de paix en France aussi longtemps que le passé ne serait pas oublié.

Les ennemis du roi de France ne furent pas longs à essayer de tirer le meilleur parti possible de la malencontreuse disparition de celui qui avait été leur pantin. Odet d'Aydie s'empara de Jourdain Faure, le confesseur du duc de Guyenne, et d'Henri de la Roche, un officier des cuisines ducales, et les emmena en Bretagne. Aussitôt, François II déclara qu'ils avaient empoisonné leur maître sur l'instigation du roi, et mit l'armée bretonne en marche. Bouillant de colère, le duc de Bourgogne rompit la trêve le 4 juin pour entrer en campagne. A la tête de son armée venait la bannière violette et noire de la Bourgogne sur laquelle étaient écrits les mots : « *Vengeance! Vengeance!* » Pour aiguiser davantage encore la haine de ses troupes, il avait publié deux déclarations proclamant que le duc de Guyenne avait été assassiné sur l'ordre du roi « par poison, maléfices, sorcelleries et invocations diaboliques [3] ».

V

Le 24 juin, Louis XI et ses troupes descendaient la Loire en direction du port breton de Nantes. Le 6 juillet, le roi mettait le siège devant Ancenis, qui se rendait dès le lendemain. Après trois semaines de campagne, Louis était en mesure d'envahir la Bretagne; au lieu de quoi, il préféra longer lentement la frontière en direction du nord, invitant manifestement par là François II à négocier. Cependant, averti que l'armée bourguignonne fonçait vers le sud, le duc affichait un air martial et accusait le roi de couardise. Pour toute réponse, Louis fit prendre à son armée une position défensive avant de se retirer dans la Loire aux Ponts-de-Cé, près d'Angers. Pour la première et unique fois de son règne, il avait choisi d'affronter le plus faible de deux ennemis attaquant le royaume. Incompréhensible à ses officiers, cette dangereuse décision lui avait été dictée par une vision de l'avenir que lui-même ne percevait probablement pas encore très clairement.

Cependant, il n'avait cessé d'envoyer des troupes, des munitions et des ordres militaires en Picardie, où l'attendait une guerre d'un type très différent. Le duc de Bourgogne s'était mis en campagne à la tête d'une armée réorganisée dont les effectifs avaient été augmentés. Brûlant sur son passage villages et récoltes, le 11 juin il sommait de se rendre la petite ville de Nesle que défendaient quelque cinq cents archers seulement. Durant la trêve, au cours de laquelle devaient être discutées les clauses de la reddition, les Bourguignons entrèrent soudain dans la ville pour en massacrer la garnison et notamment les nombreux archers qui avaient cherché refuge dans l'église Notre-Dame. Si l'on en croit un compte rendu du carnage, vêtu de sa cotte de mailles, le duc pénétra à cheval jusque dans la nef inondée de sang, où, apercevant un amas de cadavres, il cria à ses hommes : « Par saint Georges! Mes enfants, vous avez fait une jolie boucherie! » Cette nouvelle répandit en France un frisson de terreur. Le lendemain du jour où Louis en fut informé, c'est-à-dire le 20 juin, il reçut du connétable une dépêche alarmante l'avertissant que, malgré sa puissante garnison, la ville de Roye s'était rendue le 16, après une résistance de deux jours seulement. Comme à l'accoutumée, la sincérité du connétable restait alors sujette à caution; pourtant, sa lettre trahissait une appréhension manifeste :

> « Je ne trouve pas ville, écrivait-il, qui ne soit gravement ébranlée, ni aucune troupe qui ait le désir de se battre. Je vous avise, Sire, que si vous ne remédiez promptement à la situation, je tiens que rien ne résistera devant lui. C'est pourquoi il me paraît que vous devriez laisser là toute chose pour venir jusques ici. »

A cette missive, le roi répondit sur un ton tranchant et militaire :

> « Mon opinion a toujours été que vous ne deviez tenir ni Roye ni Montdidier, ni mettre les gens d'armes en place nulle qui ne fût tenable; et n'est pas merveille si le gain que le duc de Bourgogne a fait à Nesle et à Roye l'enorgueillit et épouvante nos gens... [Si] vous sauvez les gens d'armes et que vous ne les mettez point en mauvaises places, les gens d'armes rompront son armée [...] Je m'ébahis bien que vous n'ayez mis les gens d'armes de Saint-Quentin et d'Amiens la plupart dehors pour chevaucher leur ost (*pour attaquer l'ost bourguignon*)... Au regard des méchantes places, il ne gagne rien quand il les gagne, et s'affaiblit, et faut qu'il y laisse des gens de sa compagnie... Surtout, ne mettez nuls gens d'armes en place qui ne soit tenable, et en mettez au champ le plus que vous pourrez, afin de chevaucher son ost et de lui rompre son armée; et pourvoyez bien Compiègne; car, ajoutait Louis sur un ton prophétique, *la première place qui pourra résister, ce sera assez pour le défaire.* »

Dans la matinée du 27 juin, deux semaines après la chute de Roye, l'avant-garde de l'armée bourguignonne fit une apparition inopinée devant les murs de la puissante cité de Beauvais. Quoique bien fortifiée, la ville manquait d'artillerie, et seuls les bourgeois assistés d'une poignée de nobles assuraient alors sa défense. Sommée de se rendre, elle n'en avait pas moins refusé; aussi, le seigneur de Crèvecœur, qui était alors le meilleur capitaine du duc de Bourgogne, ordonna-t-il de lancer une attaque simultanée contre deux de ses portes. Après avoir rapidement franchi les faubourgs de la ville, l'ennemi se retrouva devant les portes, dont l'une fut bientôt percée d'un grand trou. Cependant, les habitants de la cité se battaient comme des diables, faisant de leurs épées et de leurs corps un rempart contre les assaillants sur qui ils déversaient du haut des murs une pluie de flèches, de pierres et de plomb. Parmi les défenseurs, personne ne se battait plus vaillamment que les femmes ou que les enfants qui avaient constitué des chaînes pour ravitailler les hommes en munitions. Certaines femmes s'étaient même lancées dans la mêlée pour participer au corps à corps, tandis que d'autres allumaient des torches qu'elles jetaient ensuite au visage des Bourguignons. Bientôt, la porte entière fut en flammes; et le duc Charles, qui était arrivé dans l'après-midi, considéra pra-

Louis XI, médaillon de l'époque *(Bibliothèque nationale, Paris)*.

Loches *(Cliché Valoire-Blois)*.

Tête de Louis XI en calcaire provenant de Toul *(The Art Institute of Chicago. Lucy Maud Buckingham Medieval Collection).*

Charles VII, par Fouquet *(Le Louvre)*. Giraudon.

Agnès Sorel, peinture de l'École de Fontainebleau *(Collection privée).* Bulloz.

La cour de Philippe le Bon, détail d'une peinture anonyme : *Le Jardin d'amour de Philippe le Bon (Musée de Versailles).* Archives photographiques.

Philippe le Bon et Charles le Téméraire, dessin de l'époque (1477). Philippe porte l'Ordre de la Toison d'Or *(Musée d'Arras)*. Giraudon.

Charles le Téméraire, par Roger Van der Weyden *(Musée de Berlin)*. Walter Steinkopf.

Philippe de Commynes *(Musée d'Arras)*. Giraudon.

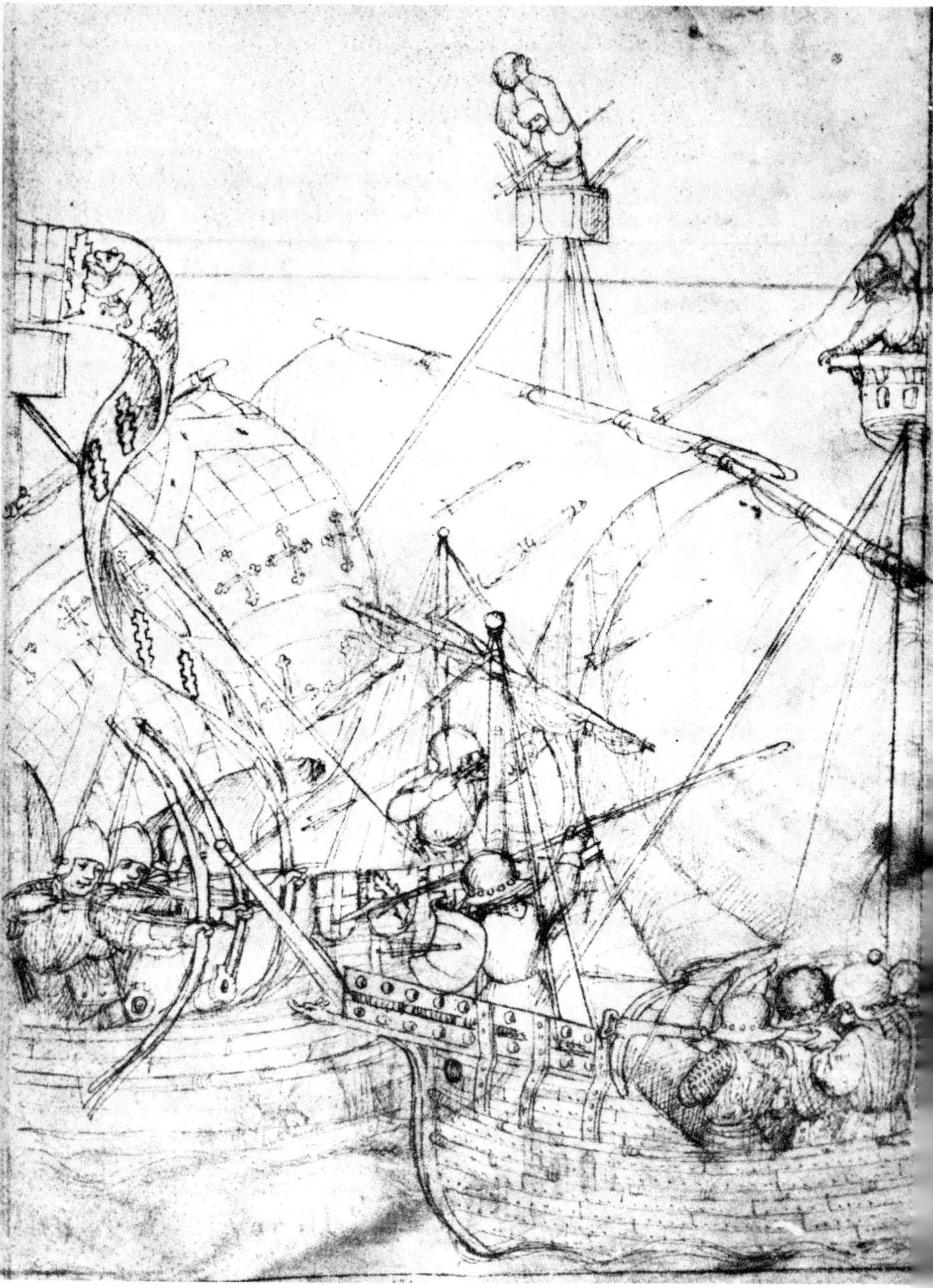

Bataille navale contre des navires de Warwick, le Faiseur de rois, que l'on reconnaît à leur pavillon (ours et bâton mal équarri). *(The Trustees of the British Museum.)*

La bataille de Morat, illustration des *Chroniques* de Diebold Schilling *(Bürgerbibliothek, Berne)*. Schweiz-Landesmuseum.

François Sforza *(Musée national de Florence)*. Alinari.

Henry VI d'Angleterre.

Edouard IV d'Angleterre.

(National Portrait Gallery.)

René d'Anjou.

Jean de Calabre.

Notre-Dame de Cléry.

La Vierge de Cléry.

Laurent de Médicis *(Florence, Maria del Fiore).* Viollet.

Ludovic Sforza *(Musée d'Andri).* Bulloz.

Jean IV, comte d'Armagnac *(Bibliothèque natic nale).* Bulloz.

Dunois, grand bâtard d'Orléans *(la statue trouve dans la chapelle du château de Chât dun).* Viollet.

tiquement la ville comme sienne aussitôt que le feu fut éteint.

Puis, vers huit heures du soir, alors que la nuit commençait à tomber, deux cents lances de l'armée permanente arrivèrent de Noyon, où elles étaient en garnison, et entrèrent par la porte sud de Beauvais. Laissant aux femmes le soin de s'occuper de leurs chevaux, les arrivants se précipitèrent au secours des défenseurs. Bientôt, les ténèbres vinrent mettre fin au combat. Le lendemain, le duc de Bourgogne fit donner toute sa magnifique artillerie contre la ville; mais, dans l'après-midi, le maréchal Roualt arriva avec cent lances et ses hommes se mirent aussitôt à réparer les brèches faites dans les murs. Le jour suivant, Antoine de Chabannes, le grand maître, et Jean de Salazar, autre Ecorcheur célèbre et compagnon d'armes du dauphin Louis, entrèrent dans Beauvais à la tête de quelque deux cents lances. Peu de temps après arrivèrent le seigneur de Crussol, Gaston du Lyon et le seigneur de Torcy, accompagnés chacun de puissants contingents, ainsi que Robert d'Estouteville, prévôt de Paris, qui marchait à la tête des nobles de la capitale. De Paris et de Rouen survinrent bientôt des convois de vivres et de munitions. En outre, le roi envoya des détachements supplémentaires avec ses sincères remerciements aux bourgeois et aux combattants de la ville.

Installée en contre-haut, l'artillerie bourguigonne tirait nuit et jour sur Beauvais, détruisant les maisons et les rues aussi bien que les fortifications. Au bout de deux semaines, Louis apprit que les canons bourguignons avaient démoli un quart des murailles de la ville. Malgré les conseils de ses capitaines, le duc ordonnait assaut sur assaut. Mais chacun d'eux était sauvagement repoussé. Une sortie nocturne organisée par les assiégés coûta la vie à de nombreux Bourguignons. De leur côté, les garnisons d'Amiens et de Saint-Quentin veillaient à ne laisser passer aucun des convois d'approvisionnement destinés à l'ennemi, qui ne tarda pas à manquer de vivres et de fourrage. Rendu furieux, le duc de Bourgogne finit donc par se décider à lever le siège, et, le 22 juillet à trois heures du matin, il quittait Beauvais avec son armée pour prendre la direction de la Normandie, après avoir brûlé les villages et dévasté les champs situés dans un rayon de quarante milles autour de la ville.

Pour exprimer la gratitude qu'il éprouvait à leur égard, le roi Louis donna aux habitants de Beauvais le droit de fonder leur propre corporation municipale et les exempta d'impôts. Il rendit hommage aux efforts héroïques déployés par les femmes et par les enfants, qui, « sans s'épargner, et allant même jusqu'à donner leur vie », avaient affronté la fureur bourguignonne. Il salua tout particulièrement les exploits accomplis par une certaine Jeanne Laisné, qui depuis est entrée dans l'histoire sous le nom de Jeanne Hachette. En mémoire de ce qu'elles avaient fait, les femmes de la ville furent dès lors autorisées à s'habiller comme bon leur semblait, quel que soit leur rang, et cela en dépit des lois somptuaires en vigueur à l'époque. En outre, il fut convenu que, dans la procession annuelle qui devait commémorer la victoire de la ville, elles précéderaient les hommes.

Ayant atteint le Pays de Caux, le duc de Bourgogne progressait désormais le long de la côte nord-est de la Normandie, brûlant et pillant tout sur son passage. Cependant, où qu'il allât, le grand maître, le connétable et les principaux capitaines du roi l'avaient devancé. Lorsqu'il sembla vouloir assiéger Dieppe, la ville avait d'ores et déjà été approvisionnée par Antoine de Chabannes, qui avait également pris soin d'en renforcer la garnison. Lorsque, renonçant à ce projet, il se tourna vers Rouen, le grand maître et le connétable prirent position sur le flanc de son armée. Par ailleurs, en Picardie, les garnisons françaises continuaient à attaquer les convois chargés de ravitailler l'armée bourguignonne.

Charles de Bourgogne trouva bloquée la route de Bretagne sans avoir d'autre endroit où aller. Son armée était affamée, rompue, démoralisée. Incapable d'attaquer Rouen, incapable de traverser la Seine ailleurs, le duc dut, bien malgré lui, revenir sur ses pas. Lentement il reprit le chemin de la Picardie, laissant derrière lui un nouveau sillon de destruction. La prédiction du roi, selon lequel il suffirait qu'une seule ville résiste pour que le duc soit défait, s'était révélée parfaitement exacte. Le 3 novembre, Charles de Bourgogne acceptait à contrecœur de signer une trêve qui devait durer jusqu'au 1er avril 1473.

A ce moment-là, Louis XI récoltait d'autres fruits de la campagne apparemment stérile qu'il avait entreprise contre la Bretagne. Les négociations fort complexes dans lesquelles il s'était lancé avec François II et ses principaux conseillers — manifestement Louis prenait le même plaisir à régler les détails d'une affaire qu'à en jeter les bases — l'avaient successivement amené de la Loire dans la région de Chartres, de la région de Chartres dans la Loire, puis dans le sud du Poitou. Si elle l'obligeait à se montrer prudent dans le choix des endroits où il séjournait, la peste qui sévissait alors ne restreignait en rien son activité. Le 13 septembre, au Mans, apercevant par la fenêtre d'une auberge le monarque auprès duquel il venait d'être accrédité, un ambassadeur milanais ne le reconnut pas :

> « Il passait accompagné seulement d'une douzaine de cavaliers, et son allure était telle que je ne le pris ni pour le roi, ni même pour un grand seigneur »,

nota-t-il, avant d'ajouter sur un ton plaintif :

> « En vérité, c'est la mort que de suivre Sa Majesté, car elle va de village et village et s'arrête dans des endroits où il n'y a pas de quoi se loger. La peste sévit partout et personne ne prend aucune précaution contre elle. Et le roi chevauche comme un courrier et non pas comme un roi... Partout c'est la guerre et la mort; partout c'est la famine. Si vous tenez à me garder en vie, faites-moi revenir bientôt. »

Malgré certains rapports sur la perfidie des Bretons, le roi Louis poursuivait ses négociations. Le 13 novembre, parlant de la trêve d'un an qui lui avait été proposée, il écrivait à Tanneguy du Chastel :

> « Vous entendez assez que, si le duc de Bretagne la veut tenir, ce sera la rompture de l'armée d'Angleterre pour tout l'été qui vient... Il me semble que je me puis approcher d'eux [les envoyés Bretons] jusques à l'Hermenault et là entour, et que je dois avoir tout mon Conseil et besogner tous les jours et donner la provision de tous les côtés, comme si j'était bien sûr qu'ils me voulussent tromper; car, s'ils appointent à bon escient, je n'aurai pas perdu ma peine; et, s'ils ne veulent appointer, au moins j'aurai pourvu et remédié à tout ce qui me aura été possible. »

Dix jours plus tard, Louis XI signait à l'Hermenault une trêve d'un an avec les envoyés bretons. Quoiqu'il insistât pour citer Edouard IV et le duc de Bourgogne parmi ses alliés, François II s'engageait à n'aider aucun prince qui chercherait à faire tort au souverain. Par ailleurs, Louis parvint enfin à s'attacher les services d'Odet d'Aydie, seigneur de Lescun. Apparemment las de travailler pour des princes peu intelligents, celui-ci accepta avec empressement les hautes fonctions et les quatre-vingt mille écus que lui offrait Louis outre le titre de comte de Comminges et de membre de l'ordre de Saint-Michel. Selon Commynes, le roi savait qu' « il n'y avait ni sens ni vertu en Bretagne que ce qui procédait de lui ».

Mais cette année-là, Louis avait gagné bien mieux encore. En effet, quelque temps auparavant, le plus sage des conseillers, celui qui devait un jour être considéré comme l'auteur du plus important des ouvrages en prose de l'époque, s'était décidé à quitter le fanatique de la guerre pour entrer au service du maître de la diplomatie. Dans la nuit du 7 au 8 août, alors que le duc de Bourgogne ravageait le Pays de Caux, Philippe de Commynes s'enfuyait du camp bourguignon : trois semaines plus tard, il avait rejoint le roi aux Ponts-de-Cé. Averti de son départ le 8, dès six heures du matin, le duc avait immédiatement donné l'ordre de confisquer ses biens [4]. Pour Louis, la victoire que constituait la conquête de Commynes comptait bien davantage que n'importe quel succès remporté sur le champ de bataille. Il eut d'ailleurs tôt fait de manifester de façon tangible la reconnaissance qu'il lui gardait depuis Péronne et le prix auquel il estimait ses services à venir. En effet, il lui remit aussitôt deux mille livres et le nomma chambellan et conseiller du roi. Peu de temps après, il lui octroya une pension de six mille livres et lui donna la grande principauté de Talmont, en Poitou, ainsi que la main d'une héritière, Hélène de Chambes (la sœur de Colette, maîtresse du duc de Guyenne) dont le père, à qui Louis versa trois mille écus, lui accorda en outre la riche baronnie d'Argenton. C'est d'ailleurs sous le nom de seigneur d'Argenton que Commynes fut désormais connu de ses contemporains.

Dès lors commença entre Louis et son nouveau conseiller une amitié qui devait durer jusqu'à la mort du roi, une aventure politique qui allait par la suite faire l'objet des *Mémoires*, que l'empereur Charles Quint qualifiait de « manuel à l'usage des rois ». Avec cette œuvre — dont Montaigne a pu dire :

> « Vous y trouverez le langage doux et agréable, d'une exquise sensibilité, la narration pure et en laquelle la bonne foi de l'auteur reluit évidemment, exempte de vanité parlant de soi, et d'affection parlant d'autrui; ses discours et exhortations accompagnés de plus de bon zèle et de vérité que d'aucune exquise suffisance... »

— Philippe de Commynes écrivit la première et la plus grande des biographies de Louis XI. La collaboration qui s'établit entre eux ne fut jamais celle de deux pairs, car le roi resta toujours le maître de sa politique. Cependant, durant les onze ans qui lui restaient à vivre, la plupart des réalisations de Louis portent l'empreinte de leur double génie.

Cette année-là, le fait d'avoir acquis les meilleurs serviteurs de son défunt frère, du duc de Bretagne et du duc de Bourgogne, ne fut pas seul à s'inscrire à l'actif du roi. Le duc Charles avait appris qu'il n'y avait rien de glorieux à essuyer un échec en attaquant la France. Certes, Edouard IV, son allié, s'apprêtait à envahir le royaume, mais d'ici là, rien n'était impossible. Louis commençait à entrevoir la façon dont il pourrait utiliser contre le duc de Bourgogne lui-même son ambition démesurée. Dans la trêve qu'il avait signée le 3 novembre, Charles avait fièrement fait valoir comme alliés l'empereur d'Allemagne, les rois d'Angleterre, d'Ecosse, du Portugal, de Castille, d'Aragon, de Naples, de Hongrie et de Pologne, la république de Venise, les ducs de Bretagne, de Calabre, de Lorraine, de Gueldre et d'Autriche, la Maison de Savoie et le comte palatin du Rhin. Peut-être serait-il possible de prendre le duc de Bourgogne au piège de ses rêves impériaux?

Cependant, à la fin de 1472, une chanson commentait en ces termes la situation de la France :

*Berry * est mort,*
Bretagne dort,
Bourgogne hongue,
Le roi besogne.

* Le frère du roi, autrefois duc de Berry.

TROISIÈME PARTIE

Le tissage de la toile

19.
Les Allemands

I

Extérieurement, l'année 1473, presque toute de routine et de banalités, paraît insignifiante dans la vie de Louis XI. Aux yeux d'un observateur superficiel, elle ne manquerait certainement pas de s'imposer comme année la moins agitée et la moins importante de son règne.

La vie quotidienne de Louis fut alors marquée par la maladie et le chagrin, mais déjà il avait connu l'une et l'autre comme il devait les connaître tous deux à l'avenir encore. Les longues journées de chasse, pluvieuses ou ensoleillées, les interminables entretiens avec ses intimes, les dures chevauchées sur les routes de France, les méditations solitaires, les repas pris à la hâte dans quelque hutte villageoise, tout ici paraît familier. Dans l'administration de son royaume, c'est encore et toujours le même flot de décisions que viennent concrétiser toute espèce de décrets, de lettres, de notes à l'intention de sa chancellerie, d'ordres destinés à ses capitaines, de réclamations adressées au Parlement et à la Chambre des Comptes, de rapports destinés à ses bonnes villes — rien qui semble devoir retenir notre attention. Ses relations avec les puissances étrangères n'aboutirent à la signature d'aucun traité d'importance, et si, dans ce domaine, son activité fut aussi intense que de coutume, ses réalisations furent apparemment si insignifiantes que, dans son œuvre, Philippe de Commynes ne jugea pas nécessaire de consacrer plus de deux pages à cette année-là. Dans le Roussillon, la position du roi s'altéra brusquement; mais, par contre, il n'eut jamais de meilleurs rapports avec ses voisins allemands. Avec le duché de Savoie et les Etats italiens — auxquels il consacra comme d'habitude une partie appréciable de son temps —, le *statu quo* demeura sensiblement le même. Philippe de Bresse, son incommode beau-frère, était maintenant à son service, mais sa sœur, l'ingénieuse duchesse Yolande, se montrait plus bourguignonne que jamais. Il prenait plaisir à désigner Toison d'Or, le premier héraut de la cour de Bourgogne, sous le nom de « Trahison d'Or ». Il resta en contact avec son adversaire, le roi Ferrante de Naples, continua à affubler les Vénitiens de piquantes épithètes, et, si ses relations avec son allié milanais, le duc Galeazzo-Maria Sforza, se détériorèrent, elles avaient commencé à le faire depuis plusieurs années déjà.

En dépit des apparences, 1473 marque pourtant un tournant décisif dans les espoirs, les desseins et la fortune du roi. A partir de cette année-là on commence à percevoir dans sa politique un changement de style né à la fois du hasard des événements, des ambitions de son ennemi, et de sa propre perspicacité. En fait, durant cette période de latence, au travers de sa vie quotidienne comme des entreprises dont il jette les bases, Louis mûrit son personnage et prépare l'avenir.

Qu'il fût dans sa chambre ou dans la nature, le roi avait toujours des chiens autour de lui. Très élégants avec leurs colliers de cuir de Lombardie cloutés d'or, ses lévriers recevaient les soins les plus délicats : leurs pattes étaient baignées dans du vin chaud, leur nourriture préparée par des apothicaires, et leur salut assuré grâce à des offrandes faites à saint Hubert. Mistodin, le favori, portait des robes et dormait dans un lit. Maints princes d'Europe savaient désormais que la meilleure façon de plaire à Louis XI était de lui offrir des chiens de chasse. Cependant, en la matière, ses goûts étaient devenus toujours plus exigeants.

C'est du moins ce que découvrit Christophe de Bollate en juin 1473 lorsqu'il informa le roi qu'Antonio, le valet de chiens du duc de Milan, était arrivé avec deux chiens de chasse, une femelle et un mâle, que lui destinait son maître. Aussitôt, le roi « fit venir dans sa chambre Antonio et les chiens. Avec quelle amabilité et quel plaisir Sa Majesté — qui n'a cessé de parler lombard — le questionna sur leurs qualités et leurs caractéristiques, je laisserai à Antonio le soin de vous le dire à son retour.

Mais j'informe Votre Excellence que le roi nous a déclaré que la femelle lui plaisait et qu'elle lui eût plu encore bien davantage s'il se fût agi d'un jeune mâle. J'ai répondu que Votre Excellence n'avait pas trouvé de mâle aussi obéissant et affectueux, dont la robe fût aussi conforme à celles que préfère Sa Majesté et qui présentât à la chasse au vol des qualités aussi exceptionnelles que cette femelle — dont on n'aurait d'ailleurs pu apprécier l'intelligence et la finesse si l'on n'avait eu l'occasion de la voir chasser... En ce qui concerne le mâle, Sa Majesté m'a dit qu'elle ne voulait pas de bête châtrée, mais un beau et grand jeune mâle dont la robe fut semblable à celle de Stella [la femelle] et qui adorât la chasse au vol. J'ai alors rétorqué que Sa Majesté ne m'avait jamais donné de précisions quant aux qualités qu'elle appréciait chez un chien, et qu'en fait Votre Excellence avait envoyé son valet afin de connaître mieux ses désirs et d'être plus à même de les satisfaire une prochaine fois. Ensuite, le roi a longuement questionné Antonio sur la variété de lévriers que préfère Votre Excellence. Sur quoi, Antonio a répondu : les plus grands et les plus beaux.

« Le lendemain, Sa Majesté m'a raconté qu'Antonio était déjà venu ici et qu'elle lui avait alors donné une douzaine de bons chiens pour Votre Excellence, mais qu'Antonio en avait laissé mourir quelques-un en route. Le roi a ajouté que, cette fois-ci, Antonio avait eu la malencontreuse idée de ramener les chiens de Milan avec des colliers de métal. Ensuite, il a fait apporter deux magnifiques lévriers, disant que, si Votre Excellence le désirait, il aurait plaisir à confier à l'un de ses serviteurs le soin de vous les apporter — et sans collier afin que leurs cous ne soient pas blessés... »

Ayant insisté sur ce point, Louis déclara « qu'il prenait grand soin des deux chiens [que lui avait amenés Antonio] et qu'il irait un jour chasser au faucon avec eux ».

Quelque temps plus tard, les ayant essayés, le roi annonça à Bollate qu'il les trouvait bons, et tout particulièrement la femelle, « mais que, du moment où il ne se souciait pas d'avoir des chiens châtrés [ou des femelles], Son Excellence aimerait peut-être à ce qu'il les lui renvoie... Remerciant alors Votre Excellence pour les chiens, Sa Majesté a dit que, si la chose était possible, il souhaiterait avoir un mâle de la race de Stella et qui représentât les caractéristiques dont j'ai parlé dans ma première dépêche, c'est-à-dire un chien qui soit spécialement dressé pour la chasse au vol et, surtout, affectueux ».

Soucieux de défendre l'honneur du duc de Milan, Bollate répliqua qu'il serait désolé d'apprendre que les lévriers n'étaient pas au goût de Sa Majesté, et qu'il ferait l'impossible pour satisfaire les désirs du roi; quant à renvoyer les deux chiens, il affirma que le duc de Milan en serait enchanté, car c'était là les bêtes les meilleures et les plus belles qu'il eût!

L'ambassadeur milanais avait une place importante dans la vie du souverain. Or, sa position devenait plus délicate à mesure que Louis, toujours bien informé des affaires italiennes, se rendait mieux compte des défauts du successeur de Francesco Sforza. Beau, libertin, cultivé et capricieux, Galeazzo-Maria était le type même du tyran de la Renaissance. Il avait l'habitude de tourner à tous les vents, et, si les conseils et les protestations d'amitié dont il inondait le roi continuaient d'affluer, il était évident que, depuis 1466, les vents ne semblaient guère souffler en direction de la France. En 1468, le jeune Jean-Pierre Panigarola, brillant narrateur de la bataille de Montlhéry et du siège de Paris, avait laissé la place à Sforza de Bettinis qui, vers la fin de 1472, fut à son tour remplacé par Christophe de Bollate. Tous ces changements reflétaient l'inconstance du duc de Milan, mais aussi le ton toujours plus mordant qu'avait adopté Louis à l'égard de son allié. Lors des premières missions qui l'avaient précédemment amené à traverser les Alpes, Bollate, entièrement acquis à la cause de son maître, avait déjà exprimé dans ses lettres le peu d'enthousiasme qu'il éprouvait à l'endroit des Français et de leur souverain. Le fait d'avoir été traité durement par Philippe de Bresse, à l'occasion du voyage qu'il accomplit à la cour de France en novembre 1472, ne fit sans doute qu'exacerber sa tendance à la méchanceté [1]. Quoi qu'il en soit, Louis ne fut pas long à s'apercevoir que, dans ses dépêches, Bollate donnait de ses paroles, de ses actions et de ses projets une interprétation pessimiste.

En janvier 1474, alors qu'un matin il s'entretenait à bâtons rompus avec ses conseillers, le roi lâcha soudain quelques remarques acerbes à propos du manque d'empressement que mettait le duc de Milan à servir ses intérêts, déclarant que c'était là une façon de rompre le traité d'alliance grâce auquel Milan était devenu le souverain de Gênes sous la bienveillante protection de la France. Par la suite, Louis allait feindre de ne pas avoir remarqué la présence de l'ambassadeur milanais à qui pourtant il avait gracieusement donné accès à son Conseil quelques instants auparavant. De son côté, Bollate fit mine de ne rien avoir entendu et se retira discrètement. Convoqué l'après-midi même auprès du souverain, il reçut un accueil souriant. « Dieu vous garde, messire Christophe », lui dit Louis en l'entraînant familièrement par le bras dans sa chambre à coucher, plus intime et où il n'y avait pour lors que deux chambellans. S'étant négligemment assis sur son lit, Louis se mit alors à parler avec sympathie des difficultés qu'éprouvait le duc de Milan à parer aux conspirations ourdies par les Génois. Après avoir déclaré qu'à son avis il fallait s'attendre à ce qu'un jour Gênes se rebellât à nouveau contre lui, il observa doucement : « Je ne souhaite pas davantage voir le duc de Milan perdre Gênes que je ne souhaite perdre... Perpignan. » Ensuite de quoi il ajouta sur un ton plus mordant :

> « Je m'étonne fort cependant qu'en dépit des nombreux appels que je lui ai adressés le duc n'ait jamais manifesté le moindre désir de me venir en aide... » Puis soudain : « Dites-moi, Christophe, vous a-t-on informé des propos que j'ai tenus ce matin au Conseil? Dites-moi la vérité — Boffile [de Juge] ne vous les a-t-il pas rapportés? »

Lorsque, après avoir répondu qu'à son grand déplaisir il les avait entendus de ses propres oreilles, Bollate eut affirmé que le duc de Milan se considérait comme un dévoué serviteur du roi et qu'il n'y avait au monde meilleur ami que lui, Louis se contenta de dire : « Et moi! n'ai-je pas donné à Milan la libre possession de Savone et de Gênes [en 1463] »? Certes, poursuivit-il, ce n'était pas d'un ami que d'avoir dit du duc de Milan qu'il était déloyal, mais si parfois la chose se révélait juste « j'aurais sans doute raison d'être en colère ». Sur quoi il changea de sujet et mit fin à l'entretien sur des propos parfaitement anodins.

Toutefois, le roi n'abandonna pas là la question. Ce même jour et le lendemain, il envoya trois hommes auprès de Christophe afin de le sonder. Ceux-ci lui demandèrent s'il était content de Sa Majesté et de la manière dont Sa Majesté traitait son maître, et s'il n'avait pas à se plaindre de la façon dont il était logé. Le dernier d'entre eux, Jean d'Amboise, un conseiller royal, le pria de ne pas répéter au duc les paroles que le roi avait prononcées au Conseil. Quand Bollate lui eut répliqué qu'il n'avait pas encore pris de décision à ce propos, d'Amboise lui dit :

> « Lorsque vous êtes ici, le roi vous considère comme l'un de ses serviteurs. Dans sa chambre comme au Conseil, il agit et parle franchement et familièrement avec vous, et, de cette façon, il se purge de la mauvaise humeur qu'il peut ressentir à l'égard du duc; il vaut mieux qu'il agisse ainsi plutôt que de ce qu'il la garde sur le cœur. Nous qui sommes ici prenons tous ses manières en bonne part. D'ailleurs, n'avez-vous pas vous-mêmes remarqué qu'il avait toujours l'habitude de s'étourdir ainsi de paroles [une observation que Bollate prit soin d'écrire en chiffres]? »

Finalement, Bollate fut incapable — tout comme nous le sommes nous-mêmes — de savoir si le roi avait réellement commis une maladresse ou si tout cela n'avait été qu'une mise en scène destinée à avertir le duc et son envoyé qu'il ne se laissait pas abuser par leurs faux-fuyants.

Le roi Louis avait maintenant (en 1473) cinquante ans. Il perdait rapidement ses cheveux et ses hémorroïdes le faisaient fréquemment souffrir. Bien qu'il n'eût apparemment rien perdu de son goût pour la comédie, de son enthousiasme ni de son endurance physique, l'usure des ans n'en avait pas moins commencé chez lui son travail. Sa méfiance — dont il avait trop souvent vérifié le bien-fondé — s'était encore accrue. Tolérant toujours plus mal l'incompétence, il s'irritait facilement et se montrait parfois dur dans les méthodes qu'il employait. En bref, il supportait moins bien l'adversité, quoiqu'il fût toujours aussi prompt à l'affronter. Dans les bois comme en son Conseil, il continuait à poursuivre sa proie avec le même acharnement. Son entourage portait également les traces de l'âge. Fatigué, le duc de Bourbon, qui, durant si longtemps, était resté selon les termes d'un ambassadeur milanais « au côté du roi comme un chien à la chaîne », s'était désormais retiré dans ses terres. Antoine du Lau, son ancien favori, s'était vu comme bien d'autres pardonner son infidélité et occupait alors un poste de commandement dans le Roussillon où Louis de Crussol, le plus cher d'entre les compagnons de sa jeunesse, était mort de la peste en septembre de cette même année (1473). Maintenant que Jean Bourré était confiné à Amboise, où il s'occupait de veiller sur le dauphin, il ne lui restait plus parmi ses vieux amis qu'Ymbert de Batarny, seigneur du Bouchage [2], et le seigneur du Lude, que Louis avait surnommé « Jean des Habilités ». Tous deux étaient, avec Philippe de Commynes, Tanneguy du Chastel et le Bâtard de Bourbon — l'amiral — les hommes les plus proches du roi. Cependant, trois hommes prenaient auprès de lui une nouvelle importance : le soldat Jean Blosset, seigneur de Saint-Pierre, capitaine de sa nouvelle garde française; Boffile de Juge, un Napolitain accompli qui était autrefois au service du roi René; et le frère cadet du duc de Bourbon, Pierre de Beaujeu, qui allait bientôt épouser Anne, la fille aînée du roi, qui avait hérité l'intelligence de son père et que Louis aimait à appeler « la moins folle femme de France ».

Lorsque, pour des raisons de services, ses « compères » se trouvaient absents, tout comme jadis, Louis veillait à leur bien-être et quêtait leurs conseils à grand renforts de messages. En août 1473, il écrivit à Tanneguy du Chastel, qui remplissait alors une mission militaire au cours de laquelle il était tombé malade :

> « J'ai reçu vos lettres. Vous me parlez bien de votre fortification, mais ne parlez pas de votre venue. Je vous assure que j'aurais grand-faim de parler à vous... Je retiens encore mon fils [c'est-à-dire son beau-fils l'amiral] par deçà, mais si vous voyez qu'il soit bon qu'il voie par delà un tour, écrivez lui et il ira en voyage. Vous guérissez le plus tôt que vous pourrez et me faites savoir comment vous vous portez, et m'avertissez si vous voulez chose que je puisse, et je vous assure que je le ferai de bon cœur... Puisque ne pouvez venir, je vous envoie des avertissements... afin que vous me conseilliez les meilleurs remèdes que vous pourrez... »

Le style de sa vie religieuse n'avait pas changé. Il parlait même avec enthousiasme de se rendre à Rome par bateau lors du prochain jubilé — « avec toutes les indulgences qu'il obtiendrait en ce faisant, il croyait que jamais plus il ne connaîtrait de revers de fortune! » Par ailleurs, il avait fait serment d'aller fin mars (1473) en pèlerinage à l'hospice du Saint-Christ à Bayonne, à dix jours de voyage de Tours, ce qui ne manqua pas de plonger ses conseillers dans la consternation. En effet, le connétable, qui négociait à l'époque une prolongation de la trêve bourguignonne, fit bientôt savoir que le duc de Bourgogne s'occupait alors de rassembler secrètement une armée. Aussitôt, ses officiers s'efforcèrent de convaincre le roi que, dans des circonstances aussi périlleuses, il ne risquait pas de compromettre son âme en remettant son pèlerinage à plus tard. Mais Louis s'entêta, et, faisant observer à la cour qu'il ne pouvait décemment compter sur l'aide de Dieu aussi longtemps qu'il n'aurait pas rempli ses obligations envers Lui, il finit malgré tout par entreprendre son voyage.

Vers le milieu de mars, accompagné de sa seule garde et de quelques intimes, le roi quitta sa nouvelle résidence campagnarde de Plessis-lès-Tours et se mit en route pour Bayonne dès six heures du matin. Pour s'assurer qu'il ne serait suivi d'aucun ambassadeur ni d'aucun solliciteur importun, il ordonna de tenir les portes de Tours fermées jusqu'à dix heures et fit couper un pont situé sur sa route, où il plaça le capitaine des gentilshommes de sa maison afin de veiller à ce que personne ne passe. Dix jours plus tard ou moins, semble-t-il, il atteignit Bayonne et y accomplissait son vœu.

Cette fois-ci, il devait pourtant payer cher l'effort que lui coûta ce voyage. Début avril, sur le chemin du retour, il eut une violente crise d'hémorroïdes. Cherchant à minimiser son mal, il informa négligemment Christophe de Bollate que chez lui la chose était habituelle à cette époque-là de l'année, bien qu'il souffrît alors plus que de coutume.

> « Du moins ne peut-on accuser d'être lépreux ni de s'adonner à la débauche sexuelle quiconque est atteint de cette maladie, déclara-t-il à l'ambassadeur milanais; en outre, celui qui en est victime a généralement longue vie. »

Cependant, le jeudi 15 avril, il était dans un état tel qu'il ne put se rendre à la chapelle dans la matinée, de sorte qu'il fallut reculer l'heure de l'office jusque passé midi. « En vérité, note Bollate, il est très affligé et tout à fait abattu. »

D'ordinaire, le roi se remettait rapidement et supportait ses maux avec bonne humeur. Cette même année, il devait écrire au comte de Dammartin que, si les négociations avec la Bourgogne l'exigeaient, il était prêt à se rendre de Tours à Creil, puis de Creil à Guise — ce qui représentait une chevauchée de quelque deux cents milles —, et à revenir de Guise à Compiègne dans la nuit : « et croirait-on que je eusse des hémorroïdes? », ajoutait-il à l'intention du grand maître. Cependant, tout comme ç'avait été le cas six ans auparavant, sa crise dégénéra cette fois en une grave maladie. Début mai, il était en proie aux mêmes maux de tête, à la même fièvre et à la même faiblesse qu'au printemps 1467. Selon le sombre diagnostic de Bollate, le roi souffrait d'épilepsie et d'apoplexie. En fait, il se peut que Louis ait eu alors une légère attaque. Un jour, il tomba dans un escalier, et cette chute le laissa fortement ébranlé.

Durant quelque temps, il s'efforça de travailler comme si de rien n'était; cependant, il dut bientôt garder la chambre de plus en plus souvent. Vers le milieu du mois de mai, pour dissimuler la gravité de son état et s'assurer un isolement qu'il sentait indispensable à son rétablissement, il finit par se décider à quitter Tours pour Amboise. Seuls quelques-uns de ses compères l'accompagnaient. Par des déclarations publiques répétées chaque semaine, il fit savoir que, sous peine de mort, personne n'était autorisé à s'approcher à moins de trois lieues d'Amboise sans y avoir été expressément invité par le roi. Nombre d'ambassades furent ainsi contraintes de faire le pied de grue à Tours. Jugeant que leur condition les plaçait au-dessus des proclamations du souverain, certains nobles décidés à se rendre à Amboise durent pourtant rebrousser chemin et s'en revinrent à Tours « malcontents ». Longtemps l'un des principaux officiers de Louis, Georges de la Trémoille, seigneur de Craon, parvint à franchir les portes du château mais se vit néanmoins refuser le droit d'y pénétrer.

Les informations que reçut le roi durant cette période n'étaient pas faites pour l'encourager : le Parlement anglais avait accordé à Edouard IV d'importants crédits de guerre; les affaires du Rousillon allaient mal; le duc de Bretagne semblait renouer ses vieilles intrigues avec la Bourgogne. Ces nouvelles affligèrent à tel point le roi que, dans un éclat de colère, il se querella avec ses intimes et leur donna l'ordre de quitter Amboise. Ainsi, il se retrouva seul avec ses serviteurs et entreprit de lutter en silence pour recouvrer la santé. Début juin, il avait gagné son combat, et, une semaine plus tard, il s'occupait de ses affaires avec la même énergie que par le passé.

Quelque temps après, il subit un nouveau choc. Plusieurs mois auparavant, la reine Charlotte lui avait donné un second fils dont la naissance lui avait procuré d'autant plus de joie que Charles, son héritier, alors âgé de trois ans, était de santé délicate. Cependant, vers la mi-juillet, alors qu'il chassait dans la forêt de Loches, on vint soudain lui annoncer que le petit François — c'est ainsi qu'on avait baptisé l'enfant, sans doute à la mémoire de Francesco Sforza * — était mort. La peine que lui causa cette nouvelle fut si grande que, dit-on, il donna l'ordre de raser le coin de forêt où on la lui avait apportée. En matière de religion, son instinct l'entraînait au-delà des pratiques qu'enseignait la foi catholique. Selon le chroniqueur qui nous rapporte l'événement, « tel était sa coutume : lorsque de mauvaises nouvelles lui parvenaient, jamais plus il ne montait le cheval qu'il montait alors, ni ne portait les mêmes habits. Et il vous faut savoir, ajoute-t-il, que le roi était mieux pourvu d'entendement que de beaux vêtements ».

C'est alors que Louis fit vœu de ne plus avoir de relations avec aucune femme hormis la sienne, vœu auquel il se conforma scrupuleusement, du moins si l'on en croit Commynes.

En novembre, la vie même du roi se trouva menacée par un complot visant à l'empoisonner. Son instigateur, un certain Ythier Marchand dont on retrouve le nom dans diverses intrigues de l'époque, avait été au service du duc de Guyenne avant d'entrer à celui du duc de Bourgogne. C'est sur la générosité dont Louis avait fait preuve en prenant dans sa maison les serviteurs de son frère que reposait son plan, et c'est cette même générosité qui devait le faire échouer. En effet, Jean Hardy, l'instrument que Marchand avait choisi pour mettre son plan à exécution, le chef des cuisines et le saucier du roi avaient tous trois servi chez Charles de Guyenne. Or, le premier ayant promis aux seconds une somme de vingt mille écus pour glisser dans les aliments du souverain le poison qu'il avait eu soin de leur fournir, ceux-ci s'empressèrent d'en avertir Louis. Au printemps de l'année suivante (1474), Jean Hardy fut exécuté par arrêt du Parlement de Paris tandis qu'on rasait les maisons qu'il possédait en France ainsi que l'endroit qui l'avait vu naître. Tout comme le roi, la plupart des Français crurent longtemps que Charles de Bourgogne lui-même était à l'origine du complot; cependant, il semble qu'Ythier Marchand ait agi de son propre chef dans l'espoir que, pour l'avoir débarrassé de son plus

* Déjà il avait donné ce nom à son premier fils né en décembre 1466 et mort quelques heures après sa venue au monde.

puissant ennemi sans charger sa conscience, le duc saurait ensuite récompenser généreusement ses mérites.

Il semble donc qu'en 1473 Louis XI ait tenté peu de choses et accompli moins encore. En Europe orientale, l'année avait pourtant été mouvementée, et Charles, duc de Bourgogne, continuait à dominer les événements et à prendre toujours plus d'importance à mesure que s'affirmaient ses ambitions.

Cependant, en dépit des apparences, Louis XI utilisa cette année à mettre sur pied l'entreprise la plus importante de sa vie. Pour lui, 1473 fut en quelque sorte une nouvelle retraite, subtile, ingénieuse et risquée. Elève de ses erreurs passées, il travailla alors à définir, au travers des illusions de l'adversaire, des réalités intangibles du pouvoir et de la malléabilité des craintes et des espoirs humains, les règles d'un jeu nouveau, d'une forme d'hostilité jusque-là inconnue, d'une guerre à laquelle on donnerait aujourd'hui le nom de « guerre froide ».

II

Tel le maître artisan qui, d'instinct, choisit les bons outils avant de savoir au juste lesquels lui seront nécessaires, le roi de France entretenait depuis de longues années d'étroites relations avec les voisins orientaux du duc de Bourgogne, c'est-à-dire les Suisses. Jamais il n'avait oublié la leçon que lui avaient donnée les hardis montagnards en 1444, lorsqu'il avait conduit les Ecorcheurs contre Bâle. Au cours des années tumultueuses qui avaient succédé à son avènement, soucieux de renforcer le traité d'amitié qui unissait la Suisse à la France, il avait toujours réservé un accueil chaleureux à ceux qu'il aimait à appeler « les magnifiques seigneurs de haute Allemagne ». Il n'y avait aucune ironie dans cette appellation car Louis, qu'intéressaient seules les conditions réelles du pouvoir, ignorait les préjugés seigneuriaux. En 1468, l'avoyer de Berne, Nicolas de Diesbach, le plus capable et le plus ambitieux des hommes d'Etat suisses, fut nommé « conseiller et chambellan » du roi à titre honorifique et se vit servir une pension. Les cantons orientaux, comme Zug, Schwytz et Glaris, n'étaient guère que des communautés rurales et pastorales; placés sous l'égide de Zurich, ils luttaient avec acharnement pour conserver une complète indépendance face à l'étranger, et ne connaissaient au monde qu'un unique ennemi : les Habsbourg. Par contre, Berne était une ville riche que le négoce avait rendue puissante. Située dans l'axe des routes commerciales reliant, par-delà les Alpes, l'Italie au nord de l'Europe, elle exerçait sur le Pays de Vaud une pression contre laquelle la Maison de Savoie, en dépit de ses droits, était trop faible pour lutter, et nourrissait l'espoir d'accroître son influence et ses territoires du côté de l'ouest.

L'indépendance des Cantons n'était reconnue ni par l'empereur Habsbourg Frédéric III, ni par son paresseux cousin, le duc Sigismond d'Autriche, qui, du Tyrol à l'Alsace, gouvernait des domaines qui comprenaient autrefois le territoire des Cantons. Les turbulents nobles rhénans et alsaciens de Sigismond étaient perpétuellement à couteaux tirés avec la ville de Berne et Bâle, son alliée. En 1468, cette inimitié dégénéra en une guerre dont les Suisses sortirent vainqueurs, comme à l'accoutumée. Sigismond fut alors contraint de signer une paix et de payer une indemnité de dix mille florins du Rhin ou de renoncer à la ville de Waldshut et aux territoires attenants situés sur la rive droite du Rhin.

Mortellement humilié, l'égocentrique et impécunieux duc d'Autriche * quêta l'appui du roi de France. En échange d'une aide financière et de l'appui militaire de la France, il offrit de lui remettre en gage ses territoires rhénans.

Par la réponse qu'il fit alors à cette proposition plus peut-être que par tout autre acte de son règne, Louis XI imposa aux événements de son temps le tour qu'il souhaitait les voir prendre. Dans l'ombre épaisse de l'avenir, il ne pouvait avoir perçu qu'une faible lueur. Avec le recul du temps, on a vu les origines de la guerre de Troie dans l'œuf de Léda, d'où sortit la belle Hélène. Mais, hors du mythe, les faits ne deviennent origines qu'après les multiples pressions exercées sur les fils ténus du destin par un homme en accord intuitif avec les occasions que lui offre la chance. A l'époque, tout ce que Louis pouvait prévoir, c'était la réaction du duc de Bourgogne et les éventuelles conséquences que celle-ci était susceptible d'avoir. Il n'en fallait pas plus.

* Ses principaux châteaux portaient tous son propre nom : Sigismundsburg, Sigismundseek, Sigismundsfreud, Sigismundskron, Sigismundslust, Sigismundsfried.

Louis XI renvoya froidement l'envoyé du duc Sigismond, et, bien que celui-ci lui fît tenir message sur message pour réclamer une entrevue, il refusa catégoriquement de le voir. Après quoi, il informa les Suisses qu'il avait énergiquement repoussé les ouvertures de leur ennemi héréditaire. Il savait que Sigismond d'Autriche n'aurait d'autres ressources que de chercher appui auprès du Grand Duc d'Occident. D'autre part, il n'ignorait pas que Charles couvoitait l'Alsace en tant que lien entre la Bourgogne et les Pays-Bas. Enfin, il estimait que l'occupation agressive du Haut-Rhin par le duc susciterait un sentiment de crainte parmi les Bernois, dont elle ne manquerait pas de gêner les ambitions.

Les ducs d'Autriche et de Bourgogne s'empressèrent d'agir comme il l'avait prévu. Le 9 mai 1469, par le traité de Saint-Omer, Charles prenait Sigismond sous sa protection et s'engageait à lui verser cinquante mille florins — dont dix mille pour le rachat de Waldshut — et à porter secours à l'Autriche au cas où elle serait attaquée par les Suisses. En contrepartie, Sigismond lui cédait ses droits sur le langraviat de Haute-Alsace et le territoire situé sur l'autre rive du Rhin, qu'il conservait la possibilité de racheter au même prix à condition de rembourser à Charles les dépenses qu'il y aurait effectuées, et qui pourraient atteindre une somme élevée si, comme il en avait l'intention, le duc de Bourgogne rachetait les nombreuses places que Sigismond avait d'ores et déjà engagées. Comme Landvogt, c'est-à-dire comme bailli de ses nouveaux territoires, Charles choisit Pierre de Hagenbach, un noble alsacien dur et ambitieux qui partageait ses préjugés à l'égard des bourgeois et des « manants » suisses. Par son attitude arrogante, celui-ci ne tarda pas à s'attirer l'animosité des habitants de la nouvelle province bourguignonne, animosité qu'il porta à son comble en introduisant un impôt sur le vin dit le « mauvais denier ». Par ailleurs, ses propos belliqueux eurent tôt fait de susciter la crainte parmi les puissantes cités de Basse-Alsace, comme Strasbourg, ainsi que chez ses autres voisins, les Suisses. Il menaça même de mettre la main sur Colmar et sur Bâle, et alla jusqu'à se vanter qu'il écorcherait l'Ours de Berne pour s'en faire une fourrure.

Durant toutes ces années, bien qu'il eût d'autres chats à fouetter, Louis XI prit soin d'entretenir ses bonnes relations avec les Suisses grâce à de fréquents messages et ambassades, ainsi qu'à trois mille livres qu'il sut distribuer avec tact et à-propos à certains personnages influents de Berne.

Telles étaient l'instable situation politique qui régnait sur le Rhin et la part qu'y prenait le roi Louis au début de l'année 1473.

III

Au commencement de l'année (1473), les villes libres de la Basse-Alsace, alarmées par les agressions de Pierre de Hagenbach, s'allièrent à Bâle pour constituer la Basse Union, une ligue de défense réciproque. Quelques semaines plus tard, des marchands suisses qui commerçaient sur le Rhin furent saisis corps et biens par des nobles autrichiens. Furieux, les Cantons, qui en tinrent pour responsable le duc de Bourgogne, protecteur déclaré de Sigismond et de ses vassaux, s'empressèrent d'entrer en pourparlers avec la Basse Union afin d'assurer leur défense. Par ailleurs, ils envoyèrent en France Nicolas de Diesbach pour annoncer que Charles de Bourgogne s'occupait de recruter en Lombardie des troupes, dont on ignorait encore à quoi il les destinait, et demander au roi de les renseigner en tant qu'ami sur le développement des relations franco-bourguignonnes. La Basse Union alla même plus loin : ses délégués proposèrent à Louis XI d'entrer en guerre contre la Bourgogne à condition qu'il se joindrait à eux. A ce moment-là, le roi reçut de nouvelles sollicitations de Sigismond d'Autriche. Ayant dépensé tout l'argent que lui avait remis la Bourgogne, le duc enrageait de constater que Charles n'avait encore rien fait pour soumettre les Suisses; il ne rêvait plus désormais que de rentrer en possession de ses terres. Il demanda donc au roi Louis de lui prêter l'argent nécessaire au rachat de l'Alsace, en échange de quoi il lui promettait d'attaquer la Bourgogne au cas où Charles entrerait en guerre contre la France.

Mais Louis XI n'était pas prêt à se départir du rôle qu'il avait choisi de jouer et qui consistait à favoriser l'évolution d'une situation politique qu'il avait contribué à créer sans qu'on pût lui en tenir rigueur. Aux Cantons, il laissa entendre qu'il parviendrait peut-être à obtenir de Sigismond la reconnaissance de leur indépendance par les Habsbourg. A Sigismond, il fit miroiter la possibilité d'une réconciliation avantageuse avec les

Suisses et la Basse Union. A cette dernière, il apprit que Sigismond cherchait de l'argent pour racheter l'Alsace — il omettait seulement de dire qu'il songeait à y pourvoir lui-même —, soulignant le fait que, après avoir retrouvé la tutelle du faible duc d'Autriche, l'Alsace ne constituerait plus une menace pour ses voisins. Enfin, pour fondre ces éléments disparates en un bloc homogène, Louis XI s'assura le concours involontaire du duc de Bourgogne. Ce dernier, travaillant alors à conquérir de nouvelles bases du côté de l'Empire, sur le cours inférieur de Rhin cette fois, le roi veilla à ne pas entraver ses ambitions : afin que Charles n'eût rien à redouter du côté de la France, début 1473 il eut soin de prolonger sa trêve avec la Bourgogne jusqu'au 1er avril 1474.

Comme un éperon rocheux dont le relief s'accuse au gré de l'érosion, Charles de Bourgogne, le Grand Duc d'Occident, avait été profondément marqué au cours des ans par le souffle tumultueux de ses ambitions, de ses revers et de ses illusions. Le moindre succès, il l'attribuait à son propre génie, et, lorsqu'il lui fallait reconnaître un échec, il en accusait l'incapacité et la couardise de ses sujets ou les machinations de ses ennemis. Il ne lisait plus maintenant que des livres d'histoire qui, pour la plupart, avaient trait aux grands conquérants de l'Antiquité, comme César et Hannibal, dont il entendait égaler, sinon éclipser, les exploits. Sa grandeur, il l'exprimait au travers d'un faste aussi poussé que celui de son père et d'une attitude hautaine que jamais Philippe le Bon n'avait affectée. Il ne prenait pas la peine de déguiser l'aversion que lui inspiraient les Flamands qui murmuraient contre les taxes militaires dont il les accablait. « Je préfère que vous me haïssiez plutôt que vous me méprisiez », leur déclara-t-il un jour. Il manifestait le même dégoût à l'égard des soldats que lui fournissaient ses territoires. Pour étayer les lances de son armée permanente et la troupe de nobles qui supportaient sans mot dire ses incessantes campagnes, il avait toujours plus souvent recours aux mercenaires italiens. Ceux-ci jouissaient d'une excellente réputation et n'étaient pas corrompus par la vie civile, il les jugeait en effet plus dignes que quiconque d'exécuter ses brillantes manœuvres.

A mesure que s'affirmait sa nature sombre et impérieuse, ses rêves devenaient plus grandioses. Il avait tout d'abord compté détruire Louis XI et écraser la France avec l'aide des Anglais, à qui il aurait ensuite remis les ruines du royaume; mais, bientôt, une telle vengeance ne fut plus à la hauteur de ses ambitions. Désormais, il avait reporté son attention vers l'est, en direction des Allemagnes, que constituait alors un salmigondis de domaines féodaux placés sous la fragile suzeraineté de l'empereur. Comme son père avant lui, il avait longtemps espéré relier les Pays-Bas à la Franche-Comté et au duché de Bourgogne. Maintenant il voyait plus loin et rêvait de reconstituer l'ancien royaume de Lotharingie ou de Bourgogne, qui, après le démembrement de l'empire de Charlemagne, s'était pour un temps étendu entre la France et l'Allemagne, de la Mer du Nord à la Méditerranée. A la tête d'un tel territoire, il fallait un roi — et pourquoi ce roi, c'est-à-dire Charles de Bourgogne, ne deviendrait-il pas empereur? Déjà il régnait sur de vastes domaines impériaux et jouissait du titre de marquis du Saint Empire romain. Déjà il avait laissé entendre au fils de l'empereur que sa fille, la plus riche héritière d'Europe, pourrait devenir sa femme. Désormais, le Rhin charriait tous ses espoirs.

Pour laisser à Charles le loisir de s'engager plus avant dans ses aventures germaniques, Louis XI entendait prolonger sa trêve avec la Bourgogne aussi longtemps que possible et à n'importe quel prix. Dans deux ans les Anglais envahiraient le royaume, fit-il remarquer à l'ambassadeur milanais, « mais d'ici là, que ne pouvait-on espérer? » Cependant, cette politique comportait de grands risques. En Allemagne, Charles de Bourgogne était susceptible d'acquérir une puissance qui pourrait un jour signifier la ruine de la France si le piège que lui ménageait Louis ne lui était pas fatal. Cependant, l' « universelle araigne * » avait commencé à tisser sa toile, une toile aussi immatérielle que la pensée, mais dont l'envergure était suffisante pour enclore les desseins titanesques du duc de Bourgogne.

En février 1473 Charles persuada le duc de Gueldre, alors mourant, de lui léguer son duché. A la mi-juin, il entreprit d'envahir ce territoire rhénan dont il acheva la conquête — y compris celle de Nimègue, sa capitale — après six semaines d'une campagne facile, ce qui, selon Commynes, « lui donna goût en ces choses d'Allemagne ». Après quoi il s'occupa d'acti-

* C'est ainsi que l'appelait le chroniqueur bourguignon Molinet.

ver les négociations qu'il avait entreprises avec l'empereur depuis 1469 déjà. En échange de Marie, son héritière, qu'il s'engageait à donner en mariage à Maximilien, son fils, il proposait que Frédéric III le fît roi des Romains, c'est-à-dire vice-empereur, étant entendu que Charles succéderait à la couronne impériale qui, à sa mort, reviendrait à Maximilien. Frédéric, qui voulait bien de la fiancée mais non point du marché, hésitait et tergiversait. A la fin de l'été, le duc de Bourgogne réussit toutefois à amener l'empereur, toujours à court d'argent, à lui faire des ouvertures financières. Sur quoi, il arrangea avec lui une entrevue, à l'occasion de laquelle il était résolu à montrer sa grandeur et à mener à bien ses ambitions.

Partagée entre la fascination et la crainte, l'Europe entière attendait la rencontre de Frédéric III et du Grand Duc d'Occident. Personne n'éprouvait davantage d'appréhension à cette perspective que les Suisses et les grandes villes de la Basse Union. Le roi de France, pour qui l'union de la Bourgogne et de l'Empire semblait devoir constituer une menace mortelle, conservait pourtant son sang-froid. Durant tout l'été, Louis continua imperturbablement ses négociations avec Charles, dont les envoyés se montraient chaque jour plus difficiles et dont les exigences devenaient si colossales que « c'en était merveille », comme Louis le fit remarquer à Bollate. Fin août, il déclara à l'ambassadeur milanais qu'il était inutile d'essayer de détourner l'empereur de ses projets d'alliance avec la Bourgogne : le duc Charles « avait toujours mené Frédéric III par le bout du nez. » Quelques jours plus tard, il annonça en outre qu'il « serait heureux de voir le duc s'aventurer si loin en Allemagne qu'il y reste bloqué pour le reste de ses jours ».

Bientôt les agents de Louis XI travailleraient dans les coulisses des conférences impérialo-bourguignonnes pour stimuler les craintes des princes allemands et les pressentiments de Frédéric III. Par ailleurs, le roi dépêcha des envoyés chargés de riches présents à ses amis les Suisses, afin que ces derniers et lui-même pussent consulter à propos de « notre commun ennemi ».

Le 30 septembre, en début de soirée, Frédéric III, qui était arrivé la veille dans la vieille cité impériale de Trèves, sur la Moselle, quitta son palais pour aller aux portes de la ville accueillir le duc de Bourgogne. A la lumière de torches enflammées, le duc s'agenouilla et baisa la main de l'empereur après quoi, tous deux traversèrent la cité en une procession cérémonieuse, Charles devant s'installer à l'abbaye de Saint-Maximin, située juste à l'extérieur des murs. C'était vers le Grand Duc d'Occident qu'allaient tous les regards. Précédé de cent pages blonds en blanc et bleu, de trompettes aux instruments d'argent, de hérauts représentant les quatorze Etats bourguignons, d'archers somptueusement équipés et de seigneurs de la Toison d'Or vêtus d'habits d'or, le duc de Bourgogne, monté sur un dextrier harnaché d'or, portait une armure étincelante sur laquelle il avait jeté un manteau constellé de diamants. Derrière lui venait une escorte de six mille cavaliers, des batteries de canons et des dizaines de chariots à bagages transportant les trésors qu'il avait hérités de son père, vaisselle d'or, monceaux de pierreries, caisses d'argent (à distribuer là où il serait le plus utile), tapisseries sans prix, parmi lesquelles un ensemble de pièces représentant les exploits d'Alexandre le Grand. Dans sa suite, le duc emmenait de hauts prélats, ainsi que les ambassadeurs d'une douzaine d'Etats européens.

Des jours durant, Charles fêta l'empereur à l'abbaye, dans un déploiement de fastes royaux, et fut à son tour régalé au palais impérial. Il prit lui-même une part active aux négociations; cependant, il ne fut pas long à comprendre que, malgré tout ce que son héritière apporterait au fils de Frédéric, il ne devait pas compter devenir roi des Romains. Il insista alors pour que ses territoires fussent érigés en un royaume qui comprendrait également les évêchés d'Utrecht, de Tournai, de Liège et de Cambrai, les duchés de Lorraine et de Savoie, ainsi que les Cantons suisses. L'empereur hésitait, cherchait à gagner du temps; mais plus il tergiversait plus son interlocuteur devenait pressant. Entre-temps, Charles était parvenu à rattacher de nouvelles principautés à ses domaines. En juillet 1473, à la mort du duc Nicolas (fils du duc Jean d'Anjou), son cousin René, le fils de Yolande (fille du roi René) et du comte de Vaudemont, avait hérité du duché de Lorraine. Or, sous la pression de ses nobles probourguignons, René II fut bientôt contraint de signer avec Charles de Bourgogne un traité qui donnait à celui-ci le contrôle virtuel du duché.

A Trèves, les cérémonies d'apparat alternaient avec les marchandages privés. Un certain nombre de princes allemands, stimulés par l'argent et les promesses du duc, défendaient la cause de Charles; cependant, maints autres — et parmi eux, ceux dont Louis avait cultivé l'amitié — redoutaient de voir l'arrogant Charles de Bourgogne s'implanter dans l'Empire. A la mi-novembre, houspillé par ses seigneurs, Frédéric III, dont la crainte que lui inspirait la Bourgogne augmentait à mesure qu'il en convoitait davantage l'héritière, finit par déclarer qu'il était prêt à accorder au duc le royaume dont il rêvait. Aussitôt commencèrent les préparatifs du couronnement, dont on avait fixé la date au 25 novembre. Toutefois, prenant pour prétexte le désaccord de ses princes, l'empereur fit soudain savoir au duc que des obstacles imprévus l'obligeaient à ajourner la cérémonie. Cette nouvelle atteignit Charles le 23. Dans l'espoir de l'apaiser, une cérémonie d'adieu fut alors prévue pour le surlendemain. Cependant, dans la nuit du 24 au 25 novembre, l'empereur Frédéric III quittait secrètement Trèves par voie d'eau, évitant ainsi de payer ses dettes et d'avoir une fois encore à affronter son redoutable partenaire.

Furieux de voir ainsi ses rêves s'effondrer, Charles de Bourgogne décida de forger seul son royaume. Sans perdre un instant, il défia ouvertement l'empereur en s'immisçant dans les affaires allemandes. Des mois auparavant, le prince-archevêque de Cologne, que son peuple avait chassé hors de la ville, lui avait demandé son appui. Deux semaines après avoir quitté Trèves, le duc annonça son intention de réinstaller l'archevêque dans sa métropole. L'occupation militaire de Cologne lui assurerait de nouveaux territoires sur le Rhin. Cependant, il décida de donner tout d'abord une démonstration de sa puissance. Le 16 décembre, en compagnie de René II, il fit à Nancy, capitale de la Lorraine, une entrée fracassante, affectant des allures de conquérant bien plutôt que d'allié. Ensuite, il se mit en devoir d'intimider les Alsaciens : il passa en grande pompe son armée en revue, à Ensisheim, et confirma énergiquement tous les décrets de Pierre de Hagenbach, son lieutenant tant abhorré. Enfin, en janvier 1474, de retour à Dijon, la capitale de son duché de Bourgogne, il informa une assemblée de nobles et de prélats — et par là même l'Europe entière — qu'il était fermement résolu à reconstituer l'ancien royaume de Lotharingie.

Grâce aux rapports qui lui parvenaient du quartier général de l'armée française installé en Champagne, Louis XI avait pu suivre pas à pas la belliqueuse progression du duc de Bourgogne de Trèves à Dijon. Tandis que Charles poursuivait ses négociations avec l'empereur, il avait reçu des magistrats de Berne un message à ce sujet qui concluait en ces termes :

> « Nous et nos alliés espérons — avec l'aide de Dieu et de nos armes — repousser toute agression, de quel côté qu'elle vienne. »

Désormais, Louis était en droit de penser que le duc de Bourgogne avait su créer une pression suffisante pour que les ennemis qu'il comptait sur le Rhin fassent bloc contre lui.

IV

Délicatement manœuvrées par le roi de France, les villes de la Basse Union décidèrent, en janvier 1474, de procurer à Sigismond d'Autriche l'argent nécessaire au rachat de l'Alsace, et commencèrent à négocier une alliance avec les Suisses. Le moment était venu pour Louis de tenter ce qui apparemment était impossible : faire oublier une haine de plusieurs siècles pour amener à se réconcilier des montagnards pratiques et méfiants et un duc niais et susceptible. Le roi expliqua à Sigismond qu'il n'abandonnait rien qu'il n'eût déjà perdu; d'autre part, il entreprit avec ses amis de Berne de convaincre le reste des Cantons que le véritable ennemi était la Bourgogne et non pas l'Autriche. Certains problèmes particulièrement épineux furent laissés à l'arbitrage de Louis, dont Sigismond était persuadé qu'étant comme lui un personnage féodal il les trancherait en sa faveur, tandis que les Bernois étaient sûrs du contraire, ayant reçu du roi lui-même l'assurance que tout irait à leur gré. Sigismond devait recevoir de la France une pension et des troupes, les Suisses, des subsides princiers.

Les dernières négociations eurent lieu lors d'une conférence qui se tint à la fin du mois de mars. En présence des envoyés du roi et grâce aux bons offices de son conseiller, Nicolas de Diesbach, l'avoyer de Berne, la Basse Union conclut une alliance de dix ans avec les Suisses. Sigismond, qui, lui aussi, s'alliait avec la Basse Union, recevait de celle-ci les quatre-vingt mille florins qui devaient lui permettre de racheter la Haute-Alsace. Enfin, le duc d'Autriche reconnaissait l'indépendance des Cantons en échange d'un traité d'assistance et d'amitié. Tels étaient les principaux articles sur lesquels se fondait la célèbre Ligue de Constance. Le 6 avril (1474), Sigismond fit savoir au duc de Bourgogne qu'il avait déposé à Bâle quatre-vingt mille florins pour le rachat de son territoire, dont il entendait prendre immédiatement possession. Ne songeant alors qu'à occuper Cologne, sous prétexte de porter secours à l'archevêque, Charles se contenta d'envoyer quelques centaines d'hommes à Hagenbach et d'opposer à Sigismond un refus méprisant. En l'espace d'un mois, les villes d'Alsace rejetaient le joug bourguignon pour accueillir les armées de Sigismond, la Basse Union déclarait la guerre au duc de Bourgogne, tandis que Pierre de Hagenbach, capturé à Brisach, était condamné à mort puis exécuté le 9 mai.

Tout en surveillant la rapide évolution de ses projets, Louis XI poursuivait ses négociations avec la Bourgogne dans le but de prolonger la trêve qui devait expirer le 1er avril (1474). Devant l'attitude arrogante de Charles, qui ne cessait de se montrer plus exigeant, la plupart des conseillers du roi — les uns émus par les succès diplomatiques qu'il venait de remporter sur le Rhin, les autres redoutant de nouvelles conquêtes bourguignonnes — le pressaient de laisser expirer la trêve de manière à pouvoir faire la guerre à la Bourgogne avant que les Anglais n'envahissent le royaume. Cependant, avec sa perspicacité coutumière, Philippe de Commynes avait compris que le roi « devait allonger ladite trêve et laisser [...] ledit duc s'en aller heurter contre les Allemagnes [...] disant qu'il n'était pas homme à se retirer d'une entreprise car plus était embrouillé et plus s'embrouillait... ».

Finalement, Charles accepta de prolonger la trêve jusqu'au 1er mai 1475.

Toutefois, le duc de Bourgogne avait, lui aussi, d'excellentes raisons pour souhaiter voir la trêve se prolonger. Alors même qu'il reprenait son offensive contre le Rhin, il mettait dangereusement en échec les manœuvres diplomatiques de Louis. En effet, aux termes du traité anglo-bourguignon conclu à Londres le 25 juillet, Edouard IV s'engageait à traverser la Manche avec ses troupes en 1475. Le duc le reconnaissait comme souverain d'une France démembrée où il se réservait, dans le Nord et dans l'Est, la libre possession de vastes territoires qui viendraient encore agrandir ses domaines germaniques.

Au moment où fut signé le traité, le duc de Bourgogne progressait vers l'est à la tête de la plus puissante armée qu'il eût jamais rassemblée. Malgré la rage où l'avait jeté la présomption de Sigismond et de la Basse Union, il avait décidé de remettre à plus tard sa vengeance contre les Alsaciens. Il voulait d'abord conquérir Cologne; ensuite seulement viendrait le tour de l'Alsace, grâce à laquelle ses territoires auraient le Rhin pour frontière, de la Mer du Nord aux Alpes. Le 30 juillet, il mettait le siège devant Neuss, une petite ville sans importance située à quelque vingt milles en aval de Cologne.

Le roi Louis apprit bientôt l'existence du traité de Londres; aussitôt, il s'arrangea pour en obtenir une copie, qu'il acheta à l'un des marchands aragonais en négociation avec le duc de Bourgogne. En réponse à cette provocation, il avait l'intention de mettre à profit l'agression bourguignonne contre Cologne pour faire entrer les Cantons dans son plan. Après deux mois de patientes manœuvres, le roi et ses agents étaient parvenus à convaincre les Suisses que, le conflit avec la Bourgogne étant inévitable, le mieux consistait à ouvrir les hostilités pendant que le duc était occupé à assiéger Neuss. Aux termes d'un traité conclu le 26 octobre, si les Cantons déclaraient la guerre à Charles de Bourgogne, Louis XI s'engageait à payer à chacun d'eux une pension annuelle de deux mille écus. Cependant, et c'était là pour lui le point le plus important, le roi n'était pas tenu de participer lui-même aux hostilités, sauf en cas d'absolue nécessité, mais pouvait, à la place, verser à la cause commune une contribution de quatre-vingt mille florins du Rhin.

Après une déclaration de guerre immédiate, les Suisses dépêchèrent une armée à travers le Jura pour attaquer la Franche-Comté. Le 13 novembre, ces derniers battaient à plate couture les troupes bourguignonnes venues au secours d'Héricourt qu'ils étaient en train d'assiéger. A ce moment-là, René II, le jeune duc de Lorraine, excédé de voir les Bourguignons occuper son duché, avait juré obéissance au roi de France; Neuss continuait à résister aux assauts de l'armée de Charles; enfin, Frédéric III avait publié un appel invitant les princes et les villes de l'Empire à prendre les armes. A la fin de décembre, Louis XI parachevait une année de triomphes diplomatiques en signant avec l'empereur le traité d'Andernach.

Au début du printemps 1475, bien qu'il sût pertinemment que les Anglais étaient alors sur le point de débarquer, le roi Louis travaillait une fois encore à convaincre le duc Charles de prolonger leur trêve; par ailleurs, il continuait à utiliser les services du comte de Saint-Pol, quoiqu'il n'ignorât pas que, désormais, celui-ci négociait pour son propre compte. S'il trébuchait, ce serait du moins en toute connaissance de cause. Cependant, il s'occupait de rassembler la plus puissante armée qu'il eût jamais commandée. La trêve bourguignonne devait expirer le 1er mai; aussi attendait-il avec impatience tout message en provenance du Rhin. Malgré les terribles ravages causés par l'artillerie du duc de Bourgogne, Neuss continuait à résister.

Le siège de Neuss était peu à peu devenu l'une des choses les plus curieuses qu'on pût voir. Sir John Paston, qui servait à Calais sous les ordres de lord Hastings, son gouverneur, pensait qu'il allait tomber malade s'il ne pouvait le visiter. Au fil des jours, le campement bourguignon s'était transformé en une étrange ville. Autour de la maison transportable du duc de Bourgogne s'élevaient quelque neuf cents tentes abritant ses gens, ses gardes, ses principaux officiers et capitaines. Des rues traversaient le camp en tous sens; sur les deux vastes places réservées au marché régnait une ambiance de foire; il y avait des boulangeries, des forges, des moulins à vent et à eau, et divers édifices de bois auxquels on avait ingénieusement donné la forme de châteaux; des courts de tennis, des bains, des bordels et des tavernes offraient aux troupes des divertissements variés; dans les chapelles, les mariages alternaient avec les baptêmes et les funérailles. Charles aimait à entendre de la musique, tout particulièrement lorsqu'il méditait sur les exploits des grands conquérants du passé, et, « dans les appartements du duc, le son de mélodieux instruments rendait l'endroit semblable à un paradis terrestre ».

Pour les assiégeants comme pour les défenseurs de Neuss, les choses semblaient bien différentes. Le temps paraissait déjà loin où, en juillet 1474, le duc était arrivé devant les murs de la ville avec sa magnifique armée, ses canons, ses bombardes et tout son attirail d'engins de siège. Sur les quelques vingt-deux mille hommes qui composaient ses troupes, près de la moitié étaient des mercenaires italiens; en outre, ses effectifs comprenaient un puissant contingent d'archers anglais. Jour après jour, tandis qu'à l'été succédaient l'automne, l'hiver et enfin le printemps, le duc avait fait donner ses machines et ses hommes contre la cité opiniâtre dont chaque nuit les défenseurs s'acharnaient à relever les murailles en ruine. Peu à peu s'était développé sous terre un terrible combat où, dans des tunnels enfumés et boueux, sapeurs et contre-sapeurs s'affrontaient dans un corps à corps sans merci, au risque d'être mis en pièces par des charges de poudre. Des troupes armées par Cologne s'occupaient de ravitailler les défenseurs de Neuss, dont l'artillerie coulait les bateaux bourguignons qui, des Pays-Bas, remontaient le Rhin pour approvisionner les assiégeants. Semaine après semaine, la maladie, les blessures et la mort creusaient dans les rangs de l'armée bourguignonne des vides que les renforts ne parvenaient pas à combler.

Et Neuss tenait toujours. Et toujours le duc de Bourgogne refusait de lever le siège. Pourtant, en avril 1475, l'empereur, accompagné de nombreux princes allemands, descendait le Rhin à la tête d'une lourde armée, tandis qu'Edouard IV, qui était pratiquement prêt à traverser la Manche, envoyait à son allié message sur message pour l'enjoindre de remplir les obligations auxquelles l'engageait son traité. Le 29 avril, c'est-à-dire l'avant-dernier jour de la trêve franco-bourguignonne, une nouvelle ambassade anglaise se présenta au camp de Charles de Bourgogne. Elle était placée sous la direction d'Anthony Woodville, comte de Rivers, le frère de la reine d'Angleterre. Appuyé par une ambassade bretonne ainsi que par les émissaires du comte de Saint-Pol, Rivers entreprit de convaincre le duc d'abandonner le siège. En vain. Charles se cabrait, déclarant que Neuss allait tomber d'un jour à l'autre et qu'il était parfaitement capable d'apporter à l'invasion anglaise le concours qu'il avait promis tout en poursuivant sa campagne allemande. Selon Commynes, pour que le duc agît ainsi, il fallait que Dieu lui eût troublé l'esprit afin de sauvegarder le royaume de France.

Le 25 avril, cinq jours avant que n'expirât la trêve, Louis XI quittait Paris pour la Picardie, avec ses Ecossais, ses gardes français, sept cents lances, « une grande compagnie » de nobles et d'archers venus de Normandie et d'Ile-de-France, ainsi qu'un puissant train d'artillerie, tandis qu'autour de lui le royaume se préparait à faire front à sa vieille ennemie l'Angleterre.

20.
Les Anglais

I

Au moment où il s'apprêtait à affronter la crise de son règne, c'est-à-dire la reprise par Edouard IV des hostilités auxquelles on donnerait un jour le nom de « Guerre de Cent Ans », il semblait que le roi de France fût maître en son royaume. Le tapageur comte d'Armagnac, à qui sa sœur Isabelle avait donné trois enfants, avait définitivement disparu de la scène féodale : le 6 mars 1473, un jour après la reddition de sa ville de Lectoure, il avait été blessé à mort par un archer royal dans une échauffourée. Le duc d'Alençon, à qui sa trahison avait valu d'être condamné à la peine capitale par le Parlement de Paris, ne devait la vie qu'à la clémence de son filleul, et se trouvait alors en prison. A la mort du comte de Foix, les biens de celui-ci étaient tombés entre les mains d'un enfant sous le contrôle du souverain. Le décès de Charles, comte du Maine, avait débarrassé la couronne d'un autre intrigant; et, lorsque son frère, le vieux roi René, avait fait mine de vouloir entrer dans l'orbite bourguignonne, en 1477, Louis avait placé des garnisons dans les duchés d'Anjou et de Bar. Le duc de Bretagne avait été poussé par ses intimes à accepter d'aider Edouard IV en tant que véritable roi de France; mais Louis, qui était parfaitement informé, savait que François II s'y était résolu à contrecœur. En fait, il ne demandait qu'à jouer le rôle de médiateur entre la France et la Bourgogne, et Louis sentait bien que, lorsque les Anglais lui enverraient des troupes — ce qu'ils firent —, il ne pourrait se résoudre à abandonner sa neutralité. Pris à son propre jeu, le comte de Saint-Pol se trouvait irrémédiablement compromis : en voulant duper et le roi et le duc Charles, il avait fini par s'attirer l'implacable haine de l'un comme de l'autre [1]. Depuis le printemps 1474, il avait frénétiquement cherché — et Louis le savait fort bien — à mettre sur pied une nouvelle Ligue du Bien public; cependant, même Jacques d'Armagnac, duc de Nemours, n'avait osé bouger, par crainte du souverain. En outre, le roi n'avait plus désormais de frère pour servir d'homme de paille aux féodaux rebelles.

Dans le Roussillon, que le roi était parvenu à arracher à l'Aragon entre 1462 et 1463 grâce à un *tour de force* * diplomatique, des événements faillirent soudain mettre la sécurité du royaume en danger. En 1473, le vieux Jean II d'Aragon, qui comptait parmi les ennemis de la France les plus acharnés, s'était emparé de Perpignan, dont il avait éconduit les Français. Promettant alors de rembourser les trois cent mille écus en échange desquels il avait engagé le Roussillon, le roi d'Aragon s'efforçait de faire traîner les négociations en attendant que ses alliés entrent en campagne. Cependant, en 1474, lors de l'échéance de la trêve, Louis XI, ignorant les sombres menaces du duc de Bourgogne, alors occupé en Allemagne, mit sur pied une puissante expédition contre le Roussillon. Le 10 mars 1475, Perpignan se rendait, et Jean II se voyait contraint d'accepter un régime de trêves qui allait durer jusqu'à la fin de son règne [2]. Quant au roi de France, il eut juste le temps de rassembler ses troupes pour affronter les Bourguignons et les Anglais.

Malgré tous les succès de sa politique allemande, la situation de Louis ne manquait pourtant pas d'être risquée. Outre d'importantes ressources, le duc de Bourgogne possédait un prestige de conquérant qu'on ne pouvait ignorer. Des compagnies d'hommes d'armes et d'archers aguerris, venus de tous les comtés d'Angleterre, s'assemblaient alors près de Canterbury. Bientôt, ils traversaient la Manche sous la conduite d'Edouard IV, qui, à trente-quatre ans, n'avait encore essuyé nul échec sur le champ de bataille et passait déjà pour l'un des plus brillants capitaines qu'eût connus l'Angleterre parmi ses souverains. Si Louis subissait une défaite ou laissait faiblir son autorité, il savait fort bien qu'il devait s'attendre à voir le duc de Bretagne, la Maison d'Anjou, le comte de Saint-Pol, le duc de

* En français dans le texte.

Nemours et même le duc de Bourbon — pour ne parler que de ses plus puissants vassaux — rallier le camp bourguignon pour démembrer le royaume. A Commynes, il fit amèrement remarquer que, s'il perdait une bataille, il pouvait craindre une rébellion contre lui, car « il estimait n'être pas bien aimé de tous ses sujets, et par espécial des grands... » Dans une lettre adressée à Edouard IV (lettre que Louis acheta plus tard quarante livres à un secrétaire anglais), le seigneur d'Urfé, confident et ami de François II, prétendait que « le duc de Bretagne ferait plus d'exploits en un mois par intelligence que l'armée des Anglais et celle du duc de Bourgogne ne feraient en six, quelque force qu'ils eussent. Et je crois, ajoute Commynes, qu'il disait vrai si les choses se fussent tirées outre [*étaient allées plus loin*] ».

Partageant alors tous les secrets de son maître, le seigneur d'Argenton, qui lui-même était un politicien hors pair, considérait que le roi affrontait alors un danger mortel.

D'autres envisageaient la situation sous un jour encore plus pessimiste. Le 25 janvier 1475, pris de panique, Galeazzo-Maria Sforza, duc de Milan, abandonnait l'alliance que son père avait si loyalement défendue pour signer une trêve avec le duc de Bourgogne. Partout en Europe l'on prédisait une guerre d'une férocité inouïe, et, pour Louis, un destin semblable à celui qu'avait connu son arrière-arrière-grand-père, le roi Jean, que les Anglais avaient fait prisonnier en 1356, lors de la bataille de Poitiers. Quelques mois auparavant, informé des derniers préparatifs anglais, Louis XI lui-même s'était écrié dans un moment de désespoir :

> « Ah! Sainte Vierge, même maintenant que je vous ai donné quatorze cents écus vous ne m'accordez pas le moindre secours! »

Sinon, il n'est jamais fait mention que de son sang-froid et de sa belle humeur. Il avait toujours confiance en son ingéniosité, et savait quelle attitude convenait au roi de France pour accueillir les Bourguignons et les Anglais.

II

Le 1er mai, aussitôt échue la trêve avec la Bourgogne, Louis XI quitta l'abbaye de la Victoire, près de Senlis, pour une rapide campagne en Picardie. Le 11, il avait pris Montdidier et Roye, et pouvait désormais passer la Somme à Corbie. Une fois que la population en eut été évacuée, chacune de ces villes fut rasée; en effet, le roi avait donné l'ordre de détruire toute place située sur la frontière et dont l'appareil de défense ne serait pas suffisant pour soutenir un siège. Cependant, le jeune René II de Lorraine, ayant déclaré la guerre à la Bourgogne, attaquait le duché de Luxembourg. Plus au sud, une armée française placée sous les ordres du duc de Bourbon envahissait le duché de Bourgogne, tandis que les Suisses se préparaient une fois de plus à franchir le Jura pour tomber sur la Franche-Comté. Les Anglais n'avaient pas encore fait leur apparition sur le continent; Neuss tenait toujours; et les troupes de l'empereur approchaient du camp bourguignon.

Durant la seconde quinzaine de mai, le roi, à la tête d'une puissante armée, gagnait en hâte les côtes de la Normandie. Il avait reçu du comte de Saint-Pol de pressants avertissements l'informant que les Anglais étaient sur le point d'y débarquer. Le connétable était beaucoup trop inconstant pour que Louis attachât beaucoup de poids à ses paroles; toutefois, la Normandie étant la plus riche province du royaume, l'ennemi était parfaitement susceptible de commencer par là son invasion, tout comme il l'avait déjà fait dans le passé. En juin, le roi apprit que d'importants contingents anglais étaient arrivés à Calais, mais qu'apparemment Edouard IV ne les accompagnait pas. Avant la fin du mois, il fut informé que, le 20 juin, ses troupes avaient remporté à Guipy, en Bourgogne, une victoire qui leur avait permis de s'emparer du gouverneur du duché, l'un des fils du comte de Saint-Pol. Louis avait chargé son gendre, l'amiral, de dévaster les terres qui, entre Abbeville et Arras, étaient aux mains des Bouguignons. Tout ce que mangeraient les Anglais — et ils passaient en Europe pour avoir un solide appétit —, ils devraient l'emporter avec eux. En voyant dans quel état se trouvaient les campagnes et les villages, ils comprendraient vite qu'il ne leur fallait pas compter se nourrir aux dépens du roi de France. Le 27 juin, l'amiral, qui avait poursuivi son travail des destruction jusqu'aux portes d'Arras, dut affronter une armée bourguignonne sortie de la ville pour l'attaquer. Cependant, il parvint à mettre en fuite et à capturer ses principaux chefs, parmi lesquels Jacques de Richebourg, frère du connétable, et le seigneur de Contay, l'un des meilleurs capitaines du duc Charles.

Dans une lettre où il lui annonçait ces heureuse nouvelles, Louis informait le grand maître de ses activités et de ses intentions immédiates : il s'occupait alors de renforcer la défense de Dieppe, où il prenait soin de faire apporter toutes les récoltes des campagnes avoisinantes « afin que les Anglais ne trouvent rien [...] Je me tiens ici autour de Neufchâtel tant que je sache si les Anglais marcheront en Normandie ou non [...] A Calais, il y a quatre ou cinq mille Anglais, mais ils ne bougent, et n'en est pas venu un pour se montrer devant nos gens. Vous en avez bien vu d'autres qui se fussent venus montrer ».

Entre-temps, sur le Rhin, les événements s'étaient précipités. L'empereur, qui avait fini par se décider à entrer en action, avait entrepris d'établir un puissant camp fortifié un peu en aval de Neuss. Le 24 mai, le duc de Bourgogne passait à l'attaque. Seuls, par vagues désordonnées, quelque mille hommes sortirent du camp impérial pour charger les Bourguignons, qui eurent tôt fait de les mettre en déroute. L'ennemi ayant laissé sur le champ de bataille plusieurs centaines de cadavres, le duc Charles fit avec satisfaction remarquer à ses capitaines que c'était là le fruit qu'engendrait l'arbre de la guerre. Le lendemain, l'empereur, dont la colère était tombée comme par enchantement, signait un armistice et se mettait en devoir de négocier un accord avec l'aide d'un légat. Un jour, montrant à Frédéric III sa célèbre artillerie, le duc déclara :

> « Sacrée Majesté, avez-vous vu ces canons? Ce sont les clés avec lesquelles je compte ouvrir les villes du royaume de France. »

Sur quoi, le Glorieux, son fou, s'empressa d'ajouter :

> « Sacrée Majesté, mon maître vous a-t-il montré celle qu'il utilisa pour entrer dans Beauvais? »

A la mi-juin, le duc de Bourgogne, attentif au fait que les Anglais débarquaient alors à Calais, donnait son approbation à un accord qu'il jugeait suffisamment digne pour ne point porter préjudice à son « honneur ». Neuss serait confié au légat tandis que le pape enquêterait sur la querelle dont l'archevêque faisait l'objet; l'armée bourguignonne et l'armée impériale quitteraient l'une et l'autre la région aussi longtemps que durerait la trêve. Le duc envoya alors ses troupes épuisées en Lorraine pour s'y « rafraîchir » en pillant le duché. Puis, sans se presser, il prit lui-même la route de Calais pour y rencontrer Edouard IV. Maintenant qu'il savait à quel point les Allemands étaient faibles, il sentait, dit-il à Jean-Pierre Panigarola, le nouvel ambassadeur milanais auprès de la Bourgogne, qu'il serait bientôt de retour pour les écraser; mais il lui fallait d'abord mener à bien la campagne qui lui permettrait d'en finir avec Louis XI.

Vers la même époque, c'est-à-dire durant la seconde quinzaine de juin, Louis XI reçut, à son quartier général de Normandie, Jarretière, le chef des hérauts d'armes d'Angleterre, venu lui apporter le défi solennel d'Edouard IV. Ce qui s'ensuivit, Philippe de Commynes l'apprit de la bouche même du roi. Louis attendit d'être seul pour lire la déclaration d'hostilités que lui envoyait Edouard, « et puis se retira en une garde-robe tout fin seul, et fit appeler ce héraut... » A la manière directe et joviale qui lui était habituelle, et selon une tactique diplomatique qu'il affectionnait tout particulièrement, le roi entreprit d'expliquer à Jarretière où résidait le véritable intérêt de son maître.

> « Il savait bien, lui dit-il, que le roi d'Angleterre ne venait point à sa requête [*de son propre chef*], mais y était contraint tant par le duc de Bourgogne que par les communes d'Angleterre, et qu'il pouvait bien voir que déjà la saison était presque passée, et que le duc de Bourgogne s'en revenait de Neuss comme homme déconfit et pauvre en toutes choses... »

Pour ce qui était du connétable, il n'ignorait pas qu'il avait été en contact avec Edouard IV, mais il savait aussi qu'il finirait par le tromper. En bref, Louis lui fournit maints excellents arguments qu'il pourrait utiliser à convaincre le roi d'Angleterre de traiter avec lui. Après quoi, « il lui donna trois cents écus comptant de sa main », et promit de lui en remettre mille autres si son accord venait à être conclu.

Mis en confiance par les façons de Louis, Jarretière avoua qu'Edouard IV manquait d'enthousiasme au sujet de l'invasion. Il pensait que son maître serait disposé à négocier, mais croyait inutile d'en parler avant que le roi d'Angleterre n'eût traversé la Manche. Un héraut français pourrait alors être envoyé pour demander des saufs-conduits pour une ambassade. Les hommes auxquels il fallait s'adresser, précisa Jarretière, étaient Monseigneur de Howard et Monseigneur de Stanley. Louis eut garde de ne pas oublier ses noms : il savait que Stanley et Howard jouissaient de la confiance d'Edouard *.

Une fois terminé son entretien secret avec Jarretière, Louis fit venir Commynes et le pria de donner au héraut trente aunes de velours cramoisi et de rester constamment en sa compagnie afin que personne ne pût lui parler avant qu'il ne repartît avec son escorte. Après quoi, il regagna la salle d'audience où « il y avait beaucoup de gens [...] qui attendaient et avaient grand envie d'ouïr ce que le roi dirait ni quel visage il ferait quand il sortirait de là-bas ».

Avec beaucoup de naturel, Louis passa de l'un à l'autre en commentant le défi anglais, puis il prit sept ou huit personnes à part et leur lut la lettre d'Edouard IV. Son visage était détendu et ne trahissait aucune appréhension : les indiscrétions du héraut, dont certaines étaient peut-être calculées, lui avaient montré qu'il ne se trompait pas en imaginant l'état d'esprit du roi d'Angleterre.

Déjà la première quinzaine de juillet s'était écoulée lorsque Louis XI, qui montait toujours bonne garde dans le nord-est de la Normandie, apprit avec certitude qu'Edouard IV avait atteint Calais. En fait, il avait fallu trois semaines à l'armée anglaise, aidée de plusieurs centaines de bateaux à fond plat venus des Pays-Bas, pour traverser la Manche. Elle avait débarqué à la fin du mois de juin, tandis qu'Edouard IV était arrivé le 4 juillet. La flotte française n'offrit aucune résistance. Selon Commynes, si Louis avait compris la guerre maritime aussi bien que la guerre de campagne, « jamais le roi d'Angleterre ne fût passé, au moins de cette saison; mais il ne l'entendait point, et ceux à qui il donnait autorité sur le fait de sa guerre y entendaient encore moins ».

Probablement a-t-il raison. Toutefois, il est intéressant de noter que Louis utilisait son beau-fils l'amiral dans ses opérations sur terre ferme et que, dans aucun document, il ne se plaint de sa

* Pilier de la cause yorkiste, Jean, seigneur de Howard, était devenu l'un des principaux conseillers d'Edouard IV; quant à Thomas, seigneur de Stanley, après avoir habilement manœuvré durant la guerre des Deux-Roses, il était désormais intendant de la maison du roi.

flotte. Il n'est donc pas impossible que le roi, sachant que tôt ou tard les Anglais envahiraient la France, ait préféré les voir débarquer maintenant que les Bourguignons étaient immobilisés devant Neuss, et sans leur occasionner des pertes qu'ils tiendraient ensuite à venger.

Le duc de Bourgogne, qui, après avoir quitté Neuss, s'était attardé en route pour montrer peut-être aux Anglais combien il leur était indispensable, n'arriva à Calais que vers la mi-juillet, accompagné des gens de sa maison et de sa seule garde. Pour faire oublier son absence d'armée, il comptait sur sa fière assurance et sur l'aura de son prestige militaire — ce qui n'était guère fait pour impressionner favorablement le premier soldat d'Europe, qui, aussitôt en terre étrangère, se voyait joué par son allié alors qu'il avait entre les mains le sort de plusieurs milliers de bons Anglais. Prodigue d'éloges, le duc de Bourgogne déclara que l'armée anglaise à elle seule « était assez puissante pour conquérir la France puis l'Italie jusques à Rome... » Ensuite de quoi il déclara qu'il avait mis sur pied un plan de campagne auquel rien ne saurait résister. Lui-même retournerait chercher ses troupes en Lorraine pour marcher de l'est jusqu'au cœur de la Champagne, dont le roi Edouard et ses hommes attaqueraient la frontière nord-ouest; les deux armées se retrouveraient ensuite à Reims, où Edouard serait sacré roi de France. Selon toute probabilité, Louis XI serait déposé au cours de ces opérations ou, du moins, peu de temps après.

D'accord avec son conseil de guerre, le roi d'Angleterre décida que, pour l'instant, le mieux consistait à accepter les plans du duc de Bourgogne. Edouard IV avait pleine confiance en ces hommes, qu'il avait eu l'occasion d'éprouver pour la plupart lors de divers combats. Grâce aux généreux subsides du Parlement et aux dons qu'il avait lui-même sollicités, il s'était trouvé à même de franchir la Manche avec la plus puissante armée anglaise qu'eût jamais vue la France, c'est-à-dire environ douze mille hommes d'armes et onze mille des meilleurs archers du monde, soutenus par une artillerie et un équipage de siège impressionnants. Ses principaux capitaines, son jeune frère Richard, duc de Gloucester (le futur Richard III) et William, seigneur de Hastings, avaient déjà suffisamment fait leurs preuves.

Son réseau de renseignements était si bien organisé que, dès leur départ de Calais, Louis put suivre pas à pas l'avance des Anglais. En outre, il était parvenu à apprendre, ou du moins à deviner, le plan de campagne anglo-bourguignon. Le 20 juillet, les Anglais progressaient lentement en direction de Péronne. Le 23, à Fauquembergues, le duc de Bourgogne passa solennellement ses troupes en revue. Deux nuits durant, Edouard IV et son ost campèrent sur le champ de bataille d'Azincourt. De Dollens, où elle passa le 28 juillet, l'armée poursuivit sa marche en direction de la Somme à travers des villages en flammes et des campagnes dévastées.

Au moment où les Anglais quittaient Calais, Louis se mettait en route avec ses Ecossais, sa garde française et quelque mille lances, pour se diriger vers le sud-est, conformément à leur avance. Le 28 juillet, alors qu'Edouard IV traversait Dollens, Louis envoyait à Tanneguy du Chastel l'ordre de brûler la ville, « hors les églises », aussitôt que les Anglais l'auraient évacuée. Par ailleurs, il dépêchait lettre sur lettre à Reims pour remercier ses habitants de travailler nuit et jour aux fortifications; en outre, il les informait qu'Edouard IV entendait se faire couronner roi chez eux « contre la volonté de Dieu et de Notre-Dame », et que, de ce fait, il fallait coûte que coûte que les travaux de défense effectués à l'extérieur des murs fussent prêts en temps voulu, faute de quoi il se verrait contraint de détruire la ville. Le 4 août, le roi quittait Beauvais pour Creil. Le lendemain, il entrait dans Compiègne où il avait décidé d'installer son poste de commandement. Le même jour, à moins de quarante milles au nord, Edouard IV et son armée franchissaient la Somme à Péronne, pénétraient en territoire français et établissaient un camp fortifié de l'autre côté du fleuve.

Les Anglais étaient de retour.

Louis XI avait porté l'effectif de son armée permanente à quatre mille lances, c'est-à-dire à près de vingt-quatre mille hommes, dont la plupart étaient concentrés en Normandie et en Picardie; à cela venait s'ajouter au moins six mille gens d'armes fournis par la noblesse et quelque vingt mille francs archers et artilleurs; en tout, l'armée dont disposait le roi comptait donc environ cinquante mille soldats. Composée de neuf cents lances aux ordres de l'amiral, sa gauche, qu'appuyaient Rouen et Neufchâtel, s'étendait de Dieppe à Amiens, où Tanneguy du Chastel commandait d'importants effectifs. Face à la Somme, le centre, à qui Paris servait de base, couvrait une ligne allant de Beauvais à Noyon en passant par Creil et Compiègne. Les troupes qui défendaient Noyon étaient placées sous les ordres du grand maître, Antoine de Chabannes, un vieil ennemi des Anglais. Sur la droite, Robert d'Estouteville, le prévôt de Paris, s'occupait de diriger la défense de Laon tandis qu'une puissante garnison assumait celle de Reims. Le flanc droit se trouvait en outre protégé par les forces que commandaient en Lorraine René II et le seigneur de Craon, ainsi que par l'armée qui venait de remporter à Guipy une victoire contre les Bourguignons.

Ce n'était pas là une défense statique : Louis entendait en effet attaquer les Anglais en utilisant ses forteresses pour base des opérations qu'il comptait lancer contre le flanc et l'arrière-garde de ses ennemis. « Je fais bouter le feu à Eu et l'abattre le mieux qu'on peut, et tire tous mes gens sur le champ », avait-il écrit le 15 juillet au chancelier. Si, dans leurs déplacements, les Anglais usaient d'une tactique offensive, ils se mettaient sur la défensive aussitôt qu'il s'agissait de se battre. Dans chacune des grandes victoires qu'ils avaient remportées durant la Guerre de Cent Ans — à Crécy, à Poitiers, à Azincourts et à Verneuil —, ils avaient laissé à la cavalerie française le soin de passer à l'attaque tandis que leurs archers et leurs gens d'armes, qui occupaient d'excellentes positions, avaient attendu l'ennemi à pied pour l'accueillir et le défaire à coups de flèches et de haches. Cette fois-ci, il ne fallait pas compter que Louis commettrait la même erreur. Si Edouard IV s'aventurait entre Noyon et Laon en direction de Reims, il trouverait les troupes françaises prêtes à tomber sur son flanc et sur son arrière-garde, prêtes à lui couper toute possibilité de ravitaillement et à harceler ses troupes nuit et jour.

Cependant, Louis attendait tranquillement à Compiègne à la tête de sa puissante armée. Ses gardes écossais, parés pour le combat, avaient laissé aux chanoines de la cathédrale de Beauvais leur argent et tous les menus objets auxquels ils pouvaient tenir, tandis que la garnison de Noyon organisait des coups de main aux abords mêmes du camp que les Anglais avaient établi sur la Somme.

III

Au soir du 12 août, on amena devant Louis XI le valet d'armes d'un des membres de la maison royale. Il prétendait avoir été capturé le matin même par les Anglais et libéré avec un message à délivrer au roi de France. Il avait beaucoup de choses à dire.

La veille, une troupe d'Anglais, ayant reçu du duc de Bourgogne l'assurance que le connétable leur livrerait Beauvais et Saint-Quentin, s'étaient tranquillement approchés des portes de la ville... où ils avaient été accueillis par un tir d'artillerie et par une sortie des défenseurs. Charles de Bourgogne avait tenté de minimiser l'incident; après quoi, il avait annoncé avec désinvolture qu'il devait partir pour rejoindre ses troupes et qu'il retrouverait Edouard IV à Reims. C'est alors que, selon ses dires, le valet qui venait d'arriver à Compiègne avait été emmené prisonnier dans le camp des Anglais. Conduit dans une tente, il avait été interrogé par le roi d'Angleterre et le duc de Bourgogne. Sur ce, Charles avait alors pris congé de ses alliés avant de s'en aller. Aussitôt qu'il eut disparu, Edouard IV avait donné l'ordre de relâcher le captif français « vu que c'était leur premier prisonnier ». Comme celui-ci s'apprêtait à partir, les seigneurs de Howard et de Stanley étaient apparus et lui avaient remis une pièce d'or. Après s'être assurés qu'il connaissait leurs noms, ils lui avaient dit : « Recommandez-nous à la bonne grâce du roi votre maître, si vous pouvez parler à lui. »

Lorsqu'il eut entendu son récit, Louis XI, qui l'avait trouvé fort suspect, ordonna qu'on mît le valet aux fers et qu'on le surveillât étroitement. Cependant, le roi envoya plusieurs de ses conseillers l'interroger, qui tous lui recommandèrent de l'entendre à nouveau. Le lendemain matin, s'étant levé de bonne heure, Louis le questionna encore, puis il pria ses gardiens de le libérer de ses chaînes tout en continuant à le surveiller. Après quoi, il s'en alla déjeuner sans se donner la peine de cacher son agitation. Avant de se mettre à table, il prit à part Philippe de Commynes et lui rappela que *Howard* et *Stanley,* les deux noms qu'avait mentionnés le captif, étaient ceux-là mêmes des seigneurs auxquels, en juin, Jarretière lui avait conseillé de s'adresser aussitôt qu'Edouard IV aurait franchi la Manche. Enfin, il s'assit, et, tout en mangeant, il se mit à réfléchir tout haut sur la façon dont il convenait d'agir. Puis il se pencha soudain vers Commynes et lui ordonna à voix basse de faire quérir l'un des serviteurs d'Olivier Mérichon, son échanson, et d'aller avec lui prendre son petit déjeuner dans sa chambre pour lui demander en secret s'il oserait se présenter au camp des Anglais en habit de héraut.

> « Je fis incontinent ce qu'il m'avait demandé, note Commynes, et fus très ébahi, quand je vis ledit serviteur, car il ne me semblait de taille ni de façon propices à une telle œuvre. Toutefois, il avait bon sens, comme j'ai connu depuis, et la parole douce et aimable. Jamais le roi n'avait parlé à lui que une seule fois. »

Dès que Philippe de Commynes eut commencé à parler, le serviteur de Mérichon parut terrorisé « et se jeta à deux genoux devant moi comme celui qui croyait déjà être mort. Je l'assurai du mieux que je pouvais et lui promis une sélection [un office de percepteur] en l'île de Ré [d'où il était natif] et de l'argent. Et, pour mieux l'assurer, lui dis que ceci procédait des Anglais, et puis le fis manger avec moi, et nous n'étions que nous deux et un serviteur, et petit à petit le mettais en ce qu'il avait à faire. Je n'y eus pas longtemps été que le roi m'envoya quérir. Je lui contai de notre homme, et lui en nommai d'autres plus propices à mon entendement; mais il n'en voulut point d'autres.

Accompagné d'un unique conseiller, Louis « vint lui-même parler à lui, et l'assura plus en une parole que je l'avais fait en cent. Quant il sembla au roi que notre homme fut en bon propos », il lui donna des instructions précises, et fit chercher une bannière de trompette pour lui en faire une cotte d'armes — « car ledit seigneur n'était point cérémonieux ni accompagné de hérauts ni de trompettes comme le sont plusieurs princes ». Une monture et des habits de cheval furent secrètement apportés, tandis qu'on mettait l'habit de héraut dans une sacoche afin qu'il n'eût pas à souffrir du voyage. Enfin, porteur des espoirs longuement nourris par le roi, le héraut prit la route qui devait l'amener jusqu'au camp des Anglais.

Louis lui avait donné pour instruction de dire à Edouard IV que le roi de France avait toujours désiré nouer avec lui une étroite amitié, de sorte que leurs deux royaumes pussent vivre en paix. Le duc de Bourgogne n'avait fait appel aux Anglais que dans l'espoir qu'une invasion lui permettrait d'obtenir davantage de Louis XI; et si d'autres (c'est-à-dire le duc de Bretagne) l'avaient encouragé à agir de la sorte, ils n'y avaient été poussés que par leurs propres intérêts et ne se souciaient en aucune façon de ce qu'il adviendrait de leurs alliés par la suite. Louis rappelait en outre à Edouard que la saison propice aux campagnes touchait à sa fin et que bientôt l'hiver serait là. Il savait que le roi d'Angleterre avait dépensé beaucoup d'argent pour une invasion que souhaitaient nombre de ses sujets; cependant, s'il voulait bien envisager de conclure un accord, il l'assurait que « s'y mettrait tant de son côté que lui et son royaume devraient être contents ».

La réponse ne se fit pas attendre longtemps. En effet, le soir même Louis voyait son messager revenir en compagnie d'un héraut anglais. Ce dernier apportait les sauf-conduits qu'il avait demandés pour ses ambassadeurs ainsi qu'une proposition selon laquelle des négociations pourraient être entreprises sans délai dans un village situé entre les deux camps. Ayant si vaillamment rempli sa mission, le courageux Français reçut aussitôt du roi la charge qui lui avait été promise dans l'île de Ré ainsi qu'une certaine somme d'argent. Ainsi passa dans l'histoire le jeune homme que Louis avait su tirer à propos du néant pour lui confier l'espace d'un instant le sort des royaumes de France et d'Angleterre.

Le lendemain, une délégation française placée sous la direction de l'amiral rencontrait le seigneur de Howard ainsi que d'autres envoyés anglais. Les instructions de Louis étaient simples : il était prêt à étudier toute proposition, mais, plutôt que de céder un pouce du sol français, il préférait jouer sa couronne et sa vie. Le même soir, ses représentants étaient de retour. Pour la forme, les Anglais avaient commencé par réclamer la couronne de France, ou, pour le moins, la Guyenne et la Normandie. Devant le refus de leurs interlocuteurs, ils avaient rapidement passé à des offres plus sérieuses et avaient demandé une somme d'argent comptant, un subside annuel à verser durant un certain laps de temps, et un mariage destiné à sceller le nouvel accord. A l'annonce de cette nouvelle, Louis « eut merveilleusement grande joie » et convoqua immédiatement ses conseillers dont « aucuns furent d'avis que ce n'était qu'une tromperie et une dissimulation de la part des Anglais ». Cependant, « au roi semblait le contraire »; aussi, le lendemain, 15 août, la délégation française se mit-elle en route avec pour ordre d'accepter la proposition des Anglais et d'élaborer avec eux un traité détaillé. Louis quitta alors Compiègne pour Senlis, plus proche de Paris, afin d'activer la quête des fonds qui devaient lui permettre de payer le roi Edouard. Le 18, le seigneur de Howard et ses compagnons étaient à Senlis pour s'entretenir avec lui.

Le lendemain, le duc de Bourgogne, furieux, arrivait au camp d'Edouard IV. Alors qu'il était en route pour rejoindre ses troupes, il avait reçu de son royal beau-frère d'Angleterre un court message l'avertissant du tour nouveau que prenaient les événements. Aussitôt il était revenu sur ses pas. Durant deux jours, des entretiens fort orageux eurent lieu entre Charles et Edouard. Aux violentes protestations du duc, le roi répondit calmement qu'il avait conclu avec la France une trêve dans laquelle se trouvait incluse la Bretagne, mais qui pourrait aussi comprendre la Bourgogne, si, comme il l'espérait, Charles ne s'y opposait pas. Lorsque ce dernier eut enfin compris qu'il était inutile de discuter, il se mit à insulter Edouard, et cela en anglais, de façon que ses conseillers ne perdent rien de ses paroles. Sur un ton cinglant, il rappela les grandes victoires qu'avaient remportées en France les rois d'Angleterre, et combien d'efforts celles-ci leur avaient coûtés. Il déclara que jamais il n'avait songé que l'invasion pût lui être de quelque profit, mais que seul l'avait guidé son désir de voir les Anglais rentrer en possession de ce qui leur appartenait. Pour leur montrer qu'il n'avait nullement besoin d'eux, il n'accepterait de signer une trêve avec le roi de France que trois mois après qu'ils auraient repassé la Manche. Ceci dit, Charles se retira, laissant au cœur d'Edouard un ressentiment tel que jamais le temps ne parviendrait à l'effacer.

Le mercredi 23 août, tous les détails du traité se trouvaient réglés et Louis était parvenu à réunir l'essentiel de l'énorme somme d'argent dont il avait besoin. De Senlis, il écrivit à son chancelier :

> « Faut bien que nous ayons toute notre somme à Amiens dedans vendredi soir [25 août], et encore quelque chose davantage pour donner aux particuliers comme à Monseigneur de Howard et aux autres qui se sont mêlés des appointements. Et, pour ce, je vous prie, Monseigneur le chancelier, sur tout tant que vous aimez mon bien, mon honneur et celui de tout le royaume, faites diligence et ne me faillez point à ce besoin, car si faute y avait, vous me feriez un dommage irréparable. »

Le 25 août, le roi entrait à Amiens avec des coffres pleins de pièces d'or.

Aux termes du traité, Louis acceptait de verser à Edouard soixante-quinze mille écus comptant pour qu'il pût rentrer chez lui avec son armée. Le seigneur de Howard et John Cheyney resteraient en otages sur le continent jusqu'à temps que la plupart des Anglais auraient traversé la Manche. Durant une trêve de sept ans, Louis verserait à l'Angleterre un subside annuel de cinquante mille écus, dont la moitié à Pâques et l'autre à la Saint-Michel. Les marchands anglais et français pourraient commercer librement dans leurs pays réciproques à un taux dont une conférence monétaire devrait fixer la base. Le dauphin, qui avait alors cinq ans, se trouvait fiancé avec la fille aînée du roi Edouard, la princesse Elisabeth, deux fois plus âgée que lui; comme dot, Louis s'engageait à verser une somme annuelle de soixante mille livres aussitôt que le couple serait en âge de se marier. Par ailleurs, les deux souverains promettaient dans une clause secrète de se porter mutuellement assistance au cas où certains de leurs vassaux entreraient en rébellion contre eux. Enfin, un accord avait été conclu selon lequel Marguerite d'Anjou, que les Anglais retenaient prisonnière depuis la bataille de Tewkesbury (mai 1471), pourrait être libérée contre une rançon de cinquante mille écus.

Louis veilla à ce que, dans l'entourage d'Edouard, personne n'eût à se plaindre de l'accord qui venait d'être conclu. Avec la bénédiction du roi d'Angleterre, William Hastings, son chambellan, mais aussi le compagnon de ses escapades amoureuses, devait recevoir deux mille écus par an; le seigneur de Howard et Thomas Montgomery, douze cents chacun; le chancelier d'Angleterre, un millier; et bien d'autres, des sommes de moindre importance. Dans ses chariots à bagages, Louis avait emmené quantité de présents qu'il eut soin de distribuer autour de lui. Soucieux d'exercer ses talents sur Edouard, il avait obtenu que le traité serait signé à l'occasion d'une entrevue dont la date fut fixée au 29 août. Avec la meilleure grâce du monde, le roi d'Angleterre accepta que seuls cinquante-cinq mille écus lui soient versés comptant, et pour les vingt mille autres, se contenta d'un bon.

IV

Le lendemain de sa venue à Amiens, le roi Louis resta posté à la porte nord pour surveiller l'arrivée des Anglais. Dans un joyeux désordre, ceux-ci passèrent devant la ville pour aller dresser leur camp un peu plus en aval, sur la rive droite de la Somme. Aussitôt, Louis envoya à Edouard trois cents chariots chargés des meilleurs vins qu'on pût trouver. Selon Commynes, avec ses voituriers et ses porteurs, « semblait ce charroi presque un ost aussi grand que celui d'Angleterre ». Par ailleurs, le roi fit aimablement savoir aux Anglais que, seigneurs ou gens du commun, ils seraient tous les bienvenus à Amiens. De chaque côté de la porte, il donna l'ordre qu'on dressât deux grandes tables « chargées de toutes les bonnes viandes qui font envie de boire, et de toutes sortes, et les vins les meilleurs dont on se pouvait aviser ». « D'eau, précise encore Commynes, n'était nouvelles. »

A ces tables, Louis fit asseoir une douzaine de gentilshommes, comme le seigneur de Craon ou le seigneur de Bressuire, tous suffisamment gros et gras pour qu'on pût voir qu'ils aimaient à boire et à manger, et cela, pour créer une atmosphère de gaieté et de bonhomie propre à stimuler la gourmandise. Durant trois jours, les Anglais accoururent en foule, avec ou sans leurs armes, seuls ou par bandes. Leur appétit aiguisé aux portes, ils allaient ensuite se promener en ville où les attendaient une dizaine de tavernes dans lesquelles ils pouvaient s'empiffrer tout leur saoul aux frais du roi de France. Des soldats ivres titubaient dans les rues où retentissaient à toute heure des chansons anglaises.

Cependant, à Picquigny, à neuf milles en aval d'Amiens, on avait construit sur la Somme un pont au milieu duquel on avait « fait un fort treillis de bois comme on fait aux cages des lions, et dont les trous entre les barreaux n'étaient point plus grands qu'à y bouter un bras à son aise ».

Dans l'après-midi du mardi 29 août, par un temps pluvieux, Louis et douze de ses hommes s'engagèrent sur le pont pour aller se placer derrière le treillis. Même à cette occasion, le roi était, selon son habitude, vêtu d'un costume hétéroclite. Philippe de Commynes, seigneur d'Argenton, qui, ce jour-là, avait l'honneur de se tenir à côté du souverain, portait un habit identique à celui de son maître, selon un procédé auquel Louis avait parfois recours pour diminuer sans doute les risques d'assassinat. Pour autres compagnons, le roi avait amené le duc de Bourbon et son aimable frère, Charles, l'archevêque de Lyon; l'amiral, le grand maître, le maréchal Lohéac et le seigneur de Torcy, maître des arbalétriers; les seigneurs de Saint-Pierre et du Bouchage, Tanneguy du Chastel, l'évêque d'Evreux et le maire d'Amiens.

A quelque distance, sur la rive opposée, l'armée anglaise au grand complet était rangée en ordre de bataille. Bientôt, le roi Edouard s'engagea lui aussi sur le pont. Quoiqu'il commençât à prendre de l'embonpoint, c'était toujours un fort bel homme. Il portait une toque de velours noir orné d'une grande fleur de lys en pierreries, et un habit de drap d'or doublé de satin rouge — un somptueux costume qu'il avait sans doute fait confectionner plusieurs mois auparavant à l'intention de son couronnement dans la cathédrale de Reims. Tout comme Louis, Edouard était accompagné de douze hommes, parmi lesquels son turbulent frère George, duc de Clarence, le comte de Northumberland, les seigneurs de Hastings et de Howard, et son chancelier, Thomas Rotherham.

Comme il approchait du milieu du pont, le roi d'Angleterre se découvrit et s'agenouilla à demi. Après lui avoir rendu son salut, Louis XI passa ses bras à travers le treillis et l'embrassa chaleureusement; sur quoi Edouard accomplit une seconde révérence, plus profonde encore que la première. Enfin, Louis prit la parole et dit :

> « Monseigneur et mon cousin, vous soyez le très bien venu. Il n'y a homme au monde que je désirasse tant à voir que vous. Et loué soit Dieu! de qui nous sommes ici assemblés à cette bonne intention. »

A ce propos, le roi Edouard répondit « en assez bon français », après quoi le chancelier d'Angleterre apporta les pièces du traité. Mettant chacun une main sur un livre de prières et l'autre sur un reliquaire contenant un fragment de la Vraie Croix, les deux souverains jurèrent alors d'observer scrupuleusement leurs accords. Il s'ensuivit une conversation générale au cours de laquelle Louis, « qui avait la parole bien à son entendement », dit en riant au roi d'Angleterre qu'il lui fallait venir à Paris où il trouverait toute espèce de divertissements et où les femmes ne manqueraient pas. Il s'engageait à lui donner pour confesseur l'archevêque de Narbonne, qui ne ferait aucune difficulté pour l'absoudre de tous les péchés qu'il pourrait commettre! Edouard, qui savait l'archevêque « bon compagnon », goûta fort la plaisanterie.

Après avoir bavardé ainsi durant une demi-heure environ, Louis XI, « qui avait la parole bien à son commandement », fit signe à sa suite de se retirer afin de pouvoir s'entretenir seul à seul avec le roi d'Angleterre. Sans attendre qu'on leur en intimât l'ordre, les compagnons d'Edouard suivirent aussitôt l'exemple des Français. Maintenant qu'il avait su donner à la conversation un ton de franche camaraderie, Louis souhaitait discuter avec son interlocuteur de leur secret traité d'amitié. Frères mécontents et princes rebelles avaient déjà causé à l'un et à l'autre souverains, bon nombre de difficultés : l'inconstant duc de Clarence, George, le frère d'Edouard, était un fauteur de troubles aussi dangereux que l'avait été le duc de Berry. Le roi d'Angleterre fit remarquer à Louis que jamais il ne serait en sécurité dans son royaume aussi longtemps qu'il n'aurait pas fait couper la tête à certains de ses seigneurs auxquels il accordait une trop grande confiance. Edouard avait en sa possession des documents compromettants, tout particulièrement pour le connétable, qu'il lui remettrait dès le lendemain. Louis fit ensuite venir Philippe de Commynes et demanda à son interlocuteur s'il le reconnaissait. Le roi d'Angleterre répondit qu'il se souvenait fort bien du seigneur d'Argenton qui lui avait rendu de précieux services entre 1470 et 1471, alors qu'il était encore aux ordres du duc de Bourgogne. Tout naturellement Louis mit alors la conversation sur l'attitude actuelle du duc Charles; allait-il persister à vouloir rester en dehors de la trêve? Edouard répondit négligemment qu'il lui proposerait une fois encore de l'y associer, mais que, s'il refusait, il se désintéresserait de la question. Enfin, Louis en vint à parler du seul problème qui lui tînt véritablement à cœur : que se passerait-il si le duc de Bretagne rechignait à être inclu dans la trêve? Aussitôt Edouard se fit méfiant et pria instamment le roi de France de ne point entrer en guerre contre François II, qui, lorsqu'il en avait eu besoin, s'était montré pour lui le meilleur des amis. Louis s'empressa alors d'abandonner le sujet et se remit à plaisanter. Enfin, les deux escortes ayant été rappelées, il prit congé du roi d'Angleterre en ayant soin d'adresser « quelque bonne parole à chacun de ses gens ».

Sur la route qui devait le ramener à Amiens, le roi de France se mit à bavarder avec Commynes. Il craignait que Edouard n'eût pris trop au sérieux son invitation à venir goûter aux délices de sa capitale.

> « C'est un très beau roi, dit-il. Il aime fort les femmes. Il pourrait trouver quelque affetée *(rusée)* à Paris qui lui saurait bien dire tant de belles paroles qu'elle lui ferait envie de revenir. »

Les prédécesseurs d'Edouard, poursuivit-il, ne s'étaient déjà que trop souvent rendus à Paris et en Normandie. Autant il souhaitait voir sur le trône d'Angleterre un roi qui fût à la fois un frère et un ami, autant il redoutait la présence de celui-ci sur le continent. En outre, le roi apprit à Commynes qu'il avait été fort déçu par la réponse brutale que lui avait faite Edouard lorsqu'il lui avait parlé de François II. Il aurait été plus qu'heureux s'il était parvenu à convaincre le roi d'Angleterre de le laisser entrer en guerre contre la Bretagne. Il ne parvenait pas à renoncer à cet espoir; aussi dépêcha-t-il les seigneurs de Saint-Pierre et du Bouchage auprès d'Edouard afin de le sonder une fois encore sur le sujet; mais celui-ci, se sentant bousculé, répliqua froidement que, si quelqu'un attaquait son allié breton, il repasserait incontinent la Manche pour lui porter secours. Force fut donc à Louis d'abandonner une fois pour toutes ses illusions.

Ce même soir à Amiens, Louis reçut à souper quelques-uns parmi les seigneurs les plus influents d'Angleterre. Il ne convia pas, semble-t-il, le duc de Clarence, mais il eut soin d'inviter le second frère d'Edouard, le jeune Richard, duc de Gloucester. Opposé à la paix, celui-ci s'était abstenu de prendre part aux cérémonies de Picquigny; il accepta cependant l'invitation du roi, et, Louis lui ayant offert de la vaisselle d'or et quelques magnifiques chevaux, il se montra fort satisfait de ces présents. Comme le repas allait commencer, le seigneur de Howard dit au roi que, s'il le désirait, il saurait trouver le moyen de convaincre son maître de venir à Amiens ou même à Paris. Louis ne broncha pas mais évita de répondre, faisant mine d'être très occupé à se laver les mains. Il glissa à l'oreille de Commynes que ce qu'il redoutait était sur le point d'arriver et qu'Edouard semblait décidé à prendre du plaisir dans la capitale. Après le souper, le seigneur de Howard revint sur le sujet. Très délicatement, le roi et ses intimes se mirent en devoir de trancher la question, expliquant que la chose était impossible vu que le roi de France devait partir sans plus tarder pour aller traiter avec le duc de Bourgogne.

Le lendemain, mercredi 30 août, était le jour des Saints-Innocents « et à tel jour, explique Commynes, le roi ne parlait ni ne voulait parler de nulle de ces matières, et tenait à grand malheur quand on lui en parlait, et s'en courrouçait fort à ceux qu'il avait accoutumé de hanter, et qui connaissaient sa condition ».

Ce matin-là toutefois, comme Louis disait ses heures dans sa chambre à coucher, Commynes se risqua à rompre la règle établie par son maître, qu'il s'en alla trouver pour lui dire : « Sire, nonobstant qu'il soit le jour des Innocents, si est-il nécessaire que je vous dise ce que l'on m'a dit. »

Des milliers d'Anglais étaient déjà dans Amiens (c'était le dernier jour où ils pouvaient profiter des largesses du roi car le lendemain ils devaient partir pour Calais) qui tous semblaient armés, et il en arrivait encore que personne n'osait arrêter aux portes de crainte de les contrarier.

Louis n'était pas homme à s'obstiner aveuglément dans ses habitudes, aussi, nous dit Commynes, « tôt laissa tomber ses heures et me dit qu'il ne fallait point tenir la cérémonie des Innocents de jour-là ». Il ordonna alors au seigneur d'Argenton d'aller trouver les capitaines des Anglais pour leur demander s'ils ne pouvaient pas retenir leurs hommes. Bientôt, Louis fut informé que, pour un soldat que renvoyaient les chefs d'Edouard, « il y en entrait vingt ». Cependant, Commynes s'étant lui-même rendu dans l'une des tavernes de la ville avait pu constater que, pour la plupart, les Anglais qui s'y trouvaient étaient ivres et se contentaient de chanter ou de ronfler, ce dont il déduisit qu'il n'y avait pas de véritable danger. Le roi convoqua alors sa garde et partit sur-le-champ pour la porte nord. Secrètement, il rassembla une partie de ses gens d'armes, qu'il posta à l'entrée de la ville, et donna aux autres l'ordre de se tenir prêt à toute éventualité. Après quoi, ayant fait apporter son dîner au corps de garde, il invita plusieurs anglais de qualité à venir partager son repas. A ce moment-là, Edouard, qui avait été averti des désordres dont ses hommes s'étaient rendus coupables, le pria de leur refuser l'entrée de la ville. A cette requête embarrassante, Louis répondit que jamais il ne commettrait acte si inhospitalier, mais que, si Edouard désirait envoyer quelques-uns de ses archers pour surveiller les portes, ceux-ci pourraient agir comme bon le semblerait. Le roi d'Angleterre s'empressa de suivre ce conseil, et bientôt, sur ordre de leur souverain, nombre de ses hommes reprirent en titubant le chemin de leur camp.

Avant de passer à table, Louis reçut un autre rapport qui ne manqua pas de l'inquiéter. Dans une conversation privée, Louis de Bretaylle, un Gascon qui depuis longtemps se trouvait au service d'Edouard, avait fait remarquer à Commynes que les Français riraient bien du roi d'Angleterre dès que celui-ci aurait quitté la France. Le seigneur d'Argenton avait tenté de le détromper, et, pour changer de sujet, il s'était enquis du nombre de victoires qu'avait jusqu'ici remportées Edouard IV. Lorsque l'autre lui eut répondu qu'il en avait gagné neuf, Commynes lui demanda combien il en avait perdu. Sur quoi, le Gascon avait rétorqué sur un ton cassant que son souverain n'avait jamais subi qu'une seule défaite, celle que venaient de lui infliger les Français, mais que la honte qui en résultait était telle qu'elle effaçait tous les honneurs qu'avaient pu lui valoir ses précédents succès.

Lorsque Commynes lui eut fait part de cet entretien, Louis lui dit « que c'était un très mauvais paillard et qu'il le fallait garder de parler ». Aussitôt, il invita Bretaylle à venir lui aussi dîner au corps de garde où il le prit à part et essaya de le persuader de demeurer en France. Voyant l'autre insensible à ses propositions, Louis lui donna sur l'heure mille écus et lui promit de veiller aux intérêts des biens qu'il conservait encore en France. Au moment où le Gascon prit congé, Commynes lui glissa à l'oreille combien il espérait le voir travailler à entretenir l'amitié qui désormais était née entre leurs deux souverains.

De retour dans ses appartements, Louis se retira avec trois ou quatre de ses intimes de manière à pouvoir enfin se détendre un peu.

> « Il n'y avait rien au monde dont le roi eût plus grand peur que de ce qu'il lui échappât quelque mot par quoi les Anglais pensassent que on se moquât d'eux. »

Cependant, se croyant alors en sécurité, il ne prit pas la peine de retenir sa langue et se laissa aller à dire ce qu'il pensait de la nourriture, des boissons et des cadeaux dont il avait rempli et la panse et les poches des guerriers d'Edouard.

> « J'ai plus aisément chassé les Anglais hors du royaume de France, déclara-t-il en riant, que ne l'a fait mon père; car mon père les a mis hors à force d'armes, et je les ai chassés à force de pâtés de venaison et boire de bons vins. »

A peine avait-il prononcé ces mots qu'à son grand déplaisir il remarqua qu'un intrus s'était glissé dans sa chambre — un marchand gascon qui lui avait demandé l'autorisation d'exporter sans taxe des vins de Bordeaux en Angleterre, et que, par un malencontreux hasard, on avait laissé pénétrer dans la pièce. Recouvrant son sang-froid, Louis lui posa diverses questions et apprit ainsi que l'homme était originaire de Guyenne mais que, pour lors, il vivait avec sa femme en Angleterre. Déployant des trésors de persuasion, le roi lui fit toutes sortes de promesses et pria Commynes de veiller à leur réalisation immédiate. A condition qu'il ne repasserait pas la Manche, le marchand se voyait accorder le privilège qu'il avait demandé et recevait, outre une charge lucrative dans sa ville natale, mille francs comptant grâce auxquels il pourrait envoyer l'un de ses frères chercher sa femme en Angleterre. Afin de s'assurer qu'il ne parlerait à aucun Anglais, Louis chargea aussitôt un homme de l'accompagner jusqu'à Bordeaux. « Et ainsi, nous dit Commynes, le roi se condamna en cette amende, connaissant qu'il avait trop parlé. » Comme Louis aimait à le répéter : « Depuis que je suis né, ma langue m'a coûté plus d'un million en or. »

Le lendemain, c'est-à-dire le 31 août, les Anglais prirent en hâte la route de Calais. Certains étaient fort mécontents de l'issue peu héroïque de leur invasion. Cependant, la plupart d'entre eux partageaient probablement les sentiments de John Paston, qui écrivit à sa mère : « Dieu soit loué! pour l'instant l'expédition du roi est terminée. » Sans doute était-ce là aussi la pensée des épouses des combattants français qui, année après année, voyaient leurs maris revenir sains et saufs des campagnes où le roi Louis savait se montrer si avare du sang de ses soldats. Edouard IV et ses hommes arrivèrent à Calais le

4 septembre, et, une semaine plus tard, le gros de l'armée anglaise avait franchi la Manche. Le roi de France envoya alors ses otages à Paris, où les attendaient toute espèce de festivités.

Les Anglais avaient insisté pour qu'on appelât « tribut » les cinquante mille écus qui devaient leur être versés chaque année. Mais Louis, pour qui les mots importaient peu, savait bien que désormais le roi d'Angleterre était son pensionnaire.

V

Si Louis XI, à l'instar de souverains plus « royaux », avait eu le goût des conquêtes militaires, il lui eût peut-être été possible d'infliger au duc de Bourgogne, qui avait repoussé la trêve anglo-française, une défaite dont il ne se serait pas relevé. Dans le sud-est, alors que Charles rejoignait son armée dans le Luxembourg, les villes d'Alsace étaient prêtes à se battre. Au sud, les principales places fortes de la Lorraine abritaient six mille hommes dont la plupart avaient été fournis par la Basse Union, mais qui comprenaient également des mercenaires suisses et français. A l'ouest, en Champagne, le roi Louis disposait de puissants contingents placés sous les ordres du seigneur de Craon, tandis qu'au sud-ouest, une armée victorieuse opérait sur les frontières mêmes du duché de Bourgogne. Dans la Franche-Comté voisine, les Suisses poursuivaient leur travail de destruction et venaient de prendre Blâmont, Enfin, sur la Somme se trouvait déployée la redoutable armée qu'avait réunie le roi contre les Anglais.

Cependant, Louis XI n'avait d'autre souci que de conclure un nouvel accord avec le duc aussi rapidement que possible. Bien que Charles se fût vanté devant Edouard IV de refuser toute trêve avec la France avant trois mois, des envoyés royaux négociaient avec la Bourgogne avant même que les envahisseurs eussent repassé la Manche. Après que les Anglais eurent quitté Amiens, Louis reprit la route de Senlis pour remercier Notre-Dame-de-la-Victoire et rencontrer une ambassade bourguignonne. Lorsqu'il vit arriver les envoyés du duc, le roi connut un mauvais moment. En effet, quand l'un des otages anglais — ils avaient maintenant quitté Paris et ses fêtes, et Louis les traitait comme des intimes — aperçut les fiers archers et les gens d'armes qui escortaient les ambassadeurs bourguignons, il fit venir Commynes à la fenêtre et lui dit d'un ton rogue que, si les Anglais avaient vu beaucoup d'hommes comme ceux-là, ils n'auraient peut-être pas fait la paix. Sur quoi, le vicomte de Narbonne, qui avait entendu les propos de l'Anglais, lança d'une voix railleuse :

> « Etiez-vous si simples de penser que le duc de Bourgogne n'eût grand nombre de tels gens? Il les avait seulement envoyés rafraîchir; mais vous aviez si bon vouloir de retourner que six cents pipes de vin et une pension que le roi vous donne vous ont renvoyés bientôt en Angleterre. »

Outragé, l'Anglais s'écria :

> « C'est bien ce que chacun nous disait, que vous moqueriez de nous. Appelez-vous l'argent que le roi nous donne une pension? C'est tribut! Et par saint George! vous pourriez bien tant dire que nous retournerions. »

Commynes se hâta de détourner la conversation et se mit à plaisanter sans parvenir toutefois à apaiser l'Anglais. Lorsqu'il eut informé le roi de l'incident, la stupidité du vicomte provoqua chez Louis un accès de colère qu'il ne prit pas la peine de dissimuler.

En fait, il n'était guère plus aisé de maintenir la bonne humeur des Anglais que de marcher sur une corde raide. Cependant, une autre épreuve attendait le roi. En effet, Thomas Montgomery, l'un de ses pensionnaires, se présenta bientôt de la part d'Edouard IV pour lui annoncer que l'orgueil de son souverain avait été gravement blessé par l'ouverture des négociations franco-bourguignonnes. Il demandait à Louis de ne conclure avec la Bourgogne nulle autre trêve que celle qu'Edouard avait déjà signée et à laquelle le duc avait refusé de souscrire. Si le roi de France souhaitait poursuivre la guerre contre la Bourgogne, son maître s'engageait à traverser la Manche l'été suivant pour lui prêter main-forte, à condition que Louis assumât la moitié des dépenses que lui occasionnerait cette expédition et l'indemnisât des dommages que celle-ci ne manquerait pas de causer au commerce de laine anglo-bourguignon.

Louis inonda Montgomery de riches présents et de fervents remerciements à transmettre à son cousin, le roi Edouard. A ses protestations d'amitié, il joignit toutes les excuses qu'il put trouver. Sa trêve avec le duc, expliqua-t-il, était désormais un fait accompli; mais elle n'était pas différente de celle qu'il avait conclue avec l'Angleterre; il avait seulement voulu épargner l'orgueil du duc en signant avec celui-ci un document séparé; Edouard n'avait absolument rien à craindre de son attitude envers la Bourgogne. C'est avec un soulagement sans bornes que Louis vit enfin partir Montgomery et ses deux otages. Il n'avait nulle intention de faire la guerre à Charles, et, si les Anglais revenaient un jour en France, il craignait fort qu'ils se laissent rapidement convertir aux idées bourguignonnes.

Avec, pour seuls conseillers, l'amiral, le seigneur du Bouchage et Philippe de Commynes, le roi s'enferma avec les envoyés bourguignons et conclut bientôt avec eux une trêve de neuf ans dont les articles étaient modifiés par diverses clauses secrètes auxquelles devaient encore s'ajouter des codicilles qui ne l'étaient pas moins. Le traité de Soleuvre, auquel donna son nom le quartier général qu'avait établi Charles dans le sud du Luxembourg, fut signé par le duc de Bourgogne en date du 13 septembre 1475. Moins de trois semaines plus tard, le 29 septembre, François II de Bretagne, sentant désormais sa position dangereusement menacée, s'engageait à vivre en parfaite intelligence avec le roi et renonçait à toute autre alliance. Le traité de Soleuvre était étrangement complexe. En fait, à celui-ci, Charles et Louis sacrifiaient tous deux leurs alliés, et pour la même raison, quoique dans une optique bien différente. Il s'agissait de laisser au duc toute liberté d'assouvir la vengeance qu'il souhaitait exercer sur ses voisins orientaux et de s'engager plus avant dans une entreprise dont il comptait sortir avec le titre de roi de Lotharingie, tandis que Louis espérait la voir signifier sa perte. Par ailleurs, le traité réglait le sort de Louis de Luxembourg, comte de Saint-Pol, qui, par goût de l'intrigue, avait su s'attirer la haine du roi de France, du roi d'Angleterre et du duc de Bourgogne.

Quelques jours avant la rencontre qui devait réunir les deux souverains à Picquigny, Louis XI avait reçu la visite de deux émissaires du comte de Saint-Pol, qui, désormais, se débattait fébrilement pour tâcher d'échapper aux mailles du filet qu'il avait tendu lui-même. Découvrant que les hommes du connétable revenaient d'une mission qui les avait conduits auprès du duc de Bourgogne, le roi décida de mettre en scène une petite comédie destinée à susciter la colère de Charles contre Saint-Pol. Il comptait pour ce faire sur l'appui du seigneur de Contay, un Bourguignon qu'il avait capturé à Arras et auquel il avait promis la liberté à condition qu'il travaillât avec lui pour la paix.

Ayant prié Contay et Commynes de se dissimuler derrière un vieux paravent devant lequel lui-même s'installa, le roi donna au seigneur du Bouchage l'ordre d'introduire les hommes du connétable dans sa chambre. Aussitôt que ceux-ci furent arrivés, il entreprit de les faire parler de leur mission auprès du duc de Bourgogne. Mis en confiance par sa bonne humeur, les deux envoyés expliquèrent bientôt à Louis qu'ils avaient été chargés par Saint-Pol de détourner Charles de son alliance avec les Anglais. Cependant, ils avaient trouvé le duc dans une telle fureur contre le roi d'Angleterre que non seulement ils n'avaient eu aucune difficulté à la convaincre d'abandonner sa cause, mais étaient presque parvenus à le décider à attaquer les Anglais durant leur marche vers Calais.

« Disant ces paroles pour complaire au roi », l'un des émissaires « commença à contrefaire le duc de Bourgogne, et à frapper du pied contre terre, et à jurer saint George, et qu'il appelait le roi d'Angleterre " Blanc Borgne ", fils d'un archer qui portait son nom et toutes les moqueries que en ce monde il était possible de dire d'homme ».

Ravi de le voir jouer si bien le rôle qu'il attendait de lui, « le roi riait fort et lui disait qu'il parlât haut et qu'il commençait à devenir un peu sourd, et qu'il le dît encore une fois », ce que l'autre ne manqua pas de faire.

Lorsque les envoyés se furent retirés, le seigneur de Contay sortit de derrière le paravent dans l'état d'étonnement et d'indignation qu'espérait le roi, qui « riait et faisait bien bonne chère ». Désormais, Contay n'avait plus qu'une seule idée : rapporter à Charles au plus vite ce qu'il venait d'entendre. Une heure plus tard, il galopait vers le quartier général du duc de Bourgogne.

L'une des clauses secrètes du traité de Soleuvre stipulait donc que celui des deux partis qui mettrait le premier la main sur le connétable devrait l'exécuter ou le remettre à l'autre dans un délai de huit jours. Le comte de Saint-Pol, « ne sachant plus à quel saint se vouer », avait songé à fuir en Allemagne ou à se réfugier derrière les murs de son château de Ham. Finalement, il opta pour une troisième solution et, ayant obtenu un sauf-conduit du duc de Bourgogne, chercha asile à Mons, en Hénaut. S'il exécrait le connétable, Charles répugnait également à donner satisfaction à Louis XI; par ailleurs, en accordant un sauf-conduit, il avait malencontreusement engagé son honneur. Aussi se passa-t-il plusieurs semaines avant que le roi ne parvînt, grâce à de constantes pressions et à de nouvelles concessions, à convaincre le duc d'ordonner que Saint-Pol fût remis à une escorte française [3].

Le 27 novembre, le visage dissimulé dans un manteau noir et les mains glissées dans un manchon de velours, le comte arrivait à Paris où il fut aussitôt conduit à la Bastille et placé sous bonne garde. Pressé par le roi, le Parlement de Paris ouvrit son procès le même jour. Sa tâche n'était pas difficile : il avait à sa disposition une masse de documents attestant ses trahisons et ses parjures. Saint-Pol finit par passer aux aveux et fit de ses erreurs une confession évasive et confuse. Le 19 décembre, il était déclaré coupable de lèse-majesté et se voyait condamner à mort. Quelques heures plus tard, il sortait de l'Hôtel de Ville et montait sur un échafaud tendu de noir. La place de Grève regorgeait d'une foule de Parisiens venus assister à la fin de l'homme qu'ils détestaient le plus au monde. Saint-Pol ayant été arrêté par le seigneur de Saint-Pierre, on disait en plaisantant dans la capitale qu' « il y avait la guerre au paradis parce que saint Pierre avait capturé saint Paul ». En reniflant, le malheureux Louis de Luxembourg recommanda son âme à Dieu et mit enfin sa tête sur le billot. Pour édifiante qu'elle fût, sa mort devait pourtant manquer quelque peu de grandeur.

C'est à Noël que le duc de Bourgogne fut averti de l'exécution du comte de Saint-Pol. Face aux envoyés qui lui apportèrent cette nouvelle, Charles observa tout d'abord une prudente réserve, mais « au moment de se mettre à table pour dîner, il commença à rire, et rit tout au long du repas. C'est un bel exemple, dit-il, de la confiance qu'on peut accorder au roi, et de la façon dont le roi traite ceux qui veulent être ses amis ».

Apparemment, le traité de Soleuvre ne rapporta rien à Louis XI hormis la tête du connétable. Cependant, en abandonnant froidement ses alliés allemands, le roi avait pris d'énormes risques. A la fin de 1475, le duc de Bourgogne avait envahi la Lorraine et établi une base importante à Nancy. S'il parvenait à écarter les Suisses et à occuper le duché de Savoie, maître des cols alpins, il aurait à ses pieds la Lombardie d'une part, les Allemagnes de l'autre, et n'aurait plus alors qu'à se proclamer roi de Lotharingie. Entre-temps, Berne et ses alliés s'étaient rendus maîtres du Pays de Vaud, dont les charmants vignobles, les champs de blé et les pâtures constituaient entre le lac Léman et Morat un vaste territoire placé sous tutelle savoyarde. En acceptant une trêve d'un mois, qui devait expirer le 1er janvier 1476, les Suisses avaient montré qu'ils commençaient à se méfier de Louis XI; cependant, devant les exigences humiliantes du duc, ils avaient promptement renoncé à poursuivre leurs négociations avec la Bourgogne. A Plessis-lès-Tours, où il s'était retiré, Louis tenait conseil. Le caractère de Charles et les forces mises en œuvre par le traité de Soleuvre n'étaient pas seuls à travailler pour lui.

Depuis quelques années, le roi de France livrait à son ennemi une guerre financière et économique doublée d'une campagne de propagande.

Le trésor qu'il avait hérité de son père faisait du duc de Bourgogne le prince le plus riche d'Occident. Hautement industrialisés, les Pays-Bas commerçaient avec toute l'Europe où ils échangeaient fort avantageusement leurs coûteux produits contre les matières premières dont ils avaient besoin. Dans les Flandres, quatre grandes foires attiraient chaque saison une foule de marchands étrangers. Non seulement les principales villes de cette région jouissaient d'une industrie et d'un commerce florissants, mais elles étaient peu à peu devenues des centres financiers où les grandes banques italiennes avaient ouvert des succursales. Lorsque, au début des années 1470, Charles de Bourgogne eut dépensé l'essentiel de la fortune que lui avait laissée son père et en fut réduit, comme tout un chacun, à recourir à l'emprunt, Louis XI, qui avait parfaitement conscience de la nouvelle puissance que représentaient la bourgeoisie et son argent, et qui, durant son séjour à Genappe, avait pris soin d'étudier le marché international de la finance, se mit en devoir de saper le crédit dont Charles jouissait. Ami de Florence et des Médicis, il exerça sur Pierre de Médicis et sur son successeur, Laurent le Magnifique, une pression croissante afin que ceux-ci ne prêtassent plus d'argent à ses ennemis, le roi d'Angleterre et le duc de Bourgogne. Il manœuvra si habilement qu'en 1473, Charles, à qui la banque Médicis de Bruges ne voulait plus consentir que des sommes insignifiantes, en était réduit à chercher des prêteurs un peu partout en Italie. Au moment où fut signé le traité de Soleuvre, Laurent de Médicis s'apprêtait à lui couper absolument tout crédit.

Par ailleurs, Louis mit en œuvre tous les moyens dont il disposait pour entraver le commerce et l'industrie des Pays-Bas. En instituant des foires à Lyon, il porta un coup décisif à celles de Genève, et, par là même, au trafic des marchands bourguignons et aux finances de la Maison de Savoie, suzeraine de Genève et alliée de la Bourgogne. Dans la plupart des trêves qu'il conclut avec Charles durant les années soixante-dix, il se garda bien de lui consentir des privilèges commerciaux. En mars 1473, il ne put toutefois éviter de lui en accorder; il veilla cependant à en atténuer les effets en ordonnant à ses officiers de délivrer le moins possible de sauf-conduits aux marchands bourguignons. Mesure après mesure, il réduisit bientôt à néant les échanges commerciaux entre la France et la Bourgogne, dont les représentants durent en outre graduellement abandonner les routes qu'ils avaient l'habitude d'emprunter à travers le royaume dans leur négoce avec d'autres pays. Sur la Manche et au large des côtes espagnoles, ses corsaires pillaient les bateaux vénitiens, génois et napolitains en provenance ou à destination des Pays-Bas. En 1475, le trafic maritime avait fortement diminué et les navires marchands, qui n'osaient plus mettre à la voile, encombraient désormais les ports de Charles de Bourgogne.

Mais c'est sur l'approvisionnement en vivres que portait l'attaque la plus préjudiciable qu'eût lancée Louis contre les Pays-Bas. Concentrant leurs efforts sur l'industrie et le commerce, ceux-ci étaient incapables de se nourrir eux-mêmes et se trouvaient ainsi tributaires de la pêche aux harengs et du blé qu'ils pouvaient se procurer en France, dans la région de la Baltique, en Espagne ou même en Italie. Or, dès le début des années soixante-dix, le roi mit l'embargo sur la vente et le transport des céréales et du vin destinés aux Bourguignons, cependant que ses corsaires s'occupaient de dévaster leurs flottes de haranguiers. A ce rythme-là, les Pays-Bas ne tardèrent pas à se ressentir du manque de nourriture. Sa politique, Louis l'expliqua en 1470 déjà, lorsque, à l'occasion d'une assemblée, il déclara aux délégués des villes qui se plaignaient de ne pouvoir commercer librement :

> « Le roi ne veut pas que ses sujets vendent de blé ni de vin dans les territoires du duc de Bourgogne, à seule fin que les habitants de la Hollande, de la Zélande et des Flandres, manquant désespérément de blé, trouvent là une excellente raison de se révolter contre le seigneur de Bourgogne. »

A la fin de 1475, Louis XI voyait sa politique porter les fruits qu'il escomptait. A court d'argent pour payer ses mercenaires, le duc de Bourgogne, qui refusait hautainement de le reconnaître, sentait le moral de ses troupes se détériorer chaque jour davantage. Ses sujets, voyant leurs intérêts méprisés, leurs ressources menacées, leur négoce et leur ravitaillement compromis, commençaient à se montrer récalcitrants et ne votaient plus de subsides à leur maître qu'à moins d'y être contraints par la force. En 1475, lorsque, en réponse à leurs doléances, Charles de Bourgogne accusa les Etats des Flandres de couardise et de mauvaise volonté, ceux-ci osèrent lui répliquer qu' « ils étaient tous marchands, négociants, artisans, pêcheurs et ouvriers », et que « la guerre est incompatible avec le commerce ».

Dans sa campagne contre la Bourgogne, Louis utilisa en outre la plus subtile des armes, c'est-à-dire la propagande. Les cruautés dont le duc s'était rendu coupable à Dinant et à Liège, le mépris qu'il affichait à l'égard de la population de ses villes, la brutalité avec laquelle il avait l'habitude de traiter les places fortes dont il s'emparait, tout cela donnait au roi la possibilité de dépeindre Charles comme l'adversaire de la bourgeoisie et l'ennemi de la paix, cette paix sans laquelle ne pouvaient prospérer ni le commerce, ni l'agriculture, ni rien de ce qui fait la vie agréable. C'était là une opinion que le roi et ses agents travaillèrent à répandre à travers toute l'Europe, et notamment parmi les sujets mêmes du duc Charles.

En décembre 1475, Louis XI avait fini de tisser la toile dans laquelle il comptait prendre le duc de Bourgogne. Au fil de son travail, il avait élaboré ce que nous appelons aujourd'hui « guerre froide », une guerre subtile et complexe dont seules sont exclues les hostilités militaires. Louis, qui entendait jouer son jeu jusqu'au bout, était prêt à tout sacrifier, y compris son honneur. A l'aube de l'année 1476, il attendait à Plessis-lès-Tours des nouvelles en provenance de l'est.

21.
Les Suisses

I

Durant la deuxième semaine de janvier 1476, le duc de Bourgogne quitta la Lorraine pour conduire son armée jusqu'en Franche-Comté. Il arriva à Besançon le 22 janvier, tandis que Berne et ses confédérés s'occupaient de rassembler en hâte leurs vaillants montagnards. L'Europe occidentale retenait son souffle.

Au Plessis, Louis XI suivait le cours des événements grâce à son réseau d'informations. « Il avait maints espions et maints messagers par pays — la plupart dépêchés par ma main », note Commynes. Comme messagers, il avait coutume d'envoyer aux Suisses « mendiants, pèlerins et semblables gens ». Il inondait de dépêches sa sœur Yolande, comtesse de Savoie, mais celle-ci semblait complètement acquise à la cause du duc. Par l'intermédiaire de ses envoyés, il essayait en outre de détacher le roi René de la Bourgogne, mais ce dernier « à grand-peine écoutait ses messagers et envoyait tout audit duc ».

Soudain, le duc de Bourgogne, résolu à franchir le Jura malgré le mauvais temps, reprit la direction du sud avec son armée. Le châtiment qu'il entendait infliger à ses ennemis ne souffrait pas de retard. Il était décidé à gagner le Pays de Vaud pour régler enfin leur compte aux Suisses.

Tel Hannibal franchissant les Alpes avec ses éléphants carthaginois, le duc demeura plusieurs jours dans la neige au sommet du col de Jougne à surveiller le passage de ses troupes. Le temps était épouvantable. « J'ai fait campagne dans des conditions pires », fit en passant remarquer Charles à l'ambassadeur

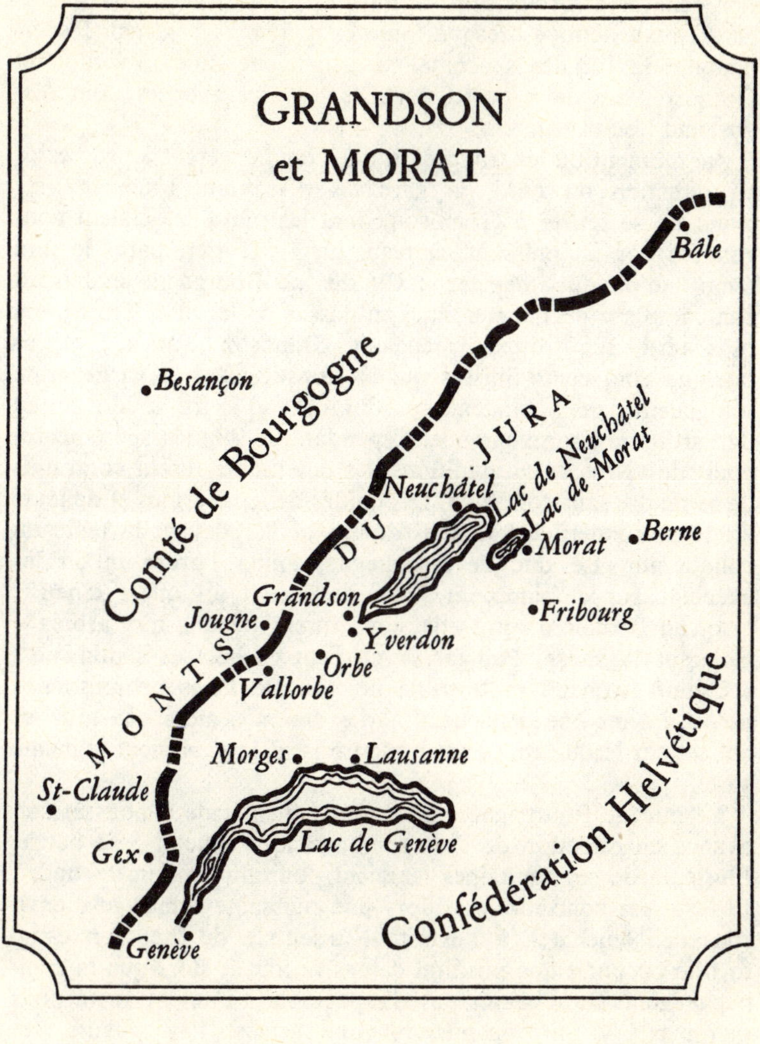
GRANDSON
et MORAT
Bâle
Comté de Bourgogne
Besançon
MONTS DU JURA
Lac de Neuchâtel
Lac de Morat
Neuchâtel
Berne
Morat
Grandson
Fribourg
Jougne
Yverdon
Orbe
Vallorbe
Morges
Lausanne
St-Claude
Lac de Genève
Gex
Confédération Helvétique
Genève

milanais Jean-Pierre Panigarola. Le 12 février, son armée avait franchi les montagnes du Jura et lui-même établissait son quartier général à Orbe, dans le Pays de Vaud. Déjà son avant-garde avait nettoyé presque toute la région. A l'extrémité occidentale du lac de Neuchâtel se trouvaient situés Yverdon et Grandson, les deux postes fortifiés les plus avancés dont disposaient les Suisses.

Au moment où les troupes du duc commencèrent à progresser en direction du nord, la garnison d'Yverdon brûla la ville avant de se retirer à Grandson, dont les murailles étaient couronnées par un puissant château. Le 19 février, par « le pire temps qu'on pût imaginer », Charles de Bourgogne établissait son camp sur un plateau situé au-dessus de la ville. Trois jours plus tard, ses troupes prenaient Grandson d'assaut, et les quelque cinq cents Suisses qui en constituaient la garnison se réfugiaient dans le château qui, durant cinq jours, soutint le feu de l'artillerie bourguignonne. Cependant, le 28, désespérément à court de vivres et de munitions, les défenseurs furent contraints de se rendre sans condition. Dépouillés de leurs armes et de leurs effets personnels, les vaincus durent défiler devant la tente du conquérant. Le duc de Bourgogne donna l'ordre qu'on les exécutât sur-le-champ, et, « en l'espace d'un quart d'heure, jusqu'au dernier d'entre eux, tous furent pendus aux arbres ». Relatant la chose, Panigarola ne peut cacher ses sentiments : « C'était effrayant et horrible de voir de telles pendaisons », note-t-il dans une dépêche. Charles annonça alors que tous les Suisses sur lesquels il pourrait mettre la main subiraient le même sort.

Le duc de Bourgogne était maintenant décidé à pousser son avance en direction de l'est pour amener l'ennemi à se battre. Plusieurs de ses capitaines tentaient pourtant de l'en dissuader. Les Suisses concentraient alors une puissante armée aux environs de Neuchâtel, à l'extrémité orientale du lac. Son camp fortifié occupait une position défensive idéale alors que la campagne alentour n'offrait pas d'espace suffisamment vaste pour qu'on pût y faire manœuvrer une armée. Par ailleurs, ses troupes, et notamment les mercenaires italiens, se plaignaient de n'être pas payées et d'avoir à camper dans des conditions aussi difficiles. Mais Charles de Bourgogne balaya avec hauteur les objections de ses commandants. Il ne pouvait croire que les Suisses oseraient l'attaquer. Dans la matinée du 2 mars, il se mit donc à progresser vers l'est avec son armée, qui devait compter quelque quinze mille fantassins et cavaliers, et une partie de son artillerie. Escomptant sans doute une victoire immédiate, il n'avait pas pris la peine de lever le camp et laissait derrière lui le trésor que constituaient la vaisselle, les tapisseries et les bijoux qu'il avait amenés pour donner à la conquête de la Lotharingie tout l'éclat qu'elle méritait.

Entre les montagnes, situées sur la gauche de Charles, et le lac de Neuchâtel, s'étendait un plateau accidenté qui, large d'un mille à la hauteur de Grandson, ne tardait pas à devenir plus étroit. Moins de deux milles au nord, celui-ci se trouvait coupé par un éperon boisé qui, du Jura, s'avançait en saillie jusque dans le lac. Deux routes conduisaient de Grandson à Neuchâtel, dont l'une serpentait au bord du lac, tandis que l'autre suivait au flanc de la montagne le tracé d'une ancienne voie romaine. Au long de cette dernière, Charles envoya en avant-garde une troupe de cavaliers qu'appuyaient des archers et des piquiers. Quant au reste de son armée, il n'avait même pas pris le soin de la ranger en ordre de bataille, de sorte que ses hommes progressaient sans discipline à travers le plateau ou sur la rive du lac. Bientôt le duc ordonna que sa tente fût dressée sur une éminence où il s'installa pour surveiller la marche de son avant-garde. Lorsque la cavalerie bourguignonne se fut engagée dans l'étroit passage par où la route romaine franchissait le contrefort boisé, elle se trouva soudain nez à nez avec l'infanterie suisse massée en formation de combat.

C'est alors que, pour la première fois, le duc de Bourgogne eut l'occasion d'entendre le terrible mugissement des trompes de ses adversaires. Contrainte de reculer, la cavalerie bourguignonne se trouva promptement rejetée vers le principal corps d'armée tandis que, par milliers, les fantassins suisses, appuyés par quelques centaines de cavaliers, descendaient la pente. Les montagnards avançaient, protégés par la redoutable muraille de pointes que constituaient leurs énormes piques. Sur les flancs et sur l'arrière, leur phalange était couverte par des hallebardiers qui faisaient tournoyer leurs haches d'armes d'un air menaçant. Bras nus, les Suisses portaient des corselets et des casques d'acier. « Plus de trente bannières vertes » flottaient autour d'un vaste étendard blanc. Ils étaient placés sous la conduite du chef des Lucernois, un bossu vêtu d'un manteau et portant une longue barbe, que Panigarola, qui était demeuré à côté du duc de Bourgogne, pouvait voir clairement.

Au moment où les Suisses débouchèrent sur le plateau, le duc lança une partie de sa cavalerie contre leur flanc droit et prit lui-même la tête de l'infanterie pour attaquer sur la gauche. Hâtivement mise en place, l'artillerie bourguignonne envoya ses premiers projectiles par-dessus les têtes de l'ennemi. Dévalant les pentes du Jura, des hommes d'armes montés chargeaient la phalange. Le vaillant seigneur de Châteaugyon, commandant de l'armée bourguignonne, vint s'empaler avec son cheval sur les piques des montagnards. L'attaque de la cavalerie faiblit et se trouva bientôt repoussée. Sur l'autre flanc, les assauts improvisés par Charles de Bourgogne ne parvinrent pas à ébranler les rangs des terribles hallebardiers. Les Suisses poursuivaient leur implacable avance. Et soudain, comme le duc se décidait enfin à lancer le gros de ses troupes contre la gauche de l'ennemi, des bannières vertes apparurent à travers les arbres à proximité du lac, sur la droite des Bourguignons. A nouveau les trompes de guerre retentirent, tandis qu'une nouvelle phalange suisse sortait de la forêt pour envahir le plateau aux cris de : « Berne! Berne! »

Averti du danger, le duc de Bourgogne tenta une nouvelle manœuvre : à l'artillerie, il ordonna de pointer son tir sur les nouveaux venus; à la cavalerie, qui masquait les canons, il commanda de se placer sur le côté; et, à l'infanterie, qui barrait la route à la phalange, il enjoignit de se retirer afin de laisser davantage de place pour la manœuvre. Cependant, sur la gauche, les Suisses balayaient toute résistance tandis que sur la droite ils commençaient à envahir le plateau; aussi le moment était-il mal choisi pour exécuter des mouvements si complexes. Sur le front, les ordres de Charles eurent pour effet de semer la confusion, de sorte qu'à l'arrière les Bourguignons furent bientôt convaincus que leurs camarades essayaient de fuir. La panique ne tarda pas à s'emparer de l'ost tout entier. Le cri de « sauve-qui-peut! » se mit à retentir, et, peu à peu, les rangs de l'armée bourguignonne s'éparpillèrent comme par enchantement. En vain Charles tenta-t-il d'arrêter le flot des fuyards. Malgré lui, il dut se replier sur le camp où il tenta encore de rallier ses hommes. Déjà les montagnards étaient presque sur lui lorsqu'il fut à son tour contraint de prendre la fuite. Le manque de cavalerie chez les Suisses et la surabondance de butin dans le camp bourguignon sauvèrent l'armée du duc de l'anéantissement.

Alors que les Bourguignons fuyaient pêle-mêle en direction de Genève ou à travers les montagnes du Jura, les Suisses se mirent joyeusement au pillage. L'essentiel de la magnifique artillerie du duc tomba entre leurs mains, ainsi que des armures et des armes de toutes sortes, des pavillons richement ornés, des pièces de drap d'or, des caisses d'argent et de vaisselle, et les joyaux qui faisaient l'orgueil de la Bourgogne *. Les montagnards étaient si mal informés de la valeur des objets dont ils s'emparèrent que certains d'entre eux vendirent, dit-on, des pierres fabuleuses pour un franc ou deux. Les poches pleines de butin, les Suisses se hâtèrent de retourner chez eux.

A bride abattue, le duc de Bourgogne reprit le chemin de la Franche-Comté pour se rendre à Nazeroy, de l'autre côté du Jura. En route, songeant à la passion que nourrissait Charles pour les grands conquérants de l'Antiquité, son fou, Le Glorieux, lui dit d'un ton railleur : « Monseigneur, nous avons été bien " hannibalé " aujourd'hui! »

Lorsqu'il sut que les Bourguignons avaient traversé le Jura, le roi de France se mit en route pour Lyon, porte de la Savoie, où il avait donné à ses troupes l'ordre de se concentrer. Il profita de ce déplacement pour aller offrir ses prières à Notre-Dame du Puy, et c'est là qu'aux environs du 9 mars il reçut ses premières informations concernant la défaite du duc de Bourgogne. Dès qu'il fut à Lyon, il envoya une chaleureuse lettre de félicitations à l'avoyer et au Conseil de Berne. Malgré les qualificatifs de « très illustres seigneurs » et de « très chers et spéciaux amis, invincibles par la grâce de Dieu », les Suisses ne se laissèrent pas impressionner et adressèrent à Louis diverses requêtes le priant de prendre part à la lutte et de partager avec eux les charges de la guerre. Le roi savait désormais que le duc de Bourgogne, qui ne rêvait que massacre et vengeance, avait à nouveau franchi le Jura pour aller établir son camp à Lausanne. Il fit donc tenir aux conseillers de Berne une réponse vibrante de sympathie — sinon de sincérité — par laquelle il expliquait que, les Suisses n'étant pas parvenus à pousser plus avant en territoire savoyard, il s'était lui-même trouvé dans l'incapacité d'envoyer ses troupes rejoindre les leurs. Cependant, il les assu-

* Parmi lesquels la couronne ducale incrustée de pierres précieuses; une splendide épée ornée de pierreries; Le Sancy, l'énorme diamant du duc; deux grosses perles, « chacune de la taille d'une noix »; et cinq rubis, « les plus beaux du monde ».

rait que, s'ils poursuivaient la lutte, il était lui aussi prêt à entrer en action. Aux émissaires suisses venus lui faire de nouvelles représentations, le roi réserva l'accueil le plus chaleureux et promit de fournir aux Cantons de nouveaux subsides et d'accorder à leurs chefs des pensions particulières; après quoi, « les renvoya les bourses pleines et revêtus de draps de soie ». Commynes estime qu'à sa mort Louis XI avait versé aux Cantons suisses près d'un million de florins du Rhin.

Déjà la déroute de l'armée bourguignonne à Grandson commençait à faire ressentir ses effets à travers l'Europe. Les unes après les autres, les villes et les principautés de l'Empire se déclarèrent contre le duc de Bourgogne. Par le truchement d'un envoyé secret, Yolande de Savoie proposa au roi une réconciliation franco-savoyarde dans l'espoir que, si les choses tournaient mal pour son allié bourguignon, il lui serait possible de rentrer en grâce auprès de son frère. Sentant qu'il avait misé sur le mauvais cheval, Galeazzo-Maria Sforza, duc de Milan, se hâta d'envoyer à Lyon un émissaire chargé d'expliquer sa perfidie au roi. Celui-ci refusa l'argent que lui proposait Giovanni Bianchi, l'ambassadeur milanais, et se contenta de lui déclarer :

> « Dites à votre maître que je ne veux pas de son argent, et que j'en lève une fois l'an trois fois plus que lui; et de la paix et de la guerre, j'en ferai à mon vouloir. Mais s'il se repent d'avoir laissé mon alliance pour avoir pris celle du duc de Bourgogne, je suis content de retourner comme nous étions. »

A la même époque, le vieux roi René arriva à Lyon pour se réconcilier avec Louis, qui lui fit bon accueil *. Quelques jours

* Fidèle partisan de René, le Napolitain Jean Cossa, sénéchal de Provence, qui connaissait fort bien le roi de France, sut trouver les mots qu'il fallait pour excuser son maître : « Sire, déclara-t-il aussitôt qu'il fut en présence du roi, ne vous émerveillez pas si mon maître, le roi votre oncle, a offert au duc de Bourgogne le faire son héritier, car il s'en est trouvé conseillé par ses serviteurs, et surtout par moi, vu que vous, qui êtes le fils de sa sœur et son propre neveu, lui avez fait les torts si grands que de lui avoir pris les châteaux d'Angers et du Bar, et si maltraité en ses autres affaires. Nous avons bien voulu mettre en avant ce marché avec ledit duc, afin que vous en entendiez les nouvelles, pour vous donner envie de nous faire raison et connaître que le roi mon maître est votre oncle; mais nous n'eûmes jamais envie de mener ce marché jusques au bout. »

Louis, qui savait apprécier un bon serviteur, se montra sensible à l'audace dont fit preuve Cossa en prenant ainsi la défense de son maître, aussi accueillit-il « très bien et très sagement ses paroles ».

plus tard, il acceptait de laisser la Provence au comte du Maine, son neveu, étant entendu que, ce dernier n'ayant pas d'enfant, la province serait rattachée au royaume de France à sa mort. René consentit en outre à rompre tous les liens qui l'unissaient au duc de Bourgogne, en échange de quoi le roi de France lui accorda une généreuse pension de soixante mille francs par an, récompensa ses principaux officiers et lui offrit toute espèce de divertissements qu'agrémentaient une pléiade de jolies femmes. Lorsqu'ils se quittèrent, l'oncle et le neveu étaient dans les meilleurs termes du monde.

Cependant, le roi n'entretenait pas d'aussi bons rapports avec tous les pairs du royaume. Les révélations faites par le connétable touchant les traîtrises du duc de Nemours avaient fini par lasser sa patience. Assiégé par les troupes royales dans sa forteresse de Carlat, Jacques d'Armagnac se rendit le 9 mars, quelques jours après que sa femme fut morte en couches. Celle-ci avait passé les ultimes journées qui lui restaient à vivre à brûler des documents compromettants que son mari était apparemment trop veule et trop faible pour détruire lui-même. Pendant que le roi et son oncle festoyaient, le duc de Nemours roulait de sombres pensées dans la prison lyonnaise de Pierre-Scize où il passait ses nuits enfermé dans une cage de fer et de bois. Emmené à Paris, il fut incarcéré à la Bastille le 4 août tandis que s'ouvrait son procès. Les preuves attestant sa culpabilité ne manquaient certes pas, et la maladresse avec laquelle il tenta de se défendre ne fit qu'aggraver son cas. Cependant, il lui fallut attendre un an jour pour jour avant qu'un verdict ne soit prononcé contre lui. Le 4 août 1477, devant le Parlement de Paris, il fut finalement déclaré coupable de lèse-majesté et condamné à mort. Conduit aux Halles, le grand marché couvert de la capitale, il eut juste le temps de se confesser avant de monter sur l'échafaud où il fut rapidement décapité. Son exécution eut lieu dans un entrepôt de poissons dont les murs avaient été tendus de noir, le sol balayé et l'atmosphère purifiée grâce à des herbes aromatiques *.

* La répugnance que manifestèrent le chancelier et certains membres du Parlement à condamner Nemours, en dépit de son évidente culpabilité, atteste l'énorme prestige dont jouissaient encore les personnages princiers dans la France de Louis XI ainsi que le malaise et la crainte qu'inspirait alors la personnalité révolutionnaire du roi. Pour sa part, Louis démit de leurs fonctions les trois membres du Parlement qui, dans l'action entamée contre Nemours, s'étaient montrés le plus récalcitrants.

Les changements qu'avait entraînés en Europe la bataille de Grandson se manifestèrent également dans les rapports qu'entretenait le duc de Bourgogne avec Louis XI. Bientôt, Charles dépêcha à Lyon le seigneur de Contay « avec humbles et gracieuses paroles, qui était contre sa nature ». Le roi réserva à Contay un accueil très cordial; cependant, l'envoyé bourguignon eut à subir bien des moqueries de par la ville, où retentissaient des chansons « à la louange des vainqueurs et à la foule [honte] du vaincu ». Avant de quitter Lyon, le seigneur de Contay eut en outre l'occasion de voir le roi René réconcilié avec Louis.

A la tête d'une armée comprenant deux milles lances, huit mille francs archers et quelque deux cents pièces d'artillerie, le roi de France attendait à Lyon, où, grâce à son réseau de renseignements, il pouvait suivre les manœuvres du duc de Bourgogne sur les rives du lac Léman.

II

Onze jours seulement après la défaite qu'il avait essuyée à Grandson, Charles de Bourgogne avait retraversé le Jura pour établir son camp sur un plateau situé au-dessus de Lausanne. Tandis que ses lieutenants battaient la campagne à la recherche des fuyards, le duc s'occupait de réunir dans ses domaines les vivres, l'artillerie et les troupes dont il avait besoin. Comme l'armée se rassemblait, il se lança dans une amère diatribe contre ses hommes, « les accusant d'être tous des traîtres et d'avoir fui pour lui infliger une honteuse défaite et le mettre à la merci du roi de France, ou encore pour qu'il se fît tuer ».

De fort méchante humeur, ses troupes se mirent elles-mêmes à construire les grossières huttes de bois qui devaient les abriter. Bientôt le camp hébergeait une armée hétéroclite de quelque quinze mille hommes, c'est-à-dire de la même taille ou presque que celle dont disposait précédemment le duc. Consumé par ses colères, épuisé de fatigue, Charles tomba si gravement malade

Lorsque les collègues de ces derniers tentèrent de plaider en leur faveur, le roi leur répondit : « Je pensais que, vu que vous êtes sujets de la couronne et y devez votre loyauté, que vous ne voulussiez approuver que on dût faire si bon marché de ma peau. »

que, vers la fin du mois d'avril, il fallut le transporter à Lausanne dans un logement plus confortable. Mal payés et mal nourris, ses hommes commencèrent à se battre entre eux. Début mai, une sanglante querelle mit aux prises mercenaires anglais et italiens, à laquelle seule l'intervention du duc, alors convalescent, parvint à mettre un terme.

Toutefois, Charles de Bourgogne ne songeait plus désormais qu'à se venger des Suisses; aussi, le 27 mai, brûla-t-il son camp de Lausanne pour marcher à travers le Pays de Vaud en direction de la petite ville forte de Morat, qui, à proximité de la pointe orientale du lac du même nom, occupait une position clé sur la route de Berne. Le 9 juin, le duc arriva devant Morat, que défendait alors une garnison suisse d'environ deux mille hommes. La ville, dont les remparts et le château sont encore debout, est construite sur une petite éminence, entre le lac et les pentes irrégulières qui s'élèvent jusqu'aux sommets boisés qui dominent la vallée où coule la Sarine, qu'enjambent les ponts par lesquels passent les deux routes qui conduisent de Berne à Morat. Ayant établi son camp sur les hauteurs situées au sud et au sud-est de la ville, le duc de Bourgogne installa son artillerie et ses engins de siège et se mit en devoir de canonner la ville. Le 18 juin, une brèche ayant été ouverte, il lança contre Morat un assaut qui fut sauvagement repoussé. Cependant, de Berne approchait une armée de quelque dix-huit mille fantassins et deux mille cavaliers.

Dès qu'on l'eut averti que l'ennemi approchait, le duc de Bourgogne retira du siège le gros de son armée et établit une position fortifiée face à la pente, sur un plateau situé au-dessus du camp. Dans l'après-midi du vendredi 21 juin, après avoir consacré plusieurs jours à préparer le terrain en vue de la bataille, il fut informé que l'ennemi s'était installé de l'autre côté de la forêt. Comme les Suisses paraissaient peu nombreux et ne faisaient pratiquement aucun mouvement, Charles pensa aussitôt qu'ils ne cherchaient rien d'autre qu'à le persuader d'abandonner le siège. Aussi, convaincu qu'ils ne lui livreraient pas bataille, laissa-t-il à une garde le soin de veiller sur ses positions et ordonna-t-il à ses troupes de regagner le camp. Le lendemain à l'aube, il se mit à pleuvoir. Sur les injonctions de ses capitaines, le duc consentit à faire monter sur le plateau la plus grande partie de ses hommes. Durant la matinée, ceux-ci passèrent de longues heures sous la pluie à attendre les Suisses.

Mais l'ennemi ne se montrait pas, et Charles, toujours plus convaincu qu'il ne passerait pas à l'attaque, renvoya ses troupes au camp pour qu'elles pussent s'y abriter et y prendre quelque nourriture. Pour garder le plateau, il ne laissa sur place que dix-huits cents cavaliers, un millier de fantassins — parmi lesquels les archers anglais — et son artillerie.

Vers midi, la pluie cessa. Presque au même instant retentit le terrible mugissement des trompes de guerre de l'ennemi, et bientôt sortirent de la forêt deux redoutables phalanges de piquiers entourant une puissante troupe de cavalerie. René II, le jeune duc de Lorraine, qui avait rejoint l'armée suisse quelques heures auparavant seulement, marchait à la tête de trois cents cavaliers : le roi Louis lui avait fourni de l'argent et une escorte suffisante pour qu'il pût se rendre sur les lieux du combat en toute sécurité. Tandis que, sur la gauche des Bourguignons, la plus petite des deux phalanges descendait à l'attaque des assiégeants, une dizaine de milliers d'hommes, dont les rangs étaient semés de « nombreuses bannières », marchaient droit sur les positions du duc Charles. Protégés derrière un ouvrage de fortification, les archers anglais et les artilleurs bourguignons ouvrirent un feu si nourri que les Suisses furent momentanément mis en échec. Mais bientôt un corps d'infanterie ennemi, dévalant un ravin, attaquait les bourguignons de flanc au cri répété de « Grandson! »

Ce n'est qu'après plusieurs messages de ses capitaines que le duc de Bourgogne voulut enfin croire que l'ennemi était sur lui. Hurlant des ordres, il fit remonter ses troupes sur le plateau puis s'arma lui-même avec l'aide de son médecin et de Jean-Pierre Panigarola. Cependant, pour montrer que rien ne pressait, il refusa de monter à cheval. Au moment où il atteignit le plateau, une masse désordonnée de fantassins cherchaient d'ores et déjà à fuir. Comme les Suisses pressaient ses troupes de toutes parts, Charles de Bourgogne criait des ordres incompréhensibles. « Jamais auparavant, note Panigarola, je n'avais vu le duc confus et ne sachant que faire. » Les quelques escadrons d'hommes d'armes qui tentaient de résister furent rapidement submergés par les redoutables piques de l'ennemi. Contraintes d'abandonner leurs positions, la cavalerie et l'infanterie balayèrent en dévalant la pente les troupes qui, du camp, s'efforçaient de gagner le plateau. Bientôt, des torrents de fuyards se dirigeaient vers le lac. « Tout cela, écrivit l'ambassadeur milanais, se passa en moins de temps qu'il n'en faut pour dire un *Miserere.* »

A cet instant surgit une troisième phalange qui, descendant sur la droite des Bourguignons, s'en vint couper à l'ouest la route du lac qu'avaient empruntée les fuyards. Par ailleurs, les Suisses qui assuraient la défense de Morat firent une sortie par la porte occidentale de la ville, refermant ainsi le piège sur l'ennemi. Tandis que le duc de Bourgogne et ses gens d'armes galopaient à bride abattue en direction de Lausanne, les Suisses entreprirent d'égorger les Bourguignons qui se trouvaient encore occupés à s'armer à l'intérieur du camp. Momentanément encerclé par les montagnards, Antoine, le grand Bâtard de Bourgogne, parvint à s'échapper alors que le comte de Marle se voyait exécuté malgré les vingt-cinq mille ducats qu'il offrit en échange de la vie. Cependant que la cavalerie suisse poursuivait les fuyards, les malheureux fantassins bourguignons furent bientôt acculés sur les rives du lac où ceux qui ne se noyèrent pas furent promptement massacrés. Ce jour-là périrent une dizaine de milliers d'hommes, c'est-à-dire près de la moitié de l'armée bourguignonne. Accompagné par trois cents cavaliers seulement, Charles se rendit d'une traite jusqu'à Morges, sur les bords du Léman, avant de traverser le Jura pour gagner la Franche-Comté où il s'établit à Gex, à proximité de Saint-Claude [1].

Le lundi 22 juin, deux jours seulement après la bataille, Philippe de Commynes et le seigneur du Bouchage se précipitaient dans la chambre de Louis XI avec une dépêche annonçant la victoire de Morat *. Quelque joie que cette nouvelle eût pu procurer au roi — on ne trouve aucun compte rendu rapportant son triomphe —, il ne songea pas un instant à exploiter par les armes la défaite de son ennemi. Le même jour, il dépêcha des troupes sur la frontière de la Savoie afin de montrer qu'il était prêt à appuyer le gouvernement du duché; en outre, il envoya au grand maître, qui se trouvait alors en Picardie, une lettre

* 175 milles séparant Morat de Lyon, on pourra, à la rapidité avec laquelle cette nouvelle atteignit le roi, juger de l'étonnante efficacité de son courrier. Louis aimait à dire : « Je donnerai tant à celui qui premier m'apportera telles nouvelles. » Pour avoir prestement intercepté ce message, Commynes et Ymbert de Batarny reçurent chacun deux cents marks d'argent.

l'enjoignant de maintenir à tout prix la trêve avec la Bourgogne. Le lendemain, il partit en pèlerinage pour aller rendre grâces à Notre-Dame du Puy. Dans un message de félicitations adressé à l'avoyer et au Conseil de Berne, « ses très spéciaux amis, par la grâce de Dieu très invincibles », il soulignait le fait que, grâce à leur victoire, les Suisses avaient rendu possible le retour à la paix. « Le roi est tout entier dévoué à la paix », nota le nouvel ambassadeur milanais. Louis était fermement résolu à suivre jusqu'au bout le scénario du drame qu'il avait lui-même imaginé; toutefois, le dernier acte restait encore à jouer. A la fin de juillet, alors que le duc de Bourgogne se trouvait immobilisé en Franche-Comté, le roi prenait à nouveau le chemin de la Loire.

Le nouvel ambassadeur milanais, Francesco Pietrasanta, avait été dépêché en France par Galeazzo-Maria Sforza aussitôt que ce dernier avait appris l'issue de la bataille de Morat. Comme bien d'autres, le duc de Milan ne songeait plus désormais qu'à faire oublier sa malencontreuse alliance avec la Bourgogne pour renouer avec la France. Fort heureusement pour lui, il avait su choisir comme délégué un homme intelligent et sage dont Louis XI apprit bientôt à apprécier la valeur [2]. L'alliance milanaise fut renouvelée et Francesco Pietrasanta devint l'un des intimes du roi. Ce fut lui qui, le premier, comprit que le succès de la politique bourguignonne menée par Louis était également un triomphe pour Philippe de Commynes.

> « Le seigneur d'Argenton, écrivit-il, a été le début, le centre et le terme de nos affaires. Lui seul participe aux entreprises et dort dans la chambre du roi. Il est tout dans tous les domaines et pour toutes choses. »

Tout au long de l'été, le seigneur de Contay, émissaire du duc de Bourgogne, fit la navette entre son maître et Louis XI. Ce dernier disposait cependant de meilleures sources de renseignements concernant Charles de Bourgogne. Le premier geste qu'accomplit le duc au lendemain de sa défaite obéissait à un réflexe de fureur. Il lui fallait quelqu'un sur qui rejeter la responsabilité de son échec. Ayant sous la main son alliée, la duchesse-régente Yolande de Savoie, il la choisit comme bouc émissaire et décida qu'elle avait conclu une alliance secrète avec le roi de France, son frère. Aussitôt qu'à Gex elle eut pris congé de lui pour regagner Genève avec ses quatre enfants, le duc ordonna au capitaine de sa garde, Olivier de la Marche, de l'arrêter nuitamment et de l'emmener en Franche-Comté avec ses rejetons. Dans ses *Mémoires*, le malheureux Olivier écrivit : « Ce que je fis, je le fis pour sauver ma vie. » Cependant, au retour de sa mission, il lui manquait un prisonnier; en effet, dans l'obscurité, l'un de ses officiers italiens avait laissé échapper Philibert, le petit duc de Savoie, âgé de onze ans, que les serviteurs de sa mère avaient alors eu soin de cacher dans un champ de blé. A cette nouvelle le duc de Bourgogne entra dans une telle colère qu'Olivier de la Marche faillit perdre la vie quand même. Yolande et ses trois enfants furent placés sous la surveillance d'une garde anglaise — désormais Charles se méfiait de ses sujets — dans une forteresse située près de Dôle puis au château de Rouvre. Dans sa rage le duc de Bourgogne traita la duchesse de putain et jura qu'il lui ferait « expier ses péchés ».

Le duc lui-même demeura à Salins jusqu'à la fin de juillet, après quoi il se rendit à La Rivière, toujours en Franche-Comté, où il entreprit de lever une nouvelle armée. A ses Etats de Bourgogne et des Pays-Bas, il réclama de l'argent, des vivres et des troupes. Mais déjà il avait perdu le cœur de bien de ses sujets et il ne pouvait plus désormais compter sur leur obéissance. Vers la fin de l'été, il était parvenu à réunir quelque onze cents lances, mais ses hommes étaient mal montés, mal armés et démoralisés. Meurtri de corps et d'esprit, leur chef n'inspirait guère confiance. Quelque temps auparavant il avait perdu dans une chute les dents de sa mâchoire supérieure; en outre, il se laissait pousser la barbe, et il ne cessa cette pratique que le jour où ses médecins réussirent à le convaincre qu'elle engendrait la mélancolie; « plus longs qu'on en eût jamais vu », ses ongles étaient comme des griffes. Le plus souvent en proie au désespoir ou à la rage, Charles avait parfois des accès de rire, et c'est à l'occasion de l'un d'eux qu'il assura Jean-Pierre Panigarola que bientôt il réapparaîtrait sur la scène européenne avec une armée de cent cinquante mille hommes *. Sa colère

* C'est peu après que le roi eut échappé aux griffes de Charles à Péronne et à Liège que Chastellain signale pour la première fois les curieux accès de désespoir auxquels le duc se trouve parfois en proie. Peut-être alors déjà un obscur désir de mort avait-il commencé à se glisser en lui.

était désormais dirigée contre René II de Lorraine, l'homme qui avait combattu du côté des Suisses à Morat. Les sujets du jeune duc avaient épousé la cause de leur maître; aussi, en septembre, malgré les garnisons bourguignonnes qui s'y trouvaient placées, René était-il parvenu à reconquérir plusieurs des villes de son duché.

Surveillant de loin le duc de Bourgogne, le roi de France prêtait une oreille complaisante au seigneur de Contay, qui s'était une fois de plus présenté à la cour au début du mois d'août avec de vagues protestations manifestement destinées à rassurer un ennemi qui d'ailleurs n'en avait nul besoin. Avant le départ du porte-parole bourguignon, Louis ne put résister au plaisir de faire quelques rudes plaisanteries à ses dépens. Il ordonna que le renouvellement de l'alliance avec Milan fût proclamé au son des trompettes, juste au-dessous des fenêtres de Contay. Une nuit, ce dernier fut brusquement tiré de son sommeil par des clameurs et des roulements de tambours tandis qu'on criait à sa porte : « Les Suisses arrivent! » Louis XI lui-même le traita avec une ironie gouailleuse. Avant la mi-septembre, Contay était de retour et proposait au roi que le duché de Savoie fût partagé entre la France et la Bourgogne. A cette offre, Louis se contenta de répondre par une parabole : un jour, un lion pria ses voisins de se joindre à lui pour une partie de chasse dont chacun, promit-il, rentrerait chez soi avec sa part de gibier.

> « Sire, demanda alors le lièvre, quel profit trouverai-je à vous accompagner si je ne mange pas de viande? — Nous capturerons toutes sortes d'animaux à poils et nous te donnerons quelques fourrures », lui répondit le lion. « Sire, rétorqua alors le lièvre, je n'ai nul besoin d'un tel butin car ma fourrure à moi me suffit. »

A Pietrasanta, le roi dit plus clairement encore ce qu'il pensait de Charles :

> « Le duc de Bourgogne, expliqua-t-il, est si instable qu'il change constamment d'idées. Tantôt il m'annonce telle chose, tantôt telle autre, et il hésite tant que jamais je ne sais au juste ce qu'il entend me dire. Par ma foi, il est fou. Je sais que je fais mal en employant ce mot, mais en vérité il l'est. Ce qui est certain, c'est qu'autrefois il a eu de la chance; mais, ce qu'il a gagné jusqu'ici, il ne le doit pas à son intelligence, mais au

hasard, à la puissance de l'argent et au fait que personne ne cherchait à contrecarrer ses projets. »

Fin septembre, lorsque Contay partit, Louis avait décidé de libérer la duchesse de Savoie. Il confia cette mission à son gouverneur de Champagne, Charles d'Amboise, un homme suffisamment adroit pour mener la chose à bien. A la tête de deux cents lances, le gouverneur se rendit rapidement au château de Rouvre, dont il neutralisa la garde, et, non moins rapidement, il emmena Yolande et ses enfants en territoire français « sans faire ni recevoir le moindre mal ».

> « Venez aussi vite que possible, car je vous promets par ma foi que jamais je n'ai désiré voir jolie fille autant que je désire vous voir »,

écrivit Louis à sa sœur. Le 29 octobre, ayant appris qu'elle approchait, il envoya à sa rencontre les principaux membres de sa cour et l'attendit lui-même à Montils, petite résidence qu'il possédait aux portes de Tours, à côté du Plessis.

Lorsqu'elle descendit de cheval, le roi s'approcha d'elle et, radieux, lui dit en l'embrassant : « Madame de la Bourgogne, vous soyez la très bien venue. »

« Au milieu des plus tendres effusions », la duchesse protesta qu'elle n'était pas bourguignonne mais qu'en bonne Française elle serait heureuse d'obéir au roi dans tout ce qu'il jugerait bon de lui ordonner. La tenant par la taille, Louis la fit entrer tout en bavardant avec elle à bâtons rompus. Lorsqu'ils eurent soupé, il l'emmena dans sa chambre à coucher où elle demeura jusqu'à ce qu'il fût au lit. Durant les dix jours qui suivirent, ils restèrent constamment en compagnie l'un de l'autre. Le roi avait chargé le seigneur d'Argenton de réunir une confortable somme d'argent et de distribuer pour quatre mille écus d'étoffes à ses gens. Le 4 octobre, après qu'ils eurent juré un pacte d'amitié et que Louis se fut engagé à la défendre et à défendre sa Maison, ils se séparèrent avec des protestations d'affection qui émurent tous ceux qui assistaient à la scène. En fait, explique Commynes, le roi « avait très grande envie d'en être dépêché [*débarrassé*] : elle était très sage (et s'entre-connaissaient très bien tous deux) et désirait encore plus son département que lui ».

Au moment de se quitter, « tous deux furent bien joyeux de départir l'un de l'autre, et sont demeurés comme bons frère et sœur jusques à la mort ».

Bien qu'on ignorât quel serait le prochain mouvement du duc de Bourgogne, Louis passa cette année-là sur les bords de la Loire un été calme et reposant tel qu'il ne devait jamais plus en connaître. Sa vieille maladie continuait pourtant à l'inquiéter, et il se faisait à son propos de bien étranges idées. Au soir du vendredi 9 août, comme il rentrait à Plessis-les-Tours après une brève randonnée dans la vallée, il fit appeler la reine, qui ne l'avait pas accompagné à Lyon, et passa la nuit avec elle — occasion rare que l'ambassadeur milanais ne se fit pas faute de rapporter. Le lendemain matin, encore en robe de chambre, il eut avec Pietrasanta un entretien privé. Assis près d'une fenêtre, il expliqua à celui-ci qu'il se sentait malade. Lorsqu'il eut appris que le Milanais avait amené avec lui maître Pantaleone, un médecin italien autrefois à son service, Louis l'envoya chercher. S'exprimant en latin, il déclara alors devant les deux hommes :

> « Je souffre d'hémorroïdes. J'en ai depuis longtemps déjà, mais jamais elles n'ont été aussi douloureuses qu'à présent. Je crois qu'il faut en voir la cause dans les efforts intellectuels et physiques que m'a coûtés cette expédition [à Lyon, durant le premier semestre de 1476] et aussi dans le manque d'activité sexuelle où m'a réduit la longue absence de ma femme. »

Puis, poursuivant en italien, il ajouta :

> « Cette maladie occasionne certaines vapeurs qui me montent à la tête et provoquent chez moi une palpitation du cœur qui me gêne beaucoup. »

Sur quoi il tendit sa main à Pantaleone afin que celui-ci pût lui prendre le pouls, et expliqua à Pietrasanta qu'il connaissait le médecin depuis trente ans et qu'il le croyait si capable qu'il l'avait nommé conseiller royal.

Apparemment, le traitement de Pantaleone fut efficace, car Louis passa les mois d'août et de septembre sans plus se plaindre de ses maux. Il fit un pèlerinage à Notre-Dame de Béhuard, dans son île de la Loire, près d'Angers. A la mi-août, à l'occasion de sa fête, il s'abstint durant trois jours de traiter toute affaire. Chaque semaine, selon son habitude, il consacra le jour de la fête des Innocents à lire et à discuter certains sujets intellectuels avec quelques élus. Parmi les esprits choisis qui partageaient alors sa compagnie, il appréciait tout particulièrement le Napolitain Boffile de Juge, « un homme à la conversation très agréable, qui connaissait fort bien l'histoire, tant ancienne que moderne », et qui, depuis deux ans, avait accompli à son service une rapide ascension. Comme de coutume, il s'amusa à combiner des mariages. A Lyon, il avait été frappé par les solides qualités de deux bourgeoises de la ville, l'une et l'autre veuves de marchands. Les ayant ammenées avec lui dans la Loire, il leur choisit deux Parisiens pour époux et, en guise de dot, il s'engagea à procurer des places intéressantes à leurs maris.

Louis aimait à se promener dans le parc du Plessis pour surveiller ses volières et ses garennes, pour inspecter les vaches qu'il avait fait venir des Flandres et voir la laitière flamande, importée avec elles, fabriquer son beurre. Selon une légende tourangelle, un jour qu'il furetait dans les cuisines, il s'arrêta devant un petit marmiton occupé à tourner une broche. Celui-ci, n'ayant pas reconnu le souverain, continua imperturbablement sa besogne. « Combien gagnes-tu? », lui demanda Louis. « Autant que le roi, lui répondit gaiement l'enfant. Lui et moi gagnons notre vie. Dieu me nourrit et il me nourrit. » Charmé par cette réponse, Louis prit aussitôt le jeune garçon comme page à son service. Si cette histoire est apocryphe, elle n'en est pas moins révélatrice de l'image que les Tourangeaux se faisaient de leur souverain. D'ailleurs, Louis XI s'inquiétait fort de leur bien-être. Le printemps précédent, à Lyon, malgré les soucis qui l'accablaient, il donna à Tours, où l'on se plaignait que la nourriture fût trop chère, l'ordre de baisser le prix du blé de sorte que les boulangers pussent cuire de plus gros pains pour la même somme d'argent.

Fin août, Louis partit chasser au nord de la Loire, dans la région de Vendôme. Il établit ses quartiers dans un village si petit que même les gens de sa maison furent pour la plupart contraints de se loger dans les hameaux avoisinants. Très propice à la chasse, la contrée était sauvage et belle, et le roi, loin de la cour et de ses affaires, s'y trouvait dans son élément. Le 1er septembre, il passa neuf heures à traquer un cerf. Il croyait avoir perdu l'animal lorsque, soudain, il le retrouva;

aussi, sur le chemin du retour, il était si content de lui qu'il chanta joyeusement une ballade raillant les défaites du duc de Bourgogne.

III

Début octobre, le roi de France était de nouveau à Tours. En Lorraine, les événements se précipitaient. N'écoutant plus que ses passions, le duc de Bourgogne reprenait les armes. Louis apprit bientôt qu'avec une armée réunissant des Suisses et des Alsaciens de la Basse Union, René II avait mis le siège devant Nancy, dont la garnison bourguignonne s'était rendue le 6 octobre. Déjà Charles de Bourgogne marchait sur la Lorraine pour reprendre la capitale du duché. René II, qui ne disposait pas de forces suffisantes pour s'opposer à lui, établit à Nancy une puissante garnison et demanda de l'aide auprès de ses amis les Suisses. Le 22 octobre, le duc de Bourgogne assiégeait la ville en dépit des injonctions de ses capitaines, selon qui son armée était trop faible pour que l'entreprise réussît.

Les Suisses, les Alsaciens et les Allemands étaient tout prêts à fournir des hommes à René, mais encore fallait-il de l'argent pour les payer. Les envoyés de Louis prêchaient la cause de René auprès des Cantons et informaient leur maître de la tournure que prenaient les événements; aussi le roi fournit-il sans plus tarder l'argent dont on avait besoin. Le 1er janvier 1477, le duc de Lorraine marchait sur Nancy avec une armée de dix mille Suisses qui comptait en outre de nombreux Allemands et une troupe montée de volontaires français. Les capitaines de Charles supplièrent celui-ci de se replier sur le Luxembourg, où il pourrait trouver les vivres et les renforts indispensables, mais ils ne parvinrent qu'à s'attirer sa colère et à se faire traiter de lâches. Par un froid glacial, ayant rangé ses troupes au sud-est de Nancy, sur un plateau que coupait la route par laquelle ses ennemis devaient arriver, le duc de Bourgogne passa en revue son armée, une armée non payée que constituaient moins de trois mille hommes découragés, mal équipés, et bien souvent malades.

A l'aube du jeudi 9 janvier, le roi Louis entendit vivement frapper à la porte de sa chambre du palais du Plessis. Bientôt entra monseigneur du Lude, tenant à la main une dépêche du seigneur de Craon, lieutenant royal sur la frontière de Lorraine.

Le 5 janvier, c'est-à-dire le dimanche précédent, l'armée de René II, divisée en deux corps pour prendre les Bourguignons en tenailles, avait écrasé les troupes de Charles de Bourgogne dès le premier assaut. Mis en fuite, des centaines de Bourguignons avaient été tués, et l'on avait fait prisonnier le Bâtard de Bourgogne et d'autres grands seigneurs. Quant au duc lui-même, on ne possédait pour l'instant aucune nouvelle de lui.

> « De prime face, rapporte Commynes, le roi fut tant surpris de la joie qu'il eut de cette nouvelle, que, à grand-peine, sut-il quelle contenance tenir. »

Fiévreusement, il s'interrogeait à haute voix sur les conséquences qu'il fallait attendre de cette victoire : tout dépendait de ce qu'il était advenu de Charles de Bourgogne. Il convoqua ceux qui, parmi ses capitaines et ses conseillers, se trouvaient alors être à Tours, leur montra la dépêche, fit quelques commentaires, et s'en alla entendre la messe. En sortant de la chapelle, il ordonna qu'une table fût dressée dans sa chambre et invita toute la compagnie à dîner.

Commynes, qui raconta la scène quelque douze ans plus tard, en goûte encore la piquante saveur. Tout absorbé qu'il fût par les nouvelles qui venaient de lui être communiquées, il serait bien étonnant que le roi lui-même n'eût pas été sensible à l'ironie de la situation; et peut-être n'imagina-t-il ce repas que pour prolonger la comédie qui se jouait sous ses yeux. En apprenant de la bouche de leur souverain l'issue de la bataille de Nancy, ses hôtes avaient manifesté la plus grande joie; mais, pour la plupart d'entre eux, sans doute cette démonstration d'allégresse n'alla-t-elle pas sans effort. Durant le dîner, tandis que Louis discourait sur les conséquences du désastre bourguignon, ses convives luttaient pour avoir l'air de prendre plaisir à la nourriture qui leur était offerte; cependant, « aucun d'eux ne mangea la moitié de son saoul — si n'étaient-ils point honteux [*ils n'éprouvaient pourtant aucune timidité*] de manger avec le roi, car il n'y avait celui qui [*pas qui*] bien souvent n'y eût mangé! ».

Les grands du royaume étaient incapables d'applaudir sans arrière-pensées au succès du maître à qui ils devaient leur puissance. Ils avaient vu s'effondrer des Etats apparemment inébranlables, ils avaient vu se réaliser des rêves auxquels ils n'auraient jamais osé croire; et soudain, eux qui avaient, en serviteurs obéissants, contribué à la réussite de ces vastes entreprises, se sentaient envahis par un frisson d'angoisse. Si un personnage aussi puissant que le duc de Bourgogne avait été brisé, qui donc pouvait être sûr de l'avenir? Que devaient-ils attendre de leur souverain, maintenant qu'il avait éliminé le seul homme qui fît obstacle à sa volonté? En cet instant de triomphe, Louis se trouvait ausi seul qu'il l'avait été lors de ses nombreux revers.

Le lendemain, le roi reçut un mot l'avertissant que son puissant ennemi avait péri dans la bataille. Deux jours après celle-ci, son corps avait été découvert par un page italien. Fervent disciple de Mars, le duc de Bourgogne, qui possédait toutes les qualités d'un grand général, hormis le sens de la stratégie, tout l'arsenal du conquérant, à l'exception des victoires, gisait nu, face contre terre, au milieu d'un étang gelé. Du sommet au menton, sa tête avait été fendue par une hallebarde suisse tandis que les piques des montagnards avaient troué son corps de part en part. Ce qui restait de son visage était méconnaissable, mais ses serviteurs avaient pu l'identifier avec certitude à ses longs ongles, à ses dents manquantes, et à ses nombreuses cicatrices [3].

En janvier, Louis s'en alla rendre grâce à Notre-Dame de Béhuard. Les fils aériens tissés par l' « universelle araigne » se révélaient être de puissants câbles. Non seulement il n'avait pas perdu un homme, mais son royaume n'avait même pas à déplorer un seul village incendié. En Occident, aucune puissance ne pouvait plus désormais rivaliser avec ce royaume dont le souverain était le mieux obéi des monarques. Agé de cinquante-trois ans, Louis avait maintenant derrière lui huit années de règne. Il ne pouvait savoir que la victoire qu'il avait remportée sur le plan politique, domaine où les conséquences d'un succès sont difficilement évaluables et souvent trop confuses pour qu'on puisse en avoir une vision bien nette, constituerait un triomphe tel que jamais peut-être le monde occidental n'en connaîtrait de plus grand. Mais il nous reste encore à voir de quelle façon le roi allait tirer parti de la guerre froide qu'il avait su si habilement mener.

QUATRIÈME PARTIE

La récolte

22.
L'héritage bourguignon

I

Le 18 janvier 1477, par un rude temps d'hiver, le roi de France sauta en selle et se mit en route pour les vastes territoires septentrionaux qui, depuis si longtemps, se trouvaient sous la coupe de la Bourgogne [1]. Désormais la chance avait tourné et il n'était plus nécessaire de déployer des trésors de patience et d'adresse ni d'observer une réserve autrefois indispensable. Son être étrangement complexe, qui, sous la pression du danger, avait acquis une grâce harmonieusement articulée, ne connaissait plus maintenant le frein que lui avait imposé la dure discipline du risque. A cinquante-trois ans, il avait en outre acquis une conscience nouvelle de la fragilité de l'homme et de la rapidité de la fuite du temps. Le monde et lui-même avaient changé, et, dorénavant, il lui fallait veiller à tout et faire toutes choses par lui-même. Des messagers couraient les routes pour rassembler ses troupes et ses capitaines. Il avait eu soin de se faire précéder en Picardie, en Artois, dans les Flandres et dans le Hainaut par des hommes du pays qu'il avait autorisés à promettre beaucoup et qui, en échange, s'étaient engagés à accomplir des miracles. Pour gagner la population de Gand, il avait dépêché sur place son barbier flamand, le fameux Olivier le Daim. A ses villes, il adressa des lettres réclamant des vivres, des munitions, des chevaux, des maçons et de l'argent.

Début février, lorsque le roi entra à Péronne, les villes de Picardie et presque tous les territoires du bord de la Manche s'étaient soumis à ses délégués. Les Etats du duché de Bourgogne acceptèrent d'être rattachés à la couronne. Quant à la Franche-Comté, elle céda peu de temps après, mais non sans maugréer; la cupidité du seigneur de Craon, chargé de négocier la soumission des territoires bourguignons, devait d'ailleurs bientôt y susciter des troubles. A l'époque, Louis n'avait d'autre arme que l'ironie pour contenir la grossière avidité de Craon :

> « J'ai reçu vos lettres, lui écrivit-il, et vous mercie de l'honneur que vous me voulez faire de me mettre à butin entre vous [*de partager le butin avec moi*]... Touchant les vins du duc de Bourgogne, qui sont en ses celliers, je suis content que vous les ayez. »

Avant la disparition de Charles de Bourgogne, Louis envisageait d'annexer ses territoires en mariant le dauphin à Marie, la fille unique du duc. Cependant, maintenant qu'affluaient les bonnes nouvelles et que les événements tournaient mieux encore qu'il ne l'avait espéré, il croyait possible de s'approprier l'ensemble de l'héritage bourguignon sans conclure une union aussi incertaine. Le 2 février, à la veille de son entrée à Péronne, il fut averti par Philippe de Commynes que le manque de défenseurs avait plongé le comté d'Artois dans l'affolement, et que Philippe de Crèvecœur, seigneur d'Esquerdes, commandant d'Arras, sa capitale, semblait disposé à entrer au service du roi.

Toutefois, ce même jour à dîner, Louis se rendit compte que le seigneur d'Argenton ne partageait ni son optimisme ni les bouillants espoirs exprimés par ses autres intimes. Après le repas, il tenta de rallier à ses vues le sage conseiller dont il avait l'habitude de rencontrer l'appui; mais il était clair que Commynes, favorable à la conciliation et acquis au projet de mariage, jugeait hâtif et malavisé de s'emparer froidement des domaines bourguignons. Le même soir, Louis le nommait capitaine de Poitiers, capitale de la province dont il était d'ores et déjà sénéchal, et, le lendemain, il lui donnait l'ordre de se rendre en Poitou pour surveiller les Bretons. Louis n'était plus d'humeur à écouter la voix de la sagesse [2].

Avant la fin du mois, dévoré d'impatience, le roi avait repris la route. Ayant chargé son vieux fidèle, le grand maître, de commencer les opérations militaires sur les frontières du

Hainaut, il entendait maintenant se rendre dans le Nord-Est pour tenter sa chance en Artois. Des Flandres lui étaient parvenus toute une série de rapports confus qu'il lui fallait tirer au clair.

« Mademoiselle [Marie, l'héritière bourguignonne] était alors en grande tribulation », note avec une émouvante simplicité le chroniqueur bourguignon Jean Molinet, successeur de Chastellain. Accablée de plaintes et de tristes nouvelles, maintenant que son père était mort Marie se trouvait sans troupes, sans argent et sans pouvoir. En fait, elle était même prisonnière des Gantois. A l'annonce du décès de Charles de Bourgogne, les bourgeois de Gand s'étaient empressés d'exécuter leurs principaux magistrats ainsi que maints riches accusés d'avoir favorisé le régime tyrannique du duc. Par ailleurs, ils avaient exigé de Marie qu'elle convoquât les Etats généraux des Flandres, auxquels elle fut contrainte d'accorder le droit de se réunir quand bon leur semblerait et de mettre leur veto à toute déclaration de guerre. Le 11 février, les Gantois obtenaient d'elle la restauration des libertés et privilèges municipaux que leur avaient supprimés le duc Charles et son père. Cependant, la cité demeurait en effervescence, et son agitation gagnait peu à peu d'autres grandes villes, comme Bruges et Ypres, ainsi que diverses localités du Brabant et du Hainaut. Dans ces terribles circonstances, Marie n'avait d'autre appui que celui que pouvait lui offrir le petit groupe de conseillers querelleurs qui restaient à ses côtés. Parmi eux, le chancelier de son père, Guillaume Hugonet; son oncle, l'évêque de Liège, Louis de Bourbon; le seigneur d'Humbercourt, qui avait été l'un des meilleurs conseillers et capitaines du duc; enfin, Marguerite d'York, la duchesse douairière, qui, sans enfant, avait toujours chéri Marie comme sa propre fille. Mais les émeutiers de Gand n'avaient que faire d'eux. Soucieux seulement de préserver leurs nouvelles libertés, ils n'avaient cure de ce qui pouvait advenir de l'Etat bourguignon : tout ce qu'ils savaient, c'est qu'ils n'avaient aucune envie de le voir gouverné par le roi de France, son souverain nominal.

Les conseillers de Marie s'accordaient sur un point : il fallait marier la jeune fille, qui, à vingt ans, était la plus riche héritière d'Europe, aussi rapidement que possible. En fait de parti, Hugonet et Humbercourt étaient favorables au dauphin, tout comme l'évêque de Liège. La belle-mère de l'intéressée avait, quant à elle, choisi un candidat selon son cœur en la personne de son frère George, l'ambitieux duc de Clarence, devenu providentiellement veuf en décembre précédent. Cependant, Marie n'avait pas plus envie de devenir la femme d'un duc anglais dépourvu d'argent qu'elle ne souhaitait épouser le frère de la reine d'Angleterre, auquel Edouard IV avait songé en remplacement de George. En fait, il semble qu'elle eût d'ores et déjà jeté son dévolu sur l'impétueux jeune homme de dix-neuf ans que son père lui destinait, c'est-à-dire sur Maximilien, le fils de Frédéric III, auquel le duc avait fini par la promettre dans l'espoir d'obtenir une aide militaire de l'Empire.

Forteresse située à la porte des Flandres, Arras, célèbre pour ses textiles, était alors divisée en deux parties distinctes : la cité, placée sous la juridiction de l'archevêque, et la ville, dont les fortifications dominaient la première. Le 4 mars, Louis XI entrait dans la cité que lui avait livrée Philippe de Crèvecœur, devenu son homme, en échange des hauts offices et de la généreuse pension qui lui avaient été offertes. Mais, pour ce qui est de la ville, tout ce que Louis parvint à faire alors fut de signer avec elle une trêve par laquelle il était reconnu souverain d'Arras, où il n'osait toutefois entrer avec ses troupes.

A cette même époque, le roi fut averti que la mission d'Olivier le Daim s'était soldée par un échec : la cour de Marie avait été rebutée par la grossière obstentation du barbier, et quant à la population de Gand, que celui-ci était secrètement chargé de gagner à la cause de son maître, elle s'était montrée si hostile à son endroit qu'il lui avait fallu quitter la ville. Louis s'était lourdement trompé et dans le choix de son ambassadeur et dans ses espoirs d'amadouer les Flamands. Cependant, lorsque arriva dans la cité d'Arras une délégation mandatée par les Etats des Flandres, le roi poursuivit sa campagne. Les envoyés, à qui il proposa un mariage immédiat entre le dauphin et Marie, à condition que celle-ci se plaçât d'elle-même sous sa protection, déclarèrent ce projet « inconcevable ». Le roi tenta alors d'exploiter la mésentente qui régnait entre les Flamands et la cour de Marie de façon à s'assurer l'appui de celui des deux partis qui se tournerait vers lui. Lorsque ses conseillers exhibèrent une lettre où l'héritière bourguignonne déclarait vouloir que toutes ses affaires fussent dirigées par

Hugonet, Humbercourt et deux autres de ses intimes, les ambassadeurs flamands, qui prétendaient que leurs Etats généraux détenaient le pouvoir suprême, entrèrent dans une colère telle que, le 9 mars, ils quittèrent Arras en emportant la lettre qu'ils s'empressèrent de produire contre la duchesse. Les chefs de Gand jetèrent alors Hugonet et Humbercourt en prison, et, en dépit des humbles prières de Marie, les mirent à mort comme des criminels sur la place du marché de la ville. Aussitôt, Louis fournit aux héritiers des lettres-patentes garantissant leurs biens et dénonçant violemment les exécutions. Mais c'était là une nouvelle erreur, car la haine que la foule vouait à Hugonet et à Humbercourt était partiellement due à leurs sentiments profrançais.

Déçu et agacé de n'avoir pu encore reconquérir les vastes territoires français qu'il espérait, le roi décida alors de partir en campagne. Traversant l'Artois sans rencontrer d'opposition, il mit le siège devant Hesdin, qu'il prit en l'espace de quarante-huit heures. Dix jours après, il entrait à Boulogne, célèbre pour son église de la Vierge, à qui il confia la ville et offrit, après lui avoir rendu hommage à genoux, « un cœur d'or pur d'une valeur de deux mille écus ». Cependant, les bourgeois d'Arras, rompant la trêve qu'ils avaient conclue avec Louis, dépêchèrent à Marie une ambassade chargée de lui demander son appui. Arrêtés à Lens et conduits à Hesdin, les membres de celle-ci furent promptement décapités. Le roi arriva à Boulogne dès le lendemain. Dans une lettre datée du 20 avril, il écrivait avec une sombre ironie :

> « Et il y en avait un entre les autres, maître Oudart de Bussy, à qui j'avais donné une seigneurie au Parlement [*que Bussy avait refusée*]; et, afin qu'on connût mieux sa tête, je l'ai faite atourner d'un beau chaperon fourré [*tels qu'en portaient les membres du Parlement*], et est sur le marché d'Hesdin, là où il préside. »

Les habitants d'Arras rétorquèrent à coups de pamphlets * et

* *Quand les rats mangeront les cats* [chats],
Le roi sera seigneur d'Arras.

Quand la mer, qui est grande et lée [large],
Sera à la Saint-Jean gelée,
On verra par-dessus la glace,
Sortir ceux d'Arras de leur place.

dressèrent sur les remparts de la ville des gibets auxquels ils accrochèrent des croix blanches, symboles de la France.

C'est avec un soin méticuleux que Louis prépara le siège de la ville.

> « Le roi s'occupe des moindres détails, note l'ambassadeur milanais; il surveille l'installation des bombardes, la construction des redoutes, etc. L'un des fils du seigneur de Contay a été tué à son côté. »

Louis lui-même fut blessé en dirigeant les opérations. Bientôt la ville capitula, et, le 4 mai, le roi fit, de la cité, son entrée dans la ville par l'une des brèches que ses canons avaient effectuées dans les murs. « Vous avez été extrêmement durs envers moi. Je vous le pardonne. Si vous êtes mes bons sujets, je serai votre bon seigneur », déclara-t-il à la population d'Arras rassemblée sur la place du marché. Il exigea un prêt de cinquante mille écus que les habitants de la ville parvinrent à réunir et qu'il remboursa comme il l'avait promis. Parmi les bourgeois les plus rétifs, plus de cent furent exécutés « comme exemple pour les autres villes ».

Le 4 mai, Louis écrivit au grand maître, qui commandait alors en Hainaut :

> « Dieu merci et Notre-Dame! j'ai pris cette ville et m'en vais à Notre-Dame-de-la-Victoire [près de Senlis]. A mon retour, je m'en vais à votre quartier et vous mènerez bonne compagnie. Et pour ce, ne vous souciez que de moi bien guider, car j'ai espérance que nous y besognerons aussi bien que j'ai fait par deçà. Au regard de ma blessure, ça a été le duc de Bretagne qui me l'a fait faire, pour ce qui m'appelait *le roi couard*, et aussi savez de pièça ma coutume, car vous m'avez vu autrefois. »

Entre-temps, la duchesse Marie avait fini par se choisir un mari. Le 19 avril, des émissaires impériaux se présentèrent à Gand avec une lettre et un diamant qu'elle avait envoyés à Maximilien en novembre précédent en gage de leurs fiançailles. La jeune fille déclara gauchement qu'elle était prête à épouser l'homme que lui destinait son père. Deux jours plus tard, les fiancés étaient mariés par procuration, et, le 18 août, Maximilien faisait son entrée à Gand, où la cérémonie des noces fut aussitôt célébrée [3].

Cependant, le 21 mai, après avoir rejoint le grand maître

sur la frontière du Hainaut, le roi de France s'était fiévreusement remis en campagne. Il installa le siège devant Bouchain, où il dirigea l'assaut et se battit en première ligne comme un jeune homme d'armes dont la fortune reste à faire. Tanneguy du Chastel reçut à ses côtés une blessure mortelle, et Louis, que le décès de son « compère » breton plongea dans une profonde affliction, le fit enterrer dans l'église Notre-Dame de Cléry où lui-même voulait être enseveli. Après un bombardement de seize heures, Bouchain ouvrit enfin ses portes. Le lendemain, c'est-à-dire le 23 mai, Quesnoy-le-Comte capitulait à son tour. Cependant, la garnison et les bourgeois d'Avesnes refusaient de se soumettre; aussi le roi ne put-il prendre la ville qu'au prix d'un sanglant assaut. Les défenseurs, écrivit-il laconiquement le 12 juin aux habitants d'Abbeville, furent passés par l'épée, la cité pillée puis détruite « pour donner exemple aux autres ».

Pour amener les puissantes forteresses de Douai et de Valenciennes à capituler, le roi abandonna un instant l'épée au profit de la faux. Le 25 juin, il écrivit au grand maître :

> « Je vous envoie trois ou quatre mille faucheurs pour faire le gât que vous savez. Je vous prie, mettez-les en besogne, et ne plaignez pas cinq ou six pipes de vin à les faire bien boire et à les enivrer. Et lendemain bien matin, mettez-les en besogne, tellement que j'en oye parler. Monseigneur le grand maître, je vous assure que ce sera la chose au monde qui fera le plus tôt dire le mot capituler à ceux de Valenciennes. »

Lorsque, ce même jour, Chabannes eut averti le roi qu'il manquait d'hommes pour mener cette entreprise à bien, Louis, qui le soupçonnait sans doute de répugner à cette mission, lui répliqua vertement :

> « Je vous prie, ne remettez pas cette entreprise une nouvelle fois, car vous êtes un officier de la couronne comme je le suis moi-même; et si je suis le roi, vous êtes le grand maître. »

Quelques jours plus tard, Chabannes lançait des milliers de faucheurs « à l'assaut des blés mûrissants ». Protégés par quatre cents lances et quatre mille francs archers, ceux-ci dévastèrent systématiquement les champs qui s'étendaient entre Valenciennes et Douai. Cependant, les deux villes refusèrent de se rendre.

Fin juin, Louis XI était de retour à Arras et reprenait sa campagne dans la région. Au début du mois d'août, il apprenait que les Flamands rassemblaient une armée en deçà du canal de Neuf-Fosse, qui, d'Aire à Saint-Omer, constituait la frontière entre les Flandres et l'Artois. Aussitôt il passa à l'attaque. L'ennemi fut promptement mis en déroute et la ville de Cassel, qui appartenait à Marguerite, la duchesse douairière de Bourgogne, tomba bientôt aux mains de l'armée royale. A la fin de septembre, Louis installa des garnisons dans les places qu'il avait conquises en Artois et dans le Hainaut, et, au début du mois suivant, il reprenait le chemin de la Loire pour y passer l'hiver.

Le moment était venu de se retirer et de réfléchir.

Dans les temps primitifs, il était d'usage que le vainqueur mangeât, pour s'en approprier la force, l'ennemi qu'il venait d'abattre. De même, Louis XI semblait avoir fait siennes la précipitation et la cruauté de Charles de Bourgogne. Peut-être, dans les régions les plus secrètes de sa psyché, se vengait-il de sa personnalité de diplomate — dont le triomphe, en scellant son génie, marquait aussi la fin de la grande expérience de sa vie — en adoptant l'opiniâtreté de l'homme qu'avait détruit cette même personnalité.

Quoi qu'il en soit, à cinquante-quatre ans, Louis était encore suffisamment souple pour s'interroger et pour répondre objectivement aux questions les moins complaisantes. Durant l'hiver 1477-1478, il reconnut qu'il avait abandonné la ruse pour l'action et les bénéfices durables pour des avantages immédiats, et que l'ivresse du succès avait gâté sa juste appréciation des réalités et amolli la discipline qui convenait à sa véritable nature. Il se passa alors en lui un rajustement du *moi,* retrouvé, et du *non-moi,* ré-étudié —, un travail d'autant plus difficile qu'il était gêné chez lui et par l'âge et par le pouvoir. Il comprit que sa mission consistait à redonner au royaume ses anciennes frontières et non pas à conquérir des territoires nouveaux. En outre, il prit conscience de la proximité de la mort et de la jeunesse de Charles, son héritier, qui n'avait alors que sept ans et demi. Il lui fallait à tout prix trouver avec Maximilien et Marie un accommodement qui lui assurât l'assujettissement du duché de Bourgogne, de la Franche-Comté, de l'Artois et des territoires septentrionaux qu'il avait autrefois reconquis. Qu'il s'adonnât à la réflexion au cours de ses promenades dans la campagne hivernale ou, installé près du feu dans sa petite chambre, alors qu'il étudiait ses dépêches ou écoutait ses compères, le roi ne laissa rien paraître des pensées qui l'occupaient, et, lorsqu'arriva le printemps 1478, il était à nouveau lui-même.

En avril, il se remit en campagne, mais son armée n'était plus cette fois qu'une armée diplomatique. Après avoir pénétré dans le Hainaut, il se retira à Arras pour inviter l'ennemi à négocier. Début juin, Maximilien et Marie demandèrent à signer une trêve que Louis s'empressa de leur accorder. Aussitôt, il prit la route de Cambrai pour discuter avec une ambassade bourguignonne les conditions de la paix que chacun espérait. A l'étonnement général, avant même que rien n'eût été décidé, le roi accepta de retirer les garnisons qu'il avait placées dans la ville impériale de Cambrai ainsi qu'au Quesnoy et à Bouchain.

> « Aucuns se ébahirent, explique Commynes, vu que il ne cherchait aucun appointement... mais qu'il disait qu'il lui semblait qu'un roi a plus de force et de vertu en son royaume, où il est oint et sacré, qu'il n'a dehors, et ceci [*ces villes*] était hors de son royaume... »

Le 10 juin après dîner, le roi se prépara à quitter Cambrai. Il fit présent de douze cents écus d'or à l'église Notre-Dame, donna à la garnison l'ordre de s'en aller, et exigea de messire Louis Maraffin, seigneur de la Charité, « qui avait commis de terribles extorsions », qu'il rendît aux églises les calices, reliques, récipients d'argent et autres objets précieux « dont il avait fait des chaînes et des colliers pour parer son corps ». Lorsqu'il avait pris possession de Cambrai, Louis avait fait remplacer par les armes de la France « le très saint aigle impérial » qui ornait les portes de la ville. Au moment de partir, il dit aux habitants :

> « Nous voulons que vous soyez neutres et restiez tels que vous avez toujours été... En ce qui concerne nos armes, un soir vous mettrez votre oiseau à leur place et vous direz qu'il s'en est allé quelque temps jouer au loin avant de revenir, tout comme le font les hirondelles au retour du printemps. »

Durant l'hiver, il avait également retrouvé le sens de l'humour. Début juillet, le roi signa à Arras une trêve d'un an qui devait débuter le 11 et durant laquelle une diète se réunirait le 1er septembre à Cambrai pour discuter les conditions d'une paix définitive. A la fin du mois, Louis reprenait lentement la route de la Loire. Jamais plus il ne devait partir en guerre. Les forces qui lui restaient, il allait toutes les consacrer à la diplomatie.

II

Durant ses campagnes de 1477-1478, jamais Louis XI ne perdit de vue l'Angleterre. Outre-Manche, la disparition du duc de Bourgogne avait soulevé un flot d'anxiété. Alliés et meilleurs clients des Anglais, les Pays-Bas se trouvaient menacés, de même que Calais, qu'entouraient maintenant des territoires français; et le roi de France n'avait plus désormais de vassal suffisamment puissant pour oser le défier [4]. Cependant, Louis savait qu'en Angleterre il possédait plusieurs amis en la personne des conseillers royaux à qui il versait chaque année de généreux subsides, et qu'en plus il pouvait, avec le roi, compter sur un allié de taille : Edouard IV, que les charmes espiègles de Jane Shore semblaient alors rendre parfaitement heureux, appréciait plus que jamais ses aises. Il considérait l'argent comme le meilleur moyen d'affermir la couronne, aussi attachait-il beaucoup d'importance à sa pension française. En outre, il espérait qu'un jour sa fille aînée, la belle Elisabeth, allait devenir reine de France.

Restait à savoir si, en dépit des protestations de ses sujets, l'on parviendrait à maintenir Edouard IV dans l'état d'esprit pacifique où il se trouvait alors, jusqu'à ce que Maximilien et Marie eussent été amenés à capituler. Cette nouvelle manche politique, Louis XI entreprit de la jouer avec la même délectation qu'autrefois.

Moins de deux mois après la mort de Charles de Bourgogne, le roi Edouard ouvrit le jeu en se livrant à un petit chantage innocent. Deux émissaires anglais arrivèrent en France pour proposer une prolongation de la paix de Picquigny (1475), qui durerait désormais jusqu'à la mort de l'un ou l'autre souverain plus un an, durant lequel il était bien entendu que le versement de cinquante mille écus serait effectué. Sans qu'on leur demandât rien, les envoyés déclarèrent que, si le duc de Bretagne causait des ennuis à son roi, les Anglais aideraient Louis à s'en faire obéir, et que les négociations qui avaient alors lieu entre Edouard IV et l'Espagne ne revêtaient et ne revêtiraient jamais un caractère antifrançais. Cependant, Louis possédait la preuve que l'Angleterre et la Bretagne entretenaient d'étroits contacts, de même qu'il savait formellement que l'Espagne offrait un mariage à Edouard en échange d'une aide financière en cas de guerre contre la France [5]. Si le roi d'Angleterre perdait son temps à de telles duperies, Louis avait mieux à faire, et la tâche qui consistait à rattacher les territoires bourguignons au royaume de France comptait pour lui bien davantage.

C'est avec empressement qu'il avait accepté la prolongation de paix qu'on lui proposait. Cependant, il laissa Edouard attendre quelques mois avant d'envoyer à Londres une ambassade avec le traité dûment modifié. A cette occasion, il ne put résister au plaisir de prouver à Edouard son amitié tout en lui procurant un profond déplaisir. Par l'intermédiaire de l'un de ses envoyés, il lui fit en effet savoir que, si son frère George avait, avec l'aide de sa sœur Marguerite, tenté d'obtenir la main de Marie de Bourgogne, c'était, en partie du moins, dans l'espoir de devenir roi d'Angleterre. Peu de temps après avoir reçu cet avertissement, Edouard faisait arrêter son frère, qui jamais plus ne devait sortir vivant de la Tour de Londres [6].

Pour resserrer encore ses liens avec Edouard IV, Louis XI, prenant exemple sur la politique italienne, décida alors d'établir en Angleterre un ambassadeur permanent *. Il nomma à ce poste Charles Martigny, évêque d'Elne, un homme quelque peu nerveux, mais très souple et très vif d'esprit. Celui-ci reçut pour mission de divertir Edouard par tous les moyens possibles, et de déjouer les plans des émissaires envoyés auprès de lui par les puissances hostiles à la France. Entré en fonctions à la fin d'octobre 1477, Martigny travailla avec tant de zèle qu'il ne tarda pas à se faire bon nombre d'ennemis parmi les Anglais mécontents, qui le rendaient responsable du fait que leur souverain refusait d'aider Maximilien dans sa lutte

* Durant la brève apparition que fit Henri VI sur le trône d'Angleterre, entre 1470 et 1471, le Parlement confirma l'accord conclu entre Warwick et Marguerite d'Anjou, accord selon lequel Clarence hériterait de la couronne au cas où le mariage du prince Edouard (fils de Marguerite) avec Anne (fille de Warwick) resterait sans enfant.

* *Cf.* Note 6, chap. 12.

contre Louis, prince des Ténèbres et usurpateur des droits de l'Angleterre.

Pour détendre un peu l'atmosphère, Louis XI ressortit un vieux cheval de bataille qui lui avait déjà rendu de signalés services dans ses relations avec le comte de Warwick. Par l'intermédiaire de son ambassadeur, il proposa à Edouard IV de prendre part à sa campagne contre la Bourgogne, auquel cas il pourrait garder pour lui la Hollande, la Zélande, le Brabant et d'autres territoires impériaux. Peu de temps après, des envoyés anglais franchissaient la Manche afin d'étudier de plus près cette possibilité, qui, d'ailleurs, ne devait jamais se réaliser. Pendant dix précieux mois, elle avait toutefois accaparé l'attention des Anglais, cependant que Louis occupait le Nord et l'Est de la France, et établissait de puissantes garnisons sur les frontières des Flandres et du Hainaut. Lorsque, à la mi-avril 1478, les émissaires anglais repartirent chez eux, leurs sacs pleins de cadeaux, ce fut au tour d'Edouard de fournir un nouveau sujet de diversion. En effet, son aumônier, Thomas Danet, arriva bientôt au quartier général français pour annoncer que son souverain ne restait pas indifférent aux droits de Marguerite d'York, qui lui avait demandé des troupes en affirmant que la France envahissait ses terres. Louis envoya Danet avec une lettre d'apaisement à l'intention de son maître, qui reçut en juin la visite d'un nouvel émissaire, maître Yves de la Tillage, un officier du Parlement. (« Maître Yves, mon ami, j'ai su que êtes bon clerc et habile homme, et m'a l'on dit que vous le saurez bien faire », écrivit le roi à de La Tillage le 24 juin.) Yves et Charles Martigny affirmèrent à Edouard que sa sœur n'avait rien à craindre pour ses biens, et que, si elle se plaçait sous la protection de la France, une pension lui serait versée. Telle était la situation lorsque Louis contraignit Maximilien à signer une trêve d'un an à compter du 11 juillet 1478.

Cependant, Edouard IV, harcelé par son peuple, qui souhaitait le voir aider Maximilien, et mécontent de n'avoir pas mieux su tirer parti de la prospérité du roi de France, songeait à augmenter le prix de sa bienveillance. Bientôt, Louis XI, reçut une ambassade anglaise venue lui réclamer la célébration immédiate des fiançailles de la princesse Elisabeth et du dauphin, cérémonie au lendemain de laquelle la France serait tenue de commencer à verser une somme annuelle de soixante mille écus en acompte sur la dot de la princesse, comme il avait été convenu dans le traité de Picquigny. Patiemment, les juristes et les conseillers de Louis, Louis lui-même, et enfin une ambassade qu'il dépêcha à Londres, se mirent en devoir d'expliquer qu'aux termes du traité les payements devaient débuter au moment du mariage, et que, le dauphin n'ayant alors que huit ans, il ne pouvait être question d'union au sens dotal du terme. De son côté, Edouard IV avait monté contre Charles Martigny une habile campagne diplomatique. Dans l'espoir d'apaiser son appétit d'argent, Louis avait proposé au roi d'Angleterre d'étendre à cent ans la durée du traité de Picquigny, cent ans durant lesquels la France continuerait à verser à l'Angleterre son « tribut » de cinquante mille écus annuels. A cette offre, Edouard répondit en demandant que le duc de Bourgogne, c'est-à-dire Maximilien, et le duc de Bretagne fussent inclus dans le nouvel accord en tant qu'alliés de l'Angleterre.

Inondant son maître de messages, Charles Martigny usait de tous les subterfuges possibles pour faire traîner les négociations en longueur. Avec fougue, il expliqua qu'il n'y avait d'autre duc de Bourgogne que le roi de France lui-même, et que le fait d'inclure Maximilien sous ce nom dans le nouvel accord priverait son maître des droits qu'il pouvait à juste titre faire valoir sur les territoires bourguignons. Mais les conseillers d'Edouard insistaient pour que le traité fût signé avec les modifications qu'ils y avaient apportées. Par ailleurs, la pression de la populace anglaise se manifestait de façon toujours plus désagréable. Dès qu'ils quittaient leurs appartements, l'évêque et les gens de sa maison étaient conspués par la foule et s'entendaient traiter de « chiens de Français ». Par la suite, Martigny avoua qu'il ne s'était pas passé de jour sans qu'il eût craint pour sa vie. A la mi-février 1479, sous peine de rompre les relations franco-anglaises, il dut signer l'accord qu'on lui imposait; toutefois, il prit soin de préciser que le document devait être ratifié par son maître. Il avait du moins la satisfaction de savoir qu'il était parvenu à gagner un temps précieux.

Ravi du travail accompli par l'évêque, Louis XI déclara négligemment aux envoyés anglais venus chercher sa signature pour le traité que la nouvelle prolongation de la trêve l'enchantait, et qu'il enverrait une ambassade en Angleterre pour discuter certains points sur lesquels il souhaitait revenir avant de ratifier l'accord. Lorsque Edouard insista pour qu'il verse un premier acompte de soixante mille écus sur la dot de la princesse Elisabeth, Louis réunit solennellement son Conseil pendant un mois, après quoi il refusa « avec mille bonnes paroles ». Fort heureusement, Edouard IV lui avait présenté d'autres requêtes, auxquelles il se fit un plaisir de souscrire; c'est ainsi qu'il accepta de réunir une conférence pour fixer le cours du change entre la France et l'Angleterre, d'user de toute son influence en faveur du mariage du prince de Galles avec l'une des filles du duc de Milan, et enfin d'associer le nom d'Edouard au sien dans son offre de médiation entre les ligues rivales qui menaçaient alors la paix de l'Italie [7]. Malgré le ton toujours plus menaçant des Anglais, Louis jugea sans doute que les propositions d'Edouard IV signifiaient, pour l'instant, que le roi de France pouvait laisser aller les choses.

A cette même époque, comprenant que Maximilien et Marie n'accepteraient pas ses conditions de paix, Louis XI refusa de prolonger la trêve. Lorsque, en juillet 1479, celle-ci eut expiré, il entreprit de reconquérir la Franche-Comté, que la stupidité du seigneur de Craon, désormais remplacé par Charles d'Amboise, gouverneur de Champagne, lui avait fait perdre à la fin de l'année 1477. Grâce à l'adresse diplomatique de Louis d'Amboise — à qui le roi écrivit : « Vous êtes plus vaillant que fut oncques l'évêque Turpin » — et à l'habileté militaire de Charles, le frère de celui-ci, dès la fin de l'été Louis était pratiquement maître du comté. Dans le Nord, espérant qu'une guerre d'usure et d'escarmouches suffirait à amener Maximilien à se soumettre, il donna à ses capitaines l'ordre de rester sur la défensive. Cependant, début août, Louis XI reçut un choc. Averti que Maximilien progressait en Artois avec une armée, Philippe de Crèvecœur s'était aussitôt mis en devoir de rassembler des troupes avec lesquelles il avait attaqué les Bourguignons le 7 août, à proximité du village de Guinegate (aujourd'hui Enquinegatte). Avec ses puissants escadrons montés, Crèvecœur eut tôt fait de mettre en déroute la cavalerie adverse; cependant, au lieu de lancer ses hommes contre les piquiers flamands, il s'était jeté à la poursuite des fuyards avec ses capitaines tandis que l'infanterie bourguignonne, fermement installée sur ses positions, infligeait de lourdes pertes à ses francs archers. L'appétit de gloire et de rançons avait coûté à la France une victoire qui, sans nul doute, eût été décisive.

En apprenant cette nouvelle, le roi craignit tout d'abord d'avoir perdu en un seul jour les avantages que lui avaient valus deux ans de manœuvres militaires et diplomatiques. Mais d'autres renseignements vinrent bientôt le rassurer. Pourtant, il demeurait profondément inquiet, car, comme le remarque Commynes, « il n'était pas habitué à perdre ». Lorsqu'un messager, tentant de le réconforter, lui déclara : « Sire, le champ vous est demeuré », Louis répliqua :

> « Allez dire à mes lieutenants, puisqu'ils ont gagné le champ pour moi, qu'il y fassent planter des fèves [*la plante des fous*]; car je sais bien que la nuit du combat, ils étaient trop las et n'avaient pas loisir de ce faire. »

Prenant connaissance d'un message qui l'atteignit au moment de se coucher, le roi fit observer au seigneur du Lude :

> « L'on me mande que, si j'ai envie d'avoir de bons chevaux et bien vites, j'en envoie quérir en Picardie, pour ce qu'il y a de mes capitaines qui les ont bien éprouvés à la course en eux retournant en leurs logis. »

Sur quoi il ajouta encore : « Je ne fais nul doute qu'ils aient bien mal gardé mon profit et leur honneur. » Toutefois, il ne tarda pas à apprendre que Guinegate n'était une défaite que dans la mesure où ce n'était pas une victoire. Ses troupes étaient désormais si puissantes, ses villes frontières si bien gardées, que Maximilien ne pouvait raisonnablement plus rien espérer sur le champ de bataille.

Cependant, avec son habileté coutumière, Louis XI continuait à esquiver les requêtes de l'Angleterre et à envoyer à Londres des messagers chargés d'instructions fort éloquentes à l'intention de l'évêque d'Elne. Quand les ambassadeurs d'Edouard venaient en France, explique Commynes, Louis « les dépêchaient avec si bonnes paroles et avec si beaux présents qu'ils s'en allaient contents de lui [...] A tous ici avait fait des dons, outre leurs pensions, et suis sûr que à Monseigneur de Howard, outre sa pension, lui donna en moins de deux ans, que en argent et vaisselle, vingt-quatre mille écus [...] Et quand ces ambassadeurs étaient partis, trois semaines ou un mois après [...] le roi envoyait devers le roi leur maître personnages qui n'y avaient point été le voyage précédent, afin que si ceux-là avaient fait quelques ouvertures dont l'effet ne se fût point ensuivi, les derniers ne sussent que répondre [...] Ainsi, un mois ou deux de temps gagnés en allant et venant, était rompu à son ennemi une saison à lui mal faire ».

Deux fois l'an, un agent de Louis se présentait à Londres pour effectuer, avec un retard traditionnel de plusieurs mois, le payement des vingt-cinq mille écus et autres pensions que le roi s'était engagé à verser à Edouard IV et à ses principaux conseillers à Pâques et à la Saint-Michel.

Au printemps 1480, Louis XI apprit que ses cajoleries ne suffiraient plus : l'opinion publique anglaise exigeait d'Edouard qu'il se montrât plus catégorique dans ses revendications et dans ses menaces. Louis reçut de lui une lettre insistant pour qu'il mît immédiatement fin à sa guerre contre Maximilien et désignât le roi d'Angleterre comme arbitre du conflit. Le roi de France rejeta sans ménagement cette absurde proposition :

> « Je crois que vous me voudriez prendre la charge d'en décider arbitrairement... car elle [*cette matière*] ne se pourrait par vous décider en gardant ma raison [*en préservant mes droits*] sans choir en murmure [*sans encourir le mécontentement*] de votre peuple, dont il me déplairait de tout mon cœur. Et qui voudrait échever [*éviter*] ledit murmure faudrait sans difficulté tout clairement me priver de mon bon droit, ce que je sais que pour rien ne voudriez. »

Ensuite de quoi Louis rappela en France l'évêque d'Elne, son ambassadeur permanent à Londres. En juin, le seigneur de Howard arriva à Paris avec un ultimatum : si le roi de France persistait à refuser l'arbitrage d'Edouard IV, ce dernier s'estimerait libre de prendre parti pour Maximilien et Marie. Louis informa sèchement Howard qu'à aucun prix il n'entendait forcer Maximilien à accepter ses conditions de paix; après quoi, il offrit aux membres de l'ambassade de la vaisselle et des pièces d'or, et laissa le seigneur anglais « battre le pavé de Paris » (pour employer les termes d'un espion breton). Bientôt il fut informé qu'Edouard IV s'apprêtait à passer à l'action. Bête noire de Louis, Marguerite, la duchesse douairière de Bourgogne, s'était rendue à Londres pour négocier avec son frère une reprise de l'alliance anglo-bourguignonne qui avait déjà mis la France en si grand péril.

Cependant, avant même que la menace ne se concrétisât, Louis XI avait de son côté pris certaines dispositions. Se tournant vers l'Ecosse, alliée traditionnelle de la France et ennemie héréditaire de l'Angleterre, il était aisément arrivé à convaincre Jacques III, à qui il avait promis un modeste support, que le temps était venu pour lui d'attaquer son voisin. Une fois les Ecossais prêts à fournir à Edouard — qui eut tôt fait de deviner qui était derrière eux — de quoi s'occuper dans son pays, à Paris, le roi Louis entreprit de mettre au point un petit numéro grâce auquel il comptait faire comprendre à qui voulait l'entendre que jamais la Bourgogne ne serait mentionnée comme alliée dans le traité de Picquigny. A l'intention du héraut d'Edouard IV, il tempêta contre l'évêque d'Elne qui avait été assez stupide pour signer une prolongation de la paix dans laquelle était inclus Maximilien. Publiquement, il dit à Martigny : « J'étais sûr que vous étiez plus fin joueur qu'aucun des Anglais. Je le croyais, et c'est moi qui ait été joué. » A la fin de juillet, le Parlement de Paris accusait l'évêque d'avoir gravement compromis les intérêts de la France et engageait contre lui des poursuites judiciaires. Martigny se fit alors l'éloquent narrateur des mauvais traitements que lui avaient infligés les Anglais. Ayant atteint son but, Louis laissa tomber l'affaire, et Charles Martigny put reprendre en toute tranquillité le chemin de son diocèse, les poches pleines sans doute de l'or que lui donna le roi.

A cette même époque, Louis déployait tous ses efforts pour jouer à Edouard IV un autre tour à sa façon. Par une campagne de destruction menée à la fois sur terre et sur mer, par une guerre économique et financière de chaque instant, il renforçait peu à peu sa pression sur les Pays-Bas. Des coups de mains furent organisés pour piller les récoltes. Le vice-amiral Colombe détruisit des centaines de harenguiers, sans parler des bateaux apportant du blé d'Italie ou de la Baltique. Les marchands français reçurent l'interdiction de participer aux grandes foires des Flandres, où ils n'osaient pratiquement plus exporter de nourriture, de sorte qu'à Gand, à Bruges et à Ypres le mécontentement des artisans affamés ne cessait d'augmenter. Sur la requête de son ami le roi de France, Laurent de Médicis défendit à ses banques de Bruges de consentir des prêts à Maximilien et à Marie, puis ferma purement et simplement ces établissements; en outre, il consentit à liquider les affaires qu'il possédait en Angleterre. Cependant, en dépit de toutes ses manœuvres, la duchesse Marguerite négociant alors son alliance à Londres, Louis n'aurait sans doute pu convaincre Maximilien d'accepter une trêve s'il n'avait alors obtenu des renseignements grâce auxquels il devait mieux comprendre la personnalité du jeune homme. Des années plus tard, alors qu'il avait pris la place de Frédéric III, son père, sur le trône de l'Empire, Maximilien allait voir l'Europe entière tourner en dérision des faiblesses que Louis avait devinées depuis longtemps déjà. Ses plans dépassaient toujours ses moyens, et ses enthousiasmes, sa sincérité. Il aimait la ruse, mais ses artifices, conçus et exécutés à la hâte, étaient rapidement démasqués. Enfin, il changeait constamment d'avis et de parti pour se lancer dans de nouveaux projets.

Vers la fin du mois d'août (1480), Edouard IV conclut une alliance avec Marie et Maximilien. En échange d'une pension équivalente à celle que lui versait la France, il confirma l'ancien traité d'amitié qui unissait la Bourgogne et l'Angleterre, souscrivit au mariage de sa fille Anne et du petit Philippe, fils de Maximilien, consentit un prêt de dix mille écus remboursables trois mois plus tard, fournit un contingent de quinze cents archers payés par Maximilien, et s'engagea à prendre ouvertement parti pour la Bourgogne au cas où Louis XI refuserait tout accommodement. Le roi d'Angleterre s'était enfin décidé à agir.

Ce fut pourtant Louis qui fit le premier mouvement. En dépit des bonnes nouvelles que la duchesse Marguerite ne cessait de lui envoyer de Londres, Maximilien n'avait pas l'aplomb nécessaire pour résister plus longtemps à la lourde pression que la France exerçait sur lui. Le 21 août, le comte de Romont signait en son nom une trêve de trois mois avec le seigneur du Lude. Le 15 octobre devait s'ouvrir une conférence de paix, et, si celle-ci échouait, il était convenu que la trêve serait prolongée jusqu'à la fin du mois de mars 1481. Ce furent là les nouvelles qu'apprit Edouard quelques jours seulement après que sa sœur eut quitté l'Angleterre avec ses engagements et ses promesses; ce furent là également les nouvelles avec lesquelles Louis XI accueillit les ambassadeurs anglais qui arrivèrent dans la Loire au début de septembre.

Désormais Louis ne ménageait plus ses coups. Il donna à

sa cour l'autorisation de plaisanter les envoyés de son cher cousin d'Angleterre en les informant qu'à la Saint-Michel personne ne recevrait plus de pension. Il leur apprit personnellement ce qu'il savait des archers que leur maître avait fournis à la Bourgogne et les avertit qu'il considérait cela comme un acte de franche hostilité à l'égard de la France. Les Anglais refusant de croire, comme on le disait à la cour, que le roi entretenait d'excellentes relations avec Maximilien, Louis accorda une dernière entrevue aux émissaires d'Edouard. Ils doutaient qu'il fût en étroit contact avec les Bourguignons? Qu'à cela ne tienne! Il leur montrerait la correspondance qui lui avait été remise. Et Louis d'étaler sous les yeux incrédules des ambassadeurs une liasse de lettres — les originaux, bien entendu — qu'Edouard IV avait écrites à Maximilien et à Marie!

Cependant, Edouard recevait chez lui une nouvelle leçon : les Ecossais venaient de franchir la frontière pour brûler le puissant château de Bamburgh dans le Northumberland. Dans ces conditions, le roi d'Angleterre n'avait d'autre alternative que d'accepter les excuses que lui présenta Maximilien pour avoir signé la trêve, ainsi que son invitation à participer à la conférence de paix qui devait avoir lieu en octobre. Pour sa part Louis refusait catégoriquement de nommer des représentants à cette conférence si les Anglais devaient y faire figure de médiateurs [9]. En octobre, cédant à son goût de la plaisanterie, il ne trouva rien de mieux à faire que d'envoyer à son cousin, pour compléter sa collection d'histoire naturelle, une défense de sanglier, « la plus grande qu'on eût jamais vue », ainsi que la tête d'un animal mystérieux qui ressemblait vaguement à un chevreuil. Si Edouard ne comprit pas le symbolisme précis de ce cadeau (et personne n'en a jusqu'ici proposé une interprétation valable), il ne put du moins ignorer qu'on se moquait de lui.

Le moment décisif était arrivé. Souffrant, nerveux, risquant tout sur son interprétation des faits, le roi de France avait lancé son défi à Edouard. Sans se troubler, il attendait que le roi d'Angleterre fît le prochain mouvement.

Cinq mois plus tard, le 2 mars 1481, Louis XI accordait un entretien privé à l'émissaire d'Edouard. Thomas Langton lui laissait entendre que son maître désirait rétablir le traité de Picquigny sur une base solide, ce à quoi Louis répondit en suggérant fort simplement qu'on en revînt à la décision prise en 1478 et selon laquelle l'accord devait prendre fin un an après le décès de celui des deux rois qui mourrait le premier. Après le départ de Langton, Louis annonçait tranquillement que la trêve avec l'Angleterre allait se poursuivre. Des négociations suivirent, mais en coulisse. Edouard ne tenait pas à publier trop haut son éventuelle soumission, ni Louis à passer pour un ogre. Par ailleurs, ce dernier ne modifia pas sa position concernant la trêve franco-bourguignonne : l'échéance de celle-ci ayant déjà été repoussée de mars à juin, il n'était plus question de la prolonger.

De son côté, Maximilien bombardait le roi d'Angleterre de prières l'enjoignant d'envahir la France dès l'été, ou du moins de lui envoyer quelques milliers d'hommes. Edouard n'hésita pas à lui répondre qu'il ferait l'un ou l'autre si le roi de France ne lui offrait pas des conditions satisfaisantes *. Cependant Louis XI lui avait appris à se méfier du duc d'Autriche. De plus, Edouard savait que, poussés par la France, les Ecossais s'apprêtaient à lui faire la guerre dans le courant de l'été. Par ailleurs, la perte de cinquante mille écus d'or par an constituait pour lui une perspective fort désagréable. Enfin, bien qu'il eût promis de se battre au côté de son frère Richard, duc de Gloucester, lors de la prochaine campagne contre les Ecossais, il sentait que sa santé commençait à décliner.

Des messagers secrets faisaient le navette entre Londres et la vallée de la Loire. Parfaitement informé des conditions qui régnaient en Angleterre et aux Pays-Bas, le roi de France se montrait courtois mais inébranlable.

En juin 1481, Louis obtenait enfin la capitulation d'Edouard IV. Ce dernier acceptait de reconfirmer la prolongation de la trêve de 1475 dans laquelle ni le duc de Bretagne ni le duc de Bourgogne n'étaient mentionnés en tant qu'alliés de l'Angleterre. Il ne fut plus question, semble-t-il, de la dot de la princesse Elisabeth ni de l'arbitrage d'Edouard

* Lorsque, plein d'espoir, Maximilien fit savoir à Edouard qu'à leur retour d'une mission en France des envoyés allemands, parlant de l'audience que leur avait accordée Louis, avaient déclaré que, durant tout l'entretien, le roi n'avait pas quitté son siège et paraissait très malade, Edouard sauta sur l'occasion pour conseiller à Maximilien de chercher à obtenir une longue trêve : peut-être leur adversaire mourrait-il bientôt.

dans le conflit franco-bourguignon. De son côté, Louis promettait de continuer à verser ses pensions anglaises et de remplir, en temps voulu, les engagements auquels le liait le contrat de mariage; en outre, il s'engageait à ne plus encourager les menées de son ami Jacques III contre l'Angleterre. Le 14 août 1481, Pierre le Roy arrivait à Londres pour payer les pensions qui auraient dû être versées à Pâques de la même année. Sans se presser, Louis signa la reconfirmation de la trêve le 28 septembre, tandis qu'Edouard ratifiait l'acte un mois plus tard.

En janvier 1482, Maximilien, à qui Edouard s'était bien gardé de dire quoi que ce fût, fut informé que le roi d'Angleterre avait confirmé avec la France une trêve dont la Bourgogne et la Bretagne étaient exclues. Aussitôt ses envoyés annoncèrent à Edouard que, si les renseignements qu'on leur avait transmis étaient vrais, un tel traité signifiait pour lui le désastre le plus complet. Il suppliait ardemment le roi de l'arracher aux griffes de Louis XI. A ces prières, Edouard se contenta de répondre qu'étant en guerre avec les Ecossais il ne pouvait que lui conseiller d'obtenir une nouvelle trêve. Le 16 mars, Pierre le Roy était à nouveau à Londres avec les diverses pensions destinées au roi et à ses conseillers. A la fin du même mois, une ambassade française fit une entrée solennelle dans la capitale anglaise où elle fut reçue par le maire et par toutes les corporations de la ville. Cette fois-ci, les envoyés furent logés royalement et n'eurent pas à subir les huées des Londoniens. Le 10 mai, le roi Edouard, occupé à rassembler les fonds nécessaires à sa nouvelle campagne contre les Ecossais, écrivait à Louis XI : « Monsieur mon cousin, j'ai donné à mon fidèle serviteur, William Laverols, l'ordre de vous demander la somme due pour le terme de Pâques dernier; Monsieur mon cousin, je vous prie d'effectuer ce payement avec toute la diligence possible et de me dire s'il est quelque chose que je puisse faire pour vous... »

Il en avait déjà fait beaucoup. Pourtant, le roi laissa son cousin attendre jusqu'en août.

23. La question italienne

I

Au milieu de sa lutte avec Maximilien et de son délicat duel avec Edouard IV, Louis XI se vit soudain dans l'obligation de s'occuper des troubles de la péninsule italienne.

Dans sa politique internationale, l'Italie était un à-côté, mais un à-côté qui n'échappait pas à ses préoccupations. On ignore dans quelle mesure il fut sensible au renouveau qui s'opérait alors dans les domaines de l'art et du savoir et auquel nous donnons aujourd'hui le nom de Renaissance. Il témoigna un intérêt manifeste pour l'esprit de certains envoyés humanistes comme Alberico Maletta ou Tommaso da Rieti. Boffile de Juge et autres Italiens cultivés comptèrent parmi ses intimes. Si, selon toute probabilité, il ne connaissait pas grand-chose de Ficin et de l'Académie platonicienne, de Boticelli, de Verrocchio ni de Politien, l'affection toute particulière qu'il portait à Laurent le Magnifique — qu'il ne devait jamais rencontrer — et l'admiration qu'il vouait à Florence semblent pourtant indiquer qu'il était conscient de la suprématie artistique et intellectuelle de la brillante cité de l'Arno.

Louis savait fort bien que, dans les relations entre Etats italiens, toute chose était exagérée. Il savait que le moindre geste, soumis à une analyse approfondie, le plus petit incident, étudié avec une minutie implacable, prenaient de dangereuses proportions. En Italie, le politicien devait avoir un visage de marbre, car la contraction d'une joue, le frémissement d'une lèvre, le plus léger froncement de sourcil risquaient d'être mal interprétés par son interlocuteur. D'excellentes communications, le réseau de diplomates et d'agents secrets le plus complexe que le monde eût connu jusque-là, plutôt que de lui être favorable nuisaient souvent à la compréhension. Serrées dans un espace restreint où la compétition politique était plus intense que partout ailleurs, les cinq grandes puissances de la péninsule — Venise, Milan, Florence, la Papauté et le royaume de Naples — et les quelque douze Etats de moindre importance qui vivaient avec elles dans une symbiose plus ou moins étroite, modifiaient constamment leurs alliances en un ballet stylisé auquel le champ magnétique de leur méfiance réciproque fournissait sans cesse une énergie nouvelle. Dans cet espace clos, la diplomatie s'était développée au point d'être capable de tout, sinon de gouverner; l'art de calculer avait atteint une subtilité telle qu'on en pouvait tout attendre, sauf l'harmonie. Née de la paix de Lodi (1454), la Ligue générale de l'Italie, qui englobait les cinq Etats principaux, subissait alors un double remaniement, du fait de sa nature compétitive d'une part et des transformations affectant le monde extérieur d'autre part.

Durant la première décade de son règne, refusant d'encourager les aspirations territoriales angevines ou orléanistes, Louis XI exerça sur l'Italie une autorité bienveillante qu'il employa essentiellement à maintenir un équilibre entre les diverses puissances de la péninsule. Cependant, les premiers succès de Charles de Bourgogne allaient modifier la situation. Venise et le Saint Siège se mirent à espérer qu'un jour le duc entreprendrait une croisade contre les Turcs. Pour un temps, Ferrante de Naples se fit, lui aussi, l'allié de la Bourgogne. Enfin, le duc de Milan, pris de peur, se décida à rompre avec Louis XI pour suivre le duc Charles.

Dès que l'étoile de la Bourgogne commença de pâlir, Louis retrouva en Italie tout le prestige dont il jouissait autrefois. Il voulut bien accepter de reprendre Milan comme allié; il fit bon accueil aux propositions de mariage que lui soumit Ferrante, et laissa au pape le loisir d'oublier son admiration pour Charles. Après avoir tranquillement attendu que Venise, voyant son commerce menacé par les pillards français, eût compris où résidait son véritable intérêt, en janvier 1478 il signait avec elle un traité d'amitié rétablissant les liens qui l'unissaient autrefois à la France.

Cependant, en 1477, la ligue italienne subissait un nouveau

changement politique. Venise, Milan et Florence constituaient une triple alliance qui, rejetée par le pape et Ferrante de Naples, vint diviser l'Italie en deux blocs. Au printemps 1478, le sourd antagonisme qui couvait jusque-là entre eux éclata brusquement.

Ce furent les ambitions du pape qui mirent le feu aux poudres. Traçant la voie que devait suivre Alexandre VI (le célèbre pape Borgia) quelque vingt ans plus tard, Sixte IV travaillait alors à tailler par l'intrigue et la force une principauté pour l'un de ses neveux, Girolamo Riario, ou « comte Jérôme » ainsi que l'appelaient les Français *. Ces plans menaçaient Florence; aussi Laurent le Magnifique y faisait-il obstacle et devint-il un objet de haine pour le pape. Bientôt, Sixte enleva aux Médecis la garde des finances pontificales, qu'il confia aux Pazzi, riches banquiers florentins et rivaux politiques de Laurent. Lorsque le siège archiépiscopal de Pise devint vacant, sans même en référer aux Florentins, le pape l'attribua à Francesco Salviati, membre lui aussi d'une famille hostile aux Médicis.

C'est dans ces circonstances qu'au début de l'année 1478 la famille Pazzi, le nouvel archevêque de Pise et le comte Jérôme décidèrent de renverser la Maison de Médicis. Sixte IV donna son approbation à leur plan, en y ajoutant toutefois une pieuse mise en garde contre le sang versé. Le dimanche 16 avril, le cardinal Riario célébrait la messe dans la cathédrale de Florence, où devaient se rendre Laurent le Magnifique et son jeune frère Guiliano. Au moment de l'élévation, deux assassins se ruèrent sur ce dernier et le frappèrent à mort. Blessé lui aussi, Laurent parvint cependant à échapper aux deux hommes qui l'avaient assailli pour chercher refuge derrière les portes de bronze de la sacristie. Comme prévu, les habitants de Florence se révoltèrent, mais contre les Pazzi, et non contre les Médicis. Pris au palais de la Seigneurie alors qu'ils tentaient de s'emparer du gouvernement, l'archevêque de Pise et quelques-uns de ses partisans furent aussitôt pendus aux fenêtres du bâtiment, où l'on put voir l'archevêque se balancer dans ses vêtements sacerdotaux. Furieux, le pape, qui savait pouvoir compter sur l'appui militaire de Ferrante, lança une excommunication contre les Florentins et Laurent de Médicis, et prit les armes tandis que

* Un autre de ses neveux, le cardinal Guiliano della Rovere, deviendrait un jour le pape-guerrier Jules II. Quant à Raphaël Riaro, qui, lui, n'était que son petit-neveu, il avait été fait cardinal alors qu'il était tout jeune encore.

Milan et Venise se préparaient à défendre leur partenaire de la Triple Alliance.

Telles étaient les nouvelles qui atteignirent Louis au début du mois de mai 1478, alors qu'il guerroyait en Artois contre Maximilien. Presque aussitôt elles furent suivies par un vibrant appel à l'aide que lui adressait Laurent le Magnifique.

Sans plus tarder, le roi chargea Philippe de Commynes — « notre bien-aimé conseiller [...], en qui nous avons la plus grande confiance » — d'aller trouver Laurent pour discuter avec lui de ce qu'il convenait de faire, et, le 12 mai, il promettait chaleureusement aux Florentins d'appuyer la Maison de Médicis, « nos parents, amis et alliés ». Quelques jours plus tard, il dépêchait à Rome une ambassade dont la mission consistait à convaincre le pape d'abandonner les hostilités pour s'occuper de la menace que faisaient alors peser les Turcs sur la Méditerranée occidentale, et à offrir son aide dans d'éventuelles négociations de paix. Le 10 août, après que Sixte IV, encouragé par ses premiers succès militaires, eut rejeté avec mépris les propositions des envoyés français, Louis XI écrivit dans un latin véhément :

> « Très Saint Père. J'ai reçu vos lettres [...] Fasse le ciel que Votre Sainteté prenne conscience de ce qu'elle fait, et que, si elle ne veut affronter les Turcs, elle renonce du moins à faire tort à quiconque de manière à ne pas faillir à son ministère! Car je sais que Votre Sainteté n'ignore pas que les scandales prédits dans l'Apocalypse s'abattent aujourd'hui sur l'Eglise, et que les auteurs de ces scandales ne survivront pas, mais connaîtront la plus terrible fin, tant dans ce monde que dans l'autre. Plût au ciel que Votre Sainteté fût innocente de ces abominations! »

Six jours plus tard, le roi publiait une ordonnance interdisant aux hommes d'Eglise de se rendre à Rome ou d'y envoyer l'argent de leurs bénéfices sous peine de fortes amendes, et prenait par là un mesure lourde de conséquences pour les finances pontificales.

Début novembre, Philippe de Commynes était de retour de Florence avec des informations de première main, telles que Louis les aimait. Laurent avait écrit au roi qu' « en France et en Italie peu d'hommes [étaient] son égal ». Maintenant arrivait à Tours une ambassade impressionnante envoyée par la Triple

Alliance et comprenant C. A. Cagnola (qu'allait bientôt rejoindre Carlo Visconti) de Milan, Francesco Gaddi de Florence, Bertucio Gabriel de Venise, et Nicolas de Roberti, porte-parole du duc de Ferrare, représentant Ercole d'Este, premier capitaine de la Ligue. A la même époque, Lancialoto de Macedonia, qu'un second émissaire ne tarda pas à venir appuyer, se présenta à la cour pour défendre les intérêts du roi Ferrante, tandis que des envoyés pontificaux allaient et venaient entre Rome et la Loire.

Les ambassadeurs de la Triple Alliance réclamaient du roi une aide militaire immédiate. « Dans un mélange de français et d'italien », Louis XI leur déclara qu'il ferait l'impossible pour protéger l'Alliance et pacifier l'Italie. Une semaine plus tard, d'accord avec les Italiens, Commynes et autres conseillers royaux avaient dressé une liste d'instructions à l'intention de l'ambassade française qu'on avait convenu d'envoyer au pape. Si Sixte IV refusait d'arrêter la guerre, les représentants de Louis devaient lui proposer l'arbitrage de leur souverain. Si cette suggestion était elle aussi repoussée, les ambassadeurs avaient pour mission d'annoncer au pape qu'un concile serait réuni pour réformer les abus pontificaux, et que les prélats français recevraient l'ordre de quitter Rome.

Son ambassade une fois partie, Louis XI, qui avait en vain proposé aux envoyés de la Triple Alliance de prendre quelques jours de vacances à Paris, disparut à Chinon. Tourmenté par la maladie, préoccupé par les Anglais, il expliqua aux ambassadeurs qu'il avait donné au seigneur d'Argenton et au Napolitain Biffile de Juge les pleins pouvoirs concernant leurs affaires. Pourtant, quoiqu'il sentît combien une retraite « dans des lieux sauvages » étaient alors nécessaire au maintien de ses forces, il ne cessa d'être accablé de demandes d'audiences et dut finalement se résoudre à recevoir une fois de plus les délégués italiens. La rencontre eut lieu le 3 décembre, par une journée pluvieuse, « dans une misérable petite hutte » située en pleine campagne, dans les environs de Thouars. A nouveau les envoyés supplièrent Louis d'intervenir militairement, mais, patiemment, le roi leur expliqua « en italien, assaisonnant parfois son discours de mots latins », qu'il voulait d'abord savoir quels résultats aurait la pression diplomatique qu'il tentait d'exercer sur le pape. Il voyait plus loin que ses impétueux alliés et n'ignorait pas que de mettre fin aux hostilités par les armes serait préjudiciable à la France comme à la Triple Alliance sans apporter en Italie de véritable paix.

Louis XI ne se faisait guère d'illusion quant à la façon dont Sixte IV accueillerait ses remontrances, et il avait raison. En effet, la réponse qui lui parvint au début de février 1479 n'avait rien de rassurant. Par l'intermédiaire d'un ambassadeur, le pape lui rappelait avec arrogance que le devoir du roi de France consistait à soutenir le Saint-Siège, et non pas un vulgaire marchand comme Laurent de Médicis, à défendre l'Eglise, ainsi que l'avaient fait ses ancêtres, et à travailler ainsi au salut de son âme et à sa gloire terrestre plutôt que de susciter la colère divine et de se préparer ici-bas la triste fin que Dieu réserve à ceux qui se dressent contre le Saint-Siège.

Louis fit à l'envoyé pontifical une réponse cinglante : s'il apportait son aide et son appui à la Triple Alliance c'était uniquement parce que celle-ci était opprimée par le pape et par le roi Ferrante, Sixte IV ayant fort injustement ouvert les hostilités. C'est pourquoi il jugeait sa propre attitude agréable à Dieu et louable aux yeux du monde. En fait, c'était le pape qui aurait dû craindre l'avenir, et d'autant plus qu'il avait assisté à la triste fin qu'avait valu à Paul II (mort d'une indigestion le 28 juillet 1471) ses appétits charnels; et, du moment où, chez lui, le goût du sang s'ajoutait au vice de la chair, sa mort risquait d'être plus lamentable encore que celle de son prédécesseur. S'il s'était trouvé parmi les cardinaux qui l'avaient élu, jamais il n'aurait approuvé leur choix, car il connaissait sa mauvaise nature et le savait perfide comme la plupart des Génois, ses compatriotes. Aussi s'enorgueillissait-il d'être un chrétien bien supérieur à Sixte et à ses cardinaux et surtout à ceux qui, parmi eux, lui prêtaient leurs conseils. De la Sainte Eglise, le roi était le très humble et très dévoué serviteur; du pape, non.

Comme, deux jours plus tard, le porte-parole de Sixte osait revenir à la charge, Louis le semonça si vertement que « son visage entier pâlit ». Puis, l'ayant renvoyé, le roi convoqua les ambassadeurs de l'Alliance, leur raconta l'entrevue en détail et finit par leur demander d'ignorer l'émissaire pontifical : « Laissons à un Français le soin de lui répondre! »

Le roi ne se montra pas plus patient avec les ambassadeurs de Ferrante. Un jour, soucieux de leur faire comprendre ce qu'il pensait de leur maître, il perdit toute mesure. Lancialoto de Macedonia s'étant plaint des troubles que créait la Triple

Alliance en Italie, Louis déclara que c'était dans l'habitude qu'avait le roi de Naples de se mêler des affaires d'autrui qu'il fallait chercher la cause véritable de tous ces ennuis. Se lançant ensuite dans une curieuse digression, Louis déclara que Charles VI, son propre grand-père, avait été fou, que la femme de celui-ci, la célèbre Isabeau de Bavière, était une fieffée catin, et que, de ce fait, lui-même ne savait au juste de qui il était le fils (plus exactement le petit-fils)! Puis, se tournant vers son interlocuteur, il jeta :

> « Et votre roi, étant donné ce qu'il est [*c'est-à-dire l'héritier illégitime d'Alphonse V*], croyez-vous qu'il soit le fils du roi Alphonse? »

A cette question, Lancialoto ne trouva rien à rétorquer *.

A quelque violence de langage qu'il se fût laissé aller, jamais pourtant Louis n'oublia le but qu'il s'était fixé et qui consistait non pas à favoriser le triomphe de l'une ou l'autre des deux puissances italiennes, mais à assurer la pacification de la péninsule sous ses bienveillants auspices.

Cependant, le temps passait et Sixte IV continuait à hésiter. Au début de 1479, il repoussa l'offre d'arbitrage que lui avait présentée Louis, déclarant fièrement que « le vicaire de Jésus Christ ne doit être jugé par quiconque », et laissant entendre qu'il avait l'intention de chasser de Florence Laurent de Médicis. Puis, lorsque les ambassadeurs du roi lui signifièrent que toutes relations avec la France étaient rompues, il s'empressa d'écrire à leur maître pour lui annoncer qu'il l'acceptait comme médiateur, pourvu qu'il partageât ce rôle avec un légat pontifical et, au besoin, avec Frédéric III ou Maximilien! En apprenant que, parmi ses conseillers comme parmi les membres de la Triple Alliance, certains étaient favorables à cette grotesque proposition, Louis finit par se laisser convaincre. En fait, il comptait que le Saint Père reviendrait sur son offre et donnerait ainsi la preuve éclatante de sa duplicité. A la fin du mois d'août, un envoyé pontifical vint confirmer ses espoirs. Sixte IV suggérait maintenant que le roi de France seul assumât l'arbitrage, mais dans des conditions qu'il appartiendrait au Saint-Siège de fixer. Sans même consulter le porte-parole de la Triple Alliance, Louis

* Il est parfaitement plausible que, par la maîtresse espagnole d'Alphonse V, Ferrante ait été le fils d'une Mauresque métisse de Valence.

renvoya l'émissaire du pape : il était clair désormais que les négociations ne parviendraient ni à sauver Laurent le Magnifique ni à rétablir la paix en Italie.

Toutefois, Louis n'était pas à bout de ressources et avait, comme toujours, une solution de réserve.

II

Louis XI avait fait bien attention à ne pas se brouiller avec le roi Ferrante. Même lorsque le duc Jean et ses partisans angevins lui réclamèrent les subsides nécessaires à la conquête du royaume de Naples, même lorsque Ferrante se décida à aider son oncle Jean II d'Aragon contre les Français dans le Roussillon, même lorsqu'il épousa le parti du duc de Bourgogne et envoya son second fils, Federigo, prince de Tarente, occuper un poste de commandement dans l'armée bourguignonne et tenter sa chance auprès de Marie, l'héritière de Charles, Louis avait eu soin de ne pas rompre ses relations diplomatiques avec le roi de Naples. L'année précédente, c'est-à-dire en 1478, il avait, au grand désespoir de la Triple Alliance, convenu de marier le prince Federigo à Anne de Savoie, fille de sa sœur Yolande, à qui il avait donné pour dot le comté de Villefranche et un revenu de douze mille livres par an. Le mariage fut célébré en France au début de juin 1479, et dès lors Federigo s'installa à la cour *. Louis s'était donné beaucoup de mal pour convaincre ses alliés italiens que le mariage d'Anne avec le fils de Ferrante ne constituait pas une menace pour eux. Lors d'un dîner avec le prince, il émit certaine critique touchant le père de ce dernier et veilla à ce qu'elles fussent rapportées aux délégués de l'Alliance de même que le maintien prudent qu'observait Federigo en de telles occasions. Par ailleurs, le prince restait en contact avec les ambassadeurs napolitains qui se trouvaient alors à la cour. Grâce à eux, le roi espérait voir l'acharnement qu'il avait mis à poursuivre ses relations avec Ferrante porter enfin ses fruits.

L'été venu, Louis jugea que le roi de Naples devait être prêt à écouter les conseils que lui dictait son intérêt personnel. Jusque-là, son association avec le pape ne lui avait été d'aucun

* Le prince Federigo était le meilleur des Napolitains. Cruel comme son père, Alfonso, duc de Calabre, son frère aîné, était aussi stupide que brutal.

profit et ne semblait pas devoir lui rapporter davantage. Par ailleurs, il était menacé par les Turcs qui, dans leur progression vers l'ouest, choisiraient son royaume comme premier objectif. Pour modifier sa position, il ne demandait donc qu'un prétexte qui lui permît de sauver la face.

Durant le printemps 1479, Iacomo Dentile, le porte-parole de Ferrante, n'avait cessé de déblatérer contre Laurent de Médicis et Cicco Simonetta, les deux grands responsables des troubles auxquels l'Italie se trouvait en proie. Simonetta était premier officier de la duchesse Bonne, qui assumait alors à Milan les fonctions de régente au nom de son jeune fils. Selon Dentice, aussi longtemps que l'enfant n'était pas en âge de régner, c'était son oncle Lodovico le Maure (ainsi nommé en raison de son teint), l'un des protégés de Ferrante, que Simonetta avait expulsé de Milan, qui eût normalement dû gouverner le duché. Or, Louis n'avait aucune raison d'aimer Cicco Simonetta, qui avait incité Galeazzo-Maria à passer dans le camp bourguignon et aidé secrètement Venise dans ses menées contre la France. Aussi décida-t-il d'informer Ferrante que, s'il était fermement résolu à défendre Laurent de Médicis, il ne verrait aucun inconvénient à ce que son ami Lodovico tentât de renverser Simonetta. Par cette modeste concession — qui d'ailleurs n'en était pas une, car de toute manière il ne fût certainement pas intervenu — Louis fournissait à Ferrante le prétexte qui lui manquait pour conclure la paix.

Le 21 septembre, ayant reçu du roi de Naples la réponse qu'il espérait, Louis XI chargea Pierre Palmier, l'un de ses secrétaires, d'organiser des négociations entre Ferrante et les Florentins. Francesco Gaddi, l'envoyé de Florence à la cour de France, se joignit à lui pour expliquer la situation à Laurent de Médicis. Un ou deux jours plus tard, Louis apprit que, le 8 septembre, Lodovico le Maure avait fait à Milan une entrée triomphale. Trois jours après, Cicco Simonetta était mis en prison (où il fut exécuté l'an suivant), tandis que Lodovico prenait le pouvoir au nom de son jeune neveu. Début octobre, par un message à Pierre Palmier, Louis rappela à Ferrante que le moment était venu de remplir ses engagements [1]. Ensuite, il exerça sur Lodovico le Maure la pression nécessaire pour que celui-ci s'engageât de façon catégorique à appuyer la Triple Alliance.

En décembre, Louis XI fut informé que Ferrante était « disposé à faire ce qu'il plairait au roi de France pour la paix de l'Italie ». Le pape avait accepté de rappeler ses capitaines et l'on n'attendait plus maintenant que l'arrivée d'un envoyé florentin nanti des pleins pouvoirs. Le 24 novembre, une trêve avait été proclamée, durant laquelle devaient avoir lieu les négociations. Le 5 décembre, Laurent de Médicis en personne quittait Florence pour s'en aller à Naples défendre les intérêts de sa ville. Ses concitoyens étaient consternés et lui-même avait conscience du risque qu'il courait en allant se placer entre les mains d'un homme comme Ferrante; mais il se considérait comme responsable de la paix de Florence et estimait avoir plus de chance que n'importe quel émissaire de mener à bien sa mission.

Si c'était grâce à lui que Laurent était désormais en mesure de traiter avec l'ennemi, le roi de France savait fort bien quelles difficultés l'attendaient. A la mi-février (1480), Louis n'avait encore reçu aucune nouvelle du royaume de Naples. Il ne cachait pas aux ambassadeurs milanais l'inquiétude que lui inspirait le séjour prolongé de son ami, ni la crainte que « quelque chose de mal ne lui soit advenu * ». Ce n'est qu'à la fin du mois de mars qu'un courrier en provenance de Naples arriva enfin au Plessis. Louis apprit alors qu'outre la paix, Laurent de Médicis avait pratiquement réussi à gagner l'admiration du roi Ferrante. Le 6 mars, tous deux avaient signé la fin de la guerre et scellé un traité visant au rétablissement de la Ligue générale d'Italie. Ainsi le pape se trouva-t-il contraint de souscrire à la paix, bien qu'il fallût encore attendre la fin de l'année avant qu'il consentît à lever l'excommunication qu'il avait lancée contre les Florentins.

Sans envoyer un seul soldat de l'autre côté des Alpes, Louis était parvenu à protéger la vie politique de Laurent de Médicis et à arracher ses alliés à la guerre sans rompre pour autant ses relations avec le camp adverse, réussissant ainsi à pacifier

* Aujourd'hui certains érudits jugent ridicule l'idée selon laquelle le chef de la Maison de Médicis courait un risque en se rendant à Naples. Peut-être oublient-ils ce qui faillit arriver à Louis XI lorsque, à Péronne, il tomba dans le piège que lui avait tendu Charles de Bourgogne, qui pourtant était un modèle de vertu en comparaison de Ferrante. Louis connaissait mieux que n'importe quel historien actuel les mains cruelles entre lesquelles était allé se placer Laurent le Magnifique.

l'Italie et à confirmer la suzeraineté qu'il souhaitait continuer à exercer dans les affaires de la péninsule.

C'était là un éclatant succès, mais un succès que l'instabilité politique des Italiens devait bientôt remettre en question. Presque immédiatement, Louis dut en effet modifier sa position au gré de nouveaux changements et inventer d'autres ruses pour préserver tant bien que mal la paix fragile de l'Italie.

Jamais Venise ne devait accepter le traité passé entre Naples et Florence, qui donnait trop de pouvoir au roi Ferrante. Par ailleurs, ni les offres de Milan et de Florence, prêtes à renouveler la Triple Alliance, ni les propos rassurants de Louis, ne purent apprivoiser le Lion de l'Adriatique qui, méfiant, ne tarda pas à se retirer dans son antre. Désormais seul, Sixte IV profita de l'aubaine pour renouer avec Venise. A la mi-avril 1480, tous deux s'allièrent contre Florence et Naples qui, après s'être détournés de Milan, s'empressèrent de renouer avec Lodovico le Maure. Une fois de plus la Ligue générale était divisée en deux blocs adverses. Adaptant habilement sa politique à ces mutations, Louis XI s'efforça de rétablir un climat de bonne intelligence entre le pape et lui, donnant ainsi à croire qu'il continuait à défendre les intérêts de Venise. Aussitôt, ce fut aux Vénitiens de créer de nouveaux ennuis au roi de France : c'était manifestement lui qui avait manigancé le rapprochement de Venise et de la Papauté!

Au début du mois d'août, les Turcs débarquèrent en Italie pour s'emparer du port napolitain d'Otrante.

Berger infatigable, Louis sauta sur l'occasion pour regrouper son troupeau et fondre les deux coalitions ennemies en une Ligue d'action contre les Turcs. En automne 1480 et au printemps 1481, des ambassadeurs français franchirent les Alpes pour prêcher en Italie la cause de l'unité. Louis lui-même offrit un généreux subside annuel pour favoriser une action concertée contre les Infidèles. Cependant, Venise devait y faire obstacle. En janvier 1479, elle avait signé avec les Turcs une paix qui devait permettre à ceux-ci de se refaire après la guerre qu'ils venaient de perdre dans le Levant. Or, malgré la protection que lui promettait le roi de France au cas où ses alliés italiens l'abandonneraient pour la laisser affronter seule la colère des Turcs, elle s'obstinait à refuser de rompre ce traité. Déjà elle avait envoyé en Orient Gentile Bellini pour peindre le portrait de

Mahomet II, le brillant stratège qui avait conquis Constantinople. Fort heureusement pour la chrétienté, la mort de ce dernier, survenue en septembre 1481, devait permettre au roi Ferrante de reprendre Otrante en septembre de la même année. Bientôt, Venise affronta Naples, Florence et Milan dans une courte guerre dirigée contre Ferrare. Enfin, elle manifesta le désir de voir le roi de France jouer le rôle d'arbitre qu'il lui proposait depuis si longtemps.

Toutes les routes de la péninsule italienne conduisaient à la cour de France. Jusqu'à la fin de sa vie, Louis XI resta le protecteur de l'Italie. C'était là une tâche ingrate et difficile dont la portée incalculable avait échappé à ses prédécesseurs, et que, pour la ruine de l'Italie et le tourment de l'Europe, ses successeurs seront incapables d'assurer *. Dès les premières années de son règne, lorsque, à l'encontre de toute conception médiévale et au grand déplaisir des Angevins et des Orléanistes, il affirma que l'Italie appartenait aux Italiens, Louis travailla à protéger la péninsule contre les dangers de l'invasion et des rivalités internes. Aux jours mélancoliques de la conquête étrangère, Machiavel et Guichardin considéreront l'Italie des années 1454 à 1494 comme un âge d'or durant lequel, grâce à une politique de génie, les principautés italiennes s'entendaient à maintenir entre elles un équilibre miraculeux. Pourtant, ni les deux Florentins ni les historiens ultérieurs ne surent reconnaître le rôle que joua, dans ce miracle, l'influence du roi de France, qui mit tout en œuvre pour garder cet âge d'or de la flétrissure. Durant vingt années décisives, pour avoir permis que se perpétuât au-delà des Alpes un milieu favorable à l'épanouissement des arts et de la science, Louis fut donc aussi le protecteur de la Renaissance italienne *.

* *Cf.* Epilogue, p.

* Concernant cette période, Garret Mattingly écrit de façon fort suggestive (dans *Renaissance Diplomacy*, 1955, p. 96) : « Ces quarante ans virent l'étonnant épanouissement du génie italien, et surtout florentin. Il semble probable que, sans ce printemps clément et généreux, certains parmi les plus beaux fruits de la Renaissance italienne n'eussent jamais mûri. Par ailleurs, si les Etats-villes n'étaient pas parvenus à sauvegarder leur indépendance... il n'est pas impossible que certains de ces fruits ne fussent pas non plus parvenus à maturité. Tout ce que l'on peut dire avec certitude, c'est que le maintien de l'équilibre qui régnait alors entre les diverses puissances de la péninsule contribua à créer le véritable milieu de la Renaissance italienne. »

24.
Souverain et royaume

I

Après vingt ans de règne, Louis XI s'était taillé en France une autorité telle qu'aucun de ses prédécesseurs n'en avait connu jusque-là. Les Etats du royaume, c'est-à-dire le Tiers Etat, le Clergé et la Noblesse, étaient tous trois soumis à la couronne. Le roi traitait avec une familiarité flatteuse l'oligarchie que constituaient désormais ses bourgeois; il travaillait à promouvoir leur prospérité et exerçait un certain contrôle sur leurs gouvernements municipaux. Dans certaines villes, il choisissait le maire parmi les trois candidats qu'on lui proposait, et, à Tours, il assumait cette fonction lui-même. Il était parvenu à soumettre l'Eglise entière à son autorité *. Le corps ecclésiastique représentait une puissance et le roi n'entendait pas qu'il y eût deux gouvernements en France; c'est pourquoi il n'avait que faire de la Sainte Inquisition. En abolissant et en rétablissant tour à tour la Pragmatique Sanction, par laquelle son père avait instauré les libertés de l'Eglise gallicane, il utilisait le pape pour faire obstacle aux prétentions du clergé et le clergé pour refréner les abus pontificaux résultant de l'exportation de l'or à destination de Rome. De tels revirements politiques ne devaient d'ailleurs pas manquer de créer une certaine confusion dans le monde clérical.

* A l'occasion, il pouvait se montrer tyrannique dans ses exigences. C'est ainsi qu'en faveur de l'évêque d'Avranches, son confesseur, il écrivit aux moines de l'abbaye du Bec qui cherchaient alors un nouvel abbé : « Ne soyez pas si dépourvus de sens que veuillez procéder à l'élection ou postulation d'autre que notre dit confesseur. »

En outre, Louis XI était enfin parvenu à briser l'empire du féodalisme en France pour ranger sous la tutelle royale les seigneurs et les princes mécontents qui désormais en étaient réduits à regretter le bon vieux temps où leurs prédécesseurs exerçaient la haute, la moyenne et la basse justice et pouvaient se considérer comme des souverains indépendants. La chance et son adresse lui avaient permis de réunir au domaine des fiefs importants. Lorsque, en juillet 1480, mourut le roi René, il laissait à Louis les duchés de l'Anjou et du Bar, tandis que Charles du Maine, son neveu, héritait du comté de Provence. Mais, n'ayant pas d'enfant, celui-ci avait d'ores et déjà fait un testament en faveur du roi, et, à sa mort, qui survint un an après celle de son oncle, les comtés de Provence et du Maine revinrent à la couronne, de sorte que Louis entra en possession du fabuleux port de Marseille et vit ses domaines de la Loire s'étendre jusqu'aux frontières bretonnes [1]. Après la disparition de Charles le Téméraire, François II de Bretagne avait juré sur la redoutable Vraie Croix de Saint-Laud d'abandonner toutes ses alliances pour ne plus servir que son roi; et, quoiqu'en 1480 il eût signé de nouveaux traités avec Maximilien et Edouard IV, le temps était passé où son duché pouvait défier la souveraineté de la France. Dix ans plus tard (1491), Anne, son héritière, allait d'ailleurs se donner et donner sa province au fils de Louis, le futur Charles VIII.

Louis, le jeune duc d'Orléans, possédait un duché gravement compromis par la lourde rançon que son père, le duc poète Charles, avait dû payer à ses ravisseurs anglais. Cependant, ses domaines coupaient la vallée de la Loire, et, si le dauphin venait à mourir, c'était à lui qu'irait la couronne de France. Avec une absence de scrupules qui fit peut-être de cet acte le seul acte véritablement cruel de sa vie, le roi résolut de sacrifier à ses désirs sa fille cadette et contrefaite, la sainte Jeanne de France. En 1476, il obligea la duchesse douairière d'Orléans à souscrire à l'union de son fils et de Jeanne :

> « Je me suis délibéré de faire le mariage de ma petite fille Jeanne et du petit duc d'Orléans, pour ce qu'il me semble que les enfants qu'ils auront ensemble ne leur coûteront guère à nourrir »,

écrivit-il à son grand maître, Antoine de Chabannes. Par la suite, il contraignit le jeune couple à consommer le mariage afin d'ôter au duc tout motif d'annulation. Non sans ironie, l'espoir du roi, qui comptait voir le duché revenir au domaine faute d'héritier, allait un jour se réaliser, mais d'une façon bien différente de celle qu'il avait imaginée : en effet, pour que ce rêve se concrétisât, il fallut attendre la mort de Charles VIII qui, sans enfant, devait laisser la couronne à Louis d'Orléans.

Le Sud de la France, que se partageaient autrefois des seigneurs semi-indépendants, ne comptait plus aujourd'hui un seul prince qui songeât à braver l'autorité royale. Le comté d'Armagnac avait été rattaché au domaine; le sire d'Albret était un loyal serviteur de la couronne; quant à la comtesse douairière de Foix, elle dirigeait les affaires de son fils en parfait accord avec le roi son frère. Enfin, la duchesse de Savoie se pliait désormais sans mot dire à la volonté de Louis.

Au sein du royaume, seul Jean, duc de Bourbon, possédait encore une puissance territoriale importante. En 1465, à la fin de la Guerre du Bien public, Louis avait su le gagner à sa cause au prix d'énormes sacrifices, et, pendant dix ans, Jean était demeuré à ses côtés. Pourtant, en 1474, lassé sans doute de servir un roi trop exigeant, le duc s'était retiré dans ses vastes domaines.

Pour renforcer son autorité au détriment des ambitions féodales de son vassal, le roi trouva le serviteur qu'il lui fallait en la personne de Jean Doyat, un homme sans naissance ni fortune originaire du Bourbonnais. Comme bien d'autres, celui-ci sut se tailler une place de choix dans le monde nouveau de Louis XI où « la carrière était ouverte aux talents ». Il mit d'ailleurs tant de zèle et tant d'habileté à faire triompher la justice royale dans les territoires du duc de Bourbon qu'après l'avoir promu à de hauts offices, le roi en fit un de ses compères et l'intégra dans le cercle de ses conseillers intimes [2].

Sous Louis XI, les charges et les services du gouvernement se développèrent pour prendre des proportions jusque-là inconnues en France; et, en dépit de la simplicité de la maison du roi, les dépenses gouvernementales augmentèrent en proportions. L'ensemble du réseau qui constituait ses merveilleux services de renseignements, c'est-à-dire les diplomates, les enquêteurs particuliers, les agents secrets, les fonctionnaires étrangers qui étaient à sa solde, couvrait non seulement les territoires du royaume, mais tout le reste de l'Europe *. Personne, ni même les Italiens, ne comprenait mieux que lui l'importance que revêt une information précise en matière de politique étrangère. Par ailleurs, Louis dépensait des sommes considérables pour gagner ses ennemis à sa cause; chaque année, un lourd chargement d'or quittait la France pour payer les pensions anglaises. Mais, à juste titre, le roi jugeait cette dépense bien inférieure à celle qu'il aurait fallu envisager en cas d'invasion ou de rébellion féodale.

Il y avait en outre les généreux subsides accordés par le roi à ses principaux officiers et contre lesquels un chroniqueur osa s'insurger, non parce que le coût en était trop élevé, mais parce que les bénéficiaires étaient des gens « de basse condition ». Nombre d'entre eux, il est vrai, s'enrichissaient aux dépens des finances publiques, et, quoiqu'il vît d'un bon œil ses hommes tirer de fortes vacations des riches, le roi semblait inconscient de la corruption qui régnait autour de lui. Cependant, les serviteurs de Louis n'étaient probablement pas pires que ceux de ses prédécesseurs ou de ses successeurs, et, s'ils gagnaient beaucoup d'argent, il leur fallait travailler plus encore. Jean Bourré construisit de ravissants châteaux, comme celui de Langeais, mais il n'eut guère le temps d'en profiter; Philippe de Commynes ne vit que rarement la principauté de Talmont que lui avait offerte son souverain reconnaissant; et si Jean Doyat se rendit coupable d'extorsions, ce ne fut jamais au détriment des pauvres. L'argent et l'énergie de son peuple, le roi les utilisa également à restaurer les villes de son royaume, dont les remparts et les tours se trouvaient souvent dans un état lamentable lors de son accession au trône. Maintenant il s'occupait de mettre sur pied une nouvelle machine militaire : il avait porté à quatre mille cinq cents les quinze cents lances de cavalerie qu'il avait héritées de son père; de plus, grâce à une réorganisation complète de l'infanterie, il avait remplacé par des compagnies de piquiers, indigènes ou suisses, la plupart des francs archers, souvent incompétents, et développé une troupe de génie et un corps d'artillerie d'une grande efficacité.

Cette expansion des services gouvernementaux ne pouvait

* A la fin des années 1470, pour accélérer ses communications, Louis XI instaura un nouveau système postal en établissant des relais de chevaux et de cavaliers à intervalles réguliers le long des principales routes de France.

qu'entraîner un accroissement des impôts. Louis XI introduisit donc des réformes fiscales et autorisa notamment certaines localités à collecter elles-mêmes les aides, tandis qu'il allégeait les charges des grandes villes en échange de diverses contributions, financières ou autres. Toutefois, le roi ne s'intéressait guère à l'administration des finances; aussi laissait-il à ses officiers le soin de trouver l'argent nécessaire, au besoin même dans « la boîte à l'enchanteur ».

Les chroniques, les registres des villes, les rapports des officiers royaux mentionnent les plaintes — plaintes émanant le plus souvent des régions campagnardes — émises par le peule français concernant le poids des charges fiscales. Cependant, en Angleterre, les sujets d'Edouard IV se lamentaient de la même façon. Au XVe siècle, on estimait que le roi devait « vivre de ses biens », c'est-à-dire des revenus qu'il tirait de ses domaines et de ses bénéfices féodaux. Quoique, depuis longtemps, des impôts fussent régulièrement prélevés, on les considérait toujours comme une contribution exceptionnelle, comme une aide accordée au roi pour faire face à la guerre ou à d'autres impératifs bien précis. A l'époque, les gens n'étaient pas encore conscients que le gouvernement ne pût développer ses services sans accroître ses revenus d'autant.

Durant les dernières années du règne de Louis, une série d'hivers effroyables suivis de récoltes désastreuses vinrent avec leurs souffrances assombrir l'image que le peuple se faisait de son roi. Pendant l'hiver 1478-1479, des pluies incessantes entraînèrent des inondations. L'année d'après, le mauvais temps se prolongea jusqu'à la fin du printemps. En décembre 1480 débuta « le plus grand froid jamais connu », qui devait durer jusqu'au 8 février suivant. La Seine et la Marne étaient recouvertes d'une couche de glace si épaisse que les chars et les cavaliers pouvaient y circuler sans le moindre danger. Après un bref répit, le gel recommença et ne prit fin qu'en mai. La vigne, les arbres fruitiers et les semis faits au printemps furent gelés. Venant après deux années difficiles, cette catastrophe entraîna une famine dont toute l'Europe eut à souffrir. Dans de telles conditions, il semblait inhumain d'avoir à payer des impôts. Aux magistrats de Tournai, qui réclamaient des vivres, Louis écrivit qu'il s'occuperait de fournir la viande et le vin que demandaient leurs représentants, mais pour ce qui était du blé : « Vous savez quelle l'année a été, et sommes bien déplaisants[...] que nous ne pouvons mieux faire », se trouva-t-il contraint d'avouer. En janvier 1482, la municipalité de Lyon fit savoir au roi qu' « en raison de ses lourdes charges, mais aussi de la famine et de la pauvreté qui règnent dans la ville et la campagne avoisinante », elle n'aurait que peu d'argent à investir dans l'entreprise commerciale qu'il lui proposait. Un an plus tard, « pour le réconfort et le soulagement des pauvres », Louis donnait aux officiers royaux et au clergé de Paris l'ordre d'organiser des processions et de prier Dieu pour que cessât le vent du nord-est « qui depuis un an rend le temps si mauvais ».

Vers la fin du règne de Louis, l'ensemble du revenu réalisé par les impôts avait plus que doublé par rapport à ce qu'il était à la mort de Charles VII *. Toutefois, cette comparaison est trompeuse car le roi tirait ses revenus d'un royaume qu'il avait su rendre à la fois plus grand et plus prospère. Louis avait compris que le commerce et l'industrie ne sont pas des éléments fixes dans une société statique, mais bien plutôt des forces dynamiques susceptibles d'accroître la richesse et les ressources de l'Etat. Conscient de l'importance des spécialistes au service du gouvernement, il convoquait souvent des assemblées de « gens entendus et experts » dans le domaine de l'économie. Il voyait avec satisfaction prospérer l'industrie de la soie qu'il avait implantée à Lyon puis transportée à Tours. Il avait pris sous sa protection le nouveau corps de métier que constituait désormais l'imprimerie. En 1471, pour stimuler l'industrie minière, il nomma un « maître général des mines », exigea des propriétaires de gisements métallifères d'exploiter leur bien ou de le louer en échange d'un certain pourçentage sur les bénéfices, exempta les ouvriers d'impôts, encouragea enfin les mineurs étrangers, et surtout les Allemands, qui étaient les meilleurs, à s'installer en France. Quoiqu'il s'appliquât à maintenir un juste équilibre dans la balance des payements, il ouvrit son royaume aux marchands étrangers; grâce à un accord compris dans le traité de Picquigny, il donna à Bordeaux la possibilité de créer avec l'Angleterre un commerce florissant d'échange de vin et de drap.

* A la fin du règne de Charles VII, la taille rapportait 1 200 000 livres par an pour un revenu total de 1 800 000 livres. Quelque vingt ans plus tard, Louis XI tirait de son royaume un revenu global de 4 655 000 livres, dont 3 900 000 provenaient de la taille, 655 000 des aides et gabelles, et 100 000 du domaine.

Si elle ne fut pas couronnée de succès, la plus originale des expériences que tenta Louis XI en matière d'« organisation » gouvernementale visait à transformer Arras, dont les habitants détestaient la France, en une cité française — au nom séduisant de « Franchise » — peuplée de loyaux Français qui continueraient à fabriquer les textiles auxquels la ville devait sa réputation. Aidé par des experts, le roi dressa un plan très élaboré de colonisation sociale et économique; mais, comme on pouvait s'y attendre, cette expérience se heurta à un manque de souplesse bien légitime, et, avant la fin de son règne, Louis put constater que les anciens habitants d'Arras avaient rejoint leur ville [8].

Maintenant qu'à l'extérieur comme à l'intérieur du royaume Louis était parvenu à soumettre ses ennemis, il nourrissait d'ambitieux projets grâce auxquels il espérait améliorer le bien-être de ses sujets. Sur le plan du commerce, le grand port de Marseille occupait désormais le centre de ses préoccupations. En décembre 1481, il lança à ses villes un pressant appel les enjoignant d'envoyer chacune deux délégués, « experts et bien entendus », rejoindre Michel Gaillart, l'un des premiers agents financiers du roi, « capitaine et grand patron des galères de France », afin d'étudier avec lui les possibilités de développer « Marseille la Renommée ». Louis songeait à faire de la France le centre d'un vaste trafic international où ses bateaux, construits ou à construire, joueraient le premier rôle. « Au moyen des grandes libertés et franchises que entendons y donner », des marchands de toutes les nations, « tant chrétiennes que infidèles [...] viendront audit lieu de Marseille et pays de Provence et illec déchargeront leurs dites denrées et marchandises pour après les tirer et faire traverser tous nos royaumes et seigneuries, tant par Bordaux, Paris, Rouen que ailleurs, et de là en Angleterre, Ecosse, Zélande, Allemagne que autres pays du Ponant, dont pourront venir innombrables biens, profits et avantages à tous les marchands qui voudront fréquenter ledit navigage et trafic [...] pour l'accroissement et augmentation de la marchandise de nos royaumes, pays et sujets ».

Il rêvait en outre de créer une unité nationale grâce à des réformes si radicales qu'il faudra en fait attendre le XIXe siècle pour voir leur réalisation.

> « Il désirerait de tout son cœur, note Commynes, de pouvoir mettre une grande police — c'est-à-dire une autorité centrale unique — en ce royaume. »

Il espérait surtout « bien brider cette cour de Parlement; non point diminuer leur nombre et leur autorité », mais transformer leurs procédures de manière à assurer à ses sujets des jugements plus rapides et plus équitables. Sur son ordre, des cas toujours plus nombreux étaient transmis du Parlement de Paris au Grand Conseil, section judiciaire du Conseil royal, qui se mit peu à peu à fonctionner comme les cours d'équité et la chambre étoilée telles qu'elles se développaient alors en Angleterre. En 1479, il décréta que, désormais, tous les appels adressés au Parlement devraient être entendus dans un délai de deux ans.

Mais le plus grand rêve de Louis visait à remplacer par un système unique de lois, de règlements, de poids et de mesures le fatras des « coutumes » qui, héritées d'un obscur passé, changeaient de province en province et de ville en ville pour régir la vie sous toutes ses formes en dépit de tout ce qu'elles avaient d'irrationnel et de préjudiciable à l'économie. Cet ambitieux dessein, le roi tenta de le réaliser dès 1480. Cette année-là, il ordonna en effet à tous ses baillis et sénéchaux d'envoyer à la chancellerie « les coutumes et styles » de leurs régions afin qu'ils puissent être réduits à « une nouvelle coutume ». L'an suivant, il écrivit au seigneur du Bouchage :

> « Vous savez bien le désir que j'ai de donner ordre aux coutumes, au fait de la justice et de la police du royaume. Pour ce faire, il est besoin d'avoir la manière et coutume des autres pays. Je vous prie que vous envoyiez quérir devers vous le petit Florentin, pour savoir les coutumes de Florence et de Venise, et le faites jurer de tenir la chose secrète, afin que je vous dise mieux et qu'il le mette bien par écrit. »

Comme l'avait compris Philippe de Commynes, le roi souhaitait « que toutes ces coutumes fussent mises en français en un beau livre [...] Et si Dieu lui eût donné la grâce de vivre encore cinq ou six ans, sans être trop pressé de maladie, il eût fait beaucoup de bien à son dit royaume ».

II

Cependant continuaient les dévotions, les pèlerinages, les offrandes aux autels, la messe matinale, la confession hebdomadaire, la méditation et la « plaisante conversation » du Jour des Saints-Innocents, et les dizaines de messes spéciales dites chaque mois. Les précautions célestes du roi, ses dons aux chapelles et aux églises, représentaient des sommes si importantes que, même à son époque, pourtant pieuse, on les trouvait exagérées; c'est ainsi que la grille d'argent fin, d'un poids de douze mille livres, qu'il fit fabriquer pour enclore le tombeau de Martin de Tours, le saint missionnaire et soldat patron de la France, coûta la bagatelle de deux cent mille livres.

Louis continuait à chasser par n'importe quel temps. Inlassablement il courait par monts et par vaux, s'arrêtant çà et là dans la cabane d'un paysan ou quelque humble village *. Les doléances des ambassadeurs italiens, mécontents d'être « logés comme des chiens » dans les « lieux sauvages » qu'affectionnait le roi, avaient les mêmes accents plaintifs que celles d'Alberico Maletta en 1764. L'âge et la maladie aidant, il se déplaçait désormais de plus en plus souvent par voie d'eau sur de vastes péniches, surmontées de confortables maisons de bois agrémentées de cheminées et de fenêtres vitrées, qu'il avait conçues lui-même.

Mais il lui était difficile de s'échapper pour retrouver le plein air et ses propres pensées; tant de gens attendaient des instructions ou réclamaient des faveurs, tant d'importuns, convaincus que leurs affaires ne souffraient aucun retard, ne pouvaient, à l'instar des ambassadeurs étrangers, supporter qu'on ne les reçût pas immédiatement. Durant le triste mois de novembre 1479, le roi, ne se sentant pas bien, décida d'abandonner Tours, trop humide, pour la région plus salubre de Chinon.

* « J'ai omis de vous demander de m'acheter un chapeau comme celui que me donna l'évêque de Valence [*il y avait de cela quinze ans au moins*], écrivit-il à l'un de ses généraux des Finances. Il m'a dit qu'il l'avait rapporté de Rome. Il me semble qu'il était d'une autre peau que du castor [...] Il couvrait complètement les épaules et le dos, et même la croupe du cheval [...] de sorte qu'il n'était nul besoin de manteau contre la pluie; et lorsqu'il faisait chaud, il était aussi bon qu'une petite maison. Essayez je vous prie, de m'en procurer un, et envoyez-le rapidement de sorte qu'il me parvienne avant les grosses chaleurs. »

Comme il se préparait à partir, il fut avisé que les envoyés de la Triple Alliance demandaient à le voir, et pria Philippe de Commynes de les informer qu'il leur accorderait un instant à Saint-Martin, où il assisterait à la messe comme il en avait l'habitude avant de quitter Tours. Commynes les avertit alors de ne pas déranger le souverain aussi longtemps que la cérémonie ne serait pas terminée. Bientôt, Louis XI, chaussé de bottes et d'éperons, vêtu de son éternelle robe grise fourrée d'agneau blanc, le chef couvert d'un capuchon de moine doublé de fourrure et surmonté d'un large chapeau, pénétra dans l'église bruyante et encombrée pour descendre l'un des bas-côtés. Les yeux fixés au sol, insensible à la foule, il s'avança vers le chœur puis disparut dans une petite loge grillagée où il pouvait faire ses dévotions sans être vu. Après la messe, il réunit les Italiens devant l'autel et leur déclara :

> « Messieurs les ambassadeurs, j'ai décidé de m'en aller pour gagner un endroit plus chaud que cette ville afin de me débarrasser du rhume que j'ai attrapé. Si vous avez quelque sujet à discuter, dites-le à Monseigneur d'Argenton qui me le fera savoir. Je me recommande à vous. »

Sur quoi il quitta les envoyés stupéfaits et sortit de l'église. Après avoir traversé la place du marché, il entra dans une auberge voisine, à l'enseigne de *Saint-Martin*, et déjeuna sans façon avant de sauter à cheval pour prendre la route de Chinon. Dans l'église, courtisans et serviteurs s'étaient précipités à sa suite dans un désordre tel que Francesco Gaddi, le minuscule ambassadeur florentin, se retrouva au centre de la nef sans avoir touché terre.

Avec l'âge, Louis se montrait moins prompt à la colère comme à l'enthousiasme; souffrances et fatigues l'avaient rendu plus faible; et plus l'agitation du monde, le tumulte de la cour, les désillusions et l'approche de la mort lui étaient difficiles à supporter, plus l'affection, la grâce et la simplicité des bêtes semblaient lui êtres chères. Il avait des garennes, des cages et des volières dans tous ses refuges de la Loire, et, dans la forêt d'Amboise, il possédait une ménagerie abritant un éléphant, des dromadaires, des léopards, des autruches et d'autres animaux exotiques. De partout lui arrivaient de précieux envois propres à réjouir son cœur : « certains cochons rouges », « plusieurs bêtes noires », « deux petites loutres d'Espagne », et toujours des chevaux et des chiens, des tourterelles, des pigeons, des pies et des paons, des quantités de canaris, des chardonnerets, des pinsons, des aigrettes, des hérons, des linottes, des cailles, des perdrix, des mouettes, et même des corbeaux et des hiboux, des oiseaux de Turquie, des oiseaux blancs de Tunisie, et toute une variété de faucons. Toujours très élégants avec leurs colliers de cuir rouge et leurs laisses de laine teinte, les lévriers restaient ses favoris. Des apothicaires étaient constamment occupés à leur préparer des onguents, des bains, des poudres et des emplâtres. Une levrette ayant mis bas cinq petits, le roi les emmena avec lui lors de divers voyages, dans la Loire puis à Paris. A ses trois mâles préférés, Paris, Plessis et Artus, vint s'ajouter un quatrième qu'il choisit d'appeler Beauvoisin. Enfin, Louis possédait une chèvre, nommée Mignonne, et six petits chevreaux.

Le roi profitait de sa précieuse solitude pour lire, le plus souvent des livres saints et des ouvrages de médecine, de droit ou d'histoire. Il aimait à dire : « Je ne suis point grand clerc », et, parlant du latin, « Je n'en sais point »; pourtant, il lisait cette langue sans difficulté, de même que l'italien, qu'il parlait couramment. Tout comme Commynes, Chastellain le qualifie de « prince lettré »; quant à Carlo Visconti, l'envoyé milanais, il notait en 1479 :

> « Ayant dû affronter bien des épreuves et bien des maladies, le roi consacre son temps libre à la prière ainsi qu'aux plaisirs de la chasse. Il aime la solitude, et, quoique pour un prince la chose soit difficile, il fuit la multitude, qui est odieuse à tout homme de bien. En outre, il lui arrive d'étudier; c'est du moins là ce qu'on m'a dit, et je le crois, car sa conversation l'atteste et il cite les plus grands auteurs [4]. »

Sans être ni un artiste ni un mécène — la France n'avait d'ailleurs pas encore été touchée par la Renaissance italienne —, Louis sut choisir les meilleurs musiciens, les meilleurs peintres et les meilleurs sculpteurs de son temps; par les dons, plus que généreux, qu'il fit aux églises, il encouragea les efforts de maints artisans. Jean Fouquet reçut le titre de « peintre du roi »; en outre, Louis commanda de nombreux travaux à Jean Bourdichon, le jeune artiste tourangeau qui devait s'illustrer en enluminant les *Heures d'Anne de Bretagne*. Par ailleurs, il n'était pas dans ses habitudes d'oublier les services des gens simples; c'est ainsi qu'il donna trois écus « à Jacob Loys, enfant des cuisines, pour avoir passé une nuit entière à entretenir le feu dans la chambre du roi ».

Parmi les intimes du roi, le passage des ans continuait à changer les visages et les fortunes. Les favoris de sa chambre étaient désormais Jean Doyat et Olivier le Daim, « le Barbier », qui maintenant recevait chez lui des cardinaux, mais à qui son arrogance vaudra un jour d'être pendu par les princes. Des trois « compères » en qui Louis avait le plus confiance — le Bourguignon Philippe de Commynes, le Napolitain Boffile de Juge, et Imbert de Batarray, seigneur du Bouchage —, seul de Batarray avait été l'ami du roi alors que celui-ci n'était encore que l' « empereur » du Dauphiné. Le Breton Tanneguy du Chastel avait été tué par un boulet de canon lors du siège de Bouchain, en 1477, alors que son souverain s'appuyait sur son épaule; Houaste de Montespédon, le compagnon de sa jeunesse, avait trouvé la mort à la bataille de Guinegate, en 1479; enfin, « Jean des Habilités », le rude et spirituel seigneur de Lude, devait mourir en 1482. Après le décès de Charles le Téméraire, Louis avait pris à son service de nombreux Bourguignons, parmi lesquels Philippe de Crèvecœur, maintenant premier capitaine du royaume, Antoine, Grand Bâtard de Bourgogne, et Guillaume de Rochefort, qui bientôt deviendrait chancelier de France; en fait, il voyait autour de lui tant de chevaliers de la Toison d'Or qu'il parlait d'organiser une réunion de l'ordre. Après avoir gardé certains Bourguignons prisonniers, il les avait libérés pour leur offrir des emplois et des revenus. Son vieil ennemi Simon de Quingey était resté quelque temps enfermé dans une cage de fer où il avait fait connaissance avec les fameuses « fillettes du roi », ces lourdes chaînes qui, nuit et jour, entravaient les mouvements des détenus; mais il en était bientôt sorti pour mieux jouir de la bonté de Louis, qui n'était pas rancunier, et savait toujours apprécier les bons offices, qu'il en fût ou non le bénéficiaire.

Pour le rude guerrier qu'était Antoine de Chabannes, ancien Ecorcheur et grand maître de la maison du roi, qui avait combattu les Anglais avant même que Louis ne fût né, l'heure de la retraite allait bientôt sonner. Fin 1477, le comte de Dammartin, qui avait alors plus de soixante-dix ans, écrivait tristement à l'un de ses amis : « Aujourd'hui je ne compte plus parmi les favoris. » Il craignait en effet que Crèvecœur et le seigneur du Lude ne sapent sa position, et il était trop vigoureux encore pour comprendre qu'il avait vieilli; cependant, un mois plus tard, Louis lui écrivait une lettre pleine de gentillesse :

> « Par la foi de mon corps, je vous assure que je suis bien joyeux de ce que vous avez si bien pourvu de votre fait au Quesnoy, lui disait-il. Car sinon on eût dit que vous autres vieilles gens ne vous connaissez plus au fait de la guerre, et nous autres jeunes en eussions pris l'honneur devers nous. Je vous ai toujours dit qu'il ne faut point que vous me demandiez congé pour aller faire vos besognes; car je suis sûr que vous n'abandonnerez point les miennes que vous ayez pourvu à tout. Et pour ce, je m'en remets tout à vous et vous en pouvez aller sans congé. »

Mais le bon vieux soldat ne comprit pas que le moment était venu; aussi, en 1479, le roi dut-il se résoudre à lui enlever le commandement de ses lances :

> « Pour ce que je sais la peine et service que vous avez toujours portés tant avec feu mon père que moi, lui écrivit-il avec délicatesse, j'ai avisé pour vous soulager de ne vous faire plus homme de guerre, nonobstant que j'entends bien que je n'ai homme en mon royaume qui entendît mieux le fait de la guerre que vous, et où gît plus ma fiance s'il me venait quelque grande affaire [...] Touchant votre état et pension que vous avez de moi, je ne vous l'ôterai jamais, mais plutôt l'accroîtrai; et si n'oublierai jamais les plus grands services que vous m'avez faits, pour quelque homme qui en veuille parler [*quoi qu'on en dise*]. »

C'était presque là un adieu élégiaque, mais le vieil Antoine de Chabannes, qui, couvert d'honneurs, devait survivre à son souverain, l'avait bien mérité de par le rôle qu'il avait joué dans l'existence de Louis et dans l'histoire même de la France.

Cependant, un personnage demeure absent de la vie quotidienne de Louis, le personnage le plus important, celui du dauphin Charles, qui, né en 1470, approchait lentement de la puberté. Ce n'était pas par absence de sentiment que le roi voyait si rarement l'héritier qu'il avait si longtemps et si ardemment souhaité et qui faisait maintenant l'objet de tant de soins. Charles était un garçon souffreteux aux épaules légèrement difformes; assez peu intelligent, il était fréquemment malade, ce qui plongeait son père dans une profonde anxiété. Il vivait dans la maison de sa mère, la bonne et modeste Charlotte, dans la grande forteresse d'Amboise où Louis lui-même avait découvert le bonheur après les sombres années de Loches. Le roi en avait confié la garde à son fidèle Jean Bourré, tandis que Madame de Tournel occupait auprès de lui le poste de gouvernante. Ses premiers maîtres nous sont inconnus, mais au sortir de l'enfance, son instruction fut prise en charge par Robert Gauguin, Guyot Pot — qui comptait parmi les intimes de Louis — et Guillaume Cousinot, un homme de loi doublé d'un diplomate.

Louis s'informait constamment de l'état de santé du dauphin, de ses activités et de ses intérêts; il bombardait Bourré de conseils et de questions auxquelles celui-ci répondait patiemment :

> « Dieu merci et Notre-Dame! le dauphin est en excellente condition et s'amuse beaucoup. »

Mais le roi était sans cesse anxieux de savoir comment son fils mangeait et dormait : était-il au moins bien couvert durant la nuit? ne se surmenait-il pas? Ce à quoi Bourré répliquait :

> « Il dort bien; il mange bien; il repose sous ses couvertures grises; il s'occupe de ses oiseaux, mais sans se fatiguer. »

En novembre 1480, Louis, qui s'inquiétait beaucoup du temps, écrivait :

> « N'emmenez pas le dauphin aux champs avant le mois de février et faites-moi savoir dès demain dans quel état il se trouve ce soir pour y être allé aujourd'hui. »

Ayant appris que Charles toussait, le roi accabla Bourré de nouvelles recommandations et de nouvelles questions auxquelles il lui fut répondu :

> « Sire, nous avons reçu vos lettres nous enjoignant de ne pas laisser le dauphin sortir avant que sa toux ait pris fin; nous veillerons à la guérir et vous informerons de la façon et de l'endroit où il a attrapé ce refroidissement. »

Bourré était confus de ne pouvoir fournir au roi de renseignements sûrs : pour certains, Charles avait pris froid le jeudi, lorsqu'il était aux champs; mais Madame de Tournel, elle, disait ne rien avoir remarqué avant le lundi et ne voyait à cette toux d'autre explication que le changement survenu dans le temps. Une telle gouvernante était décidément trop insouciante pour Louis, aussi écrivit-il bientôt au seigneur du Bouchage :

> « Pour ce que Madame de Tournel ne peut plus prendre la peine autour Monseigneur le dauphin, je vous prie que, incontinent ces lettres vues, vous veniez devers moi pour m'aider à aviser ce que j'aurai à faire. »

Cependant, le roi craignait toujours que son fils ne se surmenât, et Bourré s'efforçait de le rassurer :

> « Sire, il n'y a aucune raison de vous inquiéter car le dauphin est en parfaite santé [...] Pour ce qui est de jeter des petits oiseaux à ses faucons et de se fatiguer en les nourrissant lui-même, il ne le fait que très rarement car désormais tous ses oiseaux sont dans les mues. »

Pauvre Bourré! Sa charge était pour lui une prison d'où le roi ne lui laissait pas souvent l'occasion de s'échapper. Un jour, comme il avait humblement demandé à son maître la permission d'abandonner son service durant une semaine pour s'occuper de ses affaires en précisant qu'à l'avenir il ne se permettrait plus de lui adresser une nouvelle requête, Louis lui répondit sèchement : « Monseigneur du Plessis, j'ai lu vos lettres. En aucun cas vous ne vous en irez chez vous. »

Dominant la Loire de ses hautes murailles au pied desquelles se blottissait un village si petit que le voyageur ne pouvait s'y loger, le château d'Amboise et son parc étaient coupés du monde. Personne n'avait le droit d'y pénétrer, et quant à la localité elle-même, elle était interdite aux étrangers. Des hommes d'armes et des archers en gardaient les abords, tandis que les villageois veillaient nuit et jour, en échange de quoi ils étaient exemptés de la taille et des aides. Pour voir le dauphin, il fallait une autorisation spéciale que le roi accordait rarement, et dont il prenait soin de fixer lui-même les limites. C'est ainsi qu'ayant donné à Aymar de Poitiers, seigneur de

Saint-Vallier (le mari de sa fille naturelle), la permission d'aller rendre visite à son fils, Louis écrivit à Jean Bourré :

> « Monseigneur du Plessis, j'envoie demain Monseigneur de Saint-Vallier à Amboise; je vous prie que vous descendez en bas en la ville pour lui donner à dîner, et, après dîner, menez-le voir Monseigneur [le dauphin] afin qu'il s'en retourne incontinent. »

C'était par crainte que Louis tenait ainsi son fils à l'écart de sa vie; par crainte qu'il s'exaltât au contact du monde; par crainte de le voir contracter quelque maladie contagieuse ou tomber victime de la peste; par crainte aussi d'en faire, comme il l'avait été lui-même durant la Praguerie, un objet dont s'empareraient les princes désireux de trouver un prétexte pour se dresser contre le régime — c'est du moins là ce qu'il donna à entendre à Commynes. Cependant, il y avait peut-être à sa conduite une raison plus profonde encore que la peur : Charles était l'avenir; Charles était la France, mais la France passée en d'autres mains; Charles était ce qu'il était hier, lorsqu'il se préparait à monter sur le trône (et qui pensait alors au souverain défunt?); Charles enfin rappelait à Louis qu'il lui faudrait bientôt quitter son royaume et la vie.

25.
La dernière retraite

I

> « Je trouvai un peu le roi notre maître envieilli; et commençait à soi disposer [*à être sujet*] à maladie. Toutefois, il n'y parut pas si tôt et conduisait toutes les choses par grand sens »,

écrivit Philippe de Commynes parlant de son retour d'Italie en octobre 1478. Durant l'année suivante, les envoyés de la Triple Alliance notèrent que Louis XI était « chaque jour plus isolé », plus contrariant et plus irascible, « comme le sont les gens sur le déclin de l'âge ». Il était sujet à des accès de fièvre et à des refroidissements; apparemment, il avait des crises de goutte et commençait à souffrir d'une maladie de peau, une inflammation nerveuse parente du zona.

A la fin de février 1481, le roi se retira dans les environs de Chinon, aux Forges, l'un de ses châteaux préférés. Au début du mois suivant, il partit pour l'église paroissiale de Saint-Benoît où il souhaitait assister à la messe. Au cours du dîner qui suivit la cérémonie, il fut victime de ce qui semble avoir été une hémorragie cérébrale. Il s'effondra soudainement, et, quoiqu'il fût conscient, il demeura quelques temps incapable de parler ni de comprendre ce qu'on lui disait. Fort heureusement, Angelo Cato *, son médecin et astrologue napolitain,

* C'est sur la demande de Cato, qui allait bientôt devenir archevêque de Vienne, que Commynes entreprit d'écrire ses *Mémoires*. Concernant les dates de cette maladie, cf. Appendice III.

ne tarda pas à arriver, et, grâce à ses soins, Louis retrouva peu à peu ses esprits. Malgré son état, il insista pour regagner les Forges à cheval. Bientôt, Commynes était à ses côtés : « [Le roi] entendait bien peu de ce qu'on lui disait [...] et il ne formait guère de mots », nota-t-il. Tant que dura la maladie : « Nous faisions peu d'expéditions [*nous prenions peu de décisions concernant les affaires du royaume*]... car il était maître avec lequel il fallait charrier droit. » Au bout de deux semaines, bien qu'il demeurât faible, Louis avait pratiquement recouvré toutes ses facultés.

Au mois de septembre (1481), alors qu'il était au Plessis, il eut une nouvelle attaque. Couché sur une paillasse dans une galerie du château, il « fut bien deux heures qu'on croyait qu'il fût mort ». Les seigneurs d'Argenton et du Bouchage imploraient l'aide du ciel :

> « [Nous] le vouâmes à Monseigneur saint Claude et tous les autres qui étaient présents l'y vouèrent aussi. Incontinent la parole lui revint, et sur l'heure alla par la maison, très faible. »

Entre novembre et décembre, le roi passa un mois chez Commynes, à Argenton, où il « fut fort malade »; de là, il s'en alla à Thouars où il demeura jusqu'à la fin de février 1482, et où « semblablement fut malade ». Le 19 decembre, il avait écrit au prieur du monastère de Salles, à Bourges :

> « Je vous prie tant que je puis que vous priiez incessamment Dieu et Notre-Dame-de-Salles pour moi, à ce que leur plaisir soit m'envoyer la fièvre quarte, car j'ai une maladie dont les physiciens disent que je ne puis être guéri sans l'avoir [...] Quand je l'aurai, je vous le ferai savoir incontinent *... »

A la mi-mars 1482, conformément au vœu de Commynes et de Bouchage, Louis XI entreprit le long voyage qui devait l'amener à Saint-Claude, dans les montagnes franc-comtoises. Manifestement, il envisagea la possibilité de ne pas revenir vivant : il nomma Pierre de Beaujeu, son gendre, le frère

* Selon une erreur fréquente à l'époque, les médecins du roi avaient manifestement confondu apoplexie et épilepsie. Il est intéressant de noter qu'au XXe siècle un prix Nobel de médecine est venu récompenser la découverte d'un traitement consistant à soigner certaines formes de paralysie par la fièvre.

cadet du duc de Bourbon, lieutenant général du royaume pendant son absence; en outre, il s'arrêta à Amboise pour rendre visite à Charles, son fils et héritier. Aux environs du 10 avril, Philippe de Commynes, qu'une mission avait conduit en Savoie, le rejoignit à Beaujeu, dans le Beaujolais :

> « [Je] fus ébahi de le voir tant était maigre et défait, note le fidèle conseiller, et m'ébahissais comme il pouvait aller par pays; mais son grand cœur le portait. »

Vers le 20 avril, le roi atteignait enfin l'église de Saint-Claude. Pour le confier à ce saint-là, il fallait que ses intimes eussent bien compris leur souverain. En effet, Louis le connaissait depuis fort longtemps. Il s'était arrêté en ces lieux en 1756 déjà, tandis qu'il fuyait le Dauphiné; et, depuis lors, il avait fait à son autel de nombreuses offrandes. Par ailleurs, c'était là qu'avait vécu Jean de Gand, le saint ermite qui, alors que les Anglais envahissaient le royaume, avait un jour prédit au dauphin Charles, son père, qu'il allait avoir un héritier mâle, et que cet héritier régnerait en tant que roi de France.

Une fois son vœu accompli, Louis gagna par petites étapes le cours supérieur de la Loire, où il semble avoir pris le bateau pour faciliter son voyage. Le 8 juin (1482), il était arrivé à Cléry, où il demeura cloîtré dans sa résidence favorite jusqu'à la mi-septembre. C'était là que se trouvait l'église dans laquelle il avait décidé d'être enseveli. Déjà il l'avait transformée en un édifice aux voûtes élancées, dans lequel il avait fait construire une élégante chapelle de pierre pour abriter la Vierge de Cléry, cette antique statue de bois qu'on avait découverte dans la campagne avoisinante. Louis attachait à ce saint lieu un prix d'autant plus grand que Jeanne d'Arc elle-même s'y était rendue pour prier. Il avait racheté la seigneurie du comte de Dunois et s'était fait bâtir une modeste demeure au milieu d'un petit jardin où il pouvait prendre de l'exercice. Malgré son état de faiblesse, il s'occupa alors de rendre les lieux plus attrayants encore. Le 9 septembre, il donna à Jean Bourré l'ordre de faire ajouter à l'église quatre piliers supplémentaires. En outre, il l'informa qu'il désirait voir construire une galerie sur toute la longueur de la maison, du côté du jardin, ainsi que des chambres supplémentaires pour les communs et

« une petite étable pour mes mules [...] Aussi faites que on plante de la vigne tout à l'entour du jardin pour faire des treilles ».

Au milieu de ses peines, il pensait à son héritier, alors âgé de douze ans, et aux dangers que représenterait pour la France une période de régence. Il ordonna qu'une réunion solennelle fût organisée entre son fils et lui afin qu'il pût prodiguer à celui-ci les conseils qu'il croyait bon de lui donner concernant l'art de gouverner. Le 21 septembre, fait à l'idée que la mort vient tôt ou tard frapper les rois aussi bien que leurs sujets, Louis XI arrivait à Amboise pour remettre à Charles son testament d'homme d'Etat. Accompagné du comte de Beaujeu, du maréchal Gié, du seigneur du Bouchage, de Jean Doyat et d'autres conseillers, le roi se trouva bientôt face à face avec son héritier, qu'entouraient Jean Bourré et les officiers de sa modeste maison. Louis se mit alors à faire une sombre peinture des « conspirations et trahisons » perpétrées par « les princes et seigneurs de notre sang et lignage et autres seigneurs de notre dit royaume [...] presque depuis notre avènement à la couronne jusques à présent [...] et qui après la fin de nos jours pourraient recommencer et longuement durer si aucune bonne provision n'y était donnée ».

C'est pourquoi il était venu trouver le dauphin pour lui « ordonner, commander et enjoindre ainsi que père peut faire à son fils » de se laisser guider par les conseils de ceux qui avaient d'ores et déjà prouvé leur loyauté envers la couronne. Lui-même avait commis une lourde erreur en renvoyant les conseillers de son père. Cette conduite avait été la cause de « grands maux, inconvénients et dommages irréparables », et si son fils agissait de la même façon, « il lui en pourrait semblablement ainsi ou pis arriver ».

Sur ce, Louis, soulignant le fait qu'il parlait au nom de la royauté elle-même, pria son fils de discuter avec ses conseillers des remontrances qu'il venait de lui faire. De son côté, le jeune Charles jura solennellement d'obéir aux injonctions de son père. Un procès-verbal de la cérémonie entière fut dressé par un secrétaire puis envoyé, sous forme d'ordonnance royale, à toutes les institutions judiciaires et aux principaux officiers du royaume.

Rien ne semble indiquer qu'avant ou après la cérémonie le roi ait pris le dauphin à part pour essayer de nouer avec lui des relations d'amitié ou de lui laisser l'image qu'un père cherche souvent à donner de lui à son fils. Peut-être Louis était-il trop faible pour se lancer dans une telle entreprise; peut-être se sentait-il incapable de trouver les mots qu'il aurait fallu dire; peut-être enfin l'idée, pourtant toute simple, d'aller avec Charles se promener dans les jardins d'Amboise ne lui vint-elle même pas à l'esprit. La paix fut le seul don, la seule expression de lui-même, qu'il sut laisser à son fils et au royaume qui allait bientôt être le sien. Cette paix, il lui consacrerait désormais toute l'énergie et toute la clairvoyance qui lui restaient encore.

En avril (1482), lors de la halte qu'il fit à Beaujeu lors de son pèlerinage, Louis XI avait été informé du décès de Marie de Bourgogne, morte le 27 mars des suites d'une chute de cheval dont elle avait été victime trois semaines auparavant. Malgré la menace de mort qui pesait alors sur lui, le roi « eut très grande joie de ces nouvelles ». Pour lui, elles signifiaient la paix et la certitude d'être bientôt le maître incontesté des territoires bourguignons. Il savait fort bien que Gand et les autres villes des Flandres et du Brabant ne se soucieraient guère de Maximilien maintenant que la duchesse Marie, leur souveraine, n'était plus. L'héritage devait aller aux deux enfants, Philippe, né en juin 1478, et Marguerite, née en février 1480. Aussitôt, Louis décida que la façon la plus sûre d'arriver à ses fins consistait à faire du dauphin — qu'il n'avait jamais songé sérieusement à marier à la princesse Elisabeth d'Angleterre — le mari de la petite Marguerite.

Ayant ouvert des négociations avec les démagogues aux mains desquels se trouvait alors Gand, Louis XI eut tôt fait de constater que les villes des Flandres ne restaient pas insensibles à ses propositions. Par l'entremise d'une délégation qui arriva à Cléry en juillet, il apprit avec satisfaction que les Flamands désiraient la paix, que la chose plût ou non à Maximilien, et approuvaient le projet de mariage du dauphin et de la petite Marguerite. A la fin du même mois, la grande forteresse d'Aire, qui, située en Artois, constituait l'une des clés des Flandres, se rendait à ses assiégeants français. Ignorant sans doute que le roi d'Angleterre avait prolongé sa trêve avec la France, Maximilien continuait à implorer l'aide d'Edouard IV. Mais celui-ci se trouvait réduit à la plus parfaite impuissance. Ses ressources étaient entièrement absorbées par la campagne qu'il avait entreprise contre les Ecossais et à laquelle sa santé chancelante l'avait empêché de participer. Maintenant que les écailles commençaient à lui tomber des yeux, il ne pouvait rien faire qu'espérer contre toute attente que Maximilien parviendrait malgré tout à échapper aux mailles du filet dans lequel il se trouvait pris. Cependant, le 25 août, il vit arriver à Londres la pension qui aurait dû lui être versée à Pâques, et celle-ci vint jeter sur ses plaies un baume bienfaisant.

Fin septembre — peu après son entrevue avec le dauphin —, Louis, qui avait soigneusement choisi son moment, portait un coup fatal à Maximilien en publiant la prolongation de la trêve franco-anglaise. Maintenant que chacun le savait abandonné par l'Angleterre, le duc d'Autriche ne pouvait plus espérer offrir la moindre résistance. Début novembre, devant l'insistance de ses Etats généraux, il dut se résoudre à dépêcher à Arras des émissaires chargés de discuter sa reddition avec les représentants de Louis XI.

Le 23 décembre, le traité d'Arras était solennellement signé : la paix était définitivement rétablie, sans même que fussent mentionnés le duché de Bourgogne, la Picardie, ni les comtés de Ponthieu et de Boulogne, dont Louis se refusait à discuter le juste retour au domaine de France; l'autorité juridictionnelle du Parlement de Paris sur les appels émanant du comté des Flandres se trouvait réaffirmée; enfin, Marguerite d'Autiche serait élevée en France où elle deviendrait la fiancée du dauphin. Louis XI fit tenir ces glorieuses nouvelles à toutes les bonnes villes de son royaume. Il donna l'ordre que partout des *Te Deum* fussent célébrés, des processions organisées, et des feux de joie allumés dans les rues. Il prit garde que les conditions du traité fussent connues aussi loin et aussi rapidement que possible grâce à l'invention nouvelle que constituait l'imprimerie. La France et les Pays-Bas communiaient dans une joie sincère.

En janvier, de ambassadeurs flamands vinrent assister à la cérémonie durant laquelle le roi et le dauphin devaient jurer d'observer le traité. « Très bas », Louis essaya en vain d'y échapper tant il redoutait qu'on le vît dans l'état où il se trouvait. Lorsque vint l'heure de l'épreuve, il fut contraint de prêter serment de la main gauche, car il portait alors le bras droit en écharpe.

En proie à une colère d'autant plus vive qu'elle était impuissante, Edouard IV se trouvait écrasé par l'humiliation. Non seulement sa fille ne serait jamais reine de France, mais jamais plus il ne toucherait sa pension; et maintenant, il s'en rendait compte, il était trop tard pour attaquer la France avec l'aide des Pays-Bas : il lui fallait limiter ses préparatifs militaires à sa guerre contre les Ecossais. Au début d'avril 1483, il s'effondra soudain, victime sans doute d'une attaque d'apoplexie ou d'une indigestion aiguë. Le 9 du même mois, il était mort. Pour Commynes, ce fut le traité d'Arras qui le tua. Ce qui est certain, c'est qu'il avait perdu tout enthousiasme, et peut-être même la volonté de vivre.

La nouvelle de sa mort ne procura pas le moindre plaisir au roi de France *. En juillet, son frère Richard lui fit des propositions d'amitié. Après avoir évincé son neveu, le petit Edouard V — qui disparut à tout jamais avec son frère cadet —, l'ex-duc de Gloucester était monté sur le trône d'Angleterre sous le nom de Richard III. A ses propositions, Louis XI opposa un refus glacé : un gouvernement aussi fragile que celui d'Angleterre ne pouvait pas créer d'ennuis à la France, pas plus que le pauvre Maximilien, dont les Flamands narguaient l'autorité, n'était susceptible de troubler la tranquillité du royaume.

Cependant, le dimanche 22 juin (1483), la petite princesse Marguerite arrivait à Amboise. Pour l'accueillir, ainsi que le dauphin et les grands du royaume, le roi de France avait invité deux délégués de chacune de ses villes les plus importantes. Louis avait eu soin de faire construire une enceinte à l'intérieur de laquelle, protégés de la foule par des barrières et des archers royaux, ses bourgeois purent assister aux fiançailles de Charles et de Marguerite d'Autriche, alors âgée de trois ans, avant de gagner la chapelle du château, où devait avoir lieu la cérémonie de mariage. Ensuite, les représentants des villes étaient conviés à se rendre à Tours pour y discuter certaines mesures visant à réformer la justice et à promouvoir le commerce. Le vendredi 26 juin, le chancelier Rochefort leur présentait les divers objectifs que s'était fixés leur souverain.

* Dans les faits comme dans les dates, les carrières des deux souverains se trouvaient étrangement imbriquées. Devenu roi cent quarante jours après qu'Edouard fut monté sur le trône, Louis devait mourir cent quarante-trois jours après lui.

Le roi attachait tant de prix à cette grande entreprise que, malgré l'état pitoyable où il se trouvait, il ne put résister au désir d'en parler lui-même à son peuple. Le mercredi suivant c'est-à-dire le 1er juillet, il invita les délégués au Plessis. Dans l'espoir de cacher les ravages de la maladie, il mit ce jour-là des vêtements royaux d'un type qu'il avait toujours méprisé jusque-là. En effet, il se présenta à ses hôtes dans une longue robe de satin pourpre doublée de martre, avec, sur la tête, un capuchon écarlate et un bonnet de la même couleur. Lorsque les délégués eurent ôté leurs chapeaux pour s'agenouiller devant lui, Louis se découvrit à son tour, et chacun put voir qu'il était désormais complètement chauve à l'exception d'une courte frange de cheveux gris.

> « Messieurs, leur dit-il, vous êtes les bienvenus. Je vous remercie d'être ainsi accourus pour me voir. Et maintenant, remettez tous vos chapeaux. »

Ainsi firent-ils, mais « le bon seigneur lui-même resta découvert ». A la grande surprise de ses auditeurs, qui s'attendaient à entendre le chancelier, ce fut Louis qui prit la parole. Avec conviction, il s'efforça de leur inculquer sa vision d'une France unie et prospère où chacun aurait la même chance de succès. Il désirait, expliqua-t-il « trois choses principales pour le bien du royaume tout entier » : que chacun puisse commercer sans entrave, selon son bon plaisir; que la justice soit réformée de façon à éliminer atermoiements et corruption; que la France enfin soit soumise à une loi unique et ne connaisse plus désormais qu'un seul poids, une seule mesure et une seule monnaie. Il admettait que « son royaume était si grand qu'on ne pourrait y parvenir qu'au prix de grandes difficultés ». Cependant, Louis invitait chacune de ses villes à lui envoyer un représentant d'ici six semaines afin d'approfondir la question. En prenant congé de ses hôtes, le roi leur dit qu' « il savait bien qu'ils préféraient le voir sous les traits d'un vieillard que sous ceux d'un mort ».

Le comédien était toujours capable de lancer une plaisanterie. Pourtant, c'était la dernière fois que ses sujets et lui auraient l'occasion de se voir.

II

Des mois auparavant, après son exhortation au dauphin en septembre 1482, Louis s'était installé au Plessis-du-Parc-lès-Tours. C'était la dernière de ses nombreuses retraites, une retraite dont lui, qui était si souvent revenu à la vie, savait ne jamais plus devoir sortir. Contre la mort, les multiples ressources de son esprit toujours fécond ne pouvaient plus lui servir de rien. Cependant, il lutterait aussi longtemps qu'il le pourrait, et par tous les moyens possibles. Ainsi se refermait cette vie dont les premiers jours s'étaient écoulés dans l'ombre du château de Loches, et que résumait aujourd'hui un corps débile tassé dans un fauteuil.

Louis avait fait du Plessis une forteresse où seuls quelques rares élus osaient pénétrer. Les chemins des environs étaient semés de chausse-trapes où venaient donner les chevaux de quiconque essayait d'approcher par une voie détournée. Le château était entouré d'un fossé et d'un mur fiché de broches à plusieurs dents scellées dans la maçonnerie. A l'intérieur de l'enceinte, une grille de fer constituait une seconde ligne de défense. Les deux étages de brique qui formaient le bâtiment lui-même étaient construits autour d'une cour fermée sur trois côtés. Aux quatre coins se dressaient des guérites de métal susceptibles d'être déplacées, qui « était chose triomphante et coûta plus de vingt mille francs ». Les quarante archers qui s'y tenaient en permanence avaient ordre de tirer sur tout ce qui bougeait aussitôt qu'on avait fermé les portes et levé le pont-levis. Quatre cents hommes patrouilllaient nuit et jour sur les murailles et aux alentours du château. Dès qu'à huit heures du matin la grille d'entrée était ouverte et le pont-levis abaissé, des officiers arrivaient pour organiser la garde de jour, « comme en une place de frontière étroitement gardée ».

Cependant, à l'intérieur, Louis avait fait de cette forteresse une demeure confortable et charmante, aux appartements spacieux, simples et gais *. Des peintures exécutées par le célèbre Jean Bourdichon et sans doute aussi par Jean Fouquet, le

* La grotesque image populaire selon laquelle le roi aurait vécu, tel un moine diabolique, dans une maison lugubre rendue plus sinistre encore par une armée de pendus accrochés aux arbres du parc, vient tout droit de l'imagination de Sir Walter Scott (*Quentin Durward*) et autres romanciers « historiques » du XIXe siècle.

« peintre du roi », en éclairaient les murs. Au travers des pièces, soutenu chacun par trois anges de trois pieds de haut, on pouvait voir cinquante « grands rouleaux » d'azur et d'or, sur lesquels était écrit : *Misericordias Domini in Aeternam Cantabo* (je chanterai à jamais la miséricorde divine).

Louis passait ses journées dans la vaste galerie dont les fenêtres s'ouvraient sur la cour et la campagne avoisinante. Pour tous compagnons, il avait ses lévriers favoris et ses oiseaux, dont la multitude bavarde et colorée s'ébattait dans des cages ou volait librement autour de lui. Pour l'empêcher de s'assoupir, un orchestre champêtre, qui comptait plusieurs bergers du Poitou, jouait sous ses fenêtres des mélodies populaires qui lui rappelaient le bon temps où il pouvait sans peine courir les campagnes et les bois de sa France bien-aimée.

Prisonnier de la maladie, il était aussi prisonnier de ses craintes. Par-dessus tout, il redoutait qu'on profitât de sa faiblesse pour lui arracher le pouvoir et le contraindre à vivre « comme un homme qui a perdu la raison ». Aucun seigneur ni aucun prince ne vivait au château du Plessis, où nul personnage n'avait le droit d'entrer avec sa suite. Parmi les grands féodaux, seul Pierre de Beaujeu, son gendre, avait la permission le voir de roi. C'est à lui et sa fille Anne que Louis avait décidé de confier la régence et la garde du dauphin. Pour ceux qui connaissaient la famille royale, la comtesse de Beaujeu était, par son intelligence et sa force de caractère, l'image même de son père.

Son esprit soupçonneux avait amené Louis à remplacer nombre de vieux serviteurs par des étrangers. Il renouvelait constamment ses gardes et ses domestiques : « La nature, disait-il, aime les changements. » Trop faible pour s'occuper des affaires de l'Etat, à moins que celles-ci ne revêtissent un caractère d'urgence, il se mit peu à peu à craindre que ses sujets et les peuples voisins finissent par le croire mort; aussi avait-il recours à toute espèce de stratagèmes pour montrer à autrui qu'il était toujours le maître de la France. Renvoyant des officiers, procédant à de nouvelles nominations, rognant ou augmentant les pensions, « il passait son temps, comme il le confia à Commynes, à faire et à défaire des gens ». Pour maintenir ses voisins dans l'idée qu'il était toujours bien en vie, il se servait de son amour bien connu des bêtes et se procurait toutes sortes d'animaux qu' « il faisait acheter plus cher que les gens ne les voulaient vendre ». Partout, il commandait des chiens. « En Sicile, envoya quérir quelque mule, spécialement à quelque officier du pays, la payant au double »; à Naples, des chevaux; en Barbarie, une espèce de petits loups appelés *adives;* au Danemark et en Suède, des élans et des rennes, et, « pour avoir six de chacune de ces bêtes, donna au marchand quatre mille cinq cents florins d'Allemagne ». Cependant, lorsque ces animaux arrivaient au Plessis, il était souvent trop malade pour leur prêter la moindre attention, et la plupart du temps, il ne parlait même pas à ceux qui les lui avaient apportés.

Lui qui n'avait jamais accordé une confiance particulière aux médecins, était maintenant la victime de l'un d'eux, un certain Jacques Coitier, homme brutal, rusé et impudent qu'habitait une soif insatiable de puissance et d'argent. Devenu clerc ordinaire à la Chambre des Comptes en 1476, Coitier passa bientôt vice-président; ensuite de quoi, Louis, dominé par la crainte de mourir, le nomma président de la Chambre en octobre 1482, et le dispensa de remplir les fonctions attachées à sa charge. Au travers des terres et des offices qu'il reçut, on peut lire le triste ascendant que cet opportuniste sans scrupule acquit peu à peu sur le roi. Au début de l'année 1483, il réussissait à obtenir l'évêché d'Amiens pour son neveu, et tirait de Louis, sous forme de gages, un revenu mensuel de dix mille écus d'or.

> « Ledit médecin, note Commynes, lui était si très rude, que on ne le dirait pas à un valet les outrageuses et rudes paroles qu'il lui disait; et si le craignait tant ledit seigneur qu'il n'eût osé le renvoyer. »

Les forces de Louis s'amenuisaient chaque jour davantage. « Lui qui avait semblé mieux fait pour gouverner un monde qu'un royaume », était maintenant si maigre et si décharné qu'il avait du mal à porter sa main à la bouche. Il refusait toujours de se coucher sur ce qui eût été son lit de mort, et restait installé dans la galerie qu'il affectionnait. Pour tromper la maladie, il s'habillait de soies et de satins aux riches couleurs doublés de précieuses fourrures. A ses intimes, il avait confié qu'il ne pensait pas atteindre soixante ans; depuis un siècle, disait-il, aucun roi de France n'a dépassé cet âge-là. Ces fameux soixante ans, il devait les fêter le 23 juillet. Pour Commynes :

« Oncques homme ne craignit tant la mort ni ne fit tant de choses pour y mettre remède. Et avait tout le temps de sa vie prié à ses serviteurs et à moi que, si on le croyait en nécessité, que on ne le dît point, et que l'on l'émût seulement à se confesser, sans lui prononcer ce cruel mot de la mort; car, il lui semblait, n'avait pas cœur d'ouïr une si cruelle sentence. »

Le 25 mai, après avoir reçu un message de son chancelier, Louis écrivit à celui-ci :

« Je vous mercie pour vos lettres [...] mais je vous prie de ne m'en envoyer plus par celui qui les a apportées, car je lui ai trouvé le visage terriblement changé depuis que je ne le vis, et vous promets pour ma foi qu'il m'a fait grand peur. »

Le roi ne négligeait aucune des ressources, célestes ou autres, susceptibles de prolonger sa vie. Durant sa dernière année, il dépensa plusieurs centaines de milliers de francs en offrandes, qu'il distribua non seulement à ses chapelles et à ses églises favorites de France, mais aux Trois-Rois de Cologne, à Notre-Dame d'Aix-la-Chapelle, à Saint-Servais d'Utrecht, à Saint-Bernardin d'Aquila, à divers saints du royaume de Naples, à Saint-Jacques-de-Compostelle et à Saint-Jean-de-Latran à Rome. Il se procura toutes les reliques et tous les remèdes que lui offrait l'Occident. Au pape, il emprunta le « corporal », c'est-à-dire le linge d'autel sur lequel saint Pierre était censé avoir chanté la messe. Il chargea Georges Bissipat, dit « Georges le Grec », l'un de ses meilleurs capitaines de marine, de suivre avec trois navires les côtes occidentales de l'Afrique jusqu'aux îles du cap Vert, aux confins du monde alors connu, « pour y chercher certaines choses fort importantes pour la santé de sa personne ». Ces « choses » étaient très certainement de grandes tortues de mer. En effet, les médecins de l'époque considéraient qu'il n'y avait pas de meilleur remède contre la lèpre que de se baigner dans le sang de ces animaux, et il semble que les derniers mois de Louis aient été assombris par l'idée, apparemment gratuite, que l'inflammation cutanée dont il souffrait n'était autre que le résultat de cette terrible maladie *. Travaillé par cette crainte, il implora l'aide de Laurent

* Le fait qu'il ait eu recours à cette médecine est peut-être à l'origine de l'histoire, répandue par les princes après sa mort, selon laquelle il aurait bu du sang de nourrisson.

le Magnifique, à qui il demanda de lui procurer l'une des plus précieuses reliques du saint patron de Florence : l'anneau pastoral de l'évêque Zénobius, supposé guérir de la lèpre. Cet anneau appartenait alors à une famille florentine qui, après plusieurs mois de palabres, accepta de le remettre à Laurent, qui s'empressa de le faire parvenir au roi avec quantité d'autres objets sacrés. Louis eut ainsi la consolation de le porter quelque temps, après quoi il revint à Florence dans une châsse d'or incrustée de pierreries.

Parmi les remèdes grâce auxquels Louis espérait recouvrer la santé, il y avait en outre le chrême dont étaient oints les rois de France à l'occasion de leur couronnement. Selon la légende, le récipient contenant la sainte huile avait été apporté par une blanche colombe à Saint-Rémy de Reims, lors du sacre de Clovis, en 496. En avril 1482 déjà, Louis avait écrit à l'abbé de Saint-Rémy pour lui demander « une petite goutte de la sainte ampoule [...] s'il se pouvait faire sans péché ni danger... » Il fallut pourtant attendre plus d'un an avant que le roi, qui avait entre-temps obtenu une dispense du pape, n'osât envoyer à Reims une délégation de seigneurs et de prélats chargés de ramener la sainte ampoule à Tours. Enveloppée d'un drap d'or, celle-ci arriva au Plessis le 1er août 1483 avec la Croix de Charlemagne et les Verges d'Aaron et de Moïse, provenant de la Sainte-Chapelle à Paris. Ces divers objets restèrent entreposés sur un buffet de la chambre royale jusqu'à la mort du souverain. Il ne semble pas cependant que Louis se soit jamais aventuré à soustraire une seule goutte à la sainte ampoule pour s'en oindre lui-même.

De tous côtés, le roi quêtait en outre l'appui de femmes et d'hommes saints susceptibles d'améliorer son état. Un bon chrétien eût demandé la grâce et le salut, mais Louis, qui ne l'était peut-être pas du tout, souhaitait modestement une prolongation de la vie :

> « Notre dit roi, qui en humilité passait tout autre prince du monde, cherchait un religieux ou homme de bonne vie [...] afin qu'il fût moyen entre Dieu et lui de lui allonger ses jours; [*car*] à Dieu et aux saints remettait son espérance de vie, connaissant qu'il ne pouvait guère durer sans miracle. »

De tels hommes ne manquaient pas, « et de tous les côtés du monde on lui en nommait. Vers plusieurs il envoya. Aucuns vinrent parler à lui, auxquels il ne parlait que de cet allongement de la vie. La plupart répondirent sagement, disant n'avoir point cette puissance ».

Par-dessus tout, Louis souhaitait obtenir le secours de François de Paule, un ermite fort connu qui vivait sous un roc en Calabre, dans le royaume de Naples. François, qui, par la suite, allait fonder l'ordre mendiant des minimes, les plus humbles d'entre les serviteurs de Dieu, vivait en perpétuelle méditation, refusant de manger viande, poisson, beurre, fromage, lait ou œufs, et ne se nourrissait que de racines et de fruits. Dans les derniers mois de 1482, Louis XI chargea donc l'un de ses chevaliers d'aller trouver « le saint homme », comme il avait coutume de l'appeler, pour essayer de le convaincre de venir au Plessis. Avant de le persuader de quitter sa caverne, il fallut toutefois que le prince Federigo de Naples l'en priât et que, par deux fois, le pape l'envoyât chercher au nom du roi de France. L'ermite avait soixante-dix ans lorsqu'il se décida enfin à prendre la route avec trois de ses disciples. Une première étape l'amena à Rome, où Sixte IV, fasciné par sa vie d'ascète, lui accorda trois longs entretiens. Il se rendit ensuite à Marseille d'où il remonta le Rhône jusqu'à Lyon. Le 24 février (1483), Louis écrivit aux magistrats de la ville pour les prier de faire construire une voiture et une litière « pour amener ledit saint homme à son aise ». Le 27 mars, il leur envoya cet ordre exprès :

> « Quand ledit saint homme sera arrivé par-delà, recevez-le et fêtez-le comme ce c'était notre saint père, car nous le voulons ainsi pour l'honneur de sa personne et de la sainte vie qu'il mène. »

Après un bref séjour à Lyon, où il arriva le 24 avril, l'ermite gagna le cours supérieur de la Loire où l'attendait un bateau qui devait l'amener à Tours.

Lorsque François de Paule arriva au Plessis, Louis s'agenouilla devant lui « comme si ce eût été le pape » — la chose n'était pas facile pour un homme aussi gravement malade — et le supplia de « prier Dieu pour lui, afin qu'il lui pût allonger la vie ». A cette requête, François répondit au roi qu'il devait songer à son âme et placer sa confiance en Dieu. Avec vénération, il fut ensuite conduit à l'ermitage que Louis avait fait construire à son intention près de la chapelle de Saint-Matthieu *. Commynes considère ne « jamais avoir vu homme vivant de si sainte vie ni où il sembla mieux que le Saint Esprit parlât par sa bouche ». Le 29 juin, le roi écrivit anxieusement à son général des Finances du Languedoc : « Je vous prie de m'envoyer des citrons et des oranges douces et des pasternagues [...] pour le saint homme. » Quoique jamais François n'eût tenté d'intercéder auprès du ciel en faveur de l'existence terrestre de Louis, sa présence fut d'un grand réconfort pour le roi qui maintes fois prêta aux paroles du saint homme une oreille attentive.

Occupé à contempler ses reliques ou la campagne verdoyante que l'été déroulait sous ses yeux, occupé à écouter le doux chant des pipeaux ou les bruits familiers de ses chiens et de ses oiseaux, le roi avait désormais le temps de penser : de penser aux plaisirs, aux angoisses et aux comédies qui avaient fait sa vie; de penser aux vastes entreprises où il s'était lancé, au dur combat qu'il avait livré à Charles de Bourgogne, avec qui, autrefois, il avait chassé dans les bois de Genappe; de penser à Francesco Sforza et au Faiseur de Rois, le sympathique comte de Warwick; de penser aux gentilshommes du Dauphiné qui s'étaient battus à ses côtés dans le sang et dans la poussière de Montlhéry; de penser à son père, qui, tout comme lui aujourd'hui, s'était trouvé seul un jour tandis que son fils attendait sa mort; de penser enfin au dauphin, devenu prince des coupe-jarrets, et qui sait, au garçonnet de six ans qui avait vu le visage de Jeanne d'Arc. Mais, de son vivant, il ne livra à personne les réflexions qui furent les siennes à l'heure où sa vie étrange et merveilleuse allait se terminer. Un seul acte sembla alors lui avoir inspiré du regret : l'exécution du duc de Nemours, l'exécution du « pauvre Jacques ».

Cependant, avec son tombeau, il laissa malgré lui à ses contemporains et à la postérité, un indice grâce auquel il nous est permis d'espérer mieux comprendre son étonnante personnalité. Il ne pouvait prendre place pour l'éternité dans le glorieux appareil de la royauté et reposer en grande pompe dans la nécropole royale de Saint-Denis aux côtés de ses prédécesseurs.

* François de Paule demeura au Plessis, où il occupa par la suite l'église que Charles VIII fit ériger pour lui dans le parc du château, jusqu'à la fin de ses jours. Né en 1416, il mourut en 1507 et fut canonisé par Léon X en 1519.

Etant, comme il semblait prendre plaisir à le rappeler, le petit-fils d'une catin, il ne se sentait pas des leurs, et les vêtements royaux ne lui seyaient pas véritablement. Il était à part et voulait demeurer dans son église, à Notre-Dame de Cléry. Sur la tombe, sa statue l'y attendait, une statue grandeur nature en cuivre doré émaillé de pourpre et d'azur. La première esquisse en avait été faite par Colin d'Amiens, qui l'avait ensuite corrigée conformément aux désirs du roi, que lui avait transmis Jean Bourré; enfin, le moulage et la dorure en avaient été exécutés par deux maîtres allemands, Conrad de Cologne et Laurence Wrine de Tours, pour la somme de mille écus d'or. La statue représentait Louis tel qu'il était au temps de sa jeunesse, avec de longs cheveux noirs tombant presque jusqu'aux épaules. Agenouillé face à Notre-Dame de Cléry, sa patronne, il était vêtu comme un vulgaire chasseur. Chaussé de bottes et d'éperons, il portait une simple veste et tenait son chapeau à deux mains contre sa poitrine. L'épée au côté, le cor de chasse en bandoulière, il avait autour du cou le collier de l'ordre de Saint-Michel. A côté de lui se tenait un petit lévrier avec un collier de cuir clouté. Un chasseur... un chasseur adorant à jamais Notre-Dame de Cléry : telle est l'image qu'entre toutes il choisit de laisser à la postérité. Rien peut-être dans la vie de Louis n'est plus énigmatique que cette effigie; et pourtant, comme nombre de ses réactions, même les plus imprévues, peut-être n'est-elle que le reflet d'une absolue simplicité, d'une simplicité qui sut d'ailleurs dérouter autrui bien plus encore que les plus subtiles de ses ruses. De touts les personnages qu'abritait son être complexe, sans doute est-ce le chasseur qui, devant Dieu, correspondait pour lui à son moi le plus vrai.

Le lundi 25 août, Louis eut une nouvelle hémorragie cérébrale. Jusqu'au lendemain après-midi à quatres heures, il resta prostré « presque comme un homme mort ». Enfin, il reprit ses sens. Cependant, conscient qu'il était perdu, il se résolut à faire officiellement connaître que sa fin était proche. A son fils Charles, qu'il insistait désormais pour appeler « le roi », il envoya Pierre de Beaujeu, le chancelier, la majeure partie de sa garde royale et, ce qui est plus émouvant et peut-être plus significatif encore de son renoncement à la vie, tous ses veneurs et tous ses fauconniers.

Pourtant son incurable optimisme ne l'avait pas encore abandonné, et il continuait malgré tout à espérer, accordant un crédit tout particulier aux prières de François de Paule, qu'il convoquait souvent auprès de lui. Mais soudain, son théologien, Jean d'Arly, Olivier le Daim et Jacques Coitier vinrent mettre un terme à ses illusions :

> « Sire, lui dirent-ils sans ménagement, n'ayez plus d'espérance en saint homme et en autres choses, car sûrement il en est fait de vous; et, pour ce, pensez en votre conscience, car il n'y a nul remède. »

Et chacun d'ajouter encore quelques mots pour mieux lui faire comprendre que tout était fini.

Cependant, le roi parvint encore à répondre :

> « J'ai espérance que Dieu m'aidera, car par aventure [*peut-être*] je ne suis pas si malade que vous pensez. »

Ce fut peut-être là la dernière réplique, la dernière faiblesse du comédien. Car, par la suite, il sut accepter l'inévitable, et « toutes autres choses jusques à la mort plus vertueusement, nous dit Commynes, que nul homme que j'aie jamais vu mourir ».

Le samedi matin 30 août, Louis XI entrait en agonie. Il demanda lui-même les saints sacrements, « se confessa très bien », et dit les prières qui convenaient à chacune de ces cérémonies. Il demeura « en grande santé de sens et d'entendement, en bonne mémoire, sans souffrir douleur que l'on connût », et continua de parler « jusques à une patenôtre avant sa mort ». Ses dernières paroles, il les adressa à Notre-Dame d'Embrun, opérant ainsi un retour en arrière vers l'époque où le Dauphiné était pour lui tout l'univers : « O Dame d'Embrun, implora-t-il, ma bonne maîtresse, aidez-moi! » Ensuite de quoi, il répéta les paroles du psalmiste : « *In te, Domine, speravi, non confundar in aeternum, misericordias Domini in aeternum cantabo* » (En Toi, Seigneur, j'ai placé mon espoir; que je ne sois pas confondu à jamais; je chanterai les miséricordes de Dieu dans l'éternité).

Il mourut dans la soirée du samedi, entre huit et dix heures.

L'été avait été particulièrement beau; le temps chaud et sec promettait d'abondantes récoltes. Cette année-là, la vendange « fut la meilleure dont on eût souvenir ».

Le 2 septembre, le corps de Louis XI fut transporté en l'église Saint-Martin où devaient avoir lieu des obsèques solennelles. Quatre jours plus tard, il était enseveli à Notre-Dame de Cléry, au-dessous de son effigie, comme il en avait exprimé le désir. Le 1er décembre, Charlotte de Savoie, sa femme, le suivait dans la tombe. L'année suivante, lors d'une assemblée des Etats généraux, tandis que les princes du royaume se réjouissaient d'être enfin délivrés de l'homme qui avait si bien su les mater, un orateur osa pourtant déclarer : « Il nous a laissé un héritage de paix. » Sans doute Louis n'eût-il pas souhaité de meilleure épitaphe.

Durant les guerres de religion qui bouleversèrent le XVIe siècle, son tombeau fut détruit. Cependant, l'église de Cléry reste debout, telle un hymne de pierre, et l'on peut y voir aujourd'hui encore le crâne massif de Louis XI, auquel les vastes orbites, les arcades sourcilières en saillies conservent un air toujours impressionnant.

Il eut l'audace de préférer la ruse à la force et il eut la grâce de mettre en pratique un sens de l'humour qui fit de lui un étranger dans son époque. Quoiqu'il ait transformé un grand royaume et laissé à la postérité une brillante leçon de politique, peut-être n'est-il pas plus important par ce qu'il fit que par ce qu'il fut : une des personnalités les plus extraordinaires de tous les temps.

ÉPILOGUE

La nouvelle du décès de Louis XI fit courir un frisson d'espoir à travers toute la France. Les treize ans du petit Charles VIII laissaient bien augurer de l'avenir! Le peuple rêvait d'une diminution des impôts; le clergé se croyait déjà revenu aux jours heureux de l'Eglise gallicane où il gérait seul ses propres affaires; quant aux nobles, de loin les plus heureux, ils espéraient rétablir le bon vieil univers féodal pour lequel ils se sentaient nés. L'heure de la vengeance avait enfin sonné. Olivier le Daim, l'ambitieux barbier de Louis, fut bientôt arrêté, condamné à mort et pendu par le Parlement de Paris. A l'instigation du duc de Bourbon, Jean Doyat, l'ancien favori du roi, se vit percer la langue au fer rouge, couper une oreille et flageller au point qu'il faillit en perdre la vie (*cf*. note 2, chap. 24). Désormais, à l'instar de Commynes, les conseillers intimes du défunt souverain se trouvaient dans une situation précaire [1].

De janvier à mars 1484, les Etats généraux — et c'est à cette occasion que, pour la première fois, le terme de « Tiers Etat » fut utilisé dans un document pour désigner ceux qui n'appartenaient ni à la noblesse ni au clergé — se réunirent pour discuter des réformes à introduire. Les orateurs qui prirent alors la parole ne se privèrent pas de tonner contre le « despotisme » de Louis XI et les déprédations de ses officiers. Les seigneurs se complurent à raconter les pires horreurs à propos du roi qui les avait réduits à l'impuissance. Mais, à nouveau, les intérêts particuliers butaient contre les intérêts particuliers. Le Tiers Etat obtint que la taille fût presque entièrement supprimée, mais pour un temps seulement; ses membres avaient trop de préoccupations d'ordre local pour s'intéresser vraiment au gouvernement de la France. Anxieux de retrouver leurs anciens privilèges et d'exercer leur domination sur le jeune souverain, les nobles surent tout au plus prouver leur incapacité politique. Grâce à leur intelligence et à leur volonté, Anne et Pierre de Beaujeu parvinrent à surmonter la crise et à garder intact le puissant gouvernement que Charles VIII tenait de son père. En 1485, Louis, duc d'Orléans, l'héritier de la couronne (son grand-père était le frère cadet de Charles VI), prit la tête des princes mécontents et tenta de lancer une nouvelle Guerre du Bien public; mais le royaume resta indifférent, et Orléans même refusa de lui ouvrir ses portes. A ce soulèvement sans vigueur que vint solder un complet échec, on donna bientôt le nom de Guerre folle. La faiblesse de la féodalité, « la profonde incapacité de ses représentants », observe B. de Mandrot, l'éditeur des *Mémoires* de Commynes, avaient rapproché les classes moyennes de la royauté, « dont elles préféraient le joug, quelque lourd qu'il fût, aux caprices et aux exactions des princes ».

Même placée entre les mains d'un souverain sans envergure, la monarchie nationale instaurée par Louis XI allait s'avérer inébranlable.

Cependant, pour le malheur de la France et de l'Italie, le nouveau roi ne sut pas suivre la sage politique qu'avait adoptée son père en maintenant, à force de diplomatie, une autorité bienveillante sur la péninsule italienne. Lorsque, en 1491, Charles VIII, un benêt inoffensif amoureux des plaisirs, eut atteint l'âge de vingt ans et se vit confier les rênes du pouvoir, ses favoris parvinrent sans peine à le convaincre d'affirmer sa puissance en revendiquant le royaume de Naples en tant qu'héritier de la Maison d'Anjou. En vain Philippe de Commynes, qui avait retrouvé sa place de conseiller mais ne jouissait que d'une audience limitée, essaya-t-il de dissuader son souverain d'entreprendre une campagne militaire. En septembre 1494, Charles VIII traversait les Alpes à la tête d'une armée française. En février de l'année suivante, après une marche triomphale à travers l'Italie désunie, il occupait le royaume de Naples sans rencontrer la moindre résistance. Cependant, cinq mois plus tard, les Français devaient affronter une coalition groupant les divers Etats de la péninsule ainsi que l'Espagne et l'Empire. Lorsque, le 5 juillet, ils eurent repoussé l'armée italienne qui les attendait à Fornove, le royaume de Naples était d'ores et déjà perdu.

C'est ainsi que débutèrent les campagnes qui devaient ravager l'Italie pendant près d'un demi-siècle. Après Charles VIII, Louis d'Orléans, devenu Louis XII en 1498 et mort lui aussi sans héritier en 1515, puis François Ier, son cousin, qui régna jusqu'en 1548, organisèrent à grands frais campagne sur campagne pour essayer de conquérir Naples et Milan, donnant ainsi à Pierre Bayard, le chevalier « sans peur et sans reproche », l'occasion de se distinguer au combat. Cependant, la France allait finir par être chassée de la péninsule par l'armée hispano-impériale du fameux Charles Quint, tandis qu'à l'exception de Venise les Etats italiens perdraient tour à tour leur indépendance. La sagesse de la politique de Louis XI n'était que trop cruellement démontrée.

Jusqu'à la fin du XVe siècle, la France devait ensuite être déchirée par les guerres de religion d'où elle allait sortir avec une vigueur nouvelle sous la tutelle de l'impétueux Henri IV, autrefois huguenot (« Paris vaut bien une messe ») et fondateur de la dynastie des Bourbons. La monarchie nationale avait survécu aux catastrophes étrangères comme aux bouleversements domestiques. Bientôt, elle connaîtrait son apogée avec le règne de Louis XIV (1643-1715) et durerait encore jusqu'au jour où la Révolution française viendrait y mettre un terme.

C'est vers cette époque-là que, sous prétexte de romantisme, les écrivains s'emparèrent de Louis XI pour en faire un monstre et faire de sa vie un sujet de cauchemar. La vérité, que le XIXe siècle a mis tant d'acharnement à déformer, les chercheurs du XXe ont su la rétablir. Cependant, l' « universelle araigne » demeure malgré tout un personnage controversé — et peut-être cela est-il partiellement dû au fait que le précurseur qu'il fut contribua à former notre monde moderne, un monde où nous avons appris à nous méfier du rêve.

ANNEXES

APPENDICE I

La fidélité de Philippe de Commynes

Au cours des siècles, les *Mémoires* de Philippe de Commynes ont été pleinement appréciés. Autrefois, on les admirait surtout pour leur sagacité politique (quoique Montaigne y ait déjà trouvé des qualités plus subtiles à louer); plus récemment, pour la façon brillante dont ils peignent les hommes et les événements, pour les mérites qu'ils présentent en tant qu'œuvre appartenant à la littérature biographique. Au XIXe siècle, cependant, Commynes devint l'objet d'attaques personnelles, tandis qu'à partir du milieu du XXe siècle, il était soumis à une forme de critique plus préjudiciable encore. Par la voix passionnée du baron Kervyn de Lettenhove, l'orgueil belge, mis en cause dans l'héritage bourguignon, dénonçait violemment le mémorialiste, présenté comme un homme coupable d'avoir trahi son pays, la Bourgogne, et, de ce fait, indigne de confiance autant que de respect. Quoique, pour étayer son œuvre, Kervyn de Lettenhove ait pris soin de réunir une masse de documents qui, s'ils ne sont pas toujours présentés avec une honnêteté scrupuleuse, n'en restent pas moins utiles aujourd'hui, les trois volumes de ses *Lettres et négociations de Philippe de Comines* (Bruxelles, 1867-1874) constituent un ouvrage visiblement faussé par le parti pris. Cependant, au XXe siècle, trois historiens ont lancé contre la véracité de Commynes une attaque moins manifestement partiale, masquée par une analyse abondante et un jargon érudit, qui cherche à nier la valeur historique de l'essentiel des *Mémoires*.

En 1966, Jean Dufournet publiait à Genève *La Destruction des Mythes dans les Mémoires de Philippe de Commynes* —

un ouvrage de 710 pages qui constitue d'ores et déjà la plus longue étude jamais consacrée à Commynes, et que l'auteur annonce en outre comme le premier d'une série de cinq volumes. Se contentant de reprendre les accusations de trahison chères à la Belgique et de déformer les témoignages laissés par les chroniques contemporaines, Dufournet tend laborieusement à prouver que Commynes, renégat névrotiquement sur la défensive et coupable de mauvaise foi à chaque pas, a confusément falsifié l'histoire à seule fin de se justifier. Il semble que Dufournet ne se soit pas soucié de consulter un matériel documentaire abondant ni de rivaliser avec la précision germanique de son précurseur immédiat, Karl Bittman (*Ludwig XI und Karl der Kühne : die Memoiren des Philippe de Commynes als historische Quelle,* I, Göttingen, 1964). Cet ouvrage ne compte guère moins de pages que le précédent, et son auteur le présente également comme le premier d'une série de volumes à venir. Avec un zèle admirable, Bittman a recueilli une foule de documents contemporains très significatifs à l'appui d'une étude centrée sur trois des principales crises de la lutte de Louis XI et de Charles de Bourgogne. Malheureusement, il ne se contente pas de livrer ses recherches pour leur véritable valeur. En effet, au lieu de présenter les sources contemporaines qu'il a rassemblées comme un appareil critique à l'usage des historiens soucieux de mesurer l'exactitude du récit de Commynes, Bittman s'en sert à l'appui de la thèse — thèse qui n'est pas absolument dissemblable de celle de Dufournet — selon laquelle, consciemment ou inconsciemment, Commynes aurait utilisé des stratagèmes mensongers afin de fournir à son monde comme à lui-même des explications satisfaisantes. Quelque soin qu'il ait apporté à son travail, il paraît ignorer que, pour comprendre, il ne suffit pas d'accumuler les documents. Il n'estime pas que le passage du temps puisse constituer une excuse suffisante pour les défaillances de mémoire; il oublie que, dans le matériel sur lequel il se base pour juger l'œuvre de Commynes, les erreurs et les déformations peuvent aussi exister; enfin, emporté par sa thèse, il est trop prompt à condamner Commynes et oublie volontairement combien souvent celui-ci est à la fois juste et précieux dans sa relation des faits.

Le très riche matériel que Bittman a réuni pour mieux condamner le récit du mémorialiste a, pour la plus grande partie, été cité ou imprimé dans des études spéciales ou des éditions plus anciennes des *Mémoires,* de sorte que l'historien de la période n'y trouve qu'une part très modeste de documents nouveaux. Dans ces conditions, le spécialiste est en droit de conclure qu'en fait d'altération Bittman est plus coupable que Commynes, et que la façon laborieuse dont sont démontrées les omissions et les erreurs occasionnelles du chroniqueur ne fait que confirmer l'honnêteté, la véracité, le détachement et le discernement généraux d'un homme qui, vingt ans plus tard, couche sur le papier le souvenir qu'il conserve d'une foule d'événements et de passions complexes auxquels il s'est trouvé intimement mêlé. Il semble quelque peu gratuit, pour ne pas dire bizarre, d'étudier les *Mémoires* comme s'il s'agissait d'un almanach, et de trouver suspect qu'en les écrivant Commynes ne se soit pas comporté comme un historien qui s'appuie sur la masse de documents que la science moderne met à sa disposition d'une part, et Karl Bittman d'autre part. Jugé selon de tels critères, qui d'entre nous, pour reprendre la question d'Hamlet, « échapperait au châtiment »?

Quant au troisième ouvrage, américain, il est beaucoup plus déplorable encore que les deux précédents, dans la mesure où il est nécessaire puisqu'il s'agit d'une traduction anglaise des *Mémoires*. Cette traduction, parue sous le titre de *Memoirs of Philippe de Commynes* (University of South California Press, 1969) et basé sur l'édition française d'Isabelle Cazeux, a été publié sous la direction de Samuel Kinser. L'appareil critique contient certaines remarques de valeur concernant les qualités d'esprit de Philippe de Commynes; mais, dans l'ensemble, il demeure naïf, insuffisamment informé, et le jargon savant qu'affecte son auteur ne parvient pas à masquer une vision trop limitée. Rigide et sans éclat, la traduction est souvent malvenue et d'une imprécision parfois embarrassante. Dans son introduction comme dans ses notes, le commentateur, victime de certaines méprises, fait preuve d'une connaissance très fragmentaire des documents contemporains et même du monde du XVe siècle en général, et s'appuie sur l'ouvrage de Karl Bittman ou sur d'autres études récentes avec une confiance qui accuse un manque d'esprit critique certain *. De même, les inexactitudes dont il est respon-

C'est ainsi que le commentateur, suivant aveuglément Bittman, cite chez Commynes, comme exemple d'erreur par omission, et par omission volontaire, le fait que le mémorialiste évite de mentionner une tentative d'évasion imaginée par Louis XI dans la nuit du 13 octobre pour s'enfuir du château de Péronne — tentative qui, contrairement à la version des événements que nous livre Commynes, aurait déclenché le troisième

sable montrent bien que le traducteur est peu familiarisé avec l'époque en question.

Pour succincte qu'elle soit, la notice biographique de Kinser est, elle aussi, inacceptable. Commynes y est présenté comme un homme « ignorant tout du latin » (une affirmation qu'aucune

accès de colère du duc de Bourgogne. Cette omission, nous affirme-t-on, « ne peut s'expliquer par un défaut de mémoire ». Cependant, il ne vient pas à l'esprit du professeur Kinser que, si Commynes, ou même Charles le Téméraire, avait eu connaissance de cette tentative d'évasion, un fait aussi sensationnel fût devenu à la cour de Bourgogne le sujet d'une discussion passionnée, de sorte qu'à leur tour les observateurs qui, dans des chroniques ou dans des lettres, nous ont laissé des comptes rendus de ce qu'il advint à Péronne, en eussent très certainement été informés. Manifestement, une des raisons pour lesquelles cette éventualité échappe au professeur Kinser réside dans le fait qu'il ne connaît pas, ou qu'il connaît mal, les dépêches des ambassadeurs milanais à la cour de France, dépêches qui n'ont pas été publiées, mais qui n'en constituent pas moins des documents indispensables à l'étude de Commynes. Comme preuve de cette tentative de fuite, Bittman cite un fragment d'une dépêche écrite le 18 octobre par Jean-Pierre Panigarola (que Louis avait déclaré *persona non grata* et qui s'attardait lors à Paris dans l'espoir de rentrer bientôt en grâce auprès du roi) : « *... ultra che una nocte havesse vestita una veste dissimulata per fugire in quello habito, ma vedendo el designo non reuscire resto li in la terra...* » — c'est-à-dire : « ... un soir, il passa un déguisement sous le couvert duquel il comptait s'enfuir, mais, voyant que son plan ne réussirait pas, il resta là, dans la ville... » Le passage lui-même indique clairement que Louis renonça à son entreprise avant d'avoir été découvert, qu'il y renonça après s'être rendu compte que son projet était voué à l'échec. Dans un fragment de la même lettre, que Bittman omet de citer, Panigarola précise en outre que cette information lui a été confidentiellement transmise « *per el conte de Fois che a suo figlio che dorme in la guardacamera del Re, et de gente che de la sono venute...* » — c'est-à-dire : « par le comte de Foix [qui présidait alors le Conseil royal à Paris, lequel Conseil s'efforçait d'entraver la bonne marche du gouvernement] dont le fils [son fils cadet, le vicomte de Narbonne] dort dans la chambre de garde du roi, et des gens qui, de là [de Péronne] sont venus [à Paris]... » (Sans doute s'agissait-il des membres de la maison royale que Louis n'amena pas avec lui dans l'expédition qui bientôt devait être organisée contre Liège). En somme, les seules personnes à savoir que le roi avait formé le dessein de fuir sous un déguisement étaient les familiers de sa chambre, qui, comme le vicomte de Narbonne, l'avaient vu mettre des vêtements destinés à masquer son identité, puis abandonner sagement ce projet avant même d'avoir fait le moindre geste pour l'exécuter. Kinser a donc raison lorsqu'il prétend que l'omission de Commynes ne peut être imputée à « un défaut de mémoire »; mais il se trompe lourdement en affirmant que Commynes et le duc eurent vent de la tentative d'évasion du roi, et que cette nouvelle fut à l'origine du troisième accès de rage de Charles de Bourgogne. En réalité, cette « omission », que le commentateur présente comme calculée, s'explique tout bonnement par le fait que Commynes ne pouvait rapporter un projet qu'il ignorait, et qui, en l'occurrence, ne devait jamais prendre forme.

preuve ne vient étayer, et qui va même à l'encontre de la vraisemblance, étant donné la position de Commynes), comme « un nobliau bourguignon » ayant choisi pour profession la « carrière de parvenu ». Pour brosser du personnage un portrait aussi faux, il faut ignorer que le parrain de Philippe de Commynes n'était autre que Philippe le Bon; que son père (qui était en fait d'origine bourgeoise et qui mourut couvert de dettes, comme bien des seigneurs de son temps) était souverain bailli des Flandres et qu'en devenant chevalier de la Toison d'Or il devint aussi membre de l'ordre le plus élevé de l'Etat bourguignon; que Commynes commença sa carrière comme écuyer de Charles de Charolais, une position que convoitaient les fils des plus grands seigneurs bourguignons; qu'au service du duc de Bourgogne il se tailla une place enviable et sûre, et qu'en continuant dans cette voie il eût très certainement obtenu de nouvelles distinctions; qu'une fois passé dans le camp de Louis XI il occupa bientôt un haut rang en tant que puissant seigneur d'Argenton, et que sa qualité de conseiller, l'un des plus proches et des plus influents qu'eût connus le roi, lui valut encore un statut plus élevé; qu'il faisait l'admiration de Laurent de Médicis, et que, pour un ambassadeur milanais, il était le personnage le plus important auprès de Louis XI. Dans une critique consacrée à l'œuvre de Dufournet (*Renaissance Quarterly,* XXI (1968), n° 4, pp. 464-469), Kinser lui reproche son « goût irritant pour la psychologie impressionniste »; toutefois, cette remarque ne l'empêche pas de se livrer lui-même à des observations telles que : « Si, derrière l'écrivain, on sent une personnalité divisée, c'est sans doute parce qu'il perdit ses parents alors qu'il était encore très jeune. » En affirmant que Commynes « fait preuve d'une connaissance grossière de la nature humaine », d' « une compréhension limitée de la causalité historique », et d' « un manque de sensibilité face aux facteurs institutionnels », le professeur Kinser semble prendre plus de plaisir à critiquer qu'à comprendre la personnalité d'un homme que sa mission aurait pour rôle d'éclairer. Devant l'insistance qu'il met à démontrer ce que ne sont pas les *Mémoires,* on finit par ne plus savoir ce qu'ils sont.

Quant à l'affirmation catégorique de Kinser, selon laquelle « les *Mémoires* ne sont pas une œuvre littéraire », elle montre bien à quel point son auteur est limité dans son approche de Commynes. Sûrement ancrés dans la tradition littéraire européenne des quatre siècles précédents, les *Mémoires* n'ont nul besoin d'être défendus contre des assertions aussi extravagantes. Qu'il soit historien ou homme de lettres, celui qui entreprend de publier Commynes devrait être à même d'élargir suffisamment ses horizons pour voir dans les *Mémoires* et le document historique et l'œuvre d'art. L'un des talents littéraires les plus marquants et les plus évidents de Commynes réside dans la façon superbe dont il sait manier l'ironie, une ironie non moins éclatante, mais plus subtile que celle dont fait preuve More dans son *Richard III*, une ironie qui trahit chez celui qui en use un homme en avance sur son temps ainsi qu'un artiste conscient. Sa partialité, déjà Kinser l'avait signalée dans une autre remarque — « les mémoires se situent entre le journal intime et la chronique citadine ou dynastique » — par laquelle il relègue le genre utilisé par Commynes au rang de document historique. Manifestement, le commentateur ignore que les mémoires sont une forme de récit biographique et se placent à mi-chemin entre le journal et l'autobiographie, étant destinés à être lus, contrairement au premier, et présentant une structure moins artificielle et un ton moins personnel que la seconde. Alors que l'autobiographie rapporte généralement la façon dont l'individu répond à son expérience, les mémoires, eux, s'attachent comme chez Commynes à rapporter l'expérience elle-même. Avec deux ouvrages contemporains, les *Commentaires,* c'est-à-dire les mémoires, du pape Pie II et l'*Histoire* (inachevée) *de Richard III*, de Thomas More, l'œuvre de Commynes constitue en fait l'une des premières grandes biographies du monde moderne.

Les *Mémoires* de Philippe de Commynes présentent d'innombrables qualités; pourtant, à l'heure actuelle, il n'en existe pas encore de traduction satisfaisante en anglais moderne.

APPENDICE II

Rapidité de la transmission des nouvelles à Louis XI

Les historiens se sont étonnés qu'à certaines occasions des nouvelles importantes eussent mis un temps étrangement long (et cela même pour le XVe siècle) pour atteindre Louis XI. Pourtant, d'après certaines dépêches — publiées ou non — des ambassadeurs milanais à la cour de France, on se rend compte que cette impression résulte parfois d'une mauvaise datation. Ainsi, sur la base de six lettres écrites par Louis XI, des savants français ont-ils pu affirmer que, le 9 mars 1473, le roi n'avait pas encore été informé de la chute de Perpignan, qui s'était pourtant rendu le 1er février déjà. Les six lettres en question, dont trois sont datées du 9 mars alors que les trois autres ne portent aucune indication de date, ont été rangées par les éditeurs des *Lettres* parmi les écrits du mois de mars 1473. Toutes concernent une menace que fait peser Jean II sur le Roussillon. L'une invite Bernard d'Oms (un Aragonais que Louis avait nommé sénéchal du Roussillon) à se présenter devant le roi afin de s'expliquer sur sa conduite équivoque; deux autres donnent à du Lau l'ordre de prendre toutes les mesures nécessaires pour lutter contre la subversion. Fort heureusement, une dépêche milanaise non publiée, datant de l'année précédente, vient éclairer ce mystère. Cette dépêche, écrite le 8 mars 1472, rapporte que « récemment le roi René a envoyé à Sa Majesté [Louis XI] une lettre [interceptée] adressée à son fils bâtard par le roi d'Aragon ». Par ailleurs, grâce à une dépêche (citée par J. Calmette, *Louis XI, Jean II, et la Révolution catalane*, p. 327) qu'adressa Louis au roi René le 9 mars 1472, nous savons qu'à cette époque le souverain chargeait du Lau de prendre certaines mesures de précautions, et lui envoyait trois cents lances et deux mille francs archers, c'est-à-dire le même nombre d'hommes que celui dont il est fait mention dans six des cinq lettres du roi dont nous avons parlé plus haut et qui ont été incluses dans la correspondance de mars 1473. Il est donc évident qu'il y a là une erreur, et que ces lettres datent non pas de 1473, mais de l'année précédente. Aussi n'y a-t-il aucune raison de mettre en doute la véracité de l'ambassadeur milanais selon qui Louis XI fut informé de la chute de Perpignan deux semaines seulement après que celle-ci eut eu lieu, c'est-à-dire le 13 février.

Ce problème de datation éclaire un autre aspect du personnage de Louis. Ce qui apparemment confirma les savants français dans leur idée que ces lettres avaient été écrites en 1473 est une déclaration qui figure dans cinq d'entre elles, et où le roi affirme être parvenu à un accord avec le duc de Bourgogne et pouvoir ainsi renforcer ses effectifs dans le Roussillon. En effet, cette déclaration correspond parfaitement à la situation qui régnait en 1473, puisque, à la mi-mars de cette année-là, la France obtenait que sa trêve avec la Bourgogne fût prolongée d'un an. En 1472, à la même époque, Louis voyait au contraire les efforts qu'il avait déployés dans l'espoir de conclure un traité franco-bourguignon se solder par un complet échec. Cependant, la dépêche milanaise du 8 mars 1472 — dépêche mentionnée plus haut — nous apprend que le roi se refusait toujours à abandonner les négociations. La fausse déclaration que Louis fait dans cinq des six lettres dont nous traitons ici fournit donc un nouvel exemple de cette tendance qu'avait le souverain à déformer la vérité afin d'encourager ses hommes et de créer une atmosphère optimiste qu'il jugeait plus propice au travail.

APPENDICE III

Datation de la première attaque d'apoplexie de Louis XI

Les deux seuls documents dont nous disposions pour dater la première hémorragie cérébrale de Louis XI nous sont fournis par Commynes (*Mémoires,* éd. Mandrot, t. II, p. 39) et par le chroniqueur parisien Jean de Roye (*Chronique scandaleuse,* t. II, p. 104). Ce dernier place cette attaque en mars 1481 (quoique à Plessis-lès-Tours). Commynes, dont les dates sont parfois inexactes, affirme tout d'abord que la maladie frappa le roi en mars 1480, alors qu'il se trouvait aux Forges, près de Chinon; cependant, trois phrases plus loin seulement, il déclare qu'elle survint en mars 1481. Quoique cette date de 1481 fût autrefois universellement admise, des historiens français du xxe siècle comme B. de Mandrot (éd. Commynes, t. II, p. 39, note 3) et G. Dodu (« Louis XI », dans *Revue historique,* CLXVIII (1931), pp. 55-57) l'ont remise en question pour situer l'attaque en mars 1479 — bien que rien ne vînt étayer cette hypothèse sinon que Louis était affectivement aux Forges en mars de cette année-là —, ou, comme Charles Petit-Dutailles (dans Lavisse, *Histoire de France,* t. IV, deuxième partie, p. 418) et Pierre Champion (*Louis XI,* t. II, pp. 309-310), en mars 1480, suivant en cela la première déclaration de Commynes. Pour ce qui est de mars 1479, nous avons la preuve que cette date est incorrecte. En effet, si l'on en croit Commynes (t. II, pp. 40 et 42), parmi ceux qui se trouvaient présents lors de cette première attaque se trouvaient l'évêque d'Albi et Adam Fumée, le médecin royal. Or, en mars 1479, l'évêque était en Savoie ou quelque part dans les territoires bourguignons : trois lettres, que lui adressa Louis les 17 février, 24 et 26 mars

(*Lettres*, t. VII, pp. 259-261, 277-278, 281-282) nous apprennent en effet qu'il accomplissait alors une mission en Franche-Comté, qu'il venait de rallier à la cause du roi. De plus, dans sa lettre du 17 février, Louis XI déclare qu'il s'occupe d'envoyer Adam Fumée en Savoie auprès du duc Philibert. Enfin, Commynes rapporte que, durant la maladie du souverain, les conseillers royaux s'efforcèrent d'éviter une augmentation de la taille qu'on percevait alors pour payer sa nouvelle « armée du camp »; or, celle-ci ne vit le jour que bien après la bataille de Guinegate, qui eut lieu en août 1479. De même, la date de 1480 peut être éliminée pour diverses raisons. Tout d'abord, si l'on s'en rapporte à son « itinéraire » (*Lettres*, XI), il n'est pas possible que Louis XI se soit trouvé aux Forges en mars de cette année-là; ensuite, ce que nous dit Commynes de l'impôt levé pour l' « armée du camp » ne correspond pas à cette date; enfin, toujours d'après Commynes, l'attaque survint durant une période de trêve entre Maximilien et Louis XI, alors qu'en mars 1480 ils se livraient ouvertement bataille.

Quant à la date de mars 1481, que nous avons adoptée ici, non seulement elle correspond au témoignage de Jean de Roye comme à la seconde affirmation de Commynes, mais d'autres raisons viennent encore la confirmer. D'après son « itinéraire », nous savons que le roi se trouvait aux Forges entre fin février et début mars 1481. A cette époque, l' « armée du camp » était devenue une réalité, et il y avait effectivement une trêve entre Louis et Maximilien. Par ailleurs, à la fin du printemps 1481, Maximilien informait Edouard IV qu'à l'occasion d'une mission en France, des ambassadeurs allemands, qu'il avait reçus assis, avaient pu constater que le roi paraissait très malade. Enfin, la façon brutale dont Louis refusa d'accorder une audience aux envoyés de Maximilien en avril de cette année-là (*Lettres*, t. IX, pp. 24-26) tout comme le don qu'il fit le mois suivant à Saint-Jacques-de-Compostelle — don si important qu'il fallut remettre à plus tard le payement de certaines pensions — paraissent également pouvoir s'inscrire à l'appui de notre thèse. Il semble donc qu'il n'y ait guère de raisons pour douter que mars 1481 soit bel et bien la date à laquelle Louis XI fut victime de sa première attaque.

La maison de France

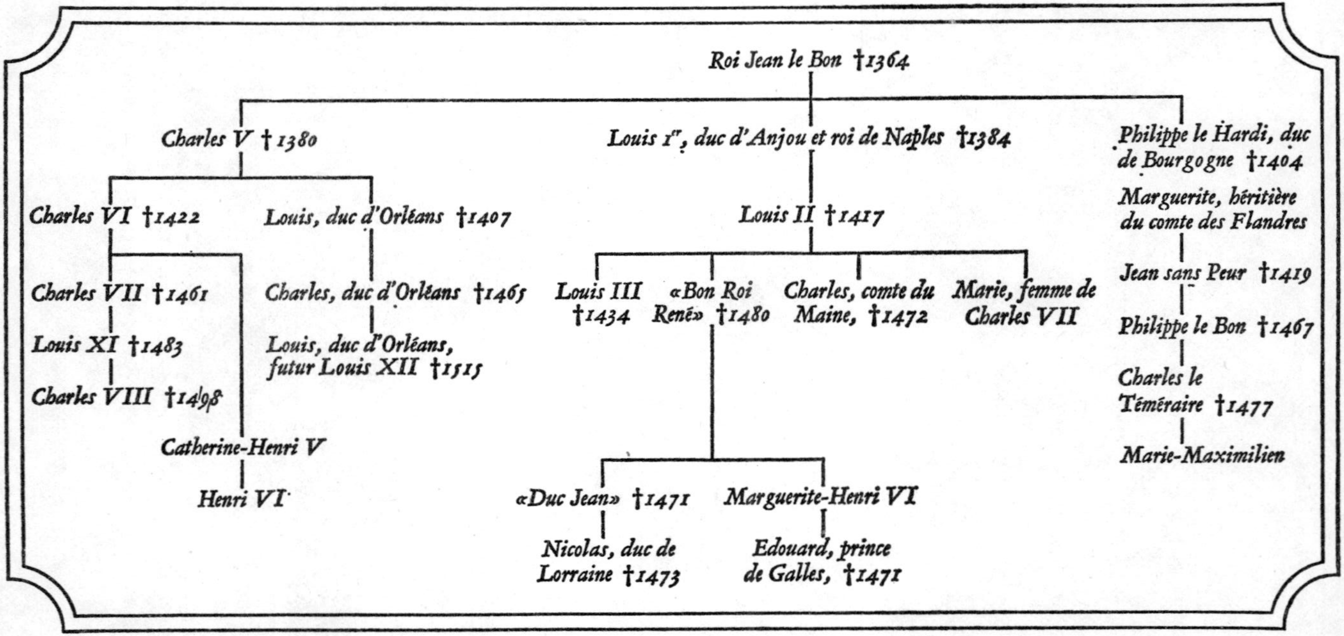

Souverains et principaux seigneurs

SOUVERAINS

Maison de Valois

Dauphin Louis, futur Louis XI (1423-1483).

Son père : Charles VII, le « gentil dauphin » de Jeanne d'Arc (régna de 1422 à 1461).

Sa mère : Marie d'Anjou, sœur du « Bon Roi René ».

Sa première femme : Marguerite (morte en 1445), fille du roi-poète Jacques Ier d'Ecosse.

Sa seconde femme : Charlotte, fille de Louis, duc de Savoie.

Son fils et héritier : Charles, futur Charles VIII (1470-1498).

Ses filles : Anne, qui épousa Pierre de Beaujeu de la Maison de Bourbon; Jeanne, qui épousa Louis, duc d'Orléans (futur Louis XII).

Son frère : Charles, duc de Berry, futur duc de Normandie puis de Guyenne (1446-1472).

Ses sœurs : Jeanne, épouse de Jean, duc de Bourbon; Yolande, épouse d'Amédée, prince puis duc de Savoie; Madeleine épouse de Jean, héritier du comte de Foix; autres sœurs.

Maison de Lancastre

Henri VI (1421-1471); régna de 1422 à 1461 et de 1470 à 1471.

Son père : Henri V, vainqueur d'Azincourt et conquérant du Nord de la France (mort en 1422).

Sa mère : Catherine de France, fille de Charles VI et sœur de Charles VII.
Sa femme : Marguerite d'Anjou, fille du « Bon Roi René ».
Son fils : Edouard, prince de Galles (tué à la bataille de Tewkesbury, en 1471).
Son demi-frère : Jasper Tudor, comte de Pembroke, fils de Catherine de France et de Owen Tudor.

Maison d'York

Edouard, comte de March; futur Edouard IV (1442-1483); régna de 1461 à 1470 et de 1471 à 1483.
Son père : Richard, duc d'York, tué à la bataille de Wakefield en 1460.
Sa mère : Cicely Neville, tante de Richard Neville, comte de Warwick (« Le Faiseur de Rois.)
Sa femme : Elisabeth Woodville, fille de Richard, seigneur puis comte de Rivers, et de Jacquetta, ex-duchesse douairière de Bedford, sœur de Louis de Luxembourg, comte de Saint-Pol.
Ses fils : Edouard (futur Edouard V) et Richard, duc d'York, assassinés (?-1483?), auxquels succéda leur oncle Richard, duc de Gloucester, qui monta sur le trône en juin 1483 sous le nom de Richard III.
Sa fille : Elisabeth, fiancée à Charles, dauphin de France; d'autres filles.
Ses frères : Edmond, comte de Rutland, tué à Wakefield en 1460; George, duc de Clarence, exécuté en 1478; Richard, duc de Gloucester, futur Richard III (1452-1485).
Sa sœur : Marguerite, qui épousa Charles le Téméraire, duc de Bourgogne, en 1468.

Maison d'Aragon

Alphonse V, roi d'Aragon et de Naples (1385-1458).
Son fils bâtard : Ferrante, roi de Naples (1423?-1494); les fils de ce dernier : Alphonse, duc de Calabre, qui épousa Yppolita Sforza; Federigo, prince de Tarente, qui épousa Anne de Savoie, la belle-sœur de Louis XI.
Son frère : Jean, roi de Navarre, futur Jean II, roi d'Aragon (régna de 1458 à 1479); les fils de ce dernier : Don Carlos (mort en 1461); Ferdinand, qui épousa Isabelle de Castille et gouverna l'Espagne conjointement avec elle; sa troisième

fille : Eléanor, héritière de la Navarre, qui épousa Gaston, comte de Foix.

Maison de Habsbourg

Frédéric III, empereur d'Allemagne (1451-1493).

Son fils : Maximilien (futur empereur Maximilien), qui épousa Marie, héritière de Charles le Téméraire, duc de Bourgogne; les enfants de ces derniers : Philippe, qui épousa Jeanne la Folle, héritière d'Espagne; Marguerite, qui épousa le dauphin Charles, héritier de Louis XI (mariage dissous par la suite).

Son cousin : Sigismond, duc d'Autriche, souverain du Tyrol et d'une partie de l'Alsace.

Les Papes

Nicolas V (1447-1455).
Calixte III (1455-1458).
Pie II — Aeneas Sylvius Piccolomini (1458-1464).
Paul II (1464-1471).
Sixte IV (1471-1484).

SEIGNEURS

Maison de Bourgogne

Philippe le Bon, duc de Bourgogne.

Sa troisième femme : Isabelle du Portugal (descendante de Jean de Gaunt, duc de Lancastre).

Son fils et héritier : Charles, comte de Charolais, futur Charles, duc de Bourgogne (duc de 1467 à 1477); l'héritière de ce dernier : Marie, épouse de Maximilien de Habsbourg; seconde femme de Charles : Marguerite d'York, sœur d'Edouard IV.

Son fils illégitime le plus illustre : Antoine, Grand Bâtard de Bourgogne.

Maison d'Anjou

Le « Bon Roi René » (mort en 1480), duc d'Anjou, du Bar et de Lorraine, comte de Provence, porteur du titre de roi de Naples.

Sa première femme : Isabelle de Lorraine.

Son fils : Jean, duc de Calabre (le duc Jean); le fils de ce

dernier : Nicolas, marquis de Pont-à-Mousson et futur duc de Lorraine (il mourut en 1473, et son cousin René devint René II, duc de Lorraine).
Sa fille : Marguerite d'Anjou, femme d'Henri VI d'Angleterre.
Son frère : Charles, comte du Maine.
Sa sœur : Marie, femme de Charles VII.

Maison d'Orléans

Charles, duc d'Orléans, le poète (capturé lors de la bataille d'Azincourt, il resta durant vingt-cinq ans le prisonnier des Anglais).
Son fils : Louis, futur duc d'Orléans, devint roi de France sous le nom de Louis XII.
Son demi-frère : le Bâtard Jean, comte de Dunois (compagnon d'armes de Jeanne d'Arc).

Maison de Bourbon

Jean, duc de Bourbon.
Son père : Charles, duc de Bourbon (chef de la Praguerie en 1440).
Sa mère : Agnès, sœur de Philippe le Bon, duc de Bourgogne.
Sa femme : Jeanne, sœur de Louis XI.
Ses frères : Charles, archevêque de Lyon; Pierre de Beaujeu, qui épousa Anne, fille de Louis XI et devint duc de Bourbon; Louis, prince-évêque de Liège.
Son demi-frère : Louis, Bâtard de Bourbon, qui épousa Jeanne, la fille illégitime de Louis XI.

Maison d'Armagnac

Jean, comte d'Armagnac (tué en 1473).
Sa sœur et « femme » : Isabelle.
Son oncle : Bernard, comte de Pardiac, gouverneur du dauphin.
Son cousin : Jacques d'Armagnac, fils de Bernard, comte de la Marche et futur duc de Nemours, exécuté en 1477.

Maison de Bretagne

François II, duc de Bretagne.
Sa fille et héritière : Anne, épouse de Charles VIII, fils de Louis XI, puis de Louis XII.

Maison de Savoie

Amédée, duc de Savoie.
Son père : Louis, duc de Savoie.
Sa mère : Anne de Chypre.
Sa femme : Yolande, sœur de Louis XI, duchesse puis régente de Savoie.
Son fils et successeur : Philibert, duc de Savoie.
Son frère : Philippe, comte de Bresse; nombreux autres frères.

Maison de Sforza

Francesco Sforza, comte de Pavie, duc de Milan (1450-1466).
Sa femme : Bianca, fille illégitime du dernier Visconti, duc de Milan, Filipo-Maria (mort en 1447), dont la sœur, Valentine, était la mère de Charles, duc d'Orléans.
Son fils et héritier : Galeazzo-Maria, duc de Milan (assassiné en 1476); Bonne de Savoie, femme de Galeazzo et belle-sœur de Louis XI, devint régente de Milan au nom de son fils, Giangaleazzo.
Sa fille : Yppolita, femme d'Alphonse, duc de Calabre, fils du roi Ferrante de Naples.
Son frère : Lodovico (« Le Maure »), arracha le duché à son neveu, Giangaleazzo; nombreux autres frères.

Maison de Neville

Richard Neville, comte de Warwick (« Le Faiseur de Rois »), tué à la bataille de Barnet en 1471.
Son père : Richard, comte de Salisbury, frère de Cicely, duchesse d'York.
Sa femme : Isabelle, héritière de Richard Beauchamp, comte de Warwick.
Ses filles : Isabelle, femme de George, duc de Clarence; Anne, femme d'Edouard, prince lancastrien de Galles, puis de Richard, duc de Gloucester, futur Richard III.
Ses frères : Jean, seigneur de Montagu, futur comte de Northumberland puis marquis de Montagu, tué à Barnet, en 1471; George, évêque d'Exeter, puis chancelier d'Angleterre et archevêque d'York (privé de son titre de chancelier en 1467).

NOTES

CHAPITRE I
L'enfant de la honte

1. Le premier de ces favoris fut le sire de Giac, un garçon brutal, fanfaron et dépourvu de tout talent. Après avoir empoisonné sa femme alors qu'elle était enceinte, Giac courtisa la comtesse de Tonnerre, marraine de Louis; comme condition au mariage, l'ambitieuse comtesse contraignit son prétendant à déshériter ses enfants pour faire d'elle son unique héritière. Sûr de son influence sur le roi, dont la bourse était à sa disposition, l'arrogant favori ne prit plus la peine de ménager quiconque et alla jusqu'à commettre l'erreur d'entrer en conflit avec Georges de La Trémoille, un seigneur doué d'un appétit insatiable et qui pouvait compter sur de puissantes relations. Fatiguée d'un époux dont elle avait appris à connaître les limites, attirée par un arriviste dont elle sentait qu'aucun scrupule ne saurait l'arrêter, la femme de Giac avait noué une intrigue avec lui. Pour sa part, La Trémoille s'allia avec le connétable de Bretagne qui, lui aussi, en avait assez du favori. Une nuit de février 1427, Giac fut arraché à la couche conjugale par une bande d'hommes armés — sa femme se glissant hors des draps pour mettre son argent à l'abri — et se vit promptement condamné à mort par une cour improvisée. En vain il supplia qu'avant sa mort on lui tranchât la main qu'il avait vouée au diable; dûment ficelé, il fut bientôt jeté à l'eau tandis que sur la berge La Trémoille assistait tranquillement à sa noyade. Ce dernier rejoignit ensuite la veuve de Giac, qui lui remit une grande partie des trésors laissés par son mari et l'épousa peu de temps après.

Le petit roi ne fut pas content du tout de la façon dont on en avait usé avec son cher Giac; cependant, il trouva bientôt un autre favori pour calmer ses sentiments blessés. Celui-ci était un simple officier de la garde nommé Le Camus de Beaulieu. Il était encore plus stupide et plus insupportable que Giac, et tenait tout le monde à l'écart du roi afin de pouvoir plus aisément lui arracher les titres et l'argent dont il avait envie. Lorsque, au début du mois de juin 1427, le connétable rejoignit la cour à Poitiers après une nouvelle expédition militaire — expédition aussi infructueuse que de coutume —, il donna des ordres pour que Le Camus fût éliminé. Tandis que le favori chevauchait paisiblement dans un champ voisin du château, deux hommes se jetèrent sur lui avec une violence telle qu'il en eut la tête brisée, une main coupée, et mourut instantanément. Bientôt, le roi vit revenir la mule de Le Camus, puis Le Camus lui-même, dans une manne. Cet incident provoqua chez lui un nouvel accès de mauvaise humeur.

Cependant, le connétable avait décidé que, durant sa prochaine campagne militaire, ce serait à La Trémoille qu'il incomberait de gouverner le roi. Charles détestait La Trémoille, en qui il ne voyait qu'une arrogante montagne de chair; il le détestait même plus encore que le Breton; toutefois, comme le connétable insistait pour le lui imposer, il se contenta de lui faire remarquer : « Beau cousin, vous êtes celui qui me le remettez et celui qui vous en repentirez, car je le connais mieux que vous. » Quelques semaines plus tard, Charles était complètement soumis à l'autorité de La Trémoille. Pour sa part, le nouveau favori s'empressa de montrer que le roi était bon prophète : il se retourna contre ses alliés et profita seul de l'emprise qu'il avait su acquérir sur le souverain.

CHAPITRE II
Le fils indigne

1. Lorsque Louis et son père entrèrent dans Limoges, le 2 mars 1439, le roi s'en alla loger au château et son fils à l'abbaye de Saint-Martial. L'un des moines se plaignit alors auprès du médecin du dauphin que l'Abbé lui avait injustement enlevé une charge qu'il avait reçue du pape. Aussitôt Louis enquêta sur la question et enjoignit l'Abbé de rétablir le moine dans ses fonctions. Se drapant dans sa dignité ecclésiastique, l'Abbé discourut longuement sur le maintien de la discipline et déclara qu'il lui était impossible de revenir sur sa décision sans charger sa conscience. Cependant Louis lui fit sévèrement remarquer qu'il n'avait nul besoin de s'inquiéter de sa conscience et que son seul souci devait consister à exécuter la volonté du dauphin. Avec lui, Louis avait amené une jeune lionne de huit mois, qu'il avait placée dans l'une des cellules du monastère. Une nuit, le puissant animal tenta de s'échapper en sautant par la fenêtre : le lendemain, on le retrouva pendu par la corde à laquelle il était attaché. Profondément affecté, le dauphin ordonna que la queue, la peau et la graisse du fauve fussent rangés dans ses bagages. Cependant, il omit, semble-t-il, de tirer de cette mésaventure la moralité qui s'imposait.

CHAPITRE III
Le prince des coupe-jarrets

1. A Ruffec, où la cour célébrait les fêtes de Pâques, le dauphin, alors âgé de dix-huit ans, faillit perdre la vie. Le Vendredi saint, tandis qu'avec Charles, comte du Maine, et un autre seigneur, il se promenait aux alentours de la ville dans la campagne verdoyante, il découvrit un bateau amarré au bord de la Charente. Aussitôt nos trois compères décidèrent de profiter de l'aubaine et poussèrent au large. Cependant, comme le courant devenait plus rapide, ils s'aperçurent qu'ils étaient entraînés vers le bief d'un moulin. Violemment secouée par les rapides, l'embarcation chavira. Le dauphin et ses compagnons furent bientôt emportés comme des fétus de paille dans l'eau bouillonnante. Comme Louis se débattait pour se débarrasser de la lourde robe dont il s'était vêtu pour les journées de Pâques, il fit vœu de se consacrer à la Vierge Marie si elle voulait bien le tirer de là. Soudain, un tourbillon inattendu rejeta les trois hommes sur un étroit banc de sable, d'où, après avoir ôté leurs habits détrempés, ils purent enfin regagner la rive.

2. A sept heures du matin, les Suisses, avides de victoire, avaient atteint la rive est de la Birse. Sourds aux avertissements de leurs chefs, ils insistèrent vivement pour traverser la rivière et attaquer une armée qui leur était de cinq fois supérieure en nombre. Ils allèrent même jusqu'à tailler en pièces un messager que Bâle leur avait envoyé pour les mettre en garde contre une entreprise aussi folle. Enfin, formant une puissante phalange, ils franchirent le cours d'eau, puis, indifférents à la grêle de flèches qui s'abattait sur eux, ils se mirent à gravir la pente qui les séparait du plateau. Vêtus de cottes de mailles et coiffés de casques d'acier, leurs premiers rangs pointaient vers l'ennemi une terrible haie de piques tandis que ceux de l'arrière brandissaient leurs redoutables hallebardes et autres *morgenstern* (masses garnies de pointes).

Lorsqu'ils eurent atteint le bord du plateau, Bueil lança contre eux sa lourde cavalerie. Il s'ensuivit une sanglante et sauvage bataille. Inlassablement, les Suisses frappaient et taillaient dans les rangs des cavaliers qui chargeaient leur phalange. Comme des loups se disputant un hérisson, les Ecorcheurs s'acharnaient de toutes parts sur les piques de l'ennemi. Cependant, les Suisses eux-mêmes finirent par se rendre compte qu'ils avaient présumé de leurs forces. Essuyant attaque sur attaque, ils réussirent toutefois à faire manœuvrer leur phalange de façon à se retrouver face à la Birse. Mais bientôt, un violent assaut vint ébranler puis disloquer leur colonne de sorte qu'ils en furent réduits à se frayer un chemin le long de la rivière pour chercher refuge dans une léproserie, laissant derrière eux six cents de leurs compagnons succomber sous les coups de l'ennemi. Ivres de rage, les Ecorcheurs ne parvinrent pourtant pas à empêcher les Suisses de trouver asile derrière les puissantes murailles de l'hospice de Saint-Jacques.

Jean de Bueil fit alors avancer son artillerie. Lorsque des pans de mur se furent effondrés, les Ecorcheurs, désormais à pied, s'élancèrent vers les brèches. Puis, ce fut le corps à corps, la bataille la plus âpre de la journée. Rendus furieux par les pertes qui leur avaient été infligées, les Français se retrouvèrent dans l'enceinte de l'hospice face à un ennemi décidé à se battre jusqu'à la mort. Les chefs de l'armée de Bueil, eux non plus, ne se ménagèrent pas : Burckhardt Munch, commandant de la cavalerie autrichienne, périt dans la mêlée, de même que Robert de Brézé, le frère de Pierre, le ministre du roi. Tard dans l'après-midi, les derniers Suisses étaient massacrés dans la vigne attenante à l'hospice ou trouvaient la mort dans l'incendie qui ravageait la tour où ils s'étaient barricadés. Des heures auparavant, les six cents compagnons qu'ils avaient laissés à la merci de l'ennemi sur les bords de la Birse avaient péri jusqu'au dernier. Sur les deux mille cinq cents hommes qui constituaient leur armée, il restait environ deux cents survivants, tous grièvement blessés, que l'on avait renvoyés de la léproserie pour qu'ils se réfugient à Bâle. Les montagnards avaient été fidèles au serment qu'ils avaient prononcé la veille en déclarant : « Nous remettons nos âmes à Dieu et nos corps aux Ecorcheurs. » Ce soir-là, comme les hommes de Bueil, épuisés de fatigue, regagnaient leurs cantonnements, certains d'entre eux s'arrêtèrent devant un château autrichien pour annoncer leur victoire. Lorsqu'on leur demanda combien d'entre eux avaient perdu la vie, ils répondirent « Quatre mille. »

CHAPITRE IV
Le mécontent

1. Son grand-père, Louis 1er, duc d'Anjou, frère cadet de Jean, le roi-prisonnier, avait été adopté par la reine de Naples, qui en fit l'héritier du royaume et du comté de Provence (alors fief d'Empire); cette adoption le mit en outre en possession du titre — désormais dépourvu de toute signification — de roi de Jérusalem, et même de certains droits sur le royaume de Hongrie. En épousant Isabelle, héritière de la Lorraine, René lui-même entra en possession des duchés du Bar et de Lorraine. Aussi, lorsque son frère aîné, Louis III, mourut en Italie en 1434, René put-il s'intituler roi de Naples (et de Jérusalem), et, dans le cadre de la France, duc d'Anjou, du Bar et de Lorraine.

Malheureusement, il était alors prisonnier du duc de Bourgogne. Lors de la bataille de Bugnéville, en 1431, son goût de la parade et de l'exploit chevaleresque l'avait amené à diriger une charge de cavalerie contre le feu meurtrier des canons et des archers, ce qui lui avait bientôt valu d'être capturé. Il passa plusieurs années en prison, à peindre, à lire, et à écrire de la poésie, jusqu'à ce qu'en 1437 le duc de Bourgogne fixât sa rançon à quatre cent mille écus d'or et le laissât partir pour le royaume de Naples, qu'attaquait alors Alphonse V d'Aragon, qui entendait lui aussi faire valoir ses droits sur le royaume en question.

Le roi René pouvait alors compter sur l'appui du pape, de Florence et de Gênes; mais il se méprit sur le compte des seigneurs italiens, maltraita ses alliés en puissance, et mena sa campagne à rebours du bon sens. Il agit comme l'eût fait un paladin du XIIIe siècle, envoyant à Alphonse V son gant en signe de défi, et lui offrant de choisir lui-même l'heure et le lieu qui lui plairaient pour la bataille. Or, si les ressources dont il disposait étaient de moitié moins importantes que celles de son ennemi, le roi d'Aragon était un soldat et un politicien deux fois plus habile que lui; aussi, en 1442, René fut-il contraint de regagner la France sans sou ni maille, avec la perspective d'avoir à rembourser l'essentiel de la rançon qu'il devait encore au duc de Bourgogne.

2. A l'époque de Noël, tandis que le dauphin se trouvait à Montbéliard, Jamet de Tillay, un soldat breton qui jouissait alors de la faveur du roi, et le maître de la maison du dauphin, entrèrent un soir dans la « retraite » de Marguerite, et trouvèrent celle-ci étendue sur sa couche au milieu d'un cercle de jeunes seigneurs poètes, dans une chambre qu'éclairaient seules les flammes du foyer. Jamet avait alors eu la hardiesse d'approcher sa chandelle de la dauphine pour mieux saisir l'ensemble du tableau. En quittant la pièce, il avait ensuite vivement reproché au maître de la maison de tolérer une conduite aussi impudente; il était même allé jusqu'à parler de princesses au comportement licencieux et à faire des remarques de cet acabit devant qui voulait bien les entendre. Quant à savoir si cette attitude lui était dictée par sa malice ou son indiscrétion naturelles, ou si elle venait au contraire s'inscrire dans le cadre précis de quelque intrigue de cour, rien ne nous permet de trancher la question.

Bientôt, la dauphine eut vent des bruits qui couraient sur son compte. Lorsque son mari fut de retour, elle vit dans sa froideur le résultat de l'œuvre de Jamet; en outre, elle commença à croire que le Breton travaillait à empoisonner l'esprit du roi contre elle. Mais le pire pour elle, ce qu'elle avait le plus de mal à supporter, c'était les insinuations, les propos qu'il avait lancés pour flétrir d'innocentes soirées poétiques. Peu à peu, Jamet et ses bavardages prirent à ses yeux des proportions démesurées. Lorsqu'elle entrait dans une pièce et le trouvait présent, elle faisait précipitamment demi-tour pour s'enfuir. Dans sa chambre, elle éclatait en violentes accusations contre lui. Mieux faites qu'elle aux façons de la cour, ses dames, qui pourtant l'adoraient, ne partageaient pas son indignation. Aussi, lorsque Jamet, que son succès commençait apparemment à effrayer, montra le désir de réparer ses torts envers la dauphine, pressèrent-elles leur maîtresse de l'entendre; mais celle-ci s'y refusa énergiquement.

Durant sa dernière maladie, consumée de fièvre et secouée de violents accès de toux, Marguerite gisait sur sa couche en proie au cauchemar qu'était devenu pour elle Jamet de Tillay. Dans ses efforts pour l'arracher à son tourment, sa première dame d'honneur lui dit qu'elle ne devait pas se montrer aussi mélancolique. Mais la jeune malade répondit amèrement qu'elle avait au contraire toutes les raisons de l'être, car les propos qui avaient été prononcés contre elle étaient parfaitement faux. En proie à une vive agitation, elle jura sur la damnation de son âme que jamais elle n'avait ni fait, ni même songé à faire, quoi que ce soit qui pût lui être reproché.

Sa fièvre empira. Le bruit lui devint si pénible que les cloches des églises de Châlons furent réduites au silence. Le mercredi 11 août, elle commença par moments à sombrer dans un demi-délire. « Ah! Jamet! Jamet! s'écria-t-elle, vous êtes venu à votre intention : si je meurs, c'est par vous, et les bonnes paroles que vous avez dites de moi, sans cause ni raison! » Puis, agitant les bras dans son angoisse, la jeune femme se frappa la poitrine en disant : « Je prends sur Dieu et sur mon âme, sur le baptême que je reçus sur les fonts, ou que je puisse mourir, que je n'ai oncques desservi Monseigneur, et ne lui fis tort! » Profondément ému, Pierre de Brézé quitta alors la chambre de la malade en murmurant : « C'est grand pitié de la douleur et du courroux que souffre cette dame. »

L'état de la dauphine s'aggrava rapidement. Elle cessa de parler de Jamet. Le lundi 16, à la tombée du jour, Marguerite entrait en agonie. Peu avant vêpres, elle se dressa sur son lit pour lancer dans un cri : « Je prends sur mon âme, ou que je puisse mourir, que jamais je ne fis tort à Monseigneur! »

Il faisait nuit déjà lorsque la dauphine entreprit de se confesser et reçut les derniers sacrements. L'une de ses dames vint alors dans sa chambre et dit à haute voix : « Madame la dauphine doit pardonner à Jamet. »

Robert Poitevin, son prêtre, mais aussi son médecin, rétorqua que la dauphine l'avait déjà fait, qu'elle avait pardonné à tous.

Cependant, la jeune femme trouva alors la force de protester qu'il n'en était rien.

« Sauve votre grâce, Madame, vous lui avez pardonné et vous devez le faire, déclara maître Robert.

— Non, haleta la dauphine, Non! »

La dame de Saint-Michel et les autres dames qui se trouvaient là insistèrent : « Madame, il faut bien que vous pardonniez à tout le monde si vous voulez que Dieu vous fasse miséricorde, et vous devez le faire de bon cœur. »

Marguerite demeura un instant silencieuse; puis, affermissant sa voix de façon que chacun puisse l'entendre, elle réussit à dire : « Je lui pardonne donc, et de bon cœur. »

Alors, elle soupira : « Si ce n'était ma foi, je me repentirais bien d'être venue en France. »

Un peu plus tard, elle remua les lèvres pour la dernière fois, et, dans un murmure, elle déclara encore : « Fy de la vie de ce monde, et ne m'en parlez plus, et plus qu'autre chose m'ennuie. »

Décidé à punir l'homme dont la méchanceté avait si gravement porté tort à sa femme, le dauphin Louis s'empara de l'affaire et la mena si rondement que, six semaines plus tard, le Conseil royal ordonnait l'ouverture d'une enquête. Aux dépositions des nombreux témoins produits contre lui — témoins parmi lesquels comptaient les dames d'honneur de la dauphine et même certains grands seigneurs de la cour — Jamet de Tillay répondit par des dénégations, tenta de se justifier et prétendit parfois ne pouvoir se souvenir des propos qu'on l'accusait d'avoir tenus. Après quoi l'enquête fut interrompue pour quelque mystérieuse raison. Cependant, en juin suivant (1466), le dauphin obtint que l'affaire fût reprise, et, comme témoin, il se servit cette fois de la reine elle-même. Celle-ci n'avait rien à dire au sujet de la dauphine et de Jamet; toutefois, son témoignage établit que ce dernier avait tenté de créer des histoires à propos d'Agnès Sorel. En effet, il avait informé la reine que son mari souhaitait la voir quitter Châlons avant lui en raison des difficultés de logement auxquelles il faudrait s'attendre en route; cependant il lui avait laissé entendre que ce n'était là qu'un prétexte et qu'en réalité le roi désirait être débarrassé de sa présence. Malheureusement, cet été-là le dauphin ne jouissait que d'un crédit très limité, et la Dame de Beauté constituait alors un sujet tabou. L'enquête fut donc définitivement abandonnée et Jamet de Tillay ne perdit ni ses hautes fonctions ni la faveur du roi.

Dans la biographie qu'il consacra à Louis XI, Pierre Champion prétend que Jamet de Tillay était un intime du dauphin et que le dauphin se servit de lui pour espionner sa femme. Mais cette affirmation se base sur une mauvaise interprétation du seul document établissant un lien entre Louis et de Tillay. En outre, elle va à l'encontre de diverses pièces attestant clairement l'hostilité que Louis éprouvait à l'égard de Jamet.

En réalité, le document sur lequel Champion fonde son hypothèse selon laquelle Jamet de Tillay était un intime du dauphin établit les faits suivants : le 8 juin 1442, Louis remit trois mille florins à certains de ses officiers du Dauphiné. La moitié de cette somme fut partagée entre onze hommes nommés par le dauphin. A leur tour, ceux-ci décidèrent que quatre de leurs compagnons avaient rendu de si grands services dans le Dauphiné que le reste de l'argent devait leur être distribué. Parmi ces quatre hommes se trouvait justement Jamet de Tillay, désigné comme « conseiller et chambellan du dauphin ». Mais Louis n'avait pas choisi lui-même de récompenser Jamet, et Jamet était membre du Conseil du Dauphiné, qui n'avait rien à voir avec le Conseil personnel du dauphin, dont les membres vivaient constamment avec lui au sien de sa maison. Quant à la charge de chambellan, elle était purement honorifique; et c'est le roi, et non pas le dauphin, qui avait nommé Jamet de Tillay à ce poste dans le Dauphiné.

Louis et Jamet de Tillay n'eurent en fait jamais aucune relation, ni avant, ni pendant, ni après 1465. Durant la Praguerie, Jamet avait pris une part active dans la lutte contre le dauphin, et c'est en récompense de cela qu'il avait reçu sa charge dans le Dauphiné. En 1443, il s'était élevé si haut dans la faveur de Charles VII que, selon un chroniqueur, il était devenu, avec Pierre de Brézé et un autre seigneur, l'une des figures dominantes de la cour. Bientôt il fut nommé bailli de Vermandois et occupa ainsi une position importante. Au cours de l'été 1444, il n'accompagna pas le dauphin dans son expédition en Suisse, mais se rendit en Lorraine avec le roi et Pierre de Brézé. Enfin, pendant la maladie de la dauphine, Jamet était si intime avec Charles VII que, lorsque les médecins vinrent rendre compte au roi de l'état où se trouvait la princesse, il demeura auprès du souverain alors que tous les autres courtisans reçurent l'ordre de se retirer. Et bien que les témoignages recueillis au cours de l'enquête eussent clairement démontré sa médisance, il était si fermement établi dans les bonnes grâces du roi que, malgré l'orage, il conserva ses hauts offices.

Par ailleurs, le compte rendu de l'enquête atteste que Louis, loin d'employer Jamet pour espionner sa femme, fut bel et bien celui qui entreprit de lui faire expier sa malveillance. C'est ainsi que la relation d'un témoignage commence en ces termes : « Jeanne de Truce, Dame de Saint-Michel, âgée de quarante-cinq ans environ, produite par le haut et puissant seigneur, Monseigneur le dauphin, contre Jamet de Tillay, le 11 octobre 1445... » Il n'est certes pas nécessaire de chercher d'autres preuves; toutefois, il vaut la peine de noter que quelques-unes des dépositions les plus accablantes prononcées contre Jamet avaient pour auteurs des familiers du dauphin, comme Louis de Laval, seigneur de Châtillon, et que, lorsque l'enquête fut reprise, c'est Louis qui persuada la reine de témoigner contre Jamet.

Si Louis n'était pas un mari très affectueux, il n'était pas non plus homme à laisser impunis les outrages dont sa femme était la victime.

3. Aux environs de Pâques, Louis renvoya un jour tous ceux qui se trouvaient dans sa chambre au château de Chinon pour ne garder auprès de lui que son plus proche compagnon, Antoine de Chabannes, comte de Dammartin. Prenant ce dernier par le bras, il l'entraîna alors devant une fenêtre, et, après s'être entretenu de choses et d'autres avec lui, il lui fit soudain remarquer en pointant son doigt vers l'extérieur :

« Voilà ceux qui tiennent le royaume de France en sujétion. »

Chabannes avait compris que le dauphin parlait des gardes du roi; pourtant, il lui demanda prudemment : « Qui sont-ils?

— Ces Ecossais, répondit Louis; mais, si on le voulait, on les garderait bien.

— Comment, Monseigneur?

— Oh! Cela serait aisé. »

Chabannes coupa court à cette dangereuse conversation, déclarant que les Ecossais étaient nécessaires à la sécurité du roi. Mais sa curiosité était désormais en éveil, et bientôt il amena sur le tapis un sujet qu'il savait être douloureux pour le dauphin. « Lorsque la cour était à Châlons, lui dit-il, les gens avaient pensé que le roi s'apprêtait à donner à son fils une autorité et un emploi qui fussent dignes de lui, car il s'était taillé une très grande réputation.

— Ce eût été ainsi, lui rétorqua Louis, si j'eusse voulu jouer au plus savoir; toutefois, j'ai été déçu sous bonne foi, et ne me l'a l'en pas fait ce que je croyais. »

Là-dessus, le dauphin changea de conversation; il se mit à parler des affaires de la Savoie, chargea Chabannes d'une mission auprès du duc et lui promit de récompenser généreusement ses services.

Plusieurs semaines s'écoulèrent après le retour de Chabannes avant que Louis ne revînt sur le chapitre; cependant, vers la fin du mois de mai semble-t-il, un jour que le dauphin revenait de Razilly — où le roi avait cherché refuge avec Agnès Sorel — à Chinon, il fit passer parmi ses hommes un mot priant le comte de Dammartin de venir le rejoindre. Aussitôt que celui-ci fut arrivé à sa hauteur, Louis l'entraîna à l'écart de la route, et, lorsqu'ils furent suffisamment loin des autres pour qu'aucune oreille indiscrète ne pût surprendre leur conversation, il passa son bras par-dessus son épaule et lui dit, en parlant du château de Razilly : « Venez ça! Il n'y a rien à faire que de mettre ces gens dehors.

— Et comment, demanda Chabannes.

— Bien! La chose est facile : j'ai quinze ou vingt arbalétriers et trente archers, ou peu s'en faut; et vous, n'avez-vous pas des archers? Il faut que vous m'en fassiez finance de cinq ou six. »

Après qu'ils eurent parlé quelques instants des exploits des archers du comte, le dauphin dit à brûle-pourpoint : « Envoyez-les quérir.

— Mais, Monseigneur, objecta Chabannes, la chose n'est pas à faire si aisément, car le roi a tous les gens d'armes à son commandement, et ils sont ici autour.

— J'ai assez de gens, répéta le dauphin.

— Et comment pensez-vous faire ceci? osa encore demander Chabannes.

— Vous savez, lui répondit Louis, que chacun a le droit d'entrer à Razilly : nous y entrerons les uns après les autres de telle façon qu'on ne s'en aperçoive pas. J'aurai mes trente archers et quinze ou vingt arbalétriers, et les gens de mon hôtel. Je gagnerai bien des gens de l'hôtel du roi. Mon oncle [le comte du Maine] m'a dit qu'il me ferait avoir Nicole [Nicole Chambe, capitaine de la garde de corps du roi]; et, quant à ceux de Laval, ils sont bien miens, et d'autres avec eux. »

Mais Chabannes n'était pas convaincu : « Je veux bien croire, lança-t-il, que ceux de Laval vous poussent à agir ainsi, mais ce n'est que pour mieux servir leurs propres desseins. »

Ignorant cette remarque, Louis poursuivit : « Puisque j'ai tous ceux que j'ai nommés, je ne puis faillir à me trouver le plus fort; toutefois, il y a deux petites tourelles où il faudra aller tout droit; mais ce n'est pas chose qui vaille. »

Cependant, Chabannes avait d'autres objections à présenter :

« Monseigneur, remarqua-t-il encore, la chose est plus forte à faire que ne croyez; car quand vous aurez Razilly et tout ce que vous demanderiez, les gens d'armes viendront incontinent devant, qui prendront tout le monde dedans. »

Louis lui dit alors de ne pas s'inquiéter : tout se passerait bien et Chabannes recevrait pour sa peine une belle récompense : « Je vous ferai, lui promit-il, des biens plus que vous n'en eûtes oncques, et du pouvoir, vous en auriez assez. » « Je suis content, ajouta-t-il, que vous couchiez devant le roi, et nous le contenterons bien en fait de ses mignons... »

Changeant de conversation, le dauphin lui dit encore : « Quant au sénéchal [Pierre de Brézé], je sais que vous l'aimez bien.

— Si fait, acquiesça Chabannes.

— Aussi fais-je, poursuivit Louis, et je suis content qu'il gouverne comme il a accoutumé, mais ce sera sous moi. Ne vous souciez d'ailleurs, car la chose est aisée. »

On aurait pourtant eu du mal à trouver projet plus difficilement réalisable; en effet, on ne voit pas comment le dauphin eût pu retirer au roi les fonctions qu'il occupait dans l'Etat pour prendre lui-même la tête du gouvernement sans perturber celui-ci. D'ailleurs, Louis ne tarda pas à abandonner ce plan — plan que, sans doute, il n'avait jamais véritablement pris au sérieux.

Ces conversations entre le dauphin et Chabannes ont très certainement été enjolivées; elles sont en effet tirées d'une déposition que fit Chabannes... après qu'il eut changé de camp.

4. Jean de Daillon, l'un des membres les plus habiles de sa Maison, commençait à avoir de longs entretiens avec le roi, après quoi il venait faire à son maître de mystérieux rapports. Daillon et d'autres familiers du dauphin, comme Louis de Laval, seigneur de Châtillon, Jean de Bueil, qui était entré au service du dauphin lors de son expédition en Suisse, et Louis, le frère de ce dernier, passaient leur temps à comploter ensemble. Aussi, pour ce qui est des propos imprudents et des plans extravagants, les gens de sa maison et les gens de ses gens eurent-ils bientôt distancé le dauphin. Cependant, vers le milieu de l'été, lassé de ce jeu ou sensible au fait qu'il en avait peu à peu perdu le contrôle, Louis démit provisoirement de Bueil et de Daillon des fonctions qu'ils occupaient auprès de lui. A cette même époque, Antoine de Chabannes en était arrivé à la conclusion que le dauphin courait à sa perte et décidait d'unir son destin à celui du roi et de Brézé.

Tandis que le dauphin s'occupait à faire et à défaire des plans, le roi Charles, lui, profitait de l'esprit inventif que déployaient les Angevins — désormais de retour à la cour, sinon dans le Conseil privé du souverain — dans le domaine de la chevalerie. Durant le mois de juin, à un carrefour situé entre Razilly et Chinon, ils avaient en effet reconstitué un « pas d'armes » tiré d'un roman arthurien. Sous la présidence du roi, qui offrait généreusement Agnès à l'admiration de chacun, « le Challenge du rocher périlleux » ou « l'Emprise de la gueule du dragon » était gardé par quatre seigneurs magnifiquement vêtus, et nulle dame ne pouvait passer à moins d'être accompagnée par un vaillant chevalier ou écuyer prêt à rompre deux lances pour l'amour d'elle. Poète de ses infortunes, le roi René arborait une armure noire; portant au bras gauche un écu de sable semé de perles (des larmes), il montait un destrier caparaçonné de noir et tenait au poing une lance de la même couleur. Pierre de Brézé participa au tournoi avec nombre des mignons du roi, mais la victoire revint au triste chevalier de la nuit. Par la suite, René offrit au roi Charles et à ses seigneurs un autre « pas », qui, cette fois, eut lieu à Saumur, et où Ferry de Lorraine, le gendre de René, fut proclamé vainqueur. Cependant, les Anglais étaient toujours maîtres de la Guyenne et de la Normandie; avec ses églises effondrées, ses campagnes dévastées, ses villes dépeuplées aux maisons en ruine, le pays de France offrait un bien triste spectaclc.

CHAPITRE V
L'empereur du Dauphiné

1. Louis n'avait pas attendu ce moment pour prendre au sérieux le pouvoir dont il disposait en Dauphiné. En effet, depuis 1440, date à laquelle son père lui en avait confié le contrôle partiel, il était constamment en rapport avec les officiers de la province, qu'il inondait d'ordres et de décrets, et cela, en dépit de toutes les entreprises qui l'occupaient ailleurs. Il travailla à stimuler l'économie de ses villes, étudia la répartition des impôts, réorganisa le système monétaire en vigueur, inaugura un programme de réformes judiciaires. Ou qu'il fût et quoi qu'il fît, le souci de bien administrer sa province ne le lâchait pas. C'est ainsi qu'il rédigea certaines de ses ordonnances « en l'host devant Pontoise » (été 1441), « au siège devant Aix » (août 1442), à l'Isle-Jourdain, où il assiégeait le comte d'Armagnac (janvier 1444), à Langres, en juillet de la même année, alors qu'il s'occupait de diriger ses Ecorcheurs sur Bâle, à Altkirch, trois jours arpès la défaite des Suisses, en Alsace, à Montbéliard, et enfin à la cour, où la volonté de son père l'avait contraint à l'oisiveté.

2. Deux semaines plus tard, il confirmait les franchises de Montélimar, exemptait la ville des impôts et des subsides accordés par les Etats généraux, donnait à ses citoyens le droit d'élire leurs propres officiers de justice, et promettait que jamais la cité ne serait soumise à une autre autorité que celle du dauphin. Pour stimuler le développement de la ville, il décida en outre que ceux qui viendraient s'y installer seraient exempts d'impôts durant une période de dix ans. Enfin, il réglementa certains secteurs du domaine public et ordonna notamment que les femmes de mauvaise vie fussent exclues des auberges et des tavernes pour être logées dans une « maison publique » et portassent sur leur robe une aiguillette rouge, « qui est le signe distinctif des filles débauchées ». Deux ans

plus tard, Louis accordait en outre à la ville deux foires, le droit d'avoir une cour d'Appel, et le privilège d'être le siège d'un dépôt de sel dont les négociants n'auraient pas à payer de péage.

3. Ayant constaté que Crémieu s'était à la fois dépeuplé et appauvri, Louis découvrit que, comme c'était le cas pour d'autres villes, le commerce qui y était autrefois prospère était pour l'essentiel le commerce dont s'occupaient les Juifs. Mais les Juifs avaient été contraints de quitter le Dauphiné pour échapper aux taxes prohibitives dont on les y frappait. Aussi, pour faire revivre Crémieu, le dauphin décida-t-il que, durant vingt ans, les étrangers qui s'y installeraient seraient exemptés des impôts votés par les Etats généraux, et que les Juifs et les Juives qui y demeuraient où viendraient y demeurer n'auraient plus à payer qu'une once d'argent en lieu et place du demi-marc qu'on exigeait d'eux autrefois. Des mesures similaires vinrent également encourager les Juifs à s'installer dans d'autres villes de la province. Cependant, Louis eut bien du mal à persuader ses sujets d'abandonner leurs préjugés au profit de leur prospérité. Une assemblée des Etats généraux demanda au dauphin d'expulser les Juifs, accusés de ruiner le pays par l'usure qu'ils pratiquaient (c'était là une plainte fréquente au Moyen Age). Toutefois, non seulement Louis et son Conseil refusèrent d'accéder à cette requête, mais ils y répondirent en soulignant que les Juifs devaient pouvoir vivre là où ils le désiraient sur tout le territoire du Dauphiné.

4. Le plus spectaculaire des combats que livra Louis fut celui qui l'opposa à l'évêque de Gap, Gaucherde Forcalquier. Le prélat en question encourageait les gens de son diocèse à attaquer les troupes françaises en route vers l'Italie, résistait vigoureusement aux officiers venus enquêter sur son cas, refusait de laisser circuler tout argent dauphinois dans ses territoires, levait les impôts qu'il lui plaisait, et, de façon générale, ne reconnaissait d'autre autorité que la sienne. Il semblait que se fût réincarné en lui l'évêque Sagittarius qui, au VIe siècle, s'en allait au combat armé d'une masse de plomb de manière à pouvoir tuer ses ennemis sans qu'on pût l'accuser de répandre le sang chrétien. Cependant, Louis maintint les pressions qu'exerçaient ses commissions d'enquête jusqu'au jour où la population de Gap elle-même réclama son intervention. Comme l'évêque s'entêtait, il s'empara des bénéfices ecclésiastiques du diocèse et condamna la ville à payer une amende de trois mille écus. Indigné, Gaucherde Forcalquier prononça un interdit, excommunia en masse les officiers du dauphin, et s'en alla chercher refuge à Rome. Cependant, Louis obtint bientôt du pape un arrangement fort avantageux : l'évêque se vit contraint d'aller demander humblement pardon au dauphin, de reconnaître sa souveraineté et de lever son excommunication; quant à Louis, il libéra les hommes de Forcalquier qu'il avait mis sous les verrous et fit remise de l'amende qu'il avait imposée à la ville de Gap.

CHAPITRE VI
Le rebelle impénitent

1. Les courants souterrains qui s'épanchaient entre le Dauphiné et la cour royale étaient empoisonnés par les parasites audacieux, avides et sans scrupules qui, vivant de leurs seules intrigues, étaient prompts à trahir pour de l'argent, et qui, parfois, se trouvaient pris à leur propre piège. Secrétaire du dauphin et notaire du roi, Guillaume Mariette appartenait à cette race d'hommes. Parti avec Louis dans le Dauphiné au début de l'année 1447, il fut bientôt envoyé en mission à la Cour, ce qui lui donna l'occasion de s'essayer au délicat métier d'agent double. Après avoir fait à Pierre de Brézé un brillant récit des machinations du dauphin, il s'en revint en Dauphiné expliquer à Louis comment Brézé dressait son père contre lui. De retour à la cour de France au mois de juin, il obtint cette fois une audience du roi. Le dauphin, expliqua-t-il à Charles, méditait de rejoindre la cour pour s'emparer du gouvernement. Ses partisans et lui-même prétendaient que le roi gouvernait si mal qu'on n'eût pu faire pire, et qu'une fois la France débarrassée de son souverain et de ses folies tout irait pour le mieux. Charles VII, qui savait fort bien juger les hommes, excepté son fils, accueillit froidement ces révélations. Cependant, il ignorait que Brézé avait catéchisé Mariette, ou, du moins, qu'il avait écouté son histoire.

Quatre mois plus tard (octobre 1447), une manœuvre de moindre importance allait avoir raison de lui. Accusé de fabriquer de faux documents, il fut emprisonné au château de Loches, puis transféré à Lyon et mis aux fers. Ayant réussi à s'échapper, il fut repris par Jacques Cœur, l'ami de Louis, mais s'échappa encore. Quoiqu'il eût comploté contre son maître et qu'aucun doute ne subsistât sur sa culpabilité, il s'en alla pourtant en Dauphiné, espérant sans doute racheter les « révélations » qu'il avait faites à Brézé et au roi en livrant à Louis des renseignements plus importants encore.

Dès qu'il eut mis le pied en territoire dauphinois, il fut arrêté et jeté en prison. Louis, qui envoya aussitôt des hommes l'interroger, eut soin de leur adjoindre un officier royal : quoi que Mariette pût être amené à dire, il ne voulait pas courir le risque d'être accusé de collusion. Lorsque, le 3 mars 1448, les agents de Charles VII et de Louis mirent Mariette à la torture, celui-ci déclara que tout était l'œuvre de Brézé. C'était Brézé qui l'avait chargé d'inventer l'histoire du complot du dauphin afin de pouvoir s'en servir auprès du roi.

Avec l'autorisation du dauphin, Mariette fut emmené à Paris pour y être jugé. A un certain moment, il fut confronté avec Brézé, mais, même alors, il resta fidèle à sa version des faits. Condamné à mort, il fut transféré à Tours où on le décapita.

Lorsque Mariette eut été condamné, le dauphin se retourna aussitôt contre Pierre de Brézé. Se basant sur la confession de Mariette, les amis que Louis comptaient au Conseil royal accusèrent Brézé d'empoisonner l'esprit du roi contre son fils. Brézé demanda alors à Charles VII qu'un procès fût immédiatement instruit, ce qu'il lui accorda, et l'affaire fut remise entre les mains du Parlement de Paris. Peut-être n'est-ce pas une coïncidence si Agnès Sorel, qui mettait au service de Brézé son influence auprès du roi, arriva à Paris à cette même époque. Quoi qu'il en fût, Brézé se voyait bientôt absous par le Parlement. A la façon dont Charles VII lui accorda son pardon, il semble qu'il ait admis avoir eu des entretiens secrets avec Mariette avant que celui-ci ne rencontrât le roi. Charles mena l'affaire adroitement. Il déclara qu'en cachant ses relations avec le traître, le sénéchal de Poitou n'avait commis qu'une faute sans gravité, que les services qu'il avait rendus à la France rachetaient largement. Par ailleurs, Mariette ayant été convaincu de mensonge dans ses charges contre Brézé, le roi ne s'inquiéta pas de savoir dans quelle mesure ce qu'il avait dit du dauphin était juste ou non; aussi ne précisa-t-il jamais s'il jugeait son fils innocent des accusations de complot lancées contre lui.

2. Lorsqu'il était à Chambéry, Louis persuada le duc de Savoie de marier sans plus tarder sa sœur, Yolande de France, qui vivait alors dans la maison du duc, avec le prince Amédée, son héritier, dont elle était d'ores et déjà la fiancée. Un nouveau traité d'alliance fut conclu entre le dauphin et le duc, et le jeune Amédée signa une déclaration dans laquelle il reconnaissait le dauphin comme son « bon et spécial seigneur et maître » et s'engageait à le servir corps et biens contre quiconque, y compris le roi de France. Louis s'en retourna alors dans le Dauphiné, bientôt suivi de sa jeune épousée, qui devait s'installer dans sa maison en attendant d'être en âge de devenir femme. Pour fêter la « joyeuse arrivée » de celle-ci, plusieurs villes offrirent de généreuses sommes d'argent; pour celles qui omirent de le faire, le dauphin chargea ses officiers de le leur rappeler. Louis était toujours à court d'argent car il tenait à payer généreusement le travail bien fait. Il envoya mille florins à la demoiselle d'honneur de Yolande, et, l'année suivante, mille livres à sa gouvernante. En outre, il fit don de mille écus à deux de ses conseillers pour les récompenser du zèle avec lequel ils avaient travaillé à favoriser son mariage. Quant au chancelier de Savoie, il n'encaissa pas moins de dix mille écus d'or, tirés toujours des coffres du dauphin.

CHAPITRE VIII
Le neveu reconnaissant

1. Le 17 janvier (1457), par un après-midi pluvieux et froid, le dauphin Louis, confortablement installé « en son retrait », eut la

surprise de voir arriver la duchesse de Bourgogne et son fils Charles dans un état de vive agitation. Aussitôt que Louis eut fait évacuer la pièce, la duchesse se lança dans un récit lamentable. Il s'agissait de la malheureuse affaire de la place de chambellan qui pour lors était vacante dans la maison du comte de Charolais. Avec l'autorisation de son père, Charles l'avait attribuée au fils du chancelier Rolin; cependant, les de Croy s'en étaient mêlés et intriguaient maintenant pour que la charge fût confiée au seigneur de Sempy, le fils de Jean de Croy. Or, il y avait de cela quelques instants seulement, dans la chapelle au-dessous, où il venait d'assister à la messe, le duc avait demandé au jeune comte de lui montrer les registres dans sa maison. Il commençait à en avoir assez des histoires faites autour de cet office de chambellan : « Charles, avait-il déclaré à son fils, de l'estif qui est entre les sires de Sempy et de Hemeries pour le lieu de chambellan, je veux que vous y mettiez cesse et que le sire de Sempy obtienne le lieu vacant. »

Mais Charolais ne l'entendait pas de cette oreille-là, aussi avait-il rétorqué : « Monseigneur, vous m'avez baillé une fois votre ordonnance, en laquelle le sire de Sempy n'est point; et Monseigneur, s'il vous plaît, je vous prie de cette-là que je la puisse garder.

— Déa! s'était exclamé le duc, ne vous chaillez pas des ordonnances, c'est à moi à croître et à diminuer; je veux que le sire de Sempy y soit mis.

— Monseigneur, je vous prie, pardonnez-moi, car je ne le pourrai faire, avait alors déclaré Charles, que la colère commençait à gagner : je me tiens à ce que vous m'avez ordonné. Ce a fait le seigneur de Croy, qui m'a brassé ceci, je le vois bien.

— Comment, me désobéirez-vous? ne ferez-vous pas ce que je veux?

— Monseigneur, je vous obéirai volontiers, mais je ne ferai point cela.

— Ha, garçon! désobéiras-tu à ma volonté? Va hors de ma vue », avait enfin dit le duc en jetant au feu les registres de la maison de son fils.

Philippe était tout d'abord devenu d'une pâleur mortelle; après quoi, les veines de son front s'étaient gonflées de sang tandis que son visage prenait une horrible couleur. Il avait abaissé sur le comte de Charolais un regard si terrible que la duchesse de Bourgogne avait craint pour la vie de son fils. N'osant dire un mot à son époux, elle avait simplement pris Charles par la main pour l'entraîner vers l'un des bas-côtés. Enfin, elle avait supplié le prêtre d'ouvrir la porte de la chapelle et était venue chercher refuge avec son fils dans l'unique endroit qui lui parût sûr : la chambre du dauphin.

Louis avait plus d'une raison d'écouter le récit de la duchesse avec appréhension. Pas plus tard que cinq ou six jours auparavant, l'un de ses serviteurs, un astrologue, lui avait glissé à l'oreille qu'il craignait de voir très bientôt s'accomplir dans la maison du duc un grand changement, une étrange mutation. Lorsque le dauphin lui avait demandé s'il devait personnellement s'attendre à des ennuis, l'autre lui avait répondu que, bien que l'affaire ne le concernât pas, elle lui occasionnerait en effet bon nombre de difficultés. Cela signifiait-il que tout ce qu'il touchait était maudit? N'allait-on pas l'accuser d'être dangereux et d'avoir apporté la discorde dans la maison de son hôte?

Après avoir dit quelques mots de consolation à la duchesse et à son fils, Louis descendit hâtivement l'escalier, frappa à la porte de la chapelle et entra. Le visage que lui présenta le vieux duc n'avait rien de réconfortant; pourtant le dauphin prit le taureau par les cornes et fit à son oncle une émouvante peinture du chagrin de la mère et de l'humble repentir du fils, le suppliant de leur accorder à tous deux son pardon.

Mais le fait d'apprendre que déjà l'héritier de France connaissait la dispute de famille qui venait d'avoir lieu ne fit qu'attiser la colère du duc. S'efforçant de ne pas éclater, il dit d'une voix contenue : « Assez, Monseigneur, pardonnez-moi, et je vous prie que vous vous départez de votre requête. Je veux montrer à Charles que je suis son père et que je le pourrai bien faire un petit valet. Et mieux aurait valu à sa mère, quand elle vous en a donné peine, qu'elle eût été endormie d'un long somme. »

Se laissant choir sur un coussin de prière, Louis embrassa les genoux de son oncle et plaida le pardon du comte de Charolais : « Car, si ainsi ne le faites, le méchef en retombera sur moi et dira-t-on par tout le monde que par moi sera tout advenu ceci et en serai condamné et accusé en l'hôtel du roi, là où on dira que je ne suis que un homme de division, un homme qui amène les mauvaises aventures et les malédictions où je vais. Beaux oncles, je suis en votre merci et danger, et vous suis venu faire mon père et mon tout en ce monde. Donc, je vous prie, faites quelque chose pour moi... » Ses joues étaient inondées de larmes.

Cependant, le vieux duc n'était pas d'humeur à se laisser attendrir : « Monseigneur, dit-il à Louis, je ne voudrais rien éconduire, et me sont vos prières commandements. Si la matière de Charles vous est tant à cœur et que vous voulez que je lui pardonne, j'en suis content, et le gardez bien et le nourrissez; mais le jour où vous vivrez après, ni moi aussi, vous ne me verrez de vos yeux. »

Sans mot dire, Louis se remit sur pieds, et, toujours en pleurs, il sortit lentement de la chapelle.

C'est Georges Chastellain, cette « perle des historiographes », qui rapporte cette scène et celles qui vont suivre. Il savait fort bien que les princes (et tout particulièrement les princes de la Maison de Bourgogne) sont plus passionnés que les simples mortels, et que, pour exprimer leur grandeur, ils se servent de l'emphase aussi bien que du faste. Sans doute le dialogue qu'il nous rapporte ici est-il trop haut en couleur; sans doute aussi les réponses du dauphin y prennent-elles un accent bourguignon; cependant, si Chastellain fait ici de la littérature, il atteint à un réalisme psychologique qui reflète les dimensions que la cour de Bourgogne prêta à la querelle.

C'est une véritable scène d'opéra.

Le visage dissimulé derrière un pan de son manteau, Louis se hâta de regagner sa chambre. A sa seule expression, la duchesse et son fils comprirent qu'il avait échoué. La duchesse se retira pour s'en aller pleurer ailleurs; quant au comte de Charolais, il bondit hors de la pièce, fit seller son cheval et galopa vers Tendermonde. Déjà des rumeurs circulaient selon lesquelles Philippe avait l'intention de déshériter son fils en faveur du dauphin. D'un ton fielleux, Charles répétait à ses intimes : « Il n'y a ni neveu ni cousin; mais je ne sais si grand au monde qui m'en osât distraire jamais un pied de terre, que ce ne fût à sa male heure. »

Tandis que Louis méditait sur l'étrange comportement de la Maison de Bourgogne, des serviteurs du duc, en plein affolement, vinrent l'avertir que leur maître avait disparu. Déjà la journée touchait à sa fin. Le château s'emplissait de lamentations. Louis rassembla précipitamment quelques-uns de ses compagnons, sauta à cheval, et se mit à la recherche de son oncle. Il arrêtait les passants dans les rues de Bruxelles pour demander si quelqu'un avait aperçu un homme âgé chevaucher vers l'une des portes de la ville. Mais personne n'avait vu qui que ce fût correspondant à cette description. Les gens, qui avaient reconnu le dauphin, s'étonnaient qu'il s'enquît d'un homme dont il taisait le nom. Désespéré, Louis sortit de la cité et s'engagea dans la campagne; mais aucun des voyageurs qu'il rencontra sur les routes ni aucun des villageois qu'il interrogea ne sut le renseigner. Maintenant la nuit tombait, une nuit de brouillard et de pluie. Peu familiarisé avec la région, Louis fut bientôt contraint de regagner la ville.

Avisant non loin de là une petite église consacrée à la Vierge, il s'y rendit pour implorer son aide. Ses hommes déclarèrent par la suite n'avoir jamais entendu plainte plus lamentable. Lorsque, enfin, le dauphin fut de retour au château de Bruxelles, il était si désolé de son échec, si pitoyable à voir, que, de la duchesse au dernier des valets, tous les gens que comptait la maison se répandirent en lamentations. Arpentant sa chambre, Louis lui-même leur faisait écho — dans un récitatif de baryton que Chastellain a su conserver —, proclamant que jamais fils de roi plus infortuné que lui n'avait vu le jour.

Enfin, un premier renseignement vint quelque peu éclairer le mystère : le valet de chambre du duc annonça qu'après avoir secrètement préparé un cheval pour son maître, il avait apporté aux de Croy un message les enjoignant de rejoindre Philippe à Hal. Aussitôt Louis prit des dispositions pour que deux de ses seigneurs quittent Bruxelles pour Hal le lendemain matin à quatre heures en compagnie du maréchal de Bourgogne.

Dès l'aube, le dauphin lui-même était debout à attendre les nouvelles. Il avait invité Philippe Pot, un jeune chevalier à la langue bien pendue, à partager son petit déjeuner; il l'avait choisi comme l'homme le plus susceptible d'apaiser la colère du duc. Tandis que Louis était en train d'expliquer à Pot le rôle qu'il souhaitait lui voir jouer, on annonça le retour des hommes qui s'étaient rendus à Hal. Ils n'y avaient pas trouvé le duc; toutefois, ils avaient obtenu des renseignements à son sujet: en effet, un paysan leur avait déclaré qu' « un gentilhomme fortuné » l'avait chargé de transmettre aux de Croy un message par lequel il les priait de s'occuper de leurs affaires.

Cette fois, les hommes de Louis commençaient à se demander si l'épisode entier, tout extravagant et invraisemblable qu'il fût, n'avait pas été imaginé par Philippe le Bon, comme on bat le chien devant le lion, pour faire voir au dauphin comment sa querelle avec son père était réellement ressentie à la cour de Bourgogne.

Cependant, Philippe Pot s'était mis en devoir d'accomplir sa mission. Le lendemain matin, il découvrait son maître terré au château de Genappe. Il était arrivé au duc une aventure digne d'un roman. Lorsque, dans sa colère, le vieux Philippe avait quitté Bruxelles, il avait eu soin d'emprunter des chemins détournés afin de brouiller les pistes; mais il s'y était pris de telle façon qu'il avait fini par se perdre lui-même. Le soir venu, il vaquait comme un chevalier errant dans la vaste et obscure forêt de la Soigne. Les chemins étaient gelés. Par quatre fois son cheval tomba. S'étant blessé une jambe sur son épée, Philippe avait finalement dû se décider à tirer son cheval derrière lui. Fort heureusement, il avait bientôt découvert la hutte d'un paysan qui lui avait donné à manger avant de lui indiquer la route qui devait le conduire au village d'Halsenberge, où il avait passé la nuit chez l'un de ses piqueurs.

Lorsqu'il arriva à Genappe, Philippe Pot trouva le duc en train de faire frictionner sa jambe blessée. « Bonjour, Monseigneur, bonjour! dit-il en souriant. Qu'est ceci? Faites-vous du roi Arthur maintenant ou de messire Lancelot? Que veut dire ceci? Croyez-vous qu'il n'y ait nuls messires Tristan qui voisent par chemin et qui vous valent bien? Toutefois, à ce que je vois, ce n'est pas sans avoir trouvé aventure, car vous y avez été, ce semble. »

Pot avait frappé juste. Le duc rit, et tous deux se mirent à plaisanter. Une fois de retour à Bruxelles, l'envoyé de Louis pouvait annoncer à celui-ci que, si on ne le harcelait pas de prières concernant le pardon de son fils, Philippe de Bourgogne reviendrait dans quelques jours. Aussitôt, le dauphin dressa un document, que la comtesse de Charolais signa avec lui, par lequel il s'engageait à respecter cette condition. Olivier de la Marche, qui appartenait alors à la maison du comte de Charolais, raconte les nombreuses allées et venues qu'il fit entre Bruxelles et Tandermonde pour s'assurer que Charles était bel et bien repentant.

A quelques jours de là, Louis accueillait à Bruxelles un duc plein d'amabilité. Peu de temps après, Philippe fit savoir qu'il était prêt à entendre ce que le dauphin avait à lui dire à propos de son fils. Accompagné d'un favori du duc, Louis se présenta devant son oncle en tenant par la main la comtesse de Charolais, qui attendait alors un enfant. Philippe se mit à genoux tandis que sa bru se précipitait à ses pieds et éclatait en pleurs. Le dauphin parla en termes emphatiques de l'humble repentance de Charles jusqu'à temps que le duc consentît enfin à pardonner. La comtesse couvrit alors de baisers les pieds de son beau-père.

Aussitôt Louis envoya quérir le comte de Charolais qu'il amena lui-même en présence de son père. Après une petite comédie, durant laquelle Philippe protesta que le dauphin ne devrait pas s'occuper d'affaires où se trouvaient impliqués des gens d'aussi piètre qualité, le duc se laissa convaincre de pardonner à son fils : « Monseigneur, lui dit-il, vos prières me sont commandements, je ferai ce qu'il vous plaira commander.

— Est bien, répondit Louis, et je vous le commande donc puisque ainsi le voulez. »

La grande querelle était terminée — momentanément du moins. Cependant, le duc mit encore une condition à son pardon : il exigea que son fils démette de leurs fonctions Guiot d'Usie et Guillaume Bische, un personnage original et fort habile — deux hommes appartenant à la maison du comte et qu'il considérait comme des fauteurs de troubles.

CHAPITRE IX
Le châtelain de Genappe

1. En avril 1458, Philippe de Bourgogne fut brusquement invité par son souverain, le roi de France, à assister au « lit de justice » où devait être jugé le duc d'Alençon, accusé d'avoir traîtreusement conspiré avec l'Angleterre. Après que l'indolent parrain de Louis eut reçu un agent anglais tandis qu'étendu nu sur sa couche il caressait une chèvre de Barbarie, il avait chargé d'un message compromettant un ivrogne, qui n'avait pas tardé à la trahir dans un accès de scrupules. Philippe le Bon refusa énergiquement d'assister au procès, ce qui amena bientôt les deux camps à lever des troupes; cependant, le roi Charles fit alors savoir au duc de Bourgogne qu'il pouvait se faire représenter par une ambassade, et le dauphin, qui se précipita à Bruxelles, parvint à convaincre son oncle de ne pas pousser plus avant les hostilités. Le procès fut ajourné tandis que des inquisiteurs royaux appliquaient la torture aux serviteurs d'Alençon, dans l'espoir d'obtenir des révélations qui leur permettraient d'impliquer le dauphin et le duc de Bourgogne dans le complot anglais — ce en quoi ils échouèrent. Et le duc d'Alençon, condamné à mort, fut remis indéfiniment en prison.

2. On n'a guère prêté attention à l'étrange nom que le dauphin choisit pour l'enfant dont il espérait qu'il allait un jour devenir roi — un nom totalement inconnu dans la lignée des souverains français. Fervent adorateur de la Vierge Marie, Louis baptisa probablement son fils de cette manière en l'honneur de saint Joachim, le père de celle qui devait donner naissance au Christ. C'est dans le *Protevangelium* de Jacques, un ancien récit apocryphe, qu'il est fait mention de saint Joachim, dont la vénération était très répandue au XVᵉ siècle et qui conserve sa place dans la tradition catholique (par exemple dans l'*Office divin* du 16 août : Matines, leçon IV).

CHAPITRE X
Au gré des circonstances

1. Iacomo di Valperga appartenait à une famille aventureuse et prolifique qui possédait des terres dans le Piémont savoyard. Suivant chacun leur voie, les Valperga servaient à la fois le dauphin, le roi de France, le duc de Milan et la Maison de Savoie. Iacomo, quant à lui, avait choisi de suivre Charles VII, et, en 1452, lorsque celui-ci eut réduit à sa merci le beau-frère du dauphin, le roi imposa Iacomo di Valperga comme chancelier du duché de Savoie, et cela au plus grand déplaisir des Savoyards. Cependant, il ne fallut pas longtemps à Louis pour gagner Iacomo à sa cause, et le nouveau chancelier de Savoie signa bientôt avec le duc de Milan un traité qui empêchait la Savoie de tomber complètement dans l'orbite de la France. En conséquence de quoi, lorsque le dauphin se fut enfui auprès du duc de Bourgogne, Charles VII abandonna Valperga à la colère des Savoyards, et Iacomo dut à son tour chercher refuge auprès du réfugié de Genappe. Cependant, lorsque, à la fin du printemps 1460, le duc de Savoie entra en campagne pour s'emparer des domaines de Valperga, Louis mêla à ses négociations avec le duc de Milan d'ardentes demandes de secours militaire au nom de leur ami commun; mais Sforza, que le roi Charles menaçait en raison de sa politique antifrançaise, ne put faire davantage que de mettre secrètement sur pied une petite armée de résistance et de faire des représentations au duc de Savoie, ce qui devait d'ailleurs demeurer sans effet.

CHAPITRE XI
Cœur pressé

1. Un jour que de Croy et le comte de Saint-Pol s'étaient trouvés ensemble en présence du roi, Louis les prit l'un par la droite et l'autre par la gauche, se plaça entre eux, et leur mit bon gré mal gré la main dans la main. Puis, les conduisant dans une pièce vide, il leur dit : « Or, vous tenez là-dedans, et vous faites paix et guerre ainsi que vous voulez; mais de là jamais partirez que je ne vous en voie saillir bons amis et en bon accord. » Ensuite de quoi, Louis se retira et plaça devant la porte deux écuyers auxquels il ordonna de ne pas laisser sortir les seigneurs avant qu'ils fussent raccommodés. Quelques instants plus tard, de Croy et le comte Saint-Pol réapparaissaient d'un air penaud, bras dessus bras dessous comme deux frères. Antoine de Croy réconcilia alors le comte de Saint-Pol et le duc de Bourgogne, et avec un succès tel qu'après quelques jours seulement ces derniers se baignaient ensemble.

2. Avant la fin du mois de juillet (1462), une armée française de sept cents lances et de quatre mille francs archers placés sous

le commandement du comte de Foix avait franchi les Pyrénées et progressait en direction de Barcelone. Louis savait fort bien qu'un siècle auparavant l'Espagne avait été un cimetière pour des troupes étrangères; aussi, comme il le répétait dans ses lettres à ses capitaines, tenait-il à ce que la campagne fût rapide et qu'une fois bien en main la Cerdagne et le Roussillon ses hommes rentrassent chez eux au plus vite. Cependant, en automne, tandis que le roi regagnait la Loire pour y passer l'hiver, il fut informé que les choses commençaient à aller de travers. Juste au moment où le comte de Foix et Jean II mettaient le siège devant Barcelone, ils avaient appris que les Catalans, aux abois, avaient confié le sort de leur Etat à Henri IV de Castille. Puis, informés qu'une armée espagnole approchait, ils avaient hâtivement retiré leurs troupes de Catalogne, troupes désormais moins nombreuses que celles de l'ennemi. A la fin de l'année, forces françaises et forces castillanes se trouvaient face à face; toutefois, comme personne ne souhaitait ouvrir les hostilités, on convint de signer une trêve.

Louis avait compris que, s'il voulait tirer quelque profit de cette expédition, il devait asseoir sa position en Cerdagne et dans le Roussillon. A la fin de l'automne, il avait envoyé une armée de cinq mille hommes pour s'assurer la possession de Perpignan, capitale du Roussillon. A la même époque, il commençait à faire pression sur l'esprit du roi de Castille, que, pour plus d'une raison, ses contemporains connaissaient sous le nom d'Henri l'Impuissant. Déjà il avait pris soin de gagner à sa cause don Juan Pachebo, marquis de Villena, et l'archevêque de Tolède, qui, à eux deux, gouvernaient le roi de Castille. Quoiqu'une ambassade catalane pressât Henri IV de se proclamer roi d'Aragon et d'en finir avec Jean II, l'archevêque et le marquis parvinrent à le dissuader de mettre à exécution un projet aussi téméraire, et l'amenèrent à accepter de recevoir un ambassadeur du roi de France. Louis, qui galopait alors vers le sud pour se trouver en contact plus étroit avec les événements, apprit que Perpignan s'était rendu la veille de la Saint-Martin (8 janvier 1463). Son délégué en Espagne et ses amis espagnols travaillaient déjà à convaincre Henri IV d'envisager une entrevue avec le roi de France.

Cependant, à la fin du mois de janvier (1463), les puissances européennes commençaient à s'inquiéter sérieusement de la campagne de Louis XI, et les ennemis de la France manifestaient bruyamment leur mécontentement. Une ambassade yorkiste se présenta à la cour d'Espagne pour proposer une alliance contre Louis. Un légat dépêché par le pape Pie II, qui s'opposait avec acharnement à l'invasion de Naples par la Maison d'Anjou, encourageait Henri IV à accepter l'alliance anglaise et faisait miroiter la possibilité d'y inclure la Ligue italienne. Les Catalans suppliaient le roi Henri de ne pas se laisser prendre aux cajoleries du roi de France et de se proclamer ouvertement roi d'Aragon. Enfin, à la même époque, des conspirateurs du Roussillon faisaient secrètement savoir qu'ils étaient prêts à massacrer tous les Français qui se trouvaient alors dans leur province.

Louis n'ignorait pas le mécontentement qui régnait en Europe. En dépit de la complexité de sa politique d'alors, il s'occupait de chaque détail touchant la campagne du Roussillon. En mars, il écrivit au jeune duc de Nemours, son gouverneur dans le Roussillon : « Je vous envoie le double d'une lettre que j'ai reçue hâtivement de l'amiral [...] par laquelle vous connaîtrez clairement qu'il y a trahison conspirée en la ville de Perpignan. Et pour ce, incontinent ces lettres vues, si vous n'y êtes allez y hâtivement, et si la matière est disposée, que vous en puissiez trouver la vérité et atteindre la trahison [...] gardez que incontinent vous faites prendre ceux que l'on soupçonnera, et si vous trouvez que ainsi soit, faites en faire justice du plus grand jusques au plus petit [...] Il me semble que l'on a donné petite provision à cette place pour le premier coup, et, pour ce, ayez bon avis, car vous êtes sur le lieu et le saurez bien faire. Je ne suis pas content que autre diligence n'a été faite de mettre toute l'artillerie dedans le château; et pour ce, gardez que, si tout y est, que vous la y faites toute mettre sans en laisser une pièce, sinon les deux bombardes de la ville; lesquelles, si elles ne sont pas tout davantage dedans ledit château, je veux que vous les faites mener à Narbonne. Et gardez bien qu'il n'y ait point de faute, sans attendre ni jour ni heure.

« Je vous envoie Renault de Chastelet, afin que vous croyiez mieux que j'ai cette matière à cœur; si le croyez de ce qu'il vous en dira, et combien que je vous eusse donné congé d'aller un tour en votre maison, toutefois, je vous prie que vous ne faillez pas à ce besoin, mais demeurez jusqu'à ce que la chose soit hors de danger, et que vous ayez partout donné si bon ordre que inconvénient n'en puisse advenir, car, quand la chose sera sûre, vous pourrez de tant demeurer plus longtemps en votre dite maison et plus à l'apaisement de votre cœur. »

3. Tandis qu'au printemps 1463 Louis chevauchait en direction du nord, il n'avait pas abandonné l'espoir de tirer de son triomphe espagnol un profit plus grand encore. Durant les négociations d'arbitrage, il avait repris contact avec les chefs de la révolution catalane; s'il insistait pour que les privilèges des Catalans fussent confirmés au cas où ils se soumettraient au roi d'Aragon, c'était pour amener les chefs en question à nouer des relations plus étroites avec lui. Abandonnée par Henri IV et implacablement opposée à Jean II, il était fort possible que la Catalogne se tournât désormais vers Louis XI.

Peu de temps après, une ambassade catalane le pressait de garantir à leur pays des privilèges commerciaux et une aide militaire. Ayant appris que la Catalogne « prendrait plutôt le Turc infidèle comme souverain » que de se soumettre au roi d'Aragon, Louis fut pourtant informé que les délégués envoyaient à leur gouvernement des notes affolées concernant les vues qu'avait la France sur la Catalogne. Il convoqua aussitôt les ambassadeurs pour mettre les choses au point. Ils ne devaient pas s'étonner, leur dit-il aimablement, qu'en réponse à leur demande d'aide militaire

« il souhaitât savoir quelle langue on parlait à Barcelone, car il avait appris qu'on en parlait plusieurs. Certains parlaient le castillan... d'autres l'aragonais. Quant à lui, quoi qu'il fasse, il tenait à savoir pour qui il le faisait. Si, dans le principat et dans la ville [...] on parlait d'autres langues que le catalan, il était résolu à ne pas s'en mêler, car son aide ne bénéficierait pas aux Catalans mais à ceux dont ils avaient adopté la langue. Par contre [...] s'ils ne parlaient que le catalan, lui qui, par sa grand-mère, était un véritable Catalan [la mère de sa mère, Yolande de Sicile, était aragonaise], ferait tout ce qui était en son pouvoir pour aider la Catalogne. » Cela serait très facile, ajouta-t-il, « car, comme chacun le savait, entre les Catalans et lui, *il n'y avait pas de montagnes* ». Finalement, il enjoignit ses auditeurs d'envoyer l'un d'entre eux chercher chez lui la réponse à cette intéressante question. Cependant, lorsque, à la fin du mois de janvier 1464, celui-ci arriva à Barcelone, ce fut pour apprendre que les Catalans avaient d'ores et déjà choisi pour seigneur dom Pedro, connétable du Portugal.

Dans leur orgueil, les Catalans ne s'étaient pas rendu compte qu'en choisissant un souverain dont ils étaient sûrs qu'il maintiendrait leurs libertés, ils avaient choisi un souverain incapable de leur garantir autre chose. Lorsque, harcelé par le roi d'Aragon, dom Pedro envoya des ambassadeurs chercher de l'aide à la cour de France, Louis ordonna à son chancelier de leur répondre par d'aimables généralités, à moins qu'ils n'en vinssent à se plaindre; en ce cas, précisait-il, « vous leur direz que ce n'est pas moi qui ai marché sur ses brisées, mais lui sur les miennes ». Louis ne s'était pas encore retiré de la course.

4. Depuis des siècles, les Etats italiens s'étaient libérés des liens féodaux qui les unissaient au pape et à l'empereur. Ils n'avaient d'autres puissances ni d'autres territoires que ceux que leur avaient valu leur force et leur intelligence. Entre Venise, Milan, Florence et le royaume de Naples, les relations, déjà fort délicates en raison de l'esprit compétitif qui régnait entre eux, étaient rendues plus difficiles encore par l'entité à la fois spirituelle et temporelle des Etats pontificaux, et par la masse de seigneuries mineures et de villes quasi indépendantes qu'abritait encore l'Italie.

En 1454, la Paix de Lodi avait donné le jour à la Ligue générale d'Italie, qui, placée sous la direction du pape, devait amener dans la péninsule une paix qu'une atmosphère générale de méfiance et d'intrigues rendait toujours très fragile. Cependant, cet imbroglio de puissances en éternelle compétition les unes avec les autres avait favorisé le développement d'un réalisme dans les activités politiques, d'une subtilité dans les négociations et d'une intensité diplomatique inconnus au nord des Alpes — mais qui convenaient fort bien aux instincts et aux talents de Louis XI.

Alors qu'il n'était encore que dauphin, Louis avait appris à lire et à parler l'italien — exploit tout à fait surprenant chez un roi de France et qui montre bien quel intérêt il portait aux affaires italiennes. Si rien n'indique qu'il ait lu Boccace ou Pétrarque, il existe nombre de témoignages dans les rapports des envoyés étrangers attestant qu'il étudia minutieusement l'histoire de l'Italie et la politique italienne, et qu'il était parfaitement au fait de l'agitation intellectuelle qui régnait de l'autre côté des Alpes. Quoique la monarchie française fût traditionnellement l'amie de Florence *, et qu'au début du XVe siècle elle eût pour un temps étendu sa souveraineté sur Gênes, les interventions françaises en Italie avaient généralement été le fait de princes particuliers espérant accroître, avec l'aide du roi, leurs fortunes personnelles. Dans le Nord de la péninsule, la Maison d'Orléans gouvernait le comté d'Asti et prétendait étendre son autorité sur Milan; dans le Sud, la Maison d'Anjou luttait depuis plus d'un demi-siècle pour faire valoir ses droits sur le royaume de Naples.

Durant l'été 1461, Louis XI avait envoyé une ambassade à Francesco Sforza, duc de Milan, avec qui il avait signé le traité de Genappe alors qu'il était dauphin, et auquel il avait souvent montré dans quel mépris il tenait les Angevins. Maintenant, il demandait au duc de rompre son alliance avec le roi de Naples, de donner au duc Jean sa fille Yppolita, déjà fiancée avec le fils de Ferrante, et d'aider la France à reconquérir Gênes, dont les Français avaient été chassés quelques mois auparavant *. En automne de la même année, alors que Louis avait établi ses quartiers à Tours, son ambassade rentra de Milan pour lui apprendre que le duc avait refusé en bloc toutes ses requêtes. Sforza s'était en effet excusé de ne pouvoir y accéder en raison des obligations auxquelles il se sentait tenu en tant que membre de la Ligue générale d'Italie.

En décembre 1461, alors que Louis s'apprêtait à fêter son premier Noël de roi, la ville de Tours accueillit une foule d'ambassades italiennes telle que ni la France, ni peut-être aucun autre pays d'Europe, n'en avait jamais vue. Une procession de cavaliers arrivaient de Venise, de Florence et de Milan. Le pape s'était fait représenter par son légat, Jean Jouffroy, évêque d'Arras, qui bientôt allait devenir cardinal. Des émissaires avaient été envoyés par le prince napolitain de Tarente, par Bartholomeo Colleone et Jacopo Piccinino, deux célèbres condottieri, par Sigismond Malatesta, seigneur de Rimini, connu pour sa culture comme pour son esprit diabolique, et même par le comte Everso d'Anguillaria, un baron des

* Pour un compte rendu vivant de cette amitié traditionnelle, voir les instructions données à Angelo Acciaioli, envoyé florentin en France en 1451 : dans *Dispatches, with Related Documents, of Milanese Ambassadors in France and Burgondy, 1450-1483,* édité par Paul Murray Kendall et Vincent Hardi, 1970, tome I.

* Ayant pris possession de Gênes au nom de Charles VII, en 1458, le duc Jean s'en était servi comme base de la campagne qu'il devait lancer contre Naples dans le courant de l'année suivante. Cependant, au début de 1461, avec l'appui secret de Francesco Sforza, les Génois étaient parvenus à se débarrasser des Français dont seule était demeurée une garnison assiégée dans la citadelle. Une expédition de secours conduite par le roi René avait lamentablement échoué dans sa tentative de reprendre la ville.

Etats pontificaux d'importance secondaire. Dépêchées en France sous prétexte de féliciter son nouveau souverain, les délégations y avaient en fait été amenées par l'anxiété qu'éprouvait alors l'Italie face aux intentions d'un roi transalpin qui savait apprécier et les talents intellectuels et l'instabilité politique de la péninsule, et qui avait déclaré vouloir apporter son appui aux ambitions angevines.

Louis traita les ambassadeurs de Florence comme s'ils représentaient une puissance de première importance. Au cours de conversations privées, il répéta quelle admiration il éprouvait pour cette ville-de-tous-les-talents gouvernée par le sage vieux Cosme de Médicis; en outre, il enjoignit les Florentins de prêcher la cause de la Maison d'Anjou auprès du duc de Milan. Avec les représentants de la puissante république de Venise, tout n'alla pas aussi bien. Ceux-ci réclamaient du roi de France qu'il participât à une croisade contre les Turcs qui, désormais, menaçaient l'hégémonie vénitienne en Méditerranée orientale, mais ils n'avaient rien à offrir en échange. Venise, déclarèrent-ils froidement, préférait rester neutre à l'égard de la lutte pour la possession du royaume de Naples. Avec un *sang-froid* * typiquement vénitien, les ambassadeurs répondirent à l'irritation croissante de Louis en mettant brusquement fin à leur séjour pour rentrer chez eux. Après qu'ils furent partis, le roi ne cacha pas que, pour lui, *vénitien* était synonyme de *vilain.*

Louis vivait une vie de manœuvres; or, il était impossible de manœuvrer face à un égoïsme monolithique fondé sur la certitude absolue de sa propre supériorité. Ayant su éviter les factions politiques qui affaiblissaient d'autres Etats, comme Gênes, l'aristocratie marchande de Venise était tout entière dévouée au progrès de la République. Admirateur de la civilisation italienne, le roi de France partageait le préjugé de la plupart des Italiens à l'égard de Venise, préjugé qui ne s'exprime nulle part plus clairement que dans les mémoires (*Commentaires*) de Pie II : « Tout comme, parmi les bêtes brutes, les créatures aquatiques sont les moins intelligentes, de même, parmi les humains, les Vénitiens sont les moins justes et les moins capables d'humanité [...] Ils n'aiment qu'eux-mêmes, et, lorsqu'ils parlent, ils s'écoutent et s'admirent. Lorsqu'ils parlent, ils se croient des sirènes [...] Ils veulent passer pour chrétiens aux yeux du monde, mais à la vérité ils ne pensent jamais à Dieu, et, exception faite de l'Etat, rien pour eux n'est sacré [...] Les Vénitiens cherchent à dominer l'Italie et il s'en faut de peu qu'ils n'aspirent à la maîtrise du monde. »

Fin 1463, Louis reçut de Venise un autre ambassadeur chargé lui aussi d'obtenir du roi de France son appui dans une croisade. Nicolo Canale se révéla être un homme d'une arrogance et d'une indiscrétion sans égales — qualités qui, quelques années plus tard, alors qu'il commandait une flotte vénitienne, lui valurent ainsi qu'à ses compatriotes de perdre une bataille navale contre les Turcs. Quoiqu'un jour Louis lui eût dit ce qu'il pensait de l'insolence vénitienne, avec une virulence telle qu'au moment où il sortit de la

* En français dans le texte.

chambre du roi « on eût dit un homme mort », et bien qu'il n'eût pas tardé à recevoir son congé, il s'attarda en France des semaines durant à mettre son nez dans les affaires du royaume sans même se donner la peine de cacher une attitude aussi peu diplomatique.

En mai 1464, le roi Louis, qui se trouvait alors à Paris, interrompit la conversation qu'il avait avec Alberico Maletta pour s'exclamer : « Dom Alberico, voyez quel genre d'hommes sont les Vénitiens! Voilà trois mois que, par deux fois, cet ambassadeur a reçu son congé, et pourtant il insiste encore pour rester dans mon royaume malgré moi et quoiqu'il n'eût rien à faire ici. Pour vous dire le vrai, je crains qu'il ne se soit mis en tête de m'empoisonner. Vous savez que chaque soir, je sors dîner en ville avec mes gens; or, il est allé dîner dans la maison de messire Jean Arnoulfin de Lucca, mon receveur général de Normandie, où je dois me rendre à dîner dimanche prochain. Comprenez bien que je ne redoute rien de la part de dom Jean; mais cet ambassadeur conspire peut-être avec certains de ses serviteurs et médite de mettre quelque chose dans ma soupe ou de me faire tuer de quelque autre façon; car je suis convaincu que pour les Vénitiens la plus haute trahison semble une petite affaire... » Lorsque Maletta « tenta d'excuser un peu dom Nicolo, Louis l'interrompit en disant : « Plus un mot! »

Canale partit quelques jours plus tard, au grand soulagement de Maletta, qui craignait de le voir provoquer un scandale dont tous les Italiens auraient eu à supporter les conséquences. Lorsque Alberico apprit à Sa Majesté que, selon les nouvelles qui arrivaient à Milan, les Turcs s'apprêtaient à lancer une nouvelle attaque contre l'empire vénitien, Louis se contenta de dire : « Serait-ce une catastrophe si les Turcs leur infligeaient une bonne défaite? » Le duc de Milan redoutait, expliqua Maletta, que, si personne ne venait à leur secours, les Vénitiens ne fissent la paix avec les Ottomans. Sur quoi le roi éclata de rire et lança : « Par ma foi, je le crois aussi! » Plus de dix ans devaient se passer avant qu'il n'acceptât de conclure un accord avec Venise.

Mais c'est sur les ambassadeurs milanais Pietro de Pusterla et Tommaso da Rieti — qu'il avait tous deux appris à connaître quand il était dauphin — qu'en cette période de Noël 1461 Louis XI concentra sa campagne diplomatique en faveur de la Maison d'Anjou. Balayant l'excuse qu'avait trouvée Sforza pour ne pas aider les Français, il devait tour à tour user de menaces et de cajoleries avec les envoyés du duc de Milan. Il déclara carrément que, si Sforza persistait dans son refus, il le rangerait parmi ses ennemis, car « *Si quis mecum non est, contra me est* » (celui qui n'est pas avec moi est contre moi). Cependant, quelques instants plus tard, il affirmait devant Pusterla : « Pietro, j'aime le duc de Milan comme moi-même... et je n'attends rien de lui — en Italie je ne cherche ni domaine, ni château, ni même une motte de terre —, sinon qu'il donne Madame Yppolita à mon cousin [le duc Jean]. » Un jour, usant du *tu,* plus familier, il annonça à Pietro de Pusterla sur le ton du regret : « Si le duc de Milan refuse mon amitié, il faudra bien que je lui fasse la guerre... mais seulement pour le contraindre à retirer son aide au roi Ferrante. » Puis, soudain, il fit cette remarque inattendue : « Note bien ceci : si j'obtiens Gênes, j'ai l'intention d'abandonner le gouvernement de la ville au duc de Milan et de ne garder pour moi que la souveraineté. » Le roi n'ignorait pas que Sforza convoitait depuis longtemps la possession de Gênes, qui était aussi inapte à se gouverner elle-même que sa marine était brillante et son commerce florissant. Il savait en outre que le duc comprendrait que ce n'était pas là une suggestion gratuite.

Lorsque, au début de janvier 1462, le roi quitta Tours en direction du sud, il était accompagné de la délégation milanaise, qui attendait alors de nouvelles instructions. Pourtant, ce n'est que le 19 mars, à Bordeaux, que les ambassadeurs l'informèrent qu'ils avaient enfin reçu une réponse de leur maître. Entouré de plusieurs membres de la Maison d'Anjou, c'est-à-dire du comte du Maine et du marquis de Pont (respectivement oncle et fils du duc Jean) et de Jean de Cossa, que le roi René avait fait sénéchal de Provence, Louis leur réserva un accueil très protocolaire. Ils lui apprirent que ses obligations face à la Ligue italienne contraignaient le duc de Milan à apporter son soutien au roi Ferrante. Toutefois, en ce qui concernait Gênes, il était disposé à faire pour le roi tout ce qui était en son pouvoir, quoique le traité de Genappe ne s'appliquât pas à cette situation. Louis rétorqua froidement que son ambassadeur à Rome l'avait déjà informé de l'intransigeance de Sforza. Après avoir brièvement réfuté les raisons que brandissait le duc pour ne pas rompre avec Ferrante, il déclara aux envoyés que, bien qu'elles ne valussent rien ou presque, le roi de France acceptait et appréciait les offres de Sforza touchant Gênes; il les appréciait même d'autant plus qu'elles venaient d'un prince comme le duc de Milan, d'un seigneur beaucoup plus puissant que lui-même qui n'était qu'un pauvre homme (dans leur rapport, les ambassadeurs crurent bon de signaler à leur maître que cette remarque avait été faite sur un ton ironique). Enfin, sans y toucher, Louis leur fit remarquer que, si le duc de Milan n'était pas disposé à lui donner une place au paradis, il pensait être à même de se trouver lui-même une place en enfer. Dans ces conditions-là, peut-être les ambassadeurs feraient-ils aussi bien de retourner chez eux.

Louis s'amusa ensuite à jouer une petite comédie. Il n'avait pas été sans remarquer que Pietro de Pusterla et Tommaso da Rieti étaient jaloux l'un de l'autre.

A l'issue de cette même entrevue, Louis se dirigea vers une fenêtre et fit signe à Tommaso da Rieti de venir le rejoindre. Ayant d'ores et déjà noté combien celui-ci était jaloux de Pietro de Pusterla, il ne put résister au plaisir de monter une petite comédie avec le matériel qu'il avait à sa disposition. Deux jours auparavant, lorsque, au retour du voyage qui l'avait amené à la cour de Bourgogne, Rieti était venu présenter ses respects au roi, celui-ci lui avait fait remarquer que le travail de l'ambassade s'était cruellement ressenti de son absence. Sur le ton de la confidence, il lui avait même appris que le conseil royal avait décidé le départ des Milanais, donnant ainsi à croire à son interlocuteur que ses collègues étaient seuls responsables des signes d'irritation qu'il avait pu lire chez le roi. Cependant, sous les yeux des autres ambassadeurs — mais sans qu'on puisse l'entendre —, Louis jouait maintenant le second acte du petit drame qu'il avait imaginé : « Quand bien même je sais que vous n'êtes pas un ami de la Maison de France, commença-t-il, vous me plaisez davantage que tous les Italiens que j'aie jamais connus. » C'était par reconnaissance pour l'accueil que ses envoyés avaient reçu à Milan qu'il s'était montré aimable avec Pusterla durant l'absence de Rieti. S'il avait bien compris, glissa-t-il à l'oreille de l'ambassadeur, la duchesse de Milan ne l'aimait pas parce qu'il n'était pas originaire de Lombardie. En ce cas, pourquoi n'accepterait-il pas du roi de France une bonne pension et un poste élevé? S'il préférait vivre en Italie, le duc Jean se ferait un plaisir de lui procurer un état qui lui convienne dans le royaume de Naples.

Comme le roi devait s'y attendre, Rieti eut la prudence de refuser cette aimable proposition.

Le lendemain, Louis mettait un point final à sa comédie. Ayant convoqué seul Pietro de Pusterla, il commença par lui parler du mariage d'Yppolita et du duc Jean. Puis, adoptant un ton très confidentiel, il lui déclara : « Je veux vous parler comme à un gentilhomme qui m'est cher et en qui votre seigneur a la plus grande confiance. Je vous prie de garder cela secret. Vous avez vu avec quels égards j'ai traité hier Tommaso [...] Les Angevins m'ont prié de faire grand cas de lui car il s'est [...] réconcilié avec le roi René et s'est offert à convaincre le duc de Milan de se plier à ma volonté, car il sait exactement comment s'y prendre avec le duc. » Confondue et divisée, l'ambassade milanaise se lança dès lors sur de fausses pistes. Tandis que Pietro et les autres envoyés écrivaient à leur maître qu'ils soupçonnaient Tommaso de négocier secrètement avec les Angevins, Rieti informait Sforza que, s'il y avait des difficultés avec le roi de France, il fallait en accuser la seule incapacité de ses collègues.

S'étant ainsi amusé à démontrer à Francesco Sforza que, tout entraînés qu'ils fussent au jeu de la diplomatie, ses ambassadeurs n'étaient pas à l'abri des mystifications, le roi finit par s'ouvrir de ses intentions au duc de Milan par l'entremise de Pietro. Le duc, déclara-t-il, « n'a pas son pareil, ni chez les chrétiens ni chez les Sarrasins, aussi, croyez bien qu'il me répugnerait d'avoir à faire quoi que ce soit qui puisse lui déplaire, et c'est pourquoi je n'entreprendrai rien contre lui à moins qu'il ne combatte mes projets touchant Gênes. » Ainsi Louis laissait-il entendre à Francesco Sforza qu'il était prêt à accepter la défaite des Angevins dans le royaume de Naples.

5. Le matin de Noël, après la messe, Louis arma chevaliers les deux fils de l'envoyé de Sforza; puis, sans égard pour le protocole — ce qui ne manqua pas d'embarrasser le Milanais —, il

fit par deux fois passer Alberico devant son frère, Charles, duc de Berry, ainsi que devant le prince de Navarre, fils du comte de Foix, et l'introduisit dans sa chambre avant les autres de manière à pouvoir converser seul avec lui. « Là, devant le feu », Louis discuta avec Maletta des affaires anglo-bourguignonnes, le questionna sur les derniers mouvements des Turcs, « car il voulait connaître leur position exacte », et fit de la situation du roi Ferrante dans le royaume de Naples une peinture si juste, note l'ambassadeur milanais, qu' « à sa connaissance approfondie des affaires italiennes, on eût pu croire que le roi avait été élevé en Italie ». Finalement, Louis renvoya les seigneurs hors de sa chambre et insista pour que Maletta reste présent tandis qu'il tenait conseil avec trois de ses conseillers intimes.

A la fin de cette séance, le roi avait imaginé un petit stratagème, parfaitement gratuit, mais qui devait lui permettre de satisfaire son goût de la comédie. Il proposa que, cet après-midi-là, lorsque Georges Havart et l'amiral de Montauban discuteraient avec les envoyés du roi de Castille, dom Alberico interromprait leur conférence, et, sous prétexte de demander les papiers d'inféodation, soulignerait les avantages que le roi de France devait attendre de son alliance avec le duc de Milan. « N'en dites pas plus, Majesté, répliqua Maletta. Laissez-moi faire! » Alberico joua son rôle à la perfection. Entrant d'autorité dans la pièce où se tenait la réunion, il déclara devant les ambassadeurs espagnols, médusés, que par le ciel! il lui fallait les papiers signés le soir même. Puis il se mit à parler des profits qu'apporterait au roi cette inféodation et affirma qu'il avait obtenu le soutien de Naples. Mais l'amiral l'interrompit et dit en riant : « Nous ne voulons rien savoir de cela. » Surpris, un Espagnol s'exclama : « Le roi Ferrante est notre grand ami! » Maletta rétorqua alors qu'il était aussi un ami du duc de Milan, et que, ce que le duc de Milan ferait pour le roi, Ferrante le ferait également. Par la suite, Louis affirma à Alberico qu'il avait été absolument parfait. Il n'y aurait rien d'étonnant à ce que le roi eût écouté à la porte.

6. Les liens unissant Francesco Sforza à Florence unissaient non seulement les deux hommes d'Etat les plus habiles de la péninsule italienne — Cosme de Médicis et lui —, mais les deux Etats où s'épanouissait alors le mouvement auquel on allait bientôt donner le nom de Renaissance. Quoique Laurent (le futur Laurent le Magnifique), le petit-fils de Cosme, fût encore un enfant, quoique Léonard de Vinci n'eût alors que douze ans (en 1462), quoique Michel Ange et Machiavel ne fussent pas encore nés, déjà la flamme du Nouveau Savoir avait embrasé l'Italie; et si le vieux Cosme, mécène d'entre les mécènes, avait autour de lui tout un groupe de savants et d'écrivains sans prix, Francesco Sforza illustrait brillamment cet idéal nouveau qu'était le prince cultivé — l'*umo universale* devenu gouvernant.

A la fois précoces et beaux, les enfants de Sforza, confiés aux mains d'humanistes célèbres, étaient élevés de manière à ne pas décevoir les espoirs que leur époque avait placés en eux. Galeazzo-Maria, son fils aîné (qui plus tard allait donner la preuve que la meilleure des éducations ne peut racheter une nature imparfaite), faisait l'admiration de l'humaniste qui monta sur le trône de son éloquence et son habileté [...] une sagesse plus grande que celle d'un adulte [...] Ses discours improvisés pouvaient difficilement être égalés par un autre, fût-ce au prix d'une longue préparation ». Quant à la fille de Sforza, la belle Yppolita, que l'on avait fiancée au fils de Ferrante, elle prononça devant Pie II « un discours [...] dans un latin si élégant que tous ceux qui l'entendirent furent frappés de surprise et de ravissement ». (Il semble que le discours en question soit bel et bien son œuvre et non celle de ses précepteurs; le texte en existe toujours car il suscita tant d'admiration qu'on jugea bon de le consigner par écrit afin de le conserver.)

Dans ses *Commentaires,* Pie II traite Francesco Sforza avec un respect qu'il n'accorde à aucun autre homme d'Etat contemporain (sauf à lui-même). Il décrit en ces termes l'arrivée de ce « prince glorifié en temps de paix comme en temps de guerre » au congrès pontifical de Mantoue (1459). « Il montait son cheval comme un jeune homme [il avait alors soixante ans]; il était de très haute taille et affichait une grande dignité; son expression était sérieuse, sa manière de parler tranquille, son maintien gracieux et son comportement général celui qui convient à un prince. Il semblait être le seul homme de son temps que chérît la Fortune. Il avait de grandes qualités, tant physiques qu'intellectuelles. Il n'y avait rien qu'il ne désirât ardemment sans l'obtenir [...] Une foule de gens étaient sortis de la ville pour voir ce fameux duc [...] Lorsqu'il entra [...] l'on entendit partout des gens s'exclamer: « Voyez combien [...] la majesté de l'évêque de Rome se trouve rehaussée lorsqu'un si grand prince vient baiser ses pieds! » (En constatant que la Fortune aimait le duc, le pape ne dénigre pas les qualités de Sforza mais constate son bonheur. Pie lui-même avait le plus grand respect pour la chance: lorsque, à Bâle, il tomba malade de la peste, il apprit « qu'il y avait dans la ville deux médecins célèbres, l'un [...] instruit mais malchanceux, l'autre chanceux mais ignare; [il] préféra la chance au savoir — constatant que personne ne savait vraiment de quelle façon il convient de traiter la peste. »)

7. Lors de la conférence, George Neville et les autres envoyés s'étaient montrés inflexibles, exigeant qu'avant l'ouverture des pourparlers le roi de France acceptât d'abandonner la cause lancastrienne.

La position des Anglais s'était trouvée durcie par le fait d'une intrusion malheureuse que, selon ce qu'il écrivit au roi, le duc de Bourgogne s'était efforcé de prévenir par tous les moyens.

Telle l'une des sauvages déesses qui descendirent sur les bruyantes plaines de Troie pour confondre les affaires des hommes, l'indomptable Marguerite d'Anjou avait quitté l'Ecosse pour Sluys afin d'interrompre la conférence de Saint-Omer, qui sonnait le glas de sa cause. Sans un sou, dépendant de Pierre de Brézé pour le pain qu'elle mangeait, elle ignora les tentatives de Philippe de Bourgogne pour lui barrer la route; et, jouant à la perfection son rôle romanesque, elle se costuma en « villageoise » et s'embarqua dans une humble voiture pour s'en aller trouver le duc, accompagnée du fidèle Brézé.

Lorsque, à Saint-Pol, Philippe la rejoignit, elle se précipita dans ses bras et l'accabla aussitôt de ses plaintes, de ses prières. Chevaleresque, le duc l'honora d'un banquet le soir même et tenta de son mieux d'apaiser son courroux; cependant, il lui laissa clairement entendre qu'il n'entreprendrait rien qui pût troubler la conférence. Il partit en hâte le lendemain à l'aube et, dès qu'il se trouva hors d'atteinte, il lui fit parvenir des cadeaux d'argent et de bijoux. L'entreprise de Marguerite d'Anjou avait fait long feu : elle se termina à Bruges, quelques jours plus tard, par un brûlant débat avec le comte de Charolais pour savoir qui, d'elle ou de lui, devait se laver le premier avant de passer à table.

Louis, qui se trouvait maintenant à Hesdin, comptait traiter avec les Anglais en personne; cependant, ceux-ci refusèrent brusquement de se présenter devant l'homme qui avait usurpé le titre de roi dans leur domaine continental.

Mais Louis n'était pas homme à se laisser décourager. Avec l'appui de son oncle Philippe, qui se montrait toujours le meilleur des hôtes, il mit sur pied un petit stratagème. Le lundi matin 3 octobre (1643), lorsque les Anglais arrivèrent à Hesdin où ils avaient été courtoisement invités, le duc de Bourgogne, leur ayant fait remarquer qu'une porte seulement les séparait du roi et que la politesse la plus élémentaire voulait qu'ils le saluassent, prit fermement le chancelier George Neville par la main et fit entrer tout le monde dans la chambre voisine où Louis attendait patiemment. Le roi s'était drapé dans sa dignité. Gravement, il informa son oncle qu'il était ravi de participer à ces négociations anglo-bourguignonnes, ainsi qu'il l'en avait prié; il voulait que chacun sût qu'il se trouvait dans l'obligation de faire ce que le duc lui demandait. Cependant, Louis abandonna bientôt toute raideur et se mêla aux envoyés qu'il prit par la main et traita comme de vieilles connaissances. Le chancelier, frère de Warwick, ayant improvisé un petit discours en latin, il loua ses talents et engagea avec ses collègues une conversation aisée et familière. Il s'intéressa tout particulièrement au jeune Edouard IV et posa à son propos une foule de questions dont les réponses semblaient le passionner. Il déclara franchement qu'il ne souhaitait que du bien à leur souverain, quoique celui-ci fût l'ennemi d'Henri VI, son cousin. Avant que le roi Edouard — qui, en vérité, était un « gentil prince » — ne se fût élevé sur les hauteurs où il se trouvait aujourd'hui, tous deux avaient été bons camarades; cependant, maintenant que la fortune d'Edouard avait changé, Louis ne savait plus si le roi d'Angleterre souhaitait ou non poursuivre leur amitié. Pour sa part, il ne souhaitait rien plus que d'être en bons termes avec les Anglais. Il parla tant et si bien qu'il alla jusqu'à proposer son aide contre les Ecossais (une déclaration qui ne devait pas manquer de bouleverser les alliés traditionnels de la France lorsque les Anglais la publièrent). Quant à son soutien à la Maison de Lancastre, Louis leur fit comprendre, d'un sourire et d'un geste de la main, qu'ils ne devaient pas trop s'en inquiéter. Ainsi, le frère de Warwick et ses compagnons quittèrent-ils Hesdin d'excellente humeur et prêts à reprendre les négociations.

8. Louis informa Etienne Chevalier, son trésorier, qu'avec Jean Bourré, son secrétaire et confident, et l'amiral de Montauban, il lui fallait immédiatement trouver deux cent mille écus et les remettre au duc de Bourgogne comme premier paiement pour le rachat de la Picardie et des villes de la Somme. Devant un ordre aussi imprévu, Chevalier se cabra et protesta que la chose était impossible. Mais Louis se contenta de répéter ses instructions.

« Il semble, écrivit hâtivement le chancelier à Bourré, qui se trouvait alors en vacances, que le rachat de ces territoires engagés et l'affaire de la trêve [avec les Anglais] soient aujourd'hui les questions les plus importantes du royaume. Cependant, il nous a donné si peu de temps, à Monseigneur l'amiral et à moi-même, pour exécuter ses ordres, que c'est à peine si nous avons eu le loisir d'enfiler nos bottes; et il m'a dit que, du moment où il y avait abondance d'argent, il savait pouvoir compter sur vous, que vous lui prêteriez ce que vous avez et aussi que vous trouveriez à Paris des gens disposés à nous prêter; et, pour être bref, c'est tout ce que j'ai été capable de tirer de lui. » Sur quoi, Chevalier ajoutait encore : « Il nous faudra mettre nos cinq sens à profit, car nous devons être à Paris aussi rapidement que possible. »

9. Quoique, sur la demande du roi, Philippe de Bourgogne eût promis de rester à Hesdin, Louis jugea bon d'offrir à son oncle de quoi se divertir. Aussi, à la mi-juillet, envoya-t-il la reine Charlotte et toute sa maison rendre visite au duc. Pour donner plus *d'éclat* * à cette expédition, il en confia la direction à Charles, comte d'Eu, pair de France, et accessoirement à Louis, seigneur de Crussol, qui, ayant partagé à Genappe les cinq ans d'exil du dauphin, était parfaitement au fait des usages de la cour de Bourgogne. Louis avait donné des instructions très strictes pour que les visiteurs du duc ne passent que deux nuits à Hesdin et se remettent en route dès le matin du troisième jour. Sans doute avait-il calculé qu'en limitant ainsi le temps de leur séjour il fournirait à Philippe une excellente occasion de faire valoir son tempérament chevaleresque.

La reine et sa suite de seigneurs et de dames firent leur entrée à Hesdin un dimanche après vêpres. Dès l'instant de leur arrivée et jusqu'au mardi soir, le merveilleux château de Philippe fut le cadre des mille et un divertissements que s'était plu à imaginer l'ingénieuse cour de Bourgogne. Le soir, dans la grande salle, il y avait bal jusqu'à minuit, sous la présidence de la reine « pour

* En français dans le texte.

adorner la fête. » Le duc était placé à la droite de celle-ci tandis qu'à sa gauche siégeait sa sœur, la duchesse douairière de Bourbon. La charmante Yolande, princesse du Piémont, sœur du roi Louis, était étendue aux pieds de la reine sur un coussin tendu de drap d'or. Au-dessous d'elle se trouvait Charlotte, la fille bâtarde qu'Agnès Sorel avait donnée à Charles VII, et qui maintenant était l'épouse de Jacques, le fils de Pierre de Brézé. Agenouillé entre le duc de Bourgogne et la reine, Philippe Pot mettait son esprit au service de la conversation qu'entretenait son maître avec la souveraine. Bonne et Marie, les deux sœurs de la reine Charlotte, étaient tout au plaisir de la danse, et les courtisans de Philippe ne se lassaient pas d'admirer leur beauté. Dames et gentilshommes dansèrent jusqu'à en perdre haleine. Par sa grâce et son charme, la femme d'un des grands maîtres de la maison de la reine fit une douzaine de victimes au moins parmi les Bourguignons. Charlotte elle-même déclara n'avoir jamais passé moment si agréable dans sa vie. La princesse du Piémont n'hésita pas à dire qu'à la seule idée de partir elle pensait mourir d'ennui, et cette affirmation fut bientôt reprise en chœur par toutes les autres dames.

Sans doute Louis se fût-il amusé de la conversation qui eut lieu le lundi, c'est-à-dire le dernier soir, lorsque la reine expliqua qu'elle devait s'en aller le lendemain matin. Le duc de Bourgogne lui dit en souriant : « Madame, il est meshui trop tard pour parler du département de demain. Le département donne ennui d'en parler; et c'est un lieu ici et un temps de fête. Si Dieu plaît, vous vous lèverez demain et dînerez; et puis, après avis, le temps vous apprendra.

— Et par ma foi! beaux oncles, vous me pardonnerez, lui répondit la reine affolée. Il nous convient partir; le roi le nous a commandé, et pour rien au monde nous n'oserions trépasser son ordre.

— Madame, rétorqua alors Philippe, Monseigneur vous a envoyée ici et m'a fait cet honneur. Si est bien mon espoir qu'il se fie bien en moi que vous êtes bien. Un jour de plus ou moins entre lui et moi ne seront point cause de votre grief par devers lui. »

Quoique le comte d'Eu et le seigneur de Crussol — ce dernier tremblait de peur en se jetant à genoux aux pieds de son hôte — protestassent qu'il leur fallait sans faute partir dans la matinée du lendemain, le duc, toujours souriant, répéta qu'il serait temps de parler du départ lorsque la reine aurait dîné.

Inutile de dire que le mardi après dîner Philippe refusa de laisser partir ses hôtes. En plaisantant, il ordonna à Adolphe de Clèves, son neveu, de veiller à ce que personne ne quittât les lieux sans sa permission.

La princesse du Piémont et les autres dames étaient absolument ravies, mais le seigneur de Crussol souligna avec anxiété que, si la reine ne partait pas le jour même, elle ne pourrait se mettre en route avant le surlendemain, jeudi, car le mercredi était le Jour des Innocents. Philippe répliqua négligemment qu'ils parleraient de tout cela le lendemain, et que, de toute manière, les dames faisant elles-mêmes loi, elles pouvaient fort bien voyager le Jour des Innocents. Finalement, la reine et sa suite ne quittèrent la ville que le jeudi après dîner sous l'escorte du duc triomphant.

Par la suite, Louis XI envoya à Hesdin l'un des fils du duc de Savoie, qui se trouvait porter le titre de roi de Chypre. Jeune homme modeste, celui-ci fut terriblement intimidé par la splendeur de son oncle, le Grand Duc d'Occident; et lorsque Philippe le Bon fit mine de le traiter comme un roi, ses protestations horrifiées fournirent à la cour de Bourgogne un excellent divertissement.

Enfin, la dernière semaine du mois d'août, apparut à Hesdin, envoyé lui aussi par Louis XI, un personnage si original qu'il suffit à alimenter la conversation de Philippe et de sa cour durant un mois. Il s'agissait de Louis, duc de Savoie, le beau-père du roi de France. Son mode de transport seul était si extravagant que, dès son arrivée, les habitants de Hesdin se massèrent dans les rues pour le voir passer tandis que le duc et une nombreuse suite de seigneurs bourguignons le conduisaient au château. Il voyageait en effet dans un fauteuil de velours bleu surmonté d'un dais frangé d'or et de soie, le tout posé sur les épaules de porteurs en nage. Ses chairs, qu'il avait abondantes, étaient dissimulées sous une longue robe fourrée de martre, tandis que son cou s'ornait d'un grand collier d'or garni de pierres précieuses. Selon Chastellain, il paraissait venir de quelque contrée lointaine. Il souffrait de la goutte et d'autres maladies que lui avait values une vie dissolue. Pourtant, son visage conservait certains vestiges de la beauté qui avait été celle de sa jeunesse, et on le tenait pour un causeur fort divertissant. Selon Chastellain, Boccace n'aurait certainement pas manqué de lui réserver une place parmi ses conteurs.

Le duc de Savoie demeura à Hesdin durant vingt-cinq jours, tous frais payés par Philippe de Bourgogne. Il passa tout son temps au lit ou sur son fauteuil. Il dînait à huit ou neuf heures du matin, puis retournait dormir, « complètement nu ». Il se levait ensuite vers le milieu de l'après-midi pour boire et pour manger, regagnait sa couche, et se levait une dernière fois pour prendre son souper. Ce mode de vie fournit à la cour de Bourgogne d'inépuisables sujets de conversation. Lorsque finalement le duc Louis s'en alla, l'automne était dans l'air. Désormais le roi de France pouvait être sûr que son oncle resterait à Hesdin pour attendre l'arrivée du comte de Warwick.

CHAPITRE XII

L'orgueil des princes

1. Le roi Louis n'aurait sans doute pas tiré un grand profit de sa rencontre avec Aeneas Sylvius Piccolomini, qui prit le nom de Pie II en l'honneur du *pius Aeneas* de Virgile; cependant, la

réunion de deux personnalités aussi complexes et aussi impérieuses n'eût certainement pas manqué d'édifier la postérité. Avec ses traits marqués et son regard hardi, Aeneas Sylvius, humaniste de formation universitaire, s'éleva dans la société grâce à sa plume et à son éloquence brillantes. En 1458, lorsqu'il monta sur le trône de saint Pierre, il s'était déjà fait connaître dans toute l'Europe comme poète, romancier, historien, polémiste et diplomate. Pie II remplit simultanément les rôles d'habile politicien et de pape célèbre condamné à lutter avec une chrétienté indigne de son pasteur; il avait une sensibilité si raffinée que, dans le domaine des expériences culturelles, il alla semble-t-il jusqu'à organiser un pique-nique en face des ruines romaines de Tivoli, et à mettre sur pied une expédition archéologique, pour que la postérité en trouve le compte rendu dans les annales pontificales.

Il avait soutenu le roi Ferrante contre la Maison d'Anjou, car, à l'instar de Francesco Sforza, il souhaitait tenir les Français à l'écart de l'Italie. Pour ce qui est des charges, et même des espoirs de charges, il avait continué la politique abusive de ses prédécesseurs afin de se procurer l'argent nécessaire au financement de ses guerres contre les barons qui lui étaient rebelles. Lorsque enfin, fidèle à sa mission de propagateur de la foi, il avait tenté de rétablir l'ancienne suprématie de la papauté en prenant la tête d'une croisade contre les Turcs, il s'était rendu compte qu'il ne possédait pas l'autorité morale suffisante pour arracher les grands princes d'Occident à leur égoïsme.

Mortellement frappé par la maladie au début de l'été 1464, le merveilleux acteur qu'il était n'en joua pas moins son rôle jusqu'au bout. Il se rendit sur l'Adriatique, dans le port d'Ancône, où l'attendaient des milliers d'humbles croisés, mais où nul prince n'était présent. Il mourut le 14 août 1464. Les habitants de l'endroit avaient si peu d'enthousiasme pour la croisade qu'ils portèrent dans les rues des brancards chargés de mannequins de paille pour donner d'Ancône l'image d'une ville pestiférée qu'il fallait éviter à tout prix.

2. Louis crut bon de monter une petite scène au profit du duc de Bourgogne. Le vendredi 31 août, au retour de la chasse, après avoir dîné dans quelque minable logis villageois selon son habitude, il envoya chercher son frère Charles, Jean de Croy et Alberico Maletta. Lorsque ceux-ci furent présents, il leur dit en appuyant sur les mots : « Vous, Monseigneur de Berry, vous êtes mon frère, et vous, Monseigneur de Croy, vous êtes mon compagnon et mon fidèle ami; quant à vous, dom Alberico, vous êtes l'ambassadeur du duc de Milan, que je considère comme mon bon père et mon bon frère, et vous êtes aussi pour moi un loyal conseiller. J'ai quelque chose de très important à vous dire, mais je veux d'abord donner devant vous audience à un messager anglais. »

Il se révéla que celui-ci n'était venu que pour se plaindre des actes de piraterie commis par les Français, et le roi promit d'y veiller personnellement. Cependant, ce que Louis voulait faire remarquer à ses auditeurs, c'était la façon dont le chancelier d'Angleterre, George Neville, frère du comte de Warwick, avait rédigé la lettre de créance de son ambassadeur. Celle-ci était en effet adressée « au Sérénissime roi de France », et, en lisant cela, Louis constata : « Les Anglais m'appellent roi de France, mais jamais ils n'ont consenti à donner ce titre à mon père. »

Louis rappela alors brièvement les diverses étapes de sa querelle avec le duc de Bretagne et défendit la position qu'il avait adoptée. Parlant des lettres diffamatoires que le duc avait utilisées contre lui, il répondit à toutes les accusations de François II et amena la conversation sur le duc de Bourgogne qui, lui aussi, avait reçu une missive de Bretagne. Il déclara qu'il ne se sentait pas plus d'obligations vis-à-vis de son oncle que vis-à-vis de son propre père. S'il n'avait pas eu confiance en lui, il ne serait pas allé si souvent à Hesdin se mettre entre les mains de Philippe. En fait, maintenant qu'il logeait dans ce village, à six lieues seulement du duc de Bourgogne, celui-ci pouvait très facilement venir le prendre dans son lit : « Et s'il eût réellement envisagé de donner la Guyenne et la Normandie aux Anglais, le duc aurait eu parfaitement raison de chercher à lui nuire; mais le duc savait fort bien qu'il n'avait nullement l'intention de permettre que le titre de roi de France fût compromis comme l'avaient compromis certains de ses prédécesseurs... » Quant à la prétendue hostilité qu'il témoignait aux autres princes, au duc de Bourbon par exemple, Bourbon était son beau-frère, et l'une de ses sœurs avait allié son sang au sang royal de la Maison d'Orléans, aussi ne chercherait-il jamais la ruine des Bourbons. Après s'être étendu sur ce point, Louis conclut : « Je tenais à ce que vous, mon frère, et vous, mon compère [de Croy], et vous, dom Alberico, comprissiez quelle méchante attitude est celle de mon voisin [le duc de Bretagne], mais aussi quelle est ma position, une position que je m'attache à justifier un peu plus chaque jour. » Sur ces entrefaites, de Croy s'en alla faire son rapport au duc de Bourgogne.

3. Il semble que Louis ait dit la vérité. Chastellain lui-même ne fait rien de plus que d'insinuer que la conduite du Bâtard fût « suspecte ». Quant à Maletta, il crut l'histoire du roi. D'ailleurs, aussi impétueux qu'il fût, il paraît bien improbable que Louis ait pu charger le Bâtard d'une mission susceptible de jeter le discrédit sur lui et de lui valoir une guerre immédiate. Le fait que le comte de Charolais, dans toute la propagande qu'il fit plus tard contre le roi de France, n'ait pas accusé Rubempré d'avoir cherché à le tuer ou à l'enlever, peut être considéré comme un indice certain de l'innocence de Louis. L'erreur de celui-ci résida, semble-t-il, dans son choix — le choix d'un aventurier par trop téméraire qui avait peut-être en tête de tenter quelque coup d'éclat de son cru.

4. Neville trouvait à Tristan l'Hermite, grand prévôt du roi Louis, « l'intelligence la plus vive et la plus subtile du royaume »; et, avant même qu'il n'eût pleinement réalisé ce qui se passait, il

lui avait confié tout ce qu'il savait des difficultés qui régnaient en Angleterre entre le roi Edouard et le comte de Warwick. Par la suite, l'un de ses amis l'avertit secrètement d'avoir à se méfier du grand prévôt. Ebranlé par cette mise en garde, le secrétaire de Warwick envoya une dépêche urgente à Richard Whetehall, à Calais : il fallait faire très attention, car rien ne lui échappait; il pouvait lire dans l'esprit des gens et rapportait immédiatement au roi ce qu'il avait appris. Pour dire la vérité, concluait Richard Neville, « c'est un homme redoutable ». Mais Louis et son grand prévôt avaient si bien su l'ensorceler que, malgré la méfiance qui lui avait été conseillée, il ne vit aucune raison de réviser l'idée qu'il s'était faite de la puissance du roi de France.

5. Comme si chacun s'était rendu compte que l'arrivée de l'ambassade du roi marquait une étape décisive dans l'évolution de la rivalité croissante entre les maisons de Bourgogne et de France, on en fit partout de longs comptes rendus. Chastellain se plut à raconter l'affaire dans un style soutenu; le Bourguignon du Clerq et d'autres historiens rapportèrent l'événement dans ses moindres détails. Mais il y avait encore un autre chroniqueur dont la seule présence sur les lieux de la scène offre un certain intérêt. Trois ou quatre jours seulement après l'arrivée des ambassadeurs, s'était présenté à Lille, à la cour de Bourgogne, un jeune homme d'environ dix-huit ans, « en l'âge de pouvoir monter à cheval », au regard ferme et au visage allongé. Bailli des Flandres et membre de l'ordre de la Toison d'Or, son père, qui était mort lorsque l'enfant avait quelque sept ans, était peu à peu devenu l'un des personnages les plus importants de la cour ducale, et Philippe le Bon lui-même avait servi de parrain à son fils. Ayant, bien malgré lui, étudié le maniement des armes et la courtoisie chevaleresque plutôt que les arts libéraux, le jeune seigneur de Renescure, Philippe de Commynes, était venu à Lille pour y commencer une carrière de cour en tant qu'écuyer dans la maison du comte de Charolais. Il n'y a donc rien d'étonnant au fait que, bien des années plus tard, lorsqu'il écrivit ses mémoires, il ait conservé un souvenir particulièrement vivant de la première grande scène historique à laquelle il lui eût été donné d'assister.

Le mardi 5 novembre, le duc de Bourgogne et le comte de Charolais, entourés de leurs principaux courtisans et conseillers, donnèrent audience aux envoyés royaux dans une vaste salle bondée de spectateurs. Le chancelier de France ouvrit les débats en lançant une violente attaque contre le comportement de la Maison de Bourgogne. Après avoir expliqué quelle était la véritable mission du Bâtard de Rubempré, Morvilliers affirma que le comte de Charolais n'avait eu, pour l'arrêter, aucune raison valable. Les prétendus soupçons du comte étaient parfaitement injustifiés. Peut-être, suggéra ironiquement le chancelier, avait-il agi de la sorte parce que le roi lui avait supprimé sa pension.

Le vieux Philippe de Bourgogne l'interrompit et prit la défense de son fils sur un ton un tant soit peu léger. C'était, déclara-t-il, en raison de sa très étrange conduite que le Bâtard s'était fait arrêter. Maintenant, si le comte de Charolais était soupçonneux de nature, il ne tenait certainement pas cette qualité de son père, qui s'était toujours montré confiant; il devait l'avoir héritée de sa mère, « qui était la plus soupçonneuse dame qu'il eût jamais connue... » Ceci dit, quelque différents que fussent leurs caractères, dans des circonstances similaires il eût très certainement arrêté le Bâtard lui aussi.

Mais déjà le chancelier reprenait son attaque, dirigeant cette fois ses coups contre le duc lui-même. Philippe de Bourgogne avait promis de ne pas quitter Hesdin sans en avertir le roi. « Cependant, vous vous êtes empressé de partir le lendemain matin, et, en agissant de la sorte, vous avez agi comme le comte de Charolais, car vous avez donné à croire que vous redoutiez que le roi ne s'emparât de vous si vous restiez seulement une minute de plus; cette conduite a paru très étrange à Sa Majesté, qui jamais n'a envisagé une telle chose, et qui s'est étonnée que vous puissiez concevoir de telles craintes à son endroit alors qu'elle vous honore plus que tout autre homme en ce monde. »

A nouveau le duc l'interrompit. Quelque peu troublé, il déclara d'une voix forte : « Je tiens à ce que chacun sache que jamais je n'ai fait de promesse à quiconque sans m'efforcer de remplir mon serment au mieux de mes possibilités. » Puis il se mit à rire et ajouta : « Je n'ai jamais manqué à ma parole — sauf avec les dames. » Il précisa qu'il avait quitté Hesdin alors qu'il faisait grand jour et sans la moindre hâte, et cela tout simplement parce qu'une affaire urgente l'attendait ailleurs et qu'il savait pertinemment que le comte de Warwick n'arriverait pas.

Après avoir violemment dénoncé la conduite du duc de Bretagne, le chancelier s'en prit de nouveau au comte de Charolais, qu'il accusa de s'être ligué avec François II, « et faisait ledit Morvilliers ce cas si énorme, si criminel, que nulle chose qui se peut dire à ce propos pour faire honte et vitupère à un prince il ne dit ». Furieux, le comte de Charolais tenta de l'arrêter, mais le chancelier pointa un doigt menaçant dans sa direction et s'écria : « Monsieur de Charolais, je ne suis pas venu pour vous parler à vous, mais à Monseigneur votre père! » Charles ayant demandé au duc de le laisser répondre aux accusations portées contre lui, Philippe déclara calmement : « J'ai répondu pour toi comme il me semble que père doit répondre pour fils. Toutefois, si tu en as si grande envie, penses-y aujourd'hui et demain dis ce que tu voudras. »

Ce ne fut en fait que deux jours plus tard, le jeudi 30 novembre, que le comte de Charolais, ployant le genou sur un carré de velours noir, déclara avec colère ne rien connaître de la mission de Rouville. Il n'avait arrêté le Bâtard qu'en raison de son comportement suspect et jamais il n'avait tenté de calomnier le roi. Son alliance avec le duc de Bretagne était l'innocente amitié de deux seigneurs qui avaient juré d'être des frères d'armes. Le roi de France, déclara-t-il sur le ton de la vertu outragée, aurait dû souhaiter qu'une telle entente régnât entre les princes, car ainsi il n'aurait pas eu à chercher d'alliances étrangères. Et quant à sa pension, ne l'ayant jamais demandée et n'en ayant nul besoin, il lui avait été parfaitement égal que le roi la lui retirât. Enfin, quoique Louis XI eût publiquement annoncé qu'il tenait le comte de Charolais pour un ennemi et qu'il eût pris la défense de son adversaire, le comte de Nevers, Charles affirma solennellement que jamais il ne serait hostile au roi de France, et pria son père de ne croire aucune des charges injustement portées contre lui.

Le lendemain, vendredi 9 novembre, l'audience devait enfin se terminer. L'humeur du duc s'était légèrement modifiée, et c'est sur le nord-est que se portait maintenant son attention. Lorsque l'un des courtisans bourguignons énuméra fièrement tous les domaines que possédait son maître hors du royaume de France, le belliqueux chancelier fit sèchement remarquer qu'il pouvait bien être le seigneur de ces territoires, mais qu'il n'était pas roi. Cependant, le duc prit la parole et dit avec raideur : « Je veux que chacun sache que, si je l'avais désiré, j'aurais été roi. » Sur quoi, il enchaîna avec les doléances que lui-même avait à formuler : durant les négociations qui avaient eu lieu pour le rachat des villes de la Somme, le roi avait laissé clairement entendre à Philippe qu'il conserverait ces seigneuries jusqu'à sa mort; or, dès que l'argent avait été versé et que la quittance avait été donnée, le duc s'était vu dépouiller de toute autorité; et, tandis qu'il avait scrupuleusement observé chacune des clauses du traité d'Arras, son neveu n'en avait pas suivi les articles à la lettre. Il déclara ensuite qu'il espérait que le roi ne penserait aucun mal de lui ni de son fils. Puisque Louis XI lui avait envoyé trois ambassadeurs, lui-même répondrait par l'entremise de trois porte-parole. Enfin, il fit apporter du vin et des épices, signifiant par là que la cérémonie était terminée.

Lorsque l'ambassade fut de retour à Nogent-le-Roi, l'archevêque de Narbonne transmit à Louis un message personnel, d'un genre que le roi n'était pas près d'oublier. Parmi ceux qui laissèrent un compte rendu de l'audience, seul le jeune Philippe de Commynes releva l'aigre aparté qui avait eu lieu au moment où les envoyés quittaient la salle; et c'est lui qui nota pour la postérité l'âpre menace que proféra le comte de Charolais à l'égard de son souverain.

6. Seuls les Etats italiens, qui, dans leur rivalité, se livraient une lutte sans fin et ne cessaient de faire et de refaire leurs délicates alliances, utilisaient alors le système des ambassades permanentes qui, dans les siècles à venir, allait être le trait le plus marquant de la diplomatie internationale. Durant les premières années de son règne, Louis XI n'eut pas l'occasion d'éprouver les avantages de cette politique nouvelle. En 1464, Francesco Sforza lui proposa d'accréditer un représentant permanent à la cour de France; mais Louis, qui savait fort bien que les Maisons d'Anjou et d'Orléans, toutes deux ennemies du duc de Milan, considéreraient un tel accord comme un affront mortel, s'empressa de dire à Maletta :

« Je veux que vous écriviez à votre seigneur et que vous lui expliquiez qu'en France la coutume n'est pas la même qu'en Italie. Ici, le fait d'avoir un ambassadeur résident n'est pas une marque d'amitié, mais unsujet de méfiance. En Italie, bien sûr, c'est l'inverse. Dites à votre seigneur qu'il est inutile qu'il dépêche maintenant un autre ambassadeur. Si quelque chose arrivait, qu'il envoie Manuel [Emmanuel de Iacoppo] ou celui qu'il lui plaît, mais que ses ambassades aillent et viennent, et qu'elles ne restent pas ici en permanence. » Cependant, le roi Louis devait garder durant vingt ans des délégués milanais à la cour de France : au fond, ceux-ci étaient tout comme lui des hommes d'Etat professionnels et il aimait aiguiser son esprit au contact de leurs intelligences souples et précautionneuses.

Cependant, si Louis ne pouvait alors accepter à sa cour une ambassade permanente, il ne voyait aucune raison de ne pas en déléguer une. Il informa donc Maletta qu'il avait décidé de donner à Monseigneur de Gaucourt l'ordre de rester à Milan « de sorte que tout le monde pût connaître l'union de la Maison de France » et de Francesco Sforza. En recevant cette nouvelle, le duc de Milan, affolé, pria son ambassadeur de veiller « à ce que le roi abandonnât cette idée. Nous ne souhaitons pas la voir se réaliser car elle porterait ombrage au pape, aux Vénitiens et à d'autres... » Les Italiens eux-mêmes se méfiaient de leurs nouvelles techniques diplomatiques lorsqu'il s'agissait de les utiliser hors de la péninsule.

CHAPITRE XIII
La Ligue du Bien public

1. Giovanni Pietro Panigarola, membre d'une vieille famille milanaise — la maison des Panigarola est toujours debout — s'était rendu en France en 1464 pour y régler des affaires personnelles. Il était fort bien connu du duc, à qui il avait semble-t-il rendu certains services; il était allé à la cour où il avait parlé à plusieurs reprises avec le roi de France. Le poste que Maletta lui laissa à la mi-mars était devenu extrêmement dangereux — un ambassadeur milanais devait maintenant s'attendre à tout s'il tombait aux mains du duc Jean — et nécessitait autant de courage et de force que d'habileté. Selon ce que Maletta écrivit à son maître, Panigarola était un homme « jeune, intelligent et vigoureux » qui possédait une certaine expérience diplomatique et dont la personnalité conviendrait parfaitement au roi. Jean-Pierre accepta sa mission avec enthousiasme : « Je resterai ici, dussé-je perdre la vie », affirma-t-il à dom Alberico. A Saumur, il fit bientôt connaissance avec les préjugés angevins : « Lorsque les Angevins me voient, nota-t-il, ils agissent comme s'ils avaient sous les yeux l'ennemi de la race humaine. »

2. « Lorsque nous arrivâmes..., Sa Majesté m'entraîna aussitôt dans les bastions où se trouvaient les bombardes et autres pièces

d'artillerie prêtes à tirer. A la vérité, pour celui qui n'a pas assisté au spectacle, la chose est à peine croyable : dans le combat, l'homme a ici moins d'importance que les engins de guerre. Le roi, qui supervise tout, corrige avec une intelligence admirable les erreurs qui ont été commises lors de l'installation du siège, et change par exemple l'emplacement des bombardes... » Notant combien Jean-Pierre semblait impressionné, Louis lui fit observer qu' « il avait été élevé en pleine guerre ».

On poussa ensuite jusqu'à une autre forteresse, qui se rendit aussitôt. « Lorsque le roi eut pris toutes les dispositions nécessaires, lorsqu'il eut nommé un gouverneur et mis en place une garnison, il s'en alla à l'église rendre grâce au Dieu tout-puissant. Dans la soirée, nous retournâmes à Montluçon, et, tout au long de la route, Sa Majesté distribua des ordres concernant l'établissement de ses troupes, et cela, avec un soin prodigieux. » Enfin, Panigarola notait en guise de conclusion : « Sa personne est capable des plus durs travaux, qualité qui lui aide beaucoup. »

CHAPITRE XIV
Montlhéry

1. Le même jour, Charles de Charolais avait reçu du duc de Berry trois messages urgents l'enjoignant d'avancer rapidement de sorte que les Bretons et les Bourguignons, une fois réunis, pussent venir plus facilement à bout des troupes du roi — des troupes « qu'il eut le loisir de rassembler », ajoute avec dédain le comte de Charolais dans une lettre adressée à son père. Quant à savoir pourquoi les Bretons eux-mêmes ne bougèrent pas, la raison nous en est suggérée par une anecdote — fausse, sans doute, mais d'une valeur symbolique incontestable — qui met en scène le duc de Bretagne à Châteaudun durant la journée du 16 juin :

« Le tailleur du duc, qui avait l'habitude de parler à son maître avec une grande familiarité, dit en lui essayant une robe : « Monseigneur, c'est par votre faute que Monseigneur le duc de Berry n'est pas roi de France aujourd'hui.

« — Et comment sais-tu cela? lui demanda le duc.

« — Monseigneur, il est certain qu'aujourd'hui le roi attaquera l'armée bourguignonne, et, si vous l'aviez voulu, vous seriez là avec votre armée, et le roi serait défait à jamais, de sorte que Monseigneur serait roi. »

Quoi qu'eussent pu en penser des capitaines chevronnés comme Lohéac, de Bueil ou Dunois, les ducs de Berry et de Bretagne préféraient laisser le soin de se battre au comte de Charolais.

2. En fait, le comte de Saint-Pol n'avait reçu l'autorisation de pousser jusqu'à Montlhéry que par mesure défensive : il avait été entendu que si l'armée royale poursuivait son avance il se retirerait sur Longjumeau, où la « bataille » et l'arrière-garde bour-

guignonnes, occupées à construire un camp avec les chariots à bagages et les chars servant au transport des pièces d'artillerie, avaient établi une position fortifiée au sommet de la pente. Lorsque, dans la nuit, Saint-Pol annonça à Longjumeau que ses éclaireurs étaient tombés sur des unités avancées de l'armée royale, à moins de quatre milles de Montlhéry, le comte de Charolais lui avait aussitôt donné l'ordre de se replier. Mais le comte de Saint-Pol, imbu de l'importance du rôle qu'il avait à jouer, déclara qu'il ne se retirerait pas, « dût-il mourir ». Il fit donc descendre ses hommes de la colline et du village pour prendre position dans le nord de la plaine, à l'est de la route Paris-Orléans, de façon à laisser suffisamment d'espace au reste de l'armée. Aucun document ne nous renseigne sur ce que le comte de Charolais pensa de la bravoure du comte de Saint-Pol. Comme le matin approchait, il envoya Antoine, le Grand Bâtard de Bourgogne, prêter mainforte au comte avec l'arrière-garde, et « après s'être débattu à soi-même s'il irait ou non, à la fin marcha après les autres... »

CHAPITRE XV
Le siège de Paris

1. Des milliers de Parisiens étaient également sortis de la capitale dans l'intention de capturer de riches prisonniers ou de se remplir les poches de butin; et les habitants des villages situés au sud de la Seine, munis d'armes improvisées, battaient les bois et les taillis en quête de Bourguignons. Ce jour-là ou la veille, le seigneur de Mouy s'était rendu à Pont-Saint-Maxence, sur l'Oise, avec la garnison de Compiègne, et avait réussi à reprendre le pont dont s'étaient emparé les Bourguignons, de sorte que ceux qui avaient décidé de passer par Saint-Cloud tombèrent entre leurs mains. De même, les Français avaient enlevé le pont qui enjambait la Seine à Marly.

Tous les Bourguignons qui s'enfuirent du champ de bataille en direction de la Seine furent faits prisonniers. Selon le chroniqueur parisien Jean de Maupoint, on ramena ce soir-là dans la capitale plusieurs milliers de captifs (ce qui est très certainement exagéré) et plus de deux cents chevaux richement sellés. Ceux qui ne pouvaient garantir une rançon furent dûment ficelés avant d'être jetés à l'eau. Selon Panigarola, plus de sept cents prisonniers périrent noyés ou exécutés de quelque autre façon. L'argent, la vaisselle, les bijoux et autres objets précieux (y compris la chapelle portative du comte de Charolais, « une pièce de grande valeur ») trouvés sur le champ de bataille ou arrachés aux fuyards, représentaient plusieurs milliers d'écus de butin.

2. Louis ne cessa de travailler à rompre la coalition des seigneurs rebelles ligués contre lui, en suscitant des ennemis dans leur dos et en jouant un jeu d'offres et de contre-offres destiné à les diviser.

Il promit de l'argent et des troupes aux Liégeois s'ils se décidaient à prendre les armes contre le duc de Bourgogne. Il envisagea même d'utiliser un agent du roi Ferrante à la cour d'Angleterre pour convaincre le comte de Warwick de lancer une attaque contre les Pays-Bas. Finassant avec les Angevins, qui, eux non plus, ne se privaient pas de ruser, il eut recours au roi René, qui prêchait alors la paix dans l'un et l'autre camp, pour tenter d'obtenir un accord séparé avec le duc Jean. Par ailleurs, il pressait le duc de Milan d'amener Ferrante à envoyer une flotte contre Marseille, le port de René, ce qui devait avoir pour effet de contraindre le père et le fils à abandonner la cause des rebelles pour défendre la Provence. Louis fut informé que, s'il entrait en guerre contre le roi Ferrante et Francesco Sforza, le duc Jean s'engageait à persuader les autres princes d'avoir à se soumettre. Plusieurs conseillers royaux pressaient le roi d'abandonner le duc de Milan, car, selon eux, l'alliance milanaise était l'une des causes essentielles du mécontentement des princes; mais Louis déclara que jamais il ne laisserait tomber Francesco Sforza, en qui « il avait trouvé plus d'amour et de fidélité que chez bien des seigneurs de son royaume... » Et quant aux « offres » des autres princes, « ces seigneurs, dit-il à Panigarola, exigent le contrôle des revenus du royaume, de l'armée et des bénéfices ecclésiastiques, et j'aimerais mieux souffrir la mort que d'y consentir... ».

3. Tandis que les princes étaient encore à Etampes, Charles de Melun envoya à l'un de ses lointains parents, un dénommé Paviot, qui était alors maître de la maison du duc de Berry, un message secret l'avertissant qu'il était désireux de travailler à la pacification du royaume. Cherchant désespérément à paraître vertueux alors qu'en fait il essayait d'obtenir la faveur de Charles de Berry, il déclarait à Paviot qu' « il ne désirait d'autre bien que sa chemise, et que sa seule ambition était de devenir moine, que de réconcilier le roi et son frère était un projet fort louable, et qu'après le roi il était prêt à faire pour Monseigneur de Berry tout ce qui lui plairait et lui serait utile ». Si Commynes est catégorique lorsqu'il affirme que Melun rendit à son souverain « bon service toute cette année », il semble pourtant certain que le jour de la bataille de Montlhéry il découragea l'attaque qui devait être lancée de Paris, qu'il était secrètement en contact avec les princes, et que par conséquent le roi avait d'excellentes raisons pour le soupçonner de trahison. Il est rare que Commynes se trompe; cependant, il n'est pas infaillible. Le fait qu'il se donne tant de mal pour défendre la loyauté de Melun — et il prend cette peine à plusieurs reprises — semble trahir l'hostilité secrète qu'il vouera par la suite à l'homme qui devait être le premier à bénéficier de la chute de Melun, Antoine de Chabannes, comte de Dammartin, qui, par la faveur et l'audience qu'il obtiendrait auprès du roi, allait devenir un rival de Philippe de Commynes.

4. Après que le duc Jean et le maréchal de Bourgogne (le 10 août), Bourbon, Nemours et Armagnac (le 12 août) eurent

rejoint les Bourguignons et les Bretons, leurs armées réunies — probablement trente à quarante mille hommes — se mirent à descendre lentement la rive droite de la Seine, effectuant ça et là des arrêts de plusieurs jours. En dépit de la vieille inimitié de leurs maisons, le comte de Charolais et le duc Jean devinrent bientôt des compagnons d'armes inséparables. Armés de pied en cape, ils galopaient du haut en bas de la colonne à distribuer des ordres, tandis que les ducs de Berry et de Bretagne montaient de gentils petits chevaux de selle et ne portaient que de très légères brigandines, qui, disait-on, n'étaient que du satin semé de clous dorés. Lorsque les princes atteignirent les riches terres de la Brie, on laissa sur place les bandes des comtes d'Armagnac et de Nemours, qui purent donner libre cours à leur goût du pillage dans cette province comme en Champagne, cependant que le reste de l'armée continuait vers l'ouest en direction de Paris.

5. Le vendredi 30 août, le roi ordonna que l'Oriflamme, symbole sacré de la monarchie française, fût sortie de l'abbaye de Saint-Denis. Après l'avoir tenue dressée devant l'autel de l'église Saint-Catherine-du-Val, après avoir « prié longuement et bien », il s'en retourna dans son hôtel des Tournelles tandis que son chapelain portait l'Oriflamme devant lui. Ce jour-là, les Parisiens reçurent aussi des encouragements terrestres. Deux chargements d'anguilles arrivèrent pour être mis en vente; et, des murs, l'artillerie ouvrit sur l'ennemi un tir si précis que les Bourguignons furent contraints de quitter la Grange-aux-Merciers, un domaine situé entre les lignes. Le dimanche 1er septembre, une troupe de quatre cents arbalétriers et piquiers venus d'Anjou entrèrent dans la ville et organisèrent aussitôt des escarmouches pour montrer leur courage. Quelques jours plus tard, durant une période de trêve, quelque deux mille Bretons et Bourguignons, vêtus de leurs plus beaux habits, « vinrent en grande pompe eux montrer devant Paris jusques au fossé de derrière Saint-Antoine-des-Champs ». Nombre de gens sortirent de la capitale pour les voir et parler avec eux, bien que le roi l'eût interdit. Ce dangereux côtoiement déplut si fort à Louis qu'il donna à ses capitaines l'ordre de faire tirer les canons en guise d'avertissement; « et quand lesdits Parisiens retournèrent en la ville, il en fit prendre les noms de plusieurs par écrit ».

6. Il y avait eu quelques préliminaires. Par deux fois, les canons avaient endommagé la demeure du comte de Charolais à Conflans, tuant un trompette qui montait apporter un plat de viande à son maître. Sans en référer au roi, le comte du Maine avait pris soin de faire tenir au duc de Berry deux muids de vin rouge, quatre demi-barils de bordeaux, et un chargement de choux et de radis. Par ailleurs, Louis avait reçu la visite d'Edmond Beaufort, comte de Somerset — le frère d'Henri, ami du comte de Charolais et favori de la reine Marguerite, mort en 1464 —, qui avait trouvé refuge à la cour de Bourgogne et occupait désormais un poste de commandement dans l'armée bourguignonne. Louis et ce dernier s'entretinrent « assez longuement » à la Bastille Saint-Antoine; « et

puis lui fut donné à boire et prit congé du roi, pour ce qu'il pleuvait, lui donna sa cape, qui était de velours noir ».

7. Le soir précédent, Jean Balue, l'évêque d'Evreux, qui revenait de Dieu sait quel divertissement nocturne, tomba dans une embuscade que lui avait dressée, rue de la Barre-du-Bec, une bande d'hommes armés. Les serviteurs de l'évêque prirent leurs jambes à leur cou, et Jean Balue, qu'un coup d'épée avait blessé au crâne et à la main, ne dut la vie qu'à la rapidité de sa mule, qui, après avoir distancé ses poursuivants, le ramena sain et sauf au cloître de Notre-Dame où il logeait alors. On ne découvrit jamais les coupables. Cependant, on soupçonna Charles de Melun d'avoir lui-même organisé l'attentat dans l'espoir de se débarrasser ainsi d'un rival. Il livrait en effet avec l'évêque un combat sans merci pour gagner les faveurs de Jeanne de Blois, l'épouse d'un officier royal. Selon le témoignage d'un ennemi, Melun, « un autre Sardanapale », savait lui aussi apprécier les charmes des femmes et des filles des bourgeois, et « fit aussi peu de service au roi comme s'il eût été en un bain, qui lui était en son endroit un paradis terrestre ».

8. Le vendredi matin 11 octobre, le comte de Charolais, qui avait reçu un convoi d'or de son père, passa solennellement son armée en revue afin d'établir l'état de solde de ses troupes. Le roi de France saisit cette occasion pour honorer son nouvel ami. Après qu'avec quelques compagnons seulement il se fut rendu à Conflans, où logeait le comte de Charolais, il s'en alla avec le comte de Saint-Pol assister à la parade de l'armée bourguignonne. Ce jour-là, le seigneur de Haynin se trouvait à côté de Louis. « Je vis arriver le roi sur un petit cheval gris, vêtu d'une robe noire, sans armure apparente, écrit-il; il avait très peu de gens avec lui[...] Comme il se déplaçait le long des rangs, il interrogeait Saint-Pol, lui demandant à qui était tel étendard, à qui tel autre, quelle compagnie était celle-ci, et celle-là. Il continua à poser des questions à son compagnon jusqu'au moment où il eut rejoint l'endroit où se trouvait le comte de Charolais... » Après la revue, Louis eut une longue conversation avec le comte de Saint-Pol, le duc Jean et le comte de Charolais — conversation qui, pour l'essentiel, roula sur les affaires du duc Jean. Le lendemain, samedi 12 octobre, le comte de Saint-Pol jura fidélité au roi, qui lui remit l'épée de connétable de France et « le baisa sur la bouche ».

9. Dans la Sainte-Chapelle aux fastueux vitraux, le comte d'Armagnac et le duc de Nemours jurèrent sur les Evangiles de servir le roi de France envers et contre tous — et notamment contre son frère Charles —, de renoncer à toutes leurs anciennes alliances, et d'informer le roi de tous les actes déloyaux commis contre lui. En échange, Louis leur pardonna leur rébellion et eut le plaisir de promettre de les protéger contre les représailles que pourraient exercer sur eux ceux qui avaient été leurs complices. Lorsque, avec son arrogance habituelle, le duc Jean exigea une fois de plus que les ressources de la France fussent consacrées à l'installation

de la Maison d'Anjou sur le trône de Naples, Louis lui suggéra sèchement de soumettre son cas au Parlement de Paris, ou, s'il préférait, au Conseil des Trente-Six, que ses alliés avaient fondé « pour le bien du royaume... ».

La leçon qu'administra Louis au fils du roi René prit l'aspect d'un petit drame parfaitement naturel. Tandis que le souverain s'entretenait avec les envoyés milanais dans une pièce encombrée de seigneurs, il vit soudain entrer le duc Jean. Aussitôt, il lui fit signe d'approcher. Désignant alors Panigarola et Bollate, il observa sur un ton provocant qu'Angevins et Milanais se trouvaient tous mêlés dans une seule et même affaire, et que la paix devait absolument être faite entre le duc Jean et le duc de Milan.

D'une voix cassante, le duc Jean répondit que, si, autrefois, les Maisons de Sforza et d'Anjou avaient été alliées, « elles étaient désormais si éloignées l'une de l'autre qu'il ne pouvait plus y avoir entre elles aucun espoir de réconciliation — et que c'était la faute du duc de Milan! »

Louis rappela alors à son cousin qu'en 1454, alors qu'avec Sforza il attaquait les Vénitiens, le roi René avait opéré un brusque retour en France. Les ambassadeurs milanais s'empressèrent d'ajouter que si le duc de Milan éprouvait quelque animosité à l'égard de la Maison d'Anjou, le duc Jean et son père en étaient responsables. Louis attisa encore la dispute en faisant remarquer que le duc de Milan possédait la plus aimable des natures. En dépit des circonstances malheureuses qui avaient été celles du passé, il pouvait assurer son cousin que Francesco Sforza lui prêterait volontiers dix mille ducats s'il en avait besoin. Il se sentait autorisé à parler ainsi car, dans le royaume de France, il était en quelque sorte le lieutenant de Sforza, et ce qu'il promettait en son nom pouvait être considéré comme chose faite! Enfin, parlant du duc Jean, Louis observa encore qu'il était « quelque peu bizarre et exalté ».

Avec un geste de violence, le duc s'écria alors qu'il était du duché de Lorraine, qui n'était sujet ni du pape ni de l'empereur ni du roi, et qu'étant son seul maître il n'avait aucun supérieur à craindre. Sur quoi, Jean Jouffroy, le cardinal, vint au secours du roi en expliquant que « ce qu'il disait à propos du duché de Lorraine n'était pas exact car en fait il le tenait de la couronne ». A cela, le duc Jean, dont la colère ne cessait de monter, opposa sa version personnelle des faits et déclara que si le pape avait confirmé à Ferrante son titre de roi de Naples, c'était uniquement parce que le roi de France l'avait poussé à le faire. Mais, avec l'aide du cardinal, Louis n'eut aucune peine à démontrer que ce qu'affirmait le duc étaient entièrement faux, ce qui était effectivement le cas.

S'en prenant alors au cardinal, le duc Jean grogna qu'il n'avait nul besoin de se mêler de la question, et qu'à la curie romaine il avait la réputation de chercher à duper tout le monde. A cette accusation, Jean Jouffroy répondit que ce n'était pas lui le fourbe, et que si, dans cette cruelle guerre, le roi avait suivi son conseil plutôt que de se laisser prendre aux trompeuses paroles des princes, ceux-ci auraient tôt fait d'abandonner le champ de bataille et de s'en retourner chez eux.

Le duc Jean s'insurgea vivement contre ces insinuations : jamais les princes n'auraient agi ainsi; aucun d'eux ne désirait passer pour un parjure et tous étaient désormais déterminés à poursuivre l'entreprise jusqu'au bout!

Fort judicieusement, Louis fit alors remarquer que si certains d'entre eux étaient jugés coupables par le Conseil des Trente-Six le duc risquait fort d'être du nombre, et même de compter parmi les premiers, et cela pour des raisons qu'il connaissait fort bien. Il fallait espérer que Dieu accorderait son aide aux Trente-Six, ajouta pieusement le cardinal; après tout, lorsque les Athéniens avaient fondé les Trente, cette institution avait amené une confusion plus grande que l'Etat n'en avait jamais connu.

Fulminant, le duc Jean « demanda au cardinal s'il était vrai que, lorsqu'il demeurait à Bruges, il s'était fait connaître pour les péchés de chair qu'il commettait ». A cette question, « le roi et ceux qui se tenaient à ses côtés commencèrent à rire ».

Vers la fin de cette brûlante querelle, qui « dura environ deux heures », décidé à en venir aux faits, Louis se mit en devoir d'apaiser les esprits. Il informa son cousin qu'il ferait l'impossible pour réconcilier les Angevins et le duc de Milan. Quoiqu'il fût déterminé à aider le duc Jean contre Ferrante, « le temps, les efforts et l'habileté qu'avait consacrés le duc à essayer d'amener son souverain à rompre son alliance avec le duc de Milan n'avaient abouti à rien, car il mourrait plutôt que de la rompre ». Après tout, conclut-il, Francesco Sforza l'avait beaucoup mieux servi que la Maison d'Anjou.

Le duc remercia ironiquement le roi de son offre, mais déclara qu'il ne désirait nullement l'amitié du duc de Milan par la faute de qui il se trouvait privé des revenus qu'il aurait normalement dû tirer du royaume de Naples — une perte qu'il estimait à un million en or et dont il tenait l'hostilité des Sforza pour directement responsable. Sans se fâcher, Louis répondit qu'il ne pensait pas que les Sforza eussent rien à voir dans l'affaire. Simplement, le bon peuple du royaume de Naples s'était éveillé pour porter sur sa situation un regard tout différent de celui avec lequel l'envisageait le duc. En fait, son cousin avait perdu le royaume de Naples parce qu'au lendemain de la victoire de Sarno, en 1460, il avait suivi les mauvais conseils du prince de Tarente, et qu'ainsi il avait gaspillé toutes ses chances.

Le duc Jean rétorqua alors que si le roi avait été présent les choses se seraient passées tout autrement.

Louis se mit à rire. Il était reconnaissant à Dieu, dit-il, de lui fournir maintenant un nouveau sujet d'amusement!

Quittant le ton de la comédie pour parler en homme d'Etat, il passa quelques instants à apaiser le duc, puis il déclara qu'il était prêt à donner suite aux propositions qu'il lui avait faites. Se tournant ensuite vers son trésorier, il le pria de compter trois mille écus au duc, et donna à l'un de ses secrétaires l'ordre de dresser immédiatement les actes de donation des territoires royaux. Mais le roi avait encore quelque chose à dire, quelque chose qui se trouvait lié à cette indomptable conviction qui lui avait permis d'affronter victorieusement de si nombreux dangers. Le premier président du Parlement, annonça-t-il au duc, avait déclaré que ces territoires royaux ne pouvaient être légalement détachés de la couronne. Jamais personne n'avait pris quoi que ce fût qui appartînt de droit à la couronne sans le lui rendre par la suite. Maintenant, conclut gaiement Louis, que le duc manifeste sa bonne volonté puisqu'il avait reçu ce qu'il demandait!

Apparemment quelque peu ébranlé, le duc Jean déclara qu'il avait cinq mille Suisses et cinq cents lances à mettre à la disposition du roi. Mais Louis rétorqua froidement que les Cantons étaient d'ores et déjà de son côté et que, de plus, des liens d'amitié les unissaient au duc de Milan. « Décidé à clore la discussion, sa Majesté s'excusa alors de ce qui avait été dit contre le duc Jean, et, reprenant les paroles de l'évangéliste, il affirma: " J'ai parlé ouvertement au monde. ". »

Lorsque le duc se fut retiré, Louis, désignant deux seigneurs angevins qui se trouvaient alors dans la pièce, dit aux ambassadeurs milanais que c'était là tout le conseil politique dont disposait le duc, et que, dans la situation actuelle, le duc lui-même « n'était pas en mesure de faire le moindre tort au roi, ni même de tenter de lui nuire ». Jetant un coup d'œil autour de lui, Panigarola avisa la présence de plusieurs partisans angevins, qui « paraissaient boire ses paroles ».

10. Le mercredi 30 octobre vers dix heures du matin, par un temps particulièrement lugubre, le roi de France quitta Paris sous la pluie et le vent pour se rendre au château du Bois de Vincennes où l'attendaient les princes réunis. Louis avait envisagé de ne prendre avec lui que les seigneurs et les gentilshommes de sa maison ainsi qu'une garde renforcée, mais ses sujets de la capitale ne l'entendaient pas de cette oreille-là. « Les gens de Paris restent en bonne union, amour et révérence avec le roi, et le roi en grand amour avec eux, à la confusion de tous les Bretons, de tous les Bourguignons et de leurs alliés »; et ils n'avaient nullement l'intention de laisser leur souverain risquer sa vie en allant se placer entre les mains de ses ennemis.

Henri de Livres et quatre magistrats réunirent donc en secret vingt-deux mille hommes de la milice parisienne, dont dix mille étaient affectés à la garde des murs. Ainsi, lorsqu'il prit la route du Bois de Vincennes, le roi était-il escorté par une garde de deux cents lances et de trois cents archers, que suivaient à distance douze mille soldats appartenant à la milice, « les mieux équipés, les plus jeunes et les plus forts ». Quand Louis franchit les portes du château, ces troupes prirent position autour du Bois de Vincennes de façon à rappeler aux princes que le roi de France ne manquait pas de défenseurs.

Aux environs de onze heures, en présence des seigneurs assemblés dans la grande salle, le jeune Charles de France rendit hommage à son frère pour le duché de Normandie. Après la cérémonie, Charles, qui se trouvait dans un état de nervosité extrême, bégaya à l'intention du roi que la guerre l'avait rendu très malheureux... qu'il ne fallait pas oublier combien il était jeune, ni combien son royal frère l'avait traité durement... qu'il était très reconnaissant de la part du royaume qui lui avait été offerte, et qu'à jamais il servirait loyalement son souverain.

Louis répondit sèchement que si Charles se conduisait convenablement, le roi le traiterait comme un bon frère méritait de l'être.

Au lieu de dîner ensemble — craignaient-ils d'être empoisonnés? —, le roi et chacun des seigneurs se retirèrent pour prendre leur repas séparément. Après dîner, ils se réunirent de nouveau, et, vers dix heures du soir, après une cérémonie d'adieu improvisée, le roi de France reprit la route de Paris, suivi de ses fidèles soldats qui étaient demeurés dix heures durant sous la pluie.

CHAPITRE XVI
Le « chapardeur »

1. Dans l'après-midi du 16 janvier, lorsque Louis apprit que les émissaires de Rouen étaient de retour, il décida qu'il serait bon de leur rappeler ce qu'était la majesté de la couronne. Les ambassadeurs pénétrèrent dans une salle dont les murs étaient recouverts de riches tentures de soie. « Entouré de conseillers, de seigneurs et de hauts magistrats », le roi était assis « sur une chaise placée sur une estrade tendue de tissu d'or [...] surmontée d'un dais d'or ». Les envoyés, « genoux en terre, le chef découvert, déclarèrent très humblement [...] que la ville les avait investis des pleins pouvoirs pour reconnaître Sa Majesté comme leur souverain seigneur légitime [...] et lui demander d'accueillir avec bienveillance ses habitants dans son ancienne affection.

« Le roi les réconforta, les pressa de rester dans d'aussi bonnes dispositions et leur dit qu'il vivrait et mourrait avec eux. Ensuite de quoi, le chancelier, agenouillé aux pieds de Sa Majesté, reçut rang après rang le serment d'allégeance des ambassadeurs. Et, poursuit Panigarola dans le rapport qu'il adressa à son maître, si Votre Altesse avait entendu le roi jongler avec les articles et les clauses [toutes les finesses de la cérémonie juridique] vous l'eussiez non seulement pris pour un jurisconsulte, mais pour l'un de ces empereurs qui instituèrent et introduisirent les lois... »

2. A Honfleur avait eu lieu une petite scène de désenchantement lorsque François et Charles commencèrent, chacun de son côté, à se rendre compte combien ils avaient été sots. Les discussions touchant la question de l'apanage n'aboutissaient à rien;

Charles avait si peur qu'il ne pensait qu'à fuir; quant à François II, maintenant que la colère qu'il éprouvait à l'égard de Charles s'était évanouie pour faire place à la crainte que lui inspirait le roi, il commençait à se demander quel démon l'avait poussé à aller se fourrer dans une telle galère. Finalement, les nerfs de Charles avaient lâché, et, après s'être embarqué sur un bateau qu'un de ses serviteurs avait préparé à cette intention, il avait envoyé un mot à François pour l'avertir qu'il partait chercher refuge auprès du comte de Charolais. Comme le navire mettait à la voile, François supplia Charles de lui accorder une dernière entrevue. A contrecœur Charles accepta, et les deux ducs se lancèrent dans une discussion si passionnée qu'ils ne virent pas la mer se retirer, laissant le bateau échoué jusqu'à la prochaine marée. C'est alors, semble-t-il, que leur parvint la nouvelle selon laquelle le roi de France, dont les quelques messagers étaient bientôt devenus une puissante armée, fonçait sur Honfleur pour s'emparer d'eux. Pris de panique, Charles et François sautèrent aussitôt à cheval pour aller se réfugier à Caen.

CHAPITRE XVII
Péronne

1. En décembre 1466, le roi écrivit aux bourgeois de Lyon: « Nous avons été avertis que, à l'occasion de ce qu'il convient aller quérir et faire venir hors de notre royaume les draps d'or et de soie, est chacun an tiré hors d'icelui la somme de quatre à cinq mille écus d'or ou environ, qui est chose fort préjudiciable à nous et à la chose publique. Et pour ce que nous avons été avertis que ce serait chose bien conduisable et aisée de mettre sur l'art de faire lesdits draps d'or et de soie en notre royaume, et spécialement en notre ville de Lyon, en laquelle au moyen d'aucuns particuliers ledit art est, comme l'on dit, jà encommencé, nous, pour obvier à la grande vuidange d'or et d'argent que chacun an se fait de notre dit royaume à cause desdits draps d'or et de soie et des choses qui en dépendent, et considérant le très grand bien qui pourra venir audit fait de la chose publique, et spécialement à notre dite ville de Lyon et à tout le pays d'environ [...] nous avons ordonné faire mettre sus icelui art de draps d'or et de soie pour être fait et exercé en notre dite ville de Lyon, et pour cette cause y faire venir hommes et femmes expérimentés à ce faire. Et sommes avertis, considéré que c'est chose honorable et honnête, et à quoi se pourront occuper licitement hommes et femmes de tous états, que dix mille personnes, tant de ladite ville que des environs, et tant gens d'Eglise, nobles, femmes de religion que autres, qui à présent sont oiseux, y auront honnête et profitable occupation. Mais la chose ne peut être encommencée

ni mise en train sans y faire aucune dépense. Pour laquelle cause [...] nous avons ordonné et mandé par nos lettres patentes mettre sus et imposer en ladite ville de Lyon, pour l'année qui commencera le premier jour de janvier prochain (1467), la somme de deux mille livres tournois, pour être convertie et employée en paiement et salaire qu'il conviendra donner auxdits ouvriers et ouvrières... » Cependant, les bourgeois de Lyon n'étaient pas préparés comme l'était leur souverain à adopter de nouvelles méthodes, et, quelques années plus tard, Louis devrait prendre diverses mesures pour sauver son expérience.

2. En janvier 1467 Louis envisageait déjà la possibilité de réconcilier Warwick et la Maison de Lancastre. Durant les premiers jours du mois, il avait pris la route pour faire un pèlerinage avec son cousin le duc Jean. Tandis qu'ils s'étaient arrêtés pour prendre leur repas, Louis se lança dans une conversation parfaitement anodine qui portait sur la chasse, son passe-temps favori. Puis, après s'être amusé à provoquer la colère de son compagnon en vantant les mérites du maréchal de Bourgogne, grand ennemi du duc, il amena soudain la discussion sur Richard Neville, comte de Warwick, « le premier seigneur du roi d'Angleterre ». Comme il ne tarissait pas d'éloges à propos du Faiseur de Rois, le duc Jean l'interrompit violemment : Warwick n'était rien qu'un traître de bas étage! Il ne pouvait tolérer qu'on dise rien de bon à son sujet : le comte avait passé sa vie à tromper son monde! Il était le pire ennemi de la Maison d'Anjou; c'était lui qui avait provoqué la chute du roi Henri et de la sœur du duc, Marguerite, reine d'Angleterre. Le roi ferait mieux, poursuivit le duc dans sa colère, d'aider sa sœur à reconquérir son royaume plutôt que de prodiguer ses faveurs à des gens comme Warwick! Sur quoi il se lança dans une violente diatribe contre les mille et une infamies du comte.

Sans s'énerver, Louis répliqua que le comte de Warwick lui avait donné d'excellentes raisons de se louer de lui, ce qui n'était pas le cas de chacun, ni même de certains de ses parents, car lui du moins s'était toujours montré un loyal ami de la couronne de France. Alors que le roi Henri, beau-frère du duc Jean, avait lancé plusieurs guerres contre le royaume, Warwick s'était opposé à l'agression anglaise. Pour ce seul motif, Warwick valait la peine qu'on cultivât son amitié. Cependant, comme le roi poursuivait son éloge du comte, le duc l'interrompit encore : Puisque le roi aimait tant Warwick, raison de plus pour qu'il rétablît la sœur du duc sur le trône d'Angleterre : avec Warwick et les Lancastres de son côté, il pourrait plus que jamais compter sur l'amitié de l'Angleterre!

Aussitôt Louis s'empara du sujet. Avec une ironie amère, il demanda quelle preuve d'amitié il devait attendre de la reine Marguerite et de ses gens : agiraient-ils comme il l'avaient fait lors de la Guerre du Bien public, en appuyant ses ennemis? ou lui offriraient-ils le fils de Marguerite, le petit prince Edouard, qui, à l'âge de treize ans, ne parlait déjà que de couper des têtes et de faire la guerre, comme s'il avait le sort de tous entre ses mains, comme s'il était le dieu des batailles ou jouissait de la libre possession du royaume d'Angleterre? Et même, si l'on prenait à son égard certains engagements, dans quelle mesure ceux-ci seraient-ils respectés?

Dans un éclat de colère, le duc déclara que, si, sur sa requête, le prince Edouard engageait sa parole pour y manquer ensuite, lui, le duc Jean, lui sauterait au visage et lui arracherait les yeux!

« Tout au long du repas, sur un ton voisin de la plaisanterie, les deux hommes continuèrent à échanger de mordantes répliques. » Outre le plaisir qu'il prenait à tourmenter son impétueux cousin, Louis XI sondait les sentiments du duc face à une éventuelle alliance entre Warwick et les Lancastriens.

3. Jacques d'Armagnac, duc de Nemours, avait été tellement impressionné par la démonstration de puissance qu'avait donnée le roi en reprenant la Normandie, qu'il envisagea de partir en pèlerinage à Jérusalem. Au lieu de quoi, en échange de son pardon, il accepta de confesser les perfidies dont il s'était rendu responsable durant la Guerre du Bien public. Il n'avait d'ailleurs aucune raison de cacher quoi que ce fût, car il savait fort bien que le seigneur de Bregons, l'un de ses familiers, avait vendu tous ses secrets au roi. Par la suite, le charmant mais trop faible Jacques s'empressa de regagner sa forteresse de Carlat, un château pratiquement imprenable, perché sur un éperon rocheux. Il ne put cependant s'empêcher de se lancer dans une nouvelle conspiration. Aussitôt que Charles, le frère de Louis, entra en communication secrète avec lui, il lui promit que, s'il ne pouvait faire autre chose, « il piétinerait le sol devant lui ainsi qu'un taureau ». Durant l'été 1467, Nemours reçut une fracassante nouvelle. Par l'intermédiaire du seigneur breton de Villeret, Charles et François II l'informèrent en effet que le nouveau duc de Bourgogne était prêt à mettre son armée à leur disposition pour se débarrasser de Louis XI. Selon le Breton, Charles avait dit que « lorsque le moment serait venu de distribuer le butin, le duc pourrait prendre ce qui lui plairait et distribuer le reste ». Transporté de joie, Jacques d'Armagnac pressa Villeret de passer immédiatement à l'action, car ses astrologues lui avaient appris que le premier à entrer en campagne serait également le vainqueur. Cependant, Jacques éprouvait toujours une telle crainte à l'égard du roi qu'il donna rendez-vous à l'agent breton dans le moulin d'un village, et, le priant de transmettre ce vœu au duc, lui déclara à la fin de l'entretien qu'il eut avec lui : « Si quelque malheur m'arrivait et que je dusse m'enfuir, j'espère qu'il me réservera dans ses domaines un petit coin où je puisse me terrer. » Lorsque Villeret fut de retour en Bretagne, il commença à se sentir si peu sûr de sa peau qu'il s'en alla trouver le roi de France pour lui raconter toute l'histoire.

4. Le roi, qu'accompagnaient le comte de Saint-Pol et ses troupes, passa la nuit du 27 dans une ferme fortifiée située à un quart de

mille environ des murailles en ruine, tandis que le duc établissait ses quartiers aux portes mêmes de la ville. Aux environs de minuit, l'alarme ayant été donnée dans les faubourgs, Louis fut brusquement tiré de son sommeil. Aussitôt, il fit venir le comte de Saint-Pol, sauta à cheval et galopa sous une pluie battante jusqu'aux quartiers du duc. Il trouva celui-ci dans la rue, occupé à interroger ses gens et à distribuer des ordres, cependant qu'alentour les Bourguignons, pris de panique, criaient que l'ennemi était sur eux. Il n'y avait pas d'homme plus courageux que le duc Charles; pourtant, il restait ahuri sous la pluie, incapable de penser ni de prendre aucune décision : « A la vérité, note Commynes, il ne tint point, à l'heure que je parle, si bonne contenance comme beaucoup de gens eussent voulu parce que le roi y était présent. »

Sans perdre une seconde, Louis prit la situation en main. Lançant des ordres à la ronde, il eut tôt fait de rétablir le calme. « [Il] dit à Monseigneur le connétable : " Tirez avec ce que vous avez de gens à tel endroit; car, s'ils [les ennemis] doivent y venir, c'est leur chemin. " Et à ouïr sa parole, et à voir sa contenance, semblait bien roi de grande vertu et de grand sens, et qu'autres fois se fut trouvé en telles affaires. » Il se révéla que c'était une fausse alerte, et Louis ragagna ses appartements. Sans doute était-il soulagé, car, si les Liégeois avaient passé à l'attaque et remporté le plus léger succès, le duc de Bourgogne n'eût pas manqué de lui en imputer la responsabilité. Ce jour-là, alors qu'ils approchaient de Liège, des uniformes royaux et des bannières françaises s'étaient montrés aux portes tandis que retentissait le cri de « Vive le roi! »

Pensant sans doute qu'il valait mieux se trouver à portée de la main au cas où de nouveaux troubles se produiraient, le roi déménagea dès le lendemain matin pour s'installer dans une modeste demeure située dans les faubourgs, près du logis de Charles. Les cent archers de sa garde écossaise et quelques-uns des gens d'armes du comte de Saint-Pol furent placés dans un village voisin. Cependant, Louis ne fut pas long à apprendre qu'il avait à nouveau éveillé les soupçons de son hôte. En effet, le duc craignait que le roi n'entrât dans la ville pour en aider les défenseurs, ou qu'il ne fuît avant que Liège fût prise, voire même qu'il tentât quelque chose contre lui maintenant qu'il logeait à deux pas de ses quartiers. Dans la vaste grange qui se trouvait entre les logements royaux et ducaux, Charles de Bourgogne installa donc trois cents hommes d'armes, « la fleur de son armée », et, par les trous qui avaient été effectués dans les murs de la bâtisse, Louis put constater que ceux-ci surveillaient ses appartements.

A l'exception de quelques escarmouches sans gravité, tout fut calme durant la journée et la nuit du vendredi 28 octobre; cependant, ni le roi ni le duc ne devaient désarmer. Le lendemain, sous prétexte de démonstrations militaires, la plupart des hommes, des femmes et des enfants de Liège s'enfuirent de la ville par les portes orientales pour chercher refuge en Allemagne ou dans la contrée sauvage des Ardennes. Le temps avait fraîchi et une pluie glacée continuait de tomber. Bien des gens moururent de froid, de faim et d'épuisement. D'autres furent tués par des nobles de la région; d'autres enfin furent capturés ou noyés dans la Meuse. Ce soir-là, Charles de Bourgogne ordonna à ses hommes — y compris aux trois cents soldats qu'il avait placés dans la grange — d'ôter leurs armures afin de mieux se reposer avant l'assaut. Le duc lui-même donna l'exemple, mais le roi, semble-t-il, ne quitta pas sa brigandine.

Un peu avant dix heures du soir, le roi fut réveillé par des clameurs et des bruits de bataille. Une bande d'hommes armés envahissait sa demeure. Aux portes et aux fenêtres, ses Ecossais résistaient vaillamment aux intrus, auxquels ils livraient un combat corps à corps. Bientôt des torches vinrent trouer les ténèbres. Partout s'élevaient les cris de : « Bourgogne! », « Vive le roi! » et « Tuez! » Cependant, les Ecossais étaient parvenus à gagner suffisamment de place pour employer leurs arcs, et une pluie de flèches vint traverser la nuit. Quelques minutes plus tard, le roi était dehors dans la confuse lumière des torches. Aidés par quelques-uns des gens d'armes royaux, les Ecossais avaient réussi à mettre les envahisseurs en fuite; des hommes gisaient sur le sol; les trois cents Bourguignons postés dans la grange couraient dans toutes les directions. Entouré de ses gardes, Louis se rendit alors auprès du duc Charles. Les quartiers de celui-ci avaient également été attaqués. Les assaillants avaient pénétré dans les cuisines et atteint l'escalier avant que les archers ducaux ne parviennent à les repousser. Il apparut que deux équipes de quelque sept cents Liégeois, portant des insignes bourguignons, avaient entrepris cette mission suicide dans l'espoir de tuer ou de s'emparer du duc et du roi. Si certains d'entre eux n'avaient pas commis l'erreur d'enfoncer leurs piques dans les trous de la grange et tué un ou deux serviteurs dans le petit bâtiment d'à côté, l'alarme n'aurait pas été donnée : il s'en était fallu de peu!

5. Lorsque le roi eut fait connaître la signature du traité, cette nouvelle provoqua des explosions de joie à Paris, à Amiens et ailleurs. Les cloches des églises se mirent à sonner; les prêtres organisèrent des processions et firent chanter des *Te Deum*. Des feux de joie furent allumés dans les rues tandis que les gens aisés dressaient des tables bien garnies où leurs voisins pouvaient boire et manger tout leur saoul. Cependant, aussitôt après, des rumeurs se répandirent à travers le royaume selon lesquelles Louis XI avait été emprisonné ou même assassiné. Affolés, certains de ses capitaines de Picardie étaient venus trouver le Conseil des Trente-Six à Paris pour demander ce qu'il leur fallait faire. Placé sous la présidence de Foix et de Dunois, le Conseil, qui se réunissait deux fois par jour, faisait de son mieux pour que le gouvernement continuât à fonctionner normalement. Dans la capitale, on racontait même que le frère du roi recommençait à fomenter des troubles, et cette nouvelle, qui venait s'ajouter à celle d'une expédition navale organisée par les Anglais, ne fit qu'augmenter encore l'inquiétude générale. Fort heureusement, la flotte anglaise eut bientôt rallié ses ports, et, s'il en avait eu la possibilité, le

frère de Louis n'avait apparemment pas jugé bon de saisir l'occasion qui s'offrait à lui.

Dans la ville d'Aurillac, où le duc de Nemours comptait quelques partisans, un marchand s'était fait remarquer en criant dans les rues : « Allez donc chercher votre roi! Il est mort, ou il est prisonnier! » Nemours lui-même, apprenant que le roi était à la merci des Bourguignons, envoya des messagers à Péronne afin de s'assurer une part du butin. A leur retour, lorsque ceux-ci lui annoncèrent que le roi, désormais libre, revenait en France, abasourdi, Jacques d'Armagnac s'exclama : « Qu'est cela? Le diable l'a conservé en vie? Ne verrons-nous donc jamais la fin de nos ennuis? »

6. Le samedi 19 novembre, des hérauts royaux publièrent sur les places de la capitale la paix qu'avaient signée le roi et le duc de Bourgogne. Le même jour, il fut proclamé que personne ne devait dire quoi que ce fût « à l'opprobre dudit seigneur [Charles de Bourgogne], fût de bouche, par écrit, signes, peintures, rondeaux, ballades, virelais, libelles diffamatoires, chansons de geste ni autrement ». Le 19 toujours, des commissaires royaux s'occupèrent de rassembler tout ce que Paris comptait de « pies, geais, chouettes étant en cage ou autrement » et de les apporter au roi, qui fit enregistrer les noms de leurs propriétaires et consigner par écrit les paroles qu'on leur avait appris à prononcer (dans le genre : « Larron! Paillard! Fils de putain! Va hors, va! Perrette, donne-moi à boire! »).

Peut-être Louis espérait-il découvrir une pie qui fût capable de dire : « Bourguignon, fils de putain! »

CHAPITRE XVIII
Beauvais

1. Dans sa campagne contre le comte d'Armagnac, Louis avait été aidé par son ami le comte de Warwick — du moins si l'on en croit une histoire, dont les détails semblent d'ailleurs très convaincants, que raconta plusieurs années après la mort du roi un Anglais nommé Jean Boon, alors emprisonné en France. Vers la fin de 1468, Edouard IV chargea ce rude aventurier de Dartmouth de faire tenir au comte d'Armagnac un message l'invitant à soutenir les Anglais lorsque ceux-ci envahiraient la Guyenne. Cependant, dès que Jean Boon eut reçu les lettres qu'il était chargé de transmettre, il s'ouvrit de sa mission au comte de Warwick. Lorsqu'un héraut du comte l'eut informé du complot qui se tramait contre lui, Louis demanda que Jean Boon entreprît son voyage comme si de rien n'était, mais qu'il le tînt personnellement au courant des résultats de sa mission.

Dans le courant du printemps 1469, Louis apprit un soir que l'homme de Warwick venait d'arriver à Amboise. Méfiant, selon son habitude, le roi pria son compère, Jean de Daillon, le très rusé seigneur du Lude (qu'il avait coutume d'appeler « Jean des Habilités »), de bien vouloir prendre sa place. Vêtu de velours cramoisi, un chapeau noir rabattu sur les yeux, du Lude s'installa sur une banquette dans une petite chambre à coucher qu'éclairait une unique bougie. Le roi alla quant à lui se placer dans la pièce voisine. Introduit dans la chambre à coucher, Boon raconta que le comte d'Armagnac avait refusé de prendre les lettres et même de parler à celui qui les avait apportées. Le lendemain soir, convaincu que l'homme était bien celui qu'il prétendait être, Louis reçut Jean Boon dans la même pièce. Le prenant familièrement par la main, il le pria de répéter son histoire, sous prétexte que la veille il était légèrement malade et ne pouvait s'en rappeler les détails. Lorsque l'Anglais eut terminé, le roi lui dit : « Je vous défends sur votre vie de dire à âme qui vive que vous êtes allé auprès du comte d'Armagnac. Il faut que vous me fassiez un service. » Ce service consistait à prétendre qu'il ne s'était pas encore rendu auprès de comte d'Armagnac, mais qu'il était venu directement d'Angleterre à Amboise avec les lettres d'Edouard IV. Le lendemain soir, toujours dans la même pièce, le roi reçut Jean Boon en présence du seigneur du Lude, de Tanneguy du Chastel et de deux autres de ses familiers. Lorsque ces derniers eurent pris place sur le lit, le roi fit signe à l'Anglais de s'asseoir sur la banquette, juste à côte de lui : « Voilà les chevaliers du monde en qui j'ai plus grand fiance, lui souffla-t-il à l'oreille. » Puis, s'adressant aux autres, il déclara : « Voici l'homme qui m'a apporté les lettres. Je veux qu'elles soient remises et recloses, et qu'il les porte audit comte d'Armagnac et que le double en soit tenu. » A mi-voix, il dit ensuite à Boon qu'il lui fallait s'absenter quelque temps sous prétexte d'accomplir sa mission auprès du comte — « eux seuls étaient dans le secret », ajouta-t-il pour flatter son interlocuteur.

Cependant, le lendemain, lorsque le roi entra dans la galerie du château d'Amboise où il aimait particulièrement à se promener, il surprit Jean Boon en grande discussion avec le courtisan qui l'avait conduit dans sa chambre. Demandant à savoir ce qui se passait, il apprit que l'Anglais était fort mécontent, car il s'était rendu compte qu'on l'avait joué : il connaissait parfaitement le visage et la voix du souverain, avait-il déclaré, et l'homme au chapeau noir, qui l'avait reçu le premier soir, n'était pas le roi. Louis dédia à Boon son sourire le plus séduisant : il était ravi, dit-il, que l'émissaire de son cousin, le comte de Warwick *, eût été assez habile pour percer à jour son petit stratagème. En fait, il avait eu des doutes concernant l'identité de Jean Boon; c'est pourquoi, lors de la première entrevue, il avait prié le seigneur du Lude de jouer son rôle tandis que lui-même était resté dans la chambre voisine. Enfin

* En réalité, un « cousin » très éloigné. Tous deux descendaient en effet de Saint Louis, Warwick par sa grand-mère, Joan, fille bâtarde (mais légitimée par la suite) de Jean de Gaunt, fils d'Edouard III, dont la mère, Isabelle, était elle-même la sœur du roi Philippe le Bel.

rassuré par la flatteuse bonhomie du roi et par les pièces d'or qui gonflaient fort heureusement sa bourse, l'Anglais quitta Amboise en prétextant qu'il devait se rendre auprès du comte d'Armagnac.

Lorsque, en août, il revint à la cour, Louis, qui avait alors quitté Amboise pour rejoindre son frère, lui envoya du Lude avec un paquet de faux papiers — la soi-disant réponse du comte d'Armagnac à Edouard — que Boon devrait remettre au roi quand celui-ci le lui demanderait. Alors qu'il chassait dans les environs de Niort, Louis aperçut l'Anglais et s'écria : « Es-tu venu, Jean Boon? » sans rien lui dire de plus. Cependant, le lendemain soir, à l'heure du souper, le roi fit venir Boon auprès de lui et ordonna au seigneur de Craon de défaire le paquet contenant les faux papiers, en observant : « Prenez les lettres, vous pouvez bien dire que vous les avez eues premier que moi! » Quelques jours plus tard, ayant repris la route après l'entrevue qu'il avait eue avec son frère, il convoqua à nouveau l'Anglais pour lui apprendre ce qu'il attendait de lui. Il fallait, lui dit-il, qu'il racontât qu'au moment où il avait remis les lettres d'Edouard au comte d'Armagnac, il avait été envoyé à Bordeaux tandis que le comte s'entretenait avec le duc de Nemours, « qui était encore pire », commenta Louis. Une fois de retour à Lectoure, où résidait le comte d'Armagnac, celui-ci lui avait donné des lettres (les lettres que « Jean des Habilités » lui avait procurées) à l'intention du roi d'Angleterre, auquel il s'était engagé à fournir quinze mille hommes pour l'aider à conquérir la Guyenne.

Nerveusement, Boon marmonna qu'il ne savait pas s'il serait à la hauteur du rôle que le roi souhaitait lui voir tenir. « Oh! allez-y sans crainte! », lui répondit gaiement Louis. Sur ce, il envoya chercher Guillaume de Cerisay, l'un de ses conseillers, afin qu'il prît par écrit la déposition de Jean Boon; puis il convoqua une assemblée de seigneurs et de notables pour les mettre au courant de l'histoire de l'Anglais, des lettres d'Edouard IV, et de la « réponse » du comte d'Armagnac. Un peu plus tard, le roi avertit Boon que si le comte d'Armagnac jurait n'avoir écrit aucune lettre au roi d'Angleterre il devrait bien entendu offrir de le rencontrer en combat singulier. Affolé, l'autre rétorqua que jamais il n'aurait ce courage. En fait, Louis avait bien assez de preuves attestant la trahison du comte d'Armagnac; toutefois, comme c'était le cas à la guerre, il aimait avoir à sa disposition des forces supérieures à celles dont il avait réellement besoin; par ailleurs, il prenait très certainement plaisir à pousser la farce plus loin qu'il n'était nécessaire.

Le roi offrit à Boon une généreuse pension et lui donna en outre la main d'une riche dame de Nantes. Toutefois, l'Anglais fut, semble-t-il, incapable de résister à la tentation de se lancer dans de nouvelles intrigues. Sept ans plus tard, il avoua avoir comploté, « avec l'encouragement du duc de Bourgogne », pour empoisonner l'héritier royal (Charles, né en 1470) et il fut condamné à être décapité. Cependant, on lui offrit encore la possibilité d'avoir les yeux crevés plutôt que de subir la peine capitale; et, au moment de lui faire subir ce supplice, le bourreau s'y prit de telle façon (sans doute sur l'ordre du roi) que, des années plus tard, Boon voyait toujours, « surtout lorsque le temps était clair ». Malgré les terribles accusations portées contre lui, Louis ne put s'empêcher de se montrer magnanime à l'égard d'un coquin qui avait su l'amuser. Le roi le rendit aux bons soins de sa femme, à qui il continua de verser la pension qu'il avait offerte à Jean Boon.

2. Louis avait préparé le terrain en dépêchant à la cour de Bourgogne un écuyer chargé d'exprimer son profond désir de trouver un accommodement, et de demander qu'on lui envoyât à cet effet une ambassade bourguignonne. De retour chez le roi, l'écuyer fit parvenir au duc un mémorandum — qui avait d'ailleurs tout l'air de lui avoir été dicté par Louis lui-même — où se trouvaient mêlés aux flatteries et aux remarques attristées touchant le passé un rappel de la paix séparée qu'avaient signée les ducs de Guyenne et de Bretagne en 1468, et un avertissement prévenant le duc que le roi était parfaitement au fait de leurs intrigues le concernant. Mais ce qui donne à ce document un intérêt tout particulier, ce sont les commentaires qu'y ajouta en marge Charles de Bourgogne lui-même :

« Premièrement, écrivait l'écuyer. Que, ainsi que je suis arrivé, j'ai trouvé mon maître [c'est-à-dire Louis XI] délibéré de faire pour vous, Monseigneur, tout ce qui lui sera possible, et en la meilleure volonté que ne vis oncques. » Passage que Charles commenta par ces mots : « Sans les restitutions des villes [Amiens et Saint-Quentin]... ne peuvent à nul bien les choses être disposées. »

« Item, continue le *Mémoire*. Que j'ai assuré mon maître qu'il se tienne sûr que vous aimez plus son amitié que ceux qui vous ont trompé [c'est-à-dire Guyenne et Bretagne], dont mon dit maître a été plus joyeux que oncques ne le vis. Et m'a répondu qu'il sait bien que vous êtes ferme, et que là où vous adonnez jamais vous ne faillez, et qu'il ne désire autre chose de sa part, car il sait bien qu'il n'y a sûreté ni fermeté en tout le surplus ni pour vous ni pour lui. Et n'avez pas fait tous deux que sages que n'avez commencé de meilleure heure, car vous n'eussiez pas eu les affaires que vous avez eues. » Ce à quoi le duc ajouta le commentaire suivant : « Vous avez assuré votre maître de vérité. Si à lui ne tient s'il en est joyeux, l'œuvre le démontrera : et qui sera sage, il n'aura de dommage. »

« Item, il [le roi] eût envoyé devers vous Monseigneur du Bouchage [envoyé à Guyenne le 18 août] si ne fût les nouvelles que Monseigneur de Guyenne lui a envoyées, lesquelles il vous envoie. » Le duc : « Petite chose ne détourne chose dont l'on a grand désir. »

« Item [...] que le duc [de Bretagne] et Monseigneur de Lescun [Odet d'Aydie] ont fait savoir à mon dit seigneur comme le duc envoie devers vous messire Poncet [de Rivière] tant pour le mariage de Monseigneur [le duc de Guyenne] et aussi pour se offrir à vous, et qu'il fera faire ces monstres cette Saint-Michel [le 29 septembre]; mais que mon maître ne se doit jamais défier de lui, et qu'il l'a bien connu par expérience cette année; et qu'il ne le fait sinon pour vous entretenir ainsi qu'il a accoutumé; et que mon maître ne veuille avoir aucun doute que le duc veuille rien faire à l'encontre de lui... » Commentaire de Charles de Bourgogne : « Les paroles de cet article n'y font rien, car l'œuvre fera foi de tout, mais nous ferons tant que les oyons mèneront les oies paître. »

« Item. Que mon maître sait les allées et venues que ont faites devers vous Gaudete et maître Ythier Marchant [envoyés du duc de Guyenne]... et tout ce qu'ils ont fait. » Le duc : « Si vous saviez toutes ces choses et beaucoup d'autres, vous y deviez pourvoir. »

3. Après la mort de Louis, ces accusations recommencèrent à circuler dans les cercles princiers. Cependant, aujourd'hui, il a été clairement démontré que le roi fut la victime de la propagande politique de ses ennemis, qui d'ailleurs prirent souvent leurs désirs pour des réalités. Par la suite, Louis lui-même pressa le duc de Bretagne de traduire les deux accusés en justice; mais si ceux-ci finirent leurs jours dans les prisons ducales, jamais François II, qui pourtant devait être prêt à utiliser contre eux tout ce qui pouvait lui tomber sous la main, ne parvint à prouver leur culpabilité. Un an avant sa mort déjà, la santé de Charles avait commencé à décliner; des accès de fièvre accompagnés d'une transpiration abondante trahissaient chez lui la tuberculose. Cependant, une seconde maladie vint bientôt compliquer la première, une maladie particulièrement déplaisante, qui, s'ajoutant à l'autre, allait finir par l'emporter. Ses dernières semaines, le frère du roi perdit les cheveux, les ongles et les dents, symptômes qui, joints au « sang gâté » qui, six mois avant son propre décès, avait eu raison de Colette de Chambes, sa maîtresse, semblent indiquer que, tout comme elle, il était atteint d'une maladie vénérienne.

4. Commynes avait commencé à préparer ce changement de camp dès le début de l'été 1471 au moins. Chargé par le duc de Bourgogne d'une mission en Bretagne et en Espagne — mission qu'il devait accomplir sous prétexte de se rendre en pèlerinage à Saint-Jacques-de-Compostelle —, il s'était arrangé pour obtenir des instructions qui le conduiraient auprès du roi de France. Il était allé à Tours, où il avait déposé six mille livres chez Jean de Beaume, un marchand de la ville qui était en outre un agent financier du roi. Il avait probablement eu avec Louis XI un entretien secret au cours duquel il avait accepté d'entrer à son service. Pour prévenir sans doute les soupçons qui auraient pu germer dans l'esprit du duc de Bourgogne, à son retour d'une mission auprès du duc, un messager royal avait adressé à ce dernier un mémorandum (*cf.* note 2) dans lequel il notait, entre autres choses, que, contrairement à ce qui lui avait été rapporté, Philippe de Commynes n'avait pas rendu visite au roi — ce que le duc commenta en ces termes : « Commynes a été vu à Orléans, aussi à cette occasion doit-il être allé à la cour de France. » Cependant, pour autant que nous en soyons informés, cet incident ne causa aucun ennui à Commynes. En 1472, lorsque la guerre éclata, Louis

ordonna à Beaune de confisquer l'argent de Commynes, pour détourner les soupçons qui pesaient sur lui d'une part, pour l'engager de façon plus tangible à ne pas rompre ses engagements, d'autre part. Par la suite, la somme fut bien sûr restituée au seigneur d'Argenton.

CHAPITRE XIX
Les Allemands

1. Le roi Louis lui-même fut à l'origine de certaines des difficultés qui mirent en péril l'alliance franco-milanaise. Lorsque, durant l'été 1466, il rompit avec le roi d'Aragon afin d'aider la Maison d'Anjou en Catalogne, il engagea à plusieurs reprises Galeazzo-Maria Sforza à apporter son soutien aux Angevins. Toutefois, à la même époque, le roi Ferrante de Naples, neveu et allié de Jean II d'Aragon, rappelait au duc qu'en agissant ainsi il irait à l'encontre des articles de la Ligue d'Italie. Quelque temps plus tard, par un nouveau changement politique, Louis devait une fois encore placer Sforza dans une situation impossible. Après l'avoir encouragé à faire la guerre à la Savoie alors que les hostilités avec la Bourgogne semblaient sur le point d'éclater, ayant obtenu un accord avec le duc Charles, il s'empressa de demander à Galeazzo-Maria de renoncer à une telle entreprise. Craignant que son alliance avec la France ne finît par l'isoler complètement du reste de l'Italie — Venise et Naples étant toutes deux alliées avec la Bourgogne —, le duc de Milan intrigua avec la duchesse Yolande de Savoie afin d'être en mesure de négocier avec Charles de Bourgogne, et tenta même, semble-t-il, d'entrer en contact avec le duc de Guyenne. Il avait gardé à ses côtés Cicco Simonetta, le principal ministre de son père; mais, soit qu'il n'eût pu s'opposer à la politique de son maître, soit que, serviteur habile de la grandeur, il fût devenu un homme d'Etat médiocre une fois livré à lui-même, Cicco se laissa entraîner dans les intrigues du duc. Quoi qu'il en soit, pris entre les ruses souvent maladroites de Sforza et le mépris croissant qu'elles inspiraient à Louis, l'ambassadeur milanais occupait une position particulièrement délicate.

Durant la seconde partie de 1472, le duc de Milan avait senti sa situation devenir si dangereuse que, pour prouver sa loyauté, il avait proposé au roi de France cinquante mille ducats à condition que, pendant trois ans, il ne lui demanderait aucune aide supplémentaire, et — pour éviter de s'attirer les foudres de Ferrante — n'utiliserait pas cet argent à mettre sur pied une campagne militaire contre le roi d'Aragon. Louis accepta cette offre avec empressement et prit pour ce qu'elle valait la seconde des conditions auxquelles Sforza l'avait soumise. Il demanda que l'argent ne lui fût pas apporté à la cour, mais à Lyon, ville à laquelle il le destinait — pour payer les troupes que rassemblait Philippe de Bresse avant de les conduire en Roussillon. Le duc de Milan se montra satisfait de ce mauvais prétexte et chargea Christophe da Bollate, qui se rendait en France pour remplacer Sforza de Bettinis, d'apporter les ducats au roi. Le 2 novembre, au moment de quitter Lyon, Christophe se trouva soudain mis en présence d'un envoyé de Philippe de Bresse, adversaire acharné du duc de Milan, qui exigea de lui qu'il remît l'argent à son maître ou qu'il retournât à Lyon, faute de quoi « il serait taillé en pièces sur la route! » (Une longue lettre adressée par le roi à Philippe atteste que ce dernier était bel et bien autorisé à toucher cet argent à Lyon.) Christophe da Bollate se réfugia alors avec ses ducats à Feurs, une petite ville située à quelque douze mille au nord de Lyon, qui fut bientôt encerclée par les troupes de Philippe. C'est là que commença ce qu'on pourrait appeler l'Affaire de l'ambassadeur pris au piège. Malgré la tragique peinture qu'il brossa de sa situation et du mortel danger qu'il courut, seul au milieu de cruels ennemis, avec pour unique soutien son intelligence et son dévouement pour le duc, Bollate put sans difficulté adresser des appels quotidiens à son maître, des protestations à la cour de France et des lettres à Lionetto de Rossi, directeur de la banque de Laurent de Médicis à Lyon et agent de Louis. La population de la ville prit grand soin de lui; jamais il ne fut molesté, et n'eut rien à souffrir que les menaces nocturnes que proféra contre lui un des écuyers de Philippe « dans un langage intolérable ». Aidé sans doute par Lionetto de Rossi, l'ami du roi, il parvint — avec une adresse consommée, comme il en informa lui-même le duc de Milan — à faire secrètement ramener les ducats à Lyon. Finalement, Louis envoya deux hommes pour l'escorter jusque dans cette ville, où il arriva dans la soirée du 26 novembre. Peu de temps après, les cinquante mille ducats furent dûment remis aux représentants du roi, avant d'être versés à Philippe de Bresse. Lorsqu'il eut enfin rejoint la cour, Christophe eut soin d'envoyer au duc une liste détaillée des dépenses imprévues qu'il avait dû effectuer pour sauvegarder ainsi, au péril de sa vie, l'argent qui lui avait été confié.

2. Lorsqu'un groupe de docteurs et de chirurgiens parisiens informèrent le roi qu'une occasion unique s'était présentée d'étudier, sur un homme en vie, les calculs biliaires « dont bien des gens souffraient cruellement », Louis pensa aussitôt au seigneur du Bouchage, « qui était très malade de cette maladie », et accorda aux médecins l'autorisation de faire l'expérience qu'ils souhaitaient tenter. Un franc archer condamné à mourir ce jour-là était justement atteint de ce mal. On lui donna donc la possibilité de choisir entre la pendaison, dont le résultat ne laissait aucun doute, et une opération qui, pour être hasardeuse, lui offrait tout de même quelques chances de survie. L'homme ayant opté pour cette dernière solution, l'incision fut dûment pratiquée, « le siège de la maladie découvert et étudié », puis, les calculs ayant apparemment été retirés, le patient fut enfin recousu. « Sur l'ordre du roi, l'archer avait été très bien soigné, de sorte qu'il fut complètement guéri en l'espace de

quinze jours, obtint son pardon et reçut de l'argent. » L'histoire ne dit pas si cette opération, qui fut peut-être la première du genre effectuée en France, contribua ou non au rétablissement de Monseigneur du Bouchage; mais le fait est qu'il recouvra la santé et survécu de longues années à son souverain.

CHAPITRE XX
Les Anglais

1. Louis et tous ceux qui lui étaient fidèles haïssaient le connétable pour les intrigues qu'il tramait en temps de paix comme pour la façon dont il manœuvrait en période de guerre. « Et le duc de Bourgogne, rapporte Commynes, le haïssait plus encore, et en avait mieux cause, car je suis informé à la vérité des raisons des deux côtés. N'avait point oublié ledit duc que ledit connétable avait été occasion de la prise d'Amiens et de Saint-Quentin, et lui semblait qu'il était cause et vraie nourrice de cette guerre qui était entre le roi et lui, car, en temps de trêve, lui tenait les meilleures paroles du monde, mais, dès que le débat commençait, il lui était ennemi capital, ou le avait voulu contraindre à marier sa fille [au fils du roi]. »

Durant les négociations qui eurent lieu entre la France et la Bourgogne, en 1473 et au début de 1474, les deux camps eurent à se plaindre du comte de Saint-Pol; et « ainsi se commença à pratiquer la manière de défaire ledit connétable », les hommes du roi informant les Bourguignons qu'il avait pour ennemis des reproches qu'ils avaient à lui faire, et chacun des deux partis mettant l'autre au courant de ses intrigues. A la fin de l'année 1473, se sentant en danger, le comte de Saint-Pol envahit Saint-Quentin avec ses troupes et contraignit la garnison du roi à évacuer la ville. Il pensait ainsi s'être assuré un pion qu'il pourrait jouer pour dresser l'un contre l'autre le roi et le duc de Bourgogne. Là-dessus, il adressa à Louis XI une lettre fort aimable pour l'avertir qu'il n'avait pris Saint-Quentin que pour donner à ses troupes un meilleur logement, et qu'en aucun cas il ne devait mettre sa loyauté en doute. Cachant son mécontentement, le roi lui adressa message sur message, mais le connétable se contenta de multiplier ses protestations de fidélité. Parallèlement, le roi pressait le duc Charles de se liguer avec lui contre le comte de Saint-Pol, qui, de son côté, faisait à la Bourgogne des propositions alléchantes. Cependant, malgré les soupçons que ses menées avaient éveillés dans l'un et l'autre camp, les négociations visant à sa perte se poursuivaient toujours. A un ambassadeur napolitain, le duc de Bourgogne expliqua fièrement — quoiqu'on fût alors à la fin d'avril 1474 et que Pierre de Hagenbach se trouvât en prison à Brisach — que le roi de France et le connétable rivalisaient l'un l'autre pour obtenir sa faveur, le premier lui offrant Saint-Quentin et la tête de Saint-Pol, le second, Saint-Quentin et ses précieux services. Il était prêt à accepter celle de ces deux propositions qui se concrétiserait la première, « ajoutant qu'il n'avait confiance ni en l'un ni en l'autre parti. Le roi n'avait tenu aucune de ses promesses, et, quant au connétable, c'était un homme qui ne pouvait accepter aucun suzerain, et qui ne se souciait de rien que de ses propres intérêts... »

Quelques jours plus tard, au début du mois de mai 1474, des envoyés français et bourguignons scellèrent un accord aux termes duquel le comte de Saint-Pol, déclaré ennemi criminel des deux princes, devait être mis à mort dans un délai de huit jours par le premier qui s'emparerait de lui, ou remis à l'autre pour être exécuté. Louis n'avait pas hésité à payer cher cette coopération : il s'était engagé à fournir des troupes au duc, et à lui donner, outre Saint-Quentin, toutes les terres et tous les biens que possédait le connétable au sein de son royaume. Cependant Saint-Pol, qui, désormais conscient du danger, continuait à faire des propositions à l'un et à l'autre partis, parvint à convaincre le roi, pourtant très méfiant, que le duc Charles s'apprêtait à trahir son souverain afin de le gagner à sa cause. En conséquence de quoi Louis adressa un bref message à ses commissaires et fit annuler l'accord conclu contre le comte de Saint-Pol. « Et à bien prendre le fait du roi, observe Commynes, il lui procédait de grand sens ce qu'il en fit, car je crois que ledit connétable eût été reçu du duc de Bourgogne en lui baillant Saint-Quentin, quelque promesse qu'il en eût eu au contraire. »

Deux semaines plus tard, le 14 mai, Louis avait une entrevue avec le comte de Saint-Pol dans le village de Fargniers, entre Noyon et Ham, place forte du connétable. Plein d'appréhensions, ce dernier avait pris toute espèce de précautions pour assurer sa sauvegarde. Sur une digue traversant un cours d'eau marécageux avaient été dressées non pas une, mais deux barrières, à quelque douze pieds environ l'une de l'autre. Le roi fit attendre Saint-Pol durant un bon moment. Puis, après avoir envoyé Commynes en avant-garde pour présenter ses excuses, il pénétra dans le village en compagnie de ses principaux officiers, de sa garde écossaise et de quelque six cents gens d'armes placés sous les ordres de l'ennemi le plus acharné du connétable, Antoine de Chabannes, comte de Dammartin, grand maître de la maison du roi. Derrière la seconde barrière se tenait le connétable, monté sur son cheval et entouré d'une demi-douzaine de partisans, tandis qu'au-delà de la digue veillait une troupe d'environ trois cents hommes. Ceux qui accompagnaient le comte de Saint-Pol ne portaient pas d'armure, mais Commynes et Christophe da Bollate purent tous deux constater que la robe de soie du connétable dissimulait une cuirasse. Avec quelques-uns de ses conseillers, le roi s'avança jusqu'à la première barrière. D'une voix forte, « en raison de la distance qui les séparait », Louis de Luxembourg, qui s'était incliné dans une profonde révérence sans toutefois descendre de sa monture, dit au souverain : « Sire, je suis venu ici jusqu'à vous pour montrer à tous que je ne suis pas et que je n'ai jamais été un Bourguignon, comme on vous l'a laissé entendre, mais votre serviteur et un bon Français, ce que je serai toujours avec votre permission; et je veux vous faire connaître que les véritables Bourguignons sont ceux-là mêmes qui m'ont accusé d'être autre chose. » Avec aisance, Louis répondit : « Mon frère [c'est-à-dire « beau-frère », le comte étant marié à Marie de Savoie, belle-sœur de Louis], je vous ai toujours considéré comme loyal et j'ai ainsi fait preuve de bonne volonté. Oublions les choses du passé et venons-en aux autres, qui sont plus importantes, pour vous comme pour moi. » Sur quoi, le roi, bientôt imité par le comte, signifia à ses conseillers de s'éloigner, tandis que leurs secrétaires mutuels établissaient des sauf-conduits et des promesses d'amitié. Le connétable fit alors ouvrir sa barrière et s'avança jusqu'à celle de Louis. Toujours à cheval, ils s'embrassèrent, et, après avoir échangé les documents dressés par leurs secrétaires, ils se mirent à parler « de façon très intime et amicale » durant plus d'une demi-heure. Louis vit — et Commynes, qui se trouvait à l'écart, ne manqua pas de le remarquer — que le connétable perdait soudain contenance. Il demanda précipitamment à ce que la barrière du roi fût ouverte et alla se placer à côté du souverain. Avec volubilité, il s'excusa d'avoir emmené des gens d'armes avec lui et d'avoir pris tant de précautions; mais l'on était proche des territoires bourguignons, et, de plus, il craignait que le redoutable vieil Ecorcheur qu'était Dammartin ne tentât quelque chose contre lui. Humblement, il proposa au roi de l'accompagner un bout de chemin, mais celui-ci déclara qu'il ne le souffrirait pas, ajoutant qu'il savait fort bien que le connétable se montrerait loyal. Louis retourna donc seul auprès de ses intimes, dont les regards sombres et les murmures irrités trahissaient le mécontentement. Ils étaient excédés par l'arrogance de Saint-Pol, aussi le roi leur fit-il le plaisir de les laisser voir que sa rencontre avec le connétable n'avait fait qu'ajouter à l'antipathie qu'il éprouvait à son endroit.

« Il [le comte de Saint-Pol] fut ce jour en grand danger », commente succinctement Philippe de Commynes. Quelques jours plus tard, le connétable, qui, pour cette occasion, s'était vêtu de façon fort simple, rencontra le roi et le comte de Dammartin. Sous une pluie battante, Louis ordonna aux deux ennemis de se réconcilier. Jamais plus il ne devait revoir le connétable de France.

2. Durant l'été 1472, le roi Jean II d'Aragon finit par écraser la révolte de sa province de Catalogne — révolte qui se trouvait d'ailleurs condamnée depuis la mort du duc Jean, survenue en décembre 1471. A l'aube du 1er février 1473, le vieux Jean II se présenta devant Perpignan avec une petite armée; la population de la ville s'empressa de lui ouvrir ses portes et la garnison française, placée sous le commandement d'Antoine, seigneur du Lau, dut chercher refuge dans la citadelle. Aussitôt Louis XI envoya dans le Sud des troupes et des vivres, et, avant la fin du mois d'avril, il fut informé que ses hommes avaient mis le siège devant Perpignan. Toutefois, les assauts que les Français lancèrent contre la

ville échouèrent, et du Lau lui-même fut bientôt fait prisonnier; la chaleur, la maladie et le manque de nourriture minaient le moral des assiégeants et clairsemaient leurs rangs, de sorte qu'à la mi-juillet l'armée française dut se retirer. Une trêve fut signée dont l'échéance était fixée au 1er octobre et durant laquelle devaient avoir lieu des négociations de paix.

Cependant, Louis restait indifférent aux menaces de guerre par lesquelles le duc de Bourgogne espérait le décourager de poursuivre son attaque contre son allié aragonais. Le 28 juin, il avait écrit à Antoine de Chabannes : « Monseigneur le grand maître, les deux hérauts de Bourgogne, c'est assavoir Trahison d'or et Luxembourg, me sont venus dire, c'est assavoir : Trahison d'Or pour me sommer de tenir la trêve au roi d'Aragon, et Luxembourg pour aller devers ledit roi Jean d'Aragon le lui dire. Je leur ai répondu que, de ma part, je veuille tenir la trêve si le roi d'Aragon la tient, mais que c'est lui qui l'a rompue et a pris les places sur moi, et, s'il les me veut rendre, je suis content de la tenir. Et, sur ce point, je fais conduire ledit Luxembourg jusques devers le gouverneur du Dauphiné, et leur mande qu'ils le gardent jusques à ce qu'ils me le renvoient; et, cependant, le duc de Bourgogne croira que son héraut besogne le mieux du monde. »

Le duc Charles était alors occupé en Allemagne à prendre possession du duché de Gueldres, aussi Louis en profita-t-il pour régler aussi rapidement que possible ses affaires dans le Roussillon. Pour s'assurer des conditions satisfaisantes, il choisit comme porte-parole Père de Rocaberti, un Aragonais « qui jouissait d'une grande autorité auprès de Jean II » et qui était alors son prisonnier. Ayant accepté de l'échanger contre Antoine du Lau, Louis l'invita à dîner à sa table et à coucher dans l'antichambre royale; il flatta ses ambitions, et, malgré les murmures désapprobateurs de ses conseillers, l'envoya avec un délégué français négocier avec le roi Jean *. A la mi-septembre (1472), il était arrivé à un accord qui devait lui laisser le temps de respirer : neutralisé, le Roussillon serait gouverné par Rocaberti lui-même; et si, dans un délai d'un an, le roi d'Aragon ne parvenait pas à rembourser les trois cent mille écus qu'il devait depuis 1462 pour le rachat de la province, les Français pourraient réoccuper celle-ci. Le printemps suivant, avec les envoyés aragonais venus prévenir les mesures que devait prendre la France contre le Roussillon, une fois expirée l'année de sursis, le roi Louis joua avec brio la comédie du trompeur trompé.

L'éblouissante ambassade de Jean II, qui arriva à Paris en

* Il n'était pas rare que les choses se déroulassent ainsi, bien des conseillers royaux estimant, à l'instar de l'ambassadeur milanais, que Louis agissait à l'envers du bon sens. Pour eux, Rocaberti n'avait pris des engagements envers le roi que pour mieux le tromper aussitôt qu'il aurait recouvré la liberté. D'après Bollate, c'était « un courtisan très adroit, habile à placer de sages remarques dans chaque conversation; mais son aspect rusé, de même que les cicatrices qui marquaient son visage » disaient assez qu'il valait mieux ne pas lui faire confiance.

mars 1474, avait d'ores et déjà été retardée dans sa mission par une « erreur » qu'avait commise Louis dans le libellé des sauf-conduits destinés à ses membres. Tout de suite, les ambassadeurs annoncèrent qu'ils étaient venus confirmer le traité, chercher à repousser la date de remboursement, et offrir la fille de Ferdinand en mariage pour le dauphin Charles. Louis avait compris sans peine que jamais le remboursement en question ne serait effectué, et que l'astucieux vieil homme Jean II essayait tout bonnement de différer les préparatifs militaires français cependant qu'il travaillait à obtenir l'appui de ses alliés, c'est-à-dire de la Bretagne, de la Bourgogne et de l'Angleterre. Aussi, tandis qu'il retenait les envoyés aragonais à Paris, le roi activait-il le rassemblement d'une armée sur la frontière du Roussillon. Le 9 avril, de Senlis, il informait Tanneguy du Chastel, qui se trouvait alors dans le Dauphiné où il se préparait à aller renforcer les troupes françaises qui se réunissaient à Narbonne, qu'il avait dépêché deux hommes à Paris pour sonder les véritables objectifs des envoyés; au terme de cette enquête, il s'avère, écrivait-il, qu' « ils n'ont apporté nouvelles qui vaillent et [que] leur intention n'est que de m'entretenir en paroles jusqu'à ce qu'ils aient recueilli leurs blés [en Roussillon]. Et pour ce, faut que je fasse du maître Louis, et vous du maître Jean, et, au lieu de ce qu'ils nous veuillent tromper, que nous montrions plus habiles qu'eux. Au regard de moi, je les entretiendrai ici jusqu'à la première semaine de mai, et cependant vous partirez [pour le Roussillon] à la plus grande diligence que vous pourrez... » Avec les troupes qui devaient se joindre à l'expédition, « vous serez assez de gens pour leur brûler [les récoltes] et faire le gât par tout le pays ». C'était la première fois que Louis prenait des mesures aussi dures. Face au Roussillon, qui se trouvait à la limite des territoires pour lesquels il avait prêté serment le jour de son sacre — et qui, entièrement français du point de vue géographique, avait autrefois appartenu au royaume dont il parlait encore partiellement la langue —, il n'était pas tout à fait dans son élément; en outre, il sacrifiait tout désormais au tissage de sa toile.

Cinq jours après avoir écrit à Tanneguy du Chastel, Louis convoqua les ambassadeurs aragonais dans un village proche de Senlis où il devait enfin leur accorder une entrevue. Il entendait faire de cette audience une cérémonie impressionnante, et il en dirigea lui-même les préparatifs. Debout entre ses princes et ses prélats d'une part, ses capitaines et ses conseillers d'autre part, il écouta gravement le discours d'introduction prononcé par le comte de Prades. Il était heureux, dit-il, d'accueillir les envoyés de Jean II, pourvu qu'ils ne fussent pas venus comploter quelque chose contre lui ou contre ses intérêts. Aux protestations de Prades, selon qui le roi d'Aragon n'avait d'autre désir que de vivre en paix avec la France, il répliqua que le roi d'Aragon avait déjà violé certains articles du traité; cependant, il consentait à nommer des représentants pour négocier avec eux. Bientôt il serait lui-même à Paris où il se ferait une joie de les recevoir, ajouta-t-il avec affabilité. A l'occasion de cette cérémonie, Louis arborait le collier de l'ordre de Saint-Michel, et, vêtu de soie et de satin, il portait « un costume plus somptueux qu'on ne lui en avait jamais vu en l'espace de dix ans », note Bollate, qui estimait qu'ainsi le roi « semblait dix ans plus jeune ».

Dans la capitale, le roi offrit aux ambassadeurs aragonais toute espèce de fêtes et de divertissements, y compris une revue de la milice parisienne. Cependant, les envoyés finirent par s'irriter, répétant que si aucun accord ne devait être conclu il leur fallait absolument partir. Le comte de Prades tomba malade, mais c'était là une ruse, déclara Louis à Bollate, un prétexte pour quitter Paris. Finalement le roi les laissa pourtant s'en aller. A ce propos, il écrivit avec une joie mauvaise à Tanneguy du Chastel et aux autres de ses capitaines qui se trouvaient alors sur la frontière du Roussillon : « J'ai entretenu ici les ambassadeurs catalans tout le temps que je vous ai promis, et même plus longtemps; c'était mardi [5 mai] lorsqu'ils s'en sont allés. » Placé sous la garde d'une escorte honorable, mais stricte, les envoyés reprirent lentement la route qui devait les ramener chez eux. Le roi, qui avait donné l'ordre qu'ils fussent bien traités, mais qu'on les retînt à Lyon et à Montpellier, veilla à ce qu'ils n'arrivent pas en Aragon avant le mois d'août. A ce moment-là, ses troupes étaient déjà occupées à dévaster les récoltes du Roussillon pour affamer Perpignan et le contraindre à se soumettre.

3. Après avoir signé le traité de Soleuvre, le duc de Bourgogne et son armée avaient pris la direction du sud pour envahir la Lorraine. Ayant attaqué et enlevé Vaudemont et Epinal, le 24 octobre ils avaient établi le siège devant Nancy, capitale du duché, où Charles avait fait une entrée triomphale deux ans auparavant, mais que le jeune René II avait fini par lui reprendre. Cependant, Louis envoyait message sur message pour demander que le connétable lui soit remis, et recevait en réponse toute une variété d'excuses. Comme il s'occupait d'assiéger Nancy — acte qui allait manifestement à l'encontre du traité de Soleuvre où se trouvait inclus René II de Lorraine —, le duc de Bourgogne était en proie à toutes sortes d'inquiétudes. Les troupes royales qui se trouvaient alors en Champagne constituaient pour sa propre armée une menace qu'aggravait encore son refus de livrer le comte de Saint-Pol alors qu'il s'y était engagé. Compromis d'un côté, son honneur l'était aussi de l'autre, puisque le connétable était en possession d'un sauf-conduit qui lui interdisait de porter la main sur lui. Toutefois, Charles imagina un expédient qui devait lui permettre de se sortir de la situation inextricable où il s'était placé, et peut-être même de priver Louis du plaisir de se venger du connétable. Cet expédient consistait en deux déclarations adressées au roi de France : par la première il informait celui-ci que la façon trop vague dont la question des biens du comte de Saint-Pol était envisagée dans leur traité commun ne le satisfaisait plus et qu'il exigeait désormais toutes ses possessions; par la seconde, il lui apprenait que, tandis qu'il traversait pacifiquement la Lorraine, comme l'y autorisait le

traité de Soleuvre (Epinal et Vaudemont étaient apparemment tombés entre ses mains par accident), il s'était trouvé devant Nancy lorsque des soldats, opérant une brusque sortie hors de la ville, avaient attaqué ses troupes innocentes, tuant et blessant certains de ses hommes, de sorte que, le duc de Lorraine ayant manifestement perdu par cet acte de violence la protection que lui valait son inclusion dans le traité, il s'était senti autorisé à assiéger la capitale lorraine. A cela, Louis répondit par deux documents, datés l'un et l'autre du 12 novembre, par lesquels il déjouait les plans de Charles de Bourgogne. D'une part, il acceptait provisoirement les explications que lui avait fournies le duc pour excuser le siège de Nancy, et, d'autre part, il lui donnait à choisir entre la possession de tous les biens du connétable et le droit de garder les villes qu'il avait conquises en Lorraine. Le duc s'empressa de choisir cette seconde solution et fut ainsi amené à prendre envers le roi un nouvel engagement touchant le comte de Saint-Pol. Il ordonna donc que le connétable fût fait prisonnier à Mons, conduit à Péronne, et remis aux représentants du roi le 26 novembre. Il espérait, semble-t-il, enlever Nancy avant cette date, et par là même ne pas être tenu de livrer son captif au roi. Cependant, la ville réussit à tenir jusqu'à ce jour-là; et le comte de Saint-Pol fut dûment remis aux Français. En apprenant la nouvelle, Louis observa avec beaucoup d'à-propos que « son cousin de Bourgogne avait agi avec le connétable comme on le fait avec un renard : en homme sage, il en avait gardé pour lui la peau et ne lui avait laissé à lui que la chair, qui ne valait pas grand-chose ».

CHAPITRE XXI
Les Suisses

1. Quoique depuis longtemps on sût que Jean-Pierre Panigarola, ambassadeur du duc de Milan auprès du duc Charles, avait envoyé à son maître un compte rendu détaillé de la bataille de Morat — l'un et l'autre font allusion à ce document dans des communications ultérieures —, cette dépêche, qui se trouvait non signée et non datée dans les archives milanaises, n'a été découverte qu'en 1892, par P. Ghinzoni, qui la publia dans *Archivo Storico Lombardo,* 2 série, I, Milan, 1892. Ecrite le 25 juin à Saint-Claude, en Franche-Comté, au pied du Jura, elle constitue le meilleur compte rendu qu'ait donné de la bataille un témoin oculaire. Récit vivant et personnel, elle est d'autant plus intéressante que son auteur appartient au camp du duc de Bourgogne :

« Après que, d'Orbe, j'eus informé Votre Excellence de la défaite qu'infligèrent les Suisses à ce seigneur [le duc de Bourgogne] et à son armée samedi dernier, le 22 de ce mois, je m'en allai par Jougne, en Franche-Comté, où j'appris que ledit seigneur avait pris la route de Genève la nuit précédente pour se rendre à Gex chez Madame [Yolande, duchesse de Savoie, qui, après avoir quitté le duc à Lausanne, s'était réfugiée à Gex]. Je chevauchai nuit et jour jusqu'à Saint-Claude, ici, au pied de la montagne, à cinq lieues de Gex, où, en apprenant que ledit seigneur devait venir ici aujourd'hui même, je me suis arrêté — ce que j'aurais d'ailleurs été contraint de faire de toute façon, mes chevaux étant incapables d'aller plus loin en raison de la grande distance qu'ils avaient parcourue. En ce lieu, j'ai rencontré Monseigneur [Antoine], le Bâtard [de Bourgogne, demi-frère du duc Charles], qui était arrivé à Gex. Il dit qu'il est votre débiteur, car le coursier que vous lui avez donné lui a sauvé la vie — sans ce cheval, jamais il n'aurait réussi à se tirer de la périlleuse situation où je l'ai vu moi-même, encerclé par les Suisses. Ce fut certainement un miracle, mais il attribue son salut à la puissance du coursier...

« Aussi, pour que Votre Excellence soit pleinement informée à propos de cette défaite, que je suis sûrement à même de décrire vu que je me trouvais en plein milieu de tout, j'expliquerai comment la chose s'est passée — maintenant que je puis à nouveau respirer un peu plus librement, car, le jour même, j'éprouvai une telle frayeur à être poursuivi par les Suisses que cette nuit mon cœur et mon âme tremblaient encore en moi, et plus je pense au danger que j'ai alors couru, plus le fait d'y avoir échappé me paraît incompréhensible.

« Le vendredi 21, l'ennemi traversa un pont [...] et établit ses quartiers dans un village, à un demi-mille environ de ce pont, dans une région si pleine de marais, de bois et d'épaisses haies aux branches entrelacées, que ses troupes ne pouvaient y être attaquées. Armé de pied en cape, ledit seigneur avait passé la journée avec toute son armée [à l'exception de ceux qui, parmi ses hommes, étaient restés au siège] dans un bel endroit découvert situé au-dessus de son camp, où il avait aménagé les postes de combat de ses escadrons et de ses bataillons. En apprenant l'arrivée de l'ennemi, il décida d'aller voir où il s'était installé. J'y allai également, et je vis le camp et l'ennemi, qui ne livrait que de rares escarmouches, et, sans sortir des bois, tirait un coup de feu ici ou là. Fondant son jugement sur la taille du campement, que l'on ne pouvait distinguer clairement du fait qu'il se trouvait en contrebas, ledit seigneur conçut l'idée qu'il n'y avait là que des troupes peu nombreuses, venues encourager les Suisses assiégés dans Morat et amener Sa Seigneurie à lever le siège et à rallier ses forces, et non pour lui livrer bataille, car elles étaient en nombre insuffisant.

« Fort de cette opinion, il alla retrouver son armée. Puis il pria le Bâtard, Monseigneur de Clessy, Antoine d'Orlier, Monseigneur de Neufchâtel [Francesco] Troylo [l'un des principaux capitaines italiens du duc] et quelques autres, auxquels il m'invita à me joindre, de quitter leur monture afin de consulter sur ce qu'il convenait de faire. Après que le cas eut été exposé par Sa Seigneurie, il fut décidé que, cette nuit, deux mille fantassins et trois cents lances seraient laissés sur le plateau où nous étions, avec quelques cavaliers placés aux alentours pour monter la garde. Le restant de l'armée regagnerait le camp pour s'y reposer, car les hommes avaient passé la journée entière à cheval sans quitter les armes. Après le dîner, nous nous réunîmes une fois encore avec ledit seigneur afin de discuter s'il serait bon ou non de lever complètement le siège, de regrouper toutes les forces du duc et d'aller débusquer l'ennemi. A l'occasion de ce conseil de guerre [c'est-à-dire celui qui se tint après que Charles fut allé reconnaître l'ennemi], chacun put donner son avis, et j'eus la grande satisfaction de dire, en tant que représentant de Votre Excellence, ce qui me paraissait le mieux — notamment qu'il était bon de laisser en faction une troupe importante, mais qu'il ne fallait pas oublier que son apparent désir de ne pas combattre pouvait être un piège de l'ennemi, et que, du moment où il était si proche (à moins d'un mille de notre armée), il fallait s'attendre à être attaqué d'une heure à l'autre, car il chercherait peut-être à surprendre nos troupes alors qu'elles ne seraient pas prêtes au combat — et c'est effectivement ce qu'il fit —, tirant parti de la possibilité qu'il avait d'approcher [sans être vu] sous le couvert de la forêt. Aussi, je proposai qu'avant même la chute du jour, toute l'armée, en ordre de bataille, prît position sur le plateau pour attendre l'ennemi, voire qu'elle passe la nuit là si la chose s'avérait nécessaire. Chacun commenta ma remarque, et ledit seigneur remit à après le dîner le soin de décider.

« Après le dîner, ledit seigneur décida d'attendre encore jusqu'au lendemain, étant fermement convaincu, comme je l'ai expliqué plus haut, que l'ennemi n'était là que pour faire une démonstration. Cette nuit il commença de pleuvoir un peu après minuit, et le lendemain [samedi 22 juin] la pluie continua de tomber presque jusqu'à midi. Le matin, voyant que l'ennemi n'avait pas attaqué durant la nuit, non seulement ledit seigneur en conclut que la façon dont il envisageait la situation était la bonne, mais il se mit à la tenir pour une vérité absolue, ne voulant pas démordre de l'idée que l'ennemi ne viendrait pas. Il se trouva encore confirmé dans son opinion lorsqu'il apprit que les Suisses déchargeaient leurs fusils et leurs canons, ce qu'ils faisaient parce que la pluie avait rendu leur poudre humide et lente à brûler — mais ils rechargèrent leurs armes, comme la suite allait le prouver. A partir de minuit, les Suisses s'étaient mis à progresser à travers les bois dans notre direction, pas à pas, sans se montrer et sans faire aucun bruit. Mais plus il recevait de rapports touchant les mouvements de l'ennemi, moins ledit seigneur les croyait. Il était prêt à parier qu'il ne viendrait pas, disant que ces rapports étaient destinés à le convaincre de lever le siège, ce qu'il ne ferait jamais, et que leurs auteurs étaient des traîtres français, etc.

« Cependant, le Bâtard et les autres lui envoyaient désormais tant de messages pour l'avertir que l'ennemi approchait qu'il commença à leur accorder quelque crédit et ordonna que tous ses hommes se tiennent prêts pour le combat. Il était alors environ midi. A ce moment, la pluie cessa. Aussitôt sortit des bois, au-dessus du plateau, l'avant-garde d'un bataillon de Suisses, armés de longues piques effilées, tous à pied, précédés d'arbalétriers. Puis [sur la droite des Bourguignons], en contrebas, du côté de la plaine, apparut un second bataillon, moins nombreux que le premier. Entre les deux venaient environ quatre cents cavaliers, qui, après s'être légèrement avancés, s'arrêtèrent pour attendre les bataillons de fantassins, lesquels arboraient de nombreuses bannières. Dès l'instant où les Suisses sortirent de la forêt, nos canons et nos mortiers se mirent à tirer; cependant, les Suisses, massés en une phalange compacte, continuaient à progresser pas à pas. A mon avis — et c'est là aussi l'opinion des autres —, ces deux bataillons, qui, selon ce qu'on en a dit depuis, constituaient l'avant-garde [en fait, la première phalange qui apparut, avec ses « nombreuses bannières », n'était autre que la « bataille », ou le centre, de l'armée suisse], pouvaient compter huit à dix mille hommes, tout au plus douze mille.

« L'arrivée de l'ennemi fut aussitôt rapportée audit seigneur qui fit sonner le « boute-selle » et commença de s'armer. Etant déjà allé sur le plateau pour voir l'ennemi, je vins auprès de Sa Seigneurie et [la pressai] de sauter en selle sans plus tarder afin d'aviser à ce qu'il fallait faire, car ceux d'en haut n'étaient pas plus de deux cents lances et de quelque mille fantassins. Il ordonna alors que tout le monde se rendît sur le plateau, et maître Matteo [de Clarici, le médecin du duc] et moi nous plaçâmes derrière lui pour l'aider à s'armer, mais il n'y avait pas moyen de le persuader que les ennemis étaient aussi près qu'ils étaient, et il mit tant de temps à monter à cheval que, lorsque nous atteignîmes le plateau, nos forces étaient déjà en train de reculer. Les Suisses, voyant nos troupes arriver goutte à goutte et lutter pour constituer un front de bataille, et constatant que [sur la gauche bourguignonne], du côté de la ville, Troylo avait déjà rassemblé environ trois mille hommes sur une petite colline, commencèrent à décharger leurs arquebuses à une distance supérieure à trois fois la portée d'une flèche; aussi les fantassins bourguignons se mirent-ils à fuir lorsqu'ils se rendirent compte qu'ils étaient si peu nombreux face à une telle férocité. Prenant position derrière une petite haie, quelques hommes d'armes bourguignons [montés] firent un instant échec à l'avance de l'ennemi. Mais les Suisses, qui pourtant n'avaient pas de heaume [ils ne portaient que des casques d'acier], se jetèrent sur les rênes des chevaux, leurs bras protégeant leurs visages contre les lances des gens d'armes. Aussitôt la cavalerie suisse chargea, et, comme les fantassins bourguignons s'enfuyaient, les gens d'armes tournèrent eux aussi le dos à l'ennemi. Voyant cela, les compagnies qui arrivaient sur le plateau et qui, de toute façon, n'avaient pas le cœur à se battre, firent également demi-tour et se lancèrent dans la fuite. Les choses se passèrent de telle manière que l'armée bourguignonne entière se trouva démembrée en moins de temps qu'il n'en faut pour dire un *Miserere,* et cela, sans que la plupart des Bourguignons se fussent battus ou même montrés à l'ennemi. Les Bourguignons se fussent-ils assemblés sur le plateau et eussent-ils tenu bon, il eût fallu trois jours au moins, s'ils s'étaient laissé massacrer, pour leur trancher la gorge. En somme, pour avoir été pris au dépourvu, l'armée avait été défaite et écrasée. Jamais je ne vis ce seigneur aussi désorienté, aussi incapable de prendre une décision, que lorsqu'il s'arma et se prépara à monter à cheval. Comme d'ordinaire il se montre rapide et avisé dans sa façon de penser, j'attribue cet état à la volonté de Dieu ou à un arrêt du destin. Si l'ennemi avait attaqué le jour précédent, lorsque l'armée était installée sur le plateau en ordre de bataille, il s'en fût suivi un spectacle bien cruel, tant le carnage eût été terrible dans l'un et l'autre camp.

« Les Suisses qui assumaient la défense de Morat avaient tenté une sortie, qui avait été repoussée. Cependant, lorsqu'ils virent que toutes les troupes du duc étaient en fuite, y compris celles qui assiégeaient la ville, ils sortirent de nouveau. Cette fois ils prirent les Bourguignons à revers dans une manœuvre d'une redoutable efficacité : ils coururent jusqu'à un pont situé à une lieue de là [à l'ouest, sur la route du lac] par lequel il fallait passer [pour s'enfuir], et s'en emparèrent au terme d'un sanglant combat, car chaque Bourguignon savait que, si cette route lui était coupée, il perdait toute chance d'échapper. Ce fut dans ces parages que les Suisses me donnèrent la chasse. Lorsque je quittai le champ de bataille, l'ennemi avait déjà commencé le massacre dans le camp bourguignon. Tous les fantassins se trouvaient pris au piège — il ne pouvait en être autrement —, de même que les archers : j'en vis beaucoup qui, jetant au loin leur casque d'acier, se couchèrent carrément sur le sol, et, de leurs mains, firent le signe de croix. En ce qui concerne l'infanterie et ceux qui étaient chargés d'approvisionner le camp, ils laissèrent une dizaine de milliers de victimes sur le champ de bataille; de nombreux cavaliers périrent également, mais, pour l'instant, différentes histoires courent sur leur compte, et notamment à propos de celui qui portait l'étendard dudit duc, que l'on dit être mort — mais d'ici deux ou trois jours nous serons fixés sur ce point. Toute l'artillerie est perdue, de sorte qu'entre cette défaite et la précédente [celle de Grandson] l'ennemi a pris en fait de bombardes, de mortiers et de canons près de deux cents pièces — de quoi accomplir de grandes choses. Pour ce qui est des pavillons, des tentes, des chariots, de l'argent et des vêtements, il est inutile d'en parler; car, pour avoir été pris à l'improviste, comme je l'ai dit, et n'avoir pas voulu croire que l'ennemi était si proche, chacun a eu assez à faire à s'occuper de sa vie. En somme, tout est tombé entre les mains de l'ennemi, et ce n'est pas un moindre honneur pour les Suisses que d'avoir gagné un tel renom aux dépens de ce seigneur, qui a coutume de tenir tête aux rois et aux empereurs, et de détruire les grandes villes. Ce que Sa Seigneurie décidera maintenant de faire, je vous en informerai lorsque je serai avec elle. Je sais que son heaume, très richement incrusté de pierreries, et que ses autres objets précieux sont saufs. Quelques-uns de ses coffres et caisses d'argent ont été perdus. Comme on s'en apercevra bientôt, par ce qu'elle a coûté en fait de matériel et de gens de pied — les pertes étant beaucoup moins nombreuses parmi les gens d'armes —, cette défaite est sans comparaison avec la précédente.

« Deux heures après la bataille, je me suis trouvé avec deux Suisses, prisonniers de deux de mes amis, qui semblaient être des gentilshommes. Ils ont affirmé sur leur parole d'honneur qu'il n'y avait plus d'homme dans tout le pays de Suisse, chacun étant allé se battre, prêt à donner sa vie pour le salut de son pays. Les deux Suisses ont dit que l'armée comptait bien trente mille fantassins et seize cents cavaliers, parmi lesquels le duc René de Lorraine en personne et au moins trois cents hommes appartenant au duc [Sigismond] d'Autriche, et que tous étaient décidés à en venir à tout prix aux prises avec nous. Don Federigo [prince de Tarente, fils cadet de Ferrante de Naples] avait quitté le camp bourguignon le jour précédent, c'est-à-dire le 21, pour se rendre auprès de Madame [Yolande, duchesse de Savoie] avant de s'embarquer à Nice pour gagner Rome, et il avait emmené tous ses gens avec lui. L'évêque de Sebencio, [nonce] du pape, partit le même jour pour aller en Bourgogne. [Un autre départ, non moins avisé, avait eu lieu quelques jours auparavant : celui d'Anthony Woodville, comte de Rivers, frère de la reine Elisabeth d'Angleterre, que le duc de Bourgogne avait dédaigneusement traité de couard.] [En fait d'ambassadeurs étrangers] il ne restait que moi et le protonotaire, [docteur de] Lucena, émissaire du roi de Castille, venu solliciter de ce seigneur [le duc de Bourgogne] qu'il dépêchât un envoyé auprès du roi de France afin de dissuader Sa Majesté d'accorder son soutien au roi du Portugal. Lucena, qui, dans sa fuite, se trouvait près de moi, a reçu deux coups d'épée à la tête, et sa monture a été blessée elle aussi. Je crains qu'il n'ait été tué; quant à moi, j'ai donné de l'éperon à mon cheval, et, par la grâce de Dieu, j'en ai été quitte pour la peur. Mais jamais je n'oublierai le grand péril où je me suis trouvé. »

2. C'est à Philippe de Commynes que Louis confia le soin de découvrir ce que voulait l'ambassadeur milanais; et ce n'est qu'après avoir reçu de lui plusieurs rapports que le roi, seul dans sa chambre, reçut l'ambassadeur, accompagné du seigneur d'Argenton. Lorsque Pietrasanta l'eut informé que son maître désirait renouveler son alliance avec la France, Louis lui déclara d'un ton sec : « Le duc de Milan m'a trompé autrefois et il m'a causé un grave préjudice, qu'il m'a offert de réparer par l'intermédiaire d'un envoyé qui vint à Lyon il y a quelque temps. Quelle assurance ai-je qu'il tiendra sa promesse et qu'il déboursera l'argent qu'il doit me donner en dédommagement du mal qu'il m'a fait en se liguant avec mon ennemi? »

Les services que le duc et son père lui avaient rendus par le passé, rétorqua Pietrasanta, pouvaient servir de garantie à la bonne foi de son maître, qui, par ailleurs, avait des sentiments « naturellement français ». En outre, plutôt que de faire tort au roi, l'alliance avec la Bourgogne lui avait été bénéfique, puisque, en refusant d'envoyer des troupes contre les Suisses, le duc de Milan avait précipité la ruine du duc de Bourgogne en le privant de ces ailes qui, pensait-il, eussent dû l'aider à s'élever jusqu'aux cieux!

Quant au versement de l'argent, sans doute le roi ne souhaitait-il pas mettre le duc dans une position telle qu'on pût le croire grossièrement avide de renouveler l'alliance, ni tenir sa propre gloire en ayant l'air de se livrer à un vulgaire marchandage!

Louis apprécia la réponse à sa juste valeur. Aussitôt il changea de ton et s'enquit du nom de l'ambassadeur, qu'il connaissait d'ailleurs fort bien. « Francesco, poursuivit-il, je puis vous dire que je vous connais de réputation, et que je sais que vous êtes de bon lignage, que votre Maison est une des plus vieilles de Milan et que la famille Pietrasanta a produit bien des hommes de grandes capacité, valeur et réputation. En outre, depuis votre arrivée j'ai étudié votre caractère aussi soigneusement que possible et me suis enquis de vous auprès de divers ambassadeurs savoyards. Chacun a dit tant de bien à votre propos, et maintenant votre maintien et votre façon de parler me plaisent tant, que, sans que vous ayez ni mandat ni lettre de créance [documents qu'un courrier avait perdus], je croirai ce que vous me dites et ferai ce que vous demandez — alors que si votre maître avait envoyé en Savoie ce charlatan [le maladroit Giovanni Bianchi], ou quelque autre de la même espèce, je me serais caché, et jamais je n'aurais accepté de l'entendre. »

Ayant reçu de Pietrasanta la promesse solennelle que le duc renoncerait à son association avec la Bourgogne et tiendrait ses engagements, Louis accepta de renouveler l'alliance et se déclara prêt à considérer Galeazzo-Maria comme son « bon frère » et à oublier tous leurs désaccords passés. Cependant, ajouta-t-il, il désirait que le duc travaillât à la sauvegarde de l'Etat de Savoie. Lorsque Pietrasanta l'eut assuré que Milan serait heureux d'apporter son soutien au gouvernement du jeune duc Philibert, le roi dit : « Comment dites-vous qu'il s'appelle? Philibert? En vérité, nous n'avons pas encore appris son nom. » Sans doute s'agissait-il là d'une plaisanterie que seuls pouvaient comprendre le roi et Philippe de Commynes.

Dans la rédaction du traité survint une petite difficulté. En effet, le roi insista pour que la mention de l'alliance qu'il avait conclue avec Francesco Sforza en 1461, alors qu'il était encore dauphin, fût supprimée du préambule, « afin de ne pas donner à son fils un aussi mauvais exemple des choses que lui-même avait faites au préjudice de son père ».

3. Peu de temps auparavant, Louis avait été informé que Galeazzo-Maria Sforza s'était fait assassiner à Milan, le lendemain de Noël, en l'église Saint-Etienne, qu'il aimait tout particulièrement à fréquenter pour y lorgner les jolies filles. Comme tout le monde, le roi ne s'affligea guère du décès de l'homme faible et libertin qu'avait été le duc — sa femme, la duchesse Bonne, belle-sœur de Louis, écrivit à un prélat romain pour demander s'il y avait quelque espoir que son époux eût par miracle pu se glisser au purgatoire. C'est dans une lettre adressée aux bourgeois de Poitiers que le roi livra sur ce sujet son premier commentaire : « Nous

avons su, écrivit-il, puis aucuns jours, la détestable et cruelle mort de notre feu beau-frère le duc de Milan » — mais cette phrase ne traduit rien que la réponse d'un souverain au meurtre d'un autre souverain.

Cependant, le 12 janvier, Louis écrivait aux mêmes citoyens de Poitiers : « Nous vous commandons et expressément enjoignons que, incontinent et sans délai, vous faites faire procession générale, tout ainsi que vous avez coutume de faire des fêtes solennelles pour les bonnes et agréables nouvelles que premièrement nous ont apportées nos chevaucheurs de notre écurie du trépas du duc de Milan et du duc de Bourgogne, nos anciens ennemis. » La disparition, en l'espace de quinze jours, de ces deux princes, dont l'un avait trahi les intérêts du royaume de France tandis que l'autre cherchait depuis longtemps à en causer la ruine, était d'un symbolisme trop puissant pour ne pas frapper l'imagination de Louis.

CHAPITRE XXII
L'héritage bourguignon

1. Les seigneuries constituant l'Etat bourguignon étaient soit des fiefs français soit des territoires nominalement placés sous la suzeraineté de l'empereur. Même les premiers représentaient toute une variété de tenures. Apanage princier, le duché de Bourgogne était censé retourner à la couronne si le duc mourait sans enfant mâle (quoiqu'on eût fait alors valoir cet argument, Marie put hériter du duché : *cf.* De Ridder, *Les Droits de Charles Quint au duché de Bourgogne,* Travaux... de Louvain, III, 1890). Les comtés de l'Artois et des Flandres, tenus en hommage simple, un peu comme la Bretagne, étaient soumis à la juridiction du Parlement de Paris. La Picardie, rachetée par Louis XI en 1463, lui avait été arrachée par les traités de Conflans (1465) et de Péronne (1468). Pour les principales seigneuries impériales — la Franche-Comté, le Luxembourg, le Hainaut, le Brabant, la Hollande et la Zélande —, le duc Charles n'avait jamais rendu hommage ni cherché à obtenir l'investiture impériale. La division des fiefs ne correspondait pas à celle des populations. Ainsi, la Franche-Comté impériale et l'essentiel du Hainaut étaient d'expression française, tandis que les grandes villes des Flandres — Gand, Bruges, Ypres — étaient peuplées de Flamands.

2. Le compte rendu qu'après une douzaine d'années Commynes fit de cet instant révélateur trahit un indéniable souci de prudence, mais aussi une certaine partialité. Ignorant les dangers inhérents au mariage du dauphin et de Marie (*cf.* note 3) et l'éventualité bien réelle qu'une politique d'amitié et de conciliation pût tout simplement offrir à l'Etat bourguignon la possibilité de retrouver sa puissance, Commynes présente néanmoins son cas avec modestie. « Je n'entends point, écrit-il, blâmer notre roi pour dire qu'il

eût failli en cette matière, car, par aventure, autres qui savaient et connaissaient mieux que moi, seraient et étaient lors de l'avis qu'il était... » Cependant, ce qui le chiffonne, c'est que « rien n'y fut débattu, ni là ni ailleurs, touchant ladite matière ». « Toutefois, souligne-t-il, le sens de notre roi était si grand que moi ni autre qui fut en la compagnie n'eussions su voir si clair en ses affaires comme lui-même faisait. » Mais Commynes n'en reste pas moins convaincu que sa manière de voir est bonne, aussi conclut-il que Dieu, pour châtier un monde indigne, voulut empêcher le roi de parvenir à une assimilation complète et pacifique des territoires bourguignons.

Comme le seigneur d'Argenton s'apprêtait à partir pour Poitiers, Jean Daillon, seigneur du Lude, s'en vint vers lui. C'était, note Commynes, un « homme fort agréable au roi en aucunes choses, et qui fort aimait son profit particulier; il ne craignait jamais à abuser ni tromper personne, aussi très légèrement croyait et était trompé bien souvent; il avait été nourri avec le roi dans sa jeunesse, lui savait fort complaire et était homme très plaisant.

« " Or, lui dit du Lude d'un ton moqueur, vous en allez à l'heure que vous devriez faire vos besognes ou jamais, vu les grandes choses qui tombent entre les mains du roi, dont il peut agrandir ceux qui l'aiment. Et au regard de moi, je m'attends être gouverneur de Flandres et m'y faire tout d'or! " Et riait fort. Je n'avais nulle envie de rire, confesse Commynes; pour ce que je doutais qu'il procédât du roi, et lui répondis que je ne serais très joyeux s'il advenait ainsi et que j'avais espérance que le roi ne me oublierait point. Et ainsi partis. »

3. Repris par quelques historiens français modernes, le jugement de Commynes, selon lequel le roi Louis commit une grave erreur en ne mariant pas Marie de Bourgogne avec le dauphin, est des plus discutables. Que Marie eût souscrit à une telle union paraît éminemment douteux. Qu'elle eût, avec les Flamands, accepté de se placer, et de placer ses territoires sous la protection du roi, va à l'encontre de toute vraisemblance. Assez curieusement, Commynes omet de prendre en considération le fait que le dauphin était d'ores et déjà fiancé avec la princesse Elisabeth d'Angleterre. Cinq ans plus tard, il est vrai, Louis n'hésitera pas à rompre cet engagement, mais en 1482, la situation de l'Angleterrre sera bien différente de ce qu'elle était en 1477. Qu'il eût soigneusement évité de jamais demander publiquement sa main au nom du dauphin semble impliquer que, contrairement à Commynes, il avait pleinement conscience qu'un contrat unissant son fils à Marie, voire même la seule proposition d'un tel contrat, risquerait de l'entraîner dans une guerre avec les Anglais. Concernant les circonstances qui régnaient au début de l'année 1477, Commynes lui-même déclare que le roi « était en paix avec les Anglais et délibérait de travailler de toute sa puissance que ladite paix d'Angleterre s'entretiendrait ». S'il voulait atteindre à un tel résultat, il ne pouvait guère se permettre d'infliger un affront aussi manifeste à la fille aînée d'Edouard IV.

4. Le 14 février 1477, Sir John Paston écrivit de Londres à l'un de ses frères: « ... hier a commencé le grand Conseil auquel tous les Etats [c'est-à-dire la noblesse et le clergé] du pays doivent assister [*sic*], à moins d'avoir une excellente excuse; et je suppose que la cause essentielle de cette assemblée consiste à discuter de ce qui doit être fait maintenant, après le grand changement entraîné par la mort du duc de Bourgogne, de la préservation de Calais et des Marches, et du maintien des bonnes relations avec la France aussi bien désormais qu'avec les Etats des Flandres; je ne doute donc pas que les ducs de Clarence et de Gloucester y viennent en toute hâte [...] J'ai appris aujourd'hui qu'il y avait tout lieu de croire que Monseigneur de Hastings se rendra à Calais en grande compagnie [...] Il semble que le monde entier tremble... »

L'irritation mêlée de dépit qu'éprouvèrent les Anglais lorsque Louis envahit les territoires bourguignons voisins de Calais est admirablement traduite dans une lettre écrite le 14 avril 1477 dans cette même ville par John Paston, qui y séjournait alors dans la maison de son gouverneur, le seigneur de Hastings: « Et quant à ce qui se passe ici, le roi de France a pris bien des villes appartenant au duc de Bourgogne, comme Saint-Quentin, Abbeville et Montreuil; et maintenant enfin il s'est emparé de Béthune et de Hesdin, avec son château, qui est un des châteaux les plus royaux du monde; et samedi soir [13 avril], l'amiral de France a mis le siège devant Boulogne; et aujourd'hui l'on raconte que le roi y arrive; et cette nuit, l'on dit qu'une vision est apparue sur les murs de Boulogne, comme une femme entourée d'une merveilleuse lumière; les gens disent que Notre Dame veut montrer qu'elle protège la ville. A Dieu ne plaise qu'elle soit française! elle vaudrait quarante mille livres si elle était anglaise. »

5. Maurice Gourmel, un messager breton, copia toutes les lettres dont il était porteur entre Edouard IV et François II, remit les copies aux destinataires et vendit les originaux à Louis XI, à cent écus la pièce. En réponse aux protestations de complet dévouement que lui adressa le duc de Bretagne, Louis envoya à celui-ci quelques-unes de ces lettres, avec un mot très bref l'avertissant qu'il ne voulait plus entendre de telles déclarations aussi longtemps qu'il n'aurait pas rompu toute relation avec l'Angleterre, comme il avait juré de la faire. Pour ce qui est des négociations espagnoles d'Edouard IV, Dr. de Lucena, l'envoyé castillan auprès du roi d'Angleterre, copia les instructions que lui avait remises le roi Ferdinand et s'empressa de vendre l'original au roi de France.

6. Selon l'interpolateur de la chronique parisienne de Jean Roye, à qui l'on peut généralement se fier, et qui se montre ici très détaillé, en recevant le rapport de Louis Edouard IV dépêcha aussitôt un envoyé en France pour demander au roi quelles mesures il devait prendre à l'égard de Clarence. Louis posa cette question: « Etes-vous absolument certain que mon frère, le roi d'Angleterre, tient le duc de Clarence en son pouvoir? — Sire, oui », lui répondit l'autre. Citant un vers de Lucain, le roi dit alors: « *Tolle moras,*

saepe nocuit differe parates » (N'atermoie jamais, il en coûte souvent de remettre un projet.) L'ambassadeur demanda des éclaircissements, « mais il fut incapable de rien tirer d'autre du roi ». En février suivant (1478), le Parlement condamnait Clarence à mort pour crime de trahison. Peu de temps après, il était secrètement exécuté à la Tour, noyé — si l'on en croit de nombreux récits contemporains — dans une barrique de Malvoisie.

7. En Italie, la guerre entre alliances de puissances rivales était en train de commencer en même temps que l'avance des Turcs en Méditerranée menaçait la chrétienté. Sachant que Louis XI consacrait tous ses efforts à la pacification de l'Italie, Edouard IV chargea John Doget, trésorier de la cathédrale de Chichester, de discuter avec lui de ce qui pouvait être fait, et, si le roi le désirait, de se rendre à Rome pour seconder les efforts de la France. Avec magnanimité, le roi informa Doget que, bien qu'il se fût déjà proposé comme médiateur, il serait enchanté de voir son frère Edouard l'aider dans cette entreprise. Le 16 mars, il avait choisi Louis Toustain, l'un de ses secrétaires, pour accompagner Doget à Rome. Toustain avait reçu pour mission non seulement de présenter cette nouvelle offre de médiation conjointe, mais, où qu'il aille, de faire savoir aux puissances italiennes « en quels amour, bienveillance et intelligence se trouvaient unis les rois d'Angleterre et de France », et de les informer que, désormais « ce que l'un désirait, l'autre le désirait aussi ». Avant le fin du mois de mars, Doget et Toustain avaient pris la route de l'Italie.

En agissant ainsi, non seulement le roi de France prouvait son dévouement au roi d'Angleterre, mais il mettait à son service la courtoisie de celui-ci. Comme il devait le prévoir, l'empereur Frédéric III, père de Maximilien, piaffait de rage impuissante à l'idée que ce n'était pas à lui, le chef de la chrétienté, qu'incombait ce rôle de médiateur. Maximilien lui-même, cherchant désespérément l'appui d'Edouard IV, était ulcéré par cette démonstration d'amitié franco-anglaise, et fatiguait Edouard de vaines lamentations et de vaines propositions touchant une quelconque démonstration d'amitié anglo-impériale en Italie. Un an plus tard, le soudain intérêt qu'avait éprouvé Edouard à l'égard de Milan, de même que son désir de jouer un rôle en Italie, s'étaient évanouis; cependant, Louis avait d'ores et déjà tiré un profit certain de l'étrange impulsion de son allié.

8. Le seigneur de Hastings fit tout d'abord certaines difficultés. Refusant de signer un reçu, il déclara au trésorier français: « S'il vous plaît que je le prenne, vous le mettrez ici dedans ma manche et n'en aurez lettre ni témoin, car je ne veuille point que pour moi on dise que le grand chambellan d'Angleterre est pensionné du roi de France. » Quelque peu irrité, Louis donna pourtant à ses agents l'ordre de ne pas demander de reçu à Hastings, et, quelque temps plus tard, le jovial chambellan d'Edouard IV envoyait des chiens et des chevaux au roi de France et s'engageait à faire tout ce qui était en son pouvoir pour lui être utile.

9. Au lieu de cela, le roi Louis dépêcha le seigneur du Bouchage et deux autres négociateurs à Arras pour voir à quel résultat ils pourraient arriver en se conciliant certains appuis parmi les gens de Maximilien, et en créant des « divisions ». Par un flot de lettres et de réponses aux communications que lui adressaient les agents de ce nouveau front diplomatique, Louis encouragea, guida et conseilla le travail de ses hommes. Le 9 octobre : Refusez d'écouter plus avant les arguments touchant le droit des femmes à hériter; aussi longtemps que vous y prêterez attention, ils ne feront pas de propositions raisonnables. Le 29 octobre (dans une lettre adressée au seigneur du Bouchage, que Louis qualifie de « riche comte » pour railler son amour de l'argent) : « Faites comme verrez à l'œil; je vous avouerai de tout, et, si vous ne pouvez de grandes [choses], ne méprisez pas les petites. Et tenez-vous à l'écart des Anglais. » Le 3 novembre : Ne négligez rien; distribuez des sauf-conduits à ceux qui vous font des promesses, « pour mauvais qu'ils soient ». Voyez qui sont ceux qui désirent conclure un traité raisonnable, et de quel pouvoir ils disposent — Maximilien se montre quant à lui opposé à la paix. Le 8 novembre : Evitez de vous rendre dans une ville où vous risquez d'être surpris par les Anglais. Ne prenez aucun engagement, à moins que ce ne soit pour éviter une rupture. « Vous êtes bien bêtes si vous croyez qu'à cette grande assemblée ils entendent à chose raisonnable, car la douairière [Marguerite d'York] y est, qui n'y est pas pour autre chose que pour détourber. Aussi, là où il y a beaucoup de gens on se tient en grande fierté et en grandes demandes, et auront honte de confesser la nécessité devant tant de gens [...] Je n'enverrais pas devers le duc d'Autriche le premier, si n'est pas raison. Mon intention n'est que bonne, et si la sienne est bonne, qu'il mette un homme ou deux de sa part, et vous et Monseigneur de Souliers [Palamède Forbin]... besognez avec eux pour trouver tous les moyens qui se pourront penser pour venir à bonne fin, tant d'un côté que d'autre, et sans se faire prier ni d'un côté ni d'autre, mais tous, d'un assentiment, ouvrir aussi franchement pour qu'il semblera bon, comme pour parvenir au bien de paix et de bonne amitié. » Le 10 novembre : « Vous n'avez sinon à laisser départir de cette assemblée de Lille... [certains prélats et] tous les seigneurs ne sont venus que pour garder que on n'y fasse rien. Mais quand ces grossiers seront départis, si l'on a volonté de traiter, vous avez ceux de Gand, ou le chancelier... » Le 13 novembre : Les gens de Maximilien n'ont jamais deux fois les mêmes exigences mais présentent toujours de nouvelles propositions. « Vous voyez bien, sanglantes bêtes que vous êtes, qu'il ne tient qu'à l'en prier, et n'y ajoutez foi qu'à ce que vous verrez [...] Ils vous mentent bien; mentez bien aussi. » Le 11 décembre : « Monseigneur du Bouchage, vous avez pris trop grand peine pour moi; mais je m'ébahis comme ils sont si forts menteurs [...] Si quelqu'un veut faire quelque bon tour, je vous prie que vous l'achevez, afin que vous ne perdez pas votre peine; s'il n'y a rien de bon, allez-vous en faire vos pèlerinages. »

A ce moment-là, la passion de Louis pour les chiens vint encore compliquer ces délicates intrigues. Les Français ayant occupé pendant quelque temps un château appartenant au seigneur bourguignon de Bossu, l'un d'eux fut sensible à la qualité des superbes lévriers que possédait celui-ci et signala la chose au roi. Bossu comptait parmi ses amis l'un des principaux favoris de Maximilien, Wolfgang Polheim, qui avait été fait prisonnier à Guinegate, mais que Louis avait temporairement remis en liberté pour lui permettre de réunir l'argent de sa rançon, et dans l'espoir aussi qu'il parviendrait à convaincre Maximilien d'en venir à un accommodement. Cependant, le roi, que travaillait maintenant l'idée d'acquérir les chiens de Bossu, s'était mis en tête de se les procurer tout en augmentant la reconnaissance que lui devait Polheim. Dans la première de deux lettres datées du 13 novembre, il avait écrit à du Bouchage : « Si Polheim ne peut servir, au moins que j'aie les deux ou trois plus belles lévrières que ait monseigneur de Bossu et deux jeunes lévriers ou ce que y sera de bon; et vous en enquérerez bien ce qu'il a [...] Je sais que Monseigneur de Bossu ne les baillera pas s'il n'y a pas deux ou trois cents marcs d'argent; ne plevez rien, car je paierai. » Un mois plus tard, il écrivait encore : « Monseigneur du Bouchage, vous avez toute puissance touchant Polheim; mais donnez-vous garde qu'il ne vous trompe pas et qu'il ne vous baille pas lévrières châtrées et petites, et n'en prenez point qui ne soient bien grandes, ni, des lévriers, qui ne soient bien grands; et les m'envoyez bien sagement, qu'il n'y ait nul mal en chemin. » Quatre jours plus tard (le 17 décembre), le roi essayait d'expliquer, et peut-être de justifier, ce souci qu'il prenait des chiens de Bossu : il avait ainsi, déclara-t-il à du Bouchage, un prétexte pour s'approcher de Polheim et l'amener à se montrer plus favorable à la cause française. Pourtant, l'intérêt passionné qu'il portait aux lévriers n'en restait pas moins évident. « Je donnerai à Monseigneur de Bossu cent ou deux cents marcs d'argent, selon ce qu'il me fournira, affirmait-il à du Bouchage; et dites bien à Monseigneur de Bossu que je ne veux pas ses lévriers sans lui donner ce qu'il vous dira. » Cependant, début 1481, Bossu laissait entendre qu'il exigerait un dédommagement particulier pour ses incomparables bêtes; Polheim s'était en quelque sorte révélé inutile, et les négociations furent bientôt abandonnées.

10. Louis fait allusion à sa victoire dans une lettre qu'il écrivit dans le courant du mois de juin au seigneur de Hastings : « Mon bon cousin, j'ai été averti par aucuns marchands de Normandie venant d'Angleterre, comme il a couru un bruit par delà que j'étais à Boulogne, et que j'allais mettre le siège à Calais. Mon bon cousin, pour ce que la chose me touche et à mon honneur, je vous prie que veuillez bien dire à Monseigneur mon cousin [Edouard IV] que je n'y pensai oncques, ni le voudrais faire, ni souffrir toucher au moindre village de la terre de Calais, et que quand aucuns y voudraient entreprendre, je le voudrais défendre à mon pouvoir. Et ne suis bougé du Plessis du Parc jusques au vingt-sixième jour du mois de mai, et m'en vais voir mon champ

auprès du Pont de l'Arche, que je n'ai encore vu, et ai mandé Monseigneur d'Esquerdes [Philippe de Crèvecœur] et les Picards pour y être à la fin de ce mois. Et je vous assure que la vérité est celle-là, *et ne trouvera point Monseigneur mon cousin faute en ce que lui ai promis.* » (Les italiques ne sont pas dans le texte.) Cette dernière phrase atteste que Louis avait amené Edouard IV à céder.

CHAPITRE XXIII
La question italienne

1. Le 3 octobre, Commynes dépêcha à Palmier une lettre dont il avait auparavant donné aux envoyés milanais le loisir de copier subrepticement le texte : « Après votre départ, il s'est passé à Milan ce que vous avez sans doute appris depuis. Il est nécessaire que vous vous rendiez au plus vite auprès du roi Ferrante, car tout dépend de lui, et que vous appreniez quelles sont ses intentions au sujet de ce que le prince son fils lui a fait savoir. Entre autres choses, il était question d'expulser Messer Cicco du gouvernement ... pour mettre au pouvoir ceux qui y sont aujourd'hui. C'est maintenant chose faite. Mais pour rien au monde le roi ne tolérerait qu'on touche aux Florentins ni à la personne de Laurent; et si, à Milan, on songeait à faire la guerre à Florence, le roi est décidé à mettre tout en œuvre pour aider Laurent et les Florentins. » Cette missive était accompagnée d'une lettre du prince de Tarente écrite dans le même esprit.

CHAPITRE XXIV
Souverain et royaume

1. Avec Marguerite d'Anjou, morte en 1482, s'éteignit le dernier des Angevins. Cette princesse, dont l'existence avait été toute de passions et d'infortunes, s'était vue libérée par les Anglais contre une rançon de cinquante mille écus versée par Louis XI, et vivait depuis dans une triste retraite grâce à une pension qu'elle avait obtenue du roi après avoir renoncé aux droits qu'elle aurait pu faire valoir sur l'héritage angevin. En apprenant son décès, Louis écrivit à sa première dame d'honneur : « Madame, j'envoie devers vous mon écuyer d'Ecurie, Jean de Châteaudreux, pour m'amener tous les chiens que vous avez eus de la feue reine d'Angleterre. Vous savez qu'elle m'a fait son héritier, et que ce sera tout le meuble que j'en aurai; aussi c'est celui que j'aime le mieux. Je vous prie, n'en retenez point, car vous me feriez terriblement grand déplaisir; mais si vous savez autre qui ait, que vous le disiez audit Châteaudreux. »

2. Peut-être parce que son père avait été un petit officier royal

à une époque où il était souvent difficile pour des hommes de cet état de vivre dans un domaine princier, Jean Doyat se montra dès son jeune âge le fidèle partisan de Louis XI. Durant la campagne qu'entreprit celui-ci dans le Bourbonnais au printemps 1465, il rendit de précieux services avec l'artillerie royale. Le roi ne l'oublia pas, et, l'année suivante, en remerciement de son dévouement, il l'arracha à Cusset, endroit qui l'avait vu naître, pour le prendre à son service en tant que valet de la garde-robe. En 1477, son intelligence et sa fidélité l'avaient signalé dans l'esprit du roi comme l'homme capable entre tous de plier le duc de Bourbon à l'autorité de la justice royale. Nommé bailli et capitaine de Cusset, Doyat devint en fait le représentant de Louis dans le Bourbonnais. Il s'y prit avec tant d'habileté pour réduire à l'obéissance les officiers de justice et de police du duc de Bourbon, que le roi le fit bientôt « conseiller de chambellan », baron de Montréal et gouverneur de l'Auvergne. En 1480, en conséquence des enquêtes et des batailles juridiques menées par Doyat, les principaux officiers du duc furent convoqués devant le Parlement de Paris pour répondre à une série de charges impressionnante (ils étaient notamment accusés d'avoir émis des lettres de grâce, créé des foires, battu monnaie, contraint des gens à renoncer à des sauf-conduits signés par le roi, et dirigé des procès touchant les biens des églises cathédrales). A cette occasion, le roi adressa au Parlement une sévère mise en garde : « Nous ne voulons point ôter de la jouissance que avait le feu duc Charles de Bourbon, ni notre très cher et très aimé frère le duc de Bourbon, qui est à présent, en leurs pays, à l'heure du trépas de feu notre très cher seigneur et père, cui Dieu pardonne; et aussi nous ne voulons point qu'il ne nous laisse jouir de ce que notre dit feu seigneur et père jouissait à ladite heure, ni qu'il jouisse de rien plus avant. Et pour ce, gardez que vous ne le fassiez point autrement et qu'il n'y ait point de faute. Et quand vous le feriez autrement, nous le déferions, et sommes délibéré que la chose demeure en cet état. » Le procès dura une année, au terme de laquelle les officiers ducaux furent libérés. Cependant, le Parlement décréta que leurs entreprises avaient manifestement empiété sur l'autorité royale, et réaffirma le principe selon lequel toute justice émane du roi. En outre, Louis ordonna que des séances spéciales, les « Grands Jours », fussent tenues dans les territoires du duc. Le Parlement avait également porté certaines accusations contre Gesffrey Hébert, le docte évêque de Coutances, conseillé intime de Bourbon, à qui l'on reprochait de pratiquer la nécromancie pour favoriser les projets du duc. Jeté en prison par le Parlement, il fut libéré cinq mois plus tard sur ordre de Louis XI. Lorsque l'archevêque de Tours osa protester parce qu'un tel traitement avait été infligé à un prélat, le roi ne fit pas attendre sa réponse : « Pour ce qui est de Monseigneur de Coutances, qui fut arrêté à Paris, dites à Monseigneur de Tours que ce fut fait en accord avec la justice, et que si je n'avais pas ordonné qu'on le libère, il lui en aurait cuit. Il évoque les démons en grec, en latin et en français, et sert ainsi Monseigneur de Bourbon, et il en a fait plus pour lui qu'il n'eût convenu. » A n'en pas douter, les démons auxquels songeait Louis étaient ceux du féodalisme, car lui-même prenait plaisir à consulter les astrologues, tout comme Bourbon, Bretagne et le feu duc de Nemours.

Doyat se remit au travail avec le même zèle et s'établit cette fois à Clermont, dans les domaines auvergnats du duc de Bourbon. Pendant des siècles, les bourgeois de cette ville avaient lutté pour sauvegarder leurs droits contre leur évêque, qui était alors le frère de Bourbon, Charles, archevêque de Lyon. Après avoir persuadé ceux-ci de demander au roi une charte qui élèverait leur ville au rang de municipalité — charte qui leur fut bientôt accordée —, Jean Doyat se mit en devoir de renforcer la justice, de développer le commerce et enfin de créer une université. Lorsque, durant l'hiver 1480-1481, la famine et la peste s'abattirent sur Clermont, il quitta la cour en hâte pour voler au secours de la ville, agrandissant les hôpitaux, distribuant des aumônes, assurant le ravitaillement en blé. Cependant, Louis voulut bientôt avoir ce fils spirituel auprès de lui et rappela Doyat à la cour, où il devint l'un de ses principaux conseillers. A la mort du roi, il devait payer cher les services rendus dans le passé. Arrêté par le duc de Bourbon, il se vit condamner à un châtiment exemplaire : dépouillé de tous ses biens, il fut banni du royaume après avoir subi le supplice du fouet, s'être fait couper une oreille et percer la langue au fer rouge. Cependant, il survécut suffisamment longtemps pour entrer au service du fils de Louis XI et s'illustra comme artilleur dans la campagne qu'entreprit Charles VIII en Italie. Il conduisit l'artillerie française au-delà des Alpes sans perdre un seul canon, et mourut alors qu'il s'occupait de négocier la reddition d'une petite ville du royaume de Naples.

3. Exacerbée encore par les exactions du seigneur du Lude et de ses officiers, l'intransigeance des habitants d'Arras avait été à l'origine d'une série d'actes de désobéissance, de complots et de petites révoltes. C'est au début de l'année 1479 que le roi décida d'expulser les fauteurs de troubles et de mettre sur pied un plan de colonisation municipale. L'idée générale n'en était pas absolument nouvelle. Au siècle précédent, les Anglais avaient transformé Calais en une colonie anglaise, et, après la mort d'Henri V, ils avaient fait en Normandie certains essais de colonisation; cependant, jamais une entreprise socio-économique aussi poussée que celle qu'envisageait Louis n'avait été tentée. Après en avoir tracé les lignes générales avec ses conseillers financiers, des marchands députés et un certain nombre de conseillers municipaux, Louis nomma une commission dont les membres furent chargés de convoquer à Tours une assemblée réunissant les représentants des principales villes du royaume. A cette assemblée, le projet fut discuté, amendé et développé dans le détail. Louis avait pris soin de consulter des experts et de s'assurer à l'avance l'approbation, sinon l'enthousiasme, de l'ensemble de la bourgeoisie française; mais, de même qu'il en avait conçu l'idée, c'est lui qui devait veiller à sa mise

en œuvre et élaborer l'essentiel des règlements et des clauses qui allaient permettre sa réalisation. Vers la mi-mai (1479), les habitants d'Arras commencèrent à partir, et, avant la fin du mois de juin, soit qu'ils eussent eux-mêmes choisi de la faire, soit qu'ils y eussent été contraints, la plupart d'entre eux s'en étaient allés. Certains avaient trouvé refuge et assistance dans quelque ville française; les autres avaient cherché asile en territoire bourguignon. Arras prit désormais le nom de « Franchise »; et, pour les encourager à créer une cité modèle et à mettre tout leur cœur à la poursuite de la fabrication du drap, on exempta les nouveaux colons de toutes taxes et de tous impôts. En juin, dans toute la France, des assemblées régionales mirent les représentants des villes environnantes au courant des derniers détails de l'expérience du roi Louis.

Franchise devait être colonisée par trois mille ménages d'artisans et de boutiquiers, auxquels vinrent s'ajouter quelques riches marchands. Chacune des principales villes du royaume eut à fournir sa part de colons : Orléans, soixante-dix chefs de famille; Tours, cinquante; Troyes, quarante-huit; Evreux, vingt-cinq; et ainsi de suite. Huit provinces du Midi durent envoyer chacune vingt marchands et deux cents ouvriers. L'accent était mis sur les travailleurs de la laine et sur les producteurs de drap. Outre son contingent d'ouvriers et de commerçants, Orléans fournit à Franchise deux barbiers, trois boulangers, deux fabricants de chandelles, un chemisier, deux charpentiers, trois maçons, deux meuniers et un tenancier d'auberge. Aux frais de leurs villes respectives, les nouveaux colons reçurent des indemnités soigneusement calculées en fonction de la valeur des biens qu'ils laissaient derrière eux, de la longueur du voyage qu'ils devaient entreprendre et du nombre de membres que comptait leur famille. On leur donna en outre deux mois de gages fixés à six livres par ménage. Entre le 5 et le 14 juillet, soit à Senlis, soit au point de Meulan, à l'ouest de Paris, tous les contingents municipaux furent soumis à une inspection dirigée par des commissaires royaux. Ils furent ensuite groupés par convois avant de continuer vers le nord. Entre Amiens et Arras, une escorte militaire était chargée de les protéger contre d'éventuelles attaques bourguignonnes.

L'ennui fut que les nouveaux colons, objets de tant de soins, persistèrent à agir comme des êtres humains, ne se préoccupant que de leurs petits bénéfices, et manifestant le plus parfait mépris pour l'ensemble du concept. Si, parmi les artisans et les marchands, certains avaient été heureux de répondre à l'appel de l'aventure et de la fortune, la plupart n'avaient pas souhaité quitter leur maison pour vivre une existence nouvelle. Un ambassadeur milanais écrivit de Paris qu'il avait vu quinze cents hommes se rendre à Franchise « les larmes aux yeux ». L'envoyé de Ferrare, Nicolas de Roberti, nota : « La majeure partie [des colons] ne s'en va que parce qu'elle y a été contrainte, et le roi s'est ainsi aliéné la sympathie de bien des gens ». Les villes avaient bien sûr saisi l'occasion qui s'offrait à elles pour se débarrasser des membres les moins désirables de la communauté. Craignant que seize d'entre ceux qu'ils avaient désignés pour partir ne soient renvoyés par les commissaires royaux de Meulan, les officiers d'Orléans firent tenir à ceux-ci du vin et mille écus d'or. Six hommes seulement furent refusés, qu'il fallut remplacer immédiatement, ainsi qu'un certain nombre de femmes accompagnées de leurs enfants, qui avaient cru trouver là le moyen de quitter leurs maris. C'est un bien triste cortège qui s'achemina à travers les plaines de Picardie — hommes juchés sur de mauvais chevaux, femmes et enfants ballottés au fond de charrettes garnies de paille, chariots où s'empilaient pêle-mêle ustensiles de ménages, meubles et instruments de travail. A Franchise, les maisons s'emplirent de familles nouvelles, les échoppes, de nouveaux artisans; mais rien ne se passa; la ville ne se décida pas à reprendre vie. Pour la plupart, les colons ne s'intéressaient pas à leur travail; nulle marchandise ne fut produite qui pût être lancée sur le marché; apparemment, les gens préféraient avoir faim et se lamenter sur leur sort.

Refusant de s'avouer vaincu, le roi Louis convoqua ses experts et repartit en guerre. Il décida qu'on n'avait pas prêté suffisamment attention à la fabrication du drap, industrie traditionnelle de la ville; aussi ordonna-t-il d'effectuer un nouveau recrutement, limité cette fois à des marchands et à des ouvriers spécialisés dans les textiles. Franchise commença donc à produire du drap, mais en quantité insuffisante, et d'une qualité trop souvent médiocre. En 1481, Louis imagina encore un nouveau plan. Pour pallier le manque de capitalisation, il procéda à la création de compagnies dont chacune jouissait d'un capital de cinq mille écus. Mais le royaume refusa d'acheter le drap que produisaient celles-ci, en raison de son prix trop élevé et de sa qualité toujours imparfaite. Le roi donna alors à la cité une organisation municipale, multiplia ses privilèges et exemptions, et décréta que les autres villes de France devraient absorber les produits textiles fabriqués par les ouvriers de Franchise. Chaque pièce de drap fut scellée d'un cachet de plomb et marquée d'un F. Cependant, cette mesure inspira aux colons toute espèce de subterfuges, mais s'avéra incapable de les encourager au travail. A la fin, Louis autorisa malgré lui les nouveaux habitants de Franchise à s'en aller retrouver leurs anciennes demeures, et permit à son ancienne population de regagner Arras.

4. Louis se montra toujours avide d'accroître ses connaissances dans toutes sortes de domaines. Ayant été informé d'un décès dont les causes demeuraient mystérieuses, il ordonna que le cadavre du défunt fût soumis à une autopsie minutieuse. Un samedi de février 1480, il fit effectuer une expérience scientifique d'un genre différent. En présence du maire et de quatre magistrats de Tours, de quelques officiers royaux et de prêtres de la ville, « on éprouva certains poisons que l'on fit absorber à un chien dans du mouton frit et dans une omelette ». Le maire et ses adjoints signèrent solennellement un certificat de décès. Le lendemain, dans une pièce où brûlait un feu d'enfer et où les attendait un plantureux repas « au cas où ils manqueraient le dîner », sept chirurgiens entre-

prirent d'autopsier la bête sous les yeux des fonctionnaires. Par la suite, l'animal fut enterré sur les rives de la Loire. Le rapport qui fut adressé au roi concernant cette expérience a malheureusement disparu.

EPILOGUE

Après la mort de Louis XI, les choses devaient mal tourner pour Philippe de Commynes. La puissante famille de La Trémoille intenta une action en justice pour rentrer en possession de la vaste principauté de Talmont, que Louis XI avait donnée à Commynes en tenant plus compte des services qu'il lui avait rendus que de la valeur du titre attaché à la propriété, et que Commynes s'efforça de conserver par des moyens pas toujours scrupuleux — faisant, non sans raison, remarquer au Parlement de Paris que ce n'était pas de par sa volonté à lui, mais de par celle du défunt souverain, qu'il était devenu prince de Talmont. Dans l'espoir d'assurer son salut, il se fit tout naturellement partisan de Louis, duc d'Orléans, qui avait pris la tête des princes désireux de rétablir l'ancien régime féodal (*cf.* : Epilogue). En conséquence de quoi, après la Guerre Folle, il tâta durant cinq mois de la cage de fer au château de Loches, qu'il quitta ensuite pour être transféré dans une prison parisienne. En 1489, le Parlement adjugea Talmont à la famille de La Trémouille et condamna Commynes à payer des frais importants et à se retirer dans ses terres. C'est durant cette année-là et durant la suivante qu'il rédigea la première partie de ses *Mémoires,* la biographie de Louis XI. En 1491, retrouvant la faveur de la cour, il était à nouveau membre du Conseil royal. En 1494, après avoir franchi les Alpes avec Charles VIII, les favoris de ce dernier se débarrassèrent de lui et de ses précieux conseils en l'envoyant apaiser les Vénitiens tandis que le roi poursuivait son voyage en direction de Naples. Ne recevant que de rares nouvelles et pratiquement pas d'instructions, il assista sans pouvoir rien faire à la naissance de la coalition qui devait se former contre la France au cours du printemps 1495. Après avoir rejoint Charles VIII sur le chemin du retour, il participa à la bataille de Fornovo, dont il fit dans ses *Mémoires* une brillante description, et, malgré le peu de crédit dont il jouissait, joua un rôle déterminant dans la conclusion de l'accord provisoire qui allait permettre au roi de regagner la France. Entre 1497 et 1498, ses talents demeurant inemployés, il consacra son temps à compléter et à réviser ses *Mémoires*. Lorsque, en 1498, Louis XII monta sur le trône, Commynes devint une fois encore conseiller royal et accompagna le nouveau souveraint dans une expédition organisée contre Gênes en 1507. Quatre ans plus tard, le 18 décembre 1511, à la suite d'un « soudain accident », il mourait à Argenton, à l'âge de soixante-cinq ans environ.

BIBLIOGRAPHIE

Une liste des œuvres qui peuvent être utiles à l'étude de la vie de Louis XI — liste englobant non seulement les sources et les traités qui éclairent l'ensemble de la scène politique européenne au XVᵉ siècle, mais, comme il se doit, les documents qui touchent aux aspects social, économique et administratif du règne — constituerait presque un livre à elle seule. Dans cette bibliographie, je me suis donc limité à citer les principaux manuscrits, documents imprimés, articles et livres savants sur lesquels cette biographie se trouve directement basée. Elle doit être en quelque sorte envisagée comme un substitut pratique de ce qui serait sinon un appareil de notes encombrant. Ainsi, après avoir cité les ouvrages traitant de la vie de Louis XI en général, j'ai divisé cette bibliographie en différentes sections, correspondant à celles qui constituent le livre, où j'énumère les sources qui m'ont été plus particulièrement utiles à la rédaction de telle ou telle partie. Contrairement aux précieux documents diplomatiques italiens (cf. *Préface*), les manuscrits que recèlent les archives françaises, et notamment la vaste collection de la Bibliothèque nationale, à Paris, ont été soigneusement étudiés; les écrits les plus importants ont été publiés en appendices à toute une série d'éditions savantes d'autres ouvrages de base, comme dans l'édition du XVIIIᵉ siècle des *Mémoires* de Commynes en quatre volumes, publiée par N. Lenglet du Fresnoy. Dans la bibliographie, les œuvres historiques dans lesquelles se trouvent ainsi reproduits des documents de première main sont signalées par un astérisque.

Dans mes recherches, j'ai suivi les routes qu'emprunta le roi Louis à l'occasion de ses voyages et de ses campagnes à travers la France, et j'ai visité les principaux lieux qui, dans la vallée de la Loire ou ailleurs, demeurent associés à son nom; pour les principales batailles décrites — celles de Montlhéry (juillet 1465), au sud de Paris; de Grandson (mars 1476), sur les rives du lac de Neuchâtel; de Morat (juin 1476), localité qui, comme la précédente, appartient à la Suisse actuelle —, j'ai étudié le terrain à la lumière des comptes rendus qui en ont été donnés à l'époque. Montlhéry a sans doute fait l'objet de récits plus détaillés et de provenances plus diverses qu'aucun des combats qu'ait alors connus l'Occident. Pour chacune de ces trois batailles auxquelles il assista, le témoignage de Giovanni Pietro (Jean-Pierre) Panigarola, ambassadeur de Milan à la cour de France, de 1465 à 1468, et à la cour de Bourgogne, de 1475 à 1476, revêt un intérêt sans prix.

OUVRAGES GÉNÉRAUX

I. Documents manuscrits

Bibliothèque nationale, Paris : Le Grand Mss., B. N. fonds français 6963-6990. B. N. fonds italiens 1585-1588; — 1593-1595, 1649 (documents diplomatiques italiens).

Archivio di Stato, Milan : Archivio Sforzesco, Potenzi Estere : *Borgogna,* cart. 514-521 (1450-1481); — *Savoya,* cart. 491-497 (1474-1476); — *Francia,* cart. 524-525 (1450-1461), cart. 532-545 et 1312 (1466-1482).

II. Documents imprimés, livres et articles

ARNAUD (Eugène) : « Louis XI et les Vaudois du Dauphiné » (documents inédits de 1479), Paris, Impr. Nat., 1896. (Extr. du *Bulletin historique et philologique,* 1895.)

ASSE (E.) : *Louis XI et Charles le Téméraire,* Paris, 1889.

BARANTE (de) : *Histoire des ducs de Bourgogne,* 12 vol., Paris, 1824-1826.

BARBÉ (Louis A.) : *Margaret of Scotland and the Dauphin Louis,* Londres, 1917.

BASIN (Thomas) : *Histoire des règnes de Charles VII et de Louis XI,* éd. J. Quicherat, 4 vol., Paris, 1855-1859.

BAZIN (Arthur) : *Compiègne sous Louis XI...,* Compiègne, 1907.

BEAUREPAIRE (Charles de) : *Notes sur six voyages de Louis XI à Rouen,* Rouen, 1458. (Egalement in : *Travaux de l'Académie de Rouen,* 1856-1857.)

BERNUS (P.) : *Louis XI et Pierre de Brézé, Angers,* 1912.

BITTMAN (Karl) : *Ludwig XI und Karl der Kühne : die Membiren des Philippe de Commynes als historische Quelle,* I, Gottingen, 1964.

BONNAFOUS (M.) : *Toulouse et Louis XI,* Toulouse, 1927.

BOSSEBŒUF (L.) : *Dix Ans à Tours sous Louis XI...,* Tours, 1890; — « Comptes royaux inédits », in *Bulletin de la Société archéologique de Touraine,* XII, 1900.

BOULIEU : « Louis XI à Lyon », in *Revue d'histoire de Lyon,* II, 1903.

BRICARD * (G.) : *Un serviteur et compère de Louis XI, Jean Bourré,* Paris, 1893.

Bulletin de la Société archéologique du Finistère, X, pp. 100-133 (correspondance, etc., de Louis XI et de François II de Bretagne).

Buser (B.) : *Die Beziehungen der Mediceer zu Frankreich, 1433-1494, in ihrem Zusammenhang mit den allgemeinen Verhalnisse Italiens,* Leipzig, 1879.

Caillet (Louis) : *Etude sur les relations de la commune de Lyon avec Charles VII et Louis XI, 1417-1483. Annales de l'Université,* de Lyon, fasc. 21, Lyon-Paris, 1909.

Calmette * : *Joseph, Louis XI, Jean II, et la révolution catalane,* Toulouse, 1903; — et Périnelle * (G.) : *Louis XI et l'Angleterre,* Paris, 1930.

Carrière (V.) : *Nicole Tilhart, secrétaire et général des Finances de Louis XI, Le Moyen Age,* Paris, 1905.

Cerioni (Lydia) : « La Politica Italiana di Luigi XI », dans *Archivio Lombardo,* sér. 8, vol. I-II (1949-1950), pp. 58-156.

Chabannes (H. de) : *Preuves... Histoire de la Maison de Chabannes,* 4 vol., Dijon, 1890-1898:

Champion (Pierre) : *Vie de Charles d'Orléans,* Paris, 1911; — *François Villon, sa vie et son temps,* 2 vol., Paris, 1913; — *Louis XI,* Paris, 1927.

Champollion-Figeac (J.-J.), éd. : *Documents historiques inédits,* 4 vol., Paris, 1843-1848.

Chantelauze (R.) : *Portraits historiques : Philippe de Commynes,* 2e édition, Paris, 1887.

Charavay (E.), Vaesen (J.) et Mandrot (B. de), éd. : *Lettres de Louis XI,* 11 vol., Paris, 1883-1909.

Chastellain (Georges) : *Œuvres,* éd. Kervyn de Lettenhove, 8 vol., Bruxelles, 1863-1866.

Chevalier (Ulysse) : *Répertoire des sources historiques du Moyen Age,* 2 vol., Paris, 1907.

Chmel (Joseph) : « Briefe und Actenstücke zur Geschichte der Herzog von Mailand von 1450 *bis* 1503 », dans *Notizenblatt,* VI (1856).

Cimber (M. L.) et Danjou (A.) : *Archives curieuses de l'histoire de France,* sér. I, I, Paris, 1834.

Combet (J.) : *Louis XI et le Saint-Siège,* Paris, 1903.

Commynes * (Philippe de) : *Mémoires,* éd. N. Lenglet du Fresnoy, 4 vol., Paris, 1747; — *Mémoires* *, éd. Mlle Dupont, 3 vol., Paris, 1840-1847; — *Mémoires,* éd. B. de Mandrot, 2 vol., Paris, 1901-1903; — *Mémoires,* éd. J. Calmette et G. Durville, 3 vol., 1924-1925.

Courteault (H.) : *Gaston IV, comte de Foix,* Bibliothèque méridionale, sér. II, vol. III, Toulouse, 1895.

Degert (Antoine) : « Louis XI et ses ambassadeurs », dans *Revue historique,* 154 (1927), pp. 1-19.

Desjardins (A.) et Canestrini : *Négociations diplomatiques de la France avec la Toscane,* I, Paris, 1859.

Diesbach (M. de) : *Louis de Diesbach, page de Louis XI,* Paris, 1901 (trad.).

DODU (Gaston) : « Louis XI », dans *Revue historique*, CLXVIII (1931), pp. 55-57.

DOUCET (R.) : « Le gouvernement de Louis XI », dans *Revue des cours et conférences*, 1922-1923 et 1923-1924.

DOUET D'ARCQ (L.) : *Comptes de l'hôtel des rois de France aux XIV° et XV° siècles*, Paris, 1863.

DU CLERCQ (Jacques) : *Mémoires*, éd. F. A. F. T. de Reiffenberg, 4 vol., 2° édition, Bruxelles, 1835-1836.

DUCLOS : *Histoire de Louis XI*, 4 vol., Paris, 1745; — *Recueil de pièces pour servir de suite à l'histoire de Louis XI*, Paris, 1746.

DUFOURNET (Jean) : *La Destruction des mythes dans les Mémoires de Philippe de Commynes*, I, Genève, 1966.

DUPONT-FERRIER (G.) : *Etudes sur les institutions financières de la France à la fin du Moyen Age*, 2 vol., Paris, 1930-1932.

DUPUY (A.) : *Histoire de la réunion de la Bretagne à la France*, 2 vol., Paris, 1880.

DUYSE (Prudent van) et BUSSCHER (Edmund de) : *Inventaire analytique des chartes et documents appartenant aux archives de la ville de Gand*, Gand, 1867.

FAWTIER (R.) : « Organisation de l'artillerie royale au temps de Louis XI », dans *Essays in Medieval History*, Manchester, 1925.

FLORIO (Francesco) : *Description de Tours*, éd. A. Salmon; — *Mémoires de la Société archéologique de Tours*, VII (1854), p. 82.

FORGEOT (Henri) : *Jean Balue, cardinal d'Angers*, Paris, 1895.

GACHARD (Louis-Prosper) : *Collection de documents inédits concernant l'histoire de la Belgique*, 3 vol., Bruxelles, 1833-1835; — *Compte rendu des séances de la Commission d'histoire de Belgique*, II, 2, pp. 269-448; II, 3, pp. 193-324 (1852-1853); — *Notices et extraits des manuscrits qui concernent l'histoire de la Belgique*, 2 vol., Bruxelles, 1875-1877.

GANDILHON (A.) : *Contribution à l'histoire de la vie privée et de la cour de Louis XI*, Bourges, 1906.

GANDILHON (René) : « Louis XI, fondateur du service des postes en France », dans *Revue historique*, 183 (1938), pp. 37-41; — *Politique économique de Louis XI*, Paris, 1941.

GHINZONI (P.) : « Galeazzo Maria Sforza e Luigi XI », dans *Archivio Storico Lombardo*, sér. 2, II (1885), pp. 17-32.

GUÉRIN (P.) et CELIER (L.) éd. : *Recueil de documents concernant le Poitou...*, vol. X-XII, Poitiers, 1906-1919.

GUILLAUME : *Histoire de l'organisation militaire sous les ducs de Bourgogne* (Mémoires couronnés par l'Académie de Bruxelles), XXII (1847-1848).

HARCOURT (Louis d') et NAUMENÉ (C.) : *Iconographie des rois de France de Louis XI à Louis XIII*, Paris, 1929.

HAYNIN (Jean de) : *Mémoires*, éd. R. Chalon, Société des bibliophiles de Mons, 2 vol., Mons, 1842.

HUIZINGA (J.) : « L'Etat bourguignon, ses rapports avec la France et les origines d'une nation néerlandaise », dans *Le Moyen Age*, XL, XLI, Paris, 1930-1931.

HARDI (Vincent) : « Fifteenth-Century Diplomatic Documents in Western European Archives and Libraries (1450-1494) », dans *Studies in the Renaissance*, IX (1962), pp. 64-112.

JAURGAIN (J.) : *Deux comtes de Comminges : Jean de Lescun et Odet d'Aydie*, Paris, 1919.

KENDALL (Paul Murray) : *Richard the Third*, Londres et New York, 1955; — *The Yorkist Age*, Londres et New York, 1962; — et ILARDI (Vincent), éd. : *Dispatches, with Related Documents, of Milanese Ambassadors in France and Burgundy, 1450-1483*, Ohio, 1970.

KIRK (J. F.) : *History of Charles the Bold, Duke of Burgundy*, 3 vol., Londres, 1863-1868.

LA MARCHE * (Leçoy de) : *Le Roi René*, 2 vol., Paris, 1879.

LA MARCHE (Olivier de) : *Mémoires*, éd. H. Beaune et J. d'Arbaumont, 4 vol., Paris, 1838-1888.

LA MURE (J. M. de) : *Histoire des ducs de Bourbon*, éd. R. Chanlauze, Paris, 1868, vol. II.

LA TRÉMOILLE (duc de) : *Archives d'un serviteur de Louis XI, Louis de La Trémoille*, 1451-1481, Nantes, 1888.

LAUER (Philippe) : *Les Chapeaux de Louis XI*, Paris, 1926.

LAVISSE (E.) : *Histoire de France*, Paris, 1902, vol. 4, deuxième partie.

LEGEAY (U.) : *Histoire de Louis XI*, Paris, 1874.

LESELLIER (J.) : « Une curieuse correspondance inédite entre Louis XI et Sixte IV », dans *Mélanges d'archéologie et d'histoire*, XLV, 1928, Ecole française de Rome.

LESEUR (Guillaume) : *Histoire de Gaston IV, comte de Foix*, éd. H. Courtenault, 2 vol., Paris, 1893-1896.

LETTENHOVE (Kervyn de) : *Lettres et négociations de Philippe de Commynes*, 3 vol., Bruxelles, 1867-1874; — *Chroniques relatives à l'histoire de la Belgique sous la domination des ducs de Bourgogne*, 3 vol., Bruxelles, 1873.

LINCEY (Leroux de) : *Chants historiques et populaires du temps de Charles VII et de Louis XI*, Paris, 1857.

LINCY (Le Roux de) et TISSERAND : *Paris et ses histoires*, Paris, 1867 (dans cet ouvrage : Antoine ASTESAN : « Eloge descriptif de la ville de Paris et des principales villes de France).

LOT (Ferdinand) et FAWTIER (Robert), éd. : *Histoire des institutions françaises au Moyen Age*, 2 vol., Paris, 1957.

LOUANDRE : *Lettres et bulletins des armées de Louis XI aux officiers municipaux d'Abbeville*, Abbeville, 1837.

LUCE (S.), éd. : *Chronique du Mont Saint-Michel, 1443-1468*, 2 vol., Paris, 1879-1883.

MANDROT (Bernard de) : *Jacques d'Armagnac, duc de Nemours*, Paris, 1890. (Egalement dans *Revue historique*, XLIII, XLIV, 1890.) — *Les relations de Charles VII et de Louis XI avec les cantons suisses, 1444-1483*, Zurich, 1881; — *Louis XI, Jean d'Armagnac, et le drame de Lectoure*, Paris, 1888. (Egalement dans *Revue historique*, XXXVIII, 1888.)

MARCHEGAY (P.), éd. : « Lettres de Marie de Valois à Olivier de

Coëtivy, 1458-1472 », Annuaire départemental de la société d'émulation de la Vendée, 1874.

MARNEFFE (E. de) : *Itinéraire de Charles le Hardi, comte de Charolais, puis duc de Bourgogne. Bulletin de la Commission royale d'histoire,* 4e série, XII (1885).

MATTINGLY (Garret) : *Renaissance Diplomacy,* Londres, 1955.

MAULDE (R. de) : *Procédures politiques du règne de Louis XI,* Paris, 1885.

MAUPOINT (Jean de) : *Journal parisien,* éd. G. Fagniez; — *Mémoires de la Société d'histoire de Paris et de l'Ile-de-France,* IV, Paris, 1878.

MAZZATINTI (Giuseppe) : *Inventorio dei Manoscritti Italiani delle Biblioteche di Francia,* 3 vol., Rome, 1886-1888.

MENABREA (L.), éd. : *Chronique de Yolande de France,* Chambéry, 1859.

MESCHINOT (Jean) : « Satires contre Louis XI », éd. A. La Borderie, dans *Jean Meschinot, sa vie et ses œuvres,* bibliothèque de l'Ecole des Chartes, 1895.

MICHELET (Jules) : *Louis XI et Charles le Téméraire,* Paris, 1853.

MOLINET (Jean) : *Chroniques,* éd. J. Buchon, 2 vol., Paris, 1827-1828.

MOLINIER (A.) : *Les Sources de l'histoire de France des origines aux guerres d'Italie* (1494), Paris, 1901-1906.

MORICE * (P. H.) : *Mémoires pour servir de preuves à l'histoire de Bretagne,* 3 vol., Paris, 1742-1746.

NATALE (A. R.) : « I Diari di Cicco Simonetta », dans *Archivo Storico Lombardo,* série 8, vol. I, 1949, pp. 80-114; vol. 2, 1950, pp. 157-180.

Œuvres complètes de Duclos, IV (Preuves), Paris, 1806.

Ordonnances des rois de France de la troisième race, vol. XV-XIX, Paris, 1811-1835.

PASQUIER (F.) : « Un favori de Louis XI, Boffile de Juge », dans *Documents inédits de Chartier de Léran* (Archives historiques de l'Albigeois X), Paris, 1956.

PERRET (P. M.) : *Histoire des relations de la France avec Venise du XIIIe siècle à l'avènement de Charles VIII,* 2 vol., Paris, 1898.

PHABREY (G.) : *L'Ami du Téméraire* (Chronique du règne de Louis XI), Paris, 1956.

PIRENNE (H.), RENAUDET (A.), PERROY (E.), HANDELSMANN (M.) et HALPHEN (L.) : *La fin du Moyen Age,* 2 vol., Paris, 1931.

PIE II (Aeneas Sylvius Piccolomini) : *Commentaires.*

PLANCHER (D.) : *Histoire de... Bourgogne,* 7 vol., Dijon, 1773-1785.

POCQUET DU HAUT-JUSSÉ (B. A.) : *François II, duc de Bretagne, et l'Angleterre (1458-1488),* Paris, 1929.

PRAROND (E.) : *Abbeville aux temps de Charles VII, des ducs de Bourgogne, maîtres du Ponthieu, de Louis XI (1426-1483),* Paris, 1899.

REILHAC (A. de) : *Jean de Reilhac, secrétaire, maître des comptes, général des finances et ambassadeur des rois Charles VII, Louis XI et Charles VIII,* 3 vol., Paris, 1886-1889.

ROYE (Jean de) : *Journal connu sous le nom de « Chronique scandaleuse »*, éd. B. de Mandrot, 2 vol., Paris, 1894-1896.
SAMARAN * (Charles) : *La Maison d'Armagnac au XVe siècle...*, Paris, 1908.
SCOFIELD (Cora L.) : *The Life and Reign of Edward the Fourth*, 2 vol., Londres, 1923.
SEE (H.) : *Louis XI et les villes*, Paris, 1891.
SORBELLI (A.) : *Francesco Sforza a Genova (1458-1466)*, Bologne, 1901.
STEIN * (Henri) : *Charles de France, frère de Louis XI*, Paris, 1921.
WAVRIN (Jean de) : *Anciennes chroniques d'Angleterre*, éd. Mlle Dupont, 3 vol., Paris, 1859-1863.
ZELLER (Gaston) : « Un faux du XVIIe siècle. Edit de Louis XI sur la Poste », dans *Revue historique*, 180 (1937), pp. 286-292.

LIVRE I : LE DAUPHIN

ARDANT (Maurice) : « Relations des passages de Charles VII à Limoges », dans *Bulletin de la Société historique et archéologique du Limousin*, V.
BASIN (Thomas) : *Histoire de Charles VII*, éd. Charles Samaran, Paris, 1933.
BEAUCOURT * (G. Du Fresne de), éd. : *Chronique de Mathieu d'Escouchy*, 3 vol., Paris, 1863; — *Histoire de Charles VII* *, 6 vol., Paris, 1881-1891.
BOUDET (M.) : « Charles VII à Saint-Flour et le prélude de la Praguerie (1437) », dans *Annales du Midi*, VI (1894), pp. 301-326.
BREUILS (A.) : « La campagne de Charles VII en Gascogne, une conspiration du dauphin en 1446... », dans *Revue des questions historiques*, B-XIII (1895), pp. 104-139.
BUEIL * (Jean de) : *Le Jouvencel*, éd. C. Favre et L. Lecestre, 2 vol., Paris, 1877.
BUT (Adrien de) : *Chronique*, éd. Kervyn de Lettenhove, Bruxelles, 1870.
CHAMPION (P.), éd. : *Chronique Martiniane*, Paris, 1907; — *La Dauphine mélancolique*, Paris, 1921; — *Agnès Sorel, la Dame de Beauté*, Paris, 1931.
CHARAVAY (Etienne) : *Louis XI en Dauphiné* (Positions des thèses de l'Ecole des Chartes).
CHARTIER (Jean) : *Chronique de Charles VII*, éd. Vallet de Viriville, 2 vol., Paris, 1858.
CHEVALIER (Ulysse) : *Itinéraire de Louis XI dauphin*, Voiron n.d.
COLVILLE (A.) : « La jeunesse et la vie privée de Louis XI », dans *Journal des Savants*, mai-juin, 1908.
COUSINOT (Guillaume) : *Chronique*, éd. Vallet de Viriville, 2e édition, Paris, 1892.

DEVIE (C. dom) et VAISSETTE (J. dom) : *Histoire générale de Languedoc,* IX, Toulouse, 1885.

DODU (Gaston) : « Le Roi de Bourges », dans *Revue historique,* 159 (1928), pp. 38-78.

DOUET-D'ARCQ (L.), éd. : *Chronique d'Eguerran de Monstrelet,* Paris, 1860, vol. IV et V.

DUSEVEL (H.) : *Instructions de Louis dauphin à l'archevêque d'Embrun et autres ses envoyés vers le roi* (14 octobre 1452), éd. Champollion-Figeac, Documents historiques inédits, II, II, p. 189, 1843.

DUSSERT (A.) : *Les Etats du Dauphiné de la Guerre de Cent Ans aux guerres de religion,* Grenoble, 1923.

FREMINVILLE (de) : *Les Ecorcheurs en Bourgogne* (1435-1445), Dijon, 1888.

GODEFROY (D.) : « Berry l'Hérault, les Chroniques du feu roi Charles septiesme de ce nom », dans *Histoire de Charles VI,* Paris, 1661, pp. 411-444, et *Histoire de Charles VII,* Paris, 1661, pp. 369-424.

GRUEL (Guillaume) : *Chronique d'Arthur de Richemont,* éd. A. Le Vavasseur, Paris, 1890.

ILARDI (Vincent) : « The Italian League, Francesco Sforza, and Charles VII (1454-61) », dans *Studies in the Renaissance,* VI (1959), pp. 129-166.

LEROUX (Alfred) : « Passage de Charles VII et du dauphin Louis à Limoges en 1439... », *Bibliothèque de l'Ecole des Chartes,* XLVI (1885), pp. 303-314.

MANDROT (B. de) : « Jean de Bourgogne, duc de Brabant, et le procès de sa succession », dans *Revue historique,* XCIII (1907); — « Un projet de partage du Milanais en 1446 », dans *Bibliothèque de l'Ecole des Chartes* (1883), pp. 179-191.

MAX (J.) : *L'Inquisition en Dauphiné,* Bibliothèque de l'Ecole des Hautes Etudes, Paris, 1914.

MORANVILLE (H.), éd. : *Chroniques de Perceval de Cagny,* Paris, 1902.

« Naissance de Louis XI », dans *Bibliothèque de l'Ecole des Chartes,* XXXIX (1878), p. 586.

PASQUIER (Félix) : *Louis dauphin et les routiers en Languedoc,* Foix, 1895.

PÉCHENARD (P. L.) : *Jean Juvénal des Ursins...,* Paris, 1876.

PEYRONNET (Georges) : « La Politica Italiana di Luigi Delfino di Francia (1444-1461) », dans *Revista Storica Italiana,* 1952, pp. 19-24.

POITIERS (Alienor de) : « Les honneurs de la cour », dans *Mémoires sur l'ancienne chevalerie,* Lacurne de Sainte-Palaye, II, première édition, pp. 183-267.

QUICHERAT (Jules) : *Rodrigue de Villandrando,* Paris, 1879.

REIFFENBERG (F. A. F. T. de) : *Mémoires sur le séjour que Louis dauphin... fit aux Pays-Bas,* Bruxelles, 1829.

THIBAULT (Marcel) : *La Jeunesse de Louis XI,* Paris, 1907.

THOREY (E. Pilot de) : *Catalogue des actes du dauphin Louis II, devenu le roi de France Louis XI, relatifs à l'administration du Dauphiné,* vol. I, II (Société de statistique de l'Isère), Grenoble, 1899, vol. III, suppl., éd. G. Vellein, Grenoble, 1911.

TUETEY * (A.) : *Les Ecorcheurs sous Charles VII,* 2 vol., Montbéliard, 1874.

TUETEY (A.), éd. : *Journal d'un bourgeois de Paris, 1405-1449,* Paris, 1881.

VAISSETTE (dom) : *Histoire générale du Languedoc,* éd. Molinier, vol. IX.

LIVRE II : LE ROI

Faux départ

ANCHIER (C.) : *Charles Ier de Melun..., Le Moyen Age,* Paris, 1892.

BITTMAN * (Karl) : *Die Ursprunge der französisch-mailandischen Allianz von 1463,* Wiesbaden, 1952.

BORGNET (A.) : *Sac de Dinant par Charles le Téméraire (1466)*; — *Annales de la Société archéologique de Namur,* III (1853).

CHAMPOLLION-FIGEAC (J.-J.), éd. : *Lettres, Mémoires et Autres Documents relatifs à la Guerre du Bien public en 1465,* dans *Documents historiques inédits...,* vol. II.

CHAZAUD (M. A.) : *Une campagne de Louis XI... Bulletin de la Société d'émulation de l'Allier,* Moulins, 1872.

COUDERC (C.) : *L'Entrée solennelle de Louis XI à Paris,* Nogent-le-Poitou, 1896.

DUPONT (Gustave) : « Louis XI et la Basse-Normandie de 1461 à 1464 », dans *Mémoires de l'Académie des sciences, arts et belles lettres de Caen,* XXXV (1880), pp. 330-364.

FINOT (J.) : *L'Artillerie bourguignonne à la bataille de Montlhéry,* Mémoires des sciences de Lille, 5e série, fasc. V, 1896.

GHINZONI (P.) : « Spedizione Sforzescane in Francia, 1465 », dans *Archivio Storico Lombardo,* XVII (1890).

MANDROT * (B. de) et SAMARAN (C.), éd. : *Dépêches des ambassadeurs milanais en France sous Louis XI et Francesco Sforza,* 4 vol., Paris, 1916-1923.

MILANE (si M.) : « Viaggio a Parigi degli Ambasciatori Fiorentini nel 1461 », dans *Archivio Storico Italiano,* 3e série, 1re partie, 1865.

PELISSIER (L. G.) : « Una relazione dell'entrata de Luigi XI a Parigi », dans *Archivio Storico Italiano,* XXI (1898), 5e série, pp. 123-131.

PERROY (Edouard) : « L'artillerie royale à la bataille de Montlhéry », dans *Revue historique,* CXLIX (1925), pp. 187-189.

WRATISLAW (A. H.) : *Diary of an Embassy from King George of Bohemia to King Louis XI of France in... 1464...,* Londres, 1871.

Premiers jalons

ADIGARD (Pierre) : *Le Voyage de Louis XI en Normandie et dans le Maine aux mois d'août et de septembre 1470,* Alençon, 1902.
CHAMPION (Pierre) : *Calendrier royal pour l'an 1471,* Abbeville et Paris, 1928.
CUST (Mrs. Henry) : *Gentlemen Errant,* New York, 1909 (Ambassadeurs bohémiens à la cour de Louis XI au printemps 1466).

Le tissage de la toile

CHABEUF (Henri) : *L'Entrée de Charles le Téméraire, etc., en janvier et février 1474,* Dijon, 1903.
GINGINS (la Sarraz, F.), éd. : *Dépêches des ambassadeurs milanais sur les campagnes de Charles le Hardi,* 2 vol., Genève et Paris, 1858.
MARCHAL (l'Abbé) : *Recueil de documents sur l'histoire de Lorraine,* V, Nancy, 1859.
PANIGAROLA (J. P.) : Dépêche racontant la bataille de Morat (25 juin 1476-Saint-Claude), publiée par P. Ghinzoni dans *Archivio Storico Lombardo,* sér. 2, vol. IX (1892), pp. 103-109.
SAMARAN (C.) : « Les frais du procès et de l'exécution de Jacques d'Armagnac, duc de Nemours », dans *Mémoires de la Société de l'histoire de Paris,* XLIX (1927), pp. 142-154.
TOUTEY (E.) : *Charles le Téméraire et la Ligue de Constance,* Paris, 1902.

La récolte

BARDOUX (Agénor) : « Les grands baillis au quinzième siècle », dans *Revue historique de droit français,* IX (1863), pp. 5-44.
BOUTIOT : « Louis XI et la ville d'Arras », dans *Mémoires* de l'Académie d'Arras, XXXIX (1867).
BRACHET (Dr Auguste) : *Pathologie mentale des rois de France : Louis XI et ses ascendants,* Paris, 1903.
CHAMPION (Pierre) : *Louis XI et ses physiciens,* Lyon, 1935.
CHOISNET (Pierre) : *Le livre des trois sages et le rosier des guerres,* éd. C. Samaran, Bibliothèque de l'Ecole des Chartes, 1926.
FOISSET (Th.) : *Causes secrètes de la chute de Charles le Téméraire, Mémoires* de l'Académie de Dijon, 1851-1852, pp. 109-135.
GIRAUDET : « Documents inédits sur les prisonniers du roi Louis XI à Tours », dans *Bulletin de la Société archéologique de Touraine,* III (1877), Tours.
HÉRICOURT (A. de) : *Les Sièges d'Arras,* Paris, 1844.
JARRY (E.) : « Conditions d'établissement d'un marchand d'Orléans à Franchise en 1479 », dans *Bulletin de la Société historique et archéologique de l'Orléanais,* XX (1929), pp. 224-231.
LAROCHE (A.) : *Une vengeance de Louis XI. Mémoires de l'Académie d'Arras,* XXXVII (1865), pp. 237-384.

PÉRINELLE (G.) : « Dépêches de Nicolas de Roberti », dans *Mélanges d'Archéologie et d'Histoire,* XXIII (1903), Paris, pp. 139-203.

PETIT-DUTAILLIS (Ch.) : (Maladie de peau de Louis XI), *Revue Historique,* 157 (1928), p. 85.

POMPADOUR (M. de) : « Lettre de M. de Pompadour à Alain d'Albret, du samedi matin 30 août 1483 », dans *Archives historiques du département de la Gironde,* VI (1864), pp. 3-4.

SALMON (A.) : « Essai de poison sur un chien fait par l'ordre de Louis XI », dans *Mémoires de la Société archéologique de Touraine,* VII (1854-1855), pp. 109-111.

STEIN (Henri) . « Les habitants d'Evreux et le repeuplement d'Arras en 1479 », dans *Bibliothèque de l'Ecole des Chartes,* 84 (1923), pp. 284-297.

« Une ambassade de Lucerne », dans *Bulletin de la Société archéologique de Touraine,* XVIII (1911-1912), pp. 366-380.

INDEX

A

B

C

D

E

I

J

K

L

M

N

R

S

T

U

V

W

Y

Z

TABLE DES MATIÈRES

Livre I

LE DAUPHIN

LIVRE II

LE ROI

ANNEXES

La réimpression de cet ouvrage
par procédé photomécanique
a été réalisée sur les presses
des Imprimeries Aubin
à Poitiers/Ligugé

pour le Club France-Loisirs